אסתר
שיר השירים
רות

●

מקראות גדולות

●

ESTHER
THE SONG OF SONGS
RUTH

מקראות

חמש מגילות
חלק א׳
אסתר
שיר השירים
רות

תורגם מחדש לאנגלית

מתורגם ומבואר עם כל דבורי רש"י
ולקט המפרשים על ידי
הרב אברהם י. ראזענברג

הוצאת יודאיקא פרעסס
ניו יורק • תשנ"ב

גדולות

THE FIVE MEGILLOTH

VOLUME ONE

ESTHER
THE SONG OF SONGS
RUTH

A NEW ENGLISH TRANSLATION

TRANSLATION OF TEXT, RASHI,

AND OTHER COMMENTARIES BY

Rabbi A. J. Rosenberg

THE JUDAICA PRESS
New York • 1992

ISBN 1-880582-01-5

Manufactured in the United States of America

PREFACE

This series, the Five Scrolls, comprise the ninth and tenth volumes of the Judaica Series of the Holy Writings (Hagiographa). These small books, known as *Megilloth,* or scrolls, are usually printed with the Pentateuch and omitted from the Prophets. This is because they play a prominent part in the liturgy, being read in the synagogue on special occasions. Esther is read on Purim, the Song of Songs on Passover, Ruth on Shavuoth, Ecclesiastes on Succoth, and Lamentations on the Ninth of Av. Although Ruth, the Song of Songs, and Ecclesiastes are not read in all synagogues, they are nevertheless read by individuals and studied in preparation for these festivals. Consequently, they are usually included with the Book of the Pentateuch being read in that season. Esther usually appears with Exodus, the Song of Songs with Leviticus, Ruth with Numbers, and the remaining two Scrolls with Deuteronomy.

The Judaica Press, however, wishes to present its readers with a complete set of the Prophets and the Holy Writings. The Five Scrolls are therefore presented here as the final volumes of the Judaica Books of the Hagiographa, following the same format as its predecessors. The only difference is that whereas in the previous series, we presented the Hebrew text of the *Nach Lublin*, in this series we present the Hebrew text of the Lewin-Epstein edition, which contains *Rashi*, *Ibn Ezra*, *Sforno*, *Mezudath David* to the Song of Songs and Ecclesiastes, and *Kitzur Alshich.*

As in the preceding volumes, the text is translated according to *Rashi*'s commentary. In the Commentary Digest, *Rashi* is presented in its entirety and translated verbatim. After *Rashi*, we quote *Ibn Ezra* and *Mezudath David*. Many other commentaries and midrashim are quoted, many from sources previously untapped in any English translation of the *Megilloth.*

In *Megillath Esther,* we have made extensive use of *Midrash Abba Gurion* and *Midrash Panim Acherim,* which contain much more detailed material than *Esther Rabbah*, and in the other *Megilloth,* in addition to *Midrash Rabbah,* we quote *Midrash Zuta.*

We wish to thank Lewin-Epstein Publishers of Jerusalem for permission to use their Hebrew edition of the Five Megilloth.

We also wish to thank the following, who have contributed unstintingly to the editorial and typographical aspect of this volume: Michael Brown, Aaron Friedman, and Chava Shulman.

A. J. R.

Lovingly dedicated
to the memory
of

דאבע לאה ויצחק אייזיק שולמאן ע"ה

Dr. and Mrs. Irving Shulman ע"ה
of Bayonne, New Jersey

דֹרֵשׁ טוֹב לְעַמּוֹ וְדֹבֵר שָׁלוֹם לְכָל זַרְעוֹ (אסתר י:ג)

Their lives epitomized dedication
to family and Jewish community welfare.

With heartfelt gratitude from
their children and grandchildren

Shifra and Ezra Hanon
Vivian and Yale Shulman
Syma and Jerry Levine
Sandra and Ira Greenstein
Carole and Elliot Steigman
Andrea and Ronald Sultan
Gayle and David Newman
Vickie and Elliot Shulman

and Families

RABBI MOSES FEINSTEIN
455 F. D. R. DRIVE
New York 2, N. Y.

OREGON 7-1222

משה פיינשטיין
ר״מ תפארת ירושלים
בנוא יארק

בע״ה

הנה ידוע ומפורסם טובא בשער בת רבים ספרי הוצאת יודאיקא פרעסס על תנ״ך שכבר יצא לאור על ספרי יהושע ושמואל ועכשיו בחסדי השי״ת סדרו לדפוס ג״כ על ספר שופטים והוא כולל הפירושים המקובלים בתנ״ך הנקוב בשם מקראות גדולות ועל זה הוסיפו תרגום אנגלית שהוא השפה המדוברת במדינה זו על פסוקי תנ״ך וגם תרגום לפרש״י מלה במלה עם הוספות פירושים באנגלית הנצרכים להבנת פשוטו של קרא והכל נערך ע״י תלמידי היקר הרב הגאון ר׳ אברהם יוסף ראזענבערג שליט״א שהוא אומן גדול במלאכת התרגום, והרבה עמל השקיע בכל פרט ופרט בדקדוק גדול, וסידר את הכל בקצור כדי להקל על הלומדים שיוכלו לעיין בנקל ואפריון נמטיה למנהל יודאיקא פרעסס מהור״ר יעקב דוד גאלדמאן שליט״א שזכה ומזכה את הרבים בלימוד התנ״ך שמעורר לומדיה לאהבה וליראה את שמו הגדול ולהאמין בו ובעבדיו הנביאים שהוא יסוד ושורש בעבודתו יתברך ואמינא לפעלא טבא יישר ויתברכו כל העוסקים בכל ברכות התורה וחכמינו ז״ל בברוך אשר יקים את דברי התורה הזאת.

וע״ז באתי עה״ח ביום ה׳ שבט תשל״ט

משה פיינשטיין

מגילת אסתר

●

מקראות גדולות

ESTHER

מקראות

אסתר

תורגם מחדש לאנגלית

מתורגם ומבואר עם כל דבורי רש״י
ולקט המפרשים על ידי
הרב אברהם י. ראזענברג

הוצאת יודאיקא פרעסס
נו יורק • תשנ״ב

ESTHER

A NEW ENGLISH TRANSLATION

TRANSLATION OF TEXT, RASHI,
AND OTHER COMMENTARIES BY
Rabbi A. J. Rosenberg

THE JUDAICA PRESS
New York • 1992

THE JUDAICA PRESS, INC.
New York, N.Y.
1-800-972-6201 • 718-972-6200

First Printing, 1992
Second Printing, 1997

ISBN 0-1880582-01-5

Manufactured in the United States of America

CONTENTS

Bibliography and Emendations and Deletions (תקונים והשמטות) *to the Hebrew commentaries may be found at the end of this volume.*

PREFACE

This volume, the Book of Esther, or Megillath Esther, is translated according to *Rashi*'s commentary. In addition to the translation of the text, *Rashi* is translated verbatim. We have also drawn from *Ibn Ezra* and the *Targum*, which appear in the *Mikraoth Gedoloth* edition of the *Chumash*, or Pentateuch.

After these standard commentaries, we have quoted *Targum Sheni*, an extensive, paraphrased account of the narrative, in addition to much background material. We have also drawn from *Midrash Abba Gurion*, *Midrash Lekah Tov*, the commentaries of such medieval scholars as Rabbi Isaiah da Trani, and Rabbi Eleazar of Worms, and modern commentators including the *Malbim* and the *Gra*.

We have also enclosed a diagram of Ahasuerus's palace, showing the location of Esther's quarters in the house of the women, from where she could approach Ahasuerus only by way of the forbidden inner court, whereas Haman had easy access to Ahasuerus's throne room by way of the outer court.

We hope that this volume will enhance the reader's understanding of the narrative and the observance of the festival of Purim.

We also wish to thank the following who have contributed unstintingly to the editorial and typographical aspect of this volume: Michael Brown, Aaron Friedman, and Chava Shulman.

A. J. R.

DIAGRAM OF AHASUERUS'S ROYAL PALACE

Revealed in an archeological dig directed by French engineer M. Dieulafoy and described in the book *Kadmoniyoth* by Aharon Marcus

DIAGRAM OF AHASUERUS'S ROYAL PALACE

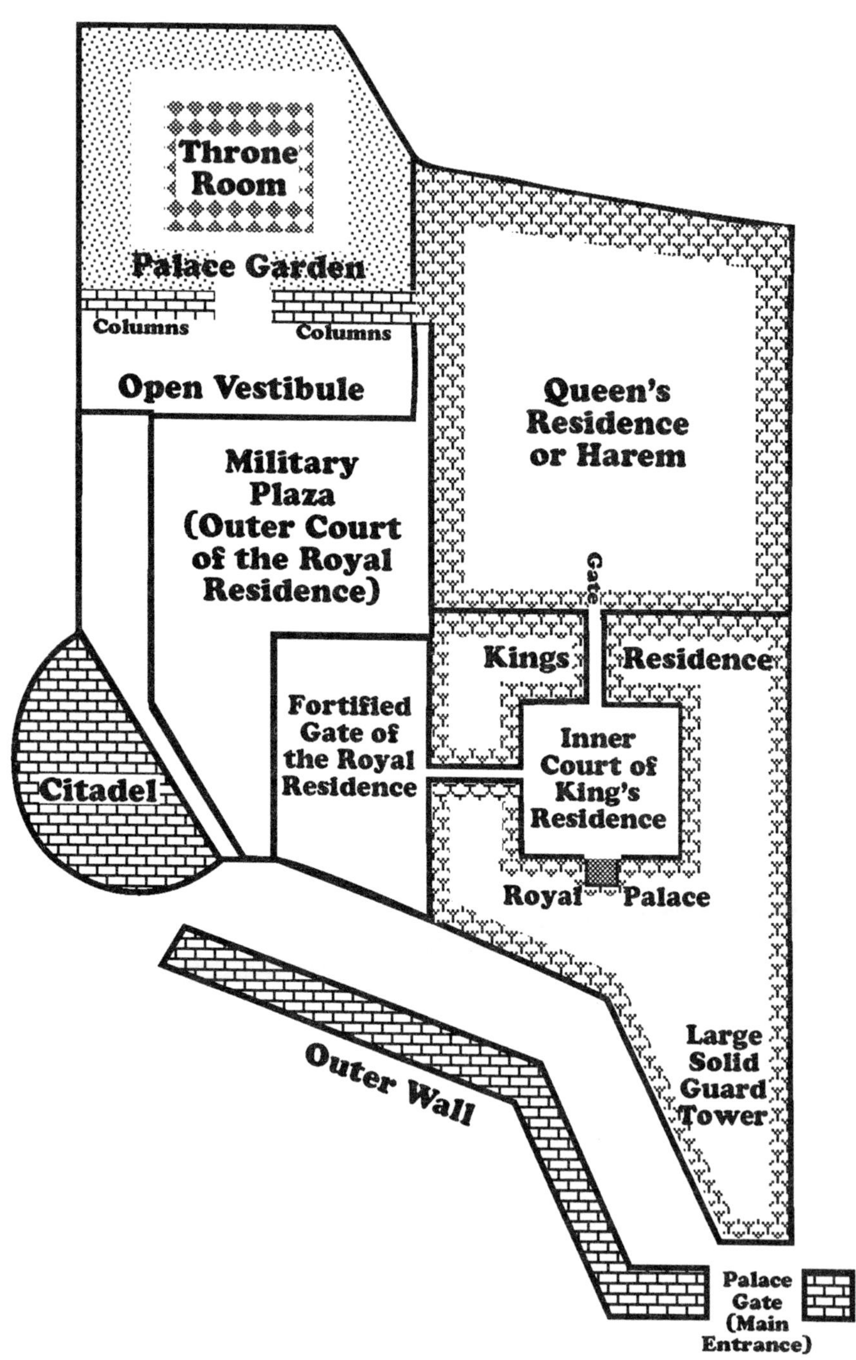

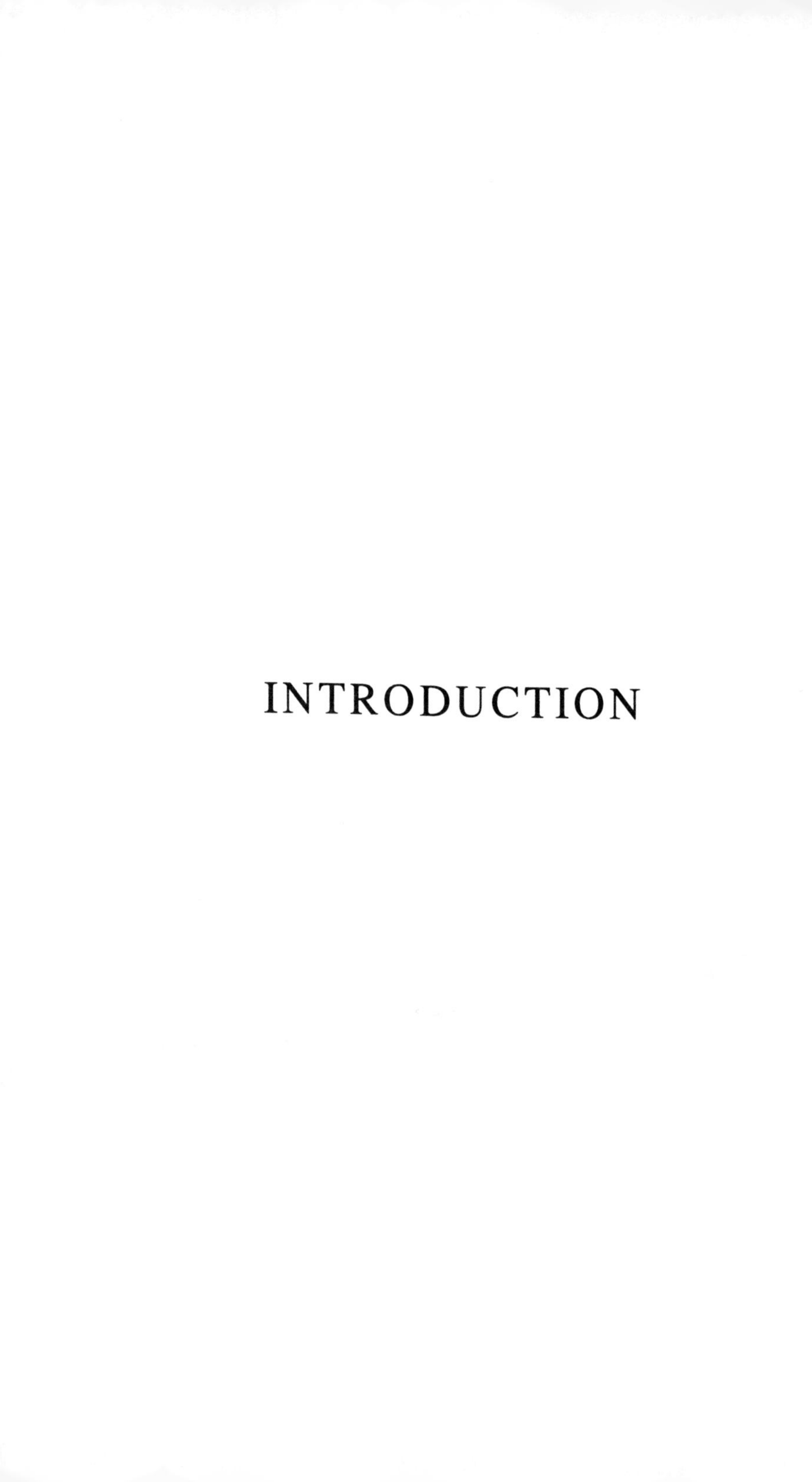

INTRODUCTION

INTRODUCTION

I. Authorship

It is stated explicitly in the text (9:20) that the Book, or Scroll of Esther, was written by Mordecai, and rewritten in collaboration with Queen Esther (ibid. 29). The Talmud *(Bava Bathra 15a)* states that it was authored by the Men of the Great Assembly, either referring to Mordecai, who was one of its members, or suggesting that the entire body subsequently edited the Book prior to its canonization. According to Rashi (9:20), Mordecai wrote the Megillah in its present form, and (ibid. 32), Esther requested of the Sages to commemorate her for all generations by incorporating the Book with the Holy Writings.

According to Akedath Yizhak, Esther requested of the Sages to copy the story of the miracle of Purim from the book of the chronicles of the kings of Persia and Media. According to Ibn Ezra, the narrative was copied from the Jewish document to the chronicles of the kings of Persia and Media.

II. Divine Character

The Talmud *(Meg. 7a)* states: The Scroll of Esther was written with divine inspiration. Many phrases in the Book are presented as evidence of its divine origin. Rabbi Eliezer bases this premise on (6:6): "and Haman said to himself." (i.e., How would the writer know Haman's private thoughts?) Rabbi Akiva bases it on (2:15): "and Esther obtained grace in the eyes of all who beheld her." (The question is, how could an ordinary writer perceive everyone's personal thoughts?) Rabbi Meir bases it on (ibid. 22): "And the matter became known to Mordecai, and he told [it] to Queen Esther," meaning that he became aware of the plot to assassinate the king through the divine spirit. Rabbi José ben Durmaskith bases it on (9:15): "but on the spoils they did not lay their hands." (How did the writers know what had transpired in the distant provinces?)

Samuel, a rabbi of a later generation, suggests a different proof. "Had I been there," says Samuel, "I would have given a reason that is superior to them all: (9:27) 'The Jews ordained and took upon themselves,' means that they ordained above that which they took upon themselves below." The Rabbis lauded Samuel's proof over those of all his predecessors. Rava goes so far as to state, "They can all be refuted, with the exception of Samuel's, which cannot be refuted."

Rabbi Eliezer's proof can be refuted because it can logically be inferred that Haman was thinking these thoughts since there was no one as esteemed by the

king as he, and all the good that he suggested was only for himself. Rabbi Akiva's proof can be refuted because it was known that every person who saw her thought that Esther was of his nationality, and they stated so. We can therefore assume that each one liked her. Rabbi Meir's proof can be refuted according to Rabbi Hiyya bar Abba, who says that Bigthan and Teresh were two Tarseans and were conversing in Tarsean, which, unknown to the plotters, Mordecai understood.

Rabbi José ben Durmaskith's proof can also be refuted. Perhaps a messenger was sent from whom they received the information. Samuel's proof, however, cannot be refuted. [Apparently, the superfluous language is what gave Samuel the idea that "they ordained above what they took upon themselves below," i.e., the heavenly tribunal approved of the Jews' taking upon themselves the observance of the Purim festival.]

Akedath Yizhak writes that the authors of Esther copied it from the chronicles of the kings of Persia and Media. Divine inspiration directed them to select only authentic material and to reject all other material. However, he does not mean that the divine inspiration was limited to helping them select authentic material from spurious material. They were also inspired to write original material, as is evidenced from the Talmudic passage quoted above.

III. Position In Canon

According to the Talmud *(Bava Bathra 14b)*, Esther follows Daniel and precedes Ezra. This order is chronological, since Daniel flourished during the reigns of Nebuchadnezzar, Belshazzar, Darius, and Mordecai and Esther flourished during the reign of Ahasuerus, and Ezra flourished during the reign of Darius II, Ahasuerus's successor. In printed copies of the Bible, the entire Five Scrolls precede Daniel, Esther being the last one. Perhaps this order was adopted in order to keep all five scrolls together since they are all read as part of the liturgy. The basis for this supposition is that they appear according to their use in the calendar year, commencing with the Song of Songs, which is recited on Passover, Ruth, recited on Shavuoth, Lamentations, recited on the Ninth of Av, Ecclesiastes, recited on Succoth, and finally, Esther, recited on Purim.

IV. Position In Liturgy

As mentioned above, the Book of Esther is read in the synagogue on the festival of Purim. [If one cannot attend the synagogue, he is obligated to read it at home from a duly qualified parchment scroll, or listen to someone else reading it.] As is the ruling of the Talmud *(Meg. 4a)* in the name of Rabbi Joshua ben Levi, one is required to read it twice, once at night and once during the day. However, the importance of the night reading is secondary to that of the day.

The Tosafists (ad loc. s.v. חייב) rule that the principal reading is that of the day. Consequently, although a person has already read the Megillah at night, he must nevertheless repeat the blessing שֶׁהֶחֱיָנוּ before the reading by day because

he has not yet fulfilled the main commandment of the reading of the Megillah.

Responsa *Noda Biyhudah* (vol.1:41) and *Turei Even* go a step further and explain that only the morning reading was ordained by the Men of the Great Assembly and alluded to in the Book of Esther. The evening reading, however, was ordained by the Rabbis of the Talmud and does not possess the stringency of a Biblical law, but that of a Rabbinic enactment.

Responsa *Binyan Shlomo*, ch. 58, goes still further and writes that the obligation to read the Megillah at night was not an enactment of the Rabbis of the Mishnah, but originated with Rabbi Joshua ben Levi to commemorate the prayers that the people prayed day and night to God to save them from their straits.

V. The Omission of God's Name

A unique feature of the Book of Esther is the omission of God's name. Even where it is obvious that the author is referring to Divine Providence, he takes pains to avoid mentioning God's name. Several reasons are suggested for this peculiarity. The most popular is that of Abraham Ibn Ezra. He maintains that our Book was originally written by Mordecai to be sent to the Jews of all the provinces and was subsequently copied by the Persians and incorporated into the annals of their kings. Lest the latter substitute the name of their pagan deity for the Divine Name, as indeed the Cutheans did when they substituted the name of Ashima for God's name in the account of the Creation, he omitted it entirely, giving the narrative the semblance of a secular account of a nation narrowly escaping annihilation and proclaiming a festival to commemorate their deliverance. Since the Book recorded in the canon is a copy of these letters, it remains without any mention of God's name.

Akedath Yizhak suggests two other reasons. In the introduction, he states that the Men of the Great Assembly, in compliance with Esther's request, copied the narrative from the annals of the kings of Persia and Media. Since it was a copy of a non-Jewish document, the Divine Name was not present.

At the end of the commentary, he writes the following: And what appears to me as the solution of the difficulty of why Mordecai and Esther did not write the name of the Holy One, blessed be He, is in brief, as follows: As the Rabbis say *(Gen. Rabbah 84)*: Why did Isaac not reveal to Jacob that his son Joseph had been sold, since it seems to me that he was aware of it? The reason is that he argued: If the Holy One, blessed be He, Who reveals secrets, desired that he should know, He would surely have revealed it to him, since He spoke also to him. It appears to me to be the same in the case of the Book of Esther. Since there were still three prophets in the exile (Haggai, Zechariah, and Malachi), God would have publicized the miraculous nature of the Purim story through them had He so desired. It appears that for some reason, He wished to keep it a secret, perhaps to teach us that there are hidden miracles which God reveals only to the wise. Mordecai and Esther followed suit and did not write God's name explicitly but alluded to it. Now you may ask, "Was not the Book of

Esther written with divine inspiration?" Indeed it was, but the Divine Name was omitted because the incident took place through a hidden miracle, as explained above.

Based on this principle, the Kabbalists found many instances of the Divine Name hidden in the Megillah, either in the first letters of four consecutive words or in the last letters of four consecutive words, to show that God was indeed hiding in the words of the Megillah and directing the acts of the Purim story. A few instances of this phenomenon are as follows:

(1:20) הִיא וְכָל הַנָּשִׁים יִתְּנוּ This was from God, as the Rabbis said that were it not for these words, [which demonstrated Ahasuerus's foolishness, since any man is the boss in his house], there would be no remnant left of Israel.—[*Rokeach*]

(2:5) יְהוּדִי הָיָה יְהוּדִי הָיָה God's name is hinted at from both sides.—[*Rokeach*]

(5:4) יָבוֹא הַמֶּלֶךְ וְהָמָן הַיּוֹם For God put His mind to the matter, so to speak.—[*Rokeach*] Esther came to Haman with the power of the Ineffable Name, to overpower Haman and destroy him from the world.—[*Kad Hakemach*]

(5:13) זֶה אֵינֶנּוּ שֹׁוֶה לִי Haman's intention was: I do not care for the Holy One, blessed be He.—[*Rokeach*] Although Haman knew that the power of Israel is the Supreme Power, he despised the matter and hardened his heart, saying, "I do not care about all this."

(7:7) כִּי כָלְתָה אֵלָיו הָרָעָה This means that evil was decided against him by the King of the Universe.

In many congregations, the reader reads these groups of words quickly to show that they have special significance.

OUTLINE

OUTLINE OF ESTHER

I. Ahasuerus's feast (ch. 1)
- A. Feast for the nobles and dignitaries (verses 1-4)
- B. Feast for the people of Shushan (verses 5-22)
  - 1. Vashti's refusal to appear before the multitude (verses 9-12)
  - 2. Vashti's death sentence and the king's decree (verses 13-22)

II. The search for a new queen (2:1-19)
- A. Suggestion to appoint officers to search for a new queen (verses 1-4)
- B. Mordecai and Esther in Shushan (verses 5-7)
- C. Esther taken to the king (verses 8-16)
- D. Ahasuerus's choice of Esther (verses 17-20)

III. Assassination plot of Bigthan and Teresh (2:21-23)

IV. Haman's promotion and decree against the Jews (ch. 3)
- A. Haman's promotion and Mordecai's refusal to bow to him (verses 1-5)
- B. Haman's plot to destroy the Jews (verses 6-15)

V. Mordecai's and Esther's plan to avert the calamity (ch. 4)

VI. Esther's appearance to Ahasuerus and her banquet (5:1-8)

VII. Haman's plan to hang Mordecai (verses 9-14)

VIII. Mordecai's honor (ch. 6)

IX. Esther's confrontation with Haman at the second banquet and Haman's downfall (ch. 7)

X. The new decree in favor of the Jews (8:1-14)

XI. Mordecai's honor and the Jews' joy (verses 15-17)

XII. Execution of the decree and proclamation of the festival (ch. 9)

XIII. Conclusion (ch. 10)

BLESSINGS BEFORE AND AFTER READING THE MEGILLAH

BLESSINGS BEFORE READING THE BOOK OF ESTHER

Before reading the Megillah, the following blessings are said.

Blessed are You, Lord our God, King of the Universe, Who has sanctified us with His commandments, and commanded us concerning the reading of the Megillah.

בָּרוּךְ אַתָּה יְהוָֹה אֱלֹהֵינוּ מֶלֶךְ הָעוֹלָם, אֲשֶׁר קִדְּשָׁנוּ בְּמִצְוֹתָיו, וְצִוָּנוּ עַל־מִקְרָא מְגִלָּה:

Blessed are You, Lord our God, King of the Universe, Who performed miracles for our fathers in days of old, at this season.

בָּרוּךְ אַתָּה יְהוָֹה אֱלֹהֵינוּ מֶלֶךְ הָעוֹלָם, שֶׁעָשָׂה נִסִּים לַאֲבוֹתֵינוּ בַּיָּמִים הָהֵם בַּזְּמַן הַזֶּה:

Blessed are You, Lord our God, King of the Universe, Who has kept us in life, and has preserved us, and has enabled us to reach this season.

בָּרוּךְ אַתָּה יְהוָֹה אֱלֹהֵינוּ מֶלֶךְ הָעוֹלָם, שֶׁהֶחֱיָנוּ וְקִיְּמָנוּ וְהִגִּיעָנוּ לַזְּמַן הַזֶּה:

BLESSINGS AFTER READING THE BOOK OF ESTHER.

After reading the Megillah, the reader says:

Blessed are You, Lord our God, King of the Universe, Who champions our cause, and judges our claim, and Who wreaks vengeance for us, and Who metes out retribution upon all our mortal enemies, and Who punishes our oppressors for us. Blessed are You, Lord, Who punishes for His people Israel all their oppressors, O redeeming God.

בָּרוּךְ אַתָּה יְהוָֹה אֱלֹהֵינוּ מֶלֶךְ הָעוֹלָם, הָרָב אֶת רִיבֵנוּ, וְהַדָּן אֶת דִּינֵנוּ, וְהַנּוֹקֵם אֶת נִקְמָתֵנוּ, וְהַמְשַׁלֵּם גְּמוּל לְכָל־אֹיְבֵי נַפְשֵׁנוּ, וְהַנִּפְרָע לָנוּ מִצָּרֵינוּ. בָּרוּךְ אַתָּה יְהוָֹה, הַנִּפְרָע לְעַמּוֹ יִשְׂרָאֵל, מִכָּל צָרֵיהֶם, הָאֵל הַמּוֹשִׁיעַ:

The following paragraph is said in the evening only.

Who foiled the counsel of the nations and frustrated the plans of the cunning. When a wicked man arose against us, a scion of wickedness of the seed of Amalek. He was haughty with his wealth and dug himself a pit, and his own greatness ensnared him. He designed to trap but was trapped, he designed to destroy but was quickly destroyed. Haman displayed the hatred of

אֲשֶׁר הֵנִיא עֲצַת גּוֹיִם, וַיָּפֶר מַחְשְׁבוֹת עֲרוּמִים: בְּקוּם עָלֵינוּ אָדָם רָשָׁע, נֵצֶר זָדוֹן מִזֶּרַע עֲמָלֵק: גָּאָה בְעָשְׁרוֹ, וְכָרָה לוֹ בּוֹר, וּגְדֻלָּתוֹ יָקְשָׁה לּוֹ לָכֶד: דִּמָּה בְנַפְשׁוֹ לִלְכֹּד, וְנִלְכַּד. בִּקֵּשׁ לְהַשְׁמִיד, וְנִשְׁמַד מְהֵרָה: הָמָן הוֹדִיעַ

his forefathers, and the brotherly hatred upon the children. He did not remember Saul's compassion, for thanks to his pity on Agag the foe was born. The wicked planned to cut off the righteous, and the unclean was trapped by the hands of the pure. Kindness overcame the father's error, but the wicked one added sin upon his sins. In his heart he hid his cunning thoughts and devoted himself to committing evil. He stretched forth his hand against God's holy ones, he gave his money to cut off their remembrance. When Mordecai saw that wrath had gone forth. and that Haman's decrees were issued in Shushan, He donned sackcloth and bound himself in mourning, decreed a fast and sat down in ashes. Who will rise up to atone for error, to gain pardon for our fathers' iniquity? A blossom from a palm branch; behold! Hadassah stood up to arouse the sleeping. Her servants hastened Haman to give him to drink the venom of serpents. He rose by his wealth and fell by his wickedness; he made himself a gallows and was hanged on it. All the dwellers of the earth opened their mouths, for Haman's lot was turned in our favor. The righteous was extricated from the hand of the wicked, the enemy was substituted for him. They undertook to celebrate Purim to rejoice every year. You noted the prayer of Mordechai and Esther; Haman and his sons You hanged on the gallows.

אֵיבַת אֲבוֹתָיו, וְעוֹרֵר שִׂנְאַת אַחִים לַבָּנִים: וְלֹא זָכַר רַחֲמֵי שָׁאוּל, כִּי בְחֶמְלָתוֹ עַל־אֲגָג נוֹלַד אוֹיֵב: זָמַם רָשָׁע לְהַכְרִית צַדִּיק, וְנִלְכַּד טָמֵא, בִּידֵי טָהוֹר: חֶסֶד גָּבַר עַל שִׁגְגַת אָב, וְרָשָׁע הוֹסִיף חֵטְא עַל־חֲטָאָיו: טָמַן בְּלִבּוֹ, מַחְשְׁבוֹת עֲרוּמָיו, וַיִּתְמַכֵּר לַעֲשׂוֹת רָעָה: יָדוֹ שָׁלַח בִּקְדוֹשֵׁי אֵל, כַּסְפּוֹ נָתַן לְהַכְרִית זִכְרָם: כִּרְאוֹת מָרְדְּכַי, כִּי יָצָא קֶצֶף, וְדָתֵי הָמָן נִתְּנוּ בְשׁוּשָׁן: לָבַשׁ שַׂק וְקָשַׁר מִסְפֵּד, וְגָזַר צוֹם, וַיֵּשֶׁב עַל הָאֵפֶר: מִי זֶה יַעֲמֹד לְכַפֵּר שְׁגָגָה, וְלִמְחֹל חַטַּאת עֲוֹן אֲבוֹתֵינוּ: נֵץ פָּרַח מִלּוּלָב, הֵן הֲדַסָּה עָמְדָה לְעוֹרֵר יְשֵׁנִים: סָרִיסֶיהָ הִבְהִילוּ לְהָמָן, לְהַשְׁקוֹתוֹ יֵין חֲמַת תַּנִּינִים: עָמַד בְּעָשְׁרוֹ, וְנָפַל בְּרִשְׁעוֹ, עָשָׂה לוֹ עֵץ, וְנִתְלָה עָלָיו: פִּיהֶם פָּתְחוּ כָּל יוֹשְׁבֵי תֵבֵל, כִּי פוּר הָמָן נֶהְפַּךְ לְפוּרֵנוּ: צַדִּיק נֶחֱלַץ מִיַּד רָשָׁע, אוֹיֵב נִתַּן תַּחַת נַפְשׁוֹ: קִיְּמוּ עֲלֵיהֶם לַעֲשׂוֹת פּוּרִים, וְלִשְׂמֹחַ בְּכָל שָׁנָה וְשָׁנָה: רָאִיתָ אֶת תְּפִלַּת מָרְדְּכַי וְאֶסְתֵּר, הָמָן וּבָנָיו עַל הָעֵץ תָּלִיתָ:

The following is said both in the evening and in the morning.

The Jews of Shushan shouted and rejoiced, when they jointly saw Mordecai's blue robes. You were their salvation forever and their hope throughout all generations, to let know that all who hope in You will not be ashamed forever, neither will those who take shelter in You be humiliated to eternity. Cursed be Haman, who sought to destroy me; blessed be Mordecai the Jew. Cursed be Zeresh, the wife of him who frightened me; blessed be Esther, my protectress, and may Harbonah, too, be remembered for good.

שׁוֹשַׁנַּת יַעֲקֹב, צָהֲלָה וְשָׂמֵחָה, בִּרְאוֹתָם יַחַד תְּכֵלֶת מָרְדְּכָי: תְּשׁוּעָתָם הָיִיתָ לָנֶצַח וְתִקְוָתָם בְּכָל דּוֹר וָדוֹר: לְהוֹדִיעַ, שֶׁכָּל־קֹוֶיךָ לֹא יֵבֹשׁוּ, וְלֹא־יִכָּלְמוּ לָנֶצַח כָּל הַחוֹסִים בָּךְ: אָרוּר הָמָן אֲשֶׁר בִּקֵּשׁ לְאַבְּדִי, בָּרוּךְ מָרְדְּכַי הַיְּהוּדִי. אֲרוּרָה זֶרֶשׁ, אֵשֶׁת מַפְחִידִי, בְּרוּכָה אֶסְתֵּר בַּעֲדִי, וְגַם חַרְבוֹנָה זָכוּר לַטּוֹב:

מגילת אסתר

●

מקראות גדולות

Esther

א א וַיְהִי בִּימֵי אֲחַשְׁוֵרוֹשׁ הוּא אֲחַשְׁוֵרוֹשׁ הַמֹּלֵךְ

תו"א ויהי בימי אחשורוש. מגילה י"א: הוא אחשורוש רחלו' נט :

א וַיְהִי וַהֲוָה בְּיוֹמֵי אֲחַשְׁוֵרוֹשׁ הוּא אֲחַשְׁוֵרוֹשׁ דִּבְיוֹמוֹהִי בְּטִילַת עֲבִידַת בֵּית אֱלָהָנָא רַבָּא וַהֲוַת בְּטִילָא עַד שְׁנַת תַּרְתֵּין לְדָרְיָוֶשׁ בְּגִין עֵיטָתָא דְּוַשְׁתִּי חַיַּבְתָּא בְּרַתֵּיהּ דֶּאֱוִיל מְרוֹדַךְ בַּר נְבוּכַדְנֶצַּר וְעַל דְּלָא שַׁבְקַת לְמִבְנֵי יַת בֵּית מוּקְדְּשָׁא אִתְגְּזַר עֲלַהּ לְאִתְקְטָלָא עַרְטִילְתָא וְאוּף אִיהוּ עַל דְּצִיֵּת לְעֵיטָא אִתְקַצְּרוּ יוֹמוֹהִי וְאִתְפְּלִיג מַלְכוּתֵיהּ דְּמִן קַדְמַת דְּנָא הֲווֹן כָּל עַמְמַיָּא אוּמַיָּא וְלִישָׁנַיָּא וְאַפַּרְכַיָּא כְּבִישָׁן תְּחוֹת יְדוֹי וּכְעַן לָא אִשְׁתַּעְבְּדוּ לֵיהּ מִן בְּגַלַל הָכִי וּבָתַר כְּדוֹן אִתְגְּלֵי קֳדָם יְיָ דַּעֲתִידָא וַשְׁתִּי לְאִתְקְטָלָא וַעֲתִיד הוּא לְמִסַּב יַת אֶסְתֵּר דְּהִיא מִבְּנַת שָׂרָה דַּחֲיַת מְאָה וְעֶשְׂרִין וּשְׁבַע שְׁנִין אִתְיְהֵיבַת לֵיהּ אַרְכָּא וּמְלַךְ מִן הִנְדְּיָא רַבָּא וְעַד כּוּשׁ מִן מַדִינְחָא דְּהִנְדְּיָא רַבָּא וְעַד מַעַרְבָא דְּכוּשׁ מְאָה וְעֶשְׂרִין וּשְׁבַע פִּילְכִין: תוספתא חַמְשָׁה כְּתִיב בְּהוֹן וַיְהִי לִישָׁנָא דְּוַי וְאִלּוּ אִינוּן וַיְהִי בִּימֵי אַמְרָפֶל דְּאִתְכַּנְשׁוּ מַלְכִין וְלָא הֲוָה רִיבָא וְחַרְבָא בְּעָלְמָא עַד דְּאָתָא אַמְרָפֶל וַיְהִי בִּימֵי שְׁפֹט הַשּׁוֹפְטִים וְכָל וַי הֲוָה בְּיוֹמֵיהוֹן וּמַן וַי הֲוָה מְטוּל דַּהֲוָה כַּפְנָא בְּאַרְעָא דִּכְתִיב וַיְהִי רָעָב בָּאָרֶץ וַיְהִי בִּימֵי אָחָז וַי הֲוָה בְּיוֹמוֹי וּמַן וַי הֲוָה דִּכְתִיב עֲלֵהּ רְצִין מֶלֶךְ אֲרָם וּמַה כְּתִיב בַּתְרֵיהּ נַעֲלֶה בִיהוּדָה וּנְקִיצֶנָּה מִכָּאן אַתָּה לָמֵד כּוּלְהוֹן דִּכְתִיב וַיְהִי בִּימֵי לִישָׁנָא דְּוַי וַהֲוָה מִן יוֹמֵי עָלְמָא מִן שְׁנִין קַדְמֵיתָא כַּד הֲווֹ עָקָן אַתְיָין עַל בֵּית יִשְׂרָאֵל הֲוַן מְצַלָּן קֳדָם אֲבוּהוֹן דְּבִשְׁמַיָּא וַעֲנֵי יַתְהוֹן דִּכְתִיב וַיְהִי עַד לָא יִקְרוֹן אֲנָא

רש"י

(א) ויהי בימי אחשורוש. מלך פרסא היה שמלך תחת כורש לסוף שבעים שנה של גלות בבל: הוא אחשורוש. הוא ברשעו ב מתחלתו ועד סופו: המלך. שמלך מעצמו ג ולא היה מזרע המלוכה: מהודו ועד כוש וגו'. המולך על מאה ועשרים ושבע מדינות כמו שמלך מהודו ועד כוש שעומדים זה ד אצל זה וכן (מלכים א ה) כי הוא רודה בכל עבר הנהר מתפסח ועד עזה שהיה רודה בכל עבר הנהר כמו שהוא רודה מתפסח עד עזה:

שפתי חכמים

א דק"ל איזה אחשורוש ה"א אם אביו של דריוש שראשון זה לא היה מלך ואם בנו של דריוש אם כן מתי היה מלכותו הלא אחר דריוש מלך כורש ומשך מלכותו עד סוף ע' שנה שעלו מבבל ומרדכי היה מעולי גולה ובזמן המלך הזה עדיין היה מרדכי בגולה לכ"פ מלך פרס וכו'. אי נמי דק"ל למה ליה לכל הסימנים הל"ל ויהי בימי שמלך אחשורוש כשבת המלך וגו' לכ"פ מלך פרס היה ומלך תחת כורש ע"כ היה צריך להבדילו מאחשורוש אחר שהיה במלכי פרס שקודמו ואמר שזה המלך האחרון מלך מהדו ועד כוש נוסף על פרס ומדי וכ"ה דעת הראב"ע ז"ל: ב דק"ל אם כוונתו רק להבדילו הל"ל רק ויהי בימי אחשורוש שמלך מהודו ועד כוש הוא ל"ל לכ"פ הוא כו': ג דק"ל הל"ל כמלך בקמץ. לכ"פ המולך מעצמו וכו' וכ"כ ברכות המולך ועדיין לא מלך וכ"פורו לשבבר עד עכשיו לא ירש מלכותו: ד דק"ל כרי אמר שבע ועשרים ומאה מדינה למה פ' מהודו ועד כוש לכ"פ שמולך על

אבן עזרא

לְשֵׁם אֵל יֶאֱתֶה כָּל הַגְּדֻלָּה. מְאֹד הוּא נַעֲלָה עַל כָּל תְּהִלָּה.
לְאַבְרָהָם בְּנוֹ מֵאִיר יְצוֹ עוֹז. אֲשֶׁר הוֹאִיל לְפָרֵשׁ הַמְּגִלָּה:

נאם אברהם הספרדי הנקרא בן עזרא אין עזרה כי אם מהשם ההוקק הוקת עולם על לב המשכיל בהקיצו גם בחלום ידבר בו ובו יתמוך בהתחילו לעשות כל מעשה גם יזכרנו תמיד טרם מוצאי פיו והנה אין במגלה הזאת זכר השם והיא מספרי הקדש ורבים השיבו כי הוא ממקום אחר וזה איננו נכון כי לא נקרא השם מקום בכל ספרי הקודש רק נקרא מעון שהוא לעולם גבוה וקדמונינו ז"ל קראוהו מקום בעבור שכל מקום מלא כבודו ועוד מה טעם למלת אחר והנכון בעיני שזאת המגלה חברה מרדכי וזה טעם וישלח ספרים וכולם משנה ספר אחד שהוא המגלה כטעם כתשגן והעתיקוה הפרסיים ונכתבה בדברי הימים של מלכיהם והם היו עובדי ע"ג והיו כותבין תחת השם הנכבד והנורא שם תועבותם כאשר עשו הכותים שכתבו תחת בראשית ברא אלהים ברא אשימא והנה כבוד השם שלא יזכרנו מרדכי במגלה:

(א) ויהי בימי זה אחשורוש היה אחרי כורש וזרובבל עם הגולה בבית שני רק לא נבנה הבית ולפי דעתי שהוא *ארתחשתא וזה פירוש ובמלכות אחשורוש בתחלת מלכותו כאשר אפרש בס' עזרא וטעם ויהי בימי על כל הדברים תהלה שספר במגלה הזאת. וטעם הוא אחשורוש היננו כמו אברם הוא אברהם ויתכן שהיה במלכי פרס הקדמונים מלך שמו אחשורוש ושניהם היו מלכים על פרס ומדי רק זה אחשורוש השני מלך על מדינות אחרות שהיו כין

קיצור אלשיך

(א) ויהי בימי אחשורוש וגו'. רז"ל אמרו ויהי בימי אינו אלא צרה. בל יעלה על לב איש לדבר ולומר הנה אשר היה מבקש רעתנו היה המן הרע שביקש להשמיד וכו' ועלינו לשבח למלך אחשורוש שהטיב עמנו ואותו תלה ויתן יד ליהודים להנקם ממבקשי רעתם ואת עשרת בני המן תלה. וגם מתחלה לא פירש למלך המן הרע ההוא על איזה עם היה גוזר הגזרה הרעה ההיא רק אמר סתם ישנו עם ואולי אם היה מגלה להמלך מיד על איזה עם הוא נוזר לא מכרם לו. באופן דההוי והצרה בימים ההם לא למלך תתייחס כ"א להמן צורר היהודים. אך ההצלה והששון והשמחה אשר נהפכה לנו אח"כ היא תתיחס אל המלך כי היטב הטיב עמנו. ומה גם אחרי אשר ה' הראה לו את כל הרעה ההיא. כי מתחלה מלך על ר"מ מדינות ובבטלו עבודת בהמ"ק אבד קי"ג מדינות ולא השליטו הקב"ה מאז רק על קכ"ז מדינות הנותרות. ע"כ ירא לעשות עוד רעה לישראל. ובכן יקל בעינינו גודל נסו יתברך. כי לא מהמלך היתה שומה להשמיד את ישראל. ע"כ בא ויאמר דעו איפא כי ההוי והצרה אל אחשורוש התייחס.

לקוטי אנשי שם

כפי הנראה מהפסוקים לא עשה אחשורוש המשתה להראות השרים והפרתמים במאכלים ערבים במעדני מלכים ויין מלכות. אלא העיקר היה אלו להראות העמים והשרים את גודל עשרו. ואם היה מכריז ואומר בכל מדינותיו שכל העמים והשרים יבואו אליו לראות עשרו. בטח לא היה מי שיתעורר לבא. ע"כ היה מכריז שרוצה לעשות משתה וכולם באו לשמח לבבם ולהשתעשע כל השרים יחדו במשתה שמנים. ובעת שכולם ישבו אל המסבה בשמחה וטובי לב יראם אוצרותיו וגודל עשרו וזה יהי' לו לתפארת מלכותו ולתועלתו. שכולם יכבדוהו מחמת עשרו וייראו מלפניו. ומעתה שהי' גלוי וידוע לכל העמים את גודל ויופי העשירות שהיה בהיכל ה' ע"כ רצה אחשורוש להראות השרים והעמים שגם העושר הזה הי' ע"כ כל זמן שהיה לו עוד עושר להראות נמשכו ימי המשתה. ולאשר כלו הכלים כלו ימי המשתה. חנה איתא במדרש ובתרגום ששה תשבורות [אוצרות] הראה להם בכל יום מכלי המקדש ועפ"ו לדרש זה שמנינן מן המקרא שנאמר את עושר. כבוד. מלכותו. יקר. תפארת. גדולתו הרי ששה תיבות. ועתה צריכין אנו לדעת כמה כלים היו בכל אוצר מהששה אוצרות שהראה בכל יום. היתא במסכת שבת

כי

1

1. Now it came to pass in the days of Ahasuerus—he was the Ahasuerus who reigned

1

1. **Now it came to pass in the days of Ahasuerus**—*He was the king of Persia who reigned instead of Cyrus at the end of the seventy years of the Babylonian exile.*—[*Rashi*] *Ibn Ezra*, too, states that Ahasuerus reigned after Cyrus during the time of the Second Temple, but the Temple was not built during his reign, as is related in the Book of Ezra (4:6). *Ibn Ezra* identifies Ahasuerus with Artahshasta, or Artaxerxes, during whose reign the construction of the Temple was suspended. This follows the view of the Sages, that this Ahasuerus was the second monarch over the united Persian empire, (i.e., from the time that Persia united with Media, which is from the death of Darius the Mede, who also reigned over the Babylonian empire). According to them, the first king was Cyrus, who sanctioned the rebuilding of the Temple, and he was succeeded by this Ahasuerus, who suspended its construction.—[*Yahel Ohr*]

Rashi (Ezra 4:7) identifies him with Cyrus, denoting that Israel's neighbors fabricated a false accusation about them and caused the construction of the Temple to be suspended already during Cyrus's reign.

The initial clause, "Now it came to pass in the days of Ahasuerus," presents some difficulty to the commentators, because this is appropriate only if Scripture is telling us the background of the following story, but in this case, the entire story revolves around Ahasuerus. *Ohr David* presents a profound insight into the story of Esther and explains that this Book teaches that it was not Ahasuerus who did evil or good to Israel, but that everything was divinely ordained, and Ahasuerus was merely "an axe in the hands of its wielder"; when Israel was condemned to annihilation, God inclined his heart to decree it, and when they repented, He inclined his heart to repeal that decree.

he was the Ahasuerus—*He was equally wicked from beginning to end.*—[*Rashi* from *Meg.* 11a] Although Ahasuerus repealed the decree to annihilate the Jews, he did not permit the resumption of the construction of the Temple.—[*Iyyun Yaakov*] Indeed, the *Targum* paraphrases: he was the Ahasuerus in whose days the work of the great Temple of our God was suspended, and it was suspended until the second year of Darius.

Ibn Ezra conjectures that there was another Ahasuerus among the ancient kings of Persia who also reigned over Persia and Media. However, he did not reign over other countries as did Ahasuerus II, the main character of the Book of Esther. Therefore, Scripture states: He was the Ahasuerus who reigned, etc. one hundred twenty-seven provinces.

מהדו ועד־כוש שבע ועשרים ומאה מדינה:
ב בימים ההם כשבת | המלך אחשורוש על כסא
מלכותו אשר בשושן הבירה: ג בשנת שלוש
למלכו עשה משתה לכל־שריו ועבדיו חיל | פרס
ומדי הפרתמים ושרי המדינות לפניו: ד בהראתו

רמ"א מהודו ועד כוש. שם: שבע ועשרים ומאה מדינה. שם: בימים ההם. שם: בשנת שלש למלכו. שם: חיל פרס ומדי. שם: בהראותו את עשר כבוד מלכותו. שם: ואת יקר תפארת שם:

תרגום

עני עד לא ימללון אנא אשמע: ב ביומיא האנון כד בעא מלכא אחשורוש למיתב על כורסי מלכותא דשלמה דאשתבא מן ירושלם על ידוהי דשישק מלכא דמצרים וממצרים אשתבא על ידוי דסנחריב ומן ידוי דסנחריב אשתבא על ידוי דחזקיה ותב לירושלם ותוב מן ירושלם אשתבא על ידוי דפרעה חגירא מלכא דמצרים וממצרים אשתבא על ידוי דנבוכדנצר ונחת לבבל וכד צדא כורש מדאה ית בבל אחתיה לעילם ובתר כן מלך אחשורוש ובעא למיתב עלוהי ולא הוה יכיל ושדר ואייתי ארדיכלין מן אלכסנדריא למעבד כוותיה ולא יכילו ועבדו אוחרן ארע מיניה ואתעסקו ביה תרין שנין ובשתא תליתאה דמלכותיה יתיב עלוי ההוא כורסי מלכותיה דעבדו ליה ארדיכלין בשושן בירנתא: ג בשתא דתלת למלכותיה דאחשורוש עבד משקיא ומטול מה עבד משקיא אית דאמרין דמרדין עלוהי אפרכיא ואזל וכבשנון ובתר דאכבשינון אתא ועבד משקיא ואית דאמר יומא דאידא הוה ליה ושדר אגרתא לכולהון מדינתא למיתי למעבד קדמוי חדותא שלח וזמן כל רברבני מדינתא דייתון ויחדון עמיה ואתו קדמוי מאה ועסרין ושבע מלכין מן מאה ועסרין ושבע מדינן וכולהון קטירי תגי ברישיהון והון סמיכין ליה על גנזי מילהא ואכלין וחדיין קדם מלכא והון פרתונאי ורברבני מדינתא קדמוי ומן רברבני ישראל הוו תמן מטול בחזו המן מאני בית מקדשא הון בכין ומספדן תמן: ד ובתר דאכלו ושתו ואתפנקו אחוי

שפתי חכמים

מהם וכו' ורש"י נמשך אחר הדרשות דאלו בגמרא במגילה איכא פלוגתא בדבר וחד אמר כי רחוקים היו ומאחר דהדרשות הסכים כמ"ד קרובים היו כתב רש"י רק חד מ"ד ותפס לשון הדרשות: ת דק"ל וכי דוקא בשבתו על כסא עשה. ועוד מאי נפקא לן מיניה אם ישב או עמד. לכן פירש כשנתקיים וכו'. א"נ דק"ל כשבת המלך משמע בתחלת מלכותו והדר כתיב בשנת שלש למלכו. לכ"פ כשנתקיים

רש"י

(ב) **כשבת המלך אחשורוש וגו'.** כשנתקיים ה המלכות בידו. ורבותינו פירשוהו בענין אחר במסכת מגילה: (ג) **הפרתמים.** שלטונים בלשון

אבן עזרא

הודו ובין כוש כי ארץ מדי ופרס נסובית לארץ ישראל והודו רק כוש דרומית: (ב) וטעם בימים ההם. אחר שאמר בימי אחשורוש תחלת הדברים הראשון כלל. וטעם כשבת המלך אחשורוש שקט ממלחמר הודו וכוש כי גבור היה וככה כתוב במגל' על כן בשנת שלש למלכו: בשושן הבירה. שם ארמון כמו כי לא לאדם הבירה וזה הארמון היה בתוך עילם המדינה כתוב בס' דניאל וכאשר תמצא במגילה הזאת שושן הוא שם מדינה קרובה אל עילם ורוב המדינה ישראל כאשר אפרש: (ג) עשה משתה. רבים אמרו כי עשה משתה בעבור שחשב כפי חשבונו וראה שלא יגאלו ישראל. וי"א

לקוטי אנשי שם

(דף קכ"ו) חמשה כלים המונחים במקום אחד נקרא אוצר. כדי שראה להם בכל יום שלשים כלים. וכתיב כלים מכלים שונים שבכל יום הראה להם כלים חדשים של בהמ"ק מה שלא הראה להם אתמול. וכמה כלים של בהמ"ק היה ת"י חמשת אלפים וארבע מאות. שכן מצינו בספר עזרא א' כל כלים לזהב ולכסף חמשת אלפים וארבע מאות. וא"כ כשהראה להם שלשים כלים בכל יום מימי המשתה הולך לעשות המשתה ק"פ יום כי בק"פ יום היה יכול להראות כל כלי בהמ"ק ה' אלפים וד' מאות כלים. וזה שאמר בהראותו כשהראה את עושר. כבוד. מלכותו ואת יקר תפארת. גדולתו. שהם שהם אוצרות מכלי בהמ"ק. לכן היה המשתה ימים רבים שמונים ומאת יום דוקא לא פחות ולא יותר כי כן מכוון החשבון:

(ג) **בשנת** שלש למלכו וגו' יש אומרים שעמדו עליו היפרכיות והלך לכבשן וכשכבשן עשה משתה וי"א גינוסיא שלו היה ושלח אגרות לכל המדינות ולכל עיר ועיר ולכל שרי המדינות לבא ולעשות לפניו שמחה באו לפניו קכ"ז בני מלכים מן קכ"ז מדינות שהיה שלים בהם. וכלם עטופים אצטלאות לבנים והיו מסובין על מטות זהב ושל כסף. ומבני ישראל ג"כ היו שם ובשביל שראו שם כלי בית המקדש היו בוכים וסופדים. ולא היו רוצים לשבת לפניו. אמרו לו אין היהודים רוצים לשבת בשביל שהם רואים כלי בית המקדש ועשו להם מסבה לעצמם ובשביל שהיו ישראל מלעטרין לפיכך קרא אותם ימים רבים של צער:

(ד) **בהראותו** את עושר. את עשרו אין כתיב כאן אלא את עושר. אמר הקב"ה אין עושר לב"י אלא שלי הוא. שנאמר לי הכסף ולי הזהב. נאום ה' צבאות. ומהיכן הי' לאחשורוש

קיצור אלשיך

כי לבבו היה למרע על ישראל. וזהו „ויהי בימי אחשורוש". כלומר הוי היה לנו בימי אחשורוש. כי אליו תתייחם ולא אל המן בלבד. כי יד המלך היה במעל ראשונה. הגם שהמן היחל. הוא היה חפץ יותר. באשר משלו משל רז"ל לבעל התל ובעל החריץ. וגם הוא נתן טבעתו בידו. עד היותו הוא המוכר. ולא כדרך המוכרים. כי הם יקבלו ערבון. אך הוא שיותר היה חפץ למכור מהמן לקנות. ואל ישיאך לבך לאמר הלא לא יבצר מהכנע לב המלך על אבדן קי"ג מדינות. כי חלא דע לך כי „הוא אחשורוש" כלומר הוא בהויתו הראשונה עם היותו עתה „המולך מהודו ועד כוש שבע ועשרים ומאה מדינה". בלבד. ולא בר"מ מדינות כאשר בתחלה. אעפ"כ עודנו בהויתו כי לא נכנע לבו על אבדן לעד חצי המלכות. והנה יתהמץ לב השומע. היתכן כי לא נעצב המלך אל לבו על אבדן קי"ג מדינות. ע"כ אמר ראה בעיניך כי כן הוא כי הנה „בימים ההם כשבת וגו'". כלומר בימים ההם. שהוא בימים אשר לא השלימו הקב"ה רק בקכ"ז מדינות הגדיל לעשות משתה ושמחה רבת מאד. וע"כ לא היחל בזמן מסוים לומר בשנת ג' למלכו כשבת המלך. רק אמר בימים ההם. על לא דבר. כי באומרו בשנת שלש וגו' במה יודע אם היה טרם אבדן קי"ג מדינות או אח"כ. ע"כ נאמר בימים ההם. לומר בימים ההם שלא משל ממשל רב כאשר בתחלה רק על קכ"ז מדינות. עכ"ז היה מה שאומר לך בשנת שלש וגו' עשה משתה. מהמת „כשבת המלך על כסא מלכותו". כי ראה שנתיישבה מלכותו. והיה בטוח שימלוך על קכ"ז המדינות ולא ימרדו בו. כי עם היותו יושב בשושן הבירה יהיה מלכותו בכל משלה ואין מכלים. וזהו „על כסא מלכותו אשר בשושן הבירה". ובמה היה בטוח שהקכ"ז מדינות לא ימרדו בו. לז"א הפרתמים ושרי המדינות לפניו. יושבים לפניו. וחיל פרס ומדי ושריו ועבדיו כולם באו אל המשתה. איש איש ממקומו. אלה מרחוק אלה מקרוב. וכולם סרים למשמעתו: (ד) בהראותו
את

from Hodu to Cush, one hundred twenty-seven provinces. 2. In those days, when King Ahasuerus sat on the throne of his kingdom, which was in Shushan the capital. 3. In the third year of his reign, he made a banquet for all his princes and his servants, the army of Persia and Media, the nobles, and the princes of the provinces [who were] before him. 4. When he showed

who reigned—*He reigned on his own, and was not of royal seed.*—[*Rashi* from *Meg.* 11a] The Talmud proceeds to elaborate on this statement: Some say that it is complimentary to Ahasuerus, for there was no one as fit to rule as he. Others say that it is derogatory, namely that he did not deserve the throne but bribed the people to make him king.

from Hodu to Cush, etc.—*He reigned over one hundred twenty-seven provinces as he reigned from Hodu to Cush, which are situated alongside one another, and so* [we explain] *(I Kings 5:4); "For he had dominion over all [the inhabitants of] this side of the river, from Tiphsah even to Gaza," meaning that he had dominion over all the inhabitants of this side of the river, just as he had dominion from Tiphsah to Gaza.*—[*Rashi* from *Meg.* 11a] The *Targum* paraphrases: From the great India to Ethiopia, from the east of the great India until the west of Ethiopia.

one hundred twenty-seven provinces—According to the *Targum*, these were the provinces from India to Ethiopia. According to the Talmud (*Meg.* 11a), he first reigned over seven provinces, then over twenty, and finally over one hundred.

2. **when King Ahasuerus sat, etc.**—*when the kingdom was firmly established in his hand. Our Sages, however, explained it differently in Tractate Megillah* (11b).—[*Rashi*] *Rashi* alludes to the Rabbinical interpretation: when King Ahasuerus's mind was put at ease. He had been worried that the Jews in his empire would be redeemed from their exile and return to the land of Israel. Since it was known that the prophets had predicted that they would return after seventy years, he computed the end of the seventy years. He said: Belshazzar computed and erred. His error was that he figured from the inception of the Babylonian empire, which commenced with Nebuchadnezzar's reign. He figured the 45 years of Nebuchadnezzar's reign, the 23 of Evil-Merodach's, and the two of his own reign, totaling 70. When he perceived that the Jews were not redeemed, he concluded that they would never be redeemed. So he took out the Temple vessels and used them. On that night, he met his end. Ahasuerus was convinced that he would not make Belshazzar's mistake. He figured from the exile of Jeconiah, which occurred 8 years later. He reckoned 37 years of Nebuchadnezzar's reign, the 23 of Evil

אֶת־עֹשֶׁר כְּבוֹד מַלְכוּתוֹ וְאֶת־יְקָר תִּפְאֶרֶת גְּדוּלָּתוֹ

לְהוֹן יַת עַתְרֵיהּ דִּי יִשְׁתְּאַר בִּידֵיהּ מִן כּוֹרֶשׁ מָדָאָה וְאוּף כּוֹרֶשׁ אַשְׁכַּח הַהוּא עַתְרָא בְּצַדְאוּתֵיהּ דְּבָבֶל חֲפַר בִּסְפַר פְּרָת וְאַשְׁכַּח תַּמָּן שִׁית מְאָה וְתַמְנַן אַחְמֵיתִין דִּנְחָשָׁא מַלְיָין דְּהַב טָב יוֹהֲרִין וּבוּרְלִין וְסַנְדַּלְכִּין וּבְהַהוּא עַתְרָא הַתְקֵיף יְקָרֵיהּ יוֹמִין סַגִּיאִין וּמִשְׁתְּיָא

קיצור אלשיך

את עושר כבוד מלכותו וגו'. הראה לפניהם כי לא נעצב על הקי"ג מדינות שנחסרו לו. כי עושרו די והותר. וכבוד מלכותו לא נגרע ממנו וגם להראות כי איננו ירא מהקב"ה על אשר בטל עבודת בהמ"ק. לקח כלי ביהמ"ק להשתמש בהם הוא ושריו. ראו נא כי שונא ישראל היה כי הלא אחר שהזמין שריו ועבדיו וגו' ושרי המדינות לפניו מה לו לחזור ולהזמין כל העם הנמצאים בשושן כל המון עם הארץ בכבוד גדול בחצר גנת ביתן המלך חור כרפס וגו' על רצפת אבנים טובות ומרגליות. אם לא שלבו הלך בעצת המן כמפורש במדרש חזית שנועצו לב יחדיו להחטיא את ישראל וכן מאמרם ז"ל בגמרא שאמר המלך ליהודים אוכלי לחמו על שלחנו אלהיכם יעשה לכם סעודה כזו? הנה אין זה כ"א רוע לב להניא את לב ב"י מאחרי הקב"ה וכמאז"ל שזולת מאכליו ומשתיו העמיד זונות נגד פניהם להחטיאם. ואחרי כי ראינו שאחשורוש היה שונא לישראל עוד יותר מהמן כנ"ל ע"כ מי הפך את לבו לטובת ישראל רק הקב"ה. ע"כ אמרו חז"ל שצריכים לקרות המגלה מן ויהי בימי אחשורוש להורות שהצרה היתה גם מאחשורוש.

ולא היה לנו על מי להשען רק על אבינו שבשמים.

אמנם אומר כי הנה השתלשלות ספור כל ההקדמה הזאת מראש המגלה עד איש יהודי הן המה פתח עינים לראות מפלאות תמים דעים כי בהמה יגדל נא כח הנס ופלא אשר הפליא לעשות הוא ית' עם ישראל עמו בימים ההם. כי הלא היה מקום לאשר לא חלק לו בבינה להביט והתבונן נפלאות אל אשר הפליא חסדו לנו בימי המלך אחשורוש להקטין איפת הנסים והפורקן אשר עשה אלהים לנו בימים ההם. בהקריבו אש זרות הטבע אל ההצלה באמת. באמור לא על חנם שב אף המלך ולא כלה הרעה בכל פתגם מעשה הרעה אשר גזר על היהודים לאבדם וישלח ספרים אל כל מדינה ומדינה ואל כל עיר ועיר נכתב ונחתם בטבעת המ"ך כדת מדי ופרס די לא להשניא. רק א' מחמת כי זכר את העונש אשר בא עליו בבטלו עבודת בית אלהינו [כדעת המדרש והמתרגם] כי עי"ז אבד קי"ג מדינות. ע"כ התחרט מגזרתו מדאגה כדבר פן יניף הקב"ה שנית ידו עליו. ע"כ השיב את הספרים מחשבת המן. או יאמר טעם ב' אין זה כ"א מאת השרים והפחות הרודים בכל חיל ומדינה היתה זאת לנו כי לא היה עם לבבם לעשות מצות המלך להשמיד וגו' כי שלמים היו עם היהודים הגרים אתם. ומורא לא עלה על ראשם ממלכם. כי הלא שריו יחדיו מלכים גדולי עולם והוא צריך אליהם. או יאמר איש טעם ג' לא כראי זה ולא כראי זה רק שזכר את אשר עשה ואשר נגזר על היהודים לאבדם וירא כי זה איננו שוה לו כי נזק המלך באבדן מנדה בלו והלך [מיני מסים] מעם רב ועצום יתר על שבח עשות רצון המן הרע ההוא ע"כ נחם על הרעה אשר דבר לעשות כי נתן בכים עינו. או יאמר איש טעם ד' הלא אין זה כ"א המלך אחשורוש אוהב היהודים היה כי ע"כ ראה והתקין ויכרה להם כירה גדולה בחצר גנת ביתן המלך ויושיבם על מטות זהב וכסף ועל רצפת בהט ושש ודר וסוחרת ויטע אהלי אפדנו חור כרפס וגו' על גלילי כסף. ולולא גדלה אהבתו אותם לא עשה המשתה השנית כי אם מאהבתו אותם. ואשר היה מסכים הולך בעצת המן הרע אשר חשב על היהודים לאבדם המלך לא הבין דרכו כי לא פורש על איזה עם פרש רשת לרגלו כ"א ישנו עם וגו' ולא נודע אליו כי על ישראל יתוכח עד אשר נעשה פתגם מעשה הרעה מהרה ככל אשר צוה המן כי אז שנה ופירש על היהודים לאבדם ולא עצר כח לשוב אחרי הודאתו הסתמי. או טעם ה' כי יאמר איש אל תגדל מעלות הנס אשר הפליא לעשות אלהינו מרהם בימים ההם כי הלא לא אשמים היו אז ישראל לפני המקום כי לא חטאו לו חטאה גדולה שיתחייבו עליה ככל הרעה אשר נגזר עליהם כ"א השתחוו לצלם לא עשו אלא לפנים ואם נהנו מהסעודה אנוסים היו. או טעם ז' כי יאמר איש הלא גדול מרדכי בבית המלך ואוהבו אז יותר מאהבתו את המן כי ראה כי מרדכי היהודי עשה והצליח במלחמה מה שלא הצליח המן [כנודע מרז"ל ומהמתרגם] ע"כ נקל הוא יעשה המלך כרצון מרדכי וישוב מעשות רצון המן למענו. או טעם ז' כי יאמר נא ישראל טוב להודות לאסתר המלכה כי היא שעמדה לנו לפני המלך כי נפלאתה אהבתו לה מאהבת נשים ובטל רצונו מפני רצונה ויפרקנו מצרנו המן הרע ואותו תלה על עץ על אשר שלח ידו בעמה ובמולדתה. או טעם ח' לומר כי אשר היה לנו מעיר לעזור הוא כי מלך הפכפך היה משתנה לכמה גוונים. רגע ידבר לנתוץ ולנתוש על גוי ועל אדם וכמעט רגע ישוב ירחמנו ואהניא לן שטותיה. או טעם ט' כי כן דרך מלך גדול כמוהו כי במשפט יעמיד ארץ ואם יצא דבר מלכות מלפניו אשר לא כדת עוד ישקיף ויראה בעומק הדבר אם טוב ואם רע ע"פ המשפט. ואם יראה כי שגגה היא ישיב גזרתו ויתקן את אשר עוות. ובכן יעלה על לב איש לדבר ולומר לא על חנם השיב אחור כתב אשר נכתב ונחתם בטבעת המלך שהוא שלא כנימוס ושלא לכבודו אם לא כי שב וראה כי אשר לא כדת היה הדבר ושב ורפא לנו. או טעם י' הלא הוא פן יאמרו ישראל הלא המלך ההוא זכר את ושתי שבטענה קלה סבב מיתתה לבל יבזו הנשים בעליהן בעיניהן ע"כ בראותו את ממוכן הוא המן שגם על אשתו זאת פרש מצודה אז אמר אין זה כ"א רעה עינו על שוכבת חיק המלך והנה שגה באולתו כי ראה מעשה אסתר ונזכר הלכת ושתי כי הוא גזר עליה על קלה שבסבות ואז נהפך לבו בקרבו לאויב לו ע"כ מרדכי ואסתר ראו והתקינו כל סדר השתלשלות סיפור ההקדמה הזאת למען נשכיל חין ערך גודל הנס הגדול ורב ורם הלא הוא להסיר מלב המקילים בו מהטעמים הנאמרים והוא על המענה הראשונה ראו נא תוקף לבו כי לא נכנע על אבדן קי"ג אפרכיות וכחו אז בהיות מלכותו שלמה כחו עתה נגד ישראל. וזה החילו ויהי וגו' לומר וי היה לנו בימי אחשורוש. כי הנה הוא אחשורוש בהויתו הקדומה כאשר מלך על ר"ם מדינות. ואף כי עתה אחר ששלח ידו לבטל בנין בהמ"ק ואבד קי"ג אפרכיות עכ"ז לא ימנע מעשות הרע לישראל. כי אמיץ לבו ואדרבה בימים ההם עשה משתה וגו' כי לא נעצב אל לבו מדאגה בדבר אבדתו כמפורש למעלה. ועל הב' אדרבה כל השרים סרים למשמעתו כי בעשותו המשתה היו כל שרי המדינות לפניו ומה גם כי יבושו ממנו מפני הכבוד אשר כבדם בהמשתה ומפני היראה כי הלא היה בהראותו את עושר וייראו מלפניו כי כח ואל לו ברוב עשרו להנקם מהמורדים בו. וגם מן הטעם הג' איננו שוה אצלו להגיחנו על אבדן מסים וארנוניות. כי הלא התמיד הראותו יקר תפארת גדולה עשרו שמונים ומאת יום שהוא רבוי עצום. ואיש אשר אלה לו כקש נחשבו לו מסי ישראל כי הוא ממלכי מדי אשר כסף לא יחשובו וזהב לא יחפצו בו. ועל הד' אמרו חז"ל כי המשתה שעשה שבעת ימים להעם הנמצאים בשושן עקרו היה להחטיא את ישראל ויענשו ממרומים עד שלא יזכר שם ישראל עוד. ועל הה' בל יחשבו כאנוסים. ולא יענשו. אמר כי השתיה יין נסך. יהי' שלא באונס. ולבל יעצרו כח למשוך ידיהם מלשתותו הכין הכנות המביאות להתאוות לשתות שהוא להשקות בכלי זהב ויין מלכות ורב מאד. ועל הו' אמר לעשות כרצון איש ואיש. זה מרדכי

והמן

the riches of his glorious kingdom, and the splendor of his excellent majesty,

Merodach's, 3 of Belshazar's, 5 for Darius and Cyrus and 2 of his own reign. Since the Temple was not rebuilt, he figured that they would surely never be redeemed. So he too took out the Temple vessels and used them. His mistake was that he should have figured from the destruction of Jerusalem, which occurred 11 years later. In actuality the Temple was not re-built eleven years later, since he reigned fourteen years, and the Temple was not built until the second year of Darius II. The reason is because the years reckoned were incomplete years. *Ibn Ezra* explains: when he rested from the war of Hodu and Cush. This may coincide with *Rashi*'s interpretation.

The *Targum* and several midrashim interpret the passage "when he sat on his throne" literally. Ahasuerus had longed to use the legendary throne of King Solomon, which had been brought by Cyrus from Babylon to Elam. However, he was unable to mount it. He therefore sought to have a replica made, but his artisans were unable to duplicate it. He finally agreed to have a similar inferior throne constructed. This was constructed in the third year of his reign.—[*Mid. Abba Gurion, Esther Rabbah* 1:12]

in Shushan the capital—*Ibn Ezra* interprets this as a palace which was in the province of Elam, as in Daniel (8:2). The city of Shushan was near Elam.

3. **he made a banquet**—Various reasons are given for this banquet. The *Targum* writes that some say that he quelled a rebellion, and some say that it was a religious festival. *Ibn Ezra* states that some say it was because he came to the conclusion that the Jews would no longer be redeemed from exile. Others believe that the banquet was in celebration of his marriage to Vashti. *Ibn Ezra* prefers the latter.

the nobles—Heb. הַפַּרְתְּמִים, *governors in Persian.*—[*Rashi*] *Ibn Ezra* defines it as people of royal descent. He writes that we cannot determine whether its origin is Hebrew or Persian, since it appears only in the books of Daniel and Esther. Modern scholars identify it as a Persian word meaning nobles. See *Barzilai,* p. 320, *Daath Mikra. Rabbi Joseph Kimchi* derives it from the word *Euphrates.* These were the governors of the provinces across the Euphrates.—[*Sefer Hashorashim, Michlol Yofi*]

before him—*Malbim* notes that the order of the assembled was not in accordance with their esteem, because the princes of the provinces should have preceded the army and the servants. He therefore explains that Ahasuerus's purpose in making this banquet was to convert his monarchy from a limited monarchy to an absolute monarchy. He wished to demonstrate that his throne was not dependent upon his subjects, but that he had vanquished them. He therefore seated the army, which had vanquished the provinces, before the nobles and the princes of the conquered provinces, to show that

יָמִים רַבִּים שְׁמוֹנִים וּמְאַת יוֹם: ה וּבִמְלוֹאת
הַיָּמִים הָאֵלֶּה עָשָׂה הַמֶּלֶךְ לְכָל־הָעָם הַנִּמְצְאִים
בְּשׁוּשַׁן הַבִּירָה לְמִגָּדוֹל וְעַד־קָטָן מִשְׁתֶּה שִׁבְעַת
יָמִים בַּחֲצַר גִּנַּת בִּיתַן הַמֶּלֶךְ: ו חוּר | כַּרְפַּס

הו"א ובמלאת הימים האלה. בס: בחצר גנת ביתן המלך. בס: חור כרפס סתית רבתי

תרגום

לְרַבְרְבָנוֹי מְאָה וְתַמְנַן יוֹמִין: ה וּבְאַשְׁלָמוּת יוֹמֵי מִשְׁתְּיָא הָאִלֵּין עֲבַד מַלְכָּא לְכָל עַמָּא בֵּית יִשְׂרָאֵל דְאִשְׁתַּכָּחוּ חַיָּבַיָּא בְּשׁוּשַׁן בִּירַנְתָּא דָא וְתַנְיָאוּ עִם עַרְלָאִין דַיָּרֵי אַרְעָא לְמִן רַבָּא וְעַד זְעֵירָא מִשְׁתְּיָא שִׁבְעָא יוֹמִין בְּדָרַת גִּנְתָא גַוָּאָה דְמַלְכָּא דַהֲוַת נְצִיבָא אִילָנִין עָבְדִין פֵּירִין וּבוּסְמָנִין כְּבִישָׁן עַד פַּלְגוּתְהוֹן דְהַב טָב וּשְׁלִימוּ בְּאַשְׁלָמוּת אֶבֶן טָבָא וּמְטַלְלִין עֲלֵיהוֹן בְּרַם מָרְדְּכַי צַדִּיקָא וְסִיַּעְתֵּיהּ לָא הֲווֹ תַמָּן: ו וּמִן אִילָנָא לְאִילָנָא הֲווֹ פְּרִיסָן יְרִיעָן דְבוּץ גְּוָן חִיוָר כַּסְפִּירִין וּכְרָתֵיגִין וְתִיכְלָא אֲחִידָן בְּאַשְׁלֵי מְטַכְסִין צְבִיעָן

שפתי חכמים

המלכות בידו דסיינו בשנת שלש למלכו: ו פי' הכל סינו דבוק למה (ה) גנת. מקום זרעוני ירקות: ביתן. נטוע באילנות:

רש"י

פרס: (ד) ימים רבים. עשה ו להם משתה: (ו) חור כרפס ותכלת. מיני בגדים

אבן עזרא

בשקט ממלחמות. וי"א שנשא ושתי והיא היתה כעיני הפרחמים. מזרע המלוכה ולא נדע אם המלה עברית או פרסית כי לא מצאנוה רק בספר דניאל ובמגילה: (ה) הנמצאים. מלה זרה בדקדוק כי היה הלד"י ראוי להיותו קמוץ בקמ"ץ גדול כמשפט. והעם הנמצאים בארמון הם משרתיו ומשרתי משרתיו: ביתן. מגזרת בית והוא סמוך וגם מוכרת וטעמו כמו לפנים וכן מבית ומהון והוא דרך קצרה ביתן בית המלך: (ו) חור כרפס. זה הפסוק דבק עם אשר למעלה בהראותו ונכנס פסוק ובמלאת ביניהם כמו אמר לנער ויעבור לפנינו: חור. עין והוא לבן מגזרת חורי יהודה וככה בלשון ארמית: כרפס. עין כדמותו בלשון קדר גם תכלת ידוע ואלה מיניס כמשי והעד אחוז בחבלי

קיצור אלשיך

זהמן. להראות ליהודים שמרדכי חשוב אצלו כהמן אף שהוא יהודי. ועל הז' אמר ראו נא מה גדלה גדולת ושתי בעיני המלך כי לולא בטחה באהבתו אותה באהבת נשים וגודל חשיבותה לפניו לא ערבה אל לבה לעשות גם היא כמוהו משתה נשים כיד המלך ולא עוד אלא בבית המלכות אם לא כי ידעה כי גדלה מעלתה לפניו ולא יאמר לה מה תעשי. ועכ"ז להפיק רצונו אשר עלה על רוחו צוה להפשיטה ערומה ולהציגה ביום הולדה לעיני השרים והעמים. וא"כ איפה מי זה יבטח באהבת המלך את אסתר להפך את אשר זמם והכתוב זהתום בטבעת המלך אשר אין להשיב. כי ק"ו הדברים אם רוח עועים שעלה על רוחו אשר לא כנימוס ולא כראוי ביטל עליו כל אהבתו אותה ואיך יבטל נימוס מלכותו כי כתב אשר נכתב וגו' אין להשיב על אהבת אשתו ווש"ה גם ושתי וגו' עשתה משתה וגו' והיה כמשתה המלך כי זה כיוון באומרו מלת גם כי אין זה רק על גודל אהבתו אותה ועכ"ז ביום השביעי וגו'. ועל הח' אמר כי אדרבה בעלות חטהו באפו לא ישוב ממנה כי הנה וחמתו בערה בו ולא שככה. קצרו של דבר כי תחלת דברי פי המגלה הזאת ממנה פנה ממנה יתד למחזיק ולמעוז יקר תפארת גדולת הנסים והגבורות אשר עשה אלהים לנו בימים ההם כי נכיר סבת גאולתנו מהיות טבעי ונשים אותה על נס כי מודיע בימי עד איש יהודי הנד יגיד לנו את תוקף לב המלך שלא נכנע על אבדן קי"נ מדינות ומעשה תקפו בעושר ונכסים זע"כ כל שרי המדינות לא ימרו את פיו וגם לא יהשיב מסים וארגוניות ישראל להשיב ידו מבלע כי אין קצה לאוצרותיו וכן גלה לנו בזה תוקף חטא ישראל וכן תוקף חמת המלך שבערה בו ולא תכבה לא בשומו אהבתו אותה וחשיבותה לפניו ולא מה שהדת היתה בעזרתה וכן תוקף טענת ממוכן בעיני המלך כי בכל מיני תוקף האמורים האלה התזק ותגדל בעיני כל עם נושע בה' וע"כ מצוה לקרות את כל דברי האגרת הזאת מן ויהי בימי וגו':

(ה) **ובמלואת** הימים האלה וגו'. איתא פלוגתא בהז"ל אם משתה שושן נכלל בהק"פ ימים. וקע"ג ימים היו לבד לכל שריו ועבדיו וגו'. ושבעה ימים האחרונים עשה משתה לכל העם הנמצאים בשושן ובס"ה היה ק"פ ימים. או שהשבעה ימים היו לבד הק"פ ימים. ומהפסוק עצמו אין הכרע לזה. וגם אין להכריע אם מתחלה היתה דעתו של אחשורוש לעשות סעודת שושן רק שבעה ימים. או סבת ענין ושתי הפריעה הסעודה וביטלה. רק מהמשך הפסוקים נראה. כי השבעה ימים היו לבדם אחרי כלות הק"פ יום. והמשתה הזה הי' להתעות את ישראל ועצת המן הרשע הי' במעל הזה כדאיתא במדרש חזית כי המן יעץ תחבולות עם המלך להחטיא את ישראל להבאיש את ריחם בעיני אלהיהם להזמינם על שולחן המלך להאכילם ולהשקותם מפת בגם ויין משתיהם להעמיד נגד פניהם זונות למען הכשילם. וזה אומרו לכל העם. ולא אמר אל כל הנמצאים ויכלול כל מיני עמים. אך כוון אל העם אל עם המיוחד עם נושע בה'. ועוד ראיה כי זימן למגדול ועד קטן ואין זה דרך המלך להזמין פשוטי עם אל המשתה. רק כאשר כתבנו להכשיל את ישראל. ולזה אין חלוק בן גדולי ישראל להמון העם. ולבל יתשבו לאנוסים כי יאמרו שהמלך אנס אותם. ע"כ גזר על העם הנמצאים בשושן. ואם לא ימצאו בשושן שיתחבאו או יברחו. הלא המה אינם שייכים אל קריאת המשתה. רק מי שירצה לבא יבא. וגם אותם לא יאנסו כמה יאכלו וכמה ישתו. רק הכל יהי' באוות נפשם ורצונם בכדי שיתחייבו ויענשו ממרומים שלא יגאלם וישארו תחת ידו:

(ו) **חור** כרפס ותכלת וגו'. ונראה כי על היותם בחצר ובגנה. אשר אין עליו תקרה ע"כ להיות צל על ראשם עשה מעין רקיע פרוס על עמודי שש וגלילי כסף יריעות חור כרפס ותכלת כאהל לשבת ומתריהם היו של בוץ וארגמן וזהו אחוז בחבלי בוץ וארגמן או כפי' רש"י שהיו מרוקמים בארגמן והיה האהל פרוס על עמודים. והיו מטות זהב וכסף לישב עליהן והיה הקרקע מרוצף באבנים טובות שהם בהט ושש ודר וסהרת כפי' רש"י בשם רז"ל וסדרם הכתוב מלמעלה למטה הוא חור כרפס וגו' שהיו כעין רקיע מלמעלה ואח"כ העמודים שתחתיהן ואח"כ מה שלמטה מהם שהוא מטות וגו' ואח"כ הרצפה שלמטה מהכל. ואחשוב לפי זה כיוון להורות היותו ממדי אשר כסף לא יחשבו וזהב לא יחפצו בו ואבנים טובות כאין נגדו ועל כן הפך הדרגות החשיבות כי החשוב על הכל הם אבנים טובות עשה מהם רצפה למטה בארץ למדרך כף רגל ולמעלה מהם הידור מטות זהב וכסף יחד ומה גם לדעת ר' נחמיה בברייתא בגמרא שהיו המטות של

כסף

many days, yea one hundred and eighty days. 5. And when these
days were over, the king made for all the people present in Shushan the capital, for [everyone] both great and small, a banquet for seven days, in the court of the garden of the king's orchard.
6. [There were spreads of] white, fine cotton,

they were nobles and princes only *before him*, i.e., before he had conquered their lands, but now, they occupied no positions of importance.

4. **many days**—*he made a banquet for them.*—[*Rashi*] *Rashi* obviously avoids the apparent interpretation that he showed the riches of his glorious kingdom and the splendor of his excellent majesty for one hundred and eighty days for it sounds far-fetched.—[*Sifthei Hachamim*] The midrashim (*Abba Gurion, Esther Rabbah*), however, do explain it in that manner. They tell us that the fabulously wealthy Nebuchadnezzar was very stingy with his wealth. In order to prevent his son, Evil-Merodach, from inheriting it, he ordered copper ships to be made. He hid all his wealth in these ships and diverted the waters of the Euphrates over them. When Cyrus decreed that the Temple be rebuilt, God revealed these treasures to him. Subsequently, Ahasuerus inherited them. They consisted of 1080 treasures. He exhibited six of them every day for 180 days. This is alluded to by the six expressions used to describe his wealth.—[*Gra*]

Another opinion in the Midrash, which also appears in the Talmud (*Meg.* 12a), is that he showed the assembled people the priestly raiment. The expressions used to describe his wealth coincide with those describing the priestly raiment in Exodus 28:2. The Midrash adds that when the Jews present at the banquet saw the Temple vessels, they did not wish to sit there. Separate seating was consequently arranged for them.

5. **the garden**—*a place where vegetables are sown.*—[*Rashi*]

orchard—*where trees are planted.*—[*Rashi*] Since these are three different places, the Talmud (*Meg.* 12a) finds this verse difficult. Several solutions are offered to reconcile this difficulty. One is that those fit for the court he seated in the court, those fit for the garden he seated in the garden, and those fit for the orchard he seated in the orchard. A second opinion is that he first seated them in the court, but it did not accommodate them. He tried seating them in the garden, but it was still too small. He finally seated them in the orchard, which did accommodate them. A third view is that he seated them in the court, to which there were two entrances, one to the garden and one to the orchard.

6. **white, fine cotton, and blue**—*He spread out various types of colored garments for them for spreads.*—[*Rashi*] According to *Ibn Ezra,* these were the riches he displayed to them.

ותכלת אחוז בחבלי־בוץ וארגמן על־גלילי
כסף ועמודי שש מטות | זהב וכסף על רצפת
בהט־ושש ודר וסחרת: ז והשקות בכלי זהב
וכלים מכלים שונים ויין מלכות רב כיד המלך:
ח והשתיה כדת אין אנס כי־כן | יסד המלך על

תו"א וסכלת. שם: על גלילי כסף ועמודי שש. שם: בהט ושש ודר. מגלה יב: וסחרת. שם: והשקות בכלי זהב. שם: ויין מלכות רב. שם: והשתיה כדת אין אונס. שם:

בארגונא דלין עלוי אונקלין דכסף ודשרין סגלגלין דכסף כפיקן עלוי עמודי מרמרין ספקין ירקין וברקין ומרוקין וחורין אותיב יתהון עלוי ערסן דמילתין דמתחן על ברגשין דנקלטיהון דדהב טב וכרעיהון דכסף שרין על סטיו בביש קרוסטלינין ומרמרין ודורא דכרכי ימא רבא ואטונין מצירין מקפין להון חזור חזור: ז ופקיד לאשקאה יתהון במני דהבא דבית מקדשא דאייתי נבוכדנצר רשיעא מן ירושלם ומניא אוחרניתא דהוו ליה למלכא אחשורוש תמן הוו מחלפין דמותיהון היכאבר ומן קדם מני בית מקדשא אישתניאו והוו שתן חמר עסים דיאי למשתי מלכא דסגי ריחיה ובסים טעמיה ולא בחסרנא אלהן כמיסת ידא דמלכא: ח ושקותא כהלכתא מנהג גופא ולית דאנים ארום כן שם טעם מלכא על כל דאתמנא

רש"י

לכבודים פירש להם למצעות: אחוז בחבלי בוץ וארגמן. מרוקמים בפתילי בוץ וארגמן אותן פרס להם על גלילי כסף ועל עמודי שש: מטות זהב וכסף. ערוך ליסב עליהם לסעודה: על רצפת. קרקעות של בהט ושש וגו' מיני אבנים טובות פירשו רבותינו. ולפי משמעות המקרא כך שמם: (ז) והשקות בכלי זהב. כמו ח ולהשקות: שונים. משונים זה מזה וכן ודתיהם שונות. ורבותינו דרשו מה שדרשו: ויין מלכות רב. הרבה ט. ורבותינו אמרו שהשקה אותם כל אחד ואחד יין שהוא זקן ממנו: (ח) כדת. לפי שיש סעודות שכופין את המסובין לשתות כלי גדול ויש שאינו יכול לשתותו כי אם בקושי אבל כאן

שפתי חכמים

דסמך לו דהיאך הראה להם יקר תפארת גדולתו ימים רבים: ז דק"ל מטות לסעודה למאי מכעי לכ"פ ערוך ליסב עליהם: ח הוסיף למ"ד במלת והשקות כדי שיהיה מקור כי בזולת זה הוא ציווי וידוע הוא שמשפט המקור לעולם שיבא עליו אחד מאותיות בכל"ם וכן הוסיף למ"ד בפ' ויקהל לעשות אותה והותר כתב רש"י ולסותר כוונתו נ"כ שלא יהא ציווי והביא שם לראיה כמו והכבד בפירושו ולהכבד והכות את מואב. ובפרשת וארא הביאם בשם חסדי שלמ"ד לפי שכן הוא משפט המקור הנזכר: ט פי' מלת רב הוא שם כמו הרבה

אבן עזרא

פתוח הה"א בפת"ח גדול איננו כמו חבלי יולדה: בוץ. הוא הבד ממיני פשתים במצרים גם ארגמן כאשר: גלילי. כמו גלגלי כאשר אפרש במשכן שלמה: ועמודי שש. כמו שיש וככה עץ ועיש והנ' הגלגלים היו בין עמוד לעמוד ומקצתם מכוסים בנזכרים: רצפת. כמו מרצפת אבנים והם היו על מלמטה: בהט. גם דר וסחרת אבנים יקרות: (ז) שונים. מגזרת שנוי והוא שם התואר כדמות פעול וכן ועם שונים: כיד המלך. ככח כי הכח ביד יראה: (ח) והשתיה. על משקל בכה האכילה כי דגשות היו"ד בעבור היו"ד המובלע שהוא תחת ה"א השורש: כדת. כחוק והיא לשון נקבה

קיצור אלשיך

בכסף ורגליהם של זהב. ותנה הוא הפך הסברא להחשיב הכסף מהזהב אך במאמרנו זה נכון מאד כי נתן החשוב חשוב תחתון ועולה ויורד בהשיבות כמדובר. הרצפה אבני נזר. למעלה מהם רגלי המטות זהב. למעלה מהם המטות עצמם כסף. למעלה מהם גם הם גלילי כסף. ולמעלה מהכל יריעות חור כרפס וגו' משוללי זהב וכסף ואבני יקר:

לקוטי אנשי שם

העושר הזה. איתא בילקוט א"ר תנחומא נבוכדנצר כנס הסולרות של כל העולם וסי' לו פין כממון וכיון שנכנס למות אמר כל הממון הזה איני מניח אחרי לשום אדם שלא יתכבד אחר בממוני. עשה ספינות של נחשת ומלא אותה זהב והטמינה בהלך והפך עליה עופרת וכשבקש כורש לבנות בית המקדש מלא הספינה עם הסולרות דכתיב ונתתי לך אוצרות חשך וגו' והאוצרות יכש אותי מנון:

(ז) והשקות בכלי זהב וגו'. אפשר כי גם בזה בא להראות כבוד עשרו שעם היות כל השקיתו בכלי זהב היו כלים מכלים שונים ואשר שתו בו פעם אחד לא ישנו בו. כי יביאו אחר במקומו כנזכר בתרגום ירושלמי וברז"ל וז"ל מי שהיה שותה בכוס לא היה שונה ושותה בו אלא כיון שהיו שותים בו היו מכניסים אותו ומוציאים אחרים. ולזה אין ספק היה צורך הון רב במאד מאד כי רב מאד מחנה המסובים ואם על כל כוס וכוס שישתה כל איש מהם היו מחלפים הכוסות זה תהיה הפלגה עצומה עד מאד ע"כ היה אפשר לומר כי אין זה רק מבלתי היות היין רב ומעט היו השותים וע"כ יספיקו הכלים בהשנותם. ע"כ אמר ראה כי היו משנים הכלים בכל שתיה עם היות יין מלכות רב כיד המלך וזה הוראה עצומה על רוב עשרו עם היות כלי זהב כולם ומשנים אותם על כל שתיה עם היות יין מלכות שרבים שתו ורבים ישתו יותר מדאי כי יערב למו וגם רב כיד המלך. ועם רב. ושבעת ימים ולא נעדר מתת הלופיהן וחלופי חלופיהן הכל זהב:

(ח) והשתיה כדת. אין אונס. והוא ע"פ דרך רז"ל כי כל ישעו וכל חפץ המלך להכשיל את ישראל בעצת המן ע"כ המלך ראה עצמו במבוכה גדולה ויאמר בלבו הנה עם בני ישראל מצות אלהיהם עליהם לבלתי שתות יין נסכו ע"כ לא יבצר או ישתו וילכדו או לא ישתו כי יעוזו במעוז דתם. אם לא ישתו תופר עצת המלך והמן ואם ישתו אם הוא ע"י גזור על כל העמים שישתו ידונו כאנוסים ולא ילכדו בגרונם בעצם. וע"כ אומר שלא יאנסו אותם לעבור דתם ואולי לא ישתו. התקין לזה שני דברים. א' הפליא לעשות הכנות במשיכות את האדם אחרי יין נסכו להשקות בכלי זהב וכלים מכלים שונים כנ"ל. והיין יהי' יין מלכות טוב מאד במעטו וריחו. ובזה גם כי ישתוק המלך מלגזור על השתיה לא יכרת איש מלשלוח יד אל מזרקי היין כי ההכנות ההם לא יתנום לאסוף ידיהם. וע"כ צוה לכל רב ביתו לעשות כרצון איש ואיש ולא יאנסו לכל איש יהודי לשתות. מחמת שהיה בטוח שמעצמם ישתו בלא כפיה [וזהו שאמרו חז"ל מפני שנהנו מסעודתו של אותו רשע. כי אדם שבאמת אינו רוצה לאכול ולשתו' וכופין אותו לאכול ולשתות אין לו הנאה מאכילהו ושתיתו. ובסעודת אחשורוש לא היה כפיה. רק אכלו ושתו מחמת שהתאוו להמאכל והיין. והיה להם הנאה ממאכלות האסורות ומיין נסכם. ע"כ נענשו:

נם

and blue, embroidered with cords of linen and purple, on silver rods and marble columns; couches of gold and silver, on a pavement of green, white, shell, and onyx marble. 7. And they gave them to drink in golden vessels, and the vessels differed from one another, and royal wine was plentiful according to the bounty of the king. 8. And the drinking was according to the law [with] no one coercing, for so had the king ordained upon

embroidered with cords of linen and purple—*embroidered with threads of linen and purple; he spread these out for them on rods of silver and on columns of marble.*—[*Rashi*]

couches of gold and silver—*he set* [them] *up to sit upon for the feast.*—[*Rashi*]

on a pavement of—*floors of green and white, etc. Our Sages identified them as kinds of precious stones, and according to the apparent meaning of the verse, these were their names.*—[*Rashi*]

7. **And they gave them to drink in golden vessels**—Heb., *like* וּלְהַשְׁקוֹת, *and to give to drink.*—[*Rashi*]

and the vessels differed from one another—Heb. שׁוֹנִים, *different one from the other, and likewise,* (below 3:8) *"and their laws differ* (שֹׁנוֹת)," *and our Sages expounded what they expounded.*—[*Rashi*] *Rashi* alludes to the Talmudic explanation (*Meg.* 12a) that a heavenly voice went forth and said to them, "Your predecessors (Belshazzar and his company) met their end with these vessels; yet you insist on using them again!" The Midrash (*Esther Rabbah*) explains the verse homiletically: His vessels lost color in the face of the beauty of the Temple vessels, and became like lead. It was as though they were ashamed of their inferior beauty, although they were superior to the vessels of Elam.

and royal wine was plentiful—*It was abundant; and our Sages said that he gave each one wine to drink that was older than he.*—[*Rashi* from *Meg.* 12a]

8. **according to the law**—*Because there are feasts in which they coerce those seated to drink* [the contents] *of a large vessel, and some can only drink it with difficulty, but here, no one coerced* [anyone].—[*Rashi*]

ordained—Heb. יִסַּד, *an expression referring to a foundation* (יְסוֹד); *i.e., so he instituted and ordained.*—[*Rashi*]

upon every steward of his house—*upon all the stewards of the feast: the chief baker, the chief butcher, and the chief butler.*—[*Rashi*]

כל־רב ביתו לעשות כרצון איש־ואיש: ס ט גם
ושתי המלכה עשתה משתה נשים בית המלכות
אשר למלך אחשורוש: י ביום השביעי כטוב
לב־המלך ביין אמר למהומן בזתא חרבונא
בגתא ואבגתא זתר וכרכס שבעת הסריסים
המשרתים את־פני המלך אחשורוש: יא להביא
את־ושתי המלכה לפני המלך בכתר מלכות
להראות העמים והשרים את־יפיה כי־טובת

תו"א לעשות כרצון איש ואיש. שם: גם ושתי המלכה. שם: ביום השביעי כטוב לב המלך ביין. שם

תרגום

אפיטרופוס על ביתיה למעבד כרעות גברא בר ישראל וכרעות גבר מן כל אומא ולישן: ט אוף ושתי מלכתא רשיעתא עבדא משתיא נשיא בבית מלכותא אתר קיטון בית דמוך די למלכא אחשורוש: י ומרדכי צדיקא צלי קדם יי מן יומא קדמאה דמשתיא עד יומא שביעאה די הוא שבתא לחמא לא אכל ומוי לא שתא וביומא שביעאה דהוה שבתא עלת קבלתיה וקבלת סנהדרין קדם יי וכד שפר לבא דמלכא בחמרא גרי ביה יי מלאכא דשגישתא לערבלא משתיהון בכן אמר למהומן בזתא חרבונא בגתא ואבגתא זתר וכרכס מהומן דמתמני על מהומתא בזתא בוז ביתא חרבונא אתר ביה בגתא ואבגתא עתיד מרי עלמא לעסאה יתהון כגבר דעצר ענבוי בעצרתא תרין זימנין ועתיד לצדאותהון ולשפאותהון להני שבעא רבניא דמשמשין באלין שבעא יומין קדם אפי מלכא אחשורוש: יא וגזר מלכא על אלין שבעא רבניא לאיתאה ית ושתי מלכתא ערטילתא על עיסק דהות מפלחא ית בנתא דישראל ערטילן ומנפסן עמר וכתן ביומא דשבתא ובגין כן אתגזר עלה לאיתי ערטילתא ברם כלילא דמלכותא על רישה בגין זכותא דאלביש נבוכדנצר אבוי דאבא ית דניאל ארגונא ובגין כן גזר למהוי אתיא

רש"י

אין אונס: יסד. לשון יסוד כלומר כן תקן וצוה: על כל רב ביתו. על כל שרי הסעודה שר האופים ושר הטבחים ושר המשקים: לעשות כרצון איש ואיש. לכל י אחד ואחד רצונו: (י) ביום השביעי. רבותינו אמרו שבת כ היה:

שפתי חכמים

כמו רב לכם בני לוי שפירש"י הרבה אבל רבותינו דרשו רב רב בשנים: י דק"ל דכי יעשה כרצון איש זה לא יוכל לעשות כרצון איש אחר כי אין רצון כולם שוים. לכ"פ לכל אחד רצונו לא שיעשה רצון כולם בעת אחד ובעשה אחד: כ בפרק קמא דמגילה ביום השביעי כטוב לב מלך ביין אטו עד יום השביעי לא טב ליביה ביין אמר רב יום השביעי שבת היה כו' נמצא שעיקר כוונת הכ' להורות שכאשר טב ליביה ביין בשבת אירע מעשה דושתי כדי לשלם לה מדה כנגד מדה כמו שמפרש והז"ל ודייקא דרב הכי היא אטו עד יום השביעי לא טב ליביה ביין אע"כ לומר דפירושו דקרא כאשר טב ליביה ביין ביום השביעי לא שיום השביעי הוא הגורם לטב ליביה כי כל יום טב ליביה רק זה אירע כאשר טב ליביה ביום השביעי א"כ קשה מה בא הכ' להשמיענו מנ"מ אי ביום השביעי הוא או ביום הראשון אע"כ שאיום השביעי

אבן עזרא

וחוברה כל הזכרים כמו נשים ופילגשים: אונס. מכריח וקרוב מטעם וכל רז לא אנס לך: רב ביתו. גדול כמו ורבי המלך: (ט) בית המלכות. חסר בי"ת כמו הנמצא בית ה': (י) כטוב לב המלך פועל עבר יחיד מגזרת מה טובו אהליך: חרבונא. רבים פירשו שהיה חרבו של המן במהרה כי לא כמו עתה. גם יש במדרש שהיה אליהו. והטעם שדבר טוב ועשה כמעשה אליהו. והאמת כי אלה השמות הנזכרים במגלה הם פרסיים כן ממוכן ואסתר מתורגם הדסה ואילו היו השמות עברים לא נוכל לדעת טעמם כי אין השמות נמצאי' על מתכונת אחת כי הנה ברעה שהבי"ת איננו שורש אמרו בריעה ונח מן ינחמנו ושמואל מגזרת שאול כאשר אפרש במקומו. והמלך צוה להראות יופי המלכה ג"כ

קיצור אלשיך

(ט) גם ושתי המלכה וגו'. להבין הויכוח שהיה בין אחשורוש ובין ושתי. ומה היה לאחשורוש שיצוה על אשתו שתעשה דבר מגונה כזה לבוא ערומה כיום הולדה לפני אלפי אלפים שרים והמון עם. אשר דבר כזה עוד לא שאיל בעל מאשתו גם השנוים פעם ושתי המלכה ופעם המלכה ושתי. הנה בספר ישועה גדולה פי' על המגלה הזאת מהגאון מאור הגולה רבינו יהונתן אייבשיץ ז"ל וזה לשונו רבים תמהו וכן חז"ל בושתי שנתכוונה לדבר עבירה שלכן עשתה משתה בית המלכו' לא בבית הנשים רק במקום דגברי שכיחי והכל לזנות. ולמה סירבה לבוא. אבל הוא הדבר כי כונתם היה להחטיא את ישראל [כפת בגם וביין נסכם ובזנות וכאשר אחשורוש והמן ראו כי ישראל אחרי אכלם ושתותם לא יתחילו בעבירה. ע"כ הי' עצתם שהמלך והמלכה וכל השרים יתחילו בזנות וכן יעשו גם בנ"י] כמאמר חז"ל רק חשבה דאם תבא בית המלך והשרים מה יועיל זה. אם יזונו עיניהם מעבירה מ"מ לא יהי' מצוי להם שם לחטוא בפועל. רק ביקשה שהמלך ושרים יבואו כולם לבית הנשים ושם תפשוט ושתי מעצמה ערומה להראות היופי. וכאשר יראו תואר יפיה יאמרו שרים אחרים גם נשים אחרים יסירו מלבושם. ויהיה כאן תערובות נשים עם אנשים הולכים ערומים מקושטים בזנות. ויבא גם השטן בתוכם כתנור אש לדבר עבירה ומי גבר ינצל מדבר עבירה ולא יחטא. כך היה כוונתה. אמנם אחשורוש פקד שושתי תבא לבית המלכות לבדה ערומה לפני האנשים ובזה נכזבה תוחלתה כי אם יוסיפו להביט בה. מה דבר עבירה יקרה לעם הזה. וההסתכלות לא חשבוה לעון. וכי תזנה ושתי עם כל העם היושבים בסעודה? ולכך נאמר ותמאן המלכה ושתי לבוא בדבר המלך אשר פקד ביד הסריסים. והיא לא ביקשה ליתן טעם זה ותפסה בלשונה דבר מוסר וגימוס שלא יתכן לאשת המלך לגלות גופה בקהל עם. אמנם בעל המחשבות ידע מחשבתה לרוע כי כל חפצה היה להכשיל לישראל בדבר עבירה. ע"כ נצטרעה או נעשה לה זנב על מצחה שלא תוכל לבא. ועי"ז ערבה שמחתם ונתבטלה המשתה וכל או"א נשמט והלך לביתו.

ונבא אל הכתובים ביום השביעי כטוב לב המלך ביין. לא היה שכור. רק מחמת שהתגאה בלבבו מרוב המדינות שכבש ומרוב עשירותו היה רוצה לגלות

תוקף

every steward of his house, to do according to every man's wish.
9. Also, Vashti the queen made a banquet for the women, in the royal house of King Ahasuerus.
10. On the seventh day, when the king's heart was merry with wine, he ordered Mehuman, Bizzetha, Harbona, Bigtha and Abagtha, Zethar, and Carcas, the seven chamberlains who ministered in the presence of King Ahasuerus.
11. To bring Vashti the queen before the king with the royal crown, to show the peoples and the princes her beauty, for she was of comely

to do according to every man's wish—Heb. אִישׁ וָאִישׁ, lit. man and man, *for each one his desire.*—[*Rashi*] *Sifthei Hachamim* explains that *Rashi* wishes to reconcile the obvious difficulty, viz. that one cannot simultaneously satisfy the wishes of two people, because they may conflict. He therefore states that he did according to the wish of each individual, not necessarily at the same time. [This explanation is somewhat vague, because it is not clearer that it means for each one at a different time any more than the words of the verse. I would venture to say that *Rashi* alludes to the Talmudic explanation of this verse, namely: to do according to the wishes of Mordecai, who was called "a Judean man," and according to the wish of Haman, who was called "a man, an enemy and an adversary." *Rashi* wishes to make clear that this is a homiletic interpretation, but the simple meaning is: to do according to every man's wish.] *Rashi, Meg.* 12a, explains that Mordecai and Haman were the chief butlers, and the king did according to the wishes of each one. *Maharsha* rejects this interpretation because it appears from the verse that the stewards were to satisfy the wishes of the guests, not that the king would satisfy the wishes of the stewards. He therefore explains that Mordecai represented all the Jews, who observed the laws of Kashruth and would not partake of unkosher food or drink, and Haman represented all the other nationalities present at the banquet, who ate anything served. Accordingly, the Talmud coincides with the *Targum*, which reads: to do according to the wish of Jewish men and according to the wish of men of every nation and language.

10. **On the seventh day**—*Our Rabbis said that it was the Sabbath.*—[*Rashi* from *Meg.* 12b] If Scripture meant on the seventh day of the banquet, there would be no reason to tell us this because the king's merriment was in no way related to the fact that it was the seventh day. However, since this was the Sabbath, Scripture tells us that this incident took place on the Sabbath to punish Vashti in kind, as is discussed in verse 12.—[*Sifthei Hachamim*] The *Gra* explains that

מַרְאֶה הִיא׃ יב וַתְּמָאֵן הַמַּלְכָּה וַשְׁתִּי לָבוֹא בִּדְבַר הַמֶּלֶךְ אֲשֶׁר בְּיַד הַסָּרִיסִים וַיִּקְצֹף הַמֶּלֶךְ מְאֹד וַחֲמָתוֹ בָּעֲרָה בוֹ׃ ס יג וַיֹּאמֶר הַמֶּלֶךְ לַחֲכָמִים יֹדְעֵי הָעִתִּים כִּי־כֵן דְּבַר הַמֶּלֶךְ לִפְנֵי כָּל־יֹדְעֵי דָּת וָדִין׃

קֳדָמוֹי בִּכְלִילָא דְמַלְכוּתָא לְאַחֲזָאָה לְעַמְמַיָא וְרַבְרְבָנַיָא אֲרוּם שַׁפִּירַת חֵיזוּ הִיא׃ יב וְסָרִיבַת מַלְכְּתָא וַשְׁתִּי לְמֵיעַל בִּגְזֵרַת מֵימַר מַלְכָּא דְאִתְפַּקְדַת בְּיַד רַבְרְבָנַיָא וּרְגִיז מַלְכָּא לַחֲדָא וְחֵמְתֵיהּ רַתְחַת בֵּיהּ׃ יג וַאֲמַר מַלְכָּא לְחַכִּימַיָא בְּנוֹי דְיִשָׂשכָר דְחַכִּימִין מַנְדְעָא בְּעִידָנַיָא וּזְמַנַיָא בְּסֵפֶר אוֹרַיְיתָא וְחוּשְׁבַּן עָלְמָא אֲרוּם הֵיכְדֵין יָאֵה לְמֶהֱוֵי מִתְמַלֵּל פִּתְגָם מַלְכָּא קֳדָם כָּל חַכִּים וְיָדְעֵי אוֹרַיְיתָא

תו"א ותמאן המלכה ושתי שם: ויקצף המלך מאד. שם: וחמתו בערה בו. שם: ויאמר המלך לחכמים. שם:

רש"י

(יב) **ותמאן המלכה ושתי.** רבותינו אמרו לפי שפרחה בה **ל** צרעת כדי שתמאן ותהרג לפי שהיתה מפשטת בנות ישראל ערומות ועושה בהן מלאכה בשבת נגזר עליה שתפשט ערומה **מ** בשבת: **ויקצף.** שלחה לו דברי **נ** גנאי: (יג) **כי כן דבר המלך.** כי כן מנהגם המלך בכל משפט לשום

שפתי חכמים

שבת היה וקרא אתא לאשמועי' שבמדה שאדם מודד מודדים לו. **ל** דיוק' דרבותינו מכדי פרוצה היתה מדכתיב עשתה משתה בית המלכות בית הנשים מנ"ל. אלא גם היא לדבר עבירה נתכוונה כדי להסתכל ביפיה אם כן למה לא באתה אלא לפי שפרחה כו' והא דאמרו פרח לרעת ולא ע"ה בירושלמי מפיק לה בג"ש כתיב הכא אשר נגזר עליה וכתיב גבי עוזיה כשנתנגע נגזר מבית ה' מה להלן לרעת אף כאן לרעת: **מ** דיוקו מדאמר להביא את ושתי המלכה לפני המלך בכתר מלכות ולא אמר בלבוש מלכות וכתר מלכות על ראשה מלמד שכן היה אומר להביא את ושתי המלכה ולא יהיה עליה כלום אלא כתר מלכות וכ"ה בהדיא בילקוט: **נ** דק"ל מאי כולי האי דלקה ביה חמתיה לכ"פ שלחה לו כו': **ס** דק"ל וכי דבר המלך תמיד לפני כל

אבן עזרא

מנהג ארץ אדום ויתכן היות ושתי ממלכות שמנהג הנשים להסתתר או חשבה שהוא שכור: (יב) **לבא בדבר המלך.** בעבור כן ויקצף המלך מאד וחמתו בערה בו הכעס שהוסיפה כאש: (יג) **יודעי העתים.** הכמות המזלות או

קיצור אלשיך

תוקף ממשלתו אף על אשתו שהיא בת מלכים. **שאינה נחשבת בעיניו** למלכה רק היא טפלה לו. ומחמת שהוא מלך הרי היא מלכה והרי היא נכנעת תחתיו לכל אשר יצוה עליה [ומאת ה' היתה זאת לצוות עליה דבר זר כזה. **שיתערבב** השמחה ותהיה קץ וסוף מהמשתאות. והמלכה ושתי תקבל עונשה בשבת כמאמרם ז"ל שיום **השביעי** זה שבת היה מחמת שהיא עשתה מלאכה עם בנות **ישראל** בשבת] וע"כ אמר למהומן וגו' שבעת הסריסים המשרתים את פני המלך אחשורוש. **ואומרו** אחשורוש הוא מיותר [בתהלת הפסוק היה לו לומר לב המלך אחשורוש] כי ממנו מדבר. אמנם **אין ספק** שחשש המלך פן תמאן ושתי מלבוא באמרה **שהיא** מלכה בת מלכים גדולים בת בלשאצר בן **נבוכדנצר והוא** ארורייריה **דאבא ע"כ** שלה לה שהוא מלך **בעצם** מלידה טרם נקרא שמו אחשורוש כמ"ש רז"ל **שהיה בן** דריוש מדיא שקבל מלכותיה דבלש' ולקח **את ושתי** בתו והשיאה לאחשורוש בנו כי מזרע מלכים היה **ומהולדו** היה המלכות מתייחס אליו וזה רמז הכתוב באומרו **את פני** המלך אחשורוש לומר שע"כ **ערב את** לבו ואמר למהומן וגו'. **ולשמא** תאמר היא **שהיא ג"כ** בת מלכים גדולים ממנו ע"כ אמר בשלחו בעדה **להביא** את ושתי המלכה. כלומר שאין המלכות עצמיי אליה רק שמה לבד ככל נשי העולם כי אין המ**לוכה** דבקה בה מאב לבת כי המלכות אשר לה בא **אליה** מצדו באשר היא אשתו וע"כ הקדים **שמה** למלכות. והיא הבינה בדברים ואמרה שהיא מלכה בת מלכים ומצד **עצמה** היא מלכה מלבד היותה אשת המלך אחשורוש. וזש"ה.

(יב) **ותמאן** המלכה ושתי. לומר שהמלוכה עיקר אצלה והשם טפל אליה. **ע"כ** אין זה להכנע תחת צויו. כי היא מיוחסת כמוהו. שנית לא רצתה לבוא בדבר המלך. כי דבריו היו להסריסים „להביא" משמע שאם לא תרצה לילך בעצמה יביאו **אותה. ויסחבוה** ברחובות קריה כגנב לבית אסורים. **זמדוע שלח** אליה סריסים לא שרים נכבדים הפרתמים שידברו אליה דרך כבוד מלכות. ויקצוף המלך מאד. בתחלה כאשר ראה כי ושתי לא באה ושמע מהסריסים **תשובתה** בענין המלוכה. מה גם לדברי חז"ל ששלחה לו בר ארורייריה דאבא. **אבא** לקביל אלפא חמרי שתי **ולא** רווי והאי גברא אישטתי בחמרא. קצף מאד. אך **אחרי התבוננו** בעצמו מה עשה ומה דבר. לבזות אותה ולבזות עצמו. וחמתו בערה בו. **על** עצמו **התכעס** והתחרט מאד. שהקשה לשאול כעיר פרא **שתתבזה** אשתו לעיני העמים והשרים וכל העם הנמצאים **בשושן** הבירה למגדול ועד קטן. ע"כ נהפך לבו לזכותה. **ולא** היה מקום לעשות זאת ע"י עצמו לאמר **שהדין** עמה **והוא** מוחל על כבודו כי שאל שלא כהוגן **כי** זה יהי' לו לבושת ולחרפה להשפיל עצמו תחת **אשה ואחרי** ביזתה אותו ישוב לסבול ולחפות עליה. **והיא** גם היא **לא תחשבנו** עוד ותבזה אותו בלבה. ע"כ **יעצוהו** כליותיו **להגיש** משפטו אל החכמים ולסדר טענותיו באופן יזכוה **ע"פ** הדת ויהיי זה לו לאסוף חרפתו כי יאמר **שהדת תכריחנו.** ותשאר ושתי בחיים לו לאשה בדרך כבוד **ע"פ הדת** שיורוהו המורים.

והנה אצל מלכי מדי ופרס היו שני בתי **דינים א'** הדנים ע"פ הדת. **ב'** הדנים לפי העת **והשעה.** וידע המלך **אם** יגיש משפטה **אל** הדיינים **הדנים** על פי הדת יוכל למלט נפשה על **פי** הטענות **אשר** יסדר לפניהם. **אך** לפני הדיינים הדנים **לפי** העת אין לה תקומה. כי **אם** המלך היה **קורא** לה בינו לבינה ולא באת הי' הדין שתענש **באיזה** עונש אך **לא** היתה בת המותה. **אמנם** בהיותה **שמה** לאל מלהו לפני גדולים ושרים **הפרתמים ושרי המדינות** וחיל **פרס** ומדי הרואים את חרפתו. **ושתים הנה רעות** המתייחסות **אל** העה. א' היות הבזיון **אשר** ביזתה כולל אל המלך והשרים והעמים. ב' הנוגע **אל המלך** לבדו. ועוד כי היה אז המלך מראה **גדולתו** וכבוד עשרו לפני חילו ושריו **ועבדיו** למען יגדל **חשיבותו** בעיניהם וכל גוים יעבדוהו ותתחזק מלכותו **עליהם.** ובדבר הזה נהפך הענין וכל הרואים את **כבודו** יבזוהו **בלבם.** באומרם הנה אשתו מבזה אותו **ואינו** שורר בביתו ואיך נחשיבהו אנחנו וישתרר **עלינו** וכדאי בזיון וקצף גדול נמנע הכפרה ומות תמות. **לכן** למלך אין שוה לדון דינה לפני יודעי העתים. **כי אם** ע"פ הדת ודין.

(יג) **ויאמר** המלך לחכמים וגו'. העולה **שעשתה** ושתי אינו כ"כ גדול **שיצטרך לבוא** משפטה לפני החכמים **יודעי** העתים כי כן יכול **להיות** דבר המלך לפני כל יודעי דת ודין. **ואף לא לפני הדיינים** הקבועים. רק **לפני** כל חכמי לב היודעים **ומבינים** דבר משפט לפי שכלם. וגם לא רצה לפרסם הענין. **רק** לפני השרים.

והקרוב

appearance. 12. But Queen Vashti refused to come at the king's behest which was [brought] by the hand of the chamberlains, and the king became very wroth, and his anger burnt within him. 13. And the king said to the wise men who knew the times—for so was the king's custom, [to present the case] before all who knew law and judgment.

according to the Talmud, wherever it says, "the king," it means the Holy One, blessed be He. On the Sabbath, God, the King, so to speak, is merry with the wine the Jews drink in observance of the Sabbath. In contrast, Ahasuerus and his cohorts, in their drunkenness, were discussing the pulchritude of the women of the kingdom. Some said that the most beautiful were the Persian women , and others said that the most beautiful were the Median women. Ahasuerus then announced that the most beautiful in the entire kingdom was his wife, who was a Babylonian. In response to this claim, the assembled demanded that she appear before them in the nude.

11. **To bring, etc. to show, etc.**—Without specifying the reason, the king ordered Vashti brought before him. Scripture, however, states that he did so because he wished "to show the peoples and the princes her beauty, etc." Since the common people were sitting near the door, they would see Vashti's beauty as soon as she entered, and the princes would see her later. Therefore, the peoples are mentioned before the princes.—[*Gra*]

12. **But Queen Vashti refused**—*Our Rabbis said (Meg.* 12b): *Because leprosy broke out on her, in order that she should refuse and be killed. Because she would force Jewish girls to disrobe and work on the Sabbath, it was decreed upon her to be stripped naked on the Sabbath.*—[*Rashi*]

The king referred to her as "Vashti the queen," implying that she was not of royal birth, but was born a commoner. She became a queen only after marrying him. Vashti retorted that she was a queen in her own right, having been born of royal blood; hence "Queen Vashti."—[*Gra, Malbim*]

became very wroth—*because she sent him shameful words.*—[*Rashi* from *Meg.* 12b, *Esther Rabbah* 3:11]

and his anger burnt within him—i.e., it increased, like a fire which burns more and more intensely.—[*Ibn Ezra*] The *Gra* explains that he did not let out all his wrath because Vashti said disgraceful things to him which he was ashamed to reveal.

13. **who knew the times**—the precedents set in earlier times.—[*Ibn Ezra*]

for so was the king's custom—*For it was the king's custom in every judgment to present the matter before all who knew law and judgment.*—[*Rashi*]

יד וְהַקָּרֹב אֵלָיו כַּרְשְׁנָא שֵׁתָר אַדְמָתָא תַרְשִׁישׁ מֶרֶס
מַרְסְנָא מְמוּכָן שִׁבְעַת שָׂרֵי | פָּרַס וּמָדַי רֹאֵי פְּנֵי
הַמֶּלֶךְ הַיֹּשְׁבִים רִאשֹׁנָה בַּמַּלְכוּת: טו כְּדָת מַה־
לַּעֲשׂוֹת בַּמַּלְכָּה וַשְׁתִּי עַל | אֲשֶׁר לֹא־עָשְׂתָה אֶת־
מַאֲמַר הַמֶּלֶךְ אֲחַשְׁוֵרוֹשׁ בְּיַד הַסָּרִיסִים: ס טז וַיֹּאמֶר
מוּמְכָן לִפְנֵי הַמֶּלֶךְ וְהַשָּׂרִים לֹא עַל־הַמֶּלֶךְ לְבַדּוֹ (ממוכן קרי)
עָוְתָה וַשְׁתִּי הַמַּלְכָּה כִּי עַל־כָּל־הַשָּׂרִים וְעַל־כָּל־
הָעַמִּים אֲשֶׁר בְּכָל־מְדִינוֹת הַמֶּלֶךְ אֲחַשְׁוֵרוֹשׁ: יז כִּי־
יֵצֵא דְבַר־הַמַּלְכָּה עַל־כָּל־הַנָּשִׁים לְהַבְזוֹת בַּעְלֵיהֶן
בְּעֵינֵיהֶן בְּאָמְרָם הַמֶּלֶךְ אֲחַשְׁוֵרוֹשׁ אָמַר לְהָבִיא

תו"א והקרוב אליו. שם: שבעת שרי פרס ומדי ראי פני המלך. מגילה יב. סנהדרין י: ויאמר ממוכן. שם יב:

ודינא: יד וקריבו בנוי דיששכר למידן ית דינא ההוא ברם צלו קדם יי וכן אמרו רבון דעלמא ערבל ית משתהון והוי דכיר ית צדיקיא דקריבו קדמך בבית מקדשך ואמרין בני שנא ותרין בני יונה שפנינן על מדבחא אדמתא על ידא דכהנא רבא דהוה לביש חושנא די ביה כרום ימא ורובי כהנא הוו מרסן ובהשן ית דמא ומסדרין קדמך לחם אפיא וכן אסתחר מלכא ותב ושאל עטיתא לרברבנוי דקריבין לותיה ואלין שמהתהון כרשנא שתר אדמתא תרשיש מרס מרסנא ממוכן שבעא רברבני פרסאי ומדאי חזי אפי מלכא דיתבין בדרגא קדמאה דבכורסי מלכותא: טו כאורייתא מה לאתעבדא במלכתא ושתי בגין די לא עבדת ית מימר מלכא אחשורוש דגזר עלה בידא דרברבניא: טז ואמר ממוכן הוא המן בר בריה דאגג רשיעא קדם מלכא ורברבניא לא על עלוי דמלכא בלחודוי סרחת ושתי מלכתא ארום עלוי כל רברבניא ועלוי כל עממיא די בכל פלכיא די שליט בהון מלכא אחשורוש: יז ארום יפוק פתגם גזרת מלכתא על כל נשיא לאתלגלגא מריהון קדמיהון במללותהון חדא עם חברתא ברם בקושטא מלכא

שפתי חכמים

יודעי דת הולא זה לא היה מדבר נ"פ כי קן מנהג המלך כו': ע דק"ל מה ענין זה לכאן לכ"פ לערוך דבריו כו': פ דק"ל דהלא לא עשתה שום דבר רק שמאנה לבא לא שציותה שיעשו הנשים דבר

רש"י

את הדבר לפני כל יודעי דת ודין: (יד) **והקרב אליו.** לערוך דבריו ע לפניהם אלו הם כרשנא שתר וגו': (טו) כדת מה לעשות. מוסב על ויאמר המלך לחכמים: (טז) **עותה.** לשון עון: (יז) **כי יצא דבר המלכה על כל הנשים.** זה שציותה פ את המלך על כל הנשים

אבן עזרא

העתים שעברו על המלכים הקדמונים: (יד) רואי פני המלך. יש מקומות שלא יראה המלך לכל אנשיו ובספר מלכי פרס כתיב כי הרבע מעלות הם בשרים המערכת הראשונה יושבת בתחלה לפני המלך וזה הטעם היושבים ראשונה במלכות במערכת המלכות: (טז) עותה. ישרת עצמו ואחר עמו וכן הוא כי

קיצור אלשיך

(יד) **והקרוב** אליו ר"ל היושבים קרובים אליו. כרשנא וגו' הרואים פני המלך. ובאותות פניו יכירו וידעו וצוגו להמיתה או להחיותה. והיושבים ראשונה במלכות. אותם השרים היושבים לפני מלכי קדם וראו ענינים כאלה אשר קרה בעת המשתאות. ועכ"ז לא דנום למיתה. וזהו טענותיו ומבוקשו.

(טו) **כדת,** שיהי' כדת. ולא לגמרי כדת. רק מה לעשות במלכה ושתי. להיותה בת מלכים בלשצר אויל מרודך נבוכדנצר. והי' מלכה מלידה ומהריון. ושם ושתי טפלה למלכותה. ושנית רמז בדבורו במלכה ושתי. שהשארה בחיים ובמלכותה. ורק עונש קל הענש. ועוד כי לא עשתה את מאמר המלך אחשורוש. מפי מלך גדול כאחשורוש לא היה צריך ליצא מלות מגונות כאלה, להביא את ושתי המלכה" במלה „להביא" משמע שאם לא תרצה לילך מעצמה יביאוה הסריסים בע"כ. בשבוית חרב. וביד הסריסים. מדוע שלחתי סריסים. אילו אם שלחתי אחריה שרים והפרתמים היתה באה. וכאשר שמע ממוכן דברי המלך אשר רוצה למחול לה עלבונו.

(טז) **ויאמר** ממוכן וגו'. הלא מבין ריסי עיניך ניכר כי מוחל אתה על כבודך. אך זה איננו שוה כי לא על המלך לבדו עוהה „ושתי המלכה" כי על כל השרים. ואם על כבודך המחול על כבוד כל השרים לא תוכל למחול. ואם עתה יבטלו השרים רצונם מפני רצונך וימחלו גם הם. גם זה איננו שוה. כי הלא גם עותה על העמים אשר בכל מדינות מלכותך אשר אינם פה עמנו היום. ואם אשר ישנו פה עמנו ילכו גם הם בגלגול מחילות וירבו לסלוח. חלק כל העמים אשר בכל מדינות מלכותך אשר אינם פה אינו מחול כי גם בכבודם נגעה. כי יצא דבר המלכה על כל הנשים שבכל מדינות מלכותך להבזות וגו' ואשר אתה רוצה לחפות עליה כי היא המלכה מצד אבותיה. ושמה המלכה ושתי. אנשי המדינה אינם חושבים אותה למלכה מחמת אבותיה. כי הבת אינה יורשת המלוכה. והמלוכה שלך הי'. והיא תכונה בשם מלכה על ידך מחמת שאתה מלך ע"כ היה לה לשמור צוויך כל אשר תצוה. ואם לא עשתה רצונך אינה מחזקת אותך למלך ואיך יחזיקוך אנשי המדינה למלך ובפרט כי היא קראה אותך ארווירִיה דאביה. זה הוא מצד השרים בעניני המלוכה ועוד.

(יז) **כי** יצא דבר המלכה וגו'. ר"ל המון הנשים שלא היו על המשתה ולא שמעו דברי הסריסים שאמרו בשם המלך. ולא שמעו היכוח שהיה ביניהם. אם המלכה ושתי. או ושתי המלכה רק שמעו שהמלך אחשורוש שלח שאשתו תבא אליו. והיא לא רצתה לילך ולא הלכה ויהי' מזה בזיון לכל אנשים. כי כל הנשים יבזו בעליהן בעיניהן. באמרם סתם המלך וגו' ובעליהן אינם מלכים ע"כ אינן צריכות לציית אותם. וזהו להנשים הפשוטות (שבכל מדינות המלך) אשר לא היו על המשתה רק שמעו מספרים.

והיום

14. And the nearest to him were Carshena, Shethar, Admatha, Tarshish, Meres, Marsena, and Memucan, the seven princes of Persia and Media, who saw the king's face, who sat first in the kingdom.
15. "According to the law, what shall be done to Queen Vashti, inasmuch as she did not comply with the order of the king, [brought] by the hand of the chamberlains?" 16. Then Memucan declared before the king and the princes, "Not against the king alone has Vashti the queen done wrong, but against all the princes and all the peoples that are in all King Ahasuerus's provinces. 17. For the word of the queen will spread to all the women, to make them despise their husbands in their eyes, when they say, 'King Ahasuerus ordered to

bring

14. **And the nearest to him**—*to present his words before them were the following: Carshena, Shethar, etc.*—[*Rashi*]

who saw the king's face—In some countries, the king is not seen by all his subjects, and in the book of the kings of Persia, it is written that there are four ranks of princes. The first rank sits immediately before the king. That is the meaning of "who sat first in the kingdom," i.e., in the ranks of the kingdom.—[*Ibn Ezra*]

15. **According to the law what [is there] to do**—*This refers back to "And the king said to the wise men."*—[*Rashi*]

16. **Then Memucan declared**—According to the Talmud (*Meg.* 12b) and the *Targum*, this was Haman. He was called Memucan because he was destined (מוּכָן) for trouble. The fact that he is mentioned at the end of the list, yet was first to come up with a verdict, indicates that "an ignoramus is always the first to speak." According to *Pirké d'Rabbi Eliezer* (ch. 49), Memucan was Daniel, and he merited to be the one to set the stage for Esther, who was instrumental in bringing about the rescue of the Jews.

Not against the king alone—If this act of disobedience was damaging only to you, I would have advised you to allow your anger to subside and forgive the queen her iniquity.—[*Rokeach*]

has...done wrong—Heb. עָוְתָה, *an expression of iniquity* (עָוֹן).—[*Rashi*] According to *Rashi*, the root is עוה . *Ibn Ezra* and *Redak (Shorashim)*, however, identify the root as עות, to deal perversely.

17. **For the word of the queen will spread to all the women**—*that she disgraced the king*—[this will cause] *all the women to despise their husbands as well.*—[*Rashi*] i.e., the fact that Vashti despised Ahasuerus will spread to all the women and they will learn to emulate her behavior.—[*Sifthei Hachamim*]

את־ושתי המלכה לפניו ולא־באה: יח והיום הזה
תאמרנה | שרות פרס־ומדי אשר שמעו את־דבר
המלכה לכל שרי המלך וכדי בזיון וקצף: יט אם־
על־המלך טוב יצא דבר־מלכות מלפניו ויכתב
בדתי פרס־ומדי ולא יעבור אשר לא־תבוא ושתי
לפני המלך אחשורוש ומלכותה יתן המלך
לרעותה הטובה ממנה: כ ונשמע פתגם המלך
אשר־יעשה בכל־מלכותו כי רבה היא וכל־
הנשים יתנו יקר לבעליהן למגדול ועד־קטן:

הו"א ונשמע פתגם המלך. מגלה ס: וכל הנשים יתנו יקר לבעליהן. שם:

אחשורוש אמר לאיתאה ית
ושתי מלכתא קדמוי ולא
עלת: יח ויומא הדין תהוין
אמרן רבנתא דפרסאי ומדאי
למעבד לגובריהון היכמא די
קבילו ית פתגם דעבדת ושתי
מלכתא ומתמלכין למעבד
בהין לכל רברבני מלכא ומן
יכול לסוברא כמיסת חוך דין
ורגיז: יט אין קדם מלכא שפיר
יפוק פתגם גזירת מלכותא מן
קדמוי ויתכתב בגזרין דפרסאי
ומדאי ולא יתבטל הדא
גזירתא די לא תעול ושתי
קדם מלכא ומן בתר דתיתי קדם מלכא יגזור מלכא ויעדי ית רישה ומלכותה יתן מלכא לחברתה
דשפירא מנה: כ וישתמע פתגם גזירת מלכא די יעביד בכל מלכותיה ארום גזירתא רבא היא ומן בתר כן

רש"י

להבזות אף הן את בעליהן: (יח) תאמרנה שרות פרס ומדי וגו'. לכל שרי המלך את הדבר הזה והרי זה מקרא קצר: וכדי בזיון. ויש בדבר הזה הרבה בזיון וקצף: (יט) דבר מלכות. גזירת צ מלכות של נקמה שצוה להורגה: ויכתב בדתי פרס ומדי. בספרי החוק ומנהג המלכות: ולא יעבור. חוק זה מביניהם שיהא זה חוק ודת לכל הבוזה את בעלה: אשר לא תבוא ושתי. ולכך ר נהרגה:

שפתי חכמים

לכ"פ זה שביזה' כו' כלומר מתוך מעשיה תלמדנה הנשים לעשות גם המה: צ דק"ל דבר המלך נגבע"ל לכ"פ גזירת מלכות כו': ק דק"ל הלא בדת לא דבר גופני הוא שבו יכתוב והל"ל ויכתב בדתי פרס ומדי. לכ"פ בספרי החוק כו': ר דק"ל מה יתקנו בזה שיכתב אשר לא תבא ושתי הלא גרושי גרשו שמתנה ילמדו הנשים לעשות גם המה כן. לכ"פ

אבן עזרא

על כל השרים עותה ומה הוא העוות שיצא וישמע זה הדבר: (יח) והיום הזה. יהיה המאמר והוא פעול: וכדי בזיון: ודי זה הבזיון והקצף שיהיה בין איש לאשתו: (יט) ולא יעבור. שלא יסור זה החוק: לרעותה. הוי"ו תחת יו"ד רעיתי שהוא תחת ה"א השורש: (כ) פתגם. כמו דבר וכן בקהלת ובארמית: כי רבה. אע"פ שהוא רבה כמו כי

קיצור אלשיך

(יח) **והיום** הזה תאמרנה וגו'. אבל שרות פרס ומדי שהיו על המשתה ושמעו את דבר המלכה יספרו לכל שרי המלך את תשובת ושתי להשיב אל המלך אבא לקביל אלפא חמרא שתי ולא אשטתי ביינו וזה במעט יין נשתטא וחירפ' וגידפה את המלך וכדי בזיון וקצף. ואיתא במדרש רב ושמואל. חד אמר כדאי הוא הבזיון הזה לקציפה זאת. וחד אמר כדאי היא הקציפה הזאת לבזיון זה. ונראין דבריהם פה אחד ודברים אחדים במלות שונות. כי הוקשה להמן אולי יאמר המלך האם על דבר שלא יבזו הנשים את בעליהן תהרג זאת תוכת ושתי מלכה בת מלכים גדולים. לזה אמר אל יקל הבזיון הזה בעיניך כי כדאי הוא הבזיון הזה לקציפה זאת שתקצוף עליה וכדי היא זה להיות שוה לזה. הבזיון להקציפה. והקציפה להבזיון.

(יט) **אם** על המלך טוב יצא דבר מלכות מלפניו. מה שאתה קורא אותה מלכה. זה המלה „מלכה" יצא מלפני המלך. שלא תזכר עוד בשם מלכה רק ויכתב וגו' אשר לא תבא ושתי. בלי שם מלכה. כי איננה ראויה עוד ליקרא בשם מלכה. כי המלכות שלך היא והיא נקראת מלכה על ידך. ובעת שחטאה נגדך ונגד כל השרים והעמים איננה עוד מלכה אליך ולא מלכה על כל העמים והשרים. ומלכותה יתן המלך לאשה אחרת הטובה ממנה. כי בידך היא המלוכה להסיר וליתן לאחרת. ומהמת שירא המן אולי דבריו לא נכנסו באזני המלך. ולב המלך עוד אל ושתי ויעשו שלום ביניהם. וירדו אח"כ את המן שאולה. כי שניהם יהיו שונאים אותו. ובפרט המלכה ושתי. ע"כ היה עצתו ראשונה שיכתב בדתי פרס ומדי שושתי לא תבא עוד לפני המלך. ולא יעבור. ודבר הנכתב בדתי פרס ומדי אין לשנות. ואם ושתי לא תהיה רשאה לבא לפני המלך. איך ישלימו ביניהם? וגזרה זאת יצא דבר מלכות מלפניו. מלפני המלך. המלך עצמו יגזור על הדבר. לא הוא. ומלכותה יתן המלך לרעותה הטובה. שתהיה טובה מחמת שתראה סופה של ושתי:

(כ) **ונשמע** פתגם המלך וגו' כי רבה היא. ראוי לשום לב אל אומרו כי רבה היא. מי לא ידע כי קכ"ז מדינות מלכות רבה היא. אך יחזור אל המלכה לומר הגם שאמרתי שלא תחשוב את ושתי לכתוב לה תואר מלכות כי אם שמה בלבד אעפ"כ כשתשמע פתגם המלך וכו' מאשר יעשה לה. כששמע

לקוטי אנשי שם

(יט) אשר לא תבא ושתי לפני המלך. הנ"ל אמרו שושתי עכבה גאולת ישראל וקטרגה שלא יבנו ישראל בית המקדש. באמרה בית שאבותי החריבוהו אתה רוצה לבנותו. ולכן עשתה כל התחבולות שיחללו ישראל שבתות. כי כל גאולתנו תלוי בשמירת שבת כ"ש חז"ל אלמלי שמרו ישראל שתי שבתות מיד נגאלין לכן מה עשתה ושתי הרשעה בנות ישראל והפשיטן בגדיהן ועשתה בהן מלאכה בשבת. ולכן מדה כנגד מדה נגזר ג"כ עליה שתהרג בלא בגד. ערומה. ודוקא בשבת. שנאמר ביום השביעי כטוב לב המלך ביין אמר להביא את ושתי וגו'. אמר רבי הבא שבת היה. וז"ש ואת אשר עשתה ואת אשר נגזר עליה. כמו שעשתה עם בנות ישראל כן נגזר עליה. לכן כתיב ומלכותה יתן המלך לרעותה הטובה ממנה. זו אסתר הצדקת. שהיא שמרה שבת. כי אמר רבא ואת שבע הנערות הראויות להת לה. שהיתה מונה בהן ז' ימי השבוע כדי שתדע מתי היא שבת. וזה ידוע בז"ם בשנת שלש למלכו עשה משתה. שיש התחלה המשתה תיכף בהתחלת שנה השלישית כמ"ש חז"ל שאחשורוש חשב ב' שנים הראשונים משמלך למלאות חשבון שבעים שנה מהחורבן כניה. ובאלו כב' שנים משמלך ובאלו הק"פ ימים שעשה המשתה. בכסס דוקא נתמלא כמדה של ושתי. כי נחשוב כל ימי שבתות שנמלא כפת המלכה ושתי וחללה ימי השבת של בנות ישראל. נמלא מכוון החשבון קכ"ז שבתות לא פחות ולא יותר. כי כל מלכותה לא היה רק ב' שנים וק"פ יום. ובב' שנים כל שנה שנ"ד יום יש ז' מאות וח' יום. ובז' מאות יום הוא מכוון מאה שבועות. ובמאה שבועות יש מאה שבתות. ובח' ימים יש עוד שבת א'. רק יום אחד נשאר של ק"א שבתות. ובהמאה ושמונים יום של המשתה נמלא כ"ה שבועות וה' ימים. וכשנצרף זה היום א' שנשאר מק"א שבתות של שב' שנים הנ"ל. יהיו ס"ה כ"ה שבועות וששה ימים. ובכ"ה שבועות יש כ"ה שבתות. ואם היה ק"א שבתות. וכשנצרף יחד יהי' קכ"ו שבתות

בכל

Vashti the queen before him, but she did not come.' 18. And this day, the princesses of Persia and Media who heard the word of the queen will say [the like] to all the princes of the king, and [there will be] much contempt and wrath. 19. If it please the king, let a royal edict go forth from before him, and let it be inscribed in the laws of Persia and Media, and let it not be revoked, that Vashti did not come before King Ahasuerus, and let the king give her royal position to her peer who is better than she. 20. And let the verdict of the king be heard throughout his entire kingdom, although it is great, and all the women shall give honor to their husbands, both great and small."

18. **And this day**—All this will take place later, when all the women of the provinces hear the word of the queen, but on this day, the princesses of Persia and Media, who sat near the queen and heard how she replied to the king's orders, will relate her words to their husbands, who did not hear them.—[*Gra*]

the princesses of Persia and Media, etc. will say—*this word to all the princes; this is an ellipsis.*—[*Rashi*]

and much contempt and wrath—*And in this matter, there is much contempt and wrath.*—[*Rashi*]

The *Gra* explains that there will be much contempt for the king because she derided him, and much wrath because she disobeyed him.

19. **a royal edict**—*a royal edict of revenge, i.e., that he commanded to execute her.*—[*Rashi*]

and let it be inscribed in the laws of Persia and Media—*in the books of the statutes and the customs of the kingdom.*—[*Rashi*]

and let it not be revoked—*this statute from among them; this should be a statute and a law for anyone who shows contempt for her husband.*—[*Rashi*]

that Vashti did not come—*and therefore, she was executed.*—[*Rashi*] Grammatically, this is the future tense. Therefore, *Rokeach* explains: that Vashti shall not come, etc., meaning that since she did not come before the king, she should not be permitted to come before him to be judged, but should be condemned to death without the chance to defend herself.

and let the king give her royal position—Since the king could have only one wife, giving her royal position to her peer implies that she would be executed.—[*Ralbag*]

20. **although it is great**—Heb. כִּי. Although the kingdom is great, wide and extensive [let the edict be heard throughout].—[*Ibn Ezra*] The *Targum* renders: because the edict is great, i.e., of great importance.

כא וַיִּיטַב הַדָּבָר בְּעֵינֵי הַמֶּלֶךְ וְהַשָּׂרִים וַיַּעַשׂ הַמֶּלֶךְ
כִּדְבַר מְמוּכָן׃ כב וַיִּשְׁלַח סְפָרִים אֶל־כָּל־מְדִינוֹת
הַמֶּלֶךְ אֶל־מְדִינָה וּמְדִינָה כִּכְתָבָהּ וְאֶל־עַם וָעָם
כִּלְשׁוֹנוֹ לִהְיוֹת כָּל־אִישׁ שֹׂרֵר בְּבֵיתוֹ וּמְדַבֵּר
כִּלְשׁוֹן עַמּוֹ׃ ס ב א אַחַר הַדְּבָרִים הָאֵלֶּה כְּשֹׁךְ
חֲמַת הַמֶּלֶךְ אֲחַשְׁוֵרוֹשׁ זָכַר אֶת־וַשְׁתִּי וְאֵת אֲשֶׁר־

חו"א להיות כל איש שורר בביתו. שם יב: אחר הדברים האלה כשך. שם׃

תרגום

כל נשיא יתנון רבו ויקר
למריהון למן רבא ועד זעירא׃
כא ושפר פתגמא קדם מלכא
ורברבניא ועבד מלכא כפתגם
ממוכן׃ כב ושלח פיטקין
כתיבן והתימן בעזקתיה לכל
פלכי מלכא לפלך ופלך
כמכתב רושמיה ולות עמא
ועמא כממלל לישניה קריין וכן
אמר אתון עמיא אומיא
ולישניא די דירין בכל ממשלתי אזדהרו למהוי כל גבר מסרבן על אתתיה וכפי לה למהוי ממללא
בלישן גברא וכממלל עמיה׃ א בתר פתגמיא האלין כד פח ואשתדך מרוית חמריה וכד נח תקוף
רוגזיה דמלכא אחשורוש שרי למדכר ית ושתי מתיבן רברבנוי וכן אמרין הלא את הוא דחייבת עלה
דין דקטול על מה דעבדת אמר להון מלכא אנא לא גזרית למקטלה אלהן די תעול

רש"י

(כב) **ומדבר כלשון עמו.** כופה את אשתו ללמוד את לשונו אם היא בת לשון אחר: (א) **זכר את ושתי.** את יפיה ונעלב:

אבן עזרא

עם קשה עורף הוא: **יתנו יקר.** שב אל מלת כל איש: (כב) **שורר בביתו.** מושל באשתו. ולא ישנה ממנהג אנשי לשונו אפי' לדבר בלשון אחרת. ויש אומרים כי ערב דבר אחר עם זה המעש' שלא יהיה קלון למלך: (א) **כשוך.** שם הפועל מפעלי הכפל: **זכר את ושתי.** בפה ויתכן שזכר את יפיה על כן וי"ו ואת אשר עשתה: **נגזר.** מגזרת בין

לקוטי אנשי שם

ושבעה ימים. ורז"ל אמרו ז"ש ויהי ביום השביעי כטוב לב המלך. יום השביעי שזה שבת היה. א"כ נשלם מכוון קכ"ז שבתות שחיללה ושתי את בנות ישראל. ולכן אמרו חז"ל על ושתי פי' הקב"ה אומר אני שמלכתיך על קכ"ז מדינות. ואתה חיללת שבתות בנות ישראל ג"כ קכ"ז שבתות. ולכן כשהגיע שבת האחרון שלקכ"ז שבתות שחיללה את בנות ישראל. אז נתמלא סאתה. ואז דוקא נהרגה ג"כ בשבת. ודוקא ערומה מדה כנגד מדה:

קיצור אלשיך

בכל מלכותו. ישמיעו כי רבה היא ושתי וגדולה מאד שהיא מלכה גדולה בת מלכים אדירים ועכ"ז נגזרה גזרה זאת עליה כי בזה ימשך שכל הנשים יתנו יקר לבעליהן שאף אם האשה יקרה היא וגדולה ביחוס מבעלה לא מפני כך תתגאה עליו כי אם תתן היקר שלה לבעלה באומרה הלא גדול יקר בעלי שזכה לטשול ביקרה כמוני ולכן תכבדהו אפילו יהיה קטן בערכה וזהו למגדול ועד קטן וזה ימשך מחמת כי רבה היא ושתי משורש מלכים גדולים כי בזה תאמרנה. מאשר ענשו את ושתי אף שהיא בת מלכים גדולים ממנו יורו שמהראוי תתן כל אשה יקר לבעלה וממנה יראו וכן יעשו גם הן:

(כא) **וייטב** הדבר וגו'. אמר כי הנה היו שם השרים והחכמים יודעי העתים כרשנא שתר וגו'. אמר שלא היה טוב הדבר רק לפני המלך והשרים מפני כבודם שלא החשיבם לבא לפניהם. אבל לפני החכמים אשר על המשפט לא טוב הדבר לשפוט אותה משפט מות. עכ"ז לא חש המלך עליהם מפני כבוד השרים ויעש כדבר ממוכן עם היותו יחיד וקטן שבז' חבריו כי אפילו את פיהם לא שאל לשמוע מה בפיהם גם המה להטות אחר הרוב בהיותם גדולים וטובים ממנו והוא הקטן שבכולם. מן הטעם שכתבנו כי אם ויעש המלך כדבר ממוכן לבדו:

(כב) **וישלח** ספרים וגו'. המלך אמר אולי כתיבת מה שנגזר על ושתי אין מספיק לשכל הנשים יתנו יקר לבעליהן פן יאמרו הרואין את כתבו אין הנידון דומה כי אולי אין מן הדין שכל הנשים יתנו יקר לבעליהן גם בהיותה היא מיוחסת ממנו. כ"א שהמלך ידו תקיפה להרוג את עוברי רצונו משא"כ לשאר אנשים. ע"כ נתחכם להורות כי לא כן הוא כ"א כמלך וכעם שוים במשפט זה. והוא באשר שלח אל מדינה ומדינה ככתבה ולא ככתב מדינת המלך להורות כי גם שהוא מלך המולך על כל מדינה ומדינה כותב לכל מדינה ככתבה מחמת שהם במקומם שוררים הם וחשובים והמכתב הולך למקומם אשר הוא להם בביתם והמה כבעלי בית שם ראוי להחשיבם לכתוב ככתבם ומזה יהיה נלמד להיות כל איש שורר בביתו. כי הלא המלך עצמו חולק כבוד לכל בני מדינה בביתם לכתוב ככתבם ואין זה רק להיות מהראוי שכל איש ישתרר בביתו. וכאשר נתחייבה ושתי למלך על עוברה רצונו כן חייבת כל אשה להשתעבד לבעלה. וזה מק"ו מה אם המלך משפיל עצמו לכבד כל בני מדינה ברשותם. כ"ש האשה הבאה לבית בעלה. אפי' תהיה גדולה בת מלכים תשתעבד לאיש בביתו. וזהו להיות כל איש מרבה אפילו קטן מערכה. כי מי גדול מהמלך והולק כבוד לכל בני מדינה בביתם ורשותם. ומאשר כתבו לכל עם ועם כלשונו. זולת הכתיבה שהיה ככתבם. ילמדו שיהיה כל איש שורר בביתו מדבר כלשון עמו שאם תהיה האשה מעם אחר כמלך אחשורוש שהיה מזרע מדי והיא כשדית לא ישפיל אדם עצמו לדבר אתה כלשון עמה רק כלשון עמו והיא תלמד לשונו להבינו כי היא משועבדת אליו וזה נלמד מכתוב המלך אל עם ועם כלשונו. כי כל עם למה שהוא בביתו ומקומו משפיל המלך עצמו לדבר אליו כלשון העם ההוא ולא כלשון המלך כ"ש האשה הבאה אל ביתו שתדבר כלשונו ותשתעבד לו אפילו בת מלך היא כי מי גדול מהמלך ובבואו לרשות עם ועם מדבר כלשונם. ופירוש הכתוב הוא כך. המלך לא שלח להיות כל איש שורר בביתו וגו' רק מזה ששלח הספרים וגו' אל מדינה ומדינה ככתבה ואל עם ועם כלשונו. מזה ילמדו ויבינו שצריך להיות כל איש שורר בביתו והאשה הדבר בלשון עמו. ולא בלשון עמה. כנ"ל:

(א) **אחר** הדברים האלה כשוך וגו'. אחר אשר עברו כל המשתאות והיום הז' נתבלבל במעשה ושתי. וכל האורחים הלכו איש איש לביתו. והמלך נשאר לבדו בבית מלכות ויינו פג ממנו. ודעתו צלולה. והמתו שככה. היה נותן אל לבו לחשוב על ימים עברו. במה סיימו ימי המשתה. והנה הה! באבדו את אשת חיקו. היפה בנשים. והיה מחשב בלבו על מה העבירו את הייתה בשלח. מה פשעה ומה חטאה. ומצא ב' דברים א'

כי

21. And the matter pleased the king and the princes, and the king did according to the word of Memucan. 22. And he sent letters to all the king's provinces, to every province according to its script, and to every nationality according to its language, that every man dominate in his household and speak according to the language of his nationality.

2

1. After these events, when King Ahasuerus's fury subsided, he remembered Vashti and

21. **And the matter pleased the king and the princes**—Scripture tells us that God may change a person's attitude and put it into his mind to make a decision to which he is really opposed. In this case, the king strove to save Vashti. Nevertheless, Memucan persuaded him to have her executed, in order to set a precedent so that he could try cases in which he had an interest. The princes, on the other hand, were opposed to allowing the king to decide cases in which he had an interest. Nevertheless, Memucan persuaded them to allow him to do so by pretending to desire to protect their honor. God's plan was to empower the king to condemn Haman to death when the appropriate moment arrived.—[*Gra*]

Alshich explains that Scripture wishes to tell us that Memucan's suggestion was acceptable only to the king and the princes. It was not acceptable to the wise men, who would not have concurred with this decision. The king, however, did not consult them and did not issue a verdict based on the majority opinion. Instead, he accepted the opinion of Memucan, who was the least significant of them all.

22. **dominate in his household**—This may be euphemistic for "dominate his wife."—[*Targum, Ibn Ezra*] It may also mean that he was to rule over all the members of his household, including his wife, meaning that she could not disobey him.—[*Isaiah da Trani*] Alternatively, it means that every man sing for joy in his house.—[*Rokeach*] [Accordingly, the word should be read שֵׁרר.]

and speak according to the language of his nationality—*He can compel his wife to learn his language if her native tongue is different.*—[*Rashi*] i.e., he should not deviate from the custom of his nationality, even to speak another language. Some say that he combined another issue in his edict so that he should not suffer the shame of being disgraced by his wife.—[*Ibn Ezra*]

2

1. **he remembered Vashti**—*her beauty, and he became sad.*—[*Rashi*]

עָשָׂתָה וְאֵת אֲשֶׁר־נִגְזַר עָלֶיהָ׃ ב וַיֹּאמְרוּ נַעֲרֵי־
הַמֶּלֶךְ מְשָׁרְתָיו יְבַקְשׁוּ לַמֶּלֶךְ נְעָרוֹת בְּתוּלוֹת
טוֹבוֹת מַרְאֶה׃ ג וְיַפְקֵד הַמֶּלֶךְ פְּקִידִים בְּכָל־
מְדִינוֹת מַלְכוּתוֹ וְיִקְבְּצוּ אֶת־כָּל־נַעֲרָה־בְתוּלָה
טוֹבַת מַרְאֶה אֶל־שׁוּשַׁן הַבִּירָה אֶל־בֵּית הַנָּשִׁים
אֶל־יַד הֵגֶא סְרִיס הַמֶּלֶךְ שֹׁמֵר הַנָּשִׁים וְנָתוֹן
תַּמְרוּקֵיהֶן׃ ד וְהַנַּעֲרָה אֲשֶׁר תִּיטַב בְּעֵינֵי הַמֶּלֶךְ
תִּמְלֹךְ תַּחַת וַשְׁתִּי וַיִּיטַב הַדָּבָר בְּעֵינֵי הַמֶּלֶךְ וַיַּעַשׂ
כֵּן׃ ס ה אִישׁ יְהוּדִי הָיָה בְּשׁוּשַׁן הַבִּירָה וּשְׁמוֹ
מָרְדֳּכַי בֶּן יָאִיר בֶּן־שִׁמְעִי בֶּן־קִישׁ אִישׁ יְמִינִי׃
ו אֲשֶׁר הָגְלָה מִירוּשָׁלַיִם עִם־הַגֹּלָה אֲשֶׁר הָגְלְתָה
עִם יְכָנְיָה מֶלֶךְ־יְהוּדָה אֲשֶׁר הֶגְלָה נְבוּכַדְנֶצַּר מֶלֶךְ
בָּבֶל׃ ז וַיְהִי אֹמֵן אֶת־הֲדַסָּה הִיא אֶסְתֵּר בַּת־דֹּדוֹ

תו"א ויפקד המלך פקידים שם: איש יהודי. שם יב יח יט: אשר הגלה מירושלים. שם יג: ויהי אמן את הדסה. שם י:

תרגום

קֳדָמַי וְלָא עֲלַת וּפַקְדִית
לְמֶעְדֵי מִנָהּ מַלְכוּתָא אֲמַרוּ
לֵיהּ לָא הָכִי אֱלָהֵין דִין דִקְטוֹל
גְזַרְתְּ עֲלָהּ בְּעֵטַת שִׁבְעָא
רַבְרְבַנַיָא מִן יַד תְּקוֹף רוּגְזֵיהּ
וּגְזָרֵי לְמֶהֱוֵי צְלִיבָן שַׁבְעָא
רַבְרְבָנַיָא עַל צְלִיבָא׃ ב וַאֲמַרוּ
עוּלֵמֵי דְמַלְכָּא מְשׁוּמְשָׁנוֹי
יִבְעוֹן לִצְרוֹךְ מַלְכָּא עוּלֵמָן
בְּתוּלְתָּן שַׁפִּירָן דְחֵיזוּ׃ ג וִימַנֵּי
מַלְכָּא אַפִּיטְרוֹפִּין בְּכָל פַּלְכֵי
מַלְכוּתֵיהּ וְיִכְנְשׁוּן יַת כָּל
עוּלֵימְתָּא בְתוּלְתָּא שַׁפִּירַת חֵיזוּ
לְשׁוּשַׁן בִּירַנְתָּא לְבֵית נְשַׁיָא
דִי תַמָן דִימוֹסָן וּבְנָאִין דִי תַמָן
מִתְמַנֵּי הֵגָא רַב סְרִיס דְמַלְכָּא
נָטֵר נְשַׁיָא וְיִתְגְזַר לְמֶהֱוֵי יְהֵב
סַמְתַּר מִשְׁחֵיהוֹן׃ ד וְעוּלֵימְתָּא
דִי תִשְׁפַּר קֳדָם מַלְכָּא תֵּעוֹל
לְמֶחְסַן מַלְכוּתָא חֲלַף וַשְׁתִּי
וּשְׁפַר פִּתְגָמָא קֳדָם מַלְכָּא
וַעֲבַד הָכִי׃ ה גְבַר חֲסִידָא וּמוֹדֶה וּמְצַלֵּי קֳדָם אֱלָהָא עַל עַמֵיהּ הֲוָה בְּשׁוּשַׁן בִּירַנְתָּא וּשְׁמֵיהּ מָרְדְכַי אִתְקְרֵי
עַל דַהֲוָה מְתִיל לְמֵירָא דַכְיָא בַּר יָאִיר בַּר שִׁמְעִי בַּר גֵרָא בַּר קִישׁ גַבְרָא דְמִן שִׁבְטָא בִנְיָמִין הוּא שִׁמְעִי דְאַקִיל
יַת דָוִד וּבְעָא יוֹאָב לְמִקְטְלֵיהּ וְלָא שַׁבְקֵיהּ עַל דְאִסְתַּכַּל בֵּיהּ בְּרוּחַ נְבוּאָה וַחֲמָא דְאִטְמוֹסֵי מָרְדְכַי וְאֶסְתֵּר
לְמִיפַּק מִנֵיהּ וּכְדוּ פְסַק שִׁמְעִי מִלְמֵילַד פַּקֵיד דָוִד לִשְׁלֹמֹה בְרֵיהּ לְמִקְטַל יָתֵיהּ׃ ו דִי אֲזַל בְּגָלוּתָא מִן
יְרוּשְׁלֶם עִם גָלְוָתָא דִי אַגְלִיאַת עִם יְכָנְיָה מַלְכָּא דִיהוּדָה דִי אַגְלֵי נְבוּכַדְנֶצַּר מַלְכָּא דְבָבֶל וְכַד צְדָא
כוֹרֶשׁ וְדָרְיָוֶשׁ יַת בָּבֶל נְפַק מָרְדְכַי מִן בָּבֶל עִם דָנִיאֵל וְכָל כְּנִישְׁתָּא דְיִשְׂרָאֵל דִי הֲווֹ תַמָן בְּבָבֶל נְפָקוּ
מִן תַּמָן וַעֲלוּ עִם כּוֹרֶשׁ מַלְכָּא לְמֵידַר בְּשׁוּשַׁן בִּירַנְתָּא׃ ז וַהֲוָה מְרַבֵּי יַת הֲדַסָּה הִיא אֶסְתֵּר בְּרַת אַחְבוּי

רש"י

(ג) **ויפקד המלך פקידים.** לפי שכל פקיד ופקיד ידועות לו נשים היפות שבמדינתו: **תמרוקיהן.** הן דברים המלהלהין כמו ומורק ושוטף. שמן ערב ומיני סמנים ובשמים המטהרין ומעדנין את הבשר: (ה) **איש יהודי.** על שגלה עם גלות יהודה כל אותן שגלו עם מלכי יהודה היו קרוים יהודים בין הגוים ואפילו משבט אחר הם: **איש ימיני.** מבנימין היה כך פשוטו. ורבותינו דרשו מה שדרשו:

שפתי חכמים

ולכך נהרגה פי' שהיו כותבים שלכך נהרגה: ש דק"ל קרי ליה יהודי

אבן עזרא

הגזרים: (ב) **יבקשו.** בנוה העי"ן וראוי להדגש ורבים כמוהו ותחסר מלת מבקשים כמו אשר ילדה אותה ללוי: (ג) **תמרוקיהן.** כמו תמרוק ברע: (ה) **איש יהודי.** בעבור היותו ממלכות יהודה נקרא כן: **בשושן הבירה.** כי בשער המלך היה קודם דבר אסתר על כן הוא דר בארמון: **בן קיש.** היה גדול באבותיו ואילו היה אבי שאול היה מזכיר שאול כי הוא מלך ולא אביו ע"כ לא נדע אם מרדכי היה מבני שאול אם לא: **ימיני.** חסר בן דרך קצרה: (ז) **יפת תואר.** תואר כל אבר ומראה הכל טוב או על העין. ודרש ירקרקת מטעם הדסה: **לבת.** לולי

קיצור אלשיך

כי אתה הצדק שלא באה בדבר המלך ואדרבה היתה ראויה להחזיק לה טובה וע"כ זה ואת אשר נגזר עליה ע"י אחרים. וכאשר ראו נערי המלך צערו ויגונו. ע"כ

(ב) **ויאמרו** נערי המלך וגו'.

(ג) **ויפקד** המלך פקידים וגו'. מחמת שהדבר הזה קשה מאד כי מי מחשובי המדינות שיהי' לו בת יפת תואר וטובת מראה יעמידנה ויביאנה לידי נסיון אם יחפוץ בה המלך יקחנה. ואם אין תשוב בית אביה עלובה ועצובת רוח כי גועלו בה. ומה גם אם ממדינות המלך הרחוקים תהי' הלא תכלם היא ואביה על רוב טורח הדרך שהיה להם על הנם. ע"כ הבטיחן כי את כולן ישא לנשים. רק המלכה תהי' אחת מהן אותה שתישר בעיני המלך:

(ה) **איש** יהודי היה בשושן הבירה. הנה שתי עירות סמוכות זו לזו ועורקמא דמיא היה עובר ביניהם ומפרידן. אחת נקראת שושן הבירה. שם מושב המלך והשרים. ואין רשות ליהודים לדור שם. והשניה נקראת עיר שושן. [כמ"ש והעיר שושן נבוכה. והעיר שושן צהלה] ושם דרים יהודים רבים. רק למרדכי לבדו ניתנה הרשות להיות בשושן הבירה. מהמת כי ידעו כי הוא מיוחס. והוא מאנשי הגולה אשר הגלה נבוכדנצר. את החרש והמסגר שרי יהודה. וז"ש הכתוב איש יהודי אחד היה בשושן הבירה. ובפרט למאחז"ל כי מרדכי והמן היו ראשי מנהיגי המשתאות:

(ז) **ויהי** אומן את הדסה היא אסתר וגו'. הנה כל השומע יתחמץ לבבו באומרו מה זה היה הלקח אסתר אל המלך וימליכה תחת ושתי. כי הלא לא ימנע מחלוקה או היתה צדקת או לאו. אם אמרנו כי צדקת היתה וזכותה וזכות ישראל הגיעוה למלכות להחיות את ישראל לפליטה גדולה. הלא לזאת יחרד
כל

what she had done, and what had been decreed upon her. 2. And
the king's young men, his servants, said, "Let them seek for the
king young maidens of comely appearance. 3. And let the king
appoint commissioners to all the provinces of his kingdom, and let
them gather every young maiden of comely appearance to
Shushan the capital, to the house of the women, to the custody of
Hege, the king's chamberlain, the keeper of the women, and let
their ointments be given them. 4. And let the maiden who pleases
the king reign instead of Vashti." And the matter pleased the king,
and he did so. 5. There was a Judean man in Shushan the capital,
whose name was Mordecai the son of Jair the son of Shimei the
son of Kish, a Benjamite, 6. who had been exiled from Jerusalem
with the exile that was exiled with Jeconiah, king of Judah, which
Nebuchadnezzar, king of Babylon, had exiled. 7. And he had
brought up Hadassah, that is Esther, his uncle's daughter,

what she had done and what had been decreed upon her—The Talmud (*Meg*. 12b) comments: Just as she had done, so was it decreed upon her. As stated above, (1:12), she would force Jewish girls to disrobe and work on the Sabbath. It was therefore decreed upon her to be stripped naked on the Sabbath. Ahasuerus realized that this was a heavenly decree to pay her in kind for her sin.—[*Gra*] *Eshkol Hakofer* explains that he remembered her beauty and her charm. The Rabbis said that he hung her portrait above his bed. He kept it there until Esther succeeded her, whereupon he replaced Vashti's portrait with that of Esther. Accordingly, he remembered Vashti because he saw her picture, and he remembered that she had refused to comply with his order. He knew that she had behaved properly, because it was unbecoming for a queen to appear nude before the court, and that the death sentence meted upon her had been unjust. And even if she had sinned, she did not deserve such a severe penalty. He was so upset by this that he ordered the wise men of Persia and Media executed. They are subsequently no longer mentioned in the Book of Esther. The sons of Issachar, who were consulted first, anticipated Ahasuerus's change of heart, and therefore evaded passing judgment on Vashti, lest they meet their end because of this unjust verdict. Concerning such a case, King Solomon stated (Prov. 11:8): "A righteous man is delivered from trouble, and a wicked man comes in his stead." A similar interpretation is offered by the *Targum*, which also states that the king executed the seven wise men for advising him to dispatch Vashti.

2. **Let them seek for the king**—The first part of Memucan's counsel, namely that Vashti be removed from her royal position, has been executed, but the second part, that the royal position be given to her peer who is better than she, has yet to be executed. Therefore, let them seek for the king young maidens of comely appearance.—[*Rokeach*]

3. **And let the king appoint commissioners**—*since every commissioner is familiar with the beautiful women in his province.*—[*Rashi*]

their ointments—*These are things that cleanse, like* (Lev. 6:21): "*it shall be scoured* (וּמֹרַק) *and rinsed.*" [This includes] *perfumed oil, various ingredients and spices that cleanse and smoothen the skin.*—[*Rashi*]

4. **And let the maiden...reign instead of Vashti**—This plan was very difficult to execute, because none of the prominent subjects of the kingdom who had a beautiful daughter would be willing to bring her to the king and subject her to this test. If the king would desire her, he would marry her, but if he rejected her, she would return home dejected and sad. Ahasuerus therefore promised to marry them all, but to crown only the one who pleased him the most.—[*Alshich*]

5. **a Judean man**—*because he was exiled with the exile of Judah; all those who were exiled with the kings of Judah were called* יְהוּדִים [Judeans, Jews] *among the nations, even if they were from another tribe.*—[*Rashi*] *Ibn Ezra* explains that because he was from the kingdom of Judah, he was called יְהוּדִי.

the son of Shimei—The Rabbis identify him as Shimei the son of Gera, who cursed David during Absalom's rebellion (II Sam. 16:5). He is described as being of the house of Saul.

a Benjamite—*He was from Benjamin. That is the simple meaning, but our Sages explained what they explained.*—[*Rashi*] [i.e., They interpreted the passage homiletically, and not according to its simple meaning.] Indeed, the Talmud (*Meg*. 12b, 13a) presents a variety of answers to reconcile the contradiction between the two expressions: "a Judean man," and "a Benjamite." One answer is that "Mordecai was crowned with titles." The *Gra* explains that Mordecai was known by these two titles, because originally, when all the Jews were in their land, and each tribe occupied its own territory, Mordecai was the prince over the tribe of Benjamin. Afterwards, the northern kingdom was exiled, and only the tribes of Judah and Benjamin remained. Although many of the ten tribes returned to the land of Israel, they were no longer in their own territory, and were included in the tribe of Judah. At that time, Mordecai was prince over all the tribes included under the name of Judah. Another explanation is that Mordecai's father was a Benjamite and his mother was a Judean.

Masoreth Hashas explains that, although Mordecai was a Benjamite, he had the regal bearing of a Judahite, the tribe from which the monarchs were descended. Another

explanation is that Mordecai's father was a Benjamite, and his mother was a Judahite. According to Maharsha, these two explanations coincide. Mordecai was so great that he was crowned with titles, known both by his father's tribe and his mother's tribe.

Another explanation is that the families vied with one another. The family of Judah contended that they were responsible for Mordecai's birth, because David had spared Shimei the son of Gera, the progenitor of Mordecai, whereas the family of Benjamin contended that Mordecai was of their tribe.

Another explanation is that, on the contrary, the people of Israel were dissatisfied with Mordecai because of the trouble that he ostensibly caused, and they blamed both the tribe of Judah and the tribe of Benjamin. They blamed the tribe of Judah because David had spared Shimei, the progenitor of Mordecai, with whom Haman was enraged, and they blamed Saul, a Benjamite, for sparing Agag, Haman's forebear.

Still another explanation is that anyone who denies the efficacy of pagan deities is called a Yehudi. *Maharsha* explains that this is because the name יְהוּדָה contains the four letters of the Tetragrammaton.

6. **who had been exiled from Jerusalem**—The Talmud (*Meg.* 13a), noting the superfluity of this expression, remarks that "he exiled himself," which *Rashi* explains to mean that he was not coerced to go into exile, but voluntarily went into exile in order to stay with his people, much as Jeremiah did, until God commanded him to return to the Holy Land. The *Gra* explains this passage in the opposite manner. Mordecai loved the Holy Land so much that he returned there three times, thus necessitating being exiled each time.

7. **Hadassah, that is Esther**—Some of our Sages (*Meg.* 13a) believe that Esther was her proper name, and that she was called Hadassah for several reasons. Some hold that she was called Hadassah, meaning a myrtle, because the righteous are referred to in Zechariah as myrtles. Another theory is that Esther was neither tall nor short, but of medium height, like a myrtle tree. Still another view is that her complexion was greenish, like the hue of a myrtle, but that she was endowed with charm. Other Sages believe that her proper name was Hadassah, but that she was called Esther because she concealed (הַסְתִּירָה) the facts about herself as Mordecai had commanded her. Another view is that the nations called Esther after Istahar. According to *Rashi* and *Aruch*, this is the moon, called סַהֲרָא in Aramaic and according to *Yalkut Shimoni*, it is the planet Venus, *Estera* in Greek.

כי אין לה אב ואם והנערה יפת־תאר וטובת
מראה ובמות אביה ואמה לקחה מרדכי לו לבת:
ח ויהי בהשמע דבר־המלך ודתו ובהקבץ נערות
רבות אל־שושן הבירה אל־יד הגי ותלקח אסתר
אל־בית המלך אל־יד הגי שמר הנשים: ט ותיטב
הנערה בעיניו ותשא חסד לפניו ויבהל את־
תמרוקיה ואת מנותה לתת לה ואת שבע הנערות
הראיות לתת־לה מבית המלך וישנה ואת־

הגר"א כי אין לה אב ואם. פס יג: ובמות אביה ואמה לקחה מרדכי לו. פס: ותלקח אסתר אל בית המלך. ראש השנה ו: ואת שבע הנערות הראיות. מגילה יג:

תרגום

ואמאי הוו קרין לה הדסה על די הות צדקתא וצדיקיא דמתילו לאסא אסתר הוו קרין לה על די הות צניעא בביתא דמרדכי שבעין וחמש שנין ולא חזת אפי גבר אלהן אפי מרדכי דאתעבידת לה לתורבינא ארום לית לה אבא ואמא ועולמתא שפירת ריוו ושפירת חיזו ובעידן דמית אבוהא אשתארת במעין דאמה וכד ילידת יתה מיתת אמה ונסבה מרדכי ליה בביתיה והוה קרי לה ברת: ח והוה כד אשתמע פתגם כרוז מלכא וגזרתיה ובאתכנשות עולימן סגיאן לשושן בירנתא ליד הגי ואדברת אסתר באונסא ואתעלת לבית מלכא לידא דהגי נטיר נשיא: ט ושפרת עולמתא בעינוי ואטענת חסדא קדמוי ופקיד לאתבהלא ית סמתר רבותהא וית מהנתהא המניכין ולבושי מלכותא למהוי יהיבין לה וית שבע עולמתא לשמשותא שבע יומא דשבתא חולתא הות משמשא קדמאה בחד בשבתא רוקעיתא בתרין בשבתא גנוניתא בתלת

שפתי חכמים

וקרי ליה ימיני. לכ"פ של שגלה כו': ת דק"ל כי היך תוכל נסיית לו לבת את המרוקיה. זריז וממהר כשלה משל כולן: הראויות להתה לה. לשרתה וכן עושין לכולן.

רש"י

(ז) לו לבת. רבותינו פירשו ת לבית לאשה: (ט) ויבהל ... ורבותינו דרשו

אבן עזרא

שהיתה בתולה לא היה מרדכי מסכן בה כי לא יסמך על מעשה נס. אולי דרש לבית שהיה במחשבתו בעבור יפיה לקחתה לאשה: (ט) ותשא חסד. החסד תשא עמה לא יסיר ממנה: ויבהל. כטעם מהירות: מנותיה. הלקים כמו מנה אחת בדברי האכילה להיותה שמינה: ושבע הנערות. משרתות אותה: הראיות. הלשון הזה ידוע בדברי רז"ל: וישנה. שינה המנות לעשות לה טובה. וטעם בית הנשים. דבק עם וישנה כי שינה מנותיה ונערותיה והיא בבית הנשים עם חברותיה. יש אומרים כי מרדכי לא עשה נכונה שלוה על אסתר שלא תגיד עמה כי פחד שלא יקחנה המלך לאשה אם ידע שהיא מהגולה. ואחרים אמרו כי בדרך נבואה או בחלום ידע שתבא תשועה על ידה לישראל. והנכון בעיני כי עשה זה מרדכי בעבור שתשמור תורת השם בסתר שלא תאכל נבילות ותשמור השבתות ולא ירגישו המשרתים כי אם יודע הדבר שאם המלך יכריחנה או יהרגנה כי בעל כרחה נתפש'. וידענו כי מרדכי היה מגדולי ישראל כי הנה הוא שלישי לשרים העולים עם זרובבל וכאשר ראה כי לא נבנה הבית בא אל עילם והיה בשער המלך בארמון והיא מעלה

קיצור

כל לב כי תרמה למצוה הבאה בעבירה כי תנשא לאחשורוש. ומדוע לא עשה לה הקב"ה נס שלא תפול בגורל אחשורוש כאשר עשה נס לשרה שלא תפול בגורל פרעה ואבימלך. ואם אמרנו כי לא היתה צדקת. איך עשה הקב"ה נס על ידה. אמנם אין ספק כי מאשר הראנו יתברך את כל הגדולות אשר עשה על ידה כולנו חייבים להודות כי צדקת גמורה היתה. ומה גם אשר השליטה ה' במלכות הרב ההוא כמאמר הז"ל מה ראתה אסתר שהמלוך על קכ"ז מדינות. על שהיתה בת בתה של שרה שהיתה קכ"ז שנה. הרי שאסתר תתייחס לשרה יותר מכל בנות ישראל. כי כולן לא זכו למלוכה בזכות שרה רק אסתר לבדה. ומה שנלכדה אסתר לאחשורוש מה' יצא הדבר [כמו שארי פליאות (דוד מרות. וכאשר אמר איוב מי יתן טהור מטמא)] ולהבריה הדבר כי צדקת היתה אסתר בא הכתוב לומר הביטה וראה כי צדקת היתה ומה' יצא הדבר כי הלא האיש יהודי הצדיק הגדול היה אומן את הדסה. וע"ש צדקתה נקראת הדסה. כי הצדיקים נקראים הדסים. כי להיות מרדכי האומן אותה והיא נקראת הדסה ודאי שהוכפל כשרותה בהתמדה. כי דרך האילנות שהם רעננים רק בקיץ אך לא בחורף. אך ההדס רטוב ודשן בקיץ ובחורף. בא וראה ויהי אימן את הדסה. הצדקת. היא אסתר. אפילו בעת שהיתה בבית המלכות אשר שם נקראה בשם אסתר. היתה ג"כ הדסה. צדקת. כדוגמת ההדס שלא ישתנה בחורף. כבקיץ. וגם אז בת דודו הקרא. תתייחס אל משפחתה הצדיקים. כי אין לה אב ואם. ונתגדלה בבית

אלשיך

מרדכי ע"כ עמדה בצדקתה אף במלכותה. כי תיכף במות אביה ואמה לקחה מרדכי לו לבת.

(ח) **ויהי** בהשמע וגו'. הפסוק מספר כי מרדכי הסכין עצמו ואת הדסה. ויהי בהשמע דבר המלך. בתחלה נשמע דבר המלך שכל הבתולות היפות יבואו אל שושן הבירה. ודתו. ואח"כ ניתן דת. כל מי שיש לו בתולה יפה ולא יביאה אל המלך דתו למות. וע"כ מחמת יראת הדת נתקבצו נערות רבות אל שושן הבירה. עכ"ז לא היתה אסתר ביניהן. כי חשבה אולי יעשה לה נס שתנצל מזה. אבל מחשבת הקב"ה לא כן היה ע"כ ותלקח אסתר אל בית המלך אל יד הגי. הבט נא וראה כל הנערות שבאו לשושן באו תיכף אל יד הגי. ולא אל בית המלך תחלה ואח"כ אל הגי. ואסתר הובאה תחלה ותיכף אל בית המלך. שהמלך יראנה. מחמת כי לבם אמר להם שהיא תשא חן בעיני המלך לשום כתר מלכות בראשה. אלא שנמסרה ליד הגי לתת תמרוקיה להכינה לבוא אל המלך:

(ט) **ותיטב** הנערה בעיניו. ע"כ ויבהל את תמרוקיה ואת מנותיה לתת לה. אף שלכל הנשים לא נתן רק תמרוקיהן בלבד. ולאסתר נתן גם מנות. והכל עשה במהירות. ומחמת והשא חסד לפניו ע"כ נתן לה שבע נערות הראויות לתת לה מבית המלך אחר חתונתה. והגי נתן אותן אליה תיכף בבואה תחת ידו. מה שלא נתן זה לנשים אחרות אשר באו תחת ידו. וישנה ואת נערותיה לתת להן לטוב בית הנשים. הבית הטוב מכל בתי הנשים:

for she had neither father nor mother, and the maiden was of comely form and of comely appearance, and when her father and mother died, Mordecai took her to himself for a daughter. 8. And it came to pass, when the king's order and his decree were heard, and when many maidens were gathered to Shushan the capital, to the custody of Hegai, that Esther was taken to the king's house, to the custody of Hegai, keeper of the women. 9. And the maiden pleased him, and she won his favor, and he hastened her ointments and her portions to give [them] to her, and the seven maidens fitting to give her from the king's house, and he changed her and her

and when her father and mother died—This seemingly superfluous clause denotes that when her mother conceived her, her father died, and when she bore her, she herself died.—[*Meg.* 13a]

for a daughter— Heb. לְבַת. *Our Sages explained*: לְבַיִת, *for a house, meaning for a wife.*—[*Rashi* from *Meg.* ad loc.] The Talmudic commentators take this passage literally, i.e., that Esther was married to Mordecai, as appears from *Megillah* 15a. *Ibn Ezra*, however, conjectures that the Rabbis mean that because of her beauty, he considered marrying her.

8. **And it came to pass, when the king's order and his decree were heard**—At first, Esther hid, but when they saw that she was not brought before the king, they issued a decree that whoever had a maiden at home and did not bring her would be put to death, as the Midrash states. Mordecai then revealed her, and she was taken by force. This is the meaning of "the king's order and his decree." The "order" was the initial order to bring the maidens to the king, and the "decree" was the second order, threatening anyone who did not comply with death.—[*Gra*]

9. **and he hastened her ointments**—*He was more diligent and quicker with bringing her* [ointments] *than those of all of them.*—[*Rashi*]

fitting to give to her—*to serve her, and so they would do for all of them; and our Sages explained what they explained.*—[*Rashi,* alluding to *Meg.* 13a] The Talmud explains that she would call each one on a different day of the week, so that when the one assigned for the Sabbath would come, she would know that it was the Sabbath. That is according to *Rashi*. The *Targum* states that she selected seven maidens whose names denoted the various parts of the Creation, and she called each one on her respective day, in order not to forget when the Sabbath occurred.

and he changed her—Heb. וַיְשַׁנֶּהָ, *he changed her.*—[*Rashi*]

נַעֲרוֹתֶיהָ לְטוֹב בֵּית הַנָּשִׁים: י לֹא־הִגִּידָה אֶסְתֵּר
אֶת־עַמָּהּ וְאֶת־מוֹלַדְתָּהּ כִּי מָרְדֳּכַי צִוָּה עָלֶיהָ
אֲשֶׁר לֹא־תַגִּיד: יא וּבְכָל־יוֹם וָיוֹם מָרְדֳּכַי מִתְהַלֵּךְ
לִפְנֵי חֲצַר בֵּית־הַנָּשִׁים לָדַעַת אֶת־שְׁלוֹם אֶסְתֵּר
וּמַה־יֵּעָשֶׂה בָּהּ: יב וּבְהַגִּיעַ תֹּר נַעֲרָה וְנַעֲרָה
לָבוֹא ׀ אֶל־הַמֶּלֶךְ אֲחַשְׁוֵרוֹשׁ מִקֵּץ הֱיוֹת לָהּ כְּדָת
הַנָּשִׁים שְׁנֵים עָשָׂר חֹדֶשׁ כִּי כֵּן יִמְלְאוּ יְמֵי מְרוּקֵיהֶן
שִׁשָּׁה חֳדָשִׁים בְּשֶׁמֶן הַמֹּר וְשִׁשָּׁה חֳדָשִׁים בַּבְּשָׂמִים
וּבְתַמְרוּקֵי הַנָּשִׁים: יג וּבָזֶה הַנַּעֲרָה בָּאָה אֶל־הַמֶּלֶךְ
אֵת כָּל־אֲשֶׁר תֹּאמַר יִנָּתֵן לָהּ לָבוֹא עִמָּהּ מִבֵּית

תו"א ואת נערותיה. שם: ובהגיע תר נערה ונערה. עקידה שער כ: ששה חדשים בשמן המר. שבת פ. פסחים מג מגילה יג מנחות פו:

בְשַׁבְּתָא נְהוֹרִיתָא בְּאַרְבַּע בְשַׁבְּתָא רוּחֲשִׁיתָא בְּחַמְשׁ בְשַׁבְּתָא חוּרְפִּיתָא בְּשִׁתָּא בְשַׁבְּתָא רְגוֹעִיתָא בְּיוֹמָא דְשַׁבְּתָא כּוּלְהֵן צַדִּיקָתָא וְחַזְיָן לְמִתַּן לַהּ מֵיכְלָא וּמִשְׁתְּיָא עַל יְדֵיהֶן מִן בֵּיתָא דְמַלְכוּתָא וְשַׁנֵּי יָתַהּ וְיָת עוּלֵמְתָהָא לְאוֹטָבָא לְהוֹן וּלְפַנְקוּתְהוֹן בְּבֵית נְשַׁיָּא: י לָא חַוְיַת אֶסְתֵּר יָת עַמָּהּ וְתַלְדוּתָהּ מְטוּל דְמָרְדְכַי פַּקְדַהּ דְלָא תְחַוֵּי וּמְטוּל מָה פַּקְדָהּ דְלָא תְחַוֵּי מְטוּל דַחֲשַׁב בְּלִבֵּיהּ מָרְדְכַי נִשְׁתִּי דַעֲבַדַת יְקָרָא לְנַפְשָׁהּ וְלָא צְבִית דְיֵיתֵי לְמֶחֱמֵי שׁוּפְרָא. לְמַלְכָּא וּלְשַׁלִּיטַיָּא דָן יָתַהּ דִינִין בִּישִׁין וְקַטֵּיל יָתַהּ וְלָמָה לָא חַוְיַאת אֶסְתֵּר עַמָּהּ דְתַלְדוּתָהּ דִלְמָא רְגִיז עֲלַהּ מַלְכָּא וְקַטֵּיל לַהּ וּמְשֵׁיצֵי עַמָּא דִי הִיא מִנֵּיהּ לְכֵן פַּקִּיד יָתַהּ דְלָא תְחַוֵּי עַמָּהּ וְתַלְדוּתָהּ: יא וּבְכָל יוֹמָא וְיוֹמָא מָרְדְכַי הֲוָה מְצַלֵּי וְאָזֵל קֳדָם דַּרְתָּא דִי בְּבֵית נְשַׁיָּא לְמִידַע יָת שְׁלָמָא דְאֶסְתֵּר וּמָה אִתְעֲבֵד בַּהּ: יב וּבְעִדָּן מָטָא סִדּוּר עוּלֵמְתָא וְעוּלֵמְתָא לְמֵיעַל קֳדָם מַלְכָּא אֲחַשְׁוֵרוֹשׁ מִסּוֹף דִיהֱוֵי לַהּ כְּהִלְכַת נְשַׁיָּא דִמְתִינָן בְּתַפְנוּקֵיהוֹן תְּרֵי עֲשַׂר יַרְחֵי שַׁתָּא אֲרוּם כְּדֵין שָׁלְמִין יוֹמֵי סַמְתּוּרֵיהוֹן שִׁתָּא יַרְחִין בְּטַכְסַת וְאַנְפְּקִינוּן דִמְנַתַּר יָת סַעֲרָא וּמְפַנֵּק יָת בִּסְרָא וְשִׁתָּא יַרְחִין בְּבוּסְמַיָּא וּבְסַמְתּוּרֵי נְשַׁיָּא: יג וּבְהָדֵין זְמַן בָּתַר דְשָׁלְמִין תְּרֵי עֲסַר יַרְחֵי שַׁתָּא עוּלֵמְתָא עָיְלָא לְוָת מַלְכָּא יָת

רש"י

א מה שדרשו: וישנה. שינה אותה: (י) אשר לא תגיד. כדי שיאמרו שהיא ממשפחה בזויה וישלחוה שאם ידעו שהיא ממשפחת שאול המלך היו מחזיקין בה: (יא) ומה יעשה בה. זה אחד משני צדיקים שניתן להם רמז ישועה דוד ומרדכי. דוד שנאמר (שמואל א יז) גם את הארי גם את הדוב הכה עבדך אמר לא באו לידי דבר זה אלא לסמוך עליו להלחם עם זה וכן מרדכי אמר לא אירע לצדקת זו שתלקח למשכב נכרי אלא שעתידה לקום להושיע לישראל לפיכך היה מחזר לדעת מה יהא בסופה: (יב) תר. זמן: (יג) כל

שפתי חכמים

מאחר שאינה מזרעו יהא"ל לקחה מרדכי והיתה לו לבת כמו ותהי לו כבת נדי בה שבע [שמואל ב' י"ב]. וכ"פ אל תקרי לבת אלא לבית כ"ה בפ"ק דמגילה ומפרש מה לבית פי' לאשה: א דיוקו מדכתיב הראויו' לתת לה משמע שהיו מוכנים לכל אחת הראויות לה דהל"ל הנ"ל ואת שבע הנערות מבית המלך. וכן איתא במדרש שיה מוסר לכל אחת שבע נערות אם היתה שחורה הותרה שחורה הבא עמם

אבן עזרא

גדולה. והנה דניאל הפקיד חביריו על מלכות בבל והוא בשער המלך ולולי שהיה מרדכי קודם מעשה אסתר ממשרתי המלך לא עזבוהו המשרתים להתהלך לפני חצר בית הנשים: (יא) את שלום אסתר. אם היא צריכה לרופאים: (יב) תור נערה. כמו עת ויש אומרים נגזרת תור כי הוא יבא לעת מזומנת כטעם וקול התור: מקץ היות לה. סוף מקץ שבע שנים תחלה: שמן המור. בושם נחמד ועליו יש מחלוקת: (יג) ובזה. בדבר זה כי יש לה רשות לבקש מה שתרצה וזה בעבור שלא

קיצור אלשיך

(י) לא הגידה אסתר וגו'. כי מרדכי צוה עליה אשר לא תגיד. כי מרדכי נתן אל לבו לאמר מה זאת עשה אלהים שני הפכים באשה אחת. כי נתנה עליון תצלה למלוכה גדולה עד מאד. ולעומת זה השפל השפילה שאת אחשורוש תשכב. גם ידע מרדכי את כל אשר נעשה כי ישראל אכלו ושתו ונהנו מסעודת אחשורוש. והיה צועק מר על היהודים אשר בשושן לבלתי בא אל שלחן המלך כי מרה תהיה באחרונה וע"כ בהלקח אסתר אל בית המלך באין ספק נתן אל לבו לאמר אין זה כ"א גזרה עומדת ח"ו על ישראל ומה' יצא לעת כזאת הגיע אסתר למלכות למען תוכל לרפא להם. וגם לא על חנם נלקחה דוקא היא אל בית המלך. יען היא משבט בנימין מילדי קיש אבי שאול שגרם ביאת המן לעולם על אשר השאיר את אגג לילה אחת לשכב את אשה המוליד את המן החושב מחשבות להאביד את ישראל מן העולם. באופן אמר מרדכי בלבו או נלקחה אסתר להסתכן ותמות בעת צרה לכפר בעד אביה. או על ידה תהיה

לקוטי אנשי שם

(י) מה טעם צוה עליה מרדכי שלא תגיד עמה ומולדתה איתא בילקוט הטעם. כי אחשורוש שאל אית' בת מי את. אלא מי נתגדלת. והטעם איתא שרים ושלטונים. לכן אמר מרדכי לאסתר מיום שגלינו מארצנו אין אנו מקובלים על העמים. ואם יעשה המלך אותנו שרים ושלטונים והאי יתקנאו כל העמים בי ועל משפחתנו ועל כל ישראל ויעמדו עלינו ויכלתו בית אבינו וכל ישראל. ועוד יש טעם אחר למה צוה מרדכי עליה שלא תגיד. מחמת שחשב שבטח יעשה אחשורוש משתה החונתו. ועוד יבואו שרים רבים. והמלך ירצה להתפאר ביופי אסתר. אולי יאמרו השרים שילכו שתבא אסתר ערומה והיא לא תרצה לבוא ויהרגוה כאשר הרגו את ושתי. ע"כ צוה עליה מרדכי שלא הגיד מי היא. ואז לא יוכל המלך מיופים כלום מחמת שירא אולי היא ממשפחה בזויה ויתביים על ידה. ושכ"מ בין שני הטעמים לפי טעם ב' היה מהראוי שלא תגיד קודם המשתה. אבל לאחר המשתה היה לה לומר. כי מאי דהוה הוה. ותשא יותר חן בעיניו. אבל לטעם הילקוט לא הוכל להגיד לו אף לאחר המשתה כי גם אז ירצה לעשות שלטונים מעמה וממולדתה. ובזה יוש' ניחא מה שקודם המשתה כתיב לא הגידה אסתר עמה ומולדתה. כתיב עמה קודם מולדתה. כי אז עיקר החשש היה אם המלך ידע שם אסתר לא יתבייש לומר כי אשתו היפה בנשים היא יהודית. ואולי יאמרו כי רצונם נראותה ערומה. אבל לאחר המשתה היתה יכולה להגיד מי היא. אבל החשש היה אולי ירצה לעשותם שלטונים. ואת מי יעשה שלטונים. בכה אנשי מולדתה ואז היה העיקר שלא הגד מולדתה. וממולדתה ידעו מי עמה. ע"כ כתיב לא הגידה אסתר מולדתה. כי זה עיקר הירא'. וגם עמה לא רצתה להגיד מטעם הנ"ל:

maidens to the best [portions in] the house of the women. 10. Esther did not reveal her nationality or her lineage, for Mordecai had ordered her not to reveal it. 11. And every day, Mordecai would walk about in front of the court of the house of the women, to learn of Esther's welfare and what would be done to her. 12. And when each maiden's turn arrived to go to King Ahasuerus, after having been treated according to the practice prescribed for the women, for twelve months, for so were the days of their ointments completed, six months with myrrh oil, and six months with perfumes, and with the ointments of the women. 13. Then with this the maiden would come to the king; whatever she would request would be given to her to come with her from the house of

10. **not to reveal**—*so that they should say that she was from an ignoble family and dismiss her, for if they knew that she was of the family of King Saul, they would detain her.*—[*Rashi*] The *Targum* explains that Mordecai feared that if the king would be wroth with her, he would have her slain and her people annihilated. *Ibn Ezra* states that some criticize Mordecai for ordering Esther not to divulge her nationality. They assume that he did this lest the king hesitate to marry her, knowing that she was of the exiles. He quotes others who say that Mordecai had a dream that through Esther, the Jewish people would be saved. He prefers to believe, however, that Mordecai ordered her to be silent in order that she be permitted to keep the laws of Judaism unhindered. Should Ahasuerus know her lineage, he would be likely to coerce her or to slay her, just as she was taken against her will.

11. **and what would be done to her**—*He was one of two righteous men to whom a hint of salvation was given: David and Mordecai. David—as it is said (I Sam. 17:36): "Both the lion and the bear has your bondsman smote." He said* [to himself], *"This incident happened to me only to teach me to have faith that I can battle with this one* [Goliath]." *Likewise, Mordecai said* [to himself], *"The only reason that this righteous woman was taken to the bed of a gentile was because she is destined to rise to save Israel." He therefore went around to find out what would be her fate.*—[*Rashi*. See *Esther Rabbah, Mesoreth Hamidrash; Yalkut Shimoni*, Sam. 227; *Mechilta d'Rabbi Shimon ben Yohai*, end of *Beshallah*]

12. **turn**—Heb. תֹּר, *time.*—[*Rashi, Ibn Ezra*] order.—[*Targum*]

13. **whatever she would request**—*any entertainment or types of music.*—[*Rashi*]

הנשים עד־בית המלך: יד בערב | היא באה ובבקר
היא שבה אל־בית הנשים שני אל־יד שעשגז
סרים המלך שמר הפילגשים לא־תבוא עוד אל־
המלך כי אם־חפץ בה המלך ונקראה בשם:
טו ובהגיע תר־אסתר בת־אביחיל | דד מרדכי
אשר לקח־לו לבת לבוא אל־המלך לא בקשה
דבר כי אם את־אשר יאמר הגי סריס־המלך שמר
הנשים ותהי אסתר נשאת חן בעיני כל־ראיה:
טז ותלקח אסתר אל־המלך אחשורוש אל־בית
מלכותו בחדש העשירי הוא־חדש טבת בשנת־
שבע למלכותו: יז ויאהב המלך את־אסתר מכל־
הנשים ותשא־חן וחסד לפניו מכל־הבתולות וישם
כתר־מלכות בראשה וימליכה תחת ושתי:
יח ויעש המלך משתה גדול לכל־שריו ועבדיו

תו"א בערב היא באה. מגילה יג: ובהגיע תר אסתר. עקידה שער ס: ותהי אסתר נשאת חן. מגלה שם: ותלקח אסתר. שם: ויאהב המלך את אסתר. שם: ויעש המלך משתה גדול. שם:

כל רב וסרכן די צביא למימ
מן יד יתיהב לה למיעל עמ
מבית נשיא עד בית מלכא
יד בעדן רמשא הות עיל
לשמושיה ית מלכא ובעד
צפרא הות תיבא לבית נשי
תניין לידא דששגז רב
דמלכא נטיר מטרוניתא ומכא
ואילך לא היעול תוב לות
מלכא ארום אלהן ההי
דיתרעי בה מלכא וקרי ל
בשמא מפרש וכתיב: טו וכ
מטא סידור אסתר ברת
אביחיל אחבוי דמרדכי ד
נסבה ליה לברת למיעל לות
מלכא לא תבעת צרוך לכ
מדעם ארום אלהן ית מן דיימ
הגי רבא די למלכא נטר נשי
והות אסתר טעינת טיב
ומשכחא רחמין בעיני כ
חזהא: טז ואדברת אסתר לות
מלכא אחשורוש לאתת
ואעל יתה לבית אדרון בית מלכותיה בירחא עשיראה הוא ירחא דטבת בשתא שביעתא למלכותיה
יז ורחם מלכא ית אסתר מכל נשיא דהוו מתנסבן ואטענת רחמין וטיבו קדמוי מכל בתולת
ושוי מניכא דדהבא על רישה ומכד מן קיטון בית דמכיה ית איקונין דושתי ואוקים תמן ית
איקונין דאסתר ואותיב יתה על כורסי תנין ואמליך יתה חלף ושתי: יח ועבד מלכא משתיא רבא
לכל רברבנוי ועבדוי והוה קרי ליה משתיא דאסתר והנית שבוק כרגא לפלכיא עבד ויהב ליה מתנ

רש"י

אשר תאמר. כל שחוק ומיני זמר: (יד) אל בית הנשים שני. השני: (טו) בחדש העשירי. עת צנה שהגוף נהנה מן הגוף זימן הקב"ה אותו עת צינה כדי לחבבה עליו: (יז) מכל הנשים. הבעולות שאף נשים הבעולות קבץ (יח) והנחה למדינות עשה. לכבודה הניח להם מן המס שעליהם: ויתן משאת. שלח דורונות להם והכל כד

אבן עזרא

תבא לידי מחשבה ותהיה כהושה: (יד) אל בית הנשים שני. הטעם פעם שני ובא הטעם לשון זכר כמו אך בפעם הזה: וטעם שומר הפילגשים. כי אחר ששכב המלך עמה לא ישכב עמה אדם אחר כי חרפה היא למלך רק תהיה מהפילגשים רק אם לא מצא המלך טובה ממנה אז ימליכנה: (טו) לא בקשה דבר. גם זה לאות על שכלה: (טז) הוא חדש טבת

קיצור אלשיך

נאולת ישראל ותתקן קלקלת בית אביה וע"כ בכל יום ויום מרדכי מתהלך לפני חצר בית הנשים לדעת את שלום אסתר לראות אם היה מתחיל להעשות דבר שתתכן בו. וזהו את שלום אסתר. או אם הוא למען תציל את ישראל היה הולך לדעת מה יעשה בה. כלומר מה הוא הדבר והנס שיעשה לישראל בה. ועל ידה אם היה מתרגש דבר תצטרך להציל את ישראל ובגלל הדבר הזה צוה עליה אשר לא תגיד את עמה ישראל ואת מולדתה הוא שבט בנימין. כי אמר בלבו אם איזה גזרה תהי' ח"ו על ישראל טוב הוא בל ידעו כי יהודית היא ומשבט בנימין היא פן בעת הגזרה יוציאוה מן הכלל אותה ואת מולדתה. באופן לא תהיה לה פתחון פה לומר למלך יושיע לה ואת עמה כי איננו כבוד המלך ובזה אגבה ינצלו ישראל כאשר היה לבסוף כי אמרה כי נמכרנו אני ועמי. כי ע"כ חרד לבו ויתר ממקומו באומרו מי הוא זה אשר מלאו לבו לעשות כן. אך אם היתה מגדת עמה ומולדתה היו שוללים אותה מרשת זו שמנו לישראל ולא יהיה לה פתחון פה להשיב מחשבת עושי הרעה ומה גם אם יכתב ויחתם בטבעת המלך אשר אין להשיב כי יאמר לה המלך רב לך כי איננ

בכלל אסירי המלך ולא תהי' פלטה ח"ו. וזהו מאמר הכתובים לא הגידה אסתר וגו' כי מרדכי צוה וגו' והטעם הוא כי בכל יום ויום מרדכי מתהלך וגו' לדעת את שלום אסתר אם ח"ו אירע דבר שתסתכן על אשמת בית אביה. או מה יעשה בה [על ידה] לישראל כי לא על חנם היה ענינם. וע"כ לא רצה מרדכי שתגיד למען תוכל לרפא להם ולא יהגה הדלת נעול לפניה אם תודיע עמה ומולדתה כנ"ל:

(יז) ויאהב המלך את אסתר וגו'. כנראה מהפסוקים כל הבתולות שבאו אל המלך למשכב הלילה. באו כסדרן כל לילה אחרת. ולא שבו עוד לביתן. רק נשארו פלגשים למלך. תחת יד שעשגז. עד הגיע תור אסתר לבא אל המלך. ותשא חן וחסד לפניו. לא שבה אל בית הפלגשים. רק נשארה בבית המלך. כי המלך אוהבה יותר מכל הנשים [הפלגשים אשר ביד שעשגז] ותשא חן וחסד לפניו מכל הבתולות אשר נשארו שם. שהמלך עוד לא בא עליהן. ומאין ידע המלך שאסתר טובה לפניו מכל הבתולות אשר עוד לא ידע אותן. אולי תמצא בהן אחת הטובה יותר מאסתר. ע"כ אומר הכתוב ובהקבץ בתולות שנית. דהיינו שנקבצו

the women to the king's house. 14. In the evening she would go,
and in the morning she would return to the second house of the
women, to the custody of Shaashgaz, the king's chamberlain, the
guard of the concubines; she would no longer come to the king
unless the king wanted her, and she was called by name. 15. Now
when the turn of Esther, the daughter of Abihail, Mordecai's uncle,
who had taken her for a daughter, came to go in to the king, she
requested nothing, except what Hegai the king's chamberlain, the
guard of the women, would say, and Esther obtained grace in the
eyes of all who beheld her. 16. So Esther was taken to King
Ahasuerus, to his royal house in the tenth month, which is the
month of Tebeth, in the seventh year of his reign. 17. And the king
loved Esther more than all the women, and she won grace and
favor before him more than all the maidens, and he placed the
royal crown on her head and made her queen instead of Vashti.
18. And the king made a great banquet for all his princes and his
servants,

14. **to the second house of the women**—Heb. שֵׁנִי. [Like the usual form] הַשֵּׁנִי.—[*Rashi*]

In the evening she would go, etc.—*From the discreditable account of this wicked man we can learn something to his credit, namely that he did not indulge in sex during the day but only at night.*—[*Rashi* from *Meg*. 13a]

15. **and Esther obtained grace in the eyes of all who beheld her**—Each one took her to be a member of his people.—[*Meg*. ad loc.]

16. **in the tenth month**—*the cold season, when one body enjoys* [the warmth of] *another body. The Holy One, blessed be He, designated that cold season in order to endear her to him.*—[*Rashi* from *Meg*. ad loc.]

which is the month of Tebeth—So it is called in the language of the Chaldeans. In Hebrew, the months were known by their number, commencing from Nissan, the spring month.—[Ibn Ezra]

17. **and made her queen instead of Vashti**—Prior to Ahasuerus's selection of Esther, he had a portrait of Vashti in his bedroom to which he would compare the beauty of each candidate for the position of queen. When Esther came, he removed that portrait and had a portrait of Esther painted.—[*Mid. Abba Gurion, Esther Rabbah, Targum, Lekah Tov*]

את משתה אסתר והנחה למדינות עשה ויתן
משאת כיד המלך: יט ובהקבץ בתולות שנית
ומרדכי ישב בשער־המלך: כ אין אסתר מגדת
מולדתה ואת־עמה כאשר צוה עליה מרדכי ואת־
מאמר מרדכי אסתר עשה כאשר היתה באמנה
אתו: ס כא בימים ההם ומרדכי ישב בשער־המלך
קצף בגתן ותרש שני־סריסי המלך משמרי הסף
ויבקשו לשלח יד במלך אחשורוש: כב ויודע הדבר
למרדכי ויגד לאסתר המלכה ותאמר אסתר למלך
בשם מרדכי: כג ויבקש הדבר וימצא ויתלו שניהם

תו"א ובהקבץ בתולות שנית. שם: אין אסתר מגדת. שם: ואת מאמר מרדכי אסתר עשה. שם: בימים ההם. שם: ויודע הדבר למרדכי. שם: ותאמר אסתר למלך בשם מרדכי. שם טו הכותו תולין קד ויבקש הדבר וימצא. מגלה יג:

וחולק כמסת ידא דמלכא:
יט ובאתכנשות בתולתא זמנא
תנינא ומרדכי מצלי ואזל
ויתיב בתרע מלכא: כ בזמנא
הדא הוה שאל לה מלכא
מאידן אומא את ולא הות
אסתר מחויא ילדותה וית עמה
כמא דפקיד עלה מרדכי וית
מאמר מרדכי הות אסתר
עבדת שביא ומועדיא הות
נטרת ביומי ריחוקה הות
מזדהרא תבשילין וחמרא
דעממין נוכראין לא הות
טעמא וכל פקודיא דאתחייבן
בהון נשיא דבית ישראל הות
נטרא על פום מרדכי היכמא
דהות נטרה כד הות מתרביא
עמיה: כא ביומיא האנון ומרדכי יתיב בסנהדרין דתקינת ליה אסתר בתרע מלכא וכד חזו
תרין רברבניא כדין כנסו וקצפו ואמרו דין לדין הלא מלכתא בפתגם מלכא בעיא לסלקא יתן
ולאוקמא ית מרדכי לית רבותא לסלקא תרין קלוסנתרין ולאוקמא חד בכן אתיעטו בלישנהון
בגתן ותרש טרסאי תרין רברבני מלכא מנטרי פלטירא ואמרו לאשקאה סמא דמותא דמטול
לאסתר מלכתא ולאושטא ידא במלכא אחשורוש למקטליה בסיפא בבית דמוכיה: כב ואשתמודע
פתגמא למרדכי על דהוה חכים למללא בשבעין לישנין וחוי לאסתר מלכתא ואמרת אסתר
למלכא ואתכתיב על שום מרדכי: כג ואתבע פתגמא ואשתכח קשוט ואצטליבו תרויהון על
קיסא ואתכתיב בספרא דכרניא דמתקרי תדירא קדם מלכא:

רש"י

לפתותה ב אולי תגיד מולדתה. ואעפ"כ כן. (כ) אין אסתר מגדת מולדתה. לפי שמרדכי יושב בשער המלך המזרזה והמרמזה על כך: (כא) לשלח יד. להשקותו סם המות: (כב) ויודע הדבר למרדכי. שהיו מספרים דבריהם לפניו בלשון טורסי ואין יודעים שהיה מרדכי מכיר בשבעים לשונות שהיה מיושבי לשכת הגזית: (כג) ויכתב בספר דברי הימים. הטובה שעשה מרדכי למלך:

שפתי חכמים

אם היתה קורה אותה קורה הגא עמה: ב כך דרשו בפ"ק דמגילה ודייקי מדסמיך ליה להאי קרא ובהקבץ בתולות שנית אין אסתר מגדת וגו' וא"ת היאך אתה יכול לומר שלא היה יודע התשורות מאיזו עם

אבן עזרא

כן יקרא בלשון כשדים ונקראו ההדסים בלשון הקדש על המספר בעבור אביב: (יח) והנחה. שם כמו מנוח' בעבור שמהתו באסתר: משאת. מנהה כמו משאת בנימן: (יט) ובהקבץ בתולות שנית. הטעם היה זאת הפעם השנית כבר היה יושב מרדכי בשער המלך כי זה בשנת שבע למלכותו והמשת' על דבר ושתי בשנת שלש ואמרו הכמים כי נתחייבו ישראל מיתה בעבור שאכלו בשלחן המלך ושתו מיין משתיו: (ב) אין אסתר מגדת מולדתה. למלך ולא לסריסים שהעמיד לפניה: באמנה. מגזרת כאשר ישא האומן והוא שם כמו הכמ' עלמה: (כא) משומרי הסף. בחצר הפנימית והכתוב לא הזכיר למה קצפו ואיך ידע הדבר מרדכי ויש אומרים כי הוא היה מסנהדרין והי' יודע שבעים לשון וזה טעם מרדכי בלשן ואין טעם בלשן כי אם אדם אחד: (כג) ויתלו. כל אחד משניהם כמו ויקבר בערי גלעד:

קיצור אלשיך

שנקבצו כל הבתולות הנשארות והעבירן לפני המלך. וכולן לא מצאו חן בעיניו כאסתר. ע"כ וישם המלך בעצמו כתר מלכות בראשה וימליכה תחת ושתי. (יט) **ומרדכי** יושב בשער המלך. זה ענין בפ"ע. כי מה' היתה זאת שישב בשער המלך. ולא מאסתר [כי אין אסתר מגדת מולדתה שהיא קרובת מרדכי כי אף את עמה לא הגידה] כדי שיתודע לו ענין בגתן ותרש ושיתודע לו גזרת המן. ע"כ סמך לו ספור ענין בגתן ותרש וכו'.

(כא) **בימים** ההם וגו'. שכבר מלכה אסתר ומרדכי יושב בשער המלך. ובזה בא הכתוב להורות את בני ישראל גודל השגחתו ית' להטיב אלינו כי הלא בהכנה **אשר** הכין המן **שיהנו** ישראל מסעודת אחשורוש ונתחייבו ח"ו ישראל כליה זכר הקב"ה את דבר קדשו **אשר** דבר **אל עבדו** הנביא ירמיה כי לפני מלאות לבבל שבעים שנה אפקוד אתכם. ע"כ הכין הקב"ה גדולת המן וגזרתו לעורר את ישראל לתשובה. ואח"כ יהי' מפלתו גדולה מאד. והמגלה מספרת אחת לאחת כל גלגולי הסבות מהחל עד כלה. איך שהקב"ה הכין הרפואה קודם להמכה. והמן בעצמו הכין לו מיתתו. שיעץ להרוג את ושתי. ונכנסה אסתר. הוא זימן את ישראל להפילו. ונכנסה אסתר להפילם. ומרדכי הוכן לישב בשער המלך.

לקוטי אנשי שם

(כא) **ומרדכי** יושב בשער המלך. איתא בילקוט כשנכנסה אסתר למלכות אמרה לאחשורוש למה אין אתה עושה כמו שהיו המלכים הראשונים עושים שהיו מושיבים אדם צדיק יהודי יושב בשער המלך נבוכדנצר הושיב דניאל על פתחו שאם יגיע לו דבר היה אומר לו שנאמר דניאל בתרע מלכא. אמר לה מכרת את יהודי כשר. אמרה ליה יש כאן אדם כשר וצדיק ושמו מרדכי. מיד שלח אחשורוש אחרי מרדכי ונתן לו רשות לישב בשער המלך. ועי"ז ניצול אחשורוש מבגתן ותרש:

ועוד

even Esther's feast, and he granted a release to the provinces and
gave gifts according to the bounty of the king. 19. And when the
maidens were gathered a second time, and Mordecai was sitting in
the king's gate—20. Esther would not tell her lineage or her
nationality, as Mordecai had commanded her, for Esther kept
Mordecai's orders as she had when she was raised by him. 21. In
those days, when Mordecai was sitting in the king's gate, Bigthan
and Teresh, two of the king's chamberlains, of the guards of the
threshold, became angry and sought to lay a hand on King
Ahasuerus. 22. And the matter became known to Mordecai, and he
told [it] to Queen Esther, and Esther told [it] to the king in
Mordecai's name. 23. And the matter was investigated and found
[to be so], and they were both hanged

18. **and he granted a release**—*In her honor, he released them from the tax that was [levied] upon them.*—[*Rashi* from *Meg.* ad loc., *Targum*] Since he did not know to which family she belonged, he granted a release to all the provinces. Accordingly, when he became aware of her lineage, he levied a tax on all his provinces (10:1).—[*Gra*]

and gave gifts— *He sent them gifts, and everything was in order to entice her, perhaps she would tell her nationality. But nevertheless—Esther would not tell.*—[*Rashi* from *Meg.* ad loc.] Not only did he grant a release from taxes, but he gave lavish gifts according to the ability of the king.—[*Gra*]

19. **And when the maidens were gathered a second time**—in order to arouse her jealousy, so that she would tell her lineage and her nationality, but to no avail.—[*Meg.* ad loc.] The *Gra* explains that afterwards, they gathered all the remaining maidens to send them home. This was written to show that Esther, due to her outstanding qualities, was not sent home.

20. **Esther would not tell her lineage**—*because Mordecai was sitting in the king's gate; he was encouraging her and hinting to her about it.*—[*Rashi*] The *Gra* explains that Esther realized that she was of high esteem in the king's eyes—he had granted all the provinces a release because of her, all the maidens were sent home except her, and Mordecai had been granted a place of honor among the dignitaries at her request even though the king was unaware of their relationship. In spite of all this honor, Esther would not reveal her lineage.

21. **In those days, when Mordecai was sitting in the king's gate**—As above, all nationalities were released from taxes and given

gifts. Mordecai, who was a Jew, was also granted a special favor: he was given a place to sit among the royal dignitaries.—[*Gra*] *Midrash Lekah Tov* explains: Initially, Mordecai walked about before the court of the house of the women. Then, Esther said to Ahasuerus, "Why do you take counsel from the princes of Persia, who advised you to slay Vashti, and not from the sages of Israel?" Ahasuerus immediately gave Mordecai a royal position and appointed him a judge in the king's gate.

of the guards of the threshold—of the inner court.—[*Ibn Ezra*] They were two of the three guards of the threshold.—[*Gra*]

became angry—According to the Talmud (ibid. 13b), they became angry with Ahasuerus because he would spend much time with Esther at night and burden them with bringing him drinks, and they would consequently get no sleep. According to the *Targum* and *Esther Rabbah*, they were angry that they were displaced by Mordecai and therefore sought to assassinate Ahasuerus. [It appears that the Talmud renders מִשֹּׁמְרֵי הַסַּף as "of the keepers of the vessels," as in *Targum Sheni*.]

to lay a hand—*to give him poison to drink*.—[*Rashi* from *Meg*. 13b, *Targum*]

22. **And the matter became known to Mordecai**—*For they were discussing their affairs before him in the Tarsean language, and they did not know that Mordecai was familiar with seventy languages, for he was one of those who sat in the Chamber of Hewn Stone*.—[*Rashi* from *Meg*. ad loc.] i.e., Mordecai was a member of the Great Sanhedrin which convened in the Chamber of Hewn Stone in the Temple Court. These judges were expected to be familiar with all seventy languages in order to understand the testimony of people from foreign lands, who were not fluent in Hebrew.

and he told [it] to Queen Esther—*Midrash Panim Aherim , second version*, gives three reasons for Mordecai's wish to save the king's life: 1) so that he would sanction the rebuilding of the Temple; 2) so that Mordecai could influence him should he decree any harsh decrees upon Israel, which he might not be able to do with his successor; 3) so that he should not be blamed for neglecting to guard the king.

and he told it to Queen Esther—by means of a messenger.—[*Midrash Lekah Tov*]

and Esther told it to the king—in person.—[*Midrash Lekah Tov*]

in Mordecai's name—She did not assume the greatness for herself because she understood that a miracle would come about through Mordecai.—[*Gra*] *Midrash Panim Aherim*, second version, states that Esther knew that Mordecai was a righteous man and that God granted whatever he requested. Therefore, she spoke to Ahasuerus in his name. *Midrash Lekah Tov* states that Esther wished Mordecai to find favor before the king.

Midrash Panim Aherim, second version, relates that the two guards had plotted to put a snake into the king's flask. When they realized that their plot had been discovered, they removed the snake from the flask. God

thereupon created another snake, which was found upon searching. Others say that they sought to strangle the king, and they were found out. Josiphon relates that when Mordecai was sitting in the king's gate, he overheard these two sentries whispering and plotting to behead the king while he was sleeping and to deliver his head to the kings of Greece, for at that time, great wars were brewing between Persia and Greece. These guards were Haman's kinsmen and his confidants. Mordecai revealed this to Esther, who, in turn, relayed the information to Ahasuerus. Following an investigation, the plot was discovered to be true, and they were hanged. *Rokeach* states that poison was found in a cup and a dagger in their sleeve.

Malbim explains that the discovery of this plot and the execution of the two plotters was the result of a series of miracles. As the Rabbis said (*Meg.* 13b): The Holy One, blessed be He, creates the remedy before the ailment. This incident was carefully planned to bring about the redemption of the Jews from their straits. This teaches us that the wound is brought about only for its remedy. This can be compared to a blood-letter, who, prior to letting blood, prepares all the implements necessary to stop the flow of blood and revive the patient. This is the meaning of (Exod. 15:26): "I will not inflict upon you any of the sicknesses that I inflicted upon the Egyptians, because I, the Lord, am your Healer." I will not inflict any sickness upon you with the same intentions that I inflicted it upon the Egyptians. My main intention in smiting the Egyptians was to punish the wicked. I will inflict sickness upon you because I am your Healer. With that intention, God prepares the remedy before the wound. God's first preparation was making Esther queen. His second preparation was seating Mordecai in the king's gate. The intention was twofold: 1) to arouse the jealousy of the sentries, and 2) to allow Mordecai to learn of the plot against the king. In one way, this caused trouble for Israel, and in one way, it brought about their deliverance. It was therefore a miracle that Mordecai was sitting in the king's gate, and it was a miracle that two sentries, chosen for their faithfulness to the king, should become angry with him and have the audacity to plot his assassination. The third miracle was that God revealed this to Mordecai. Further, Mordecai did not tell Esther to tell the king of the plot in his name, yet she did so of her own volition. Another miracle was that the poison was discovered despite their efforts to conceal it. Finally, it was a miracle that the king did not immediately reward Mordecai for his great service but recorded it in his diary.

23. **and found**—Since the two plotters guarded at different times, they planned that one would take over both watches in order to release the other to obtain the poison. When the matter was investigated, it was discovered that the wrong one was on the watch.—[*Meg.* 13b, according to *Maharsha* and *Gra*]

and it was written in the diary—*the favor that Mordecai did for the king.*—[*Rashi*]

על־עץ ויכתב בספר דברי הימים לפני המלך: ס
ג א אחר | הדברים האלה גדל המלך אחשורוש
את־המן בן־המדתא האגגי וינשאהו וישם את־
כסאו מעל כל־השרים אשר אתו: ב וכל־עבדי
המלך אשר־בשער המלך כרעים ומשתחוים
להמן כי־כן צוה־לו המלך ומרדכי לא יכרע ולא
ישתחוה: ג ויאמרו עבדי המלך אשר־בשער
המלך למרדכי מדוע אתה עובר את מצות
המלך: ד ויהי באמרם כאמרם קרי אליו יום ויום ולא
שמע אליהם ויגידו להמן לראות היעמדו דברי
מרדכי כי־הגיד להם אשר־הוא יהודי: ה וירא המן

ה״א אחר הדברים האלה. שם: ומרדכי לא יכרע ולא ישתחוה. שם יט:

תרגום

א בתר פתגמיא האלין עלת
מדת דינא קדם רבון כל
עלמא וכן אמרת הלא המן
רשיעא נחת מן שושן לירושלם
לבטלא בנין בית מוקדשך
והא כען רבי מלכא אחשורוש
ית המן בר המדתא די מזרעית
אגג בר עמלק רשיעא ומנייה
רב על כולא ותקין ית כורסיה
מעלוי כל רברבניא די עמיה
עני מרי עלמא עד כדו לא
אשתמודע בעלמא פסיקו מני
עד די יתרברב וישתמודע לכל
עממיא ומן בתר כן אתפרע
מניה על כל עקתין די יעביד
איהו ואבהתוי לעמא בית
ישראל: ב וכל עבדי מלכא די
בתרע בית מלכא נחנין לאנדרטא די הקים בהדיה וסגדין ליה להמן ארום כן פקיד עלוהי
מלכא ומרדכי לא הוה נחין לאנדרטא ולא הוה סגיד להמן על די הוה ליה עבד פלח ואזדבן ליה
בטולמא דלחם: ג ואמרו עבדי מלכא די בתרע פלטרין דמלכא למרדכי מה דין אנת עבר ית תפקידתא
דמלכא: ד והוה במללותהון לותיה יומא ויומא ולא קביל מנהון וחויאו להמן למחמי היתקיימון
פתגמי מרדכי כל קביל פתגמי דהמן ארום חוי להון די להמן לא הוה סגיד על דהוה עבדיה
דאזדבן ליה בטולמת לחם ואנדרטא די הקים בהדיה לא הוה גחין על דהוה יהודי ויהודאי לא
פלחין ולא גחנין ליה: ה וחזא המן ארום לית מרדכי גחין לאנדרטא ולא הוה סגיד ליה

שפתי חכמים

פיתס וכלא כמה דלפירין היו בישראל שהיו אומרים שהיא ישראלית אלא בשביל שנושאת חן בעיני כל רואים והיו האומות מתגרות ואומרו' זו ממשפחתי וזאת אומרת כמו כן נפיכך לא היה לו לעמוד על שהירור כן כתוב ברש"י בספר עין יעקב: ג דק"ל מה העיד לנו שכ' שלא גדלו עד עכשיו כמעשה הזאת לכ"פ אחר שנבראת רפואה וכו':

רש"י

(א) אחר הדברים האלה. שנבראת ג רפואה זו להיות לתשועה לישראל. גדל המלך וגו' את המן. שהקב"ה בורא רפואה למכתן של ישראל קודם שיביא המכה עליהם: (ב) כורעים ומשתחוים. שעשה עצמו אלוה לפיכך ומרדכי לא יכרע ולא ישתחוה: (ד) היעמדו דברי מרדכי האומר. שלא ישתחוה עולמית כי הוא יהודי והוזהר על

אבן עזרא

(א) אחר. אחר המשתים יש אומרים כי זה המן הוא ממוכן: מעל כל השרים. הטעם מעל כל כסאות השרים כי לכל שר יש לו כסא בבית המלכות: (ב) יכרע וישתחוה. ידועים וככון מה שדרשו רז"ל כי צורת צלם וע"ז היו בבגדיו או על מצנפתו: (ד) כי הגיד להם אשר הוא יהודי. כי הוא אבו' לו. והג'ים לשאול למה הכניס מרדכי עצמו בסכנה גם הכנים כל ישראל היה ראוי שידבר לאסתר ותסירנו משער המלך ולא יכעיס את המן אחר שרא' שהשע' משחקת לו. והתשו' כי לא יוכל לסור

לקוטי אנשי שם

ג (א) אחר הדברים האלה גדל המלך וגו'. איתא בילקוט רבי סיה משתעי איזא עבד סעודתא לכל חיתא ובעירה ועבד להון גננא ממשכה דחיותא כיון דאכלי אמרי נהן עומד לן זמר. אנו עייניון בסדין תענה. אמר לנו עניין אתון לי מהי דאנא אמר אמרו ליה הן. דלי עיניה כלפי משכי עילאי אמר נהן דאתמי לן בעלאי יתמי לן בתתאי. כך מי שסרחו בגליו של בגתן ותרש יראנו בגליו דהמן מי שפרע מן הראשונים יפרע מן התחתונים:

קיצור אלשיך

ועוד עשה הקב"ה הקציף עבדים על אדוניהם כד ישמע מרדכי ויכתב בספר הזכרונות שעי"כ יבא חרבונא ויאמר הנה העץ אשר עשה המן למרדכי אשר דבר טוב על המלך עומד בבית המן גם למאמר רז"ל כי בעצת המן היה ענין בגתן ותרש שע"כ כאשר נתודע הדבר למלך אמר תלוהו עליו נמצא שענין בגתן ותרש סיבב תליית המן. ע"כ.

(א) אחר הדברים האלה שמה' הוכן מפלת המן גדל המלך את המן. עוד נוכל לומר טעם על אשר גדל המלך את המן אחר תליית בגתן ותרש. כי המלך לא היה מיחס ההטבה בהגדת עצת בגתן ותרש אל מרדכי כי אם אל אסתר המלכה. ע"כ אמר המלך בלבו איזה מעלה יתרה אעלה את אסתר כי אין למעלה מהיותה מלכה. אך אעלה במעלות את אשר סיבב מלכותה. וזהו להגדיל את המן ויהי' להמלכה נחת רוח מזה. ומחמת כי עד עכשיו הי' המן קטן מכל השרים ע"כ אין מהנימוס להגדילו פעם אחת על כל השרים רק יהיה בהדרגה. בתהלה גדל אותו ואח"כ וינשאהו. ואח"כ וישם את כסאו וגו':
(ב) וכל עבדי המלך אשר בשער המלך כורעים ומשתחוים להמן כי כן צוה לו [ר"ל עליו] המלך. ר"ל המלך צוה לכל עבדיו אשר בשער המלך שיעשו לו. להמן. הכבוד הזה לכרוע ולהשתחות להמן. ומרדכי לא יכרע ולא ישתחוה. ר"ל מרדכי לא היה צריך לכרוע ולהשתחות כי אף שהיה יושב בשער המלך. אך לא היה מעבדי המלך. ואם היה מרדכי אומר להם כי עליו איננו הצווי להשתחות ולכרוע מחמת שאיננו עבד המלך. יוכל היות כי עבדי המלך לא חרה להם עליו. אך מרדכי הגיד להם טעם אחר כי איננו כורע ומשתחוה מחמת שהוא יהודי. והוא יחסן שהגלה מן א"י עם הגולה שהגלה נ"נ עם יכניה מלך יהודה. והי' בא"י משרי יהודה. ולא לכבוד הוא לו שישתחוה להמן [ובפרט כי המן נתגדל בטעות שהמלך תלה ההצלה באסתר ע"כ נתגדל המן כנ"ל. ולו ידע המלך כי ע"י מרדכי היה ניצל לא היה מגדיל את המן רק את מרדכי

on a gallows, and it was written in the diary [that was read] before the king.

3

1. After these events, King Ahasuerus promoted Haman the son of Hammedatha the Agagite and advanced him, and placed his seat above all the princes who were with him. 2. And all the king's servants who were in the king's gate would kneel and prostrate themselves before Haman, for so had the king commanded concerning him, but Mordecai would neither kneel nor prostrate himself. 3. Then the king's servants who were in the king's gate, said to Mordecai, "Why do you disobey the king's orders?" 4. Now it came to pass when they said [this] to him daily, and he did not heed them, that they told [this] to Haman, to see whether Mordecai's words would stand up, for he had told them that he was a Jew. 5. And when Haman saw

3

1. **After these events**—*this remedy was created to be a salvation for Israel.*—[*Rashi* from *Meg.* 13b] Otherwise, what is the connection between Haman's promotion and the previous incident of Mordecai's discovery of the plot to assassinate Ahasuerus?—[*Sifthei Hachamim*] This was, in fact, five years later, as we read further that the lots were cast in the twelfth year of Ahasuerus's reign, whereas Esther was made queen in the seventh year.—[*Ibn Ezra*] The *Gra* explains that, according to the Talmud, Memucan is identified as Haman. It was he who recommended that Vashti be executed and that the king be permitted to judge cases in which he had an interest. This made it possible for him to ultimately judge Haman who had attained such a high position that he would ordinarily been out of the king's legal jurisdiction. The Rabbis who explain this verse to mean that a remedy was created to be a salvation for Israel, base their interpretation on verse 2, which states: "for so had the king commanded concerning him." Wherever "the king" is mentioned in the Book of Esther, it is taken homiletically to refer to the Holy One, blessed be He. Now, what connection does this have to the preceding chapter? They explain it to mean that after the remedy was created by Mordecai's report of the assassination plot , God saw to it that Haman was elevated. *Alshich* explains that Ahasuerus did not attribute the saving of his life to Mordecai but to Esther, who reported it to him. He

reasoned that since Esther occupied the highest position in the kingdom, he could not reward her with any greater honor or glory. He therefore honored the man responsible for her attaining that position, namely Memucan, or Haman.

King Ahasuerus promoted Haman—*For the Holy One, blessed be He, creates a remedy for Israel's blow before He brings the blow upon them.*—[*Rashi* from aforementioned source] The *Gra* explains that the king promoted him in wealth and advanced him in greatness.

above all the princes—i.e., above all the seats of the princes, for every prince had a seat in the royal palace.—[*Ibn Ezra*] It was the custom that the king would not sit among the princes, but would sit on a throne higher than all their chairs. Ahasuerus gave Haman a throne that was similarly higher than those of all the other princes and officers.—[*Gra*] Divine providence had Haman exalted to his new high position so that his downfall would be much greater than if he were to fall from his former position, that of the last of the seven princes of Persia and Media.—[*Esther Rabbah, Targum*]

2. **And all the king's servants**—These were the king's personal servants.—[*Gra*] Since they were of the same rank as Mordecai, they were jealous that he was able to avoid kneeling and prostrating himself before Haman, something they could not dare to do.—[*Eshkol Hakofer*]

who were in the king's gate—These were the servants who sat in the king's gate.—[*Gra*]

would kneel and prostrate themselves—*Because he made himself a god; therefore "Mordecai would neither kneel nor prostrate himself."*—[*Rashi* from *San.* 61b] According to *Pirké d'Rabbi Eliezer*, ch. 50, Haman embroidered an image on his garments, and when the people prostrated themselves before him, they also prostrated themselves to the embroidered image. The *Targum* paraphrases: And all the servants of the king who were in the gate of the royal palace would kneel to the image that he erected with him and prostrate themselves to Haman, for so had the king commanded concerning him, but Mordecai did not kneel to the image and did not prostrate himself to Haman because Haman was his slave, who had been sold to him for a loaf of bread. This *Targum* alludes to the addendum to the *Targum*, which relates that in the second year of Ahasuerus's reign, the city of Hindika rebelled against him. Ahasuerus sent a vast army to subdue it. He appointed Mordecai over one half of the army, and Haman over the other half. While Mordecai used his supplies sparingly, Haman squandered them and was left without food. He begged Mordecai to lend him some food, which Mordecai refused. They finally agreed that Mordecai would give food to Haman and his troops if Haman would sell himself to him as a slave. The document attesting to the sale was written on Mordecai's shoe, which he would show Haman whenever he passed by. See *Manoth Halevi.*

for so had the king commanded concerning him—The *Gra* renders: for so had the king commanded him, meaning that the king had commanded him to order everyone to prostrate himself before him.

Alshich explains that the king had commanded all his servants in his gate to honor Haman by kneeling and prostrating themselves before him, but Mordecai was not required to kneel because he was not one of the king's servants. Had he told them that he did not kneel because the law applied only to the king's servants and not to him, they may possibly have accepted his excuse, but the reason he gave them was that he was a Jew. He was of a superior pedigree, an exile from the Holy Land with the exile of Jeconiah. In the Holy Land, he had been one of the princes of Judea. It was therefore beneath his dignity to kneel and prostrate himself before Haman, [especially since Haman had been elevated by mistake, as mentioned above. Had the king known that Mordecai had saved him, he would not have elevated Haman, but Mordecai, as indeed he did at the end of the narrative.] The king's servants, however, thought just the opposite: that Mordecai was a member of an inferior and lowly people. How did he dare to stand proudly among all the servants who were kneeling and prostrating themselves, refusing to humble himself before Haman? They therefore informed on him to Haman, and when Haman saw that, indeed, Mordecai did not kneel or prostrate himself before him, he became filled with rage. Nevertheless, he had no right to execute Mordecai, because Mordecai had not disobeyed the royal edict. *Eshkol Hakofer* explains that everyone kneeled and prostrated themselves before Haman for two reasons: 1) because of his high office, and 2) because the king had specifically commanded everyone to kneel and prostrate themselves before him. Had the king not specifically commanded them to prostrate themselves before him, they would not have done so, because Haman was despised and of lowly family origins. Hence, "for so had the king commanded concerning him." Mordecai, however, would neither kneel before him because of his high office nor prostrate himself because of the royal edict.

3. **Why do you disobey the king's order**—Although Haman is unworthy of this honor, why do you disobey the king's order to kneel and prostrate before him?—[*Eshkol Hakofer*]

4. **whether Mordecai's words would stand up**—[i.e., the words of Mordecai,] *who said that he would never prostrate himself because he was a Jew, and was warned against idolatry.*—[*Rashi*]

They were willing to forget their envy of Mordecai's honor, but they would not forget their hatred of his religion.—[*Eshkol Hakofer*]

כי־אין מרדכי כרע ומשתחוה לו וימלא המן חמה:
ו ויבז בעיניו לשלח יד במרדכי לבדו כי־הגידו לו
את־עם מרדכי ויבקש המן להשמיד את־כל־
היהודים אשר בכל־מלכות אחשורוש עם מרדכי:
ז בחדש הראשון הוא־חדש ניסן בשנת שתים
עשרה למלך אחשורוש הפיל פור הוא הגורל לפני
המן מיום | ליום ומחדש לחדש שנים־עשר הוא־
חדש אדר: ס ח ויאמר המן למלך אחשורוש ישנו
עם־אחד מפזר ומפרד בין העמים בכל מדינות

תו"א ויבז בעיניו לשלוח יד במרדכי לבדו. שם יג: בחדש הראשון הוא חדש ניסן. ראש השנה ז: הפיל פור הוא הגורל. שם מגלה יג: ישנו עם אחד מפזר. שם:

ואתמלי המן עלוי דמרדכי
רתחא: ו והוה חוך קדמוי
לאושטא ידוי למקטול ית
מרדכי בלחודוהי ארום חויאו
ליה דמרדכי אתי מן יעקב
דשקל מן עשו אבא דאבוי
דהמן ית בכורתא וית ברכתא
ויהודאי אינון עמא דמרדכי
ובעא המן לשיצאה ית כל
יהודאי די בכל מלכות
אחשורוש עמא דמרדכי:
ז בירחא קדמאה דהוא ירח
ניסן בשתא תרתי עשרי
למלכא אחשורוש אפל פורא
הוא עדבא קדם המן מן יומא
ליומא ומן ירחא לירחא תרי עסר דהוא ירח אדר: ח ואמר המן למלכא אחשורוש איתי עמא חדא מבדר
ומתפרש ביני עממיא ואומיא ולישניא ומקצת מנהון דירין בכל פלכי מלכותא וגזרת אוכיתהון

רש"י

עבודת אלילים: (ז) הפיל פור. הפיל מי שהפיל ולא פירש מי ומקרא קצר הוא: הוא הגורל. הכתוב מפרש ומהו הפור הוא הגורל הפיל הגורל באיזה חדש יצליח: מיום ליום. באיזה יום בחדש שיצליח: (ח) ואת דתי

אבן עזרא

משער המלך כי אם יסור בלא מצות המלך דמו בראשו: (ז) הפיל פור. זאת המלה פרסית ופירוש׳ גורל והנה זה הפך הוא חדש ניסן. ויש אומרים כי בחר להשמיד את ישראל בחדש אדר כי בו נאסף אל עמו משה אדונינו ולא ידע כי בו נולד. ואחרים אמרו בעבור חבור העליונים במזל גדי שהוא שנים עשר למזל דלי שהוא מזל ישראל. והנכון שכן יצא בגורלו כי מהשם משפטו והשם האריך הזמן עד שיעשו ישראל תשובה וימלטו: (ח) נו"ן ישנו. נוסף ויש אומרים גם הוי"ו: מפוזר ומפורד בין העמים. שיפרד איש מעל אחיו כל כך הוא רע כולו ולא די שדתיהם שונות אלא שלא

קיצור אלשיך

מרדכי כאשר היה בסוף]. ועבדי המלך חשבו להיפך כי מרדכי הוא מעם בזוי ושפל. ואיך מלאו לבו לעמוד בגאה וגאון בין כל הכורעים ומשתחוים ולא ירצה להכנע לפני המן הנשא על כל השרים. ע"כ הגידו זאת להמן. וכאשר ראה המן כי אמת הדבר כי אין מרדכי כורע ומשתחוה לו וימלא המן חמה. אבל להרוג את מרדכי לא היה לו רשות. כי לא עבר על צווי המלך כנ"ל: (ו) ויבז בעיניו וגו׳. המן חשב בלבו מה יועיל לו אם יעשה דין במרדכי לבדו. כי אלפים ורבבות יהודים נקראים עם מרדכי והולכים בעקבותיו. וגם המה לא יתנו לו כבוד ולא יכרעו ולא ישתחוו לו להכעיסו על אשר עשה דין במרדכי. ע"כ ויבקש המן להשמיד את כל היהודים שלא יזכר עוד שם ישראל בעולם. ומחמת שהי׳ לבו נוקפו לעשות דבר זר כזה ע"כ רצה תחלה לראות ע"פ הוראת הכוכבים את מזלם של ישראל איך הוא באותן הימים. אם יכול לנצח אותם. והפיל פור הוא הגורל לפני המן מיום ליום ומחדש לחדש: *) ח) ויאמר המן וגו׳ ישנו עם אחד. שאינו מעורב עם כל עם ולשון. באופן שמורא לא יעלה על ראשינו מיתר העמים שהתחתנו עמהם. כי לא התחתנו עם שום אדם זולתם. ואולי אנשי העם הזה יתקוממו עלינו לעמוד על נפשם ויהרגו רבים מעמי המלך. אין לפחוד מזה כי הוא מפוזר בכל המדינות זעיר שם זעיר שם ואין באחד המדינות רבים יחד יתנו לב להתאמץ על מבקשי רעתם. ושמא תאמר אולי יתקבצו מכל המדינות אל עיר אחת ושם יתקוממו עלינו. גם מזה לא לא נירא. כי הלא מפורד בעלי פירוד בלתי מתקשרים זה עם זה. ואל נא תאמר אולי מפחד רעה בנפול עליהם אימת מות יקנו התקשרות ויתקבצו לעמוד על נפשם. גם זה אינו. כי אינם קרובים אלו לאלו כי הם בכל העמים. מועט בכל עם ועם. באופן שע"י תכונותם אלה לא במהרה ינתקו ממקומם להתקבץ יחד כולם. וגם לא תירא מעשות קרחת במלכותך. כי הם בכל מדינות מלכותך ואין מדינה מהם. ואל תאמר פן יאשם המלך בעיני העמי׳ בהמית עם רב בלתי בני תמותה כי למה יומתו מה עשו. ראה גם ראה. כי דתיהם שונות מכל עם. זרה ומשונה וגרוע מדתי כל עם. ובלתי מתקרבים אל השכל. ועכ"ז ואת דתי המלך הישרים אינם עושים. וע"כ לא יאשם המלך בקרב העמים על עשותו כלה בעם כזה. וכ"ש שלא יכמרו רחמי העמים לבלתי אבדם. כי אין שנאה כשנאת הדת. כי כל העמים אף שילכו איש בשם אלהיו יתקרבו בפת בגם ויין משתיהם. ומאכל שלחנם

*) כפל הענין מיום ליום ומחדש לחדש צריך ביאור וגם יש להבין מה שנאמר במגילה כי על שם הפור נקרא היום הזה פורים. למה לשון רבים פורים. ולא פור לשון יחיד. אבל הענין מבואר בגורלות כי ודאי על גורל פשוט אין לסמוך כי פשיטא אם תשים בקלפי י"ב פתקאות בכל אחד נרשם חודש אחד פשיטא שיעלה ע"כ חדש אחד. או יום אחד. אבל מעשה הגורל של המן כך היה. השנה שנ"ד ימים. עושים שנ"ד פתקאות ועל כל פתק נכתב שם יום אחד. למשל על פתק ראשון כתוב א׳. ועל השני כתוב ב׳ וכן כולם עד שעל הפתק האחרון היה כתוב שנ"ד. ואלו שנ"ד פתקאות יהיו מונחים בקלפי. ואח"כ לוקחים י"ב פתקאות וכותבים על כל אחד שם חדש אחד מחדשי השנה. על אחד חדש ניסן ועל השני אייר וכן כולם. ומניחים אותם בקלפי שניה ופושט ידו אחת לקלפי אחד ונוטל משם פתק אחד הכתוב עליו שם חדש. ופושט ידו השניה לקלפי השניה ונוטל משם פתק אחד הכתוב עליו שם היום. ורואה אם שם היום יכול להיות בחדש זה. למשל הוציא מקלפי אחד חדש אדר ומהשניה פתק אחד הכתוב עליו אות ק׳ זה גורל שקר. כי כשתחשיב חשבון הימים מניסן הרי יום ק׳ בתמוז. אבל אם הוציא שם יום ש"מ וכדומה. א"כ חשבון הימים ג"כ באדר. ונתכוונו הגורלות. הימים עם החדש. וכן בכל החדשים שנשתוו עם מספר הימים. יכול להיות הגורל אמת. ולכך נאמר הפיל פור הוא הגורל מיום ליום ומחדש לחדש שהיו ב׳ גורלות. ולכך נקרא פורים על שם שני הגורלות:

that Mordecai would neither kneel nor prostrate himself before him, Haman became full of wrath. 6. But it seemed contemptible to him to lay hands on Mordecai alone, for they had told him Mordecai's nationality, and Haman sought to destroy all the Jews who were throughout Ahasuerus's entire kingdom, Mordecai's people. 7. In the first month, which is the month of Nisan, in the twelfth year of King Ahasuerus, one cast the *pur*—that is the lot—before Haman from day to day and from month to month, to the twelfth month, which is the month of Adar. 8. And Haman said to King Ahasuerus, "There is a certain people scattered and separate among the peoples throughout all the provinces

7. **one cast the *pur***—*Whoever cast, cast, and the verse does not specify who. This is an elliptical verse.*—[*Rashi*]

pur—This is a Persian word, meaning lot.—[*Ibn Ezra*]

that is the lot—*Scripture explains: and what is the pur, that is the lot. He cast lots* [to determine] *in which month he would succeed.*—[*Rashi*]

from day to day—*in which day of the month he would succeed.*—[*Rashi*] *Ibn Nachmiash* writes that he divined to determine which day of the week would be auspicious, but none proved to be. He then divined to determine which month would be auspicious and discovered the month of Adar. *Targum Sheni* and *Esther Rabbah* give various reasons for the inauspiciousness of each month, as does *Rambam* in his commentary on the Book of Esther. In any case, he tried each month and found them all favorable for Israel, except the month of Adar, when Moses died. When the lot fell on Adar, he rejoiced, thinking that he would succeed. But—the Talmud remarks (*Meg.* 13b)—he did not know that while it was true that Moses died on the seventh of Adar, he was also born on the seventh of Adar.

8. **scattered and separate**—Do not think that they will create a void in your kingdom if you destroy them, for they are not concentrated in one place, but are scattered and separate throughout all the provinces of your kingdom; they are not even settled in one province.—[*Meg.* 13b] *Malbim* explains that they are scattered insofar as they are not settled in one province, and they are separate insofar as even in the provinces, they are not settled in one place, but are separate from one another; therefore, they bring damage to all the peoples.

מלכותך ודתיהם שנות מכל־עם ואת־דתי המלך
אינם עשים ולמלך אין־שוה להניחם: ט אם־על־
המלך טוב יכתב לאבדם ועשרת אלפים ככר־
כסף אשקול על־ידי עשי המלאכה להביא אל־
גנזי המלך: י ויסר המלך את־טבעתו מעל ידו
ויתנה להמן בן־המדתא האגגי צרר היהודים:
יא ויאמר המלך להמן הכסף נתון לך והעם לעשות
בו כטוב בעיניך: יב ויקראו ספרי המלך בחדש
הראשון בשלושה עשר יום בו ויכתב ככל־אשר־
צוה המן אל אחשדרפני־המלך ואל־הפחות אשר
על־מדינה ומדינה ואל־שרי עם ועם מדינה ומדינה
ככתבה ועם ועם כלשונו בשם המלך אחשורוש
נכתב ונחתם בטבעת המלך: יג ונשלוח ספרים

הו"א אם על המלך טוב. סס: ויסר המלך את טבעתו. סס יד.

תרגום

שנין מכל עמא לחמנא
והבשילנא ליתהון טעבין
חמרנא ליתהון שתן יומי
גנוסיא די לנא ליתיהון נטרין
ונימוסנא לא מקיימין וית
גזירת דיני מלכא ליתיהון
עבדין ולמלכא לית ליה טימי
מנהון ומה הנאה אית ליה
בהון אין ישבקינון על אפי
ארעא: ט אין על מלכא שפר
יכתב כתבא לאובדא יתהון
ועשרת אלפין ככרין דכסף
אתקול על ידוי עבדי עבידתא
למיתי לבית גנזי דמלכא ומן
יכיל מני שתין רבבן דסלקן
אבהתהון מן שעבודהון
דמצראי: י ואעדי מלכא ית
גושפנקיה מעלוי ידיה ויהבא
להמן בר המדתא דמזרעית
אגג מעיקא דיהודאי: יא ואמר
מלכא להמן כספא יהא מתיהב לך ועמא יהוון מסירין בידך למעבד מה דיוטיב קדמך: יב ואתקריאו
לבלרין דמלכא בירחא קדמאה בתלת עסר יומין ביה ואתכתיב ככל די פקד המן לות אסטרטילוסי
מלכא ולות הפרכין דמתמנן ארכונין על כל פלכיא ופלכיא ולות רברבני עמא ועמא פלכיא ופלכיא
כרושם כתבהון ועמא ועמא כממלל לישניה בשום מלכא אחשורוש כתיב ומפרש ומתחתם
בגושפנקא דמלכא: יג ולשדרא פטקין בידא דריהטונין לכל פלכי מלכא לשיצאה ולקטלא

שפתי חכמים

ד דק"ל הוא בקש לאבד את היהודים והמלך נתן לו הטבעת מה שלא שאל ולא בקש ממנו. לכ"פ הוא מתן כו': ה לאפוקי שאינו נו"ן השיתן

רש"י

המלך. לתת מס לעבודת המלך: אין שוה. אין השם כלומר אין בלע: יכתב לאבדם. יכתב ספרים לשלוח לשרי המדינות לאבדם: (י) ויסר המלך את טבעתו. הוא מתן כל ד דבר גדול שישאלו מאת המלך להיות מי שהטבעת בידו שליט בכל דבר המלך: (יג) ונשלוח ספרים. ויהיו נשלחים ה ספרים אישטר"א פרמי"ש בלע"ז והוא מגזרת (שופטי' יא כה) אם נלחום נלחם

אבן עזרא

ישמרו הדתים והחוקים שיצוה המלך. והנה כל עם ועם ישמרו חוץ מהן: אין שוה. איננו דבר נכון או איננו תועלת: (ט) ועשרת אלפים ככר כסף. הוא חסר וכן הוא ועשרת אלפים אלפי ככר כסף כמו והנבוא' עודד הנביא: גנזי המלך. אוצרות וכמוהו אחר גנזי המלך והנו"ן מובלע וכן ובגנזי מרומים: (יא) הכסף נתון לך. והעם לעשות בו המלך. והג' הספרים נכתבו בי"ג לניסן והנה המן נתלה בניסן. וחכמינו אמרו שהתענה מרדכי בימי הפסח ויתכן שלא נשמע הדבר ביום שנכתבו הספרים בו: (יב) אחשדרפני'. מלה פרסית מתשע אותיות ואין שם תואר במספרו במקרא ולא ישרו בעיני דברי האומרים שהם שתי מלות: הפחות. חסר תי"ו השורש והנכון שאחד פחה כה"א פחת יהודה סמוך ומלת פחת כמו להיות פחם בארץ יהודה כמו עובר בשוק אצל פנה והמ"ם סימן רבים: (יג) ונשלוח ספרים. גם

קיצור אלשיך

שולחנם משא"כ ישראל. ואל תשית לבך על דבר המס אשר יחסר למלך באבודם. כי עשרת אלפים ככר כסף אשקול ע"י עושי המלאכה. ואף כי להשמיד בלבבו לא הוציא מפיו כ"א לאבדם. כי חש פן לא יסכים המלך לכלותם ע"כ בחר לשון ערומים לדבר בלשון היולי „יכתב לאבדם" שאפשר להתפרש לשלול שלל ולבוז בז בחיי חיותם או לאבדם מן העולם ותפס לשון זה עד ישקיף וירא מה בלבו של מלך והעולה על רוחו כי גם אם יבין המלך על אבוד ממון הוא ימתיק הדבר באגרותיו על אבוד נפשות. ובזה צדק מענה לשון המלך באומרו והעם לעשות בו כטוב בעיניך. כלומר ראיתי דבריך מסותרים סובלים ב' הבנות בהסתפקך בכונתי אך הנני מרשה אותך לעשות בו כטוב בעיניך. לפי איזה פירוש ישר בעיניך. וע"כ המן כתב בפירוש להשמיד ולהרוג ולאבד. כי אמר פירושו על תיבת „לאבדם" שדבר לפני המלך. כי הכונה הוא להשמיד ולהרוג.

(ט) ועשרת אלפים ככר כסף אשקול ע"י עושי המלאכה. לאבדם.

(יא) ויאמר המלך להמן הכסף שיתנו המאבדי' את היהודי' נתון לך והעם. לעשות בו כטוב בעיניך:

(יב) ויקראו סופרי המלך לכתוב שני מיני אגרות. אגרות להאחשדרפנים והפחות אשר על מדינה ומדינה. ואל השרים אשר בכל עיר ועיר כתב מפורש להשמיד ולהרוג את כל היהודים בי"ג אדר. ואגרת הנקרא פתשגן הכתב גלוי לכל העמים להיות עתידי' ליום י"ג אדר. ועל מה יהיו עתידים ולמה יהיו עתידי' לא ידעו מאומה. והדת נתנה בשושן הבירה. בשושן הבירה אשר שם הי' מושב המלך והמן והאחשדרפנים היה ניתן הדת בפירוש להשמיד ולהרוג את כל היהודים בי"ג אדר. והמלך והמן ישבו לשתות. להראות להמן כי בכל לבו מסכים עמו ואין לבו נוקפו ע"ז. והעיר שושן. אשר היו היהודים דרים שם. ושם היו יודעים רק פתשגן הכתב להיות העמים עתידים ליום הזה י"ג אדר.

היו

of your kingdom, and their laws differ from [those of] every people, and they do not keep the king's laws; it is [therefore] of no use for the king to let them be. 9. If it pleases the king, let it be written to destroy them, and I will weigh out ten thousand silver talents into the hands of those who perform the work, to bring [it] into the king's treasuries." 10. And the king took his ring off his hand and gave it to Haman the son of Hammedatha the Agagite, the adversary of the Jews. 11. And the king said to Haman, "The silver is given to you, and the people—to do to them as it pleases you." 12. And the king's scribes were summoned in the first month, on the thirteenth day thereof, and it was written according to everything that Haman had ordered to the king's satraps and to the governors who were over every province, and to the princes of every people, each province according to its script and each people according to its tongue; it was written in the name of King Ahasuerus, and it was sealed with the king's ring. 13. And letters shall be sent

and...the king's laws—*to give taxes for the king's work.*—[*Rashi*] They do not pay their work tax, but excuse themselves with "Today is the Sabbath; today is Passover."—[*Meg.* 13b] The Talmud also states that Haman told Ahasuerus that if a fly fell into their wine, they would take it out and drink the wine, but if his majesty, the king, touched the wine, they would spill it out.

it is of no use—*There is no apprehension; there is no profit.*—[*Rashi*]

9. **let it be written to destroy them**—*Let letters be written to be sent to the governors of the provinces to destroy them.*—[*Rashi*]

10. **And the king took his ring off**—*This represents the granting of any great matter that is requested of the king; the one who has the ring on his hand is the ruler over all the king's affairs.*—[*Rashi*]

11. **The silver is given to you**—Keep the money; I seek neither their loss nor their gain.—[*Mid. Abba Gurion, Lekach Tov*] *Malbim* explains that the king wished to demonstrate his integrity, that he did not seek monetary gain, but merely wished to rid his kingdom of an undesirable element. He even offered Haman money from the royal treasury to finance the project.

13. **And letters shall be sent**—Heb. וְנִשְׁלוֹחַ. *And letters shall be sent, estre tramis in O. Fr.*, [être transmis in modern French], *to be sent, which is of the* [same grammatical] *structure as (Jud. 11:25): "did he ever fight?* (נִלְחוֹם נִלְחַם)"; *(I Sam. 2:27): "Did I appear?* (נִגְלֹה נִגְלֵיתִי)"; *(Hos. 10:15): "was silenced* (נִדְמֹה נִדְמָה)."—[*Rashi*]

ביד הרצים אל־כל־מדינות המלך להשמיד להרג
ולאבד את־כל־היהודים מנער ועד־זקן טף ונשים
ביום אחד בשלושה עשר לחדש שנים־עשר הוא־
חדש אדר ושללם לבוז: יד פתשגן הכתב להנתן
דת בכל־מדינה ומדינה גלוי לכל־העמים להיות
עתדים ליום הזה: טו הרצים יצאו דחופים בדבר
המלך והדת נתנה בשושן הבירה והמלך והמן
ישבו לשתות והעיר שושן נבוכה: ס ד א ומרדכי
ידע את־כל־אשר נעשה ויקרע מרדכי את־בגדיו
וילבש שק ואפר ויצא בתוך העיר ויזעק זעקה
גדולה ומרה: ב ויבוא עד לפני שער־המלך כי אין
לבוא אל־שער המלך בלבוש שק: ג ובכל־מדינה

תו"א ומרדכי ידע את כל אשר נעשה. מגלה טו: כי אין לבא אל שער המלך בלבוש שק. ברכות נט:

תרגום

ולהובדא ית כל יהודאי מן
עולימא ועד סבא טפליא
ונשיא ביומא חדא בתלת
עסר יומין לירח תרי עסר הוא
ירחא דאדר ושלליהון לעדאה:
יד דיטגמא דכתבא למהוי
מתיהיבא בכל גזרתיה בכל
פלכא ופלכא מפרסם לכל
עממיא למהויהון זמינין ליומא
הדין: טו ריהוטנין נפקו זריזין
בפתגמא דמלכא וגזירתא
אתיהיבת בשושן בירנתא
ומלכא והמן הוו יתבין למשתי
חמרא וקרתא דשושן
מתערבלא בחדות עממין
נוכראין ובקל בכיתא דעמא
בית ישראל: א ומרדכי ידע
על ידא דאליהו כהנא רבא ית
כל מה דאתעבד בשמי מרומא
ומה דאתחיבו עמא בית ישראל לשתיצאה מגו עלמא והיכמא דאתכתיב ואתחתים להובדותהון מן
עלוי ארעא היכדין אתכתיב ואתחתים בשמי מרומא על עיסק דאתהניאו מן סעודתיה דאחשורוש
רשיעא ברם חותמא הוה חתים מן טינא ושדר מרי עלמא ית אליהו כהנא רבא לחואה למרדכי
דיקום ויצלי קדם מרי עלמא על עמיה וכד ידע מרדכי בזע ית לבושוי ואלביש לבושא דשק
על בסריה ושוי קיטמא על רישיה וקבל קבלתא רבתא ובכא במרירות נפשא בקל עציב:
ב ואתא עד קדם תרע פלטירא דמלכא ארום לית רשו לגבר למיעל לתרע פלטירא דמלכא
כד לביש לבושא דשק: ג ובכל פלכא ופלכא ובכל קריא וקריא אתר דפתגם מלכא וגזירת

רש"י

(שמואל א ב כז) הנגל' נגליתי (הושע י כו) נדמה נדמיתי: בשלשה עשר לחודש שנים עשר. ביום י"ג לאותו חדש שהוא י"ב לחדשי השנה: (יד) פתשגן. לשון ארמי ספור הכתב דרישתמנ"ט בלע"ז: להנתן דת. ליווי הכתב שהי' אומר להנתן חוק גזרת המלך: גלוי לכל העמים. דבר זה: (טו) והדת נתנה בשושן. מקום שהיה המלך שם ניתן ו ההוק כו ביום להיו' עתידי' ליום י"ג לחדש אדר לכך. והעיר שושן נבוכה. ז היהודי' שבה: (א) ומרדכי ידע. בעל החלום אמר לו שהסכימו העליוני' על כך לפי שהשתחוו לצלם בימי נבוכדנצר ושנהנו ח מסעודת אחשורוש: (ב) כי אין לבוא. אין ד"א לבוא אל שער

שפתי חכמים

ומביא ראיה מגזרת הם נלחום כו': ו דק"ל הרי בכל מדינה ניתן הדת ולמה אמר בשושן. לכ"פ מקום שהמלך כו': ז דק"ל היאך העיר שהיא עצים ואבנים נבוכה. לכ"פ היהודים שבה: ח אף ע"ג דתרי דעות נינהו בפ"ק דמגילה ובמדרש ילקוט כתב רש"י שניהם יחד דס"ל דהא והא גרם כי זולת חטא הצלם לא נגזרה עליהם כלייה כ"כ וזולת חטא הסעודה היה עדיין הש"י מאריך אפו ובזה נחתם גזר דינ' כמלא אופן הגזירה היה בעבור הצלם והחתימת הגזר דין היה בעבור

אבן עזרא

התואר מבנין נפעל כמו נשאול נשאל דוד: (יד) פתשגן. כמו נוסחה: גלוי. שלא יהיה בסתר: עתידים. נכונים לעתיד מגזרת ועתדה בשדה לך: (טו) דחופים. כדמות דחופים במהירות: והעיר שושן. שגם היהודים נבוכ' כי מה תקים הבירה כי כולה היא משרתי המלך ואין שם יהודי רק מרדכי לבדו: נבוכה. פועל עבר ע"כ הוא מלעיל מגזרת נבוכים הם בארץ כאדם שהשתבש ולא ידע מה יעשה: (א) ומרדכי. כאשר ידע זה הדבר מיד קרע בגדיו: ויצא בתוך העיר. היא עילם המדינה: (ב) כי אין לבא אל שער המלך בלבוש

קיצור אלשיך

היו היהודים נבוכים. על מה ולמה יהיו העמים עתידים. ולב יודע מרת נפשו. ע"כ לבם אמרו להם כי איזה צרה מחכה עליהם:

(א) **ומרדכי** ידע את כל אשר נעשה. מחמת שהי' מרדכי יושב בשער המלך ע"כ נתגלה לו כל ענין המלך והמן. וכל ענין הגזרה באר היטב אך הי' ירא לגלות בפירוש להיהודים את כל ענין הגזרה. אולי יתודע הדבר להמן כי נגלה להיהודים גזרתו ויתפרסם הדבר בין האומות כי יהי' להם רשות להרוג היהודים ולשלול ממונם. לא יחכו על יום המוגבל. רק היהודים חייהם וממונם תיכף יהי' הפקר. ע"כ קרע את בגדיו וילבש שק ואפר ויצא בתוך העיר ויזעק זעקה גדולה. מה היה זעקתו רק תיבה אחת „ומרה" ומהו המרירות לא אמר:

(ב) **ויבא** עד לפני שער המלך. עוד טעם על מה שלא הגיד מרדכי לאנשי שושן בפירוש ענין הגזרה. מחמת שרצה שלא יסמכו בנ"י עליו על שהוא יושב בשער המלך וידבר עם השרים הקרובים למלכות ויתחנן לפניהם שידברו עם המלך ויפייסו להמן על אשר מרדכי לא כרע ולא השתחוה לפניו ויבטלו הגזרה. זאת לא רצה מרדכי. ע"כ אמרו חז"ל כי מרדכי ידע כי נתחייבו ישראל כליה על אשר נהנו מסעודת אחשורוש ועל שהשתחוו לצלם. וכ"ז שלא יעשו ישראל תשובה גמורה הגזרה לא תבטל. ע"כ לבש מרדכי שק ואפר ויראו כי לא יכול מרדכי לבוא לשער המלך ולא יכול לבא לאסתר לבקש מהמלך. וגם לא תדע מה לבקש. כי לא תדע מהות הגזרה. אך אחרי שהחריד מרדכי את כל ישראל שבשושן ויתעוררו כל ישראל לתשובה בצום ובכי

by the hand of the couriers to all the king's provinces, to destroy, kill, and cause to perish all the Jews, both young and old, little children and women, on one day, on the thirteenth day of the twelfth month, which is the month of Adar, and their spoils to be taken as plunder. 14. The copy of the writ was for an edict to be given in every province, published to all the peoples, to be ready for that day. 15. The couriers went forth in haste by the king's order, and the edict was given in Shushan the capital, and the king and Haman sat down to drink, and the city of Shushan was perturbed.

4

1. And Mordecai knew all that had transpired, and Mordecai rent his clothes and put on sackcloth and ashes, and he went out into the midst of the city and cried [with] a loud and bitter cry. 2. And he came up as far as the king's gate, for one may not enter the king's gate dressed in sackcloth. 3. And in every province,

14. **The copy of the writ**—Heb. פַּתְשֶׁגֶן, *an Aramaism, the account of the writ, derèsmant in Old French, text, contents, account.*—[*Rashi*]

for an edict to be given—*The command of the writ was that it proclaimed that the decree of the king should be issued as a statute.*—[*Rashi*]

published to all the peoples—*This matter* [that they be prepared for this specific date].—[*Rashi*]

The *Gra* explains that Ahasuerus was afraid to publicize his plan of genocide because he knew that the Jews had many friends among the dignitaries of the empire who would seek ways and means of freeing them from this decree. He therefore publicized the decree only to the satraps, the governors, and the princes. The copy, which was "published to all the peoples," read merely, "to be prepared for this day."

15. **and the edict was given in Shushan the capital**—*the place where the king was situated; there the statute was given on that day, to be ready for the thirteenth day of the month of Adar. Therefore*—

and the city of Shushan was perturbed—[i.e] *the Jews therein.*—[*Rashi*] The *Gra* explains that the entire populace was perplexed because they read that they should be ready for that day, but they did not understand what that meant.

4

1. **And Mordecai knew all that had transpired**—*The Master of Dreams told him that the celestial beings had concurred about it, because they had prostrated themselves to an*

ומדינה מקום אשר דבר־המלך ודתו מגיע אבל
גדול ליהודים וצום ובכי ומספד שק ואפר יצע
לרבים: ד ותבואינה ותבאנה קרי נערות אסתר
וסריסיה ויגידו לה ותתחלחל המלכה מאד ותשלח
בגדים להלביש את־מרדכי ולהסיר שקו מעליו
ולא קבל: ה ותקרא אסתר להתך מסריסי המלך
אשר העמיד לפניה ותצוהו על־מרדכי לדעת מה־
זה ועל־מה־זה: ו ויצא התך אל־מרדכי אל־רחוב
העיר אשר לפני שער־המלך: ז ויגד־לו מרדכי
את כל־אשר קרהו ואת | פרשת הכסף אשר אמר
המן לשקול על־גנזי המלך ביהודיים יתיר י׳ לאבדם:
ח ואת־פתשגן כתב־הדת אשר־נתן בשושן
להשמידם נתן לו להראות את־אסתר ולהגיד לה
ולצוות עליה לבוא אל־המלך להתחנן־לו ולבקש
מלפניו על־עמה: ט ויבוא התך ויגד לאסתר את
דברי מרדכי: י ותאמר אסתר להתך ותצוהו אל־

הו״א ותתחלחל המלכה מאד. מגילה טו סוטה כ נדה פא: ותקרא אסתר להתך. מגלה טו בתרא ד׳

תרגום

דיניה מטי אבלא רבא ליהודאי וצומא ובכותא ומספדא ולבוש שק וקטמא הוה מתישם עלוי צדיקיא סגיאין: ד ועלן עולימן דאסתר ורבנהא וחויאו לה ואזדעזעת מלכתא לחדא ושדרת לבושי מלכותא למלבש ית מרדכי ולמעדיה ית שקיה מעלויה ולא קביל: ה וקראת אסתר לדניאל דמתקרי התך די על מימר פומיה מתחתכן פתגמי מלכותא ופקדת ליה על מרדכי למדע מה דין קל בכותא די הוא בכי ועל מה דין לא קביל לבושי מלכותא דשדרת ליה: ו ונפק התך למללא לות מרדכי לפתאה דקרתא די לקדם תרע פלטרין דמלכא: ז וחוי ליה מרדכי ית כל די ערעיה על עיסק דלא סגיד להמן ולא גחן לאנדרטיה וית דררא דממון כסף עסר אלפין ככרין די אמר המן למתקל על ידיהון דגבאין דממנן על בית גנזי מלכא בגין יהודאי להובדותהון: ח וית דיטגמא כתב גזירתא דאתיהיב בשושן לשיצאותהון יהב ליה לאחזאה ית אסתר ולחואה לה מה דחשיב המן רשיעא על עמא דיהודאי ולפקדא עלה למיעל לות מלכא לפייסא ליה ולמבעי רחמין על עמה: ט ועל התך וחוי לאסתר ית פתגמי מרדכי: י ואמרת אסתר להתך למיזל ולמללא למרדכי ופקידת ליה על עיסק מרדכי

רש״י

המלך כלבוש שק: (ג) דבר המלך ודתו. כשהשלוחים נושאי הספרים עוברים שם נתנה הדת בעיר: (ז) פרשת הכסף

אבן עזרא

שק. כי הוא דרך בזיון המלכות: (ג) ומספד. קינות: יוצע. מבנין הכבד הדגוש והאות הסר הוא יו״ד כיו״ד אלק מים והנכון בעיני כי היו״ד שרש כיו״ד אשר יולד לו והוא מבנין הכבד הדגוש שלא נקרא שם פועלו. יש בדברי יחיד שהתך הוא דניאל והקרוב אלי כי לא נמשכו ימיו עד מלוך אחשורוש כי זקן היה ומעלת החכמ׳ לא תסור: (ד) ותתחלחל. מגזרת חיל אחז יושבי פלשת מהפעלים השניים שם כפולים: (ז) פרשת. מגזרת לפרוש להם שביאר לשרים דבר הכסף: ביהודים. בעבור היהודים: לאבדם. והטעם למחות שמם: (ח) אשר נתן. בנין נפעל והנו״ן מובלע בתי״ו: בשושן להשמידם. הטעם כתב דת אשר נתן להשמיד את כל אשר

לקוטי אנשי שם

(ז) איתא במדרש חזית בשעה שנחתמו אותן האגרות בחתימת המלך ובחתימת המן וילך המן ובני חבורתו שמח וטוב לב. ופגעו במרדכי שהיה הולך לפניהם וראה מרדכי ג׳ תנוקות שהיו באים מבית הספר ורץ מרדכי אחריהם וכשראה המן וכל חבורתו שמרדכי רץ אחרי התינוקות הלכו אחרי מרדכי לדעת מה ישאל מהם מרדכי כיון שהגיע מרדכי אצל התינוקות שאל לאחד מהם פסוק לי פסוקך אמר לו אל תירא מפחד פתאום ומשואת רשעים כי תבא. פתח השני ואמר אני קריתי היום וזה הפסוק עמדתי מבית הספר עוצו עצה ותופר דברו דבר ולא יקום כי עמנו אל. פתח הג׳ ואמר

קיצור אלשיך

ובכי ומספד אז שלח לאסתר ע״י התך שתבא אל המלך וע״י יושעו ישראל אחר תשובתם כאשר נבאר הלאה: (ד) ותבאנה נערות אסתר ויגידו לאסתר כי מרדכי הולך ברחובות העיר בלבוש שקוצועק ומרה ותתחלחל מאד ותשלח בגדים להלביש את מרדכי למעלה על השק. או להסיר השק מעליו. בכדי שיוכל לבא לשער המלך לדבר עמו. ולא קבל מרדכי את הבגדים ולא הסיר השק מעליו. וכיון שראת׳ אסתר כי לא תוכל לדבר עם מרדכי ע״כ

(ה) ותקרא אסתר להתך מסריסי המלך. ולא שלחה אחת מסריסיה. כדי שיתר הסריסים לא יכינו שהולך בשליחותה בדברים הנוגעים אליה. רק הולך הוא בשליחותה אל המלך ותאמר לו שילך אל מרדכי להתודע ממנו מה זה הצער ועל מה זה בא לו הצער מאיזה סבה:

(ז) ויגד לו מרדכי את כל אשר קרהו. ואת פתשגן כתב הדת. אשר עשוי להשנות ולבטלו מחמת כי כתוב בו להיות עתידים. ולא כתוב בו מי יהיו עתידים האומות על ישראל או ישראל על האומות. ע״כ יכול המלך לתקן הדבר. וגם פרשת הכסף שאמר המן ליתן למלך. יוכל היות שניתן לו יותר כסף ויבטל הגזרה. ע״י פתשגן הכתב כנ״ל:

(י) ותאמר אסתר להתך ותצוהו אל מרדכי. שצוותה לאמר אל מרדכי בל יתחרר ריב עם המן. זמ״ש אה״כ.

wherever the king's orders and his edict reached, there was great mourning for the Jews, and fasting and weeping and lamenting; sackcloth and ashes were put on the most prominent. 4. And Esther's maidens and her chamberlains came and told her, and the queen was extremely terrified, and she sent clothing to dress Mordecai and to take off his sackcloth, but he did not accept [it]. 5. Then Esther summoned Hathach, [one] of the king's chamberlains, whom he had appointed before her, and she commanded him concerning Mordecai, to know what this was and why this was. 6. So Hathach went forth to Mordecai, to the city square, which was before the king's gate. 7. And Mordecai told him all that had befallen him, and the full account of the silver that Haman had proposed to weigh out into the king's treasuries on the Jews' account, to cause them to perish. 8. And the copy of the writ of the decree that was given in Shushan he gave him, to show Esther and to tell her, and to order her to come before the king to beseech him and to beg him for her people. 9. And Hathach came, and he told Esther what Mordecai had said. 10. And Esther said to Hathach, and she ordered him to [tell]

image in the days of Nebuchadnezzar and because they had enjoyed Ahasuerus's feast.—[*Rashi* from *Midrash Abba Gurion, Esther Rabbah, Targum*] [In these sources, Mordecai's knowledge is attributed to Elijah the prophet. *Rashi*'s source is unknown.] The *Gra* explains that Mordecai knew that the decree had come about through him, and because of that he emitted a loud cry for the fate of his people, and a bitter cry because of his role in it.

2. **for one may not enter**—*It is improper to enter the king's gate dressed in sackcloth.*—[*Rashi*]

3. **the king's orders and his edict**—*When the couriers carrying the letters passed, the edict was given in the city.*—[*Rashi*] The *Gra* explains that the satraps and the governors who were friendly to the Jews immediately revealed the contents of the confidential documents to them. "The king's orders" denotes the confidential documents, and "his edict" denotes the publicized copy.

4. **And...came**—because Mordecai had come up as far as the king's gate.—[*Malbim*]

and she sent—She wished to hear from Mordecai what this was all about; she therefore sent clothing for him to wear over the sackcloth.—[*Malbim*]

מָרְדֳּכָי׃ יא כָּל־עַבְדֵי הַמֶּלֶךְ וְעַם־מְדִינוֹת הַמֶּלֶךְ
יֹדְעִים אֲשֶׁר כָּל־אִישׁ וְאִשָּׁה אֲשֶׁר־יָבוֹא אֶל־הַמֶּלֶךְ
אֶל־הֶחָצֵר הַפְּנִימִית אֲשֶׁר לֹא־יִקָּרֵא אַחַת דָּתוֹ
לְהָמִית לְבַד מֵאֲשֶׁר יוֹשִׁיט־לוֹ הַמֶּלֶךְ אֶת־שַׁרְבִיט
הַזָּהָב וְחָיָה וַאֲנִי לֹא נִקְרֵאתִי לָבוֹא אֶל־הַמֶּלֶךְ זֶה
שְׁלוֹשִׁים יוֹם׃ יב וַיַּגִּידוּ לְמָרְדֳּכָי אֵת דִּבְרֵי אֶסְתֵּר׃
יג וַיֹּאמֶר מָרְדֳּכַי לְהָשִׁיב אֶל־אֶסְתֵּר אַל־תְּדַמִּי
בְנַפְשֵׁךְ לְהִמָּלֵט בֵּית־הַמֶּלֶךְ מִכָּל־הַיְּהוּדִים׃ יד כִּי
אִם־הַחֲרֵשׁ תַּחֲרִישִׁי בָּעֵת הַזֹּאת רֶוַח וְהַצָּלָה יַעֲמוֹד
לַיְּהוּדִים מִמָּקוֹם אַחֵר וְאַתְּ וּבֵית־אָבִיךְ תֹּאבֵדוּ וּמִי

תו"א ויגידו למרדכי את דברי אסתר. מגילה טו׃

תרגום

דלא יגרי עם המן מצותא ארום דבבו דביני יעקב ועשו הוה גמר ליה׃ יא ושויאת אסתר מלין בפום התך ואמרת ליה כדנא תימר למרדכי הלא המן רשיעא גזר על מימר אחשורוש דלא למיעל לות מלכא לדרתא גואה בלא רשו זכען כל עבדי מלכא ועמין דדירין בפלכי מלכא ידעין די כל גבר ואנתתא די יעול לות מלכא לדרתא גואה די לא מתקרי על פומיה דהמן חדא היא גזירת דיניה לממת לבר ממן די יושיט ליה מלכא ית תגדא דדהבא ויחי ואנא לא אתקריתי למיעל לות מלכא דין זמן תלתין יומין׃ יב וכד חזא המן רשיעא ית התך דשמיה דניאל אעיל ונפק לות אסתר ותקיף רוגזיה ביה וקטליה ואזדמנו תמן מיכאל וגבריאל מלאכיא וחויאו למרדכי ית פתגמי אסתר׃ יג ואמר מרדכי למיכאל ולגבריאל לאתבא לות אסתר כדנא תמרון לה לא תחשבי בנפשייכי למהך לאשתיזבא בבית מלכא מן כל יהודאי׃ יד ארום אם משתק שתוקי בעידנא הדא ולא תפגיעי על יהודאי רוחא ושיזבותא

רש"י / שפתי חכמים

פירוש הכסף: (יג) אל תדמי בנפשך. אל תחשבי כמו הסעודה וכן סוגיה מהר"ר שלמה אלקבץ בהקדמת ספרו מנו׳ (במדבר לג נו) והיה כאשר דמיתי. אל תדמי בנפשך אל תהי סבורה להמלט ביום ההריגה בבית המלך שאין את רוצה לסכן את עצמך עכשיו על הספק לבא אל המלך שלא ברשות׃ (יד) **ומי יודע אם לעת כזאת הגעת.** ומי

אבן עזרא

בשושן כי היא עיר היהודים: (יא) ועם מדינות המלך. אפי׳ העם יודעים זה: אחת דתו. אחת היא דת המלך לכל להמית: לעולם לבד. יבא עם מ"ס או מאחריו או מלפניו לבד מאחד והוא לבד בך נזכיר שמך: יושיט. לשון תרגום כמו ישלח ואין לו ריע במקרא: שרביט. מלה רביעית והטעם כשבט ויש אומרים שהרי"ש נוסף כרי"ש שרשר׳ ואיננו אמת כי הרי"ש איננה מאותיו׳ המשרתות רק נכפלו ככפל פ"א ונאפופיה גם רי"ש סנריר: (יג) אל תדמי. תחשבי מגזרת כאשר דמיתי ושניהם מגזרת דמיון במחשבת הנפש: (יד) דגשות לד"י והללה. להסרון נו"ן השורש והטעם שיעמוד

לקוטי אנשי שם

ועד זקנה אני הוא ועד שיבה אני אסבול אני עשיתי ואני אשא אני אסבול ואמלט. כיון ששמע מרדכי כך שחק והיה שונה שמחה גדולה. אמר לו המן מה הוא זאת השמחה ששמחת לדברי התינוקות כללו. אמר על בשורות טובות שבשרוני שלא אפחד מן העצה הרעה שיעלת עלינו מיד כשם שמן ואמר אין אני שולח ידי תחלה אלא באלה

קיצור אלשיך

אחר כך ויגידו למרדכי. שמורה שאחרים הגידו ולא התך כתב המתרגם שהמן הרג את התך ונזדמנו מיכאל וגבריאל ויגידו למרדכי. והם ג"כ השיבו לאסתר:

(יא) **כל** עבדי המלך וגו׳. הנה אסתר רמזה לו ג׳ דברים המונעים הליכתה לבית המלך. א׳ כי הנה בדרך טבע אין לה בית מנוס ומה גם למצוא חן להצליה. והוא כי הנה בהתפשה כגנב על שלא נקראת ובאה שאחת דתה להמית. אין לה מענה רק לומר כי היא לא ידעה דת המלך. אך לא יאמינו לי כי הלא הדבר מפורסם כי כל עבדי המלך ועם מדינות המלך אשר לא בשושן המה יודעים אשר כל איש ואשה. ואפילו אשתו של מלך אחת דתו להמית בלי הפרש בין מלכה לזולתה. וא"כ איככה אוכל ואתנצל באומרי לא ידעתי. ב׳ כי גם אם אמצא חן ויושיט לי את שרביט הזהב לא יהיה מציאות החן רק לחיות בלבד. ותכפל מציאות החן שאחר שאחייב את ראשי למלך אמלט נפשי מעוברי הדת ומגזרת המן וגם לבקש על עמי וינתן לי זה לא יחשוב אנוש. ג׳ כי אני לא נקראתי לבא אל המלך זה שלשים יום. ואחר שלא יאחרו אותי מלבא אל המלך למה אסכן עצמי בהיות פנאי כי הדת לא נתנה עד חדש אדר. עכ"ז לא החליטה שלא תלך. כי אולי יעשה לי נס ומה גם בזכות ישראל. ע"כ אם מרדכי יגזור שאלך אלך:

(יג) **ויאמר** מרדכי להשיב אל אסתר וגו׳. הנה ידענו כי ראש משפחת אסתר היה המלך שאול. והוא גרם שיבא המן לעולם. כאשר הקב"ה אמר לשאול שילך להלחם עם עמלק ויהרוג בהם מעולל ועד יונק. הוא השאיר את אגג מלך עמלק עד מחר. ובאותו לילה נתעברה ממנו אשה אחת. והולידה את המדתא. ומהמדתא נולד המן. שגזר הגזרה על ישראל להשמידם. וקולר כל הצער הזה של ישראל מתחולל על ראש שאול. וזה החיוב על אסתר להשתדל לבטל הגזרה. כי אם ח"ו תתקיים הגזרה יתענש שאול שעל ידו יהרגו אלפים ורבי רבבות יהודים. והיא ג"כ לא תמלט. וזהו אשר אמר מרדכי להשיב אל אסתר הלא ידעת כי נוסח הגזרה להשמיד „כל היהודים" אל תדמי בנפשך להמלט בית המלך מכל היהודים. אל תחשוב מחמת שאת בבית המלך תמלט מן הגזרה שהיא על כל היהודים. לא תמלט מן תיבת כל היהודים. ומחמת שהיתה אסתר אומרת הלא הזמן להתקיים הגזרה רחוק אחד עשר חדש ועוד מועד להתחנן לפני המלך. ע"כ אמר לה מרדכי שלא תמתין בתחינתה למלך. מחמת שני טעמים. א׳ כי חיו ישראל חיי צער ופחדו יומם ולילה אולי לא ימתינו האומות עד יום המוגבל. שנית מחמת כי החדש הזה הוא ניסן. המוכן להיות לעולם חדש גאולה. ע"כ שלח אליה.

(יד) **כי** אם החרש תחרישי בעת הזאת רוח והצלה יעמוד ליהודים ממקום אחר [כי הקב"ה אמר **לא מאסתים ולא געלתים** לכלותם] ומחמת שלא תהי׳ הגאולה על ידך יהי׳ עון בית אביך שאול עליך **ועליו**

ואת

Mordecai: 11. "All the king's servants and the people of the king's provinces know that any man or woman who comes to the king, into the inner court, who is not summoned, there is but one law for him, to be put to death, except the one to whom the king extends the golden scepter, that he may live, but I have not been summoned to come to the king these thirty days." 12. And they told Esther's words to Mordecai. 13. And Mordecai ordered to reply to Esther, "Do not imagine to yourself that you will escape in the king's house from among all the Jews. 14. For if you remain silent at this time, relief and rescue will arise for the Jews from elsewhere, and you and your father's household will perish; and who

but he did not accept [it]—because he did not wish to interrupt his supplications for even one moment, because this would constitute giving up his trust in God and relying on mortal man.—[*Malbim*] The *Gra* explains that Esther sent the clothing to Mordecai because she thought that he had a confidential message for her, and did not wish to speak to a messenger. She therefore sent the clothing so that he would be admitted to the king's gate, but he did not accept them because he did not wish to part with his sackcloth for even one moment.

5. **Hathach**—This was Daniel, known as Hathach, either because he was cut off (חֲתָכוּהוּ) from his greatness, or because all government matters were decided (נֶחְתָּכִין) according to his advice.—[*Targum, Meg.* 15a] He was Esther's confidante, and could be entrusted with confidential information.—[*Malbim*]

concerning Mordecai—That he should speak to Mordecai, and see if he could learn the meaning of his actions.—[*Gra*]

what this was and why this was—i.e., the meaning of the weeping and the reason Mordecai had refused the royal garments.—[*Targum*] *Yosef Lekah* explains that Esther followed the procedure of a physician who diagnoses the illness and attempts to fathom the cause before commencing treatment.

7. **the full account of the silver**—*the explanation of the silver.*—[*Rashi*]

13. **"Do not imagine to yourself**—Heb. אַל תְּדַמִּי, *do not think, like (Num. 33:56) "And it will be, that which I thought (דִּמִּיתִי)." Do not imagine to yourself; do not think to escape in the king's palace on the day of the massacre; because you do not wish to imperil yourself now to come to the king without permission.*—[*Rashi*]

14. **and who knows whether at a time like this**—*And who knows whether the king will desire you next year, which is the time of the massacre.*—[*Rashi*]

יודע אם־לעת כזאת הגעת למלכות: טו ותאמר
אסתר להשיב אל־מרדכי: טז לך כנוס את־כל־
היהודים הנמצאים בשושן וצומו עלי ואל־תאכלו
ואל־תשתו שלשת ימים לילה ויום גם־אני ונערתי
אצום כן ובכן אבוא אל־המלך אשר לא־כדת
וכאשר אבדתי אבדתי: יז ויעבר מרדכי ויעש
ככל אשר־צותה עליו אסתר: ה א ויהי | ביום
השלישי ותלבש אסתר מלכות ותעמד בחצר
בית־המלך הפנימית נכח בית המלך והמלך
יושב על־כסא מלכותו בבית המלכות נכח פתח
הבית: ב ויהי כראות המלך את־אסתר המלכה

הו"א לך כנוס את כל היהודים. שם: וצומו עלי וגו' ואל תשתו. יבמות קכה: כאשר אבדתי אבדתי. מגילה ו: ויעבר מרדכי. שם: ויהי ביום השלישי ותלבש אסתר מלכות. שם יד זוהר פ' חקת: ותעמוד בחצר בית המלך הפנימית. מגילה פ"א דף טו: ויהי כראות המלך את אסתר המלכה. שם:

תרגום

יקום ליהודאי מן אתר אוחרן
בגין זכות אבהת עלמא וישיזיב
יתהון מרי עלמא מן יד בעלי
דבביהון ואנת וגניסת בית
אבהתך תובדין על ההיא
חובתא ומן הוא חכימא די
ינדע אין לשתא ואתיא
בעידנא הדא את מטיא למחסן
מלכותא: טו ואמרת אסתר
למיכאל וגבריאל לאתבא לות
מרדכי: טז איזיל כנוס ית כל
יהודאי די אשתכחון בשושן
וצומו עלי לא תיכלון ולא
תשתון תלתא יומין וצלו
קדם מרי עלמא בליליא
ובימאמא ואוף אנא ועולמתי
נצום היכדין ובתר כן איעול
לות מלכא דלא כדינא
והיכמא דהובדית מן בית נשי ואדברית מנך באונסא כדין אובד מן חיי עלמא הדין בגין פורקן עמא
בית ישראל: יז ונסס וכנס מרדכי ועבר על חדוות חגא דפסחא וצומא גזר ויתיב על קטמא ועבד ככל די
פקדת עלוי אסתר: א והוה ביומא תליתאה דפסחא ולבישת אסתר לבושי מלכותא ושרת עלה רוח
קודשא וקמת וצליאת בדרת דבית מלכא גואה דמתבני לקבל בית מלכא די בירושלם ומלכא
הוה יתיב על כורסי מלכותיה בבית מלכותא ומסתכל כל קבל תרע ביתא ענת אסתר וכן אמרת רבון
דעלמא לא תמסרנני ביד ערלא הדין ולא תעבד רעות המן רשיעא מני היכמא די עבד מן ושתי דשם
טעם על מלכא ופקיד למקטלה בגין דהוה צבי למסב ית ברתיה וכד אתכנשו עולמתא לידוי
דהגי הות תמן ברתיה דהמן והות צבית מן שמיא דכל יומא ויומא הות מקלקלא בריעא עצוצא
ובמוי דריגלן ופומה הוה סרי לחדא ואפיקו יתה בבהילו ומינה אסתקף עלי הדא לאתנסבא
ליה וכען שוי יתי לרחמין בעינוי דלא יקטלינני דיעביד צבותי ובעותי די אנא בעיא מניה ואוף
אנת ברחמך סגיאין חוס על עמך ולא תמסר בנוי דיעקב בידוי דהמן בר המדתא בר עדא בר בזנאי בר
אפליטום בר דיוסוס בר פרוס בר המדן בר תליון בר אתניסומוס בר חרום בר חרסום בר שגר בר
נגר בר פרמשתא בר ויזתא בר אגג בר סומקר בר עמלק בר אליפז בר עשו רשיעא: ב והוה כד חזא

שפתי חכמים

הלוי שכן דעת רש"י בפ"ק דמגלה: ט פי' עד עכשיו כבעלתי באונס ועכשיו אלך מדעתי: י דק"ל הל"ל ויעש מרדכי כל אשר צותה מהו ויעבור לכ"פ שעבר על דת: כ דהל"ל בגדי מלכות מבע"ל. פ"ק

רש"י

יודע אם יהפוך ביך המלך לשנה הבאה שהוא זמן ההריגה: לעת כזאת. שהוא היה עומד בניסן וזמן ההריגה באדר לשנה הבאה: הגעת למלכות. אם תגיעי לגדול' שאת בה עכשיו: (טז) אשר לא כדת. שאין דת ליכנס אשר לא יקרא ומדרש אגדה אשר לא כדת שעד עתה באונס ט ועכשיו ברצון: וכאשר אבדתי אבדתי. וכאשר התהלתי לילך לאבוד אלך ואמות. ומ"א כאשר אבדתי מבית אבא אובד ממך שמעכשיו שאני ברצון נבעלתי לעכו"ם אני אסורה לך: (יז) ויעבר מרדכי. על דת להתענות י ביום טוב ראשון של פסח שהתענה י"ד בניסן ט"ו וט"ז שהרי ביום י"ג נכתבו הספרים: (א) מלכות. בגדי מלכות ורבותינו אמרו שלבשתה כ רוח הקדש כמה דאת אמר (דברי הימים א יב יח) ורוח לבשה את עמשי:

אבן עזרא

רוח והצלה ליהודים מדרך אחרת ולא על ידך ואם תחשבי שתמלטי תאבדי וכל בית אביך עמך: ומי יודע אם לעת כזאת. הטעם מי יודע שמא לא הגעת למלכות אלא בעבור העת הזאת שתושיעי את ישראל: (טז) לך כנוס. הסוף וכמוהו לכנוס את הגרים: הנמצאים בשושן. העיר: וצומו עלי. בעדי: שלשת ימים. עד יום השלישי והנה לא אכלו בערב והתענו שני ימי' ושני לילות כי הכתוב הוא לילה ויום והג' אסתר בטחה באלהיה ע"כ התענת' ולא בטחה ביופיה כי פני המתענה משתנים אף כי עד יום השלישי: וכאשר אבדתי שאינני יושבת עם עמי אובד לגמרי ובא פועל עבר תחת עתיד והטעם על מחשבתה וכמוהו וכאשר שכלתי שכלתי: (א) ותלבש אסתר מלכות. הטעם לבוש מלכות כי מלת

לקוטי אנשי שם

התינוקות. ע"כ. ומאמר שמרדכי היה ירא אולי תאמר אסתר מה אוכל להושיע אם הגזרה חתומה מאת המלך ע"כ שלח מרדכי להגיד לה את אשר קרהו עם התנוקות. שהגזרה תבטל. וע"פ המדרש מכל לומר את אשר קרהו עם אליהו הנביא שאמר לו אם ישראל עושין תשובה יגאלו:

קיצור אלשיך

ואת ובית אביך תאבדו. ומי יודע מה שהגעת למלכות. היה בשביל העת הזאת. מחמת שהקב"ה ידע שתהיה עת כזאת ע"כ הזמינך למלכה להציל את בית אביך שאול שלא יענש ממרום:

(א) ויהי ביום השלישי מן הצומות. ותלבש אסתר בגדי מלכות. שהיתה נראה כמלכה בת מלכים. ותעמוד וגו'. שעד כאן היה לה רשות ללכת בלי קריאה. והקב"ה הזמין שבעת הזאת הי' המלך בטל מעסקיו וישב נכח פתח הבית לראות בהנכנסים והיוצאים בחצר הפנימית: (ב) ויהי כראות המלך את אסתר המלכה עומדת בחצר. ואינה הולכת הלאה מהגבול ע"כ נשאה חן בעיניו.

ויאמר

knows whether at a time like this you will attain the kingdom?"
15. Then Esther ordered to reply to Mordecai: 16. "Go, assemble
all the Jews who are present in Shushan and fast on my behalf, and
neither eat nor drink for three days, day and night; also I and my
maidens will fast in a like manner; then I will go to the king
contrary to the law, and if I perish, I perish." 17. So Mordecai
passed and did according to all that Esther had commanded him.

5

1. Now it came to pass on the third day, that Esther clothed herself
regally, and she stood in the inner court of the king's house,
opposite the king's house, and the king was sitting on his royal
throne in the royal palace, opposite the entrance of the house.
2. And it came to pass when the king saw Queen Esther

at a time like this—*For he was presently in Nisan, and the time of the massacre was in Adar of the next year.*—[*Rashi*]

you will attain the kingdom—*if you will attain the greatness which you now enjoy.*—[*Rashi*]

16. **contrary to the law**—*for it is contrary to the law for one who is not summoned to enter. And the Midrash Aggadah* [explains]*: contrary to the law, for until now, I was coerced* [to cohabit with him], *but now* [I will do so] *willingly.*—[*Rashi* from *Meg.* 15a]

and if I perish, I perish—*And just as I have begun to go to destruction* [by appearing before Ahasuerus without being summoned], *I will go and die. And the Midrash Aggadah* (ad loc.) [explains]*: As I am lost to my father's house, so will I be lost to you, for from now on, that I am submitting willingly to a heathen, I will be forbidden to you.*—[*Rashi*]

17. **So Mordecai passed**—*i.e., He transgressed the law by fasting on the first festive day of Passover, for he fasted on the fourteenth, the fifteenth, and the sixteenth, for the letters were written on the thirteenth day.*—[*Rashi* from *Meg.* ad loc.] Note that according to *Esther Rabbah* and *Lekah Tov,* the fasts were on the thirteenth, the fourteenth, and the fifteenth.

5

1. **regally**—*regal clothing. But our Sages said* (*Meg.* 15a) *that divine inspiration enwrapped her, as it is said* (I Chron. 12:18): "*And a spirit enwrapped Amasai.*"—[*Rashi*] The *Gra* explains that she attained divine inspiration because she was heart-broken. *Iyyun Yaakov* writes that before the repentance and the fast, God hid His face from them, so to speak, but now that they had fasted and repented, they again merited the Shechinah.

עמדת בחצר נשאה חן בעיניו ויושט המלך
לאסתר את־שרביט הזהב אשר בידו ותקרב
אסתר ותגע בראש השרביט: ג ויאמר לה המלך
מה־לך אסתר המלכה ומה־בקשתך עד־חצי
המלכות וינתן לך: ד ותאמר אסתר אם־על־
המלך טוב יבוא המלך והמן היום אל־המשתה
אשר־עשיתי לו: ה ויאמר המלך מהרו את־המן
לעשות את־דבר אסתר ויבא המלך והמן אל־
המשתה אשר־עשתה אסתר: ו ויאמר המלך
לאסתר במשתה היין מה־שאלתך וינתן לך ומה־
בקשתך עד־חצי המלכות ותעש: ז ותען אסתר
ותאמר שאלתי ובקשתי°: ח אם־מצאתי חן בעיני
המלך ואם־על־המלך טוב לתת את־שאלתי
ולעשות את־בקשתי יבוא המלך והמן אל־המשתה
אשר אעשה להם ומחר אעשה כדבר המלך:

תו"א ויאמר לה המלך מה לך. שם: יבוא המלך והמן. שם:

תרגום

מלכא ית אסתר מלכתא קימא כד נסיקא בדרתא והרתין עינהא זלגן דמעין ומסתכלא כלפי שמיא מן יד אטעינת רחמין בעינוי ואושיט מלכא לאסתר ית תגדא דדהבא דהוה נקט בידיה וקריבת אסתר ומטת לידא ואחידת ברישא דתגדא: ג ואמר לה מלכא מה צרוך אית ליך אסתר מלכתא ומה בעותיך אפילו אם אנת בעיא לפלגות מלכותי אתנינה ליך לחוד למבני בית מוקדשא דאיהו קאם בתחום פלגות מלכותי לא אתן ליך דהכדין קימית בשבועה לגשם ערבאה וסנבלט חורונאה וטוביה עבדא עמונאה דלא למשבק למבני יתיה דדחיל אנא מן יהודאי דלמא ימרדון ביהדא בעותא לא אעבד ליך מלתא אחריתי די אנת בעיא מני° אנזור ותתעבד בבהילו ורעותיך אתיהב ליך: ד ואמרת אסתר אין על מלכא שפיר ייתי מלכא והמן יומא דין לשירותא דעבדת לכון: ה ואמר מלכא אוחיאו ית המן למעבד ית פתגם גזירת אסתר ועל מלכא והמן למשתיא די עבדת אסתר: ו ואמר מלכא לאסתר במשתיא דחמרא מה שאלתיך אסתר מלכתא ומה בעותיך אפילו אין אנת בעיא עד פלגות מלכותי תתעבד בעותיך לחוד למבני בית מוקדשא דאיהו קאים בתחום פלגות מלכותי לא אתן ליך דהכדין קימית בשבועה לגשם ערבאה וסנבלט חורנאה וטוביה עבדא עמונאה דלא למשבק למבני יתיה דלמא ימרדון בי יהודאי: ז ואתיבת אסתר ואמרית לית אנא בעיא פלגות מלכותא בשאלתי ולא בנין בית מוקדשא בבעותי: ח אין אשכחית רחמין בעיני מלכא ואין על מלכא ישפר למתן ית שאלתי ולמעבד ית בעותי ייעול מלכא והמן למשתיא די אעבד להון ברמשא ולמחר אנא עבדא כפתגם

רש"י

(ג) **עד חצי המלכות.** דבר שהוא באמצע ובחצי המלכו' הוא בית המקדש שהתחילו לבנותו בימי כורש וחזר בו וצוה לבטל המלאכ' ואחשורוש שעמד אחריו גם הוא ביטל המלאכה ופשוטו של מקרא אף אם תשאלי ממני חצי המלכות אתן לך: (ד) **יבוא המלך והמן.** רבותינו אמרו טעמים הרבה בדבר מה ראתה אסתר שזימנה את המן כדי לקנאו במלך ובשרים שהמלך יחשוב שהוא חושק אליה ויהרגנו ועוד טעמים רבים: (ה) **אל המשתה.** כל סעודה נקראת על שם היין שהוא עיקר: (ה) **ומחר אעשה כדבר המלך.** מה שבקשת ממני כל הימים לגלות לך את עמי ואת מולדתי:

אבן עזרא

ותלבש לעדה נכנס' אל החצר הפנימית ושומרי השער לא יכלו לדבר לה מאומה כי היא המלכה: (ג) **וינתן לך.** הפלך או דברך: (ה) **מהרו את המן.** הנה הוא פועל יוצא ויתכן להיות כך מהר המלך שמה והטעם מהר נפשך. (ח) **ומחר אעשה.** שאומר שאלתי ולפי דעתי שאיחרה אסתר לדבר ביום הראשון במשתה היין בעבור שלא ראתה שום אות

קיצור אלשיך

(ג) **ויאמר** לה המלך. בתמהון. מה לך. אחר שהבין כי ודאי איזה דבר גדול הניעה לבא אל המלך או להצילה מאיזה סכנה. ע"ז אמר מה לך. או להשיג איזה ריוח ותועלת. וע"ז אמר ומה בקשתך. עד חצי המלכות וינתן לך ונהיה שותפים בהמלוכה. (ד) **ותאמר** אסתר וגו'. הטעמים שזמנה אסתר את המן אל המשתה רבים המה. ונוכל לומר לבל יחשוב אחשורוש כי משנאה עצמיית שיש לה על המן מבקשת את נפשו. לכן הראתה כי היא אין לה עליו שום שנאה רק הצלת נפשה ועמה היא מבקשת. ב' כאשר תעלה חמת המלך עליו יקבל תיכף ענשו ולא יתקרר חמת המלך ע"י מליצים עליו. ועוד טעמים רבים בגמרא ובמדרש:

(ה) **לעשות** את דבר אסתר. בל יחשיבו הקוראים את המן כי אסתר תתכבד בביאת המן. רק המן יבוא מצד צווי אסתר ופקודתה. כעבד המחויב לעשות רצון אדוניו:

(ו) **מה** שאלתך ומה בקשתך. במשתה הזה ידע המלך כי אין לאסתר שום סכנה ע"כ לא שאל מה לך. רק בקשה גדולה יש לה. על עצמה או על אחרים. ע"כ שאל מה שאלתך עבור עצמך או מה בקשתך עבור אחרים. ואסתר אמרה שאלתי ובקשתי. יש לי לשאול על עצמי ולבקש עבור אחרים:

(ה) **ומחר** אעשה כדבר המלך לאמר שאלתי ובקשתי:

ויצא

standing in the court, that she won favor in his eyes, and the king extended to Esther the golden scepter that was in his hand, and Esther approached and touched the end of the scepter. 3. And the king said to her, "What concerns you, Queen Esther, and what is your petition? Even to half the kingdom, it will be given to you." 4. And Esther said, "If it pleases the king, let the king and Haman come today to the banquet that I have prepared for him." 5. And the king said, "Rush Haman to do Esther's bidding," and the king and Haman came to the banquet that Esther had prepared. 6. And the king said to Esther during the wine banquet, "What is your petition? It shall be granted you. And what is your request? Even up to half the kingdom, it shall be fulfilled." 7. Then Esther replied and said, "My petition and my request [are as follows]: 8. If I have found favor in the king's eyes, and if it pleases the king to grant my petition and to fulfill my request, let the king and Haman come to the banquet that I will make for them, and tomorrow I will do the king's bidding."

3. **Even to half the kingdom**—*A thing that is in the middle and at the halfway mark of the kingdom. That is the Temple, which they started to build in the days of Cyrus, and he reneged and commanded to discontinue the work, and Ahasuerus, who succeeded him, also discontinued the work. The simple meaning of the verse is: Even if you request half the kingdom from me, I will give it to you.*—[*Rashi* from *Meg.* 15b]

4. **let the king and Haman come**—*Our Sages stated many reasons for the matter. What did Esther see* (i.e., what motivated her) *to invite Haman? In order to make the king and the princes jealous of him, that the king should think that he desired her and kill him, and many other reasons.*—[*Rashi* from *Meg.* 15b]

5. **to the banquet**—Heb. הַמִּשְׁתֶּה, lit. drinking feast. *Every feast is called* (מִשְׁתֶּה) *on account of the wine, which is the principal feature.*—[*Rashi*]

8. **and tomorrow I will do the king's bidding**—*that which you requested of me all these days, i.e., to reveal my nationality and my lineage to you.*—[*Rashi*]

ט וַיֵּצֵא הָמָן בַּיּוֹם הַהוּא שָׂמֵחַ וְטוֹב לֵב וְכִרְאוֹת
הָמָן אֶת־מָרְדֳּכַי בְּשַׁעַר הַמֶּלֶךְ וְלֹא־קָם וְלֹא־זָע
מִמֶּנּוּ וַיִּמָּלֵא הָמָן עַל־מָרְדֳּכַי חֵמָה׃ י וַיִּתְאַפַּק הָמָן
וַיָּבוֹא אֶל־בֵּיתוֹ וַיִּשְׁלַח וַיָּבֵא אֶת־אֹהֲבָיו וְאֶת־זֶרֶשׁ
אִשְׁתּוֹ׃ יא וַיְסַפֵּר לָהֶם הָמָן אֶת־כְּבוֹד עָשְׁרוֹ וְרֹב
בָּנָיו וְאֵת כָּל־אֲשֶׁר גִּדְּלוֹ הַמֶּלֶךְ וְאֵת אֲשֶׁר נִשְּׂאוֹ
עַל־הַשָּׂרִים וְעַבְדֵי הַמֶּלֶךְ׃ יב וַיֹּאמֶר הָמָן אַף לֹא־
הֵבִיאָה אֶסְתֵּר הַמַּלְכָּה עִם־הַמֶּלֶךְ אֶל־הַמִּשְׁתֶּה
אֲשֶׁר־עָשָׂתָה כִּי אִם־אוֹתִי וְגַם־לְמָחָר אֲנִי קָרוּא־
לָהּ עִם־הַמֶּלֶךְ׃ יג וְכָל־זֶה אֵינֶנּוּ שֹׁוֶה לִי בְּכָל־עֵת
אֲשֶׁר אֲנִי רֹאֶה אֶת־מָרְדֳּכַי הַיְּהוּדִי יוֹשֵׁב בְּשַׁעַר
הַמֶּלֶךְ׃ יד וַתֹּאמֶר לוֹ זֶרֶשׁ אִשְׁתּוֹ וְכָל־אֹהֲבָיו יַעֲשׂוּ־

תו"א ויספר להם המן. בס: אף לא הביאה אסתר. זוהר פ' תצוה: וכל זה איננו שוה לי. מגלה בס:

תרגום

גזירת מלכא: ט ונפק המן מלות מלכא ביומא ההוא חדי ובדח לבא וכד חזא המן ית מרדכי וית טפליא דעסיקין בפתגמי אוריתא בסנהדרין דעבדת להון אסתר בתרע מלכא ומרדכי לא קם מן קדם אנדרטיה ולא רתת מניה אלהן פשט ית רגליה ימיניה ואחוי ליה שטר זבינתא דאזדבן ליה בטולמא דלחם דמכתבא באסטרקליליה כל קבל ארכובתיה מן יד תקיף רוגזיה ואתמלי המן עלוי מרדכי רותחא: י ואזדריז המן ועל לביתיה ושדר וקרא ית רחמוי וית זרש רשיעתא אנתתיה ברת תתני פחת עבר נהרא: יא ואשתעי להון המן ית יקר עתריה והיך אתמני עם דוכסי מלכא והיך רהטין קדמוי סגיאות בנוי דסכומהון מאתן ותמניא בר מן עסרתי אוחרנין דאנון פולמרכין על פלכיא ובר מן שמשי דהוא ספרנא דמלכא וית מה די רבי יתיה מלכא וית דזקפיה עלוי כל רברבנוי ועבדוי דמלכא: יב ואמר המן ברם לא הנעלת אסתר מלכתא עם מלכא למשתיא די עבדת אלהן יתי ואוף עדן מחר אנא מזומן לותה למסעוד עם מלכא: יג וכל דא ליתיה טימי לותי בכל עדן די אנא חזי ית מרדכי יהודאה דיתיב בסנהדרין עם עולימיא בתרע פלטרין דמלכא: יד ואמרת ליה זרש אנתתיה וכל רחימוי אין שפיר בעינך גימר קדמך מלתא חדא מה דנעביד ליה למרדכי יהודאה אם הוא חד מן צדיקיא דאתבריאו בעלמא אין בחרבא נקטול יתיה כבר אתהפך חרבא ותתרמי עלנא ניהב יתיה לרגומא כבר רגם דוד גלית פלשתאה ואם בתרא דנחשא נרמי יתיה כבר בזעיה מנשה ונפק מניה נזרוק יתיה לימא רבא כבר בזעוניה בני ישראל ועברו בגווה נרמי יתיה לגו אתון נורא יקידתא כבר דעקרוהי חנניה מישאל ועזריה ונפקו מן גויה נתרמי יתיה לגוב אריותא כבר לא חבילו אריותא בדניאל כד חי

רש"י

(י) ויתאפק. נתחזק לעמוד על כעסו כי היה ירא להנקם בלא רשות. ויתאפק אישטני"ר בלע"ז: (יג) איננו שוה לי. הוני הם לכל הכבוד אשר לי: בכל עת וגו'. אמרו רבותינו שהיה מראה לו שטר שמכר עצמו לעבד על הוסר מזונות כשנתמנו ראשי גייסות מרדכי והמן במלחמ' אחת:

אבן עזרא

שחידש השם בעבור תענית ישראל וכאשר ראתה ביום השני דבר גדולת מרדכי הזק לבה: (ט) ולא זע. והוא חסר פ"א כמו והיום רד מאד מגזרת יחגרו ביזע והנכון בעיני שהוא מן השניים כמו ביום שיזועו כטעם פחד ותנועה: (י) ויתאפק המן. שלא גילה סודו לאדם עד בואו אל ביתו והוא מגזרת להתאפק וקרוב הטעם לסבול: (יא) ורוב בניו. א' המדקדקי' כי פירושו גדולת בניו כמו קרית מלך רב כי איך יגיד לאשתו שיש לו בנים רבים ולפי דעתי שכן הוא ספר לאוהביו עם אשתו מזלו הטוב ויש לו עושר רב ובנים רבים וכל זה לא ישוה בעיניו מאומה אע"פ שהמלך גדלו ומרוב גדולתו שתה עם המלכ' וישתה עוד מחר: (יג) וטעם יושב בשער המלך. בעבור שהיה מעל' גדול' והוא מכעיס אותי:

קיצור אלשיך

(ט) **ויצא** המן ביום ההוא שמח וטוב לב. הנה אומר וטוב לב. אחר שהיה שמח. אמנם הורה סמיות עיני לבו אשר סמאו הש"י כי אם היה זולתו שיקרנו כמקרה הזה. היה לבו נוקפו בענין הזה מה היום מיומים שזימנתני המלכה עם המלך הלא דבר הוא. ומה גם כי גם בעיני המלך יפלא סבת המשתה ויאמר אליה מה שאלתך וגו' ומדוע לא שם המן אל לבו מדוע דוקא בימים ההם אחרי שלחו הספרים אל כל מדינות המלך להשמיד היהודים עשתה המלכה המשתה. היה לו לחשוב מחשבות אולי המלכה יהודית ואליה נוגע הדבר. אך הוא לא שת לבו לזאת. כי מאת ה' היתה סבה שלא ירגיש כלום רק ויצא המן שמח וטוב לב. ואומרו ביום ההוא. כי רק ביום ההוא היה שמח ולא למחר. ואומרו וימלא המן חמה. כי בפעם הראשון לא היה מרדכי כורע ומשתחוה לו. דנו המן טעם לכ"ז. יען כריעה והשתחויה שייך לענין אלוהות. אבל לקום לפני שר גדול הוא המנהג והנימוס. וכאשר מרדכי לא קם טמנו ע"כ נתמלא עליו חמה: (יא) **ויספר** וגו'. המן היה כמתאונן ואומר ראו נא אוהבי הצלחתי כי גדלה מאד. בעושר ובנים ושררה. ואפילו המלכה אוהבת אותי. וכאשר עשתה משתה למלך אנכי הייתי מוכרח להיות על המשתה. וגם למחר אני קרוא לה אל המשתה. רק מחמת שאינו מן הנימוס שהמלכה תעשה משתה לפני לבד ע"כ אני קרוא לה עם המלך. וכל זה איננו שוה לי וגו'. נגד הבוז וקלון שיש לי ממרדכי. ולא אוכל

לעשות

9. And Haman went out on that day, happy and with a cheerful heart, but when Haman saw Mordecai in the king's gate, and he neither rose nor stirred because of him, Haman was filled with wrath against Mordecai. 10. But Haman restrained himself, and he came home, and he sent and brought his friends and Zeresh his wife. 11. And Haman recounted to them the glory of his riches and the multitude of his sons, and all [the ways] that the king had promoted him and that he had exalted him over the princes and the king's servants. 12. And Haman said, "Esther did not even bring [anyone] to the party that she made, except me, and tomorrow, too, I am invited to her with the king. 13. But all this is worth nothing to me, every time I see Mordecai the Jew sitting in the king's gate." 14. And Zeresh his wife and all his friends said, "Let them make

9. **And Haman went out on that day, etc.**—Scripture relates Haman's base character to us: despite all his advancements and promotions, he was not happy because he constantly yearned for a higher position. Only now that he felt himself equal to the king, insofar as only he and the king were invited to Esther's banquet, was he "happy and with a cheerful heart." This euphoric state was short-lived, however, for as soon as he saw Mordecai, his thoughts turned to sadness and melancholy.—[*Malbim*]

nor stirred—Not only did he not rise, but he did not even show fear or trepidation because of him. Now, if Mordecai did not prostrate himself before Haman for religious reasons, he should have at least been frightened, knowing full well that he would be punished for his failure to comply with the king's mandate. Therefore, Haman became incensed with Mordecai personally, and not as before, with Mordecai's people.—[*Malbim*]

10. **restrained himself**—*He strengthened himself to control his anger because he was afraid to take revenge without the sanction of the king.* וַיִּתְאַפַּק *is e se retint in Old French, and he controlled himself.*—[*Rashi*]

13. **is worth nothing to me**—*I do not care for all the honor that I have.*—[*Rashi*]

every time, etc.—*Our Sages said that he* [Mordecai] *would show him a deed that he* [Haman] *had sold himself* [to Mordecai] *as a slave because he lacked food when Mordecai and Haman were appointed heads of troops in a war.*—[*Rashi* from *Meg.* 15a and b, *Yalkut Shimoni, Manoth Halevi* as an addendum to *Targum.* See above 3:2.]

עץ גבה חמשים אמה ובבקר | אמר למלך ויתלו
את־מרדכי עליו ובא עם־המלך אל־המשתה שמח
וייטב הדבר לפני המן ויעש העץ: ס
ו א בלילה
ההוא נדדה שנת המלך ויאמר להביא את־ספר
הזכרנות דברי הימים ויהיו נקראים לפני המלך:

תו"א בלילה ההוא נדדה שנת המלך. בס יט ויאמר להביא את ספר הזכרונות. מגלה טו:

נתרמי יתיה קדם כלבין כבר אסתתם פום כלבין בארעא דמצרים על בני ישראל למדברא נגלי יתיה כבר במדברא נפישו וסגיאו מה עוד קטלא נקטול יתיה והידא מיתא תתעבד ליה גרמי יתיה לבית אסירי כבר מן בית אסירי אמליכו ליוסף סכינא נתרמי על צואריה כבר הוה אתהפכת סכינא מעלוי דיצחק עיניה נעור ונשבוק יתיה יקטל בנא כמא דקטל שמשון פורענותיה דגברא הדין לא ידעינן מה נעביד אלא צליבא רבא אתעבד ליה ועל בבא דביתיה דמיה ישתפך קומתיה תתרמי על צליבא ויחזון יתיה כל יהודאי וכל חברוי ורחימוי שמיא וארעא כחדא צוחין על צליבא דאתקין המן למרדכי הוה לצפרא ועל קדם מלכא ושאל מניה על צליבא הדין בשעתא ההיא לא שלח כנוי ולא שכב המן בר המדתא עד דאזל ואיתי ית נגריא ית קיצאי נגריא דעבדין צליבא וקיצאי דמתקנין סכין דפרזל ובנוי דהמן דיצין והדין ורש אתתיה מננגא בכנרין עם המן רשיעא ואמר אגרא לנגרי אנא יהב ולקיצאי אנא מתקן שירותא על צליבא הדין בשעתא קם המן רשיעא למנסיא צליבא בקומתיה נפקת בת קל בשמי מרומא ואמרת ליה יאי המן רשיעא ולך שפר בר המדתא ושפר פתגמא קדם המן ועבד צליבא לגרמיה דהוה מן יומא דזמנת אסתר ית המן לשירותא אתעקו בני ישראל ואמרין דין לדין הדין מסגינן בכל יומא ויומא דתבעי אסתר מן מלכא דנקטליה והיא מזמנא ליה לשירותא בהא שעתא שפכו דבית יעקב כולהון לבהון ואתרחיצו על אבוהון די בשמיא וכן אמרין קדמוי עני יתן עני כל מעיקא היך דתלין עיני עבדוי למריהון והיך עיני אמתא לרבונתה כדין תלין עיננא עלך עד עדן דתתגלי ותפרוק יתנא דהא סנאה ובעל דבבא מגדף ואמר מן אינון יהודאי בכן שמע בקל צלותהון ועבד בעותהון. ביה בליליא מטול די בכל זמנא די פרק יתהון מן בעלי דבביהון בליליא פריק יתהון מפרעה ומסנחריב מן כל דקמו עליהון: א ביה בליליא ההוא נדת שינתא דמלכא ביה בליליא ההוא נפק פורקנא ליהודאי. ביה בליליא אדברת שרה לביתיה דאבימלך. ביה בליליא אתקטלו כל בוכרי דמצראי ביה בליליא ההוא אתגליין נבואן לנביאן וחלמין לחלמי חזויא ביה בליליא ההוא אתרגיש עלמא כוליה מדינן וכל דירהון אבלא רבא בכל כרכיא מקפדא ויללא בכל מדינתא עולמין אסירין בסקין סבין וסבן שקפין על לבהון וכולון צוחין במרר ובקל רב מיללין ואמרין ווי דחזינן עקא על עקא ותבירא על תבירא ומתברנא קדמאה לא אתסינן ומחתנא לא אתיהיבת אסו וממדונא לא אתנחמנא וכיבי לבנא לא עברו מננא דקרית אבהתנא רטישא על ארעא ומקדשא סגר סנאה ועזרתנא דשישו בעלי דבבנא ופרעה ומצראי

רש"י

(א) נדדה שנת המלך. לנס היה. ויש אומרים שם את לבו על שזמנה אסתר את המן שמא נתנה עיניה בו ויהרגהו: להביא את ספר הזכרונות. דרך המלכים כשאינם ישנים ... [continues below] שנתן נודדת אומרים לפניהם משלים ושיחות עד ששנתם חוזרת עליהם. ורבותינו אמרו מתוך שנתן לבו על המן ואסתר אמר אי אפשר שלא ידע אדם שהוא אוהבי עמהם ויגלה לי וחזר ואמר שמא עשה לי אדם טובה ולא גמלתיו ואין הושין

שפתי חכמים

דמגילה. כ דק"ל למה זה נדדה שנת המלך בלילה הזאת יותר מכל הלילות ובלילה הזה לא היה יכול לישן בהיותו שמח וטוב לב שסמך במשתה אסתר ובדרך הטבע השמחים במשתה ביום ההם ישנים

אבן עזרא

(א) בלילה ההוא. בדרש שנת מלכו של עולם והטעם שהשם לא יישן רק שומר ישראל יסבב סיבות זכירת מעשים שעברו בעבור שנדדה שנת המלך י"א כי טעם להביא ספר דברי הימים להתענגו בשמיעת דבריו שעברו ויש אומרים בעבור

קיצור אלשיך

(יד) יעשו עץ גבוה חמשים אמה. פיהם הכשילם. לעשות לו מאומה יען הוא יושב בשער המלך. שיהי' די להמן ולעשרה בניו שתלו כולם על העץ הזה המן למעלה ובניו למטה ממנו:

(א) בלילה ההוא נדדה וגו'. כי בלילה ההוא רעיוניו על משכבו סליקו אומר בלבו מי יודע אם אסתר תסתיר עצה עם המן ועלי יתלחשו רעה. ויאכלו וישתו מאהבה מסותרת וכורים שוחה ללכדני ואנכי לא ידעתי. ויאמר בלבו מה זה כי אין גולה את אזני. אולי מבלתי הייתי גומל טובה תחת טובה. ע"כ אין גולה את אזני מסודי המן ואסתר. וע"כ אמר להביא את ספר הזכרונות דברי הימים. לדרוש ולראות אם הטיב איש עמו או גלה סודו ולא השיב לו גמולו. ותיכף ישלם לו גמולו הטוב. וישמע השומע ואשר ידע דבר סתר של המן ואסתר ויבא ויגלה לי ואשלם לו שכרו משלם עוד קודם המשתה בכדי שאדע מה לעשות. ונראה כי היו שני דברי הימים. אחד ביד המשנה. והשני ביד המלך עצמו. ומן המלך נשכח מי היה המגיד

לקוטי אנשי שם

(יד) מה טעם שסטנייהי' נ' אמה. היתה בילקוט ויתלו את מרדכי ואח"כ אתה נכנס עם המלך אל המשתה יהלל ובתה ויערב לך ירצה שונאך נלוב כנגדך ולכך שמה. מעתה יש לומר שכל כיתה היה שיהא הדבר בפרסום שיהי' נראה בכל העיר ע"כ היה כוונתם נהנבים כל מה דאפשר. ואם יעשו העץ יותר מחמשים אמה לא יהיה באפשר שיהי' המן רואה אותו בבית המלך בעת הכילתו. והיא ע"פ מה דאיתא בגמ' [עירובין כ] שפתחי מלכים דרכם לעשות גובה חמשי' אמה. מעתה לא היה באפשרם לעשות העץ גבוה יותר מחמשים אמה. כיון שהיה רוצים שיהי' המן יושב בבית המלך ויראה את מרדכי שתלוי לנוב. ועד חמשים אמה יהיה אפשר להמן לישב עם המלך ויוכל לראות דרך פתח המלך כשהוא לנוב. אמנם אם יגביהו יותר אז לא יהי' באפשרו לראות את מרדכי לנוב כי המשקוף שעל הפתח יהי' לו למסך ומבדיל ולא יהיה באפשרו לראותו ולמטה מחמשים אמה נ"כ לא הוטב שיעשה העץ כי רצונם היה להגביה תליתו כל מה דאפשר כדי לעשות הדבר בפרסום. ע"כ עשה עכ"פ חמשים אמה:

על

a gallows fifty cubits high, and in the morning say to the king that they should hang Mordecai on it, and go to the king to the banquet joyfully." The matter pleased Haman, and he made the gallows.

6

1. On that night, the king's sleep was disturbed, and he ordered to bring the book of the records, the chronicles, and they were read before the king.

14. **Let them make a gallows fifty cubits high**—They suggested that they hang Mordecai on a lofty gallows because this way his body would continue to be visible after his death. They suggested that the gallows be fifty cubits high in order that it should be seen from afar, so that Haman would be able to see it from the royal courtyard. It was God's plan that Haman would erect a high gallows so that Ahasuerus would see it when it was pointed out by Harbona, as below 7:9.—[*Gra*] *Midrash Lekah Tov* also states that the purpose of the lofty gallows was that it should be visible from a distance.

6

1. **the king's sleep was disturbed**—*It was a miracle. And some say that he took to heart that Esther had invited Haman; perhaps she had set her eyes upon him, and he would assassinate him.*—[*Rashi*, first from *Mid. Abba Gurion* and *Targum*, then from *Meg.* 15b]

Midrash Abba Gurion states that Gabriel descended and disturbed Ahasuerus's sleep by casting him down to the ground. He said to him, "You ingrate! Get up and reward the one who deserves reward!" *Esther Rabbah* tells us that Ahasuerus dreamed that Haman drew a sword to slay him. He awoke in terror and ordered his scribes to read him the book of chronicles. They opened the books to the account of the assassination plot that Mordecai had disclosed to the king. When they told the king, "Behold Haman is standing in the court," he said, "What I saw in my dream is true! This one has come only to kill me."

to bring the book of the records—*It is customary for kings that when their sleep is disturbed, parables and lectures are recited to them until their sleep is restored. Our Rabbis, however, explained that since he took to heart* [the matter of] *Haman and Esther, he said* [to himself], *"It is impossible that none of my friends should know their plan and divulge it to me." He* [thought] *again and said* [to himself], *"Perhaps someone did me a favor, and I did not reward him and they don't care about me anymore." Therefore, "he ordered to bring the book of the records."*—[*Rashi* from *Meg.* ad loc.]

ב וַיִּמָּצֵא כָתוּב אֲשֶׁר הִגִּיד מָרְדֳּכַי עַל־בִּגְתָנָא
וָתֶרֶשׁ שְׁנֵי סָרִיסֵי הַמֶּלֶךְ מִשֹּׁמְרֵי הַסַּף אֲשֶׁר בִּקְשׁוּ
לִשְׁלֹחַ יָד בַּמֶּלֶךְ אֲחַשְׁוֵרוֹשׁ: ג וַיֹּאמֶר הַמֶּלֶךְ מַה־
נַּעֲשָׂה יְקָר וּגְדוּלָּה לְמָרְדֳּכַי עַל־זֶה וַיֹּאמְרוּ נַעֲרֵי
הַמֶּלֶךְ מְשָׁרְתָיו לֹא־נַעֲשָׂה עִמּוֹ דָּבָר: ד וַיֹּאמֶר
הַמֶּלֶךְ מִי בֶחָצֵר וְהָמָן בָּא לַחֲצַר בֵּית־הַמֶּלֶךְ
הַחִיצוֹנָה לֵאמֹר לַמֶּלֶךְ לִתְלוֹת אֶת־מָרְדֳּכַי עַל־הָעֵץ

תו"א לא נעשה עמו דבר. שם כ"ז:

לא עצו עלנא כהדא עצתא ומלכי עממיא לא חשיבו עלנא כמחשבתא הדא למהוי עתידין ליומא הדין לשציותנא מעל אפי ארעא גלי רזין גלא ליה רזא דנא למרדכי די גזרת מותנא אתגזרת על דבית ישראל ואוף לעבדין ולאמהן לא זבינו יתנא. ביה בליליא ההוא נדת שנתיה דקודשא בריך הוא ממרומא ואין לא כתיב הדין קרא לא הות אפשר למימריה דכתיב עורה למה תישן יי חס ושלום לית קדמוי שנה אלא כד חטן בית ישראל עבד גרמיה דכוות דמיך ברם כד עבדין רעותיה לא נאם ולא דמיך נטר ישראל. ביה בליליא ההוא נדת שנתיה דמרדכי צדיקא דהוה שהיד ולא שכיב והוה שכיב ולא דמיך דהון בית ישראל מתכנשין ויתבין קדמוי ואמרין ליה את גרמת לנא ית כל בישתא הדא ואין את קמתא מן קדם המן רשיעא וכרעת וסגדת ליה לא אתת עלנא כל עקתא הדא מתיב מרדכי ואמר לון לבושא די הוה לבש המן רשיעא ציירין עלוי תרין צלמין חד מן קדמוי וחד מן בתרוי ואין קמית וסגידית ליה אשתכחית דאפלח לטעותא ואתון ידעין מן דפלח לטעותא יאבד מן עלמא הדין ומטרד מן עלמא דאתי ושתקון מניה כולון. ביה בליליא נדת שינתא דהמן רשיעא דהוה שהיד ולא שכיב והוה שכיב ולא דמיך מהימנות דהוה מתקן ית צליבא למצלב ית מרדכי עלוי ולא הוה ידע די לנפשיה הוה מתקן יתיה. ביה בליליא ההוא נדת שינתא דאסתר צדקתא דהות עבדת לחמא לאעלא ית המן בשירותא עם מלכא אחשורוש. ביה בליליא ההוא נדת שנתיה דמלכא אחשורוש טפשא דהוה שהיד ולא שכיב והוה שכיב ולא דמיך די נקט יתיה רוחא דנקטא למלכי וחבטת יתיה כולי ליליא עני וכן אמר לכל רברבנוי מה דאכלית לא הנאה לי ומה דשתית לא אתקבל עלי שמיא רעמין עלי ושמי שמיא מרימין בקליהון הידא מהן אמרית למשבק למדינתא ולא שבקית לון או אסתר והמן מכונין למקטל יתי דלא אעלת אסתר לשירותא עמי אלא המן בלחודוי ביה בליליא ההוא על דכרן אברהם יצחק ויעקב קדם אבוהון די בשמיא דאשתלח מן מרומא מלאכא הוא מיכאל רב חילא דישראל ויתיב ברישיה דמלכא ונדד ית שנתא מניה כולי ליליא עד די אמר לאעלא קדמוי ית ספר דכרניא סכי דיומא והון קרן ביה קדם מלכא עבדי דיניהון דמלכי קדמאי דהון מן קדמוי ויתיב לעיל מן עינוי דמלכא והוה מסתכל מלכא וחזי כדמות גבר עני ואמר ליה למלכא המן בעי דנקטלך ונמליך יתיה חלופך והא מקדים בצפרא ובעי למשאל מנך גברא דפרקך מן מותא ובעי למקטליה אלא אמר ליה להמן מה למעבד לגברא דמלכא צבי ביקריה ותחזי דלא שאל מנך אלא לבושין דמלכא וכתרא דמלכותא וסוסיא די רכיב עלוי מלכא: ב ואשתכח כתוב בספרא די חוי מרדכי על בגתנא ותרש תרין רבני מלכא די נטרי פלטרין די בעו לאושטא ידא לקטלא ית מלכא אחשורוש בבית דמכיה: ג ואמר מלכא מה אתעביד יקרא ורבותא למרדכי על דין ואמרו עולימי מלכא משומשנוי לא אתעביד עד כדון עמיה שום מדעם: ד ואמר מלכא מן גברא דקאים בדרתא והמן על לדרתא

אבן עזרא

שנדדה שנתו כמה עגום הוא על דבר שנדר ולא הקימו וזה קרוב אלי: (ג) יקר. הוא שם ולעולם הוא קמוץ רק אם היו סמוך כמו ואת יקר תפארת גדולתו ואם היה שם התואר יהיה היו"ד קמוץ בקמץ גדול וכאשר יסמך יתערב עם השם

קיצור אלשיך

על בגתנא וחרש ולא ידע למי ישלם גמול הצלתו. רק זאת ידע כי אסתר הגידה לו בשם אחד. ומחמת כי רצה המלך לשלם גמול לאסתר. ומה יוכל ליתן לה יותר ממה שיש לה הלא מלכה היא. ע"כ גדל את המן שהביא את אסתר בסבתו להיותה מלכה. והשב שבזה יהי' נחת רוח לאסתר [וע"כ כעת נתגדל אצל המלך ביותר החשד על המן ואסתר] ואח"כ השתדל המן שידמה להמלך שהוא היה המגיד. וע"כ נשאו על כל השרים. והמן היה מוחק מספר דברי הימים שם מרדכי וכתב במקומו שם המן. כי הגיד המן. אבל בדברי הימים שהיה בבית המלך תחת ידו ורשותו שם היה כתוב האמת כי הגיד מרדכי. וע"ז אמר.

(ב) וימצא כתוב בד"ה שלפני המלך אשר הגיד מרדכי ומזה נודע למלך כי כל מה שגדל את המן היה בטעות בחשבו שהוא היה סבה להצלתו. ועיקר הגדולה הזאת מגיע למרדכי. ובזה נודע השגחת ה'. איך באותו רגע שחשב המן לבקש נפש הצדיק לתלותו. נהפך הדבר כי נתודע למלך שגדולת המן מגיע למרדכי:

(ג) מה נעשה יקר וגדולה וגו'. המלך שאל הלא מגיע לו ע"ז שני דברים. יקר. זהו כבוד בשעתו להודיע אשר פעל ועשה שהציל את המלך ממות. שנית גדולה לעתיד לגדלו על כל השרים. ויענו המשרתים לא נעשה עמו דבר. לא כבוד ולא גדולה:

(ד) מי בחצר. מודיע תוקף הנס שלא היה טבעי. אלא השגחיי. כי באותו הרגע בא המן לומר למלך לתלות את מרדכי ומסבב הסבות כבר הכין לו כלי מות. לכאורה נראה כי נכתב שלא כסדר. התחלה היה לו לכתוב והמן בא לחצר בית המלך. וכאשר הרגיש המלך כי

2. And it was found written that Mordecai had reported about Bigthana and Teresh, two chamberlains of the king, of the guards of the threshold, who had sought to lay a hand on King Ahasuerus. 3. And the king said, "What honor and greatness was done to Mordecai on that account?" And the king's servants who minister before him said, "Nothing was done for him." 4. And the king said, "Who is in the court?" And Haman had come to the outside court of the king's house, to petition the king to hang Mordecai on the gallows

2. **And it was found written**—It was miraculously found written. Shimshai the scribe erased it, and the angel Gabriel rewrote it.—[*Meg.* 16a] *Rashi* points out that Shimshai was the royal scribe since the days of Cyrus. Because of his hatred for the Jews, he wrote the false accusation against the dwellers of Judea and Jerusalem (Ezra 4:6-8). *Rokeach* points out that Gabriel was the angel who wrote on the wall in the time of Belshazzar. Hence, we associate him with the writing in the book of chronicles of Ahasuerus. *Midrash Abba Gurion* states that Shimshai was Haman's son. When he came to the column where Mordecai's service to the king was recorded, he rolled the scroll past it, and the scroll rolled back by itself. The Talmud and Midrash state that the book read itself aloud, so as not to rely on Shimshai, who would not read anything favorable to Mordecai.

Alshich explains that when Ahasuerus heard that Mordecai had reported the plot, he realized that Haman had been promoted by mistake, and that Mordecai deserved all the honor and glory. This illustrates Divine Providence, for at the very moment that Haman came to hang Mordecai, the tables were turned, and the king became aware that Mordecai deserved all the honor.

3. **What honor and greatness was done to Mordecai**—The king asked: Does not Mordecai deserve two rewards? First, he deserves to be honored at this moment, to show the public that he saved the king's life. Second, he should be awarded with greatness for the future, i.e., he should be promoted over all the princes and dignitaries. The servants replied that neither honor nor greatness had been bestowed upon Mordecai.—[*Alshich*]

אֲשֶׁר־הֵכִין לוֹ׃ ה וַיֹּאמְרוּ נַעֲרֵי הַמֶּלֶךְ אֵלָיו הִנֵּה הָמָן
עֹמֵד בֶּחָצֵר וַיֹּאמֶר הַמֶּלֶךְ יָבוֹא׃ ו וַיָּבוֹא הָמָן וַיֹּאמֶר
לוֹ הַמֶּלֶךְ מַה־לַּעֲשׂוֹת בָּאִישׁ אֲשֶׁר הַמֶּלֶךְ חָפֵץ
בִּיקָרוֹ וַיֹּאמֶר הָמָן בְּלִבּוֹ לְמִי יַחְפֹּץ הַמֶּלֶךְ לַעֲשׂוֹת
יְקָר יוֹתֵר מִמֶּנִּי׃ ז וַיֹּאמֶר הָמָן אֶל־הַמֶּלֶךְ אִישׁ אֲשֶׁר
הַמֶּלֶךְ חָפֵץ בִּיקָרוֹ׃ ח יָבִיאוּ לְבוּשׁ מַלְכוּת אֲשֶׁר
לָבַשׁ־בּוֹ הַמֶּלֶךְ וְסוּס אֲשֶׁר רָכַב עָלָיו הַמֶּלֶךְ וַאֲשֶׁר
נִתַּן כֶּתֶר מַלְכוּת בְּרֹאשׁוֹ׃ ט וְנָתוֹן הַלְּבוּשׁ וְהַסּוּס
עַל־יַד־אִישׁ מִשָּׂרֵי הַמֶּלֶךְ הַפַּרְתְּמִים וְהִלְבִּשׁוּ אֶת־
הָאִישׁ אֲשֶׁר הַמֶּלֶךְ חָפֵץ בִּיקָרוֹ וְהִרְכִּיבֻהוּ עַל־הַסּוּס
בִּרְחוֹב הָעִיר וְקָרְאוּ לְפָנָיו כָּכָה יֵעָשֶׂה לָאִישׁ אֲשֶׁר
הַמֶּלֶךְ חָפֵץ בִּיקָרוֹ׃ י וַיֹּאמֶר הַמֶּלֶךְ לְהָמָן מַהֵר קַח

הו"א כין לו. שם: ויאמר המן בלבו. שם:

די בבית מלכא בריתא למימר
למלכא למצלב ית מרדכי
על קיסא דזמין ליה: ה ואמרו
עולימי מלכא לותיה הא המן
קאים בדרתא ואמר מלכא
יעול: ו ועל המן ואמר ליה
מלכא מה חזי לאתעבדא
לגבר די מלכא צבי ביקריה
וחשיב המן בליביה ואמר מן
יצבי מלכא למעבד יקרא
יתיר מני: ז ואמר המן לות
מלכא גבר די מלכא צבי
ביקריה: ח ישים מלכא טעם
ייתון לבוש ארגונא די לבישו
ביה ית מלכא ביומא די על
למלכותא וסוסא די רכב עלוי
מלכא ביומא דעל למלכותא
ודי אתיהב כלילא דמלכותא
ברישיה: ט ויהי מתיהב לבוש
ארגונא וסוסא על ידא דגברא רבא מרברבי דמלכא אסטרטיגין וילבשון תורביני מלכא ית גברא דמלכא
צבי ביקריה וירכיבינוהי עלוי סוסא בפתאה דקרתא ויקלסון קדמוי כדנא יתעביד לגברא דמלכא
צבי ביקריה: י ואמר מלכא להמן אוחי סב ית לבוש ארגונא וית סוסיא כמא די מלילתא ועבד
כן למרדכי יהודאה אמר ליה המן לאידין מרדכי אתיב ליה מלכא למרדכי יהודאה אמר ליה הכ

רש"י

עוד לי לפיכך ויאמר להביא את ספר הזכרונות: (ט) ונתון הלבוש והסוס על יד איש. ואת הכתר לא הזכיר

אבן עזרא

הסמוך יקר רוח איש תבונ' והטעם יפרים ביניהם: (ו) חפץ ביקרו. המלך חפץ לעשות יקר לו: ויאמר המן בלבו יש בדברי יחיד כי מזה הכתוב ללמוד כי בנבואה נכתב' זאת המגלה כי מי יודע תעלומות לב כי אם השם שיגל' סודו אל עבדיו הנביאים. ואחרים אמרו כי היה דרך סברא או המן גילה סודו אחר כן או ביום עצמו וכמוהו ויאמר עשו בלבו. והאמת כי זאת המגלה ברוח הקדש נכתבה: מאתנו למי יחפוץ וגם דרכו יחפץ בני משכלים: (ח) יביאו. המשרתים: ואשר נתן כתר מלכות בראשו. יש אומרים שהרגיש שהר' המלך על כתר המלכות בעבור כבוד המלכות על כן אמר ונתון הלבוש והסוס ולא הזכיר הכתר והנכון בעיני שוי"ו בראשו שב על הסוס כי יש סוס של מלך שישימו כתר מלכות

קיצור אלשיך

כי אחד בא אל החצר שאל מי בהצר. ומדוע אמר התלה שאלה המלך מי בחצר. קודם שאמר שבא המן לחצר. שנית שהיה להם להשיב בקצרה „המן" ומדוע האריכו לומר „הנה המן עומד בחצר". אמנם בשמוע המלך כי לא נעשה יקר למרדכי. תמה ואמר מי בחצר. כלומר מי זה עומד בחצר המלך. שר וגדול שצריך להשגיח בצרכי המלך להטיב את הראוי להטיב. ואם המלך מהמת שהוא טרוד בעסקי המלוכה לא ישים לב לזה. השר צריך להשגיח ע"ז. ולגמול טוב. לעושי טוב. ובפרט עבור הצלת המלך ממות לחיים. ובאותו רגע שאמר המלך מי בחצר. והמן בא וגו'. והשיבו לו הנה המן עומד בחצר להשגיח על כל הנעשה ומי גדול ממנו. והנה הוא בא לחצר. ועל מה ולמה הוא בא כעת בבקר השכם לא נדע. ויאמר המלך יבא.

(ו) **ויבא** המן וגו'. הנה המלך לא שאל את המן מדוע באת בבקר השכם. ולמה באת. רק תיכף אמר לו מה לעשות וגו'. אמנם הלא כתבנו כי כל הפץ המלך היה מדאגה אולי יש דבר סתר בין אסתר והמן ועליו יחשבו רעה. ומה שאין מגיד ומגלה לי סודם הוא מחמת שני דברים. מחמת שלא ראו ממני שאשלם טובה לעושה לי טובה. שנית מי זה יתערב בין המלכה והמן. ואף אם ישקלו על ידו אלף כסף לא יגיד. מה עשה המלך. צוה להמן לעשות היקר והכבוד הוא בעצמו למרדכי. למען יודע לעיני הכל כי גדול כבוד מגיד דבר סתר למלך. יותר מכבודו של המן. ואף המן בעצמו ובכבודו מוכרח להכניע לפניו. ואז היודע מאומה נסתרות שבין המלכה והמן אף שיהי' פסח ידלג כאיל וירוץ מהר להגיד לי. והתחכם המלך בשני דברים. אחד שהמעלה והיקר אשר יעשה למרדכי תהיה למעלה מיקר תפארת המן וע"כ שאל לו מה לעשות באיש וגו' למען יעלה על רוחו שעליו ידבר המלך ויעדיף בשאלתו יקר למעלה מיקר תפארת גדולתו. ולמען יעלה על רוחו של המן שעליו יכוון המלך. ע"כ לא אמר המלך מה לעשות באיש אשר המלך חפץ בגדולתו. כי אם כה יאמר יעלה על רוחו של המן שעל איש אחר יכוין המלך כי הגדולה כבר ניהנה לו על כל השרים. ע"כ לא הזכיר המלך רק היקר בלבד. ויחשוב המן בלבו כי רק אותו ירצה לכבד. ומסתמא ישאל הכבוד היותר גדול שיכול להיות כאשר שאל באמת. ואת הכבוד אשר שאל המן נתן למרדכי. ואת המן הכניע תחתיו בתכלית השפלות. למען הכל יראו כי המגלה סוד לפני המלך גדול אצלו יותר מהמן. וע"כ מי שיודע איזה סוד על המלכה והמן לא ייראו מפניהם רק יבואו ויגידו למלך ויקחו גמולם הטוב מאת המלך:

(י) **מהר** קח וגו' המלך כעס מאד על גאותו של המן לבקש כל זאת. ואינו הסר לו רק הכסא מלכות. ע"כ אמר בחמתו להמן מהר קח את כל אשר דברת ועשה כן למרדכי היהודי. כי אליו מגיע הכבוד הזה. וגם מגיע לו שאתה בעצמך תעשה לו הכבוד הזה אחר שלקחת ממנו גדולתו בערמה. ע"כ תריץ לפניו

that he had prepared for him. 5. And the king's servants said to him, "Behold Haman is standing in the court." And the king said, "Let him enter." 6. And Haman entered, and the king said to him, "What should be done to a man whom the king wishes to honor?" And Haman said to himself, "Whom would the king wish to honor more than me?" 7. And Haman said to the King, "A man whom the king wishes to honor— 8. Let them bring the royal raiment that the king wore and the horse that the king rode upon, and the royal crown should be placed on his head. 9. And let the raiment and the horse be delivered into the hand of one of the king's most noble princes and let them dress the man whom the king wishes to honor, and let them parade him on the horse in the city square and announce before him, 'So shall be done to the man whom the king wishes to honor!'" 10. And the king said to Haman, "Hurry, take

6. **What should be done to a man**—He did not say, "What should be done to Mordecai?" because he feared that Haman would request the entire kingdom for Mordecai, since he believed that Haman was Mordecai's friend. He therefore asked a general question.—[*Gra*]

wishes to honor—Providentially, the king did not mention greatness, because if he had, Haman would know that he did not mean him, since he could be given no more greatness than he already had; he was already fabulously wealthy and occupied the highest position in the kingdom.—[*Gra*]

7. **A man whom the king wishes to honor**—but upon whom no more greatness can be bestowed.—[*Gra*]

9. **And let the raiment and the horse**—*But he did not mention the crown, because he saw that the king became jealous* (lit. that the king's eye was evil) *because he said that they should place the crown on a person's head.*—[*Rashi* from *Mid. Abba Gurion, Pirké d'Rabbi Eliezer*, ch. 50]

אֶת־הַלְּבוּשׁ וְאֶת־הַסּוּס כַּאֲשֶׁר דִּבַּרְתָּ וַעֲשֵׂה־כֵן
לְמָרְדֳּכַי הַיְּהוּדִי הַיּוֹשֵׁב בְּשַׁעַר הַמֶּלֶךְ אַל־תַּפֵּל
דָּבָר מִכֹּל אֲשֶׁר דִּבַּרְתָּ׃ יא וַיִּקַּח הָמָן אֶת־הַלְּבוּשׁ
וְאֶת־הַסּוּס וַיַּלְבֵּשׁ אֶת־מָרְדֳּכָי וַיַּרְכִּיבֵהוּ בִּרְחוֹב
הָעִיר וַיִּקְרָא לְפָנָיו כָּכָה יֵעָשֶׂה לָאִישׁ אֲשֶׁר הַמֶּלֶךְ
חָפֵץ בִּיקָרוֹ׃ יב וַיָּשָׁב מָרְדֳּכַי אֶל־שַׁעַר הַמֶּלֶךְ
וְהָמָן נִדְחַף אֶל־בֵּיתוֹ אָבֵל וַחֲפוּי רֹאשׁ׃ יג וַיְסַפֵּר
הָמָן לְזֶרֶשׁ אִשְׁתּוֹ וּלְכָל־אֹהֲבָיו אֵת כָּל־אֲשֶׁר קָרָהוּ
וַיֹּאמְרוּ לוֹ חֲכָמָיו וְזֶרֶשׁ אִשְׁתּוֹ אִם מִזֶּרַע הַיְּהוּדִים
מָרְדֳּכַי אֲשֶׁר הַחִלּוֹתָ לִנְפֹּל לְפָנָיו לֹא־תוּכַל לוֹ כִּי־
נָפוֹל תִּפּוֹל לְפָנָיו׃ יד עוֹדָם מְדַבְּרִים עִמּוֹ וְסָרִיסֵי
הַמֶּלֶךְ הִגִּיעוּ וַיַּבְהִלוּ לְהָבִיא אֶת־הָמָן אֶל־הַמִּשְׁתֶּה
אֲשֶׁר־עָשְׂתָה אֶסְתֵּר׃ ז א וַיָּבֹא הַמֶּלֶךְ וְהָמָן לִשְׁתּוֹת
עִם־אֶסְתֵּר הַמַּלְכָּה׃ ב וַיֹּאמֶר הַמֶּלֶךְ לְאֶסְתֵּר גַּם
בַּיּוֹם הַשֵּׁנִי בְּמִשְׁתֵּה הַיַּיִן מַה־שְּׁאֵלָתֵךְ אֶסְתֵּר

הו"א ועשה כן למרדכי. מגלה טז ג ויקח המן. שם (ברכות נ יומא מ). את הלבוש. שם: ויקרא לפניו ככה יעשה. שם ו וישב מרדכי. שם: ויספר המן. שם: אם מזרע היהודים שם עקידה שער כו. וסריסי המלך. מגלה שם:

תרגום

סניאין מרדכי יהודאי אית בשושן אתיב ליה מלכא להוא דסדרת אסתר ליה סנהדרין בתרע פלטרין דמלכא אמר ליה המן בבעו מנך קטול יתי ולא תגזור עלי פתגמא הדין אמר ליה מלכא אוחי ולא תמנע מדעם מן כל מה דמלילתא: יא ודבר המן ית לבושא ארגונא וית סוסא ואלביש ית מרדכי וארכביניה בפתאה דקרתא וקלס קדמוי כדין יתעבד לגברא די מלכא צבי ביקריה: יב ותב מרדכי לסנהדרין די בתרע פלטרין דמלכא ואשלח ית לבוש ארגונא מעלוהי ולבש סקא ויתיב על קטמא והוה מודה ומצלי עד רמשא והמן אתבהל ואזל לביתיה אבל על ברתיה ומתעטף על רישיה כאבלא על ברתיה וכסופיה: יג ואשתעי המן לזרש אנתתיה ולכל רחימוי ית כל די ערעיה ואמרו ליה חכימוי וזרש אנתתיה אין מזרעא דצדיקיא מרדכי דשריתא למפל קדמוי היכמא די נפלו מלכיא קדם אברהם במישר חקליא אבימלך קדם יצחק ויעקב נצח מלאכא ועל ידוי דמשה ואהרן טבעו פרעה וכל משריתיה בימא דסוף וכל מלכיא ושלטוניא דאבאישו להון מסר יתהון אלההון בידיהון ואף אנת לא תיכול לאבאשא ליה ארום מפל תפול קדמוי: יד עוד כען אינון ממללין עמיה ורבני מלכא מטו ואוחו להנעלא ית המן למשתיא דעבדת אסתר: א ועל מלכא והמן למשתי עם אסתר מלכתא: ב ואמר מלכא לאסתר אוף ביומא תנינא במשתיא דחמרא מה שאלתך

רש"י

שראה עינו של מלך רעה על שאמר שיתנו הכתר בראש אדם: (יב) וישב מרדכי. לשקו ולתעניתו: אבל וחפוי ראש. רבותינו ז"ל פירשו הדבר במסכת מגילה: (יג) אשר החלות לנפל וגו'. אמרה אומה זו נמשלו לכוכבים ולעפר כשהם יורדים יורדים עד לעפר וכשהם עולים עולים

שפתי חכמים

שיהא שקופס בלילה שנמשכת אחר המשתה. לכ"פ נס היה: ט דק"ל נל"ל דשב מרדכי הלא כל עצמו של הכתוב אינו אלא לספר במפלתו של המן. לכ"פ לשקו ולתעניתו ויום ג' לתעניתו היה שהתחיל להתענות ביום י"ד בניסן ומה שקרא המקרא ליום אתמול שלישי ויהי ביום השלישי ותלבש אסתר מלכות יום שלישי לשילוח הרלים היה. נ דק"ל מה אכילות שייך כזה. לזה אמר ר"פ וכו' דדרשו בפ"ק דמגילה ע"ז ס בגמרא בפ"ק דמגילה דייק מסיפיה דקרא כי נפול תפול לפניו שתי נפילות אלו למה מלמד שאמרם לו אומה זו נמשלת לעפר ולכוכבים וכו' גם רש"י עיקר דיוקו מסיפיה דקרא לכן כתב

אבן עזרא

בראשו כאשר ירכב עליו המלך ואין אחד מעבדי המלך רשאי לרכוב עליו וזה דבר ידוע: (יב) נדחף. מעצמו והוא אבל וחפוי ראש פעול והטעם שכסה ראשו והעד ופני המן חפו והוא מגזרת ויחפהו ואם הוא בבנין אחר: (יג) ויאמרו לו

קיצור אלשיך

כעבד. וגם ההלבשה תעשה בעצמך:

(יב) **והמן** נדחף. בכל עת שהיה המן הולך ברחוב עשו האנשים דרך עבורו. ובעת ההיא כאשר התקבצו המון בני אדם לאלפים לראות החדשות אשר נעשה בפתע פתאום. נפל גאות המן ולא עשו לו דרך לעבור רק הי' נדחף מאיש לאיש בין ההמון ובדרך אבלות. וחפוי ראש. היה מכסה ראשו ופניו שהי' מתבייש מהם: (יג) **ויספר** המן וגו'. המן נחם את אשתו וב"ב. כי זה הי' רק מקרה בעלמא שהמלך נזכר בנדוד שנתו. וכאשר הביאו לפני ספר הזכרונות. ושמע שלא שלם שכר למרדכי על אשר הגיד על בגתנא ותרש. ורצה המלך לעשות לו היקר הזה. ולא יותר. והדבר הזה היה נעשה ע"י אחר. רק מחמת שאנכי הקדמתי לבא ע"כ נעשה זאת על ידי. ובדבר תליתו עוד לא דברתי עם המלך. אמנם חכמיו ויועציו יעצוהו לטובתו בל יתגרה עוד עם מרדכי כי לא יצלח. ומה שאתה חושב זאת למקרה. תדע כי לא מקרה היא. אם מרדכי הוא מזרע היהודים. אשר החלות לנפול לפניו. שאתה נפלת קודם נפילתו. לא תוכל לו עוד. ועצתנו שתעשה שלום עמו. ונפל תפול לפניו לפייסו שימחול לך. ואם יתרצה עמך תוכל עמוד. ואם לא ימחול לך. עוד נפול תפול. כי נפילה זו היא רק התחלה לנפילותיך: (יד) **עודם** מדברים וגו'. אין שלטון ביום המות. וכל כבודו חלף ועבר ממנו כי עד עכשיו מי יכול להעיז להפריע את המן כשהוא מדבר עם אנשים. ובעת עודם מדברים עמו. באו סריסי המלך. ולא שרים. ויבהלו את המן. גם זה העזה נגד המן להבהלו ולמהרו עוד הוא מדבר עם אנשים. גם אולי לא ירצה המן לילך אל המשתה. להביא. הסריסים יביאו אותו בע"כ. (ב) **מה** שאלתך ומה בקשתך. מחמת כי הוגד למלך כי

the raiment and the horse as you have spoken and do so to Mordecai the Jew, who sits in the king's gate; let nothing fail of all that you have spoken." 11. And Haman took the raiment and the horse, and he dressed Mordecai and paraded him in the city square and announced before him, "So shall be done to the man whom the king wishes to honor!" 12. And Mordecai returned to the king's gate, and Haman rushed home, mourning and with his head covered. 13. And Haman recounted to Zeresh his wife and to all his friends all that had befallen him, and his wise men and Zeresh his wife said to him, "If Mordecai, before whom you have begun to fall, is of Jewish stock, you will not prevail against him, but you will surely fall before him." 14. While they were still talking to him, the king's chamberlains arrived, and hastened to bring Haman to the banquet that Esther had prepared.

7

1. So the king and Haman came to drink with Queen Esther. 2. And the king said to Esther also on the second day during the wine feast, "What is your petition, Queen Esther,

12. **And Mordecai returned** —*to his sackcloth and to his fasting.*—[*Rashi* from *Meg.* 16a] Since this was the third day of the fast, Mordecai still wore his sackcloth. *Yosef Lekah* explains that Mordecai wore the sackcloth only during the morning prayers. After the prayers, he would remove it and go to sit in the king's gate. At this point, he returned to the king's gate, but did not yet give up the fast and the sackcloth since their prayers had not yet been answered.

mourning and with his head covered—*Our Sages explained the matter in Tractate Megillah* (ad loc.).—[*Rashi*] *Rashi* refers to the following account: As he was parading him through the street where Haman lived, his daughter, who was standing on the roof, saw him. She thought that the man riding the horse was her father and the man walking before him was Mordecai. So she took a chamber pot and cast it upon her father's head. He looked up at her, and when she saw that it was her father, she fell off the roof and died. Hence it is written: And Haman rushed home, mourning and with his head covered—mourning for his daughter, and with his head covered because of what had happened to him.

הַמַּלְכָּה וְתִנָּתֵן לָךְ וּמַה־בַּקָּשָׁתֵךְ עַד־חֲצִי הַמַּלְכוּת
וְתֵעָשׂ: ג וַתַּעַן אֶסְתֵּר הַמַּלְכָּה וַתֹּאמַר אִם־מָצָאתִי
חֵן בְּעֵינֶיךָ הַמֶּלֶךְ וְאִם־עַל־הַמֶּלֶךְ טוֹב תִּנָּתֶן לִי
נַפְשִׁי בִּשְׁאֵלָתִי וְעַמִּי בְּבַקָּשָׁתִי: ד כִּי נִמְכַּרְנוּ אֲנִי
וְעַמִּי לְהַשְׁמִיד לַהֲרוֹג וּלְאַבֵּד וְאִלּוּ לַעֲבָדִים
וְלִשְׁפָחוֹת נִמְכַּרְנוּ הֶחֱרַשְׁתִּי כִּי אֵין הַצָּר שֹׁוֶה בְּנֵזֶק
הַמֶּלֶךְ: ס ה וַיֹּאמֶר הַמֶּלֶךְ אֲחַשְׁוֵרוֹשׁ וַיֹּאמֶר לְאֶסְתֵּר
הַמַּלְכָּה מִי הוּא זֶה וְאֵי־זֶה הוּא אֲשֶׁר־מְלָאוֹ לִבּוֹ
לַעֲשׂוֹת כֵּן: ו וַתֹּאמֶר אֶסְתֵּר אִישׁ צַר וְאוֹיֵב הָמָן
הָרָע הַזֶּה וְהָמָן נִבְעַת מִלִּפְנֵי הַמֶּלֶךְ וְהַמַּלְכָּה:

תו"א אם מצאתי חן בעיניך. פסה הבקשות בשלשה עקידה שער מד: כי נמכרנו אני ועמי. מגילה פס׳ כי אין הצר שוה בנזק המלך. זוהר פ׳ תזוה: ויאמר המלך אחשורוש ויאמר לאסתר המלכה. מגלה פ"א דף טו: איש צר ואויב המן. פס דף יב וטו:

אסתר מלכתא ויתיהב ליך ומה בעותיך אפילו עד פלגות מלכותא אתננה ליך לחוד למבני בית מוקדשא דקאים בפלגות תחום מלכותי לא אתן ליך דהיכדין קיימית בשבועה לגשם ולטוביה ולסנבלט ברם אוריכי עד דירבי דריוש בריך ויחסן מלכותא ותתעבד: ג וזקפת אסתר ית עינהא כלפי שמיא ואתיבת אסתר מלכתא ואמרת אין אשכחית רחמין קדמך מלכא רמא ואין קדם מלכא דארעא שפיר תתיהב לי שיזיב נפשי מן ידוי דסנאה בשאלתי ופורקן עמי מן ידוי דבעל דבביה בבעותי: ד ארום אזדבננא מגן אנא ועמי בית ישראל לאשתיצאה לאתקטלא ולהובדא ואלולי לעבדין ולאמהן אזדבננא שתקית ארום לית מעיקא טימין ורווחא באנזיקא דמלכא: ה ואמר מלכא אחשורוש ואמר לאסתר מלכתא מן הוא דין ובאידין אתר הוא גברא חציפא וחייבא ומרודא די אמלכיניה לביה למעבד כדין: ו ואמרת גברא מעיקא ובעל דבבא דבעא למקטלך ברמשא בבית דמכך ויומא דין בעא למלבש אסטלא דמלכותא ולמרכב על סוסא די לך ולאחתא מניכא דדהבא על רישיה ולמרדא בך ולמסב מנך מלכותא ואתקפת מלתא מן שמיא ואתעביד ההוא יקרא

רש"י

עד לרקיע ועד הכוכבים: (ג) תנתן לי נפשי. שלא אהרג בשלשה עשר באדר שגזרת גזירה הריגה על עמי ומולדתי: ועמי. ינתן לי בבקשתי שלא יהרגו ואם תאמר מה איכפת לך כי איככה אוכל וראיתי וגו׳: (ד) כי אין הצר שוה בנזק המלך. איננו חושש בנזק המלך שאילו רדף אחר הנאתך היה לו לומר מכור אותם לעבדים ולשפחות וקבל הממון או החי׳ אותם להיות לך לעבדים הם וזרעם: (ה) ויאמר המלך אחשורוש ויאמר לאסתר המלכה. כל מקום שנאמר ויאמר ויאמר שני פעמים אינו אלא למדרש ומדרשו של זה בתחלה היה מדבר עמה על ידי

אבן עזרא

חכמיו. בזאת איך הרשע לא יתנבאו אוהביו עליו טוב: (ג) תנתן לי נפשי. הטעם אין שאלתי כי אם נפשי ומה נכבד טעם תנתן לי: (ד) כי נמכרנו. מבנין נפעל והטעם אחר מכרנו והנה והתמכרתם שהם ימכרו עצמם ואין קונה: ואלו כמו ואלו היה אלף שנים והאל"ף נוסף והטעם כי נמכרנו להשמיד ואלו נמכרנו להיותנו עבדים ושפחות הייתי מחרשת כי אין הצר׳ הזאת הבאה עלינו שוה בעינינו מאומה אע"פ שאין למעלה ממנה אחר הריג׳ כדי שלא יבא המלך לידי נזק במחשבתו והנה הצר שם כמו צר ומצוק מצאוני או פי׳ הצר שם התואר כי אין האויב שוה שיבא נזק למלך ומלת נזק בל׳ ארמית לא להוי ניזוק: (ה) ויאמר המלך אחשורוש ויאמר. פעמים להורות שהמלך כעס מיד ומרוב כעסו אמר במהירו׳ מי הוא זה פעמים באומרו בכעסו מי זה את אומר מי זה אומר מהרה: (ו) תי"ו נבעת. שורש והטעם כמו

קיצור אלשיך

כי אסתר שמחה במפלת המן. ע"כ ידע כי אין לה דבר עם המן. רק יש לה איזה בקשה גדולה שצריכה היא שיהי׳ הדבר נדבר בפני המן. ע"כ.

(ג) **ותען** אסתר אינני חפץ שום מתנה רק את חיי וחיי עמי אנכי מבקשת.

(ד) **כי** נמכרנו אני ועמי להשמיד ולהרוג ולאבד. עיקר מחשבת המן רק עלי להרגני. וע"י מצא עלילה גם על עמי להרוג כולנו. וש"ת הלא המכר כבר נעשה ואין להשיב. הלא המכר בטל מאליו. כי הלא אני ועמי נמכרנו. ולא עלה על דעתך למכור אותי הנכללת בהמכר. כי לא ידעת כי יהודית אנכי. ואילו ידעת לא מכרת לא אותי ולא עמי. נמצא כי המכר היה בטעות ובטל מאליו. ואלו לעבדים ושפחות נמכרנו. ונשארנו בחיים. החרשתי. כי היה לך איזה ריוח מאתנו. אך מהריגה איזה ריוח יהיה לך. ועוד היזק יהיה לך ממסים וארנוניות שלהם:

(ה) **ויאמר** המלך אחשורוש. מי עשה הדבר הזה. אנכי מכרתי אותך ועמך? וכאשר אסתר שתקה ולא ענתה דבר ויאמר לאסתר המלכה. אם לא אנכי מי הוא. זה. שעשה כן. זה שיושב לפניו עשה כן. והראה על המן. ואסתר שתקה עוד. ויאמר המלך לאסתר הנה הקונה והמוכר יושבים פה לפניך. פרשי דבריך ואמור מי משנינו הוא. כי אין פה רק אני והוא ולא יבצר מהיות אחד משנינו אמרינא איזה הוא אשר מלאו לבו לעשות כן:

(ו) **ותאמר** אסתר כל זה עשה איש שהוא צר ואויב. ולא מחמת שעשינו לו איזה היזק והפסד. רק מחמת הרע הזה. שהוא רע בטבעו לכל אדם. והמן נבעת מלפני המלך והמלכה. כי לפני המלך לבד היה יכול להתנצל להחזיק דבריו כי מה שהלשין על היהודים הוא אמת. ולא מאיבה עשה זאת. רק באמת אינם שווים להניחם. רק אז תגדל עליו חמת אסתר. ולפני אסתר בפ"ע היה יכול להתחנן שעשה זאת טרם שידע כי היא יהודית והיהודים המה עמה ומולדתה. ושתה מבטיחה שיוסיף לדבר טוב על היהודים וישיב את הספרים. אבל אז תגדל חמת המלך עליו. ויאמר לו

הלא

and it shall be given to you. And what is your request, even up to
half the kingdom, and it shall be granted." 3. And Queen Esther
replied and said, "If I have found favor in your eyes, O king, and if
it pleases the king, may my life be given me in my petition and my
people in my request. 4. For we have been sold, I and my people,
to be destroyed, to be slain, and to perish; now had we been sold
for slaves and bondswomen, I would have kept silent, for the
adversary has no consideration for the king's loss." 5. And King
Ahasuerus said, and he said to Queen Esther, "Who is this and
where is he, who dared to do this?" 6. And Esther said, "An
adversary and an enemy, this evil Haman!" And Haman became
terrified before the king and the queen.

13. **before whom you have begun to fall, etc.**—*She said, "This nation has been compared to the stars and to the dust. When they descend, they descend to the dust, and when they ascend, they ascend to the sky and the stars."*—[*Rashi* from *Meg.* ad loc.]

7

2. **What is your petition...and what is your request**—What is your petition for yourself, and what is your request for others, and it shall be granted.—[*Gra*] Since the king was told that Esther was happy about Haman's downfall, he knew that Esther had no dealings with Haman, only that she had an important request to make, which necessitated Haman's presence.—[*Alshich*]

3. **If I have found favor in your eyes, O king, and if it pleases the king**—In order to have a request granted, the petitioner requires two things: 1) that the petitioner should find favor in the eyes of the one granting the petition, and 2) that the petitioned should be in favor of the petition. Therefore, Esther said, "If I have found favor in your eyes, O king, and if it pleases the king."—[*Gra*]

may my life be given me—*that I should not be slain on the thirteenth of Adar, for you have issued an edict of massacre upon my people and my kindred.*—[*Rashi*]

and my people—*shall be given me in my request, that they should not be slain. Now if you ask, "What does it concern you?"* (below 8:6): *"For how can I see, etc.?"*—[*Rashi*]

and my people in my request—My request for myself is that my life be granted, and my request for others is for my people.—[*Gra*] I desire no gift, only my life and the lives of my people.—[*Alshich*]

4. **For we have been sold, I and my people**—She used the expression of selling because Ahasuerus had literally sold the Jewish people to Haman. When Haman offered him ten thousand talents of silver, he replied,

"The silver is given to you," meaning that it is as if I have received the silver and returned it to you. Thus the delivery of the Jewish people to Haman was enacted with the transfer of the silver from Haman to Ahasuerus.—[*Gra*] Esther said, "Haman's main intention is to kill me, and through me, he found an excuse to kill all my people. Lest you say that the sale is irrevocable, I will tell you that the sale is invalid, because 'we have been sold, I and my people,' and you did not intend to sell me, the queen, who is included in the sale, for you did not know that I was Jewish; had you known, you would not have sold me or my people. Consequently, the sale was a mistake and is automatically invalid."—[*Alshich*] *Midreshei Torah* writes that if they had been sold as slaves, Ahasuerus would have profited by the acquisition of their property, their children and their earnings, for their property would belong to him. "But," she says to him, "you can plainly see that the adversary is motivated by his ancient hatred for my people, and not by concern for your benefit." Accordingly, Esther calls him, "an adversary and an enemy, this evil Haman!" She also states, "for the adversary has no consideration for the king's loss," meaning that one who is by nature an adversary, has no consideration for anyone else's loss as long as he succeeds in wreaking vengeance upon his enemies. Another explanation is that "if we were sold slaves and bondswomen, I would be silent," because I would conclude that Israel's iniquities had brought this about, as the Torah predicts, (Deut. 28:68) "You will then offer yourselves for sale as slaves and bondswomen to your enemies, but there will be no purchaser." There will be no customers seeking to purchase you, even though you will be offered for very low prices. To be sold to be slain and to perish however, is not predicted by the Torah. Accordingly, the king will suffer a loss and be hurt by adding to the punishment meted upon Israel by God. The adversary has no consideration for this loss, which the king will suffer. He is the king's enemy and seeks his detriment. Accordingly, Esther did not say, "the adversary of Israel," but merely, "an adversary." He is an adversary both to the Jews and to the king. Thereupon, the king called to the princes, "Who is this and where is he, who dared to do this," that which I did not order and which never entered my mind? They could not answer because they were terrified of him and of Haman. Therefore, he said to Esther, "Who is he and where is he, etc?" Who is he who did not fear to transgress my will, for I only ordered to chastise them. Where could he hide, this person who dared to hurt me with the evil of his heart?

for the adversary has no consideration for the king's loss— *He does not care for the king's loss, for if he sought your benefit, he should have said, "Sell them for slaves and bondswomen and receive the money, or keep them to be your slaves, they and their descendants."*—[*Rashi*]

5. **And King Ahasuerus said, and he said to Queen Esther**—*Wherever it says, "And he said, and he said," twice, it is to be expounded upon, and the midrashic interpretation of this is: Originally, he would speak to her by messenger, but now that he knew that she was of a royal family, he spoke to her personally.*—[*Rashi* from *Meg.* 16a] *Ibn Ezra* explains that the repetition is due to the king's anger. He uttered repeatedly, "Who is this and where is he? Tell me quickly!"

Who is this and where is he—This translation follows the *Targum. Malbim* explains: Who is this, and what is this that made him dare to do this? *Eshkol Hakofer* interprets this as a repetition. Ahasuerus asked those around him, "Who is this?" When he received no reply, he turned to Esther and asked her, "And where is he?" He further suggests that Ahasuerus reasoned that it was improper to do such a horrendous deed even to a simple, average king, surely not to a monarch as great as he. Moreover, it was improper to do this even to a simple, average queen, surely not to a queen as great as Queen Esther, descended from a great royal family! He therefore asked: Who is this who raised a hand against the king, and where is he who raised a hand against the queen?

who dared to do this—lit., whose heart filled him to do this. This was not an act done on the spur of the moment, but the result of thought and premeditation.—[*Eshkol Hakofer*]

6. **An adversary and an enemy**—His hatred for the Jews made him dare to do this, and concerning who he is, he is this evil Haman.—[*Malbim*] He hates the king as well as the Jews.—[*Midreshei Torah*]

this evil Haman—All his counsels are for evil. He gave the counsel to slay Vashti, and he plotted against my people to destroy us.

The Talmud (*Meg.* 16a) tells us that she pointed toward Ahasuerus, and an angel came and pushed her hand so that she should point toward Haman. Why would Esther point toward Ahasuerus? The *Gra* explains that a person's imagination plays a role in his actions, for example, we sometimes see that a person wishes to call Simon and calls Reuben instead. That is because he is thinking about Reuben. In the case of the righteous, they could be talking to a temporal king while their thoughts are attached to the Almighty, as we find in the case of Daniel (Dan. 4:16) who, while speaking to Nebuchadnezzar, addressed God and said, "My Lord, may the dream be for Your enemies and its interpretation for Your foes." (See Commentary Digest ad loc.) Similarly, in Nehemiah 2:4: "And the king said to me, 'For what do you make request?' And I prayed to the God of heaven." Here too, Esther's heart was directed to the Holy One, blessed be He, and her thoughts were about Ahasuerus, [who was guilty in this matter], and because of her thoughts, she pointed toward Ahasuerus, until an angel pushed her hand and pointed it toward Haman.—[*Gra*]

ז וְהַמֶּלֶךְ קָם בַּחֲמָתוֹ מִמִּשְׁתֵּה הַיַּיִן אֶל־גִּנַּת הַבִּיתָן
וְהָמָן עָמַד לְבַקֵּשׁ עַל־נַפְשׁוֹ מֵאֶסְתֵּר הַמַּלְכָּה כִּי
רָאָה כִּי־כָלְתָה אֵלָיו הָרָעָה מֵאֵת הַמֶּלֶךְ׃ ח וְהַמֶּלֶךְ
שָׁב מִגִּנַּת הַבִּיתָן אֶל־בֵּית ׀ מִשְׁתֵּה הַיַּיִן וְהָמָן נֹפֵל
עַל־הַמִּטָּה אֲשֶׁר אֶסְתֵּר עָלֶיהָ וַיֹּאמֶר הַמֶּלֶךְ הֲגַם
לִכְבּוֹשׁ אֶת־הַמַּלְכָּה עִמִּי בַּבָּיִת הַדָּבָר יָצָא מִפִּי
הַמֶּלֶךְ וּפְנֵי הָמָן חָפוּ׃ ט וַיֹּאמֶר חַרְבוֹנָה אֶחָד מִן־
הַסָּרִיסִים לִפְנֵי הַמֶּלֶךְ גַּם הִנֵּה־הָעֵץ אֲשֶׁר־עָשָׂה

תו"א והמלך קם. מגילה פ"א דף טז: והמלך שב. שם: והמן נפל על המטה. שם סנהדרין קה: הגם לכבוש את המלכה. פסחים ק:

תרגום

למרדכי צדיקא אחוי דאב
בר יאיר בר שמעי בר שמיד
בר בענה בר אלה בר מיכ
בר מפיבושת בר יהונתן ב
שאול מלכא בר קיש ב
אביאל בר צרור בר בכורת ב
אפיה בר שחרים בר עזיה ב
ששון בר מיכאל בר אליא
בר עמיהוד בר שפטיה ב
פנואל בר פיתח בר מלוך ב
ירובעל בר ירוחם ב
חנניא בר זבדי בר אלפע
בר שמרי בר זבדיה ב
רמות בר חשום בר שחורא
בר עזא בר גוזא בר גרא בר בנימין בר יעקב בר יצחק בר אברהם גברא מעיקא ובעל דבבא המ
ביש הדין בעא למצלביה והמן אשתעמים מן קדם מלכא ומלכתא: ז ומלכא זקף ית עינו
וחזא והא עסרתי מלאכין דמין לעסרתי בנוי דהמן קטיעין אילניא די בגינתא גואה בכן קם ברתחיו
ממשתיה דחמרא ואזל לגינתא גואה למחמי מה הוא דין והמן קם למתבע חייסא על נפשיה מאסתר מלכתא
ארום חזא ארום אסתקפת עלוהי בישתא מלות מלכא: ח ומלכא תב ברתחיה מגינתא גואה לבית
משתיא דחמרא והא גבריאל מלאכא דחף ית המן רשיעא וחמא מלכא והמן גחין עלי בדרגשא די
אסתר עלה ותוה מלכא ואמר הא ברם בקושטא לא אתא המן אלהין למשכוב עם מלכתא כד אנא שרי
בביתא כען כל עממיא ואומיא ולישניא דנו מה אית למעבד ביה פתגמא נפק מפומיה
דמלכא ואפוי דהמן אתחפיאו בהתא: ט ואמר חרבונא חד מן רבניא קדם מלכא ברם הא קיסא די זמן

רש"י

עליה עכשיו שידע שממשפחת מלכים היא דבר עמה הוא בעצמו: (ז) כי כלתה. נגמרה הרעה ע והשנאה והנקמה. (ח) והמן נפל. פ המלאך דחפו: על המטה אשר אסתר עליה. דרכן היה ליסב בסעודה על לדן על גבי המטות כמו שנאמר בראש הספר מטות זהב וכסף לבני המשתה: הגם לכבוש. לשון תימה הוא לכבוש לאנוס בחזקה כמו (במדבר לב כב) ונכבשה הארץ: (ט) גם הנה העץ. גם רעה אחרת עשה שהכין העץ לתלות אוהבו של

שפתי חכמים

וגומר לסורות שדיוקו ממה שכתוב אח"כ: ע פי' של כלתה נגמרה ואה"כ ק"ל מה רעה עשו לו בא מר כלתה הרעה ועוד במה ידע שנגמרה הרעה דלא ירע לו עוד כאשר אירע באמת לכ"פ השנאה והנקמה כלומר נגמר' הכא' שישנאהו ויעש' בו נקמה: פ והמן נופל נפל מבע"ל. לכ"פ המלאך דיהפו וככי איתא בפ"ק דמגילה ופירש"י

אבן עזרא

נבהל מגזרת והנה בעתה: (ז) כי כלתה. כמו כי כלה היא: (ח) והמן נופל. שהיה מתחנן ומשתחוה לרגליה וכראותו כי שב המלך נפל מרוב פחדו ודרך הדרש ידועה: לכבוש את המלכה. כינוי לשכיב' שתהיה תחת רשותו והנה יכריחנה וכמוהו וכבשוה. וטעם עמי שאני ראיתי זה: חפו. המפרשים והטעם כסו פניו כי כן משפט מלכי פרס שיכסו עבדי המלך פני מי שכעס עליו המלך שלא יראהו עוד המלך וזה דבר ידוע בספרי פרס: (ט) חרבונ'. יש אומרים כי אליהו ז"ל

לקוטי אנשי שם

(ז) **איתא** בגמרא [מגילה טז] והמלך קם בחמתו. והמלך שב מגינת הביתן. מקיש שיבה לקימה. מה קימה בחמה אף שיבה בחמה דמאכי' אדמו כבני אדם בניו של המן קטעין אילנא דבגינתא. ולבאר דבר זה מדוע סרלו לו לאהשילום דבר זה ולא הספסד אחר. כנה איתא [בב"ב טז ע"ב] גבי ג' רעי איוב מנא הוו ידעי מצרות של איוב. ותירצו דאילני היו להו וכיון דכמשי הוו ידעי. ואיתא בגמרא שבת [קנו ע"ב] דמזל יום או מזל שעה גורם מה שיהיה אלא האדם שנולד באותו מזל וחכמי האומות הקדמונים היו יודעים ע"פ חכמה המזלות מה שיזדמן אלא האדם שבאותו מזל. ולפי זה יכל לומר שאם היה אדם נוטע איזה אילן באותו יום ושעה שנולד האדם יהיה האילן בר מזלים ומכל המאורעות והכזדמנות שיהיה אל האילן מזה יוכלו לשפוט ולידע מאורעותיו של הוהו אדם. והאדם הוא עץ השדה בן גילו ובר גדו ומזלו. ועי"כ יכל לומר דריעי איוב היו לכל אחד ואחד אילנות נטועות באותי מזל שנולדו חבריו. ומזה ידע כל אחד מה שנתהוה עם חבריו. וזה שאמר כיון דכמשי הוו ידעי. היינו כאשר ראו שהאילנות הנטועות במזלו של איוב מתקלקלים וכמשי מזה שפטו על איוב שהוא בן גילם ובר מזלם שגם אללו נהיום איזה צרות וקלקולים. ואפשר שבחצרות מלכים בימים הקדמונים היו נוטעין אילני' כאלה עבור כל בני משפחתם לידע מכל אשר יתהוה עמהם. וזהו גינת ביתן המלך. לשון בית המלך. בני ביתו ומשפחתו וכאשר שתילהם וגידולם עולה יפה נודע מזה כיכל

קיצור אלשיך

הלא שקרן אתה וככל אשר תחפוץ תדבר. וע"כ נבעת מלפני המלך והמלכה כשהיו ביחד:

(ז) **והמלך** קם בחמתו וגו'. מחמת כשאמרה אסתר לפני המלך כי המן בגזרתו להשמיד ולהרוג היה העיקר אצלו להרגני. תיכף נזכר המלך כי גם ושתי נהרגה על ידו. בגנת הביתן. וגם אסתר אמרה כן איקצי בושתי והרגה. ועכשו איקני בדידי לקטלני. וע"כ הלך המלך אל גנת הביתן להתאבל על ושתי ע"כ היה המן ירא ללכת אחרי המלך אל גנת הביתן לבקש על נפשו. כי כאשר יראה המלך את המן בגנת הביתן יתעורר עליו חמת המלך להשחיתו תיכף על דבר ושתי כי נהרגה על ידו. ע"כ עמד לבקש על נפשו מאסתר. שתמליץ עליו לפני המלך. מחמת שעל ידו נעשתה מלכה. ועוד זה המן מדבר לפני המלכה והמלך בא מגנת הביתן שאחר שהכאיב לבו מושתי בגנת הביתן מקום רעתה שב אל מקום משתה היין הוא המקום אשר שם נגלו אליו קנות המן את אשתו להרגה להוסיף יגון זאת על יגונו מהקודמות וירא והנה המן על המטה וגו' אז אמר הגם לכבוש וגו' הדבר יצא מפי המלך ופני המן חפו. נתכסו. כאלו נגמר דינו להריגה. ואינו רשאי עוד לראות פני המלך. מ"מ המלך בעצמו עוד לא אמר שימיתו את המן. עד שבא חרבונה. ואמר אל המלך דע לך כי המן רוצה להרגך כי גם הנה העץ

אשר

7. And the king arose in his fury from the wine feast to the orchard
garden, and Haman stood to beg for his life of Queen Esther, for
he saw that evil was determined against him by the king. 8. Then
the king returned from the orchard garden to the house of the wine
feast, and Haman was falling on the couch upon which Esther was,
and the king said, "Will you even force the queen with me in the
house?" The word came out of the king's mouth, and they covered
Haman's face. 9. Then said Harbonah, one of the chamberlains
before the king, "Also, behold the gallows

7. **was determined**—*the evil, the hatred, and the vengeance were decided.* —[*Rashi*]

8. **Then the king returned from the orchard garden**—The Talmud (*Meg.* 16a) relates that his returning was similar to his arising. Just as he arose in fury, so did he return in fury. When he went out, he found ministering angels in human form standing and uprooting trees from the orchard. He asked them, "What are you doing?" They replied, "Haman ordered us to do it." He came into the palace and found Haman falling on Esther's couch. He exclaimed, "Trouble inside, trouble outside!"

and Haman was falling—*The angel pushed him.*—[*Rashi* from *Meg.* 16a] The grammatical structure is the present tense, meaning that he attempted to rise, but the angel was constantly pushing him down.—[*Rashi* ad loc.] *Ibn Ezra* explains that Haman was beseeching Esther to intercede for him, and prostrated himself before her feet. When he saw that the king had returned, he fell from terror. The *Gra* explains that because of his extreme anguish, he was unable to stand.

on the couch upon which Esther was—*Their custom was to sit at a meal* [leaning] *on their sides on couches, as is stated in the beginning of the Book* (1:6): *"couches of gold and silver" for those who participated in the banquet.*—[*Rashi*]

Will you even force—Heb. הֲגַם. *This is an expression of wonder.* לִכְבּוֹשׁ [denotes] *to subdue with force, like (Num. 32:22): "and the land is conquered* (וְנִכְבְּשָׁה)."—[*Rashi*] *Ibn Ezra* too explains in this manner. The *Gra* explains it as an expression of slaying. Will you even slay the queen with me in the house?

and they covered Haman's face—The servants covered his face, for it was the custom of the kings of Persia to cover the face of any servant who fell into the disfavor of the king as a sign that the king would never see him again.—[Ibn Ezra] The Targum renders: and Haman's face was covered with shame.

9. **Also, behold the gallows**—*He also committed another evil, that he prepared the gallows to hang the king's friend, who saved the king from poison.*—[*Rashi*]

הָמָן לְמָרְדֳּכַי אֲשֶׁר דִּבֶּר־טוֹב עַל־הַמֶּלֶךְ עֹמֵ
בְּבֵית הָמָן גָּבֹהַּ חֲמִשִּׁים אַמָּה וַיֹּאמֶר הַמֶּלֶךְ תְּלֻה
עָלָיו׃ י וַיִּתְלוּ אֶת־הָמָן עַל־הָעֵץ אֲשֶׁר־הֵכִין לְמָרְדֳּכ
וַחֲמַת הַמֶּלֶךְ שָׁכָכָה׃ ס ח א בַּיּוֹם הַהוּא נָתַן הַמֶּלֶ
אֲחַשְׁוֵרוֹשׁ לְאֶסְתֵּר הַמַּלְכָּה אֶת־בֵּית הָמָן צֹרֵ
הַיְּהוּדִיים יתיר י׳ וּמָרְדֳּכַי בָּא לִפְנֵי הַמֶּלֶךְ כִּי־הִגִּידָ
אֶסְתֵּר מַה הוּא־לָהּ׃ ב וַיָּסַר הַמֶּלֶךְ אֶת־טַבַּעְתּ
אֲשֶׁר הֶעֱבִיר מֵהָמָן וַיִּתְּנָהּ לְמָרְדֳּכָי וַתָּשֶׂם אֶסְתֵּ
אֶת־מָרְדֳּכַי עַל־בֵּית הָמָן׃ ס ג וַתּוֹסֶף אֶסְתֵּר וַתְּדַבֵּ
לִפְנֵי הַמֶּלֶךְ וַתִּפֹּל לִפְנֵי רַגְלָיו וַתֵּבְךְּ וַתִּתְחַנֶּן־ל
לְהַעֲבִיר אֶת־רָעַת הָמָן הָאֲגָגִי וְאֵת מַחֲשַׁבְתּוֹ אֲשֶׁ
חָשַׁב עַל־הַיְּהוּדִים׃ ד וַיּוֹשֶׁט הַמֶּלֶךְ לְאֶסְתֵּר אֵ
שַׁרְבִט הַזָּהָב וַתָּקָם אֶסְתֵּר וַתַּעֲמֹד לִפְנֵי הַמֶּלֶךְ׃
ה וַתֹּאמֶר אִם־עַל־הַמֶּלֶךְ טוֹב וְאִם־מָצָאתִי חֵן לְפָנָ
וְכָשֵׁר הַדָּבָר לִפְנֵי הַמֶּלֶךְ וְטוֹבָה אֲנִי בְּעֵינָיו יִכָּתֵ
לְהָשִׁיב אֶת־הַסְּפָרִים מַחֲשֶׁבֶת הָמָן בֶּן־הַמְּדָתָ
הָאֲגָגִי אֲשֶׁר כָּתַב לְאַבֵּד אֶת־הַיְּהוּדִים אֲשֶׁר בְּכָל

תו"א והמת המלך. ראה הגהה יב מגילה טז סנהדרין קח זבחים קיג: ותשם אסתר את מרדכי על בית הם מגלה י: ותאמר אם על המלך טוב. עקידה שער לב:

תרגום

המן למצלב ית מרדכי דמלל טבא בגין מלכא ועל ידוי אשתזיב מקטול והא קיסא קאם בבית המן כען אין על מלכא שפיר יתנסח אע מן ביתיה וזקיף יתמחי עלוהי רומיה חמשין אמין ואמר מלכא אזילו צליבו יתיה עלוהי: י וצליבו ית המן על קיסא די זמן למרדכי ורתחא דמלכא אשתדיכת: א ביומא ההוא מסר מלכא אחשורוש לאסתר מלכתא ית ביתא דהמן מעיק יהודאי וית אנשי ביתיה וית כל טסברוי וית כל עתריה ומרדכי על קדם מלכא ארום חויאת ליה אסתר מן הוא לה: ב ואעדי מלכא ית סטומתא דעזקתא די אעביר מהמן ויהבה למרדכי ושויאת אסתר ית מרדכי רב וסרכן על גניסיה דהמן: ג ואוסיפת אסתר ומללת קדם מלכא ונפלת קדם רגלוי ובכיאת ופייסת ליה לבטלא ית בישת המן דמן יחוס דאגג וית זמיוניה די חשיב על יהודאין:
ד ואושיט מלכא לאסתר ית תיגדא דדהבא ואזדקפת אסתר וקמת קדם מלכא: ה ואמרת אי
על מלכא שפיר ואין אשכחית רחמין קדמוהי ותקין פתגמא קדם מלכא וטבתא אנא קדמוי בעינ

רש"י

מלך שהציל המלך מסס המות: (א) מה הוא לה. איך הוא קרוב לה: (ג) להעביר את רעת המן. של

אבן עזרא

נדמה למלך כדמות סרים: (י) והטעם וחמת המלך שככה. שלא נחה חמתו עד תלות המן מגזרת והשכותי מעלי ואם הסגנים בניינים: (א) מה הוא לה. שהוא דודה: (ב) העביר. מלה יונא׳ בעבור שהוסר מאחד ונתן לאחר וכמוהו ואת העם העביר אותו. ומרדכי מושל על בית המן כי עושר רב הי לו גם עבדים ושפחות כי אין אחר המלך גדול ממנו: וטע ותוסף אסתר. בעבור כי כל שאלת׳ היתה להשמיד המן (ה) וכשר. הטע׳ טוב וכמוהו אי זה יכשר בכושרות

קיצור אלשיך

אשר עשה המן בעצמו לתלות את מרדכי לא משנאתו אותו רק על אשר דבר טוב על המלך להצילו ממות. ועדיין עומד העץ בבית המן לתלותו כאשר יוכל לעשות זאת בחשאי. ע"כ אמר המלך תלהו עליו. וכן היה. והמת המלך שככה:

(א) **ביום** ההוא וגו׳. הגם כי המלכה אינה צריכה לבית המן. כי לא יחסר לה בתים בחצר המלך. רק מהמת כי המן הוא עדיין צורר היהודים. כי אף שהמן איננו אך גזרתו מתקיימת. וכדי להחליש הגזרה ולהפיל מוראת היהודים על האומות. ע"כ באותו יום שנתלה המן נתן אחשורוש את בית המן לאסתר המלכה להראות כי אסתר איננה תחת הגזרה. רק היא תירש את כל אשר להמן ומרדכי בא לפני המלך. ויסר המלך את טבעתו אשר נתן תחלה להמן בעת מכירתו היהודים להמן. אותו טבעת נתן עתה למרדכי להודיע להאומות כי גם מרדכי איננו תחת הגזרה של המן. וע"כ שמה אסתר את מרדכי על בית המן. ומחמת כי ראתה אסתר שהמלך נותן רק מתנות ומענין בטול הגזרה אין דובר דבר. ע"כ.

(ג) **ותוסף** אסתר לדבר לפני המלך וגו׳ וכשר הדבר לפני המלך יכתב להשיב את הספרים וגו׳:

לקוטי אנשי שם

משפחת המלך עומדים בראש השלחן. ולזה כאשר ראה אחשורוש בנוי דהמן קוללים אילנות מגנת הביתן או בלוהי המן. הבין מזה המן ובניו רוצים לשרש ולעקור כל בית המלכות. וזה"א מה קימ בחנם. מאשר הראה לו אסתר כי המן חושב בלבו לשרש לו. ל שיבה בחמה שראה בגנת הביתן כי כן הוא האמת כאשר אמר לו אסתר:

(ה) **הנה** איתא בתרגום שני בעת שכתב המן הגזרה על היהודי נתן דת בכל המדינות שכל איש מן בני עממין אשר יספי בביתו גברא או אתתא מכל היהודים. או אשר יקח בביתו עבד ו שפחה מכל היהודאין להצילם בביתו יתקטיל גברא ההוא על תרי קרתא. ע"כ. והנה אם תתקיים הגזרה ההיא כדת פרס ומדי ו לא תעדי. הנה גם אחשורוש יתחייב מיתה על שהכניס את אסת לביתו או שימסור את אסתר לידם להריגה. וזה שאמרה אסת לאחשורוש אם מצאתי חן לפניו להציל אותי בלא אהרג מהאומו כמשמעות הדת. וגם וכשר הדבר לפני המלך עצמו בלא יגיע אלי הרעה של דת ההוא. וזהו שני ענינים דסתרי אהדדי שאי אפש שיתקיימו שניהם ששניהם נהין אלא א"כ התבטל הגזרה מכל וכל שהרי אם ירצה המלך להצילני. תגיע הגזרה למלך עצמו. שכן הי דת פרס ומדי שהמלך יתחייב מיתה אם יעבור על גזרותיו. וזה

ואתם

that Haman made for Mordecai, who spoke well for the king,
standing in Haman's house, fifty cubits high!" And the king said,
"Hang him on it!" 10. And they hanged Haman on the gallows that
he had prepared for Mordecai, and the king's anger abated.

8

1. On that day, King Ahasuerus gave Queen Esther the house of
Haman the adversary of the Jews, and Mordecai came before the
king, because Esther had told him what he was to her. 2. And the
king took off his ring, which he had removed from Haman and
gave it to Mordecai, and Esther placed Mordecai in charge of the
house of Haman. 3. And Esther resumed speaking before the king,
and she fell before his feet, and she wept and beseeched him to
avert the harm of Haman the Agagite and his device that he had
plotted against the Jews. 4. Then the king extended the golden
scepter to Esther, and Esther arose and stood before the king.
5. And she said, "If it please the king, and if I have found favor
before him, and the matter is proper before the king, and I am
good in his sight, let it be written to rescind the letters, the device
of Haman the son of Hammedatha, the Agagite, which he wrote to
destroy the Jews who are in all

who spoke well for the king—You should know that Haman wishes to kill you, because "behold the gallows that Haman has built for Mordecai," only because "he spoke well for the king," and saved you from death. It is still standing in Haman's house, to hang him in secret as soon as the opportunity presents itself. The king therefore said, "Hang him on it!" and so it was. The king's anger then abated.—[*Alshich*] The *Gra* explains that Ahasuerus understood Harbona to mean, "that he said, 'it (the gallows) is good for the king.'" He therefore ordered his execution.

8

1. **what he was to her**—*how he was related to her.*—[*Rashi, Ibn Ezra*]

2. **And the king took off**—the two things he had given Haman, viz. great wealth and great power. He took these away and gave them to Mordecai. Haman's house denotes his wealth, and the ring denotes his power.—[*Gra*]

3. **to avert the harm of Haman**—*that his evil plan should not be realized.*—[*Rashi*]

מְדִינוֹת הַמֶּלֶךְ׃ ו כִּי אֵיכָכָה אוּכַל וְרָאִיתִי בָּרָעָה
אֲשֶׁר־יִמְצָא אֶת־עַמִּי וְאֵיכָכָה אוּכַל וְרָאִיתִי בְּאָבְדַן
מוֹלַדְתִּי׃ ס ז וַיֹּאמֶר הַמֶּלֶךְ אֲחַשְׁוֵרֹשׁ לְאֶסְתֵּר
הַמַּלְכָּה וּלְמָרְדֳּכַי הַיְּהוּדִי הִנֵּה בֵית־הָמָן נָתַתִּי
לְאֶסְתֵּר וְאֹתוֹ תָּלוּ עַל־הָעֵץ עַל אֲשֶׁר־שָׁלַח יָדוֹ
בַּיְּהוּדִיים יתיר י׳ ׃ ח וְאַתֶּם כִּתְבוּ עַל־הַיְּהוּדִים כַּטּוֹב
בְּעֵינֵיכֶם בְּשֵׁם הַמֶּלֶךְ וְחִתְמוּ בְּטַבַּעַת הַמֶּלֶךְ כִּי־
כְתָב אֲשֶׁר־נִכְתָּב בְּשֵׁם־הַמֶּלֶךְ וְנַחְתּוֹם בְּטַבַּעַת
הַמֶּלֶךְ אֵין לְהָשִׁיב׃ ט וַיִּקָּרְאוּ סֹפְרֵי־הַמֶּלֶךְ בָּעֵת־
הַהִיא בַּחֹדֶשׁ הַשְּׁלִישִׁי הוּא־חֹדֶשׁ סִיוָן בִּשְׁלוֹשָׁה
וְעֶשְׂרִים בּוֹ וַיִּכָּתֵב כְּכָל־אֲשֶׁר־צִוָּה מָרְדֳּכַי אֶל־
הַיְּהוּדִים וְאֶל הָאֲחַשְׁדַּרְפְּנִים־וְהַפַּחוֹת וְשָׂרֵי הַמְּדִינוֹת
אֲשֶׁר ׀ מֵהֹדּוּ וְעַד־כּוּשׁ שֶׁבַע וְעֶשְׂרִים וּמֵאָה מְדִינָה
מְדִינָה וּמְדִינָה כִּכְתָבָהּ וְעַם וָעָם כִּלְשֹׁנוֹ וְאֶל־
הַיְּהוּדִים כִּכְתָבָם וְכִלְשׁוֹנָם׃ י וַיִּכְתֹּב בְּשֵׁם הַמֶּלֶךְ

תו"א ויקראו ספרי המלך. רמ"ה הכנה״ג: מהודו ועד כוש. מגלה ג׳: מדינה ומדינה ככתבה. שם: ככתבם וכלשונם. שם:

תרגום

יפקד מלכא וישים טע[ם] למכתב למהוי תיבין פטק[י] זמיוני דהמן בר המדתא ד[...] יחוס אגג די כתב להובד[א] ית כל יהודאין די בכל פלכ[י] מלכא׃ ו ארום איכדין אכו[ל] לסוברא ולמיחמי בבישתא ד[...] תהדן ית עמי והיכדין אכו[ל] למתעתדא ולמחמי בעיד[ן] דיובדון גניסת ילדותי׃ ז ואמ[ר] מלכא אחשורוש לאסת[ר] מלכתא ולמרדכי יהודאי ה[א] בית המן יהבית לאסתר ויתי[ה] צליבו על קיסא בגין די אושי[ט] ידיה ביהודאי׃ ח ואת[ון] סרהיבו כתובו בגין יהודאי כד שפיר בעיניכון בשו[ם] מימרא דמלכא וסתימ[ו] בעזקתא דסיטומתא דמלכ[א] ארום פטקא דמתכתיב בשו[ם] מימרא דמלכא ומסתת[ם] בעזקתא דסטומתא דמלכ[א] לא יתוב ריקנו׃ ט ואתקריא לבלרין דמלכא בעידנא ההוא בירחי תליתי הוא ירח סיון בעסרין ותלתא יומין ביה ואתכתיב ככל די פקיד מרדכי לות יהודאין ולות אסטרטילוסין והפרכין ורברבנין דמתמנן ארכונין ע[ל] פלכיא דמן הנדיא רבא ועד כוש למאה ועסרין ושבע פלכין פלכא ופלכא כרושם כתבהא ועמא ועמא כממלל לישניה ולות יהודאין כרושם כתביהון וכממלל לישנהון׃ י ואכתב בשום מימרא דמלכא

שפתי חכמים

גושל משמע נ׳ עושה והולך נופל תמיד רולה לזקוף ומלאך מפילו: צ דק"ל היה בקשה להפך מחשבות המן והוא השיב הנה בית המן ואין זה תשובה לשאלתה. לכן פירש ומעתה הכל רואים וכו׳:

רש"י

תתקיים עלתו הרעה: (ז) **הנה בית המן וגו׳.** ומעת[ה] צ הכל רואים שאני הפך בכם וכל מה שתאמרו יאמינו הכ[ל] שמאתי הוא לפיכך אין צריכין אתם להשיבם אלא כתב[ו] ספרים אחרים כטוב בעיניכם: (ח) **אין להשיב.** אין נאה להשיבו ולעשות כתב המלך כזיוף: (ט) **ככתבה.**

אבן עזרא

(ו) כ"ף איככה אוכל. כפול ויש אומרים שהם שתי מלות כמו איכה כי מצאנו איכה תרע׳ שטעמו כטעם איכה איככה אוכל לחיות. נו"ן באבדן. במקום מ"ם הוא לשון נקבות והטעם באבדן נפשות מולדתי ויותר טוב היות באבדן שם הפועל כמו מכת חרב והרג ואבדן והנו"ן נוסף כי משקלי שמות הפעלים משתנים: (ח) ונחתום. שם הפעל והטעם ונחתום נחתם במשקל כי נכסוף נכספתה. יש לשאול למה כתב מרדכי להרוג שונאי היהודים ורב לו ולהם שימלטו דע כי חכם גדול היה והנ׳ אחשורוש אמר לו עשה כל מה שתוכל כדי להמלט עמך כי הספרים הראשונים שכתב המן נכתבו בשמי ונחתמו בטבעתי לא אוכל להשיבם כי כן דתי מדי ופרס והעד כדברי דניאל שלא היה יכול דריוש להצילו והנה הוצרך מרדכי לכתו׳ כן דעו שהמלך צוה להמן שהיה משנה למלך שיכתוב כתב בשם המלך ונתן לו המלך טבעתו לחתום בה שיהרגו היהודים את אויביהם בשלש׳ עשר לחודש אדר והנה המן הפך הדבר שיהרגו היהודים ביום הנזכר וכאשר ידע המלך מחשבתו הרע׳ תלהו על העץ על אשר שלח ידו ביהודים הפך רצון המלך וזה פירוש ובכוה׳ לפני המלך כאשר אפרש והנה העד הנאמן שנתל׳ המן וצוה המלך להכתב ספרים אחרים ונחתמו בטבעתו כרצונו הראשון וזהו ונהפוך הוא: (ט) מהודו. סוף שאלית מלכותו: (י) רכבי הרכש. מרכוש המלך שאין כמותם: האחשתרנים. י"א הפרדים: הרמכים.

לקוטי אנשי שם

שאמרה אסתר כי נמכרנו אני ועמי להשמיד להרוג. ר"ל אני בעצמי כי המלך יהי׳ מוכרח למסור גם אותי להריגה. ואלו לעבדים ולשפחות נמכרנו החרשתי. רצונה. שאם היה מותר להגוים לקנות עבד או שפחה מן ישראל נביהו להצילם. אז החרשתי. כי לא יגיע לי שום רעה שגם המלך היה יכול לגאול אותי בביתו. אבל עכשיו שגזר המן כך אין שלר שוה בנזק המלך. נזק המלך דייקא כי המן רלה בגזרותיו להזיקו או להזיקך. כי היא ידע שאני יהודיה והמלך אוהב אותי. לכן השב מחשבות וכתב בגזרותיו כדי שיבא המלך ויציל אותי ומחשבתו להרוג את המלך כדת פרס ומדי. וכשמוע המלך הדבר הזה אמר ואתם כתבו על היהודים וגו׳.

קיצור אלשיך

(ח) **ואתם** כתבו על היהודים וגו׳. הנה בכתב הדת נכתב להשמיד להרוג את כל היהודים. ולא נכתב מי יהיו ההורגים ומי יהיו הנהרגים. ע"כ נוכל לפרש האומות יהרגו את כל היהודים. ונוכל לפרש להשמיד ולהרוג את כל. דהיינו את כל האומות. ומי יהיו ההורגים אותם. היהודים. וזה היה כוונת המלך ואתם כתבו על תיבת „היהודים" כטוב בעיניכם. שהיהודים יהיו ההורגים כי כתב אשר נכתב בשם המלך אין להשיב. אבל להגיד פירוש בהכתב יכול כל אדם. והמלך עצמו יאמר כי כך היה כונתו. והמן איננו להכחיש כונה זו:

ומרדכי

the king's provinces. 6. For how can I see the evil that will befall my people, and how can I see the destruction of my kindred?" 7. Then King Ahasuerus said to Queen Esther and to Mordecai the Jew, "Behold the house of Haman I have given to Esther, and they have hanged him on the gallows because he laid a hand on the Jews. 8. And you—write about the Jews as you see fit, in the name of the king, and seal [it] with the king's ring, for a writ that is written in the name of the king and sealed with the king's ring cannot be rescinded." 9. And the king's scribes were summoned at that time, in the third month—that is the month of Sivan—on the twenty-third day thereof, and it was written according to all that Mordecai commanded, to the Jews and to the satraps and the governors, and the princes of the provinces from Hodu to Cush, a hundred and twenty-seven provinces, every province according to its script and every nationality according to its tongue, and to the Jews according to their script and according to their tongue. 10. And he wrote in the name of King

7. **and to Mordecai the Jew**—Ahasuerus was afraid to tell Esther alone that the writ could not be rescinded, because she would be likely to cry. He therefore told her this in Mordecai's presence.—[*Gra*]

Behold the house of Haman, etc.—*And from now on everyone will see that I desire you, and whatever you say, everyone will believe that it comes from me; therefore, you do not have to rescind them, but write other letters as you see fit.*—[*Rashi*]

8. **And you—write about the Jews, etc.**—He told Mordecai and Esther to confer together and write concerning the Jews as they saw fit, for the first letters could not be rescinded. They emended the copy of the writ, which read merely, "to be prepared for this day," to read, "for the Jews to be prepared for this day." If they were to send this to the populace, they would not have heeded them. They therefore sent it to the satraps and the governors, who feared Mordecai, and who would be afraid to disregard the new version.—[*Gra*]

cannot be rescinded—*It is not fitting to rescind it and to make the king's writ invalid.*—[*Rashi*]

9. **according to its script**—*with its characters.*—[*Rashi*]

according to its tongue—*the spoken language.*—[*Rashi*]

אחשורוש ויחתם בטבעת המלך וישלח ספרים
ביד הרצים בסוסים רכבי הרכש האחשתרנים בני
הרמכים: יא אשר נתן המלך ליהודים | אשר בכל־
עיר־ועיר להקהל ולעמד על־נפשם להשמיד
להרג ולאבד את־כל־חיל עם ומדינה הצרים אתם
טף ונשים ושללם לבוז: יב ביום אחד בכל־מדינות
המלך אחשורוש בשלושה עשר לחדש שנים־
עשר הוא־חדש אדר: יג פתשגן הכתב להנתן
דת בכל־מדינה ומדינה גלוי לכל־העמים ולהיות
היהודיים יתיר י' עתודים עתידים קרי ליום הזה להנקם
מאיביהם: יד הרצים רכבי הרכש האחשתרנים יצאו
מבהלים ודחופים בדבר המלך והדת נתנה בשושן
הבירה: ס טו ומרדכי יצא | מלפני המלך בלבוש
מלכות תכלת וחור ועטרת זהב גדולה ותכריך
בוץ וארגמן והעיר שושן צהלה ושמחה:

ת"א האחשתרנים בני הרמכים. שם פ"ב: ומרדכי יצא מלפני המלך. מגלה טז: והעיר שושן צהלה ושמחה. שם יז:

ס בס"ס כ"י ולהרג בוא"ו ונפקא מינה לענין דינא

תרגום

אחשורוש ואסתתם בעזקת
סטומתא דמלכא ושלח פטקין
בידא דרהטנין רהטי סוסון
ורכבי רכשא ערטולגי רמכין
דאתנטילו מחוליהון ואתקדרו
פסת כף רגליהון: יא דיהב
מלכא ליהודאי לסיעא די
בכל קרוא וקרוא לאתכנשא
ולקימא ית נפשיהון לשיצאה
ולקטלא ולהובדא ית כל
חילות עמא ופלכא דמעיקין
יתהון טפלין ונשין ושליליהון
לעדאה: יב ביומא חד בכל
פלכא דמלכא אחשורוש
בתלת עסר יומין לירח תרי
עסר הוא ירחא דאדר:
יג דיטגמא דכתבא לאתיהבא
גזרת דינא בכל פלכא ופלכא
בריר לכל עממיא דיהון
יהודאי אטימוסין ליומא הדין
לאתפרע מבעלי דבביהון:
יד רהטנין דרכיבין על רכשא
ערטולגי נפקו זריזין וסחיפין
בפתגמא דמלכא וגזירת דינא
אתיהיבת בשושן בירנתא: טו ומרדכי נפק מן קדם מלכא בלבושא דמלכותא תכלא כד חדי
ושפיר לביה ביקרא סגי וברבו יתירא לביש לבושא דמלכותא מילא כרפסא ותכלתא שיר בדהב
טב דאופיר ומקבעין ביה מרגלין ואבנין טבן לגו מן סרבלא לביש מנקא דכרום ימא מערבא
לגו מניה לבושא כתונא דארגון דציירין עלה כל צפר גדפא ועופי שמיא והון דמיה דכתונא ארבע
מאה ועסרין ככרי דדהבא והמינא נחית בחרציה די מקבעין בארכוהי אבני בורלא מוקי כרתיאין
רמי ברגליה מחתין במוקדונין דדהבא ומתחתמין בזמרגדין וספסרא מדאה תלי בחרציה מחית בחולת
הוליה דדהבא וצייר עלה קרתא דירושלם ועל ידיה דספסרא צייר עלה נדא דמחווא חידא
מדאה מחית ברישיה דצייר בצבעונין ועביד לעילא מניה כלילא רבא דדהבא מוקדונא ולעילא מן
כלילא טוטפן דמקבעין בדהבא דידעין כל עממיא אומיא ולישניא די הוא מרדכי יהודי למקימא
קריא דכתיב ויחזון כל עמא דארעא ארום שמא דיי אתקרי עלך ובמפקיה מרדכי מן תרעא דמלכא
שוקיא באסיא מכבין ודרתא בארגונא נגיד טולא בחבלי בוצא עולמן מחתן ברישיהן כלילן וכהניא
נקטין בידיהון חצוצרתא ומכריזין ואמרין כל דלא יהון לשלמא למרדכי ולשלמא ליהודאי הדמין
יתעבד וביתיה נולי ישתוה ועסרא בני המן כפירין ידיהון ואזלין וזמרין קדם מרדכי צדיקא
ואמרין ומשבחין למן דיהב אגרא ליהודאי ומשלם אגרהון דרשיעיא ברישיהון והדין המן אבונא
מפשא דאתרחיץ בעתריה ועל יקריה. מרדכי ענותנא תברה בצומה ובצלותה ואסתר צדיקתא

רש"י

באותיות שלה: כלשונו. הוא הדיבור: (י) ביד הרצים. רוכבי סוסים שלוח להם לרוץ: האחשתרנים. מין גמלים הממהרים לרוץ: (יא) ושללם לבוז. כאשר נכתב בראשונות והם בבזה לא שלחו את ידם שהראו לכל שלא נעשה לשם ממון: (יג) פתשגן. אגרת מפורש: (יד) מבהלים. ממהרים אותם לעשות מהרה לפי שלא היה להם פנאי שהיה להם להקדים רצים הראשונים להעבירם: (טו) ותכריך בוץ. מעטה בוץ טלית העשוי

אבן עזרא

בן הסוסיות וכן בלשון ישמעאל שרוב מתכונתה כדרך לשון הקדש ובני הסוסיות הזקים מבני האתונות: (טו) ותכריך. זאת הלשון ידועה בדברי קדמונינו ז"ל והטע' כאדר' שיעוטף בה: בוץ. הוא הבד והוא מין ממיני פשתים במצרים והוא דק ויקר: והעיר שושן. שבה היהודים: והעיר שושן צהלה ושמחה. פירוש צהלה כטעם אורה כאדם שהוא יושב בחושך

קיצור

(טו) ומרדכי יצא וגו'. הפסוק מודיע צדקת מרדכי שלא קבל על עצמו שום גדולה עד שהיה נכון לבו בטוח שהיתה אורה וישועה לאחיו

אלשיך

האומללים. ואז יצא בלבוש מלכות לא קודם. וספר עוד והעיר שושן שמחה. אמנם מרדכי עם היות שהמלך הפיק רצונו והמן נתלה ובית המן בידו שאסתר נתנה

בית

Ahasuerus and sealed it with the king's ring, and he sent letters by
the couriers on horseback, the riders of the king's steeds—the
camels, bred of the dromedaries— 11. that the king had given to
the Jews who are in every city, [the right] to assemble and to
protect themselves, to destroy, to slay, and to cause to perish the
entire host of every people and province that oppress them, small
children and women, and to take their spoils for plunder. 12. In one
day, in all the provinces of King Ahasuerus, on the thirteenth of
the twelfth month, which is the month of Adar. 13. The copy of the
writ was that an edict be given in every province, published before
all the peoples, and that the Jews be ready for that day, to avenge
themselves upon their enemies. 14. The couriers, those who ride
the king's steeds, the camels, went out hastened and pressed by the
king's order, and the edict was given in Shushan the capital.
15. And Mordecai left the king's presence with royal raiment, blue
and white and a huge golden crown and a wrap of linen and
purple, and the city of Shushan shouted and rejoiced.

10. **by the couriers**—*the horsemen, whom the king commanded to hasten* (lit. *to run*).—[*Rashi*]

the camels—Heb. הָאֲחַשְׁתְּרָנִים.—*a type of camels that run swiftly.*—[*Rashi*] *Ibn Ezra* renders: mules. *Rabbi Joseph Kimchi* in *Sepher Hagaluy*, quoted by *Redak* in *Sefer Hashorashim*, writes that in Median אֲחַשׁ means *large*. תְּרָן is like מִתְּרֵין, from *two*, meaning large animals derived from two species, namely a donkey and a horse.

bred of the dromedaries—Heb. הָרַמָּכִים. This follows *Rashi*'s definition. *Ibn Ezra* and the *Kimchi* render: the mares, based on Arabic, which is similar to Hebrew.

11. **and to take their spoils for plunder**—*as was written in the first* [letters], *but they—"upon the spoils they did not lay their hands," for they showed everyone that it was not done for the sake of money.*—[*Rashi*]

13. **The copy**—*an explicit letter.*—[*Rashi*]

14. **hastened**—*They hastened them to act swiftly, because they had no time, because they had to get ahead of the first couriers to overtake them.*—[*Rashi*]

15. **and a wrap of linen**—Heb. וְתַכְרִיךְ בּוּץ, *a wrap of linen, a shawl in which to enwrap oneself.*—[*Rashi*] *Ibn Ezra* defines it as a coat of Egyptian linen, which is fine and expensive.

and the city of Shushan—where the Jews resided.—[*Ibn Ezra*]

טז לַיְּהוּדִים הָיְתָה אוֹרָה וְשִׂמְחָה וְשָׂשֹׂן וִיקָר:
יז וּבְכָל־מְדִינָה וּמְדִינָה וּבְכָל־עִיר וָעִיר מְקוֹם אֲשֶׁר
דְּבַר־הַמֶּלֶךְ וְדָתוֹ מַגִּיעַ שִׂמְחָה וְשָׂשׂוֹן לַיְּהוּדִים
מִשְׁתֶּה וְיוֹם טוֹב וְרַבִּים מֵעַמֵּי הָאָרֶץ מִתְיַהֲדִים
כִּי־נָפַל פַּחַד־הַיְּהוּדִים עֲלֵיהֶם: ט א וּבִשְׁנֵים עָשָׂר
חֹדֶשׁ הוּא־חֹדֶשׁ אֲדָר בִּשְׁלוֹשָׁה עָשָׂר יוֹם בּוֹ אֲשֶׁר
הִגִּיעַ דְּבַר־הַמֶּלֶךְ וְדָתוֹ לְהֵעָשׂוֹת בַּיּוֹם אֲשֶׁר
שִׂבְּרוּ אֹיְבֵי הַיְּהוּדִים לִשְׁלוֹט בָּהֶם וְנַהֲפוֹךְ הוּא

תו"א ליהודים היתה אורה ושמחה. פב טו מקרים מ"ב פכ"ט: ובכל מדינה ומדינה ובכל עיר ועיר. פס דף כ: שמחה וששון ליהודים. סוכה מה:

תרגום

מַרְדְּכַי צַדִּיקָא מִן חַרְבָּא דִּלֵית אֶפְשַׁר לְמַלְכְּתָא לְמִהַלְכָא עִם בְּנֵי נְשָׁא בְּשׁוּקָא חָזַר מָרְדְּכַי עֵינוֹהִי וַהֲוָא יָתֵהּ וַאֲמַר לָהּ בָּרוּךְ יְיָ שֶׁלֹּא נְתָנָנוּ טֶרֶף לְשִׁנֵּיהֶם מְתִיבָא אֶסְתֵּר וַאֲמָרַת לֵיהּ עֶזְרִי מֵעִם יְיָ עוֹשֵׂה שָׁמַיִם וָאָרֶץ סַגִּיאִין מִבְּנֵי נְשָׁא הֲווּ חָדָן עַל מַפָּלְתֵּיהּ דְּהָמָן רַשִׁיעָא וּמוֹדִין וּמְשַׁבְּחִין עַל פּוּרְקָנָא דַּהֲוָה לְהוֹן לִיהוּדָאֵי וּמְשַׁבְּחִין עַל פּוּרְקָנָא וִיקָרָא דַּהֲוָה לֵיהּ לְמָרְדְּכַי צַדִּיקָא בְּזִמְנָא הַהִיא דְּהָכֵן כְּתִיב וּמָרְדְּכַי צַדִּיקָא נְפַק מִן קֳדָם מַלְכָּא בִּלְבוּשָׁא דְמַלְכוּתָא תִּכְלָא וּמֵילָא וּכְלִיל דְּדַהֲבָא רַבָּא מְכָרִיךְ בּוּצָא וְאַרְגְּוָנָא וְקַרְתָּא דְשׁוּשַׁן צָהֲלָה וְחָדְיָא: טז לִיהוּדָאֵי הֲוַת רְשׁוּתָא לְמֶעֱסַק בְּאוֹרַיְתָא וּלְמִטַּר שַׁבַּיָּא וּמוֹעֲדַיָּא וּלְמִגְזַר עוּרְלַת בְּנֵיהוֹן וּלְאַחֲתָא תְּפִלִּין עַל יְדֵיהוֹן וְעַל רֵישֵׁיהוֹן: יז וּבְכָל פִּלְכָא וּפִילְכָא וּבְכָל קִרְוָא וְקִרְוָא אֲתַר דִּי פִּתְגַם מַלְכָּא וּגְזֵירַת דִּינֵיהּ מָטֵי חֶדְוַת וּבְדִיחַת לִבָּא לִיהוּדָאִין מִשְׁתַּיָּא וְיוֹמָא טָבָא וְסַגִּיאִין מֵעַמְמֵי דְאַרְעָא מִתְגַּיְּירִין אֲרוּם נְפַל פַּחְדָּא דִיהוּדָאֵי עֲלֵיהוֹן: א וּבִתְרֵי עֲסַר יַרְחִין הוּא יְרַח אֲדָר בִּתְלָתַת עֲסַר יוֹמִין בֵּיהּ דִּמְטָא פִּתְגַם מַלְכָּא וּגְזֵירַת דִּינֵיהּ לְאִתְעֲבָדָא בְּיוֹמָא

אבן עזרא

ויצא לאויר העולם שהוא הפך בלא המלעי כן היה דבר ישראל: (יז) מגיע. מבנין נוסף רק הוא פועל עומד וכן הגעת למלכות: מתיהדים. מלה זרה ויאמר רבי יונה המדקדק כי מזאת המל' נלמוד כי מלת תורמין נכונה כי יו"ד יהודה איננה עיקר והנה שב במלת מתיהדים שורש גם הוסיף ואמר מדיה ומליח הנו כמו את מזלאך זאת מוכלך כי היה ראוי להיותו מבואך רק בא על דרך הבירין ולא אמר כלוס כי וי"ו מבואך אם נוסף איננו תמה כי אותיות אהו"י נמצאו נוספים בין בראש המלה ובין באמצע ובין בסוף גם יעדרו ואין כן מ"ס מדיה ומליה ותשוב' על מלת תורמין מה שאמרו רבותינו ז"ל ל' מקרא להוד ול' תלמוד להוד ויתכן היות מתיהדים שיתיחסו על שבט יהוד' והנה יהיה כדקדוק יפה: (א) אשר שברו. כמו עיני כל אליך ישברו: ונהפוך הוא.

רש"י

להתעטף: (יז) מתיהדים, מתגיירים:

קיצור אלשיך

בית המן לו עכ"ז לא היה שמח שהצדיקים אין להם שמחה בעולם הזה:

(טז) **ליהודים** היתה אורה וגו'. קרה ליהודים אשר בשושן כמו מי שהוא באישון לילה ואפלה ושומרים לבקר והבוקר אור טרם צאת השמש בגבורתו ישמחו לראות מציאות אורה ועוד מעט בהנץ החמה ישמחו אז יותר וכאשר השמש יצא על הארץ אז ישישו עוד יותר. הנה כי כן קרה ליהודים אשר בשושן בימים ההם ובזמן ההוא. כי בכל מדינות המלך לא גדלה אפלתם כי סתומים וחתומים היו האגרות עד עת מועד. וגם ליהודים אשר בכל המדינות היה להם כדברי הספר החתום באופן כי היתה אפלתם מעוטה וארוכתם מהרה הצמיחה. כי בטרם יבינו רעתם באה בשורתם ויגתן דת גלוי לכל העמים. ליהודים להנקם מאויביהם ואין מכלים. ותהי להם כיושב בבית אפל בצהרים. כי בצאתו ממנו ראה אור גדול בפעם אחד. אך היהודים אשר בשושן היו כיושבי חשך וצלמות וכאור בוקר יאיר אורה קו לקו כן בהנתן דת בשושן בראשונה בדור מללו להשמידם גלוי לכל יושביה וע"כ גם בהתהפך הגזרה ותנתן דת ליהודים להנקם מאויביהם עוד יד המון עם הארץ נטויה להחזיק במעוז דת מדי די לא להשניא ויאמרו להשמיד היהודים כדת ניתנה בראשונה. באופן כי לא שמחו היהודים בעצם בכרוז הב' כי עוד פחדם בלבם מהתקוממות עם. אך בא להם בטחון גאולתם קו לקו כאור בקר שהולך ואור מעט מעט עד נכון היום. וזהו ליהודים אשר בשושן שעליהם ידבר היתה תחלה אורה לבד שהאיר חשכם ועדיין לא באו לגדר שמחה מפחד לבבם כי עדיין לא הטהרו ממוראם. וזהו אמרו היתה אורה. כי עדיין לא היו ג' אחרנות ואח"כ ושמחה וכו' כי ראשונה ביקר וגדולה אשר נעשה למרדכי בלבוש אשר לבש בו המלך והסוס אשר הרכבוהו עליו ברחוב העיר וגו' אז היתה להם אורה מעט מהחשך אפלה ויחלו מעט לפקוח עיני הבטחון ואחרי כן בראותם המן תלוי ועומד תחת העץ אשר הכין למרדכי אז גדל בטחונם ויגיעו עד גדר שמחה ואחרי כן בתת המלך לאסתר את בית המן ותשם אסתר את מרדכי על בית המן אז הגיע בטחונם עד גדר ששון. ואומר כי אחרי ראות כל האומות אשר בשושן את כל האותות האלה לא יערבו אל לבם להרים את ידם ורגלם נגד ישראל כי ראו כי המלך אוהבם ואחר שלש אלה ראו ומרדכי יצא מלפני המלך בלבוש מלכות וגו' אז זולת מה שלא היה לבבם למרע על ישראל גם היו מיקרים אותם והוא אומר ויקר. אך עדיין לא הגיעו להיות פחד היהודים על האומות. כי בעת רעת המן ניתן דת להשמיד ועדיין לא הוטהרו מזה וע"כ בשושן לא הגיע בטחונם עד גדר עשות משתה ויום טוב כאשר בכל עיר ומדינה. כי צרת ישראל בכל המדינות באה סתומה להיות עתידים ליום הזה ולא ידעו למה. ובבא הטובה באה מפורשת להנקם מאויביהם. וזה הי' רק בכל עיר ומדינה זולת שושן, כי בה בפירוש נאמר פתגם מעשה הרעה כמ"ש ואת פתשגן כתב הדת וגו' להשמידם נתן לו וע"כ שם פחדו פחד ישראל מכל שאר מדינות המלך. וטעם לפגם אשר נפגמו בני שושן בסער הגדול הזה מהשאר ולבלתי היות שמחתם שלמה מהרה כשאר היהודים הלא הוא כי המה באו אל שלחן המלך אחשורוש אל משתה וי"ט אשר עשה לאהביו ויהנו מסעודתו ע"כ גם ה' העביר שמחה שלמה מהם מראשית השנה עד אחרית שנה עד פורים לשנה הבאה:

(א) **ובשנים** עשר חדש וגו' אשר הגיע דבר המלך ודתו להעשות. שהיה הזמן „להעשות" שלא היה אפשר להיות באותו יום בשוא"ת. שיתפשרו שני הצדדים ולא יהרגו לא זה בזה ולא זה בזה. כי דבר המלך הי'

מוכרת

16. The Jews had light and joy, and gladness and honor. 17. And in every province and in every city, wherever the king's order and his edict reached, [there was] joy and gladness for the Jews, a banquet and a festive day, and many of the peoples of the land became Jews because the fear of the Jews was upon them.

9

1. And in the twelfth month—which is the month of Adar—on the thirteenth day thereof, when the king's order and his edict drew near to be put into execution, on the day that the Jews' enemies looked forward to ruling over them, it was reversed,

Malbim explains that even the gentiles rejoiced when Mordecai the righteous was aggrandized, as Solomon says (Prov. 29:2): "When the righteous become great, the people rejoice."

16. **The Jews had joy and gladness** —especially for the Jews.—[*Malbim*]

17. **became Jews**—Heb. מִתְיַהֲדִים, *became proselytes.*—[*Rashi, Targum*] *Ralbag* explains that they pretended to be Jewish.

The *Gra* combines both interpretations. Many of the peoples of the land attempted to convert to Judaism, but were not accepted, because no proselytes were accepted in the time of Mordecai. Moreover, they wanted to become Jews only out of fear. Since they were not accepted, they pretended to be Jews, but were not really Jews.

9

1. **And in the twelfth month...drew near to be put into execution, etc.**—Scripture wishes to demonstrate the greatness of the miracle. It would be logical that if the king issued an edict in ambiguous language and various interpretations were given, these interpretations would be studied in order to fathom the king's true intention. Pending this study, nothing could be done. In this case, also, Ahasuerus merely wrote that everyone should be ready for that day. Haman's letters interpreted it to mean that all the nations should be ready to annihilate the Jews, and Mordecai's letters interpreted it in the opposite manner, to mean that the Jews should annihilate their enemies. Therefore, no one should have been permitted to execute the edict, pending a conclusive interpretation. Nonetheless, God performed a miracle in which the Jews slew their enemies, and no one stood up before them to prevent them from doing so. That is the meaning of: "and it was reversed," referring to Mordecai's interpretation of the king's edict, which "drew near to be put into execution," without clearly stating what it entailed.—[*Megillath Setharim*]

אשר ישלטו היהודים המה בשנאיהם: ב נקהלו
היהודים בעריהם בכל־מדינות המלך אחשורוש
לשלח יד במבקשי רעתם ואיש לא־עמד בפניהם
כי־נפל פחדם על־כל־העמים: ג וכל־שרי המדינות
והאחשדרפנים והפחות ועשי המלאכה אשר
למלך מנשאים את־היהודים כי־נפל פחד־מרדכי
עליהם: ד כי־גדול מרדכי בבית המלך ושמעו
הולך בכל־המדינות כי־האיש מרדכי הולך וגדול:
ה ויכו היהודים בכל־איביהם מכת־חרב והרג
ואבדן ויעשו בשנאיהם כרצונם: ו ובשושן הבירה
הרגו היהודים ואבד חמש מאות *איש: ז ואת |
פרשנדתא ואת | דלפון ואת | אספתא: ח ואת |
פורתא ואת | אדליא ואת | ארידתא: ט ואת |
פרמשתא ואת | אריסי ואת | ארידי ואת | ויזתא:

תו"א ואת פרשנדתא מגלה טז: ויזתא. בב: סנ"א בל' עמ"ש. *איש בראש הדף ואת בכופה וצריך לכותבם בעין שירת האזינו ובד"א אחר דבדן:
°ס"א לפניהם

דחשיבו בעלי דבבין דיהודאין
למשלוט בהון ואתהפיך מן
שמיא בגין זכותא דאבהתא
די ישלטון יהודאין אינון
בסנאיהון: ב אתכנשו יהודאין
בקירויהון בכל פלכי דמלכא
אחשורוש לאושטא ידא בכל
דתבעין בישתהון וגבר לא קם
באפיהון ארום נפל פחדיהון
על כל עממיא: ג וכל רבני
פלכיא ואסטרטילוסין
והיפרכין ועבדי עבידתא די
למלכא ממנן עלויהון ית
יהודאין ארום נפל פחדא
דמרדכי עלויהון: ד ארום
אפוטרופוס ורב וסרכן מרדכי
בבית מלכא ומטבעיה נפק
בכל פלכיא ארום גברא מרדכי
רב בית אבא למלכא ואזיל
ומתרברב: ה ומחו יהודאין
בכל בעלי דבביהון מחת
קטילת סיפא וקטילת גולמין
נגפין והובד נפשתא ועבדו בסנאיהון כרעותהון: ו ובשושן בירנתא קטלו יהודאין והובידו
חמש מאה גוברין כולהון רופילין מדבית עמלק: ז וית פרשנדתא וית דלפון וית
אספתא: ח וית פורתא וית אדליא וית ארידתא: ט וית פרמשתא וית אריסי וית ארידי

רש"י

(ג) ועשי המלאכה. אותם שהיו ממונים ק לעשות צרכי

שפתי חכמים

ק דק"ל וכי עושי מלאכה לבד הם למלך שכתב ועושי המלאכה אשר

אבן עזרא

שם התואר מבנין נפעל: (ב) נקהלו היהודים. לאות כי יהיו להסערים בשושן: (ד) הולך וגדול. שם הפועל מבנין הקל והנה הוא כשם התואר: (ו) ואבד חמש מאות איש. שם הפועל כמו הנה לא ידעתי דבר היו חכמים בספרד ושמחו

קיצור אלשיך

מוכרח להעשות ללחום ולהלחם. אבל כבר צמח מזל אותו יום לתשועת ישראל ונראה בו ההשגחה מהקב"ה על עם ישראל. כי ע"פ המזל היה כוכב ישראל אז בתכלית השפלות ונגד זה כוכב עמלק בתכלית המעלה. ולכן בחר המן באותו יום. וע"ז אמר ביום אשר שברו אויבי היהודים לשלוט בהם. שהיום היה גורם אשר שבר לתפום ממשלה על ישראל ועתה הראה ה' מה יד ההשגחה עושה כי לא לבד שלא התגברו הצוררים עליהם. הפך הקב"ה הדבר מהפך אל הפך שירדו הצוררים מתהלת גדולתם אל עמקי בור. וישראל עלו משאיל תחתית אל רום ההצלחה. וזה גם האחד הכולל. שע"ז אמר ונהפוך הוא. שנתהפך הדבר מהפך אל הפך. והנס השני. שלא היה הדבר בדרך הטבע שכבר יקרה שמי שמזלו בתכלית השפלות יתגבר אם יעזרהו וישתתף עמו איש שמזלו מצליח ושהצלחת שותפו מכריע רוע מזלו לטוב ע"י שהוא משותף עמו. אבל פה לא היה זה. רק אשר ישלטו היהודים המה בעצמם בלי שום עזר וסיוע: (ב) נקהלו. פה דבר איך היו הענינים בהערים הגדולות הבצורות ששם נמצאו השרים והסגנים וחיל צבא המלך. והם היו לכנן בעדם ועוזרים בפועל באופן שצורריהם התיראו מקרוב אליהם או לעמוד כנגדם. כי נעזרו משרי המלך וחיל הצבא. וז"ש שנקהלו בעריהם שהם הערים הגדולות אשר במדינות המלך. אבל איש לא עמד בפניהם. והנה היה הבדל בין העמים ובין השרים. כי העמים שלא ידעו מהספרים ההתומים לא נודע להם כלל אם יש רשות מהמלך ללחום ביהודים ולהרגם ג"כ. ושגם האגרות הראשונות לא בטלו. והם פחדו מהיהודים בעצמם אחר שידם רמה מצד פקודת המלך. אבל (ג) וכל שרי המדינות. שהם ידעו מן הספרים החתומים והם לא פחדו כלל מן היהודים כי ידעו שגם הם רשאים להרוג את היהודים ויכולים לשלוח יד בם מצד הפקודה הראשונה היו יכולים לעמוד לעזרת צוררי היהודים ולאחוז הספרים הראשונים. או עכ"פ לעמוד מנגד ולא לעזור לשום אחד מן הכתות אבל הם לא כן עשו רק היו מנשאים את היהודים לעזרם נגד צורריהם והעלימו האגרות הראשונות. וזה לא היה מפחד היהודים. רק כי נפל פחד מרדכי עליהם ויראו שמרדכי ינקום בם:

(ד) כי גדול וגו'. יש שרים המיוחדים להנהגת בית המלך. ויש המיוחדים להנהגת המדינה. ויש המיוחדים ללחום עם אויבי המלך מבחוץ לכבוש מדינות והשרים האלה אם מצליחים הם הולכים וגדולים תמיד כל עוד שירבו לכבוש מדינות ולעשות חיל. אומר כי מרדכי היה כולל שלשה המשרות האלה. א' כי גדול היה בבית המלך עצמו ורב ביתו. ב' ושמעו הולך בכל המדינות. כי היה משנה למלך להנהיג המדינות. ג' כי האיש מרדכי הולך וגדול ע"י שהכניע מדינות רבות תחת מלכות אחשורוש כמ"ש (בקפיטל י' פסוק א'):

(ה) ויכו היהודים בכל אויביהם. בהאויבים שהיו איבתם בלבם הכו לקצתם מכת חרב לבד בלא הריגה. ולקצתם הרגו ממש. ולקצתם אבדו אף את זרעם שלא יותרו שום זכר מהם. ובהשונאים בפרהסיא עשו כרצונם. כאשר השונאים רצו לעשות להיהודים עשו היהודים להם:

(ו) ובשושן הבירה וגו' ובבזה לא שלחו את ידם. להראות

that the Jews should rule over their enemies. 2. The Jews
assembled in their cities, in all the provinces of King Ahasuerus,
to lay hand on those who sought to harm them, and no one stood
up before them, for their fear had fallen upon all the peoples.
3. And all the princes of the provinces and the satraps and the
governors and those that conduct the king's affairs elevated the
Jews, for the fear of Mordecai fell upon them. 4. For Mordecai
was great in the king's house, and his fame went forth throughout
all the provinces, for the man Mordecai waxed greater and greater.
5. And the Jews smote all their enemies with the stroke of the
sword and with slaying and destruction, and they did to their
enemies as they wished. 6. And in Shushan the capital, the Jews
slew and destroyed five hundred men. 7. And Parshandatha and
Dalphon and Aspatha, 8. and Poratha and Adalia and Aridatha,
9. and Parmashta and Arisai and Aridai and Vaizatha:

3. **and those that conduct the king's affairs**—*those who were appointed to conduct the king's affairs.*—[*Rashi*]

for the fear of Mordecai fell upon them—Unlike the common people, who were unfamiliar with Mordecai, and who did not stand up before the Jews merely because "their fear had fallen upon all the peoples," the princes of the provinces, the satraps and the governors elevated the Jews because they were aware of Mordecai's greatness as viceroy.—[*Gra*]

4. **For Mordecai was great in the king's house, etc.**—Here it is not mentioned that Mordecai was the king's viceroy, for he had not yet attained that position. He had no voice in the politics of the empire. He was merely great in the king's palace, the overseer of the slaves and the other affairs of the palace. However, it became known throughout all the provinces that Mordecai waxed greater and greater. They were therefore apprehensive that he would ultimately gain power in the political realm, and feared him greatly.—[*Yosef Lekach*]

for the man Mordecai waxed greater and greater—The *Gra* renders: that the man Mordecai waxed greater and greater.

6. **five hundred men**—According to the *Targum*, these were all Amalekite dignitaries.

י עשרת בני המן בן־המדתא צרר היהודים הרגו
ובבזה לא שלחו את־ידם: יא ביום ההוא בא
מספר ההרוגים בשושן הבירה לפני המלך:
יב ויאמר המלך לאסתר המלכה בשושן הבירה
הרגו היהודים ואבד חמש מאות איש ואת עשרת
בני־המן בשאר מדינות המלך מה עשו ומה־
שאלתך וינתן לך ומה־בקשתך עוד ותעש:
יג ותאמר אסתר אם־על־המלך טוב ינתן גם־
מחר ליהודים אשר בשושן לעשות כדת היום
ואת עשרת בני־המן יתלו על־העץ: יד ויאמר
המלך להעשות כן ותנתן דת בשושן ואת עשרת
בני־המן תלו: טו ויקהלו היהודיים יתיר י' אשר־

תו"א עשרת בני המן. שם: ובבזה לא. שם: ויאמר המלך לאסתר המלכה. שם:

תרגום

וית ויזתא: י עשרתי בנוי דהמן בר המדתא מעיקא דיהודאין קטלו ובעדאה לא אושיטו ית ידיהון: יא ביומא ההוא עלא מנין קטילין בשושן בירנתא קדם מלכא: יב ואמר מלכא לאסתר מלכתא בשושן בירנתא קטילו יהודאין והובדו חמש מאה גובריא רופילין דמזרעית עמלק וית עשרתי בנוי דהמן במשאר פלכי מלכא מה עבדו ומה שאלתך ותתיהב לך ומה בעותיך עוד ותתעבד. (ת"א ואמר מלכא לאסתר מלכתא בשושן בירנתא קטילו יהודאי וגמרו חמש מאה גוברין וית עשרתי בנוי דהמן בשאר מדינתי דמלכא מה עבדו ומה שאילתיך ויתיהב לך ומה בעותך תוב ותתעביד): יג ואמרת אסתר אין על מלכא שפיר יתיהב רשו אוף מחר ליהודאין די בשושן למעבד יומא טבא וחדיא כד חזי למעבד על יומא דניסא וית עשרתי בנוי דהמן יזדקפון על קיסא. (ת"א ואמרת אסתר אין על מלכא שפיר יתיהיב אוף למחר ליהודאי דאית בשושן למעבד היך גזירת יומא דין וית עסרתי בנוי דהמן יזקפון על צליבא): יד ואמר מלכא לאתעבדא כדין ואתיהיבת גזירת דינא בשושן וית עשרתי בנוי דהמן צליבו: ודין סדור צליבתהון דאצטליבו עם המן אבוהון על קיסא דזמין למרדכי רומיה חמשין אמין תלת אמין הוה נעיץ בארעא וארבע אמין ופלגא הוה רחיק פרשנדתא מן ארעא ופרשנדתא הוה צליב בתלת אמין והוה רחיק מן דלפון פלגות אמתא. דלפון הוה צליב בתלת אמין והוה רחיק מן אספתא פלגות אמתא. אספתא הוה צליב בתלת אמין והוה רחיק מן פורתא פלגות אמתא. פורתא הוה צליב בתלת אמין והוה רחיק מן אדליא פלגות אמתא. אדליא הוה צליב בתלת אמין והוה רחיק מן ארידתא פלגות אמתא. ארידתא הוה צליב בתלת אמין והוה רחיק מן פרמשתא פלגות אמתא. פרמשתא הוה צליב בתלת אמין והוה רחיק מן אריסי פלגות אמתא. אריסי הוה צליב בתלת אמין והוה רחיק מן ארידי פלגות אמתא. ארידי הוה צליב בתלת אמין והוה רחיק מן ויזתא פלגות אמתא. ויזתא הוה צליב בתלת אמין והוה רחיק מן המן פלגות אמתא. המן הוה צליב בתלת אמין והוה רחיק על רישיה תלת אמין בגין דלא ייכול מגיה עופא וזרש ערקת עם שבעין בנין דאשתארו להמן דהוו הדרין על תרעיא ומתפרנסין ושמשי ספרא אתקטיל בסייפא ומאה ותמניא מיתו עם חמש מאה גוברין דאתקטילו בשושן דהוו אתמנן על אשקקי מלכא: טו ואתכנשו יהודאין די בשושן אוף ביומא ארבע עסר לירח אדר וקטלו בשושן

שפתי חכמים

למלך והלא כל הפסוק כולם הם למלך. נל"פ אותם ששם ממונים לעשות צרכי המלך כלומר אשר למלך שב על המלאכה לא על עושי

רש"י

המלך: (י) **עשרת בני המן.** ראיתי בסדר עולם אלו י' שכתבו שטנה על יהודה וירושלי' כמש"כ בספר עזרא (עזרא ד) ובמלכות אחשורוש בתחלת מלכותו כתבו שטנה על יושבי יהודה וירושלים. ומה היא השטנה לבטל העולים מן הגולה בימי כורש שהתחילו לבנות את הבית והלשינו עליהם הכותי' והחדילום וכשמת כורש ומלך אחשורוש והתנשא המן דאג שלא יעסקו אותן שבירושלים בבנין ושלחו בשם אחשורוש לשרי עבר הנהר לבטלן: **ובבזה לא שלחו את ידם.** שלא יתן המלך עין צרה בממון: (יג) **ואת עשרת בני המן יתלו על העץ.** אותן שנהרגו: (יד) **ותנתן דת.**

אבן עזרא

על טעם ארידתא וכן פורתא והם השמהים ללא דבר כי אלה השמות הם פרסיים לא עבריים: (י) ובבזה לא שלחו. שם מפעלי הכפל על משקל רצה גם זאת עלה טובה שהיתה הבזה לאוצרות המלך לרצותו: (יב) בשושן הבירה הרגו היהודים. הם אנשי מרדכי הם היהודים אשר בשושן הרגו אויביהם בשושן על כן אמר הכתוב ליהודים אשר בשושן ותנתן דת בשושן ויקהלו היהודי' אשר בשושן ולא הזכיר הביר' (טו) וטעם ויקהלו. שהיו מפוזרים במסלות:

קיצור אלשיך

להראות למלך כי לא מחמת ממונם להתעשר הרגו אותם. רק לא יוכלו נשוא שנאתם הגדולה. (יא) **בא** מספר ההרוגים לפני המלך. להראותו מה רבו צורריהם. וע"כ נתן המלך רשות לבני **שושו**

10. The ten sons of Haman the son of Hammedatha, the adversary of the Jews, they slew, but on the spoil they did not lay their hands. 11. On that day, the number of those slain in Shushan the capital came before the king. 12. And the king said to Queen Esther, "In Shushan the capital the Jews slew and destroyed five hundred men, and the ten sons of Haman; in the rest of the king's provinces what have they done! Now what is your petition, and it shall be granted you, and what is your request, and it shall be done." 13. And Esther said, "If it please the king, let tomorrow too be granted to the Jews to do as today's decree, and let them hang Haman's ten sons on the gallows." 14. Now the king ordered that it be done so, and a decree was given in Shushan, and they hanged Haman's ten sons. 15. Now the Jews who were

10. **The ten sons of Haman**—*I saw in Seder Olam* (ch. 29): *These are the ten who wrote a* [false] *accusation against Judea and Jerusalem, as it is written in the Book of Ezra (4:6): "And in the reign of Ahasuerus, in the beginning of his reign, they wrote an accusation against the dwellers of Judea and Jerusalem." Now what was the accusation? To stop those who ascended from the exile during the days of Cyrus, who had commenced to build the Temple, and the Cutheans slandered them and stopped them, and when Cyrus died, and Ahasuerus reigned, and Haman was promoted, he feared that those in Jerusalem would engage in the construction, and they sent in the name of Ahasuerus to the princes of the other side of the river to stop them.*—[*Rashi*]

but on the spoil they did not lay their hands—*so that the king should not cast an envious eye on their money.*—[*Rashi*]

12. **In Shushan the capital the Jews slew and destroyed**—These were Mordecai's followers [who resided in the palace area], but the Jews who resided in the city of Shushan, [outside the palace area, where most of the Jews resided] slew their enemies in the city. This distinction is evidenced by the absence of the word הַבִּירָה, *the capital*, in verses 14 and 15.—[*Ibn Ezra*]

in the rest of the king's provinces what have they done!—They surely slew many more, but nevertheless, what is your petition and it shall be granted you. This is what Solomon said (Prov. 21:1): "A king's heart is like rivulets of water in the hand of God; wherever He wishes, He directs it." Just as water turns hither and thither, so does the Holy One, blessed be He, turn the hearts of the kings to His will, may His mention be blessed!—[*Midrash Lekach Tov*]

בשושן גם ביום ארבעה עשר לחדש אדר ויהרגו
בשושן שלש מאות איש ובבזה לא שלחו את־ידם:
טו ושאר היהודים אשר במדינות המלך נקהלו ו
ועמד על־נפשם ונוח מאיביהם והרוג בשנאיהם
חמשה ושבעים אלף ובבזה לא שלחו את־ידם:
יז ביום־שלושה עשר לחדש אדר ונוח בארבעה
עשר בו ועשה אתו יום משתה ושמחה:
יח והיהודיים יתיר י׳ אשר־בשושן נקהלו בשלושה
עשר בו ובארבעה עשר בו ונוח בחמשה עשר בו
ועשה אתו יום משתה ושמחה: יט על־כן היהודים
הפרוזים הפרזים קרי הישבים בערי הפרזות עשים
את יום ארבעה עשר לחדש אדר שמחה ומשתה
ויום טוב ומשלח מנות איש לרעהו: כ ויכתב
מרדכי את־הדברים האלה וישלח ספרים אל־כל־
היהודים אשר בכל־מדינות המלך אחשורוש
הקרובים והרחוקים: כא לקים עליהם להיות
עשים את יום ארבעה עשר לחדש אדר ואת יום־

תו"א יום משתה ושמחה. פסחים סח: על כן היהודים הפרוזים. מגילה ב יט: שמחה ומשתה ויום טוב. מגילה ה: ומשלח מנות איש לרעהו. מגילה ז: להיות עשים את יום הרבעה עשר. מגילה ב

תרגום

תלת מאה גוברין מדבית
עמלק ובעדאה לא אושיטו ית
ידיהון: טו ושאר יהודאין די
בפלכי דמלכא אתכנשו וקימו
ית נפשיהון ואשכחו ניחא
מבעלי דבביהון וקטלו
בסנאיהון שבעין וחמשא
אלפין מדבית עמלק ובעדאה
לא אושיטו ית ידיהון: יז ביום
תלת עשרי לירח אדר הוה
קטול בזרעית דעמלק וניחא
הוה לישראל בארבע עשר
ביה ומעבד יהיה יום משתיא
וחדוא: יח ויהודאין די בשושן
אתכנשו לשיצאה ית בנוי
דעמלק בתלת עשר ביה
ובארבע עשר ביה ונחו
בחמשא עשר ביה ומעבד
יהיה יום משתיא וחדוא:
יט בגין כן יהודאין פציחאי
דיתבין בקרוי פציחיא עבדין
ית יום ארבע עשר לירח אדר
חדותא ומשקיא ויומא טבא
ומשדרין דורון גבר לחבריה:
כ וכתב מרדכי ית פתגמיא
האלין ושדר פטקין לות כל
יהודאין די בכל פלכי
דמלכא אחשורוש דקריבין ודרחיקין: כא לקימא גזירת דינא עליהון למהוי עבדין

רש"י

נגזר חזק מאת המלך: (יט) הפרזים. שאינם יושבים בערי חומה בארבעה עשר ומוקפין חומ' בט"ו כשושן והיקף ר זה צריך שיהיה מימות יהושע בן נון כך דרשו ולמדו רבותינו: ומשלח. שם דבר כמו משמר משמע לפיכך הש"ין נקודה רפי: (כ) ויכתב מרדכי. היא המגילה הזאת

שפתי חכמים

כמלאכה: ר פי' מדקאמר פרזים בי"ד ש"מ מוקפין אינם בי"ד ומדלא רמז לך הכתוב אימה היא ואשכחן שושן שעשו בט"ו נשמע מכלל דאותו היום שייך לנוקפים וזהו שאמר כשושן וכדי שלא תבין שמה שכתב

אבן עזרא

(טז) ועמוד על נפשם ונוח מאויביהם והרוג. שמות הפעלים: הכבד הנוסף בעבור תוספת המ"ם ומצאנו הנני משליה בך: (יט) הפרזים. כמו הדלו פרזון: ומשלוח. שם התואר מבנין מנות. הלקים כמו מנה אחת אפים: (כ) ויכתוב מרדכי.

קיצור אלשיך

שושן להרוג צורריהם גם מחר. שייראו מהיום והלאה לעשות רע להיהודים:

(טז) ושאר היהודים וגו'. לכאורה קשה כי נראה מהמשך המקרא שהנוח מאויביהם היה קודם שהרגו בשונאיהם. ובאמת נהפוך הוא יום ההריגה היה בי"ג והמנוחה היה בי"ד. ואפשר לומר דהמקרא אומר בתחלה בדרך כלל ואחר כך מפרש בדרך פרט. בתחלה אומר נקהלו ועמוד על נפשם ונוח מאויביהם. זהו הכלל. ואח"כ מפרש מה עשו בעת אשר נקהלו ועמוד על נפשם והרגו בשנאיהם ע"ה אלף. ומתי היה ההריגה ביום י"ג לחודש אדר. ומה שאמר מקודם ונוח מאויביהם. מתי היתה המנוחה מפרש במקרא שלאחריו ונוח בי"ד בו:

(כא) לקיים עליהם וגו'. הנה מרדכי מהלק בין הפרזים והמוקפים שהפרזים יעשו פורים בי"ד והמוקפים עושים פורים בט"ו. כי הגזרה של המן שהיה להשמיד ולהרוג את כל היהודים ביום אחד. בודאי לא היתה מוגבלת לאמר שאין להם רשות להרוג רק ביום י"ג ואם יותרו יהודים אשר לא יהרגו ביום י"ג יהיו לפלטה. כי מחשבת המן היה להכחידם מגוי עד שלא יזכר שם ישראל עוד. ובודאי היה כונתו שביום י"ג יתחילו להשמידם בכל מדינות המלך. ואם יתראה אח"כ יהודי אשר יסתר ביום י"ג יהרגוהו גם אח"כ. וכן אם עיר אחת ישגבו בה היהודים ביום י"ג ולא יוכלו להאבידם בו ביום והיה הפקודה שיהרגום אח"כ עפ"ז אחר שבאו האגרות האחרונות אשר כתוב בם שיש רשות ליהודים להרוג את צורריהם ביום י"ג. והרשות הזה היה נגבל רק על יום י"ג. כי לא היה הפקודה שישמידו את כל האומות. וממילא כשהגיע יום י"ד היו היהודים בסכנה גדולה כי אחר שהפקודה הראשונה של המן לא נתבטלה ובה ניתן הרשות להרוג את היהודים גם אחר יום י"ג. ואם היו האויבים קמים עליהם להרגם. לא היו השרים יכולים להם להצילם וליתן להם תוקף ללחום באויביהם. כי התוקף שלהם נשלם ביום י"ד ומעתה פקודת המלך מצוה רק שאויבי היהודים ישלטו בם. לא המה בשונאיהם. ורק אחר שעבר יום י"ד וראו היהודים כי השרים העלימו הפקודה הראשונה לגמרי. ואויביהם לא הרימו יד. אז נודע

in Shushan assembled on the fourteenth day of Adar as well, and they slew in Shushan three hundred men, but upon the spoils they did not lay their hands. 16. And the rest of the Jews who were in the king's provinces assembled and protected themselves and had rest from their enemies and slew their foes, seventy-five thousand, but upon the spoil they did not lay their hands 17. on the thirteenth of the month of Adar, and they rested on the fourteenth thereof, and made it a day of feasting and joy. 18. And the Jews who were in Shushan assembled on the thirteenth thereof and on the fourteenth thereof, and rested on the fifteenth thereof, and made it a day of feasting and joy. 19. Therefore, the Jewish villagers, who live in open towns, make the fourteenth day of the month of Adar [a day of] joy and feasting and a festive day, and of sending portions to one another. 20. And Mordecai inscribed these things and sent letters to all the Jews who were in all the provinces of King Ahasuerus, both near and far, 21. to enjoin them to make the fourteenth day of the month of Adar and the

13. **and let them hang Haman's ten sons on the gallows**—*those who were slain.*—[*Rashi*] *Megillath Setharim* explains that Esther requested another day for the inhabitants of Shushan because Shushan possessed sanctity, being the seat of the Sanhedrin. Mordecai had previously been endowed with the spirit of prophecy, but when the decree to annihilate the Jews was issued, the spirit of prophecy left him, and the sanctity could not resume until the spirit of impurity would be totally eliminated. When Esther perceived that the Shechinah had not yet rested upon Mordecai, she realized that the impurity had not yet been eradicated. She hoped to eradicate it by having Haman's sons hanged.

14. **and a decree was given**—*a statute was decreed.*—[*Rashi*]

15. **three hundred men**—According to the *Targum*, these too were Amalekite dignitaries.

16. **seventy-five thousand**—These were Amalekite civilians.—[*Targum*] [No doubt, Esther seized this opportunity to "erase the remembrance of Amalek," to rectify Saul's failure to do so when he spared Agag.]

19. **the...villagers**—*who do not dwell in walled cities,* [celebrate] *on the fourteenth, and those who dwell in walled cities* [celebrate] *on the fifteenth, like Shushan, and* [these cities] *must be surrounded* [by walls] *since the days of Joshua the son of Nun. So did our Sages expound and learn.*—[*Rashi* from *Meg.* 2b]

חֲמִשָּׁה עָשָׂר בּוֹ בְּכָל־שָׁנָה וְשָׁנָה׃ כב כַּיָּמִים אֲשֶׁר־
נָחוּ בָהֶם הַיְּהוּדִים מֵאֹיְבֵיהֶם וְהַחֹדֶשׁ אֲשֶׁר נֶהְפַּךְ
לָהֶם מִיָּגוֹן לְשִׂמְחָה וּמֵאֵבֶל לְיוֹם טוֹב לַעֲשׂוֹת אוֹתָם
יְמֵי מִשְׁתֶּה וְשִׂמְחָה וּמִשְׁלֹחַ מָנוֹת אִישׁ לְרֵעֵהוּ
וּמַתָּנוֹת לָאֶבְיֹנִים׃ כג וְקִבֵּל הַיְּהוּדִים אֵת אֲשֶׁר־הֵחֵלּוּ
לַעֲשׂוֹת וְאֵת אֲשֶׁר־כָּתַב מָרְדֳּכַי אֲלֵיהֶם׃ כד כִּי הָמָן
בֶּן־הַמְּדָתָא הָאֲגָגִי צֹרֵר כָּל־הַיְּהוּדִים חָשַׁב עַל־
הַיְּהוּדִים לְאַבְּדָם וְהִפִּל פּוּר הוּא הַגּוֹרָל לְהֻמָּם

תו"א כימים אשר נחו בהם היהודים. כב: לעשות אותם ימי משתה ושמחה. שם דף ה: וקבל היהודים
זוהר פ' כי תשא:

תרגום

יַת יוֹם אַרְבְּעַ עֲשַׂר לְיַרְחָא אֲדָר
וְיַת חַמְשָׁא עֲשַׂר בֵּיהּ בְּכָל
שַׁתָּא וְשַׁתָּא׃ כב כִּזְמַן יוֹמַיָּא
דִּי נָחוּ בְהוֹן יְהוּדָאִין מִבַּעֲלֵי
דְבָבֵיהוֹן וּבְיַרְחָא דִּי אִתְהַפַּךְ
לְהוֹן מִדְוָנָא לְחֶדְוָא וּמֵאֶבְלָא
לְיוֹמָא טָבָא לְמֶעֱבַד יָתְהוֹן יוֹם
מִשְׁתְּיָא וְחֶדְוָא וּלְשַׁדָּרָא דוֹרוֹן
אֱנָשׁ לְחַבְרֵיהּ וּמָעָה דִצְדָקְתָא
מַתְּנָן דַחֲשִׁיכֵי׃ כג וְקַבִּילוּ
עֲלֵיהוֹן כּוּלְּהוֹן יְהוּדָאִין כַּחֲדָא
יַת דִּי שְׁרִיאוּ לְמֶעְבַּד וְיַת דִּי
גְזַר כְּתַב מָרְדְּכַי בְּגִינֵהוֹן׃
כד אֲרוּם הָמָן בַּר הַמְּדָתָא דְמִן יְחוּס דַּאֲגַג מְעִיק כָּל יְהוּדָאִין חֲשִׁיב עַל יְהוּדָאִין לְהוֹבָדוּתְהוֹן

אבן עזרא

רש"י

לבדו לקיים בשנה הבאה וככה כל השנים שמחת ימי כמות שהיא: (כד) כי המן בן המדתא. חשב להומס
הפורים: (כב) וטעם כימים אשר נחו בהם היהודים.
בעבור שהשכין שנותינו יוחשב בסוף המחזור בשנת החמה רק הדשינו הם אחר הלבני' והנה פירוש
כימים שיהיו הימים קרובים בהורך לימים הראשונים שהיו בהם הפורים וזה יתכן לנו תוספת אדר שני
על כן הוצרך הכתוב לו' והחדש אשר נהפך להם ולעולם יהי' בחדש הסמוך לניסן בשנה פשוט' או מעוברת ומפרשי' אמרו
כי טעם והחדש על אדר שני והאחרים אמרו כי כימים יום ארבע' עשר וחמש' עשר ואם כן היה ראוי שיאמר ובחדש
ולא והחדש: (כג) וקבל. כמו לשון ארמית וזה לשון יחיד שכל אחד ואחד קבל כמו בנות צעד' או שתחסר מלת כל
והראשון הוא הנכון ומדקדק אמר כי וקבל שב למרדכי והוא יוצא לשנים פעולים א"כ מה טעם את אשר החלו לעשות רק
הוא שקבלו אשר עשו בתחל' כי עשו בשנ' הבאה פורים: ואת אשר כתב מרדכי. לעשות כן בכל שנה ושנה: (כד) כי
המן בן המדתא. הטעם דין הוא שיקבלו זה כי לולי זאת התשוע' נמח' שמם ושם זרעם ויזכרו אותה בכל שנה להודות
השם אשר לו נתכנו עלילות: דגשות מ"ס להמס. להסרון מ"ס הכפל:

קיצור אלשיך

עיקר הנס. מעתה אחר שעשו הפורים ביום שנחו מאויביהם הנה כל המוקפים לא נחו עד יום ט"ו. ולכן צוה שיעשו פורים ביום ט"ו. אבל הפרזי' ששם לא היו השרים ולא נמצאו כלל. והם בעצמם גברה ידם על שונאיהם היה נודע להם שעבר הסכנה מהם תיכף ביום י"ד. כי אחר שהתגברו בי"נ לא היו מפחדים עוד.
ולכן תקן להם הפורים ביום י"ד:

(כב) והחדש אשר נהפך וגו' ומתנות לאביונים. הרלב"ג כתב שמרדכי תקן להם לישראל שיתנו בפורים מתנות לאביונים. דאיתא במדרש שאליהו הנביא בא אצל משה רבינו וספר לו הגזרת המן ובקש ממנו שיתפלל להקב"ה לבטל הגזרה. ומשה אמר לו אם יש איזה צדיק בעולם שישתתף עמו בתפלה. ואמר לו אליהו יש צדיק אחד ומרדכי שמו. ואמר משה לאליהו שיאמר למרדכי שיתפלל. ובאותה עת שמרדכי יתפלל גם הוא יתפלל. וע"י הפלת שניהם היתה הגאולה. ע"כ תקן מרדכי שבכל שנה בפורים
יתנו צדקה ומתנות לאביונים עבור נשמת משה:

(כג) וקבל היהודים את אשר החלו לעשות וגו'. ולמעלה פ' (י"ט כ') נא' על כן היהודים הפרזים וגו'
ויכתוב מרדכי וגו'. כמה וכמה יש לדקדק באלו הפסוקים. תחלה אמר על כן היהודים הפרזים עושים. ואחר כך ויכתוב מרדכי. למה מקדים העשיה למצות מרדכי. ותחלה כתב יום ארבעה עשר לחדש ואח"כ כתב י"ד וט"ו. ותחלה כתב משלות מנות איש לרעהו. ואח"כ הוסיף מתנות לאביונים. ועוד כמה דקדוקים. ולחבר אלו הפסוקים על נכון נאמר כי המן כתב בגזרותיו להרוג את כל היהודים ושללם לבוז. וכונתו היה למהר האומות לבא על ישראל להרגם. למהר שלל חש בז וכל אחד מן האומות יהי' זריז ונשכר קופץ והורג כדי לזכות באותו השלל. והנה גזרה זו היתה על העשירים יותר מן העניים. כי מי שהוא יותר עשיר בודאי היה נהרג תחלה כי היו כמה קופצים על ממונו. וכל מי שהיה יותר עני ואין בידו מאומה לא היה מפחד כל כך. והנה כי כן יהיה פירוש הפסוקים כאשר נתבטלה הגזרה היו היהודים בכל מקומות מושבותם עושים את יום ארבעה עשר לחדש אדר יום משתה ושמחה ומשלוח מנות איש לרעהו. כל זה עשו מעצמם. טרם כתב מרדכי עליהם כי לב כולם היה שוה לדבר זה להיות שמח ביום זה ולשלוח מנות איש לרעהו. דהיינו עשיר לעשיר חברו ועני לעני חברו. אף שלא היה העני כל כך שמח כמו העשיר. כי כל אחד שמח לפי ערכו. והיו סוברים כי כן נכון לעשות. כי גם הגזרה היתה על העשירים יותר מן העניים. ולא היו אומרים לשלוח מתנות לאביונים כדי שישמחו גם הם בשמחה גדולה כמו העשירים לזה לא נשא לבם. וגם לא ידעו מן יום המשה עשר כי הרחוקים לא ידעו עדיין מה שנעשה בשושן הבירה. אך מרדכי כתב אליהם כי לא כן הוא כאשר דמו כי מחשבות המן היה לאבד כל היהודים העניים עם העשירים עד שלא יזכר שם ישראל עוד. א"כ כשנתבטלה הגזרה יתחייבו לשמוח העניים בשמחה רבה כמו העשירים. וא"כ אם יאכלו וישתו כל אחד כפי ערכו לא יהיו העניים והאביונים בשמחה כמו העשירים. על כן כתב מרדכי אליהם שישלחו מתנות גם להאביונים שגם המה ישמחו במאכלי העשירים. וז"ש הפסוק על כן היהודים הפרזים עושים וגו' ר"ל הם מעצמם עשו דבר זה בלי כתיבת מרדכי ואח"כ אמר ויכתוב מרדכי וגו' להיות עושים וגו' עד ומתנות לאביונים. ואח"כ אמר הכתוב קבלו היהודים את אשר החלו [מעצמם] לעשות כן יעשו לעולם. וגם לעשות את אשר כתב מרדכי אליהם. שהמוקפים יעשו את יום המשה עשר. ויתנו מתנות לאביונים ומפ"ש הפסוק המעם כי המן היה צורר כל היהודים בין עשירים בין עניים. את כולם חשב לאבדם. וא"כ כשנתבטלה הגזרה ראוי ששמחת כולם יהיה שוה בערך אחד ואיך יהיה זה כשהעשירים יתנו מתנות לאביונים:
ילאבדם

fifteenth day thereof, every year, 22. as the days when the Jews
rested from their enemies, and the month that was reversed for
them from grief to joy and from mourning to a festive day—to
make them days of feasting and joy, and sending portions one to
another, and gifts to the poor. 23. And the Jews took upon
themselves what they had commenced to do and what Mordecai
had written to them. 24. For Haman the son of Hammedatha the
Agagite, the adversary of all the Jews, had devised to destroy the
Jews, and he cast the *pur*—that is the lot—to terrify them

joy and feasting—Note that in the preceding verse, the order is "feasting and joy." *Yosef Lekah* explains that at the time of the deliverance, the people were spontaneously instilled with joy, and to celebrate that joy, they engaged in feasting. In later generations, however, they celebrate the past deliverance with feasting, which, in turn, generates joy. Therefore, the sequence of the words in the preceding verse, which tells of the institution of future celebrations, is "feasting and joy." The sequence in this verse, which describes the time of deliverance, is "joy and feasting."

and...sending—Heb. וּמִשְׁלֹחַ. *This is a noun, like* מִשְׁמָר, *watch*, מִשְׁמָע, *hearing. Therefore, the "shin" is vowelized soft* (without a דָגֵשׁ).—[*Rashi*] [When the letter following the "mem" is punctuated with a דָגֵשׁ, it means that the "mem" takes the place of the word מִן—*from.* Since וּמִשְׁלֹחַ is not punctuated in that manner, we know that the "mem" is part of the noun.]

and of sending portions one to another—Based on this verse, the Rabbis require each one to send at least two portions of ready-to-eat food to one person.—[*Meg. 7a*]

Manoth Halevi rationalizes this practice of sending portions of food to one another. This was to promote friendship and brotherly love. Since their salvation was due to their uniting in their towns to protect themselves against their enemies, it is fitting that they should promote unity and friendship every year in commemoration of this event. *Responsa Terumath Hadeshen* explains that food should be sent so that everyone be assured of having enough food for his Purim feast.

20. **And Mordecai inscribed**—*this scroll, as it is.* [i.e., in its present state.]—[*Rashi*]

22. **and gifts to the poor**—at least two gifts to two poor people, one gift to each.—[*Meg.* 7a]

24. **For Haman the son of Hammedatha, the Agagite**—*devised to terrify them and destroy them.*—[*Rashi*]

ולאבדם: כה ובבאה לפני המלך אמר עם־הספר
ישוב מחשבתו הרעה אשר־חשב על־היהודים
על־ראשו ותלו אתו ואת־בניו על־העץ: כו על־כן
קראו לימים האלה פורים על־שם הפור על־כן על־
כל־דברי האגרת הזאת ומה־ראו על־ככה ומה
הגיע אליהם: כז קימו וקבל היהודים עליהם |
ועל־זרעם ועל כל־הנלוים עליהם ולא יעבור
להיות עשים את־שני הימים האלה ככתבם וכזמנם
בכל־שנה ושנה: כח והימים האלה נזכרים ונעשים
בכל־דור ודור משפחה ומשפחה מדינה ומדינה
ועיר ועיר וימי הפורים האלה לא יעברו מתוך
היהודים וזכרם לא־יסוף מזרעם: ס כט ותכתב
אסתר המלכה בת־אביחיל ומרדכי היהודי את־
כל־תקף לקים את־אגרת הפרים הזאת השנית:

תו"א ותלו אותו ואת בניו על העץ. מגילה יט: ומה ראו על ככה ומה הגיע. שם: קימו וקבלו היהודים. שבת פח מגילה ז מכות כג שבועות לט: ולא יעבור. מגילה ב': להיות עשים את שני הימים האלה. שם יז: בכל שנה ושנה. שם דף ד ודף ז: והימים האלה. מגילה יז יח כ: משפחה ומשפחה מדינה ומדינה ועיר ועיר. שם ב ג: וימי הפורים האלה לא יעברו. שם ז: וזכרם לא יסוף מזרעם. עקידה שער סט: ותכתב אסתר המלכה

תרגום

צבע פיסא איהו הוא עדבא
לשגושיהון ולהובדיהון: כה וכד
עלת אסתר קדם מלכא אמר
לה מלכא יתוב זמיוניה בישא
דחשיב למעבד למרדכי
וליהודאין על רישיה ויצלבון
יתיה וית בנוי על קיסא:
כו בגין כן קרו ליומיא האלין
פוריא על שום פיסא בגין כן
נטרין ליה זמן שתא בשתא
בגין כן דיפרסמון יומי נסיא
ופתגמי מגלתא הדא
לאשתמעא לכל עמא בית
ישראל למהויהון ידעין מה
חזו למקבע יומי פוריא האלין
בגין כן דאתעביד בהון נסא
למרדכי ואסתר וידעון פורקנא
דמטת להון: כז קימו וקבילו
יהודאין קימא עלויהון ועלוי
בניהון ועלוי כל דירי
דמתוספין עליהון ולא יעבר
קימא די יהון עבדין ית תרין
יומיא האלין למקרי ית מגלתא
כמכתב רושם עבראי בבית כנישתהון בחד עסר ותרי עסר ותלת עסר וארבע עסר ובחמשא עסר בגו
פציחיא ולחיתא דפלכיא בקרויא כפום זמניהון: כח ויומיא האלין אתחיבו למהוי להון דכרנא
ולאתעבדא בהון משתיא בכל דרא ודרא יחוסא דכהני וליואי ויחוסא דכל בית ישראל דשרין בכל
פלכא ופלכא ודירין בכל קרתא וקרתא ויומי פוריא האלין לא יעברון מגו יהודאין ודכרנהון לא
ישתיצי מבניהון: כט וכתבת אסתר מלכתא בת אביחיל ומרדכי היהודי ית כל מגלתא

רש"י

ולאבדם: (כה) ובבאה. אסתר אל המלך להתחנן לו: אמר עם הספר. אמר המלך בפיו וצוה לכתוב ספרים שתשוב מחשבתו הרעה בראשו: (כו) על כן על כל דברי האגרת הזאת. נקבעו הימים האלה ולכך נכתבה לדעת דורות הבאים: ומה ראו. עושי המעשים האלה שעשאום: ומה הגיע אליהם. מה ראה אחשורוש שנשתמש בכלי הקודש ומה הגיע אליהם שבא שטן ורקד ביניהם והרג את ושתי. מה ראה המן שנתקנא במרדכי ומה הגיע אליו שתלו אותו ואת בניו. מה ראה מרדכי שלא יכרע ולא ישתחוה ומה ראתה אסתר שזימנה להמן: (כז) הנלוים עליהם. גרים העתידים להתגייר: ככתבם. שתהא המגילה כתובה כתב אשורית: (כח) נזכרים. בקריאת מגילה: ונעשים. משתה ושמחה ויום טוב לתת מנות ומתנות: משפחה ומשפחה. מתאספין יחד ואוכלים ושותי' יחד וכך קבלו עליהם שימי הפורים לא יעברו: וזכרם. קריאת מגילה: לא יסוף. תרגום של ש יתום דמתרגם עד תום עד דסף ול"א לומר להיות מגזרת (בראשית יט טו) פן תספה ומגזרת (שמואל א כז א) עתה אספה יום אחד שאם כן היה לו לכתוב לא יספה מזרעם: (כט) את כל תקף. תוקפו של ה נס של אחשורוש ושל המן ושל מרדכי ושל אסתר: השנית. לשנה השנייה הזרו

שפתי חכמים

כשושן קאי ג"כ אמוקפין חומה דהיינו בימיו מוקפין חומה מימות אחשורוש כשושן לכ"פ והיקף זה צריך שיהיה מימות יהושע בן נון קך דרשו ולמדו רז"ל בג"ש בפ"ק דמגילה ע"ש: ש וקשה הרי תרגומו לא ישתיצי וטעות הוא ברש"י וס"ג לא יסוף תרגום עד תום עד דסף ודברי רש"י הוא שמפרש לא יסוף לא יתום וכ"ה בספרים מדוייקים ויותר נראה לגרוס לא יסוף לה יתום דמתרגם עד תום עד דסף: ת דקשה ליה את תוקף מבעי ליה מאי כל תוקף אלא תוקפו של נס:

חסלת מגילת אסתר

אבן עזרא

(כה) ובבא' לפני המלך. הטעם כי המן השב לאבד היהודים וכאשר באה אסתר אל המלך ותבקש על עמה אמר המלך שיכתוב עם הספר ישוב מחשבתו הרעה על כן בטלו הספרים הראשונים פירוש על כן השני: (כו) על כל דברי האגרת הזאת. מגזרת אגרה בקציר מאכלה והטעם מחברת המלים: ומה ראו בעבור שראו הפלאים: ומה הגיע. בהמנעות האזנים: (כז) הנלוים. הם הגרים: ולא יעבור. אין רשאי יהודי לעוברו: ככתבם. הטעם שתקרא המגלה בעבור שעזרא הסופר הפסיק הפסוקים ולא היה אחר שנים רבות ציוו חכמינו ז"ל שלא יפסיק הקורא אלא בסוף הפסוק: בכל שנה ושנה. פשוט' או מעוברת והנה עתה הזכיר מה שקיימו היהודים כאשר כתב מרדכי לקיים עליהם: (כח) והטעם והימים האלה נזכרים ונעשים. לעשות כן כל המשפחות וכל המדינות שלא יחשוב אדם כי איננו חייב מי שהוא במקום שלא היה שם יהודי בימי הניסים או במדינה חדשה: יסוף. יכלה כמו יחדיו יסופו והם מהשניים כי המלא בעלומי הלמ"ד והנה זאת הפרשה הגידה שאמרו ישראל זאת המצוה ואח"כ נתשוה על כן הוצרך מרדכי שתכתוב אסתר בעבור היותה מלכה: (כט) את כל תוקף. כמו חוזק וכמוהו ואם יתקפו האחד והנ' כתבה היא והוא:

וטעם

and destroy them. 25. And when she came before the king, he commanded through letters that his evil device that he had devised against the Jews return upon his own head, and to destroy him and his sons on the gallows. 26. Therefore, they called these days Purim after the name *pur*; therefore, because of all the words of this letter, and what they saw concerning this matter, and what happened to them. 27. The Jews ordained and took upon themselves and upon their seed and upon all those who join them, that it is not to be revoked to make these two days according to their script and according to their appointed time, every year. 28. And these days shall be remembered and celebrated throughout every generation, in every family, every province, and every city, and these days of Purim shall not be revoked from amidst the Jews, and their memory shall not cease from their seed. 29. Now, Queen Esther, the daughter of Abihail, and Mordecai the Jew wrote down all [the acts of] power, to confirm the second Purim letter.

25. **And when she came**—[when] *Esther* [came] *to the king to beseech him.*—[*Rashi*]

he commanded through letters—*The king stated orally and commanded to write letters that his evil device return upon his own head.*—[*Rashi*]

26. **therefore, because of all the words of this letter**—*these days were established, and therefore it was written for future generations to know.*—[*Rashi*]

and what they saw—*those who did these deeds, that they did them.*—[*Rashi*]

and what happened to them—*What did Ahasuerus see that he used the sacred vessels, and what happened to them? That Satan came and danced among them and slew Vashti. And what did Haman see that he became envious of Mordecai, and what happened to him? That they hanged him and his sons. And what did Mordecai see that he did not kneel or prostrate himself, and what did Esther see that she invited Haman?*—[*Rashi*]

27. **who join them**—*proselytes who were destined to convert.*—[*Rashi*]

according to their script—*that the Scroll* [of Esther] *should be written in the Ashuri script.*—[*Rashi*]

28. **remembered**—*with the reading of the Scroll* [of Esther].—[*Rashi*]

and celebrated—*banquet and rejoicing and a festive day, to give portions [to friends] and gifts [to the poor].*—[*Rashi*]

every family—*gather together and feast and drink together, and so they took upon themselves that the*

ל וַיִּשְׁלַח סְפָרִים אֶל־כָּל־הַיְּהוּדִים אֶל־שֶׁבַע וְעֶשְׂרִים
וּמֵאָה מְדִינָה מַלְכוּת אֲחַשְׁוֵרוֹשׁ דִּבְרֵי שָׁלוֹם וֶאֱמֶת׃
לא לְקַיֵּם אֶת־יְמֵי הַפֻּרִים הָאֵלֶּה בִּזְמַנֵּיהֶם כַּאֲשֶׁר
קִיַּם עֲלֵיהֶם מָרְדֳּכַי הַיְּהוּדִי וְאֶסְתֵּר הַמַּלְכָּה וְכַאֲשֶׁר
קִיְּמוּ עַל־נַפְשָׁם וְעַל־זַרְעָם דִּבְרֵי הַצֹּמוֹת וְזַעֲקָתָם׃
לב וּמַאֲמַר אֶסְתֵּר קִיַּם דִּבְרֵי הַפֻּרִים הָאֵלֶּה וְנִכְתָּב
בַּסֵּפֶר׃ ס י א וַיָּשֶׂם הַמֶּלֶךְ אֲחַשְׁרֵשׁ | אחשורוש קרי
מַס עַל־הָאָרֶץ וְאִיֵּי הַיָּם׃ ב וְכָל־מַעֲשֵׂה תָקְפּוֹ
וּגְבוּרָתוֹ וּפָרָשַׁת גְּדֻלַּת מָרְדֳּכַי אֲשֶׁר גִּדְּלוֹ הַמֶּלֶךְ
הֲלוֹא־הֵם כְּתוּבִים עַל־סֵפֶר דִּבְרֵי הַיָּמִים לְמַלְכֵי מָדַי
וּפָרָס׃ ג כִּי | מָרְדֳּכַי הַיְּהוּדִי מִשְׁנֶה לַמֶּלֶךְ אֲחַשְׁוֵרוֹשׁ
וְגָדוֹל לַיְּהוּדִים וְרָצוּי לְרֹב אֶחָיו דֹּרֵשׁ טוֹב לְעַמּוֹ
וְדֹבֵר שָׁלוֹם לְכָל־זַרְעוֹ׃ חזק

תו"א וגו' ומרדכי: שם יט: לקיים את אגרת הפורים הזאת השנית. מגילה שם: דברי שלום ואמת. שם טז ומאמר אסתר קים. שם: וישם המלך אחשורוש מס על הארץ. מגילה יא חגיגה ח: על ספר דברי הימים למלכי מדי ופרס. מגילה ז ודף יב: כי מרדכי היהודי. מגילה ט:

סכום פסוקי מגלת אסתר מאה ושמים ושבעה וסימן על כן קראו לימים האלה פורים: וסדריו חמשה וסימן גב המזבח ופרקיו עשרה וסימן בא גד והליו ותען אסתר ותאמר:

נשלם מגלת אסתר בעזרת האל יתברך

תרגום

הָדָא יַת תְּקְפָא דְנִסָּא לְקַיָּמָא יַת אִגַּרְתָּא דְפוּרַיָּא הָדָא תִּנְיֵינוּתָא: ל וּשְׁדַר כְּתָבִין לְוָת כָּל יְהוּדָאִין לִמְאָה וְעַסְרִין וּשְׁבַע פִּילְכִין מַלְכוּת אֲחַשְׁוֵרוֹשׁ פִּתְגָמֵי שְׁלָמָא וְהֵימְנוּתָא: לא לְקַיָּמָא יַת יוֹמֵי פוּרַיָּא הָאִלֵּין כְּאַדָר כְּהַרְאָה בִּזְמַן עִבּוּרָא הֵיכְמָא דְקַיֵּם עֲלֵיהוֹן מָרְדְּכַי יְהוּדָאֵי וְאֶסְתֵּר מַלְכְּתָא וְהֵיכְמָא דְקַיִּמוּ יְהוּדָאֵי עַל נַפְשְׁהוֹן וְעַל בְּנֵיהוֹן לְמֶהֱוֵיהוֹן דְּכִירִין פִּתְגָמֵי צוֹמַיָּא וּצְלוּתְהוֹן: לב וְעַל מֵימַר אֶסְתֵּר אִתְקַיָּמוּ פִּתְגָמֵי פוּרַיָּא הָאִלֵּין וְעַל יְדוֹי דְמָרְדְּכַי אִתְכְּתָבַת מְגִלְּתָא בְּפִתְקָא: א וְשַׁוִּי מַלְכָּא אֲחַשְׁוֵרוֹשׁ כְּרַגָא עַל אַרְעָא וְהַפַּרְכֵי יַמָּא: ב וְכָל עוֹבָדָא דְתוּקְפֵיהּ וּגְבוּרְתֵּיהּ וּפֵירוּשׁ רְבוּת מָרְדְּכַי דִּי רַבְּיֵיהּ מַלְכָּא הֲלָא אִנּוּן כְּתִיבִין עַל סֵפֶר פִּתְגָמֵי יוֹמַיָּא לְמַלְכֵי מָדַאי וּפַרְסָאֵי: ג מְטוּל מָרְדְּכַי יְהוּדָאָה תִּפְשַׁגֵּר דְמַלְכָּא אֲחַשְׁוֵרוֹשׁ גּוּבְרָא וְסָבָא דִיהוּדָאֵי רַב עַל כָּל עַמְמַיָּא וּמְסוּף עָלְמָא וְעַד סוֹפֵיהּ אִשְׁתְּמַע לֵיהּ שְׁמְעֵיהּ וְכָל מַלְכַיָּא דְחִילוּ מִקַּמֵּיהּ וְכַד מַדְכְּרִין לֵיהּ מִזְדַּעְזְעִין מִנֵּיהּ הוּא מָרְדְּכַי דָּמֵי לְכוֹכַב נוֹגְהָא דְמַזְהַר בֵּינֵי כּוֹכְבַיָּא וְדָמֵי לְשַׁפְרַפְרָא דִּי נָפֵק בְּעִדָּן צַפְרָא וְהוּא רַבְהוֹן דִיהוּדָאֵי וְרָעֵי בְּסַגִּיאוּתְהוֹן דַּאֲחוֹי וְתָבַע טַבְתָא לְעַמֵּיהּ וּמְמַלֵּל שְׁלָמָא לְכָל זַרְעֵיתֵיהּ:

רש"י

ושלהו ספרים שיעשו פורים: (לב) ומאמר אסתר קים וגו'. אסתר בקשה מאת חכמי הדור לקבעה ולכתוב ספר זה עם שאר הכתובים וזהו ונכתב בספר: (ג) לרוב אחיו. ולא לכל אחיו מלמד שפירשו ממנו מקצת סנהדרין לפי שנעשה קרוב למלכות והיה בטל מתלמודו: לכל זרעו. מוסב על עמו לכל זרע עמו. חסלת מגילת אסתר

אבן עזרא

וטעם השנית. בעבור אגרת מרדכי שכתב בראשונה: (ל) וטעם דברי שלום. שלא יפחדו בעבור שעזבו מצות פורים: וטעם אמר. שהם חייבים לשמור הפורים כאשר קבלו על נפשם והעד על זה הפי' שהוא אמת ומאמר אסתר קיים דברי הפורים והנה לא נתקיים על יד מרדכי לבדו עד שכתבה אסתר וטעם קיימו על נפשם ועל זרעם דברי הצומות על דעת רבים על יום תענית אסתר. והמכחישים אמרו כי על ג' ימים שהתענו בניסן הכתוב מדבר וכל ישראל ראויין להתענו' כן תמיד ולפי דעתי חכמינו ז"ל קבעו התענית יום אחד וטעם דברי הצומות על הנזכרים בספר זכרי' שהן בתמוז ואב ותשרי וטבת והטעם כי קיימו היהודים על נפשם לשמוח בימי הפורים כאשר קיימו על נפשם ועל זרעם להתענות בימי אבלם כאשר הובקע' העיר ונשרף הבית כי הנביא לא ציום שיתענו כאשר אפרש במקומו ואנחנו חייבים שלא נסיג גבול ראשונים: (לא) וטעם זעקתם. להתפלל ולזעוק אל השם בימי התענית: (לב) ומלת האלה. שב אל דברי לא אל הפורים: ונכתב בספר. בפתחו' הבי"ת הוא הידוע בימיהם ואבד הספר כאשר לא מצאנו מדרש עדו וספרי שלמה וספרי דברי הימים למלכי ישראל וספר מלחמות ה' וספר הישר: (א) וישם המלך אחשורוש מס על הארץ. שאיננה תחת מלכותו רק פחדו ממנו וכן על איי הים הרחוקים ממנו והזכיר זה הכתוב להודיע כי הצליח בכל דרכיו וראתה גבורתו אחר היות מרדכי לו למשנה: (ב) תקפו. כמו את כל תוקף: ופרשת. מגזרת כי לא פורש: המלך. כאחד בחשבון שאין דומה לו והמשנה כמספר שנים והשלישי תחתיו כשלש': (ג) ורצוי לרוב אחיו. כי אין יכולת באדם לרצות הכל בעבור קנאת האחים: דורש טוב לעמו. די לו שיעש' טוב לאשר ידרשנו מעמו והנה הוא היה דורש לעשות טוב: וזרעו. הם בניו ובני בניו ולעולם הבנים יפחדו מאביהם והנה היה דובר שלום בתחלה אפילו לבניו שהם כעבדיו ואף כי לעמו והנה הזכיר הכתוב גודל מעלתו וענותנותו כאשר הזכיר כן על משה אדונינו והאיש משה עניו מאד מכל האדם:

חסלת מגלת אסתר

נשלם מגלת אסתר בעזרת האל יתברך

30. And he sent letters to all the Jews, to one hundred twenty-seven provinces, the realm of Ahasuerus, words of peace and truth, 31. to confirm these days of Purim in their appointed times, as Mordecai the Jew and Esther the queen had enjoined them, and as they had ordained for themselves and for their seed, the matters of the fasts and their cry. 32. Now Esther's order confirmed these matters of Purim, and it was inscribed in the book.

10

1. And King Ahasuerus imposed a tribute on the land and on the isles of the sea. 2. And all the acts of his power and his might and the full account of Mordecai's greatness, how the king advanced him—are they not written in the book of the chronicles of the kings of Media and Persia? 3. For Mordecai the Jew was viceroy to King Ahasuerus, and great among the Jews and accepted by most of his brethren; seeking the good of his people and speaking peace to all their seed.

Purim days would not be revoked.—[*Rashi*]

shall not cease—Heb. לֹא יָסוּף. *This is the Aramaic translation of* יִתֹּם, *will end, for the Targum of* (Deut. 2:14) "עַד תֹּם" *is* עַד דְּסַף, *until it finished, and it is impossible to say that it is derived from the same root as (Gen. 19:15): "lest you perish (תִּסָּפֶה)," or from the same root as (I Sam. 27:1): "Now I shall perish (אֶסָּפֶה) one day," for if that were so, Scripture should have written:* לֹא יִסָּפֶה מִזַּרְעָם.—[*Rashi*]

29. **all [acts of] power**—*the power of the miracle of Ahasuerus, of Haman, of Mordecai, and of Esther.*—[*Rashi* from *Meg.* 19a] The power of the miracle commences from (6:1): "On that night"; the power of Ahasuerus commences from (1:1): "Now it came to pass in the days of Ahasuerus"; the power of Haman commences with (3:1): "After these events, King Ahasuerus promoted Haman, etc."; the power of Mordecai commences with (2:5): "A Judean man." The power of Esther is not mentioned in the Talmud. It probably commences with (2:17): "And the king loved Esther, etc." *Midrash Lekah Tov* interprets this to mean that Esther and Mordecai wrote only the main part of the narrative, but the many incidents that transpired at that time, such as those included in *Aggadoth* in *Midrash Esther*, were not all written. The Talmud derives the ruling that one is obligated to read the entire Megillah from this verse.

the second—*In the second year they again sent letters that they should celebrate Purim.*—[*Rashi*] *Midrash Lekah Tov* states that the

first Purim was observed by the Jews of Shushan, whereas the second Purim was observed everywhere. *Megillath Setharim* writes that the second letter included the commandments of writing and reading the Megillah.

30. **words of peace**—that they should not fear punishment for having neglected the observance of Purim.—[*Ibn Ezra*]

and truth—that they are obligated to observe Purim as they took upon themselves. Since they had not observed the Purim feast as Mordecai had enjoined them in the first letters, it became necessary for Esther to join him in the second letters to enforce this enactment, as in verse 32: "Now Esther's order confirmed these matters of Purim."—[*Ibn Ezra*]

the matters of the fasts—The Jews took upon themselves to rejoice on the Purim days as they had taken upon themselves to fast on their mourning days, when the wall of Jerusalem was breached and when the Temple was burned.—[*Ibn Ezra*]

and their cry—to pray and cry out to God on their fast days.—[*Ibn Ezra*]

32. **Now Esther's order confirmed, etc.**—*Esther requested of the sages of the generation to commemorate her and to write this book with the rest of the Holy Writings, and that is the meaning of "and it was inscribed in the book."*—[*Rashi* from *Meg.* 7a] *Rokeach* explains that Esther's order confirmed all the words of Purim, i.e., all the readings and recitations, viz. the reading of the Megillah, the prayer: עַל הַנִּסִּים, the Torah reading of (Exod. 17:8): "And Amalek came," and other Purim recitations.

10

1. **tribute on the land**—that was not under his realm, but whose inhabitants feared him. He also imposed tribute on the distant isles of the sea. This verse tells us that Ahasuerus prospered and that his might became known after Mordecai became his viceroy.—[*Ibn Ezra*]

3. **and accepted by most of his brethren**—*but not by all his brethren, for part of the Sanhedrin separated from him when he became close to the government and neglected his studies.*—[*Rashi* from *Meg.* 16b] *Ibn Ezra* writes that it is impossible for a person to be accepted by everyone because there will always be someone who is jealous of him. Therefore, even Mordecai was accepted only by most of his brethren, but not by all of them.

to all their seed—Lit. to all his seed. *This refers back to "all his people," to all the seed of his people.*—[*Rashi*] *Ibn Ezra* renders: to all his seed. They are his children and his grandchildren. Although the children are the parents' servants, he treated his children with friendliness and peace; he surely treated the rest of his people likewise. This verse illustrates Mordecai's humility, just as the Torah writes of Moses' humility.

שיר השירים

•

מקראות גדולות

THE SONG OF SONGS

מקראות

שיר השירים

תורגם מחדש לאנגלית

מתורגם ומבואר עם כל דבורי רש"י
ולקט המפרשים על ידי
הרב אברהם י. ראזענברג

הוצאת יודאיקא פרעסס
ניו יורק • תשנ"ב

THE SONG OF SONGS

A NEW ENGLISH TRANSLATION

TRANSLATION OF TEXT, RASHI,

AND OTHER COMMENTARIES BY

Rabbi A. J. Rosenberg

THE JUDAICA PRESS
New York • 1992

Manufactured in the United States of America

CONTENTS

Bibliography and Emendations and Deletions (תקונים והשמטות) *to the Hebrew commentaries may be found at the end of this volume.*

INTRODUCTION

I. AUTHORSHIP

The Talmud (*Baba Bathra 15a*) ascribes the authorship of the Song of Songs to Hezekiah and his colleagues, i.e., his disciples who succeeded him. No reason is given for Solomon's failure to write it himself, as Rashi does for Isaiah's failure to write his book. It is possible that Solomon recited it orally, and that the final draft, as it appears today, was committed to writing by Hezekiah and his company. It appears so in *Rashi* (ibid. 14b). In *Song Rabbah* (1:1.10), we read: He wrote three books—Proverbs, Ecclesiastes, and the Song of Songs. See also Introduction to Ezekiel.

The attribution to Hezekiah's company may also refer to the account given in *Midrash Mishle* (25:1) and *Avoth d' Rabbi Nathan* (1:2) where we read that Solomon's books—Proverbs, Ecclesiastes, and the Song of Songs—were hidden away from their inception until Hezekiah's reign. They were regarded as mere parables, bereft of divine inspiration, and were put aside as apocryphal. Hezekiah, however, inspired the wise men of his time to delve into them and draw out the sanctity inherent in these three books. This is discussed in the Preface of Proverbs under CANON.

We are indebted to Soncino Press Ltd. for the use of the following dissertation.

II. THE MIDRASHIC APPROACH TO THE SONG OF SONGS

In view of the Rabbis' reverence for the Song of Songs, it doubtless deals with matters of great religious significance. Hence, it has been interpreted allegorically in many ways. To mention a few of the commentators, *Rashi*, *Ibn Ezra* and *Malbim* interpret it according to the sequence of the verses. The Talmud and the midrashim are replete with homiletic interpretations of isolated verses of this great work.

Rashi expresses this idea very aptly in the introduction to his commentary on the Song of Songs. He writes as follows:

"God has spoken once, twice have I heard this." One verse can be interpreted in many ways, but the ultimate fact is that you have no verse that has no simple meaning, and even though the prophets spoke their words symbolically, we must

reconcile the allegory on its basis and on its sequence as the verses come arranged one after the other. And I saw many Aggadic midrashim. Some arrange this entire Book in one homily, and in others, we find isolated verses scattered in many Aggadic interpretations, not reconcilable with the language of the Scripture or the sequence of the verses. So I decided to adopt the apparent meaning of the verses, to reconcile their interpretations according to their sequence, and as for the Midrashic interpretations of our Rabbis, I shall set each one in its place.

I say that Solomon saw with the Holy Spirit that Israel was destined to be driven into exile, one exile after another, one destruction after another, and to complain in this exile about their previous glory and to remember their earlier love, when they were "a peculiar treasure to Him out of all the peoples" saying, "I will go and return to my first husband, for it was better for me than now." And they will remember His lovingkindnesses and their betrayal, that they betrayed all the good things that He said to give them at the end of their days. He composed this Book with divine inspiration as an expression of a woman bound in living widowhood, longing for her husband, yearning for her beloved, reminding him of the love of their youth, and confessing her guilt. Her beloved, too, is troubled by her trouble, and mentions the lovingkindness of her youth and the merit of her deeds through which he was bound to her with strong love, and lets her know that he did not afflict her of his will and that her expulsion was not an expulsion, for she is still his wife and he is her husband, and he is destined to return to her.

Rashi commences his commentary with the Midrashic interpretation of Shlomo, the King to Whom peace belongs. His definition bears throughout the entire Book, with a few exceptions. The absence of Shlomo's pedigree appearing in Ecclesiastes and Proverbs leads the Rabbis to interpret it in this fashion rather than to interpret it as referring to King Solomon. (See above for alternate interpretation.) This is the Song of Songs, the song that is superior to all other songs sung to the Almighty by His people Israel. It is superior in that it consists completely of the fear of Heaven and the acceptance of the yoke of Heaven and the acceptance of the yoke of His kingdom.

Throughout chapter 1, Israel, represented by the woman, reminisces upon her early history, first going back to the giving of the Torah symbolized by the kisses of the mouth, representing God's direct revelation of the Torah to Israel. Israel longs for this proximity to God as the deserted wife longs for the kisses of her husband who has forsaken her.

Here the Midrash delves into the question of whether all Israel heard the entire Decalogue from God Himself, or whether they heard only the first two commandments from Him and the others through Moses, His servant. The latter appears to be the generally accepted view, since it is mentioned in the Talmud (*Makkoth 24a*).

She continues to reminisce upon the miracles that God performed in Egypt, how news of them spread throughout the world like the fragrance of good

ointments, and how they attracted proselytes from among the pagans who heard of them. Scripture tells of Jethro, who came from Midian to join the Jewish people, and of Rahab the harlot, who announced to the spies sent by Joshua, "For we have heard how the Lord dried up the water of the Red Sea," and thereby she concluded, "for the Lord your God, He is God in heaven above and on the earth below .." (Jos. 2:10f). These proselytes are symbolized by the maidens.

She continues to reminisce how God called her through His messengers, Moses and Aaron, how they followed God, leaving Egypt without questioning how they would live in the desert, and how He brought them into His chambers, the envelopment of the Clouds of Glory. When they recall this, it is more pleasing than wine.

She now addresses the nations of the world who look askance at her for being deserted by her husband. She replies to them that she is not really black, i.e., not really evil, but comely in the shape of her limbs. She is black merely because the sun has tanned her; she is not black from birth. She is comparable to the tents of Kedar, always exposed to the elements, but easily cleansed until they become as white as the curtains of Solomon. "Although I am black by dint of my deeds, I am comely by dint of the deeds of my forefathers. Although I am black because I made the Golden Calf, I am comely because I accepted the Torah."

She relates how the Egyptians and the mixed multitude that left Egypt enticed her to worship alien gods.

Now Israel asks God where He will lead them among the nations during their exile. God replies that they are to follow the footsteps of their ancestors who accepted the Torah and observed the commandments. They will then be able to survive in the Diaspora. This is symbolized by the shepherdess asking the shepherd where to pasture the sheep in the hot sun at noon. The shepherd replies that she is to follow the sheep that had passed there earlier.

God now addresses Israel, reminiscing upon the splitting of the Red Sea and the jewelry they plundered on that memorable occasion. Rashi explains how God hardened Pharaoh's heart, and how he pursued them with all his jewelry and treasures so that they became wealthy from the spoils they found on Red Sea shore.

From here until the end of the chapter, Israel recalls how, shortly after receiving the Torah, they sinned by worshipping the Golden Calf. While God was good to them, they repaid Him with evil. God, however, gave them a method of atonement. He commanded them to build a Tabernacle where He would rest, and where they would bring sacrifices to atone for their sins. She mentions the faithfulness of the tribe of Levi, who did not participate in the making of the Calf and its worship.

Chapter 2 commences with a dialogue between God and Israel, each one praising the other. Israel commences by announcing, "I am a rose of Sharon, a

lily of the valleys." Thereupon, God replies that she is like a lily among thorns. She is among the nations of the world who seek to entice her to worship pagan deities, but she remains steadfast in her faith in God. Israel responds with praise of God, comparing Him to an apple tree among the trees of the forest, i.e., among the barren trees, meaning that all other deities are powerless, whereas "His fruit was sweet to my taste." He is the sole power of the universe.

Rashi quotes Midrash Rabba, which construes this as a praise to Israel, for an apple tree gives little shade, and everyone runs from it. So did the nations run away from God when He offered them the Torah. "But I, Israel, delighted to sit in His shade.."

He then brought me to the Tent of Meeting, where many details of the Torah were given.

The remainder of the chapter embodies Israel's longing for God while in exile, the reminiscence of the Exodus and the wandering through the wilderness, and how the Ark of God led them by going three days ahead of them to seek a place for them to encamp.

She now turns to the nations of the world and adjures them not to attempt to alienate her from her love of God by enticing her to worship pagan deities.

We now go back to the Exodus mentioned in Chapter 1. Israel relates how God hastened to take them out of Egypt although the four hundred years of Abraham's prophecy had not yet elapsed. She relates how He appeared suddenly as though leaping upon mountains and skipping upon hills. He looked in through the windows, observing the tortures inflicted upon the Israelites by the Egyptians. She proceeds to relate how God called them to leave after the lapse of four hundred years from the birth of Isaac. This was eighty-six years since Miriam was born, at which time the rigorous bondage had commenced. The author alludes here to God's invitation to receive the Decalogue.

God compares Israel to a dove in the crannies of the rock, when they fled before Pharaoh and had no way of escape, being surrounded on all sides, on one side by the sea, on one side by the Egyptians, and on the third side by wild beasts. Israel cried out to the Lord and was saved through the splitting of the Red Sea.

When the Red Sea split, the Egyptians, likened to foxes, even little foxes, were drowned. Rashi explains that, just as a fox turns around to see where to flee to, so did the Egyptians turn around and flee from before Israel and run into the sea. The little foxes represent the Egyptian babies who were brought into Jewish homes to detect the presence of hidden Jewish babies. The Egyptian babies would speak and the Jewish babies would answer them from their hiding places. The Jewish babies would then be sought and cast into the Nile. In this way, these 'little foxes' destroyed 'the vineyards' of Israel.

The chapter concludes by saying that God demanded all His needs from Israel, not from any other nation. Israel, too, prayed only to God for their needs, not to any other deity.

This was true until they sinned in the case of the Golden Calf and the Spies. Then, God withdrew His Presence from them.

Chapter 3 continues with the wandering in the wilderness. For thirty-eight years, they were banished from God's Presence. This is depicted by the author as, "By night on my bed." Israel sought God's Presence, but God refused to go up with them until Moses prayed for them. Shortly before the demise of Moses and Aaron, God restored His Presence to them and went with them all through the war against the thirty-one Canaanite kings. Israel grasped Him, so to speak, and brought Him to the Tabernacle of Shiloh. Again, she adjured the nations of the world not to alienate her love for her Creator by enticing her to follow other gods and to forsake His worship.

Israel reminisces further upon the greatness bestowed upon her in the wilderness when the pillars of fire and cloud went before her and killed snakes and scorpions and burnt thorns and thistles to make a straight road for them to follow. The nations witnessed her greatness and marveled at it.

The four final verses are descriptions of the Tabernacle from a variety of aspects — how the Israelites and the priests encamped around it and all its component parts, assembled with love by the "daughters of Jerusalem," meaning Israel, God-fearing and wholehearted. The author exhorts the daughter of Zion, meaning the Jews, distinguished by their observance of the precepts, to witness the dedication of the Tabernacle.

In the first seven verses of Chapter 4, God praises Israel as a bridegroom praises his bride, praising the beauty of all her limbs. He commences by praising her in her entirety, meaning that her sacrifices were acceptable to Him, i.e., until the days of Hophni and Phinehas, the sons of Eli the priest, who did not show the proper respect for the sacrificial service. He compares Israel to a dove, who clings to her mate and never deserts him for another. Moreover the dove submits to slaughter without struggling: so did Israel accept the yoke of God's kingdom and His fear upon them.

He continues to compare her hair shining through her veil to a flock of goats trailing down from Mt. Gilead. The entire nation of Israel within their camps, even the worthless ones, are as dear to God as Jacob and his sons, who trailed down from Mt. Gilead when Laban overtook them. Alternatively, they were as dear to God as the twelve thousand soldiers who mobilized against Midian in the land of Gilead on the eastern side of the Jordan.

He proceeds to praise her teeth, alluding to the soldiers who fought against Midian as being innocent of theft or lewdness, as goats who come up from washing. Because of their honesty and righteousness, not one of them was lost in battle. They brought back all the spoils of war, without abstracting anything.

He proceeds to praise her lips, comparing them to a thread of scarlet. This alludes to Joshua's spies, who promised Rahab the harlot that they would spare her family if she would tie a thread of scarlet in her window as a signal to the spies of the Israelites. He praises the worthless as being as full of religious

observances as a pomegranate is full of seeds. This is symbolized by her temple resembling a split pomegranate.

He praises her neck as being like the Tower of David. This is understood to be the Chamber of Hewn Stone in the Temple. This was the seat of the Great Sanhedrin, the highest authority in Israel. He compares this to the Tower of David, since the religious teachings emanating from the Chamber of Hewn Stone served to protect Israel from her enemies.

He compares her two breasts to two fawns, the twins of a gazelle. One explanation is that this is a reference to Moses and Aaron, the sustainers of Israel, who were equal. Another is that it refers to the two tablets of the Decalogue, each containing five commandments, each commandment corresponding to the one opposite it on the facing tablet.

The first commandment, "I am the Lord thy God," corresponds to the first commandment on the second tablet, "Thou shalt not murder," for one who murders diminishes the image of the Holy One, blessed be He. The second commandment, "Thou shalt have no other gods before Me," corresponds to the second commandment on the second tablet, "Thou shalt not commit adultery," for one who worships idols behaves like an adulterous wife who strays after other men while still living with her husband. The third commandment, "Thou shalt not take the name of the Lord thy God in vain," corresponds to the third commandment on the second tablet, "Thou shalt not steal," for one who steals will eventually swear falsely. The fourth commandment, "Remember the Sabbath day," corresponds to the fourth commandment on the second tablet, "Thou shalt not bear false witness," for one who profanes the Sabbath testifies falsely against the Creator, saying that He did not rest on the Sabbath of Creation. The fifth commandment, "Honor thy father and mother," corresponds to the final commandment on the second tablet, "Thou shalt not covet," for one who covets his neighbor's wife will eventually beget a son who will disgrace him, not knowing his identity, and he will honor one who is not his real father.

He proceeds to say that when the sun spreads and the shadows flee, i.e., when their sins remove God's protection from them, He will flee, only to return when the permanent Temple is built on Mt. Moriah. When they sinned in the days of Hophni and Phinehas in the Tabernacle of Shiloh, God left them to return in the days of Solomon, when the Temple was erected and "there your sacrifices will be acceptable to Me."

God continues to address Israel. He tells them that when they are exiled from the Temple, He will accompany them in exile until they return to the Temple site. "I will remember the faith thou showed from the beginning of thy following Me in the wilderness, thy travels and thy encamping by My command, and thy coming to the peak of Senir and Hermon, the homes of Sihon and Og, likened unto lions and leopards."

Another explanation is that when they return from the Diaspora, they will see the border of Israel from Mt. Amana, and they will recite a song of

thanksgiving.

In the remainder of the chapter, God praises Israel for her adornment with precepts, for her serving Him in the Tabernacle in Gilgal, Shiloh, Nob, Gibeon, and in the permanent Temple. He praises their study of Torah, their wearing articles of apparel related to precepts, such as ritual fringes and priestly raiment and abstaining from wearing a combination of wool and linen. He praises the daughters of Israel for their modesty, and He praises even the driest of Israel for being moist with the performance of the precepts, just as a park of pomegranates.

He praises the daughters of Israel for observing the precept of ritual immersion, and finally, he exhorts the winds to spread the fragrance of Israel's garden, i.e., to spread Israel's reputation throughout the world, so that the nations bring them back to the Holy Land, where they will say: "Let my Beloved come into His garden and eat His precious fruits."

Surprisingly, Chapter 5 returns us to the dedication of the altar of the Tabernacle in the wilderness, which God calls, "My garden." He derives pleasure from the incense the priests offer up on the outside altar, although, as a rule, incense must be offered up only on the inner altar, and only mandatory incense. Incense was never brought as a gift. He goes on to say that He derived pleasure from the sacrifices offered up by the tribal princes although they brought voluntary sin offerings, another deviation from the rule. He mentions also the libations and the portions of the sacrifices eaten by the priests, as well as those eaten by the Israelites.

Verses 2-8 depict Israel during the First Commonwealth, when the first Temple was standing. She is symbolized by the wayward wife, lying in bed at night. When her husband comes home, his locks dripping with rain and dew, he seeks admittance, but she refuses, saying that she has already undressed and washed her feet. She is unwilling to dress again and to soil her feet by walking on the floor. When she sees his hand through the hole next to the door, she experiences a change of heart and perfumes herself in his honor. By that time, however, he has already departed and is hidden from sight. She leaves the house to find him, but is met by watchmen who beat her and strip her of her jewelry.

This represents Israel during the time of the First Temple. She had become indifferent to God's worship. God sent prophets daily, warning of the impending destruction and exile. He came at night, so to speak, with bundles of blessings for those who observe His commandments and bundles of retribution for those who violate them. He offered her the reward for all the commandments if she would only repent and return to Him. Israel replied that she had already adopted foreign ways and refused to repent. This refers to the time of Ahaz, when idolatry was rampant. God stretched forth His hand and showed His vengeance by sending the armies of Aram and Samaria against Judah, slaying many thousands and taking thousands into captivity. Ahaz's son,

Hezekiah, led the people to repentance, however, and trained them to engage in intensive Torah study. During his reign one could search throughout the entire land and not find anyone ignorant of the laws of ritual purity. Josiah, too, saw the retribution that had befallen Manasseh and Amon, and repented, leading the people to return to God. It was, however, too late to avert the catastrophe prophesied by Huldah, the prophetess. Nebuchadnezzar and his armies attacked Israel and executed God's vengeance. Even the ministering angels who guarded the walls of Jerusalem, set fire to the Temple.

In verse 8, Israel again adjures the nations, viz. Nebuchadnezzar and his courtiers, who witnessed Hananiah, Mishael, and Azariah being cast into the fiery furnace for refusing to bow before his idol, and Daniel cast into the lion's den for praying to God, to testify before the Heavenly tribunal in the future, on the Day of Judgment, that we underwent tortures because of our love for God.

Now the nations ask, "What is your beloved more than another beloved, O fairest of women? What is your beloved more than another beloved, that you have so adjured us?" In what way is your God greater than all other gods, that you sacrifice your lives for Him, to allow yourselves to be burnt and hanged? Thereupon Israel describes God anthropomorphically to the nations of the world, starting from the head and proceeding to the feet, culminating with: "His palate is sweet and he is altogether desirable. This is my beloved, and this is my friend, O daughters of Jerusalem."

God is initially described as being "white and ruddy", alluding to His various attributes. On Mt. Sinai, He appeared like an elder with white hair, giving instructions. At other times, He is ruddy, symbolizing blood. This is when He exacts retribution from His enemies. "His head," alluding to the beginning of His commandments, is "fine gold"; He first announced, "I am the Lord your God," demonstrating that He had sovereign rights over them, and then He imposed His decrees over them.

She continues to relate the wonders of the Torah, how even the points on the letters represent "mounds upon mounds of halachot," how the Torah was written with black fire upon white fire before the creation of the world. She describes how God appeared at the Red Sea as a young man, fighting with might. She describes how God always looks with favor upon the synagogues and the study halls, how He looks in judgment at each one's deeds and renders a truthful verdict. She describes the sacrifice of the Torah scholars who wander from one academy to another to seek explanations of Torah, how they cleanse themselves with the milk of Torah and clarify its mysteries. She relates how God gave the Decalogue on Mt. Sinai with a friendly countenance and how He gave portions of the Torah dealing with the Tent of Meeting, where sacrifices were offered for atonement and appeasement. She describes the miraculous tablets made of sapphire, yet malleable. She explains how all the commandments are included in the Decalogue. She relates the wonders of the Book of Leviticus, situated in the center of the Torah, which, although

appearing simple, is replete with details, derived through the methods used for expounding the Torah, such as explaining it according to its context.

She concludes by saying, "His mouth is sweet." His commandments are most pleasant. He rewards one for not making an incision in the flesh for a dead person. He rewards the repentant by counting their sins as merits.

Chapter 4 commences with the Babylonian exile, when the gentiles taunted them, saying, "Where has your beloved gone, O fairest of women?" Wherefore has your God forsaken you as a widow?

When they returned to the Holy Land and Cyrus gave them permission to rebuild the Temple, their gentile neighbors asked, "Whither has your beloved turned ?" If God wishes you to build His Temple, "let us build with you; for we seek your God as you do, etc." But they intended to do harm, to stop the Jews from building the Temple.

Israel replied that God commanded us to build His Temple. He will be there with us. Also, those who did not come from the Exile — He rests His Presence upon them in the synagogues and in the study halls. He listens closely to those who speak about His Torah to gather their merits and to inscribe them in a memorial book. We cannot fulfill your request to help us build the Temple, for it is not for you to join us in the building of a Temple to our God, as you have no portion nor right nor memorial in Jerusalem.

God praises her for her statement and promises to cast her fear upon her neighbors that they neither fight against her nor stop her from rebuilding the Temple.

God continues to say that the excessive affection He displayed to Israel in the first Temple cannot be displayed in the second Temple. In the First Temple, they had a Holy Ark with an Ark covering and cherubim. This they could not have in the Second Temple.

God continues to praise Israel in many ways. He first praises the smallest among them, then the officers and the mighty men, all of whom are good. He compares them to a ewe, whose every part can be used for religious purposes. He traces her ancestry back to Noah and to Abraham and demonstrates how all the nations wished to intermarry with Abraham's family, and how the nations made Abraham a king over them. Out of all the children of Noah and Abraham, Jacob and his children are the only chosen ones. Jacob's bed was perfect without a blemish, i.e., there were no wicked among his children.

God proceeds to describe how the nations praised Israel in the era of the second Temple, when they increased in prominence. At first, Zerubbabel was the governor of Judah, not a king; they were subjugated to Persia, and later to Greece, until the Hasmoneans defeated them and became kings.

God continues to narrate how He came to the second Temple to see what "moisture" of good deeds He would find among the Jews of that period, whether there were scholars and teachers, and people who fulfill the precepts among them. He praises them for their humility and perseverance in adhering to

the commandments even in exile among the gentiles.

Israel complains that they were not able to beware of sin so that they could remain in their greatness and glory. They erred with the sins of groundless hatred and controversy during the reign of the Hasmoneans. When Hyrcanus and Aristobulus contended for the throne, one of them brought the Roman Empire to settle the dispute. At that time, he became a vassal of Rome.

In Chapter 7, the nations appeal to Israel to abandon their worship of God and to join them, tempting them with offers of high positions as commissioners and rulers. Israel refuses their offer, denying that they can bestow such greatness as that which God bestowed upon them in the wilderness when their camps were divided under four banners.

The nations return to extol Israel for her greatness at the time of her prime, during the existence of the Temple. They praise her for her pilgrimages on the three festivals. They admire the subterranean drain-holes under the altar, dating back to the Creation. They admire the Chamber of Hewn Stone, where the Great Sanhedrin convened, from which religious instruction never ceased. They admire Jewish self-control, necessitating but a minimal safeguard to prevent infractions of the Law. They admire the Temple and the altar. They admire the meetings of the Rabbis to calculate the seasons and the signs of the zodiac. They admire Solomon's house of the forest of Lebanon, from which the houses of Damascus were visible. They admire Israel's observance of the precept of Tefillin which is their strength and awesomeness, also the hair of the Nazarites, and how God is bound to them with love. They proceed to praise Israel for her steadfast faith in the days of Nebuchadnezzar, when Daniel, Hananiah, Mishael and Azariah were willing to sacrifice their lives for God, thereby teaching all that there is no god like our God.

In verse 9, God boasts of His people to the celestial hosts, that they will sanctify His name among the nations. He then appeals to them not to be enticed by the nations, that the wise among them stand fast in their faith and reply properly to the heathen nations, so that the populace learn from them.

Israel replies that out of sincere love for God, she will give the proper reply to the heathen nations. She will reply, "I am my beloved's and His desire is toward me."

Israel turns to God and beseeches Him to judge her like village dwellers, who earn their livelihood through crafts and study Torah despite their poverty. She calls to His attention that there are various levels of Torah students among Israel, some who study Bible, some who study Mishnah, and some who study Talmud and are capable of promulgating decisions of halachah. She goes on to say that even the wicked have repented and seek God. She tells how they observe His commandments, those written in the Torah, as well as those innovated by the Rabbis.

In Chapter 8, Israel beseeches God to console her as Joseph consoled his brothers. Wherever she met His prophets speaking in His name, she would

embrace them and kiss them without embarrassment, for His love is so worthwhile that His beloved seeks it in the street. Israel asks God to come with her to the Temple and instruct her as was His wont in the Tent of Meeting.

She now turns to adjure the nations that they not attempt to alienate her from her love for God, for "although I complain and lament, my Beloved holds my hands and supports me in my exile. I therefore adjure you, for it will not avail you."

God and His tribunal confirm Israel's statement by reminiscing on her greatness in the wilderness, where she was elevated by the giving of the Torah, and by clinging to the Shechinah, and she is still in exile, clinging to the Almighty.

Israel reminds God of her love for Him at Sinai and begs Him to remember her love for Him throughout the generations of the exile, when they sacrificed their lives for His love, with love as strong as death, unquenchable by mighty nations and their rulers. God and His tribunal attest to all this, that Israel is indeed devoted to God's worship to this extent.

The angels declare that there is a nation in the lower realms that unifies herself with them and longs to be with them, but she has not yet reached the time of redemption. They ask, "What shall we do for this nation when the heathen nations seek to destroy them?" The reply is that if they are strong in their faith and do not intermarry with the nations, we will protect her and build the Holy City; if, however, she does intermarry with the nations, we will be a weak protection for her.

Israel replies that she is indeed staunch in her love of God and that her synagogues and study-halls nurture Israel with words of Torah. Upon saying this, Israel is found perfect in God's eyes.

The final verses depict God delivering Israel into the hands of the nations and their unjust exploitation of her.

When God calls upon them to make restitution, they reply that, in addition to returning the principal to God, they will support the scholars who study Torah.

God then praises Israel, addressing her as "You who dwells in the garden," you who are scattered in the gardens of strangers, "the companion," i.e., the ministering angels hearken to your voice in the synagogues and the study halls, and then they sanctify the name of God.

Israel concludes with the familiar verse of, "Make haste, my beloved," here addressing God to hasten and redeem them from the Diaspora and rest the Shechinah on Mount Moriah and the Holy Temple.

III. MALBIM'S APPROACH TO THE SONG OF SONGS

In general, Rashi's approach is shared by most exegetes, although they differ in details. See *Ibn Ezra*, *Akedath Yitzchak*, and *Mezudot*. *Malbim*, however,

views the Book in an entirely different light. He rejects the interpretation that this is a parable of a love story, symbolizing the love between the Lord and His people Israel. To give our readers an insight into his ingenious interpretation, we present portions of his introduction and epilogue.

...And he took up his parable and said:

Among Solomon's many women, his soul became attached to one beloved beautiful woman, betrothed to a shepherd in the pasture. And this beloved one was taken from the bosom of her beloved shepherd to King Solomon, to his royal palace, and he placed the royal crown on her head and gave her regal gifts. He also appointed the daughters of Jerusalem as guards over her, and they surrounded her, watching her steps, lest she flee to the pasture, to her beloved, but the watchers guarded her in vain, for her heart was not attracted to all Solomon's luxuries, her soul despised his love, rejected the king's food and the wine of his banquets, for her soul yearned for the prince of her youth who pastured his sheep among the lilies. He, too, remembered the love of her bridal days. Every day, he would go before the court of the harem, where his bride was held captive, looking through the windows, conversing with her behind the walls, and she poured out her heart to him, begging him to rescue her from her prison. So they devised signs. He made signs for her how to flee and how to find him on the distant mountains. And, indeed, she fled many times from the king's palace to the pasture where he was encamped. And the daughters of Jerusalem, her guards, pursued her and returned her against her will to Solomon's chambers, until, at the end of days, she girded her loins, broke the copper doors, cut off the locks, opened the fetters, and fled with a high hand, perfumed with myrrh and frankincense to her beloved, the gazelle on the spice mountains.

This is the body of the parable, and the following is its interpretation:

The most beautiful of women, whom Solomon loved and brought to his palace, is his Godly spiritual soul, which descended from on high to dwell in Solomon's house in the lower realms, just as "the Lord hath said to dwell in the thick darkness." The shepherd lover to whom she was betrothed is her Most High Lover, Who leads the hosts, Who dwells in the most high heavens and lives in Araboth. The king imprisoning her in his palace and seducing her to his love symbolizes the overpowering physical desires that are dominant in the body, that rule over the spirit, and confine the holy spirit with a covenant of love for the flesh. The body strives to attract the Godly soul along with other maidens, her companions (i.e., the powers of the mind) to its will, and to conquer "the queen with him in the house," to be its consort and its companion to fulfill its desires and longings both in the ruling of the kingdom as well as in the acquisition of riches and wealth and all Solomon's delight. Now the appointment of the daughters of Jerusalem as guards over her symbolizes the physical powers that surround the soul and confine it, lest it withdraw from the physical world and cast off its physical shoes from its feet and lest it lift its

wings to fly on wings of purity and sanctity to spirituality, to its Lover in Heaven. And the parables concern the love of the maiden for the shepherd, the prince of her youth, he, "as a bridegroom putteth on a priestly diadem," and she, "as a bride adorneth herself with her jewels." The intention is that Solomon's soul despised physical desires and lusts, and did not defile itself after the power that dominates the body, the temptation and the desires of its deeds. Instead, at all times, it became aroused with a powerful longing for its Lover, God, its rightful lot, and it strengthened itself with study and deed to go in His ways and cleave to Him.

Now the intention of the parable, that the lover sent her his message behind the wall and the door, through windows and lattices, means that the Most High Lover longed to pour out upon her His holy spirit, to enable her to understand Him fully. He therefore sent the message of His providence through the wall, the physical barrier between her and the holy of holies, regarding her through the windows and the lattices of the soul to raise it from the valley of sand and lime pits to sanctify the holy spirit and to remove it from the "valley of troubling to a door of hope."

The parable of her many flights from the king's palace to her lover in the forest symbolizes that through the striving of Solomon's soul and its longing and preparation for cleaving to God, the spirit rested upon her, and she clung to the glory of sanctity, attaining prophecy; indeed, God spoke to her many times. When she fled from Solomon's palace, i.e., when she stripped herself of her physical being, and the cloud and the thick darkness departed from her, she distanced herself from the love of the king. This is described as the shadows fleeing, alluding to physical desire, and she remained in seclusion with the great light and the glory of the Lover that shone upon her.

The parable of the daughters of Jerusalem pursuing her each time she flees and returning her to the king's palace, symbolizes that the ties of the body were not yet completely dissolved. Therefore, this union was short-lived, for, after the Godly spirit rested upon him, the physical powers returned to be aroused and to terminate this union, and God departed when He finished speaking to Solomon. Solomon's soul returned to its place to be imprisoned under the lock of his physical being as at first. At the end of days, she leaves Solomon's palace by force and returns there no more, but cleaves to her beloved who betrothes her to him forever. This represents Solomon's demise. Then the ties are undone and the bonds melted, the trap is broken and his soul flees to her God, the Husband of her youth, "and the dust returns to the earth, and the spirit returns to God Who gave it," and it cleaves to the bond of life, in eternal Paradise.

When we divided this holy song into its component parts, we noticed that it is divided into five parts, or songs. Each song relates how the maiden flees the king's chambers to the wilderness, making a total of five times. The first four times she is returned from the wilderness to the king's palace. The fifth time,

however, she goes out to the wilderness and remains there with her beloved, never to return. This represents the four times that God appeared to Solomon, as will be delineated . This became a parable of the maiden going out; i.e., his Godly soul withdrawing from his physical being four times, and after the temptation of the speech and the vision, returning here to be imprisoned as previously. The fifth time, however, at the time of his demise, his soul departed from his body completely and returned to her father's house as in her youth.

The first song commences: "Let him kiss me with the kisses of his mouth," and terminates: "I adjure you, O daughters of Jerusalem...that ye awaken not" (2:7). Here he relates that the maiden longs for her beloved, and he stands behind her walls. She begs him to describe his whereabouts, where she will be able to find him. Then she flees to the wilderness and joins her beloved, and his banner over her is love, his left hand is under her head, and his right hand embraces her, until she notes that the daughters of Jerusalem are pursuing her. She adjures them neither to awaken nor to arouse his love. Thus their rendezvous terminates, and they part.

This represents Solomon's first vision (mentioned in I Kings 3 and II Chron. 1) when the king went to Gibeon and offered up one thousand burnt offerings, and God appeared to him in a dream at night and said, "Ask what I shall give thee," and Solomon requested an understanding heart to discern between good and evil, which God granted him. Accordingly, he depicts Solomon's soul longing for her Beloved and coming to His house with burnt-offerings and seeking to recognize His ways, His judgments, and His wisdom. She achieved this wondrous union, demonstrated by a prophetic vision, when she withdrew from her physical being and clung to her Beloved, until the daughters of Jerusalem, i.e., the physical senses, terminated this union by their revival. Then Solomon awoke, and his soul returned to its prison.

The second song commences: "Hark! My Beloved! Behold, he is coming," (2:8) and terminates: "Until the sun spreads...Turn, my beloved, and be like a gazelle " (ibid. 17). Here the beloved comes of his own volition to his lady love, and calls her to follow him. She, however, is concealed and imprisoned in the covert of the cliff. He speaks very little to her and then departs. This represents the second prophecy (mentioned in I Kings 6:11), when he commenced to build the Temple, and God said to him, "As for this house which you are building, if you will walk in my statutes..." It is explained there that this was not a prophecy of a high degree, (as evidenced by the expression, "And the word of the Lord came to Solomon." It was not a vision. Therefore, it is stated further, "that the Lord appeared the second time, as he had appeared unto him at Gibeon" (9:2), not counting this vision; neither was it mentioned in Chronicles). Therefore, it does not say that the daughters of Jerusalem pursued them, for they parted by themselves, and she went out only "until the sun spreads and the shadows flee away," and then her beloved departed by himself...

The third song commences: "By night on my bed" (3:1) and terminates: "I am come into my garden" (5:1). Here he relates that the maiden sought her beloved on her bed at night and throughout the city but did not find him until she left the city. Then she found her beloved and brought him to her mother's house, until the daughters of Jerusalem pursued her. There he relates how she fled the litter of Solomon, and how she was secluded with her beloved when he spoke to her with all sorts of endearing terms.

All this symbolizes his third prophecy (mentioned in I Kings 9 and in II Chron. 4) after he completed the House and dedicated it, when he prayed at length and offered up many sacrifices, as mentioned there at length. This is represented by the parable of the maiden beseeching her beloved at length and with all her might. Then God appeared to Solomon in a real vision as He had appeared to him in Gibeon. This indicates that Solomon's soul departed from his physical being and clung to her Beloved with a prophetic union. And she brought Him to her mother's house through the Sanctuary that he built...Then the physical senses terminated the union, and his soul returned to his body as at first. There he relates the episode of the palanquin, representing the Temple that he built, including many wonderful things about this prophecy...

The fourth song commences: "I sleep" (5:2) and ends: "This is my beloved, and this is my friend" (5:16). Here he relates that the maiden sleeps many days in Solomon's chambers and forgets the prince of her youth, until one night he suddenly comes and knocks at her door. At first, she does not wish to get out of bed to admit him, and after she rises to open the door for him, her beloved "had turned away and was gone," and she could no longer find him. She displays her anguish to the daughters of Jerusalem and tells them that she is lovesick. She describes her beloved's characteristics to them, his high points, and his perfections.

This represents the account (in I Kings 11) of Solomon's sins, that he sinned and married foreign women, and his heart turned away from God "Who had appeared to him twice...Wherefore the Lord said unto Solomon: "Forasmuch as this has been in your mind, and you have not kept My covenant and My statutes, which I have commanded you, I will surely rend the kingdom from you, and will give it to your servant." This indicates that Solomon's soul slumbered in the bosom of his body and was drawn after his desires, until God came and knocked at the door and informed her of her sin and her punishment. Then she put it to her heart to repent so that she would merit the light and the Godly union she originally enjoyed, but her Beloved had turned away and was gone. From that time on, God distanced Himself from him and his soul never again departed from his physical self to unite with the spiritual until the time of his demise, when the daughters of Jerusalem, i.e., the physical senses, found his Beloved, Who came to gather his soul to Him, to the source of life, and they told Him that she, the soul, was lovesick.

The fifth song begins: "Where has your beloved gone" (6:1), and ends:

"Many waters cannot quench the love" (8:7). Here he tells that the beloved came to his bride, and her soul clung to him, and she went out with him to the wilderness with a high hand. The daughters of Jerusalem and King Solomon himself were unable to stop them, for love is as strong as death. And she says to the daughters of Jerusalem, "Why should you awaken or arouse the love?" You will never again be able to curtail this love. And he depicts the time the Most High Beloved will come to gather Solomon's soul to the bond of life, when death will come between her and the body, and she will return to God. The physical senses can no longer frighten her, for she lodges in the shadow of the Most High. In this section, there appear many wondrous matters concerning the soul at the time of its departure...

Added to this scroll is a short song, beginning: "We have a little sister" (8:8), until the end of the Book. This represents the speech and the supplication of the soul for the spirit of life, which is attached to the body, and for all other spiritual powers that are attached to the body, as well as for the body itself, that it receive its recompense for its deeds at the time of resurrection. He presents this as a parable, as though the maiden entreats for her little sister who has no breasts..., and this song is known as "the song of the thousand," since it tells about Solomon's vineyards that brought in a thousand pieces of silver for their fruit. Concerning this song, Scripture says: "and his songs were a thousand and five" (I Kings 5:12) alluding to the five songs comprising the Song of Songs, and the "song of the thousand."

From now on, if a person asks you what this song is based on according to its simple meaning, beware and guard your soul diligently lest you say that its simple meaning is the story of a maiden and a shepherd, the words of a maiden and her lover, words of love and desire, God forbid! But so shall you say to him, that its allegorical narrative according to its simple meaning embodies the happenings of the holy maiden, King Solomon's soul, and her dialogue with her Beloved in the heavens on five occasions when she came out of the dungeon and removed the raiment of her captivity from her, and she came into the inner court of the King in the beauty of holiness. This is the narrative, and this is the allegory, and that is the simple explanation. However, since this holy narrative is very precious, superior to all narratives in the Holy Writ, for all of them narrate events of this humble physical world and matters perceptible by the senses, which every man can perceive, every eye can see, and every ear can hear, and all flesh can understand equally. Not so this Song, which speaks of the events of the Godly soul and matters of the spiritual soul; of its ascent and descent,of its sojourn in the body, of its departure, its relation to the spiritual world, and its involvement with the senses of the body, all of which are wondrous and hidden matters, all perceptible by the intellect, not by the senses, for the soul and its essence cannot be seen by the physical eye, neither can the senses perceive it. It is therefore difficult for one using language to describe it with simple statements, since language does not contain any nouns, verbs or

other words relating primarily to spiritual matters. The nouns upon which language is built are all based on perceptible matters, and are all used only in reference to the physical world. Therefore, if a person wishes to describe spiritual matters, he has no terms that refer to them primarily, and when he searches his vocabulary, he will find no words with which to express his thoughts. He must therefore dress his words with borrowed nouns and verbs that are primarily meant for matters of the physical world, governed by motion, time and space, etc. And so Solomon was compelled to do when relating the words of this song, which speaks of the spiritual. He had to borrow terms, parables, and metaphors, as well as vestments from the perceptible world. He depicted the spiritual soul and its yearning for the hidden Lover, in the guise of a maiden, leaning upon her beloved, the Holy Beloved, Who looks in with His love upon the soul of His pious ones, depicted as a shepherd in the wilderness, longing for the object of His affections, and the like, as all the words of the song, for there are no expressions in language with which a person can describe spiritual matters as long as he is still in his physical self.

Accordingly, I deviated from the manner of all the commentators. According to their interpretation, the simple meaning of the Song is that it is a love song between a man and his beloved, and that the "inside is paved with love," a dialogue between God and His treasured people. Accordingly, the inside is holy whereas the external garb is profane. This is comparable to a high priest attired in soiled raiment, and the angel of God, burning with fire from within the thornbush. Moreover, according to them, the innermost meaning of the interpretation of a parable is arrived at homiletically or through a far-fetched allusion. It is so far from the simple explanation that if one asks what the simple meaning is, the only answer he would find is that it is a love song. Not so, according to the way I have paved; the simple meaning is holy, and the attire is pure, for the simple meaning of the Song is that it is the words of dialogue between the soul and God, her Lover. That is the outer garb, holy and pure, and there is no other simple interpretation....

שיר השירים

●

מקראות גדולות

THE SONG OF SONGS

הקדמה

הנה המגלה הזאת **שיר השירים** המקודשת כמו ששבחוה חז"ל במס' ידים אמר ר"ע כל השירים קודש ושיר השירים קודש קדשים וכל העולם לא הי' כדאי כיום שניתנה **שיר השירים**. מי יכול למלל שבחה, ומי יכול להבין הסודות והרמזים שבו, כמו שרמזו בו הזוהר והרמב"ן והגר"א מווילנא ועוד מפרשי הרמזים, אבל מחמת שקדמונינו ז"ל תקנו שכל ישראל יאמרו שיר השירים בכל ערב שבת, ולהאנשים שאינם בעלי קבלה הוא כספר החתום ע"כ לקטנו מספרים שונים ויתאחדו פירוש על כל הספר הזה מהחל עד כלה בכדי שכל איש ימצא בו טעם לשבח ויכול ללמוד בו כמו שלומד את החומש, ואלה הם הספרים שמהם לקטתי הפירוש האלשיך, העקדה, איל המלואים ר"י עמדין אפיקי יהודה ח"ר וח"ב שירי הנפש מלבי"ם, מחזה השיר, תפארת צבי, צפירת תפארה, שירת משה, שירי זמרה, ועוד, **ועשינו** מטעמים להמשך השיר הזה אשר ידברו בו הקב"ה וכנ"י מענין הגלות הזה:

שיר השירים א

א א שִׁיר הַשִּׁירִים אֲשֶׁר לִשְׁלֹמֹה:

תו"א שיר השירים. סנהדרין קא ידים פ"ג ספר הזוהר פ' תרומה:

תרגום

א שירין ותושבחן די אמר שלמה נביא מלכא דישראל ברוח נבואה קדם רבון כל עלמא יי. עסרתי שירתא אתאמרו בעלמא הדין שירא דין משבח מן כולהון. שירתא קמיתא אמר אדם בזמן דאשתבק ליה חובתיה ואתא יומא דשבתא ואגן עלוי פתח פומיה ואמר מזמור שיר ליומא דשבתא. שירתא תנייתא אמר משה עם בנוי דישראל בזמן די בזע להון מרי עלמא ית ימא דסוף פתחו כולהון ואמרו כחדא שירתא דהיכדין כתיב בכן שבח משה ובני ישראל. שירתא תליתאה אמרו בנוי דישראל בזמן דאתיהיבת להון בארא דמיא דהיכדין כתיב בכן שבח ישראל. שירתא רביעאה אמר משה נביא כד אתא זמניה למפטר מן עלמא ואוכח בה ית עמא בית ישראל דהיכדין כתיב אציתו שמיא ואמליל. שירתא חמישאה אמר יהושע בר נון כד אגח קרבא בגבעון וקמו ליה שמשא וסיהרא תלתין ושית שעין ופסקו מלמימר שירתא פתח פומיה איהו ואמר שירתא דהכדין כתיב בכן ישבח יהושע קדם יי. שירתא שתיתאה אמרו ברק ודבורה ביומא דמסר יי ית סיסרא וית משריתיה ביד בנוי דישראל דהכדין כתיב ושבחת דבורה וברק בר

רש"י

(א) **שיר השירים אשר לשלמה.** שנו רבותינו כל שלמה (דק"ל למה לא מייחסו אחר אביו כמו במשלי וקהלת) האמורים בשיר השירים קדש מלך שהשלום שלו. שיר שהוא על כל השירים א אשר נאמר להקב"ה

שפתי חכמים

א **דקשה לרש"י** מהו שיר השירים הל"ל שיר אשר לשלמה לכ"פ שיר וכו'. ואה"כ ק"ל במה הוא מעולה על כל השירים לזה **מייתי** אר"ע כו' שכל השירים קדש ושיר השירים קדש קדשים כך הוא הגירסא במדרש ובספרים מדויקים של רש"י ולא גרסינן שכל הכתובים אע"פ שבפ"ג דמסכת ידים כתיב שכל הכתובים קודש שם אינו אלא דברי ר"ע בלבד אבל במדרש זה שהביא רש"י דברי ר"ע ור"א בן עזריה שם הוא שכל השירים קודש ופירושו הכי הוא שכל השירים קודש ושיר השירים קודש קדשים משמע מדתלי ביום שלא היה

ספורנו

א **שיר השירים.** כבר אמרו הכמים כל השירים קדש ושיר השירים קדש קדשים. והכונה בזה שכל השירים ששר שלמה המלך שנא' ויהי שירו חמשה ואלף כלם היו שירי קודש אשר בהם ישמח ישראל בעושיו. וזה שיר השירים הוא קדש קדשים וזה שכל ענינו לכונן את לב בני אדם בפרט המתאוננים רע"ב בפנעי הזמן לאהוב את האל ית' כאשר יהיה ההכרח אשר ידע האדם אל נכון דרכי טובו בלי ספק כאמרו שמע ישראל וכו' ואהבת וכו'. כי אמנם בידיעת פרשת גדולת איזה נמצא מן הנמצאות שהוא גדול במעלה ועם זה תהיה לנו ידיעת טובו אשר בו מטיב לזולתו יהיה אותו נמצא נאהב בהכרח גם ממי שלא

מצודת דוד

(א) **שיר השירים.** לפי ששלמה חבר שירים הרבה כמו שכתוב ויהי שירו חמשה ואלף (מ"א ה) לכן אמר בפתיחת הספר זה השיר הוא המשובח והנעלה מכל השירים המיוחסים לשלמה על כי היא שיר ידידות יספר בו את כל תוקף קשור האהבה העזה ודבוק האמתי שבין האל יתברך ובין עמו בית ישראל. ואמר במשל מן האהבה הנמשלת ותוקף שבין החושק וחשוקתו אשר למאד יתלהבו געגועם בהפרדם זו מזו וילפו עת בוא דבוק התמידי (ועם כי אין הנמשל דומה אל המשל בכל חלקי פרטי הענינים אין בכך כלום. כי כן המה דרכי המשל שיש בו דברים נוספים ליפותו להיות מקובל על

מצודת ציון

(א) **שיר השירים.** ר"ל שיר המעולה והמובחר שבכל השירים וכן ותבואי בעדי עדיים (יחזקאל ט"ז) ור"ל היפה והמובחר

קיצור אלשיך וש"מ

אמר רבינו משה אלשיך ז"ל. המגלה הזאת וויכוח בני הגולה הגולים בגלות החיל הזה המר והנמהר אשר התוכחו עם ה' אלהיהם חברו שהמע"ה ברוח ה' דבר בו ומלתו על לשונו להודיע חבתו ית' אליהם ואהבתם אליו, בל יאמר האומר עזבם הקב"ה וה' שכחם באורך הגלות הלז, או יאמר אין זה כ"א רוע לב ישראל אשר שכחו מעשיו ית' ועזבו בריתו וע"כ גם ה' מאסם ובהם געלה נפשו חלילה. ע"כ ראה והתקין אמרי שפר, המגלה הזאת, והמשיל את ישראל אצלו ית' לבת מלכים כלילת יופי נאה וחסודה אהובת מלך גדול מלא חכמה וכליל יופי ויראה בשביה ויאהביה ותיטב הנערה בעיניו ותשא חסד לפניו מכל הנשים, ויצא למלחמה על שונאיה ויפרקה מצריה ויבהל את תמרוקיה ואת מנותיה לתת לה ויאהביה כנפשו. והיא גם היא אהבתו. לשמו ולזכרו תאות נפשה. ובהגיע עת דודים אהבת כלולות הגישה אליו ויתעלסו באהבים ויחבק אותה וינשק אותה וירוו דודים כי נפלאתה אהבתו אותה מאהבת נשים. ויהי כי ארכו הימים ומצא בה ערות דבר כי התנה אהבים עם אחד מהסריסים. ויקציף המלך מאד ויצא דבר מלכות מלפניו ויכתב בדתי המלך לשלחה מביתו ולבלתי השיב אותה עד ימים או עשור אכן לא נתן לה ספר כריתות רק שלחה מביתו והלכה נעה ונדה מבית לבית ומחצר לחצר ולא מצאה מנוח

כלא

1

1. The Song of Songs, which is Solomon's.

1

1. **The Song of Songs, which is Solomon's**—*Our Rabbis taught* (*Shevu.* 35b): *Every Solomon (because they were at a loss to explain why Scripture did not mention his father, as it did in Proverbs and Ecclesiastes) mentioned in the Song of Songs is sacred* (refers to God), *the King to Whom peace* (שָׁלוֹם) *belongs. It is a song that is above all songs, which was recited to the Holy One, blessed be He, by His congregation and His people, the congregation of Israel. Rabbi Akiva said: The world was never as worthy as on the day that the Song of Songs was given to Israel, for all the Writings are holy, whereas the Song of Songs is the holiest of the holy. Rabbi Eleazar ben Azariah said: To what can this be compared? To a king who took a se'ah of wheat and gave it to a baker. He said to him, "Extract for me so much fine flour, so much bran, so much coarse bran, and you shall produce enough fine flour for one white loaf, sifted and superior." So are all the Writings holy and the Song of Songs the holiest of the holy, for it is all comprised of fear of Heaven and the acceptance of the yoke of His kingdom.*—[*Rashi* from *Song Rabbah* 1:11; *Tanhuma, Tezavveh* 5]

Zeror Hamor writes that the Song of Songs is the holiest of the holy because it is the song that Israel sings about the redemption and the World to Come.

Mezudath David explains this verse in its simple sense: Solomon composed many songs, as it is written (I Kings 5:12): "and his songs were a thousand and five." Scripture wishes to tell us in the first verse of this book that this song is superior to all the other songs attributed to Solomon, for it portrays the intensity of the powerful love and the union of God and His people Israel. This relationship is depicted by an allegory in which the love between a man and a woman intensifies when they part ways and long for a permanent union. (The fact that not all the details in the analogy correspond perfectly does not detract from its efficacy because allegories characteristically contain added embellishments for moral and aesthetic effect.) Accordingly, we would render: The Song of the Songs that are Solomon's.

The *Gra* quotes *Zohar Hadash*, which mystically equates the Song of Songs with the number 1006. One of the reasons for this is as follows: Solomon composed 1005 songs. This parallels the numerical value of the word השירים when each letter is spelled out. (See below). The Song of Songs, which is greater than all of Solomon's other songs, is designated with the next higher number—1006—to demonstrate its superiority over them.

שפתי חכמים

העולם כדאי כיום שניתן בו שיר השירים בסוף מעולה משירות הכתובי' שהורס כשירת הים ושירת האזינו ודומיהם דאם היו שירות התורה מעולים משיר השירים היה היום שנתנו בו שירות התורה מעולה ויותר כדאי מיום שניתן בו שיר השירים וזה לא יתכן כעניני ר"א בן עזריה ואמר דלא אמריגן שיר זה קודש קדשים אלא על שירי שלמה דוקא שנאמר עליו ויהי שירו חמשה ואלף והוי כאלו אמר שכל שירי שלמה

רש"י

אלא עדתו ועמו כנסת ישראל אמר רבי עקיבא לא היה העולם כדאי כיום שניתן בו שיר השירים לישראל שכל הכתובים קדש ושיר השירים קדש קדשים אמר ר' אלעזר בן עזריה למה הדבר דומה למלך שנטל סאה חטים ונתנה לנחתום אמר לו הוצא לי כך וכך סולת כך וכך סובין כך וכך מורסן וסלית לי מתוכה גלוסקיא אחת מנופה ומעול' כך כל הכתובים קדש ושיר השירים קדש קדשים שכולו יראת

ספורנו

ישפעו עליו חסדי אותו הנמצא. וכאשר תהי' מעלת אותו הנמצא יותר גדולה ונדע שעם זה ישתדל להטיב לזולת ולא שקץ ענות עני תהיה בהכרח האהבה יותר גדולה ועניין האהבה הוא שישמח האוהב על מעלת הנאהב ועל השיגו כל חפצו. ויותר מזה ראוי שיאהבוהו אותם הנמצאים אשר ישפעו עליהם חסדיו יותר מעל זולתו. ובכן הגיד המחבר חסדי האל ית' ורחמיו על כל מעשיו ובכן גבר חסדו על אוהביו ויודעי שמו ועל חסידיו ובכן ראוי שיאהבו' ושתהיה אהבתם יותר גדולה ועצמית ובכן היה כל זה הספר כמגיד דברי עדת ה' ית' אליו בפרט* בשעת עונש ותשובתו הרמתה אשר בה הודיע סבת מדת דינו עליהם יותר מעל זולתם וחסדיו עמהם ותתחיל ואמר: שיר השירים אשר לשלמה. וזה שאע"פ שאמרו חכמים ז"ל כל שלמה האמור בשיר השירים קדש חוץ מהנה מטתו שלשלמה הנה בפסוק הלז היתה הכונה על השירים שחבר שלמה המלך על המלך הקדוש שהשלום שלו כמו שפרשו הם ז"ל כי אמנם מציאות הנמצאים יהיה בשלום בלתי מנגד וההפסד יהי' בהתנגדות הפכו ומאתי הממציא כל נמצא יהיה השלום וההפסד יהיה בהסתיר פניו ממנו כאמרו תסתיר פניך יבהלון כו' ובכן קצת הקדמוני' בהגיד התחלות המציאות אמרו שהם השלום והריב ובכן התחיל המחבר כמגיד דברי עדת ה' ותפלתה לאל ית' באמרה:

קיצור אלשיך וש"ם

לכף רגלה ובטלטוליה וקירותיה זכור תזכור אהבת כלולותיה עבדיה ואמהותיה אשר היו לפניה ומה טובו דודיה ודמוע תדמע עיניה באומרה איכה נחשבתי לנבלי חרש הושלכתי כמשמים ארץ מבית מנוחתי וארמוני מלכותי ונפש דודי בחלה בי. ע"כ נשבר לבה בקרבה כי נתנה שוממה כל היום דוה ונכספה וגם כלתה נפשה לחצרות אדוניה ואמריה תאמר מי יתנני כירחי קדם אשר אהבני אישי בהלו נרו עלי ראשי. וגם המלך זכר את אשתו ואת אשר עשתה ואת אשר נגזר עליה ויאמר בלבו למה זה הגדל מרורת חטאה לפני. והנה הסרים ההוא לא ירע ולא ישחית וגם היטב אין אותו ולמה תגעל נפשי באשת נעורי אשר אהבתי לי. והיא גם היא מאסה באשר בהרה וקשרה אהבה באישה הראשון. אז המלך במלאות ימי נדותה אשר נדה אותה מלפניו שב אפו ממנה ויבן לה בית ויהי עמה כמשפט הראשון. ותשטר האשה מן היום ההוא והלאה משוב אל חטאה אשר חטאה. אכן ברוב הימים לקחה לה מדות רעות ותתגנה בעיניו על רוע מדותיה ומאסה במוסר השכל וישב ידו שנית להדפה ממצבה ולהורסה ממעמדה אל מעגית אריות והררי נמרים ותהי למרמס זה דורס ואוכל וזה טורף ושואג פורק אין מידם והיה כאשר תנוס מפני הארי ופגעה הדוב. ואם אל עיר תאסף ונשכה הנחש. ובפעם הזאת השנית לא הזכיר קצבת ימי רחוקה מרוב שיחו וכעסו על שגותה באולתה ותעביר רצונו זה פעמים אכן עודנו מחזיק באהבתה ולא בחר בזולתה ותמיד כל היום נפשו שוקקה מתי תשוב מרוע מדותיה אשר היו לה ולקרבה אליו ולתת את דודיו לה כי כלתו היא אשר חשק בה ומי בכל בנות הארץ תערוך אליה אף גם עודנה בהטאה האחרון ומה גם בהסירה את שמלת רוע מדותיה מעליה וכאשר יקרה נפשה בעיני המלך כן יקרה נפשו בעיניה כי זכרה אהבת כלולותיה אלוף נעוריה בכה תבכה לילה ויומם עינה נגרה ולא תדמה, כי תזכור ימים מקדם בהלו נרו על ראשה. נכספה וגם כלתה נפשה לשוב כימי קדם קדמתה כי חולת אהבה היא. אך עדיין לא הוטהרה מהלאת מקצת מדותיה אשר לא טובים והאיש משתאה לה מחריש מהחזיק בידה להשיבה אליו עד אשר תטהר ותהי עולה מאליה אל המעלה הגדולה ההיא אשר היה לה. וארכו להם הימים בתוחלת ממושכה היא מיחלת עד יתן יד להכין אותה ולסעדה והוא מיחל עד החילה ההלה להכין עצמה ויש זקן וכסיל יפתנה ובחלק שפתיו ידיחנה לבל תשוב עדיו ואחרי כן הלוך ילך רכיל לדבר סרה עליה על כי עודנה מחזקת בטומאתה ותוסף לחטוא. ותקם אחד מגוריה אשר ילדה לו ויחר לו לקול צללו אזניו ככל היוצא מפי חושבי און ההושבים על המלך תועה ועל המלכה באומרם ההנה יאחר המלך מהשיב את נדחתו זה כמה שנים. וגם על המלך יאריכו לשון לאמר האם כשרה היא בעיניו כי ע"כ לא החליפה ולא המיר אותה בזולתה למה עזבה וישכחה בגלל הדבר הזה ילד יולד למו נשא משלו ויתן בפיו שיר חדש ויהי שיוו דברי דודיהם וחשוקיהם כסף רב כסף אשר נכסוף נכספו זה לזה אף אחר שלוחיה ואשר הסתיר פניו ממנה לא מקנאה ושנאה כי גם שם ידו תנחה ותנהלה וכי אף גם בהיותה בארץ אויביה גם שם יתנו אהבים היא והוא בשאלה מאתו יטה אליה חסד יפרוש כנפיו יקחה כמשפט הראשון כי לא כשאר נשים היא כי תמאס בעוותם כי חיות רעות הנה ורשעתן מלבותן. והיא לא כן. וגם הוא ישיב אמריו לה כי אהבת עולם אהבה וידבר על לבה כי טובה היא בעיניו לתת את שאלתה ולעשות את בקשתה. אך אחר החילה להכין תמרוקי קשוטיה וככלה תעדה כליה:

הנה כי כן בדמותו וצלמו קרה לנו עדת ישראל עם אלוף נעורנו אבינו מלכנו כאשר נשאו המשל הזה רבותינו ז"ל על יום צאתנו ממצרים לבת מלכים שתפבוה לסטים כו' לימים בקש המלך להשיאה וכו' כי מאהבתו יתברך אותנו הוציאנו ממצרים קרע לנו את הים העבירנו בתוכו בחרבה ובהגיע עת דודים אהבת כלולת קרבנו לפני הר סיני והכניסנו תחת כנפיו וישקנו מנשיקת פיו בהשמיענו מפיו תורה ומצות ושמח שמחנו כמשוש חתן על כלה והכניסנו לא"י ובנה לנו בית הבחירה ויהי כאשר מצא בנו ערות דבר כי זנינו מאחרי אלהים ופתה לבנו אחרי אלילים אלמים חרה אפו בנו ויגרשנו מביתו ויקצוב קצבת גרושנו עד מלאת לבבל שבעים שנה ובמלאות הימים האלה שב ה' את שביתנו והטה כלפי חסד והכין הארמון על משפט ויביאנו אל היכלו ומן אז הדלנו לקטר לאלהי העמים. אך כאשר ארכו לנו הימים נמשכנו אחר רוע מוסר והחזקנו במדת שנאת חנם ותחת זאת שלחנו מביתו והלכנו מעיר לעיר וממלכה אל ממלכה כחי וטאום בקרב העמים. ואין אתנו יודע עד מה יאנף בנו ה'. והיא שעמדה עלינו לכלותנו ועליך הורגנו כל היום בכל המקומות אשר הדחנו שמה. ועכ"ז לא שכחנו ה' אלהינו כי יחד כולנו אסירי התקוה תמיד כל היום רבת צמאה לך נפשנו ישוב ירחמנו יקרבנו יביאנו ויטענו בארמון החדש אשר יבנה לנו בנין עדי עד. ובזה ינחמנו מעצבוננו מן האדמה אשר אררה ה' ומהר ציון ששמם. ונגזרה חכמתו יתברך כי הבונה הבית הראשון הוא שלמה המלך ע"ה ינחמנו על הגלות האחרון הזה. בשירותיו הנעימים והנחמדים. וזהו שיר השירים אשר לשלמה. ולא נאמר שיר השירים לשלמה [כמו שיר המעלות לשלמה]. אך ר"ל זה שיר מהשירים אשר לשלמה. המיוחדים לנפש שלמה. שהוא חלק נפשו [כמו שאנו מבקשים ותן חלקנו בתורתך] ומעותד ליאמר על פיו בהתחדשו לבא בעולם. וכה יאמר בשם הכנסיה הישראלית:

ישקני

15 = הי
360 = שין
20 = יוד
510 = ריש
20 = יוד
80 = מם
1005

It is noteworthy that the initial *shin* is written in larger than usual letters. This is the only *shin* in the Bible written this way. The Midrash of Rabbi Akiva ben Yosef regarding the large letters and their reasons states that this *shin* is written large because the Song of Songs is the choicest of the ten songs uttered in the world.

These ten songs are enumerated in the *Targum*, as follows: The songs and the praises that Solomon the prophet, the king of Israel, recited with the spirit of prophecy before God, the Lord of the Universe: Ten songs were (at various times) recited in the world, and this song is superior to them all. Adam recited the first song when his sin was forgiven, and the Sabbath day arrived and protected him. He opened his mouth and said (Ps. 92:1): "A song with musical accompaniment for the Sabbath day." Moses recited the second song with the Children of Israel when the Lord of the Universe split the Sea of Reeds for them. They all commenced and recited the song in unison, as it is written, "Then Moses and the Children of Israel sang." (Exod. 15:1) The Children of Israel recited the third song when the well of water was given to them, as it is written "Then Israel sang this song." (Num. 21:17) Moses sang the fourth song when it came time for him to depart from the world, and he reproved the people of the House of Israel, as it is written: "Give ear, O heavens, and I will speak." (Deut. 32:1) Joshua the son of Nun recited the fifth song when he waged war in Gibeon, and the sun and the moon stood still for thirty-six hours and ceased sounding their song. He then opened his mouth and recited a song, as it is written: "Then Joshua praised before the Lord." (Josh. 10:12) [This is the *Targum* of the verse.] Barak and Deborah recited the sixth song on the day that the Lord delivered Sisera and his camp into the hands of the Children of Israel, as it is written: "Now Deborah and Barak the son of Abinoam sang." (Jud. 5:1) Hannah recited the seventh song when a son was given to her by the Lord, as it is written: "And Hannah prayed with prophecy and said." (I Sam. 2:1) [This is the *Targum* of the verse.] David, king of Israel, recited the eighth song for all the miracles that the Lord had performed for him. He opened his mouth and recited a song, as it is written: "And David praised the Lord with prophecy." (II Sam. 22:1) [This is the *Targum* of the verse.] Solomon, king of Israel, recited the ninth song with the holy spirit before God, Lord of the Universe. The exiles are destined to sing the tenth song when they are redeemed from exile, as it is written and explained by the prophet Isaiah: "This song shall be to you as on the night of the sanctification of the Festival [of Passover], and the joy of

the heart as when one goes forth with the flute, to come up to the mountain of the Lord and to worship the mighty Strength of Israel." (Isa. 30:29)

As regards the absence of David's name in the title, we find a very interesting explanation in *Beer Moshe* by *Rabbi Moshe Moth* (1551-1606), in which he propounds the view that Solomon wrote the Song of Songs in his old age and explains the order of Solomon's other books.

Rabbi Moth compares the wordings of the introductory verses in the books authored by Solomon. In Ecclesiastes Solomon says: "The words of Koheleth, the son of David, king in Jerusalem"; in Proverbs he writes: "The proverbs of Solomon, the son of David, king of Israel"; while in this book he states: "The Song of Songs which is Solomon's," mentioning neither his father's name nor his place. It appears that he wrote Ecclesiastes first, then Proverbs, and finally, the most beloved book, the Song of Songs. This is the view of the Kabbalists and so it is found in *Midrash Hane'elam*. Solomon composed the book of Ecclesiastes, which deals with matters of this world, first. (I Kings 5:13): "And he spoke of trees, from the cedar tree in Lebanon to the hyssop which springs out of the wall, and he spoke of the beasts and of the fowl and of the creeping things and of the fishes." In Ecclesiastes, Solomon investigated the foundations of nature, refuted corrupt foreign views, and traced universal human experiences from birth to death. He taught that all, including the natural sciences and philosophies, is vanity, except the fear of God. He sifted the "wheat from the chaff" by refuting alien beliefs and informing his readers that the goal towards which they must strive is the attainment of the fear of God. He therefore concluded the book with the words, "The end of the matter, all having been heard, fear God and keep His commandments, for this is all of man," i.e., this is the sole reason for man's creation.

Solomon's second work, the book of Proverbs, develops the theme with which he concluded Ecclesiastes. His opening words are (1:7): "The fear of the Lord is the beginning of knowledge." The entire book expounds at length on the details of the fear of God, elaborating upon the desirable character traits that a person should cultivate in order to merit eternal life. He concludes the book with the same theme, to teach us that all desirable traits integral to the attainment of spiritual excellence are included in the fear of God. That is his intention when he states, (31:30): "Charm is false, and beauty is futile; a God-fearing woman is to be praised."

The theme of Solomon's third book, the Song of Songs, is the love of God. This spiritual state results from, and is superior to, the fear of God. It constitutes the final and highest level of spiritual attainment.

Rabbi Eleazar ben Azariah, in the *Pesikta* of the Song of Songs (*Shir Hashirim Rabbah* 1:11), described it as the most praised and exalted of

songs. Rabbi Eleazar ben Azariah illustrated its holiness with a comparison to a man who took a se'ah of wheat to a baker. First he demanded, "Extract flour for me." This corresponds to the book of Ecclesiastes in which Solomon refuted false and alien views. "Then extract fine flour for me." This alludes to the wisdom that God gave Solomon to purify "the food" and extract "fine flour" from it. It symbolizes the fear of God embodied in the book of Proverbs. And finally, "produce from it one loaf." This refers to the love depicted in this book. Thus, "the fine flour is the Song of Songs...."

We can now understand the differences in the introductory verses of these three books. When he composed the book of Ecclesiastes, Solomon was not yet renowned in the world. Unknown authors with famous fathers call themselves by their fathers' names, the names of their places, or their positions. Solomon therefore called himself, "the son of David, king in Jerusalem." He even mentioned his place to identify himself.

When he composed the book of Proverbs, he mentioned his father's name and his position, but not the name of his place, since he was already somewhat famous.

Later, when he composed the Song of Songs, he was so famous that he did not need to mention anything but his name, for his name was already well-known to all. He therefore stated, "The Song of Songs, which is Solomon's." [*Rabbenu Avigdor Cohen Zedek* comments that the pedigree "son of David" does not appear in the Song of Songs because the name שְׁלֹמֹה refers to the King to Whom peace belongs, as *Rashi* states above.]

Rashi, however, follows the view of *Midrash Rabbah*, which holds that Solomon composed the Song of Songs first, and afterwards the book of Proverbs and finally the book of Ecclesiastes. Rabbi Jonathan substantiates this view from the way of the world. When a man is young, he composes songs; when he grows older, he weaves allegories; when he ages, he speaks of vanities. He consequently finds difficulty in the absence of Solomon's pedigree at the beginning of the book. At the beginning of Proverbs, *Yad Avshalom* quotes Rabbis *Joseph Hivan* and *Joseph Kimchi*, who explain that since the Song of Songs appears to be a love song, Solomon omitted mention of his father's name in this work. In his younger years, when he was feared throughout Israel, Solomon was described (in Proverbs) as "king of Israel." In his old age, when he had lost his prestige, he was known merely as "king in Jerusalem" (in Ecclesiastes). *Yad Avshalom* goes on to state that he believes that the two latter titles are synonymous because Jerusalem is the capital of Israel.

ב ישקני מנשיקות פיהו כי־טובים דדיך מיין:

תו"א ישקני. מס' ע"ז לה ספר הזוהר פ' נח וב תרומה ופ' אחרי מות: כי טובים דודיך מיין. מס' ע"ז כט לה.

תרגום

אבינועם. שירתא שביעאה אמרה חנה בזמן דאתיהיבת להבר מן קדם יי דהכדין כתיב וצליאת חנה בנבואה ואמרת. שירתא תמינתא אמר דוד מלכא דישראל על כל נסיא דעבד ליה יי פתח פומיה ואמר שירתא דהכדין כתיב ושבח דוד בנבואה קדם יי. שירתא תשיעאה אמר שלמה מלכא דישראל ברוח קודשא קדם רבון כל עלמא יי. ושירתא עשיריתא עתידין למימר בני גלותא בעדן דיפקון מגלותא דהכדין כתיב ומפרש על ידוי דישעיה נביא דהכדין כתיב שירא הדין יהא לכון לחדוה כליל אתקדשות חגא דפסחא וחדות לבא דעמא דאזלין לאתחזאה קדם יי תלת זמנין בשתא במיני זמר וקל טבלא למעל לטורא דיי ולמפלח קדם יי תקיפא דישראל:
ב ישקני אמר שלמה נביא בריך יי דיהב לן אוריתא על ידוהי דמשה ספרא רבא כתיבא על תרין לוחי אבניא ושתא סדרי משנה ותלמודא בגרסא והוה מתמלל עמן אפין באפין כגבר דנשק לחבריה מן סגיאות

רש"י

שמים וקבול עול מלכותו: (ב) ישקני מנשיקות פיהו. זה השיר אומרת בפיה בגלותה ובאלמנותה מי יתן וישקני המלך שלמה מנשיקות פיהו כמו מאז ב לפי שיש מקומות שנושקין על גב היד ועל הכתף אך אני מתאוה ושוקקת להיותו נוהג עמי כמנהג הראשון כחתן אל כלה ג פה אל פה: כי טובים. לי דודיך מכל משתה יין ד ומכל עונג

שפתי חכמים

קודש ושיר השירים קודש קדשים וזה הורה במשל למלך שמלך הוא משל למלך מלכי המלכים הקב"ה שנתן רוח לשלמה עבדו לכרר ונשלות האוכל הוא השיר הזה מכל השירים ולכן שיים בדבריו בנמשל כך כל הכתובים קודש דהיינו כל השירים בעשה שלמה נקראים כתובים כשאר ספרי שלמה: ב דק"ל מנשיקות פיהו הוא מיותר לגמרי. לכ"פ מנשיקות פיהו כמו מאז כלומר כאילו אמר שתהיינה הנשיקות כמורגלות אלינו מאז ואה"כ קשה מה הפרש יש בין אותן נשיקות לשאר נשיקות לזה כתב לפי שיש מקומות וכו' אך אני מתאוה להיות נוהג עמי כמנהג הראשון פה אל פה: ג והמפרשים פירשו שהכריח רש"י מלד שלא אמר ישק לי רק ישקני כמו שפי' הראב"ע ז"ל כי כל נשיקה שאינה פה אל פה באה עם למ"ד כמו וישק יעקב לרחל נשה ושקה לי וכו' ורבים ע"כ אמר ישקני לרמוז שתהיה הנשיקה בפיו: ד דק"ל מאחר בלה

אבן עזרא

הפעם הראשונה

(ב) כל נשיק' שהיא בלא למ"ד היא בפה כמו וישקהו ועם הלמ"ד ביד או בכתף או בלחי על פי מנהג המדינות כמו ושקה לי וישק לו וכן וישק יעקב לרחל: דודיך. אהוביך יותר ישמחו מהיין והגאון אמר כי הוא הריר שהוא תחת הלשון והביא ראיה מהפסוק לכה נרוה דודים עד הבקר:

הפעם השנית

ישקני. דברי הנערה כאלו תדבר עם נפשה וכל תאותה שישק אותה פעמים רבות כי לא תשבע מאהבת וכאלו הרגיש הרועה והזרה מדברת לו: כי טובים דודיך. יותר מיין ירוו וישמחו אהביך או ע"פ פירוש הגאון רבינו סעדיה:

הפעם השלישית

ישקני. הקהל מאברהם שהוא העיקר ונשיקות הפה הם התורה והמצות כאשר כתוב עקב אשר שמע אברהם בקולי וישמור משמרתי מצותי חקותי ותורותי. ואל תתמה בעבור שאמר ישקני לדבר עבר כי כן דרך המקרא אז ישיר משה יעשו עגל בחורב והפך הדבר אלהים כאו גוים ורבים כמוהם: כי טובים דודיך מיין. אהביך כמו שהעיד הכתוב

ספורנו

(ב) ישקני מנשיקות פיהו. כלומר ישקני המלך שהשלום שלו בנשיקות פיהו כדרך הנושק את הנשוק בדבוק האהבה על דרך יאר ה' פניו אליך על היפך והסתרתי פני. ודבר על המלך בלשון נסתר כענין ירא פרעה ויפקד: כי טובים דודיך

מצודת דוד

הגב לגדת חדרי בטן): (ב) ישקני. עתה החל לספר מהפלגת הגעגועין שהיה אחר שפרד החשוק מאת חשוקתו והלך לו ומההגעגע' באותן שמים (ועם כי לא פירש במקרא שנפרד החשוק מנוה ועזבה אך לא פירש מי הוא המדבר כל דבר מהדברים הנה כן שמו דרכי לחות מליצת השירים המעולים אשר יקלרו וישתמו הדברים אולם הם מוכיחים על עצמם מי הוא המדבר ומי הוא המשיב ומה היה הכינם לכל הדברים הנאמרים וזה הדרך הולכת וסובבת גם המגלה הזאת עד תומה) ואמר בזה כאלו החשיקה שמו מעיה גם תשוקק אליו ומוסמכת אל לבה מי יתן וישקני עוד החשוק הוא מעין הנשיקות אהבתיה אשר נשקני בפיו בימי קדם (ועם כי אמרה מנשיקות הוסיפ' לומר פיהו לתוספת ביאור כי כן דרך הנשים שמזכירות אהבת נעורים מבלרות המאריכן במלות ונוספות לפי גודל הגעגועין וזה יחשב לכן לאחות מליצה): כי טובים דודיך מיין. מרוב אהבתה לו שיחק בנפשה כאלו עומד לנגדה והליז תאמר הנה אתאוה אל הנשיקות האלה כי

מצודת ציון

שבעדייה: (ב) דודיך. שין אהבה וחבה כמו נרוה דודים (משלי

קיצור אלשיך וש"מ

(ב) ישקני מנשיקות פיהו. כאמור בהמשל לכלה נאה והסודה אהובת מלך אשר שלחה מביתו מחמת עונותיה. והיתה שמה ושממה כל היום דוה חולת אהבה מאישה הראשון מתרפקת על דודה בזוכרה אלוף נעוריה אהבת כלולותיה ויהי בלבה כאש בוערת עצור בעצמותיה ותאמר בלבה אדברה וירוח לי אפתח שפתי ואענה אולי יתעשת האלהים ויכמרו רחמיו לקול תחנוני ותען ותאמר בנפש מרה כעניה סוערה מי יתן ישקני מנשיקות פיהו כאשר היה בימי קדם. והנה לבוא עד תכונת הדבר נשים פנינו אל מהות הנשיקה וענינה. והן הוא כל פרי גודל אהבת רעים אהובים כאשר נפלאת אהבתם. ואב את בן ירצה ונפשו קשורה בנפשו ישקהו מנשיקות פיהו. כי כאשר רוצה איש להראות להברו גודל אהבתו כנפשו יחבקהו וינשקהו. כי שתים הנה מיני התחברות והתקשרות זו למעלה מזו. האחת תתיחס אל החומר ולמעלה הימנה תתייחס אל הנפש. ולכן המורה בעומק אהבתו את בן בריתו בשתים יתחתן בו להורות על הגופני יחבק לו ועל הנפשיי ינשק לו להורות כי נפשו קשורה בנפשו. כי הפה תתייחס אל הנפש. כמו ויהי האדם לנפש חיה ותרגומו לרוח ממללא. והנה ישראל אחר הפרדם מאתו ית' ומצאום הרעות בגלות הזה ובאות נפשם ישאלו מאתו ית' ישקם מנשיקות פיהו שהוא דבקותו ית'. לגודל השאלה לא

לקוטי אנשי שם

(ב) בעת בוא המהות העליונה על האדם יתודע כי תבוקש עלומים עד שלא אפשר לנו לצייר הזוק התענוג והתשוקה שיש לו מזה. כמ"ש ירמיה הנביא נמצאו דבריך ואוכלם ויהי דברך לי לששון ולשמחת לבבי. ואף שמצאים בעולם התענוגים גשמיים המשפיעים להגוף עונג רב. ע"ז אין זה ערך להתענוג הרוחני הזה מאומה וכלל אחד העיר לנו הרמב"ם ז"ל כמו שההרש לא יבין ערך הקולות ולא הסרים הטעם כמשגל. כן לא נרגש אנחנו בעודנו נחומר בחיים גשמים את תענוג הנפש בהיותה לבד מחומרה. וזה ידוע כי כשהקב"ה משפיע על הנביא רוח הנבואה אז היה נפרד מהגשמיות לגמרי וע"כ פועל בו רק התענוג הנפשיי.

והספר הזה הוא מקבץ מהמהות העליונות אשר הזה שלמה עליו השלום. וכאשר הוא המהות הראשונה בעת שהכניס הארון לקדשי הקדשים וראה כי מלא כבוד ה' את בית ה' וה' הוסיף על שלמה מרוח קדשו. מרוב התענוג

ערבו

2. "Let him kiss me with the kisses of his mouth, for your love is better than wine.

Isaiah da Trani writes:

Solomon was not thinking, God forbid, about matters of lust and the love of women, but he likened the love of the Creator and the love of the congregation of Israel to the love of a man and a woman, for there is no greater love than that, as David says about Jonathan (II Sam. 1:26): "Your love was more wonderful to me than the love of women." In fact, this entire book deals with an allegory of the love of a man and a woman, as Ezekiel says (16:8-11): "And I passed by you and saw you, and behold your time was the time of love, and I spread my skirt over you, and I covered your nakedness, etc. And I clothed you with embroidered garments, and I shod you with [the skin of the] badger....And I adorned you with ornaments, and I put bracelets on your hands and a necklace on your neck." Here the maiden says, "If only my beloved would kiss me with the kisses of his mouth!"

2. **Let him kiss me with the kisses of his mouth**—*She recites this song with her mouth in her exile and in her widowhood: "If only King Solomon would kiss me with the kisses of his mouth as of old," because in some places they kiss on the back of the hand or on the shoulder, but I desire and wish that he behave with me as his original behavior, like a bridegroom with a bride, mouth to mouth.*—[*Rashi*] i.e., May the King to Whom peace belongs kiss me with the kisses of His mouth in the manner that one kisses another in a loving embrace, similar to "May the Lord cause His countenance to shine upon you," which is the opposite of "and I shall hide My countenance." He speaks of the King in the third person, as (Gen. 41:33) :"And now let Pharaoh see and appoint."—[*Sforno*]

for...is better—*your love* [is better] *to me than any wine banquet and than any pleasure and joy. In the Hebrew language, every banquet of pleasure and joy is called after the wine, as it is stated* (*Esther 7:8*): *"to the house of the wine feast"*; (*Isa. 24:9*): *"In song they shall not drink wine"*; (*ibid. 5:12*): *"And there were harp and lute, tambourine and flute, and wine at their drinking feasts." This is the explanation of its apparent meaning. And this figure of speech was used because He gave them His Torah and spoke to them face to face, and that love is still more pleasant to them than any pleasure, and they are assured by Him that He will appear to them to explain to them the secret of its reasons and its hidden mysteries, and they entreat Him to fulfill His word, and this is the meaning of "Let him kiss me with the kisses of his mouth."*—[*Rashi* from *Song Rabbah* 1:13, *Mid. Shir Hashirim* 1:2]

ג לְרֵיחַ שְׁמָנֶיךָ טוֹבִים שֶׁמֶן תּוּרַק שְׁמֶךָ עַל־כֵּן עֲלָמוֹת

תו"א לריח שמניך. שם :

תרגום

חבתא דחבב לן יתיר משבעין עממיא : ג לריח לקל נסך וגבורתך דעבדת לעמא בית ישראל זעו כל עממיא די שמעו ית שמע גבורתך ואתותך טביא ושמך קדישא אשתמע בכל ארעא דהוה יקיר ממשח רבותא דהוה מתרבי על רישי מלכין וכהנין ובגין כן רחימו

שפתי חכמים

להפליג כל"ל מכל תענוגי העולם. לכ"פ מכל משתה יין ומכל וכו' ואח"כ ק"ל ואיך נכלל שמחה ועונג ביין. לכ"פ ולשון עברי הוא להיות וכו' : ה דק"ל עתה בא לשבחו במעלות עלמותיו ונסו המעלה ששמניו טובים. לכ"פ שם טוב וכו' : ו דק"ל מהו לריח שמניך הל"ל שמניך טובים. לכ"פ שהריחו בהם אפסי ארץ וכו' : ז דק"ל תורק ל"ל הל"ל שמן שמך. לכ"פ נקרא שמך להיות וכו' : ח דק"ל לשון רבים. לכ"פ יהכו ורחב : ט דק"ל מהו הפי' של עלמות לפי פשוטו ולפי הדוגמא.

רש"י

ושמחה. ולשון עברי הוא להיות כל סעודת עונג ושמחה נקראת על שם היין כענין שנאמר (אסתר ז) אל בית משתה היין (ישעיה כד) בשיר לא ישתו יין (שם) והיה כנור ונבל וחליל ותוף ויין משתיהם זהו ביאור משמעו. ונאמר דוגמא שלו על שם שנתן להם תורתו ודבר עמהם פנים אל פנים ואותם דודים עודם ערבים עליהם מכל שעשוע ומובטחים מאתו להופיע עוד עליהם לבאר להם סוד טעמיה ומסתר צפונותיה ומחלים פניו לקיים דברו וזהו ישקני מנשיקות פיהו: (ג) לריח שמניך טובים. שם ה טוב נקרא על שם שמן טוב: לריח שמניך טובים. שהריחו בהם אפסי ו ארץ אשר שמעו שמעך הטוב בעשותך נוראות במצרים: שמן תורק. נקרא שמך להיות ז נאמר עליך אתה שמן אשר תורק תמיד להיות ריח ערב שלך יוצא למרחוק שכן דרך שמן ערב בכל עת שהוא בצלוחית התומה אין ריחו נודף פותחה ומריק שמנה לכלי אחר ריחו נודף: על כן עלמות אהבוך. בא יתרו לקול השמועה ונתגייר אף רחב הזונה ח אמרה (יהושע ב') כי שמענו את אשר הוביש וגו' ועי"כ (שם) כי ה' אלהיכם הוא אלהים בשמים וגו' עלמות. בתולות ט לפי שהדיבור דימהו לבחור שאהובתו מחבבתו ולפי הדוגמא העלמות הן האומות:

ספורנו

מיין. וראוי שתפנה מדת טובך לי: כי טובים דודיך מיין כי אמנם דודיך שהם התורה והמצוה אשר כתבת להורות במדת טובך הם טובים וחביבים אצלי יותר מן היין שהוא ראש להתענגות בני האדם מצד מה שהוא נאות בטעמו וריחו ומזונו ועם זה הוא פוגם בפתע ובהכיר דרכי טובך אלי תהיה אהבתי אותך בהכרח גדולה מכל אהבת זולתי אליך ובזה אני ראויה לנשיקה הנזכרת יותר: (ג) לריח שמניך טובים. כי אמנם גם שהיו אנשים שאהבוך הנה אהבתם היתה לריח שמניך טובים השופעים לעולם כלו: שמן תורק שמך. וזכרון שמך הי' אצלם בהיותו שמן תורק מריק עליהם שמנים ממוחיים שהם החיים והטיב בעולם הזה. ולריח אותן הטובות הזמניות שבו הכירו היותן מאתך אהבוך. ובסור מהם אותן הטובות סרה אהבתם התלויה בדבר כאמרם ז"ל חסיד אחד היה בעוץ ואיוב שמו התחילו יסורין באים עליו התחיל מחרף ומגדף וזה כי לא שמו לבם לדעת אותך לריח אותן הטובות הזמניות אבל לא טעמו וראו טובך כי לעולם חסדו וזה כי מצד טובך הי' תכלית כל המכוון מאתך גם בטובות הזמניות ובהפכם להיטיב לזולתך כי חפץ חסד אתה ובזה ראוי שתהיה נאהב מצד טובך לא בלבד מצד

אבן עזרא

על אהבתו זרע אברהם אוהבי כי הפרש יש בין אוהבי לאהובי:

הפעם הראשונה

(ג) לריח שמניך טובים. יש מפרשים כי הוא הפך והקרוב אלי כי זה המפרש לא סך שמן מימיו וחשב שהוא שמן זית: תורק. יש אומרים כי הוא שם מקום והנכון שהוא שמן כשמן שיורק שריחו נודף ועודף. ואל תתמה בעבור היות השם לשון נקבה כי כן תמצא כל עמל ובית ומקום במקרא במקום א' לשון זכר ובמקום אחר לשון נקבה: עלמות. הן

מצודת ציון

ז') : (ג) לריח. בעבור ריח כמו פתח פיך לאלם (שם לא) : תורק. ענין הזלה ושפיכה וכן על הארץ יריקו (קהלת יא) : עלמות.

מצודת דוד

הדודים שהראית לי מאז היו טובים ממשתה היין ולכן אחמוד אליהם. והנמשל הוא נומר הנה כנסת ישראל בהיותה בגולה זוכרת אהבת ה' בהראותו לה בעת הוליאה ממצרים ועת עמידתה מול הר סיני לקבל התורה והשראת השכינה שהיתה עליה מאז ובזה תתאוה יכן תחל פניו להופיע עוד עליה שכינתו לבאר לה סוד טעמי התורה ונסתרי צפוניה: (ג) לריח שמניך טובים. בעבור ריח השמנים הטובים שאתה סך בשרך מהם ועל כי התמיד נסריק בכל עת את השמן של בשרך עד כי נקרא כינוי שמך שמן תורק לפי מרבית הרקת השמן בעבור כל אלה אהבו אותך כל הנערות כולן. והנמשל הוא לומר

לקוטי אנשי שם

והשמחה אשר מלאו כל חדרי לבו עד אשר כל עלמותיו אמרו מי כמוך ה' וה' השפיע עליו מזיו שכינתו אז נתבטלו כל חושיו הגשמיים. והרגיש בעצמו תענוג נפלא מעין עולם הבא. תענוג רוחני. כמו שאמרו חז"ל יפה שעה אחת של קורת רוח בעולם הבא מכל חיי ותענוגי עולם הזה ומאס אז בכל תענוגי העולם הזה ובכל החיים הארציים. ורצה שתיכף תתחבר נשמתו עם ה' החלק התחבר עם הכל וימות אז במיתת נשיקה התחברות הנשמה עם הקב"ה כמו שהאש הגדול מושך אליו האש הקטן כן האש אוכלה אש ״הקב"ה״ מושך אליו נשמת האדם. כי בתחלת בריאת האדם הקב"ה הפיח הנשמה לתוך האדם. ע"כ בעת מות האדם הקב"ה מושך אליו בחזרה רוח האדם. על זה אמר שלמה ישקני מנשיקות פיהו. כביכול הקב"ה ישים פיו על פי ויוליא נשמתו ממני ומתדבקה אליו כי טובים דודיך מיין. כי התענוג שיש לי מדודיך ומאהבתך טובים לי מכל תענוגי עולם הזה אשר בראשם הוא היין כי יין ישמח לבב אנוש. שטבע היין לעורר מרולת הדם. ועי"ז מתרבה מהלך כח החיים וכח החיים מוליד שמחה ותענוג בחיים הגשמיים והשבת הרלון והדיבוק למקום השפע משמח ומענג יותר לנפש:

קיצור אלשיך וש"מ

ערבו אל לבם לשאל כמדבר נגד פניו לנוכח ״תשקני מנשיקות פיך״ כי בושו והכלמו לשאל לנוכח כ"א כעניה סוערה אחר שלוחיה ותתמרמר על בעל נעוריה ותשיב אמריה לה במר שיחה בינה לבין עצמה מי יתנני כירחי קדם ישקני מנשיקות פיהו. כן עם בני ישראל לגודל תשוקתם להיות דבקים בה'. מלבם יוציאו מלים כנדברים בינם לבין עצמם מי יתן ישקני מנשיקות פיהו כי זכרה אהבת כלולותיה בהר סיני אשר היחל לנשק לה כמדובר כי טובים דודיך מיין. אף שיין ישמח לבב אנוש. עב"ז שמחתי בדודיך גדלה יותר מכל תענוגי העוה"ז:

(ג) לריח שמניך טובים וגו' הנה אצל הקב"ה יש שתי מיני הנהגות. הנהגה למעלה מהטבע. והנהגה ע"פ הטבע. בהנהגה למעלה מהטבע נהג הקב"ה את ישראל בהיותם במדבר. כנאמר אשר עין בעין נראה אתה ה'. וגם בהיותם בארצם. כנאמר ארץ אשר עיני ה' אלהיך בה ודורש אותה תמיד. ובהנהגה הטבעית נוהג הקב"ה את כלל בריותיו וכל אומה ולשון. ועי"ז התפלל משה רבינו ע"ה ונפלינו אני ועמך מכל העם וגו'. ובשיר המקודש הזה הזכיר ב' ההנהגות האלה והמשילם ליין ושמן. והוא. כאשר ישבו אנשים במסבה אחת באחוזת מרעים וישתו יין. ובא אליהם איש זר. אשר זר מעשהו. ונפשם געלה בו יוכלו תיכף להראותו כי נפשם בחלו בו אם לא יקראוהו אל השלחן ולא יושיטו לו כוס יין. והוא גם הוא יבין לדעת כי לא ירצה להם כי לא נתנו לו לטעום ולהנות מאומה. לא כן אם נפתח צלוחית שמן אפרסמון המענג ומעדן בריחו הטוב לרחוק ולקרוב. אז לא נוכל לעצור בעד הריח הטוב לבל יריח ולבל יהנה הזר הזה שנוא נפשם ממנו. וזהו

בקשת

3. Because of the fragrance of your goodly oils, your name is 'oil poured forth.' Therefore, the maidens

3. **Because of the fragrance of your goodly oils**—*A good name is referred to by the expression, "good oil."*—[*Rashi*]

Because of the fragrance of your goodly oils—*that those dwelling at the ends of the earth smelled,* [i.e.,] *those who heard of Your good fame when You performed awesome deeds in Egypt.*—[*Rashi*]

your name is 'oil poured forth.'—*Your name is* [thus] *called. It is said about you that you are oil that is constantly being poured forth so that your fragrant odor wafts forth to a distance, for so is the nature of fragrant oil. As long as it is in a sealed bottle, its scent does not carry. If one opens it and pours the oil into another vessel, its scent carries.*—[*Rashi* from *A.Z.* 35b] *Mezudath David* explains: All the maidens loved you because of the fragrance of the oil with which you anoint your body, and because you constantly pour the oil on your flesh until you are given the designation 'oil poured forth,' and because of the abundance of the oil. The allegorical meaning is that Your name has become famous even among the nations because of the great and numerous miracles that You have wrought.

Therefore, the maidens loved you—*Jethro came at the sound of the news and converted; also Rahab the harlot said,* (*Josh. 2:10f.*): *"For we have heard how the Lord dried up, etc.," and thereby, "the Lord your God, He is God in heaven, etc."*—[*Rashi*] The plural expression of maidens denotes that there were more than one proselyte.—[*Sifthei Hachamim*]

maidens—*virgins, since the text compares Him to a youth whose beloved holds him dear, and according to the allegory, the maidens are the nations.*—[*Rashi* from *Song Rabbah* 1:22] *Mehokekei Yehudah* edition reads: The maidens are the heathens. *Midrash Rabbah* reads: The maidens are the proselytes. See *Lekach Tov*. *Sforno* explains that the oil denotes the temporal benefits that God lavishes upon the entire world. It is for these benefits that the pious of the nations cleave to Him. This is, however, selfish love, which terminates when the benefit ceases to be forthcoming. The *Targum* paraphrases: To the sound of Your miracles and Your might, which You performed for the people of the House of Israel, all the nations quaked, for they heard the report of Your might and Your good signs; and Your holy name was heard throughout the entire earth, which was better than the anointment oil, with which the kings and the priests were anointed. Therefore did the righteous love to follow the way of Your goodness, in order that they inherit this world and the World to Come.

צדיקיא למהך בתר אורח טובך בדיל דיחסנון עלמא הדין ועלמא דאתי: ד משכני כד נפקו עמא דבית ישראל ממצרים הות מדברא שכינת מרי עלמא קדמיהון בעמודא דעננא בימםא ובעמודא דאשתא בליליא אמרו צדיקי דרא ההוא רבון כל עלמא נגדנא בתרך ונהי רהטין בתר אורח טובך וקריב יתן בשפולא דטורא דסיני והב לן ית אורייתך מן בית גנזך דרקיעא ונחדי ונבדח בעסרין ותרתין אתון דמכתבא בהון ונהי דכירין יתהון ונרחם ית אלהותך ונהי מתרחקין מבתר טעות עממיא וכל צדיקיא דעבדין דתקין קדמך יהון דחלין מנך ורחמין ית פקודך: ה שחורה כד עבדו בית ישראל ית עגלא אתקדרו אפיהון כבנוי דכוש דשרין במשכני

אהבוך: ד משכני אחריך נרוצה הביאני המלך חדריו נגילה ונשמחה בך נזכירה דדיך מיין מישרים אהבוך: ה שחורה אני ונאוה בנות ירושלם כאהלי

תו"א עשית. חוזה זו מקידה שעל ח׳ שחורה. פ׳ כוסר פ׳ אחרי מות וע׳ דברים:

רש"י

(ד) משכני אחריך נרוצה. אני שמעתי משלוחיך רמז שאמרת נמשכני ואני אמרתי י אחריך נרוצה להיות לך לאשה: הביאני המלך חדריו. וגם היום הזה ב עודנה לי גילה ושמחה אשר נדבקתי בך: נזכירה דודיך. גם היום באלמנות חיות תמיד אזכיר דודיך הראשונים מכל משתה עונג ושמחה: מישרים אהבוך. אהבה עזה אהבת מישור בלי עקיבה ורכסים [ל׳ פסוק (ישעיה מ) והיה העקוב למישור והרכסים לבקעה]. אשר אהבוך אני ואבותי באותן הימים זהו פשוטו לפי ענינו. ולפי דוגמתו הם מזכירים לפניו הסד נעורים אהבת כלולות לכתם אחריו במדבר ארץ ציה וצלמות וגם צדה לא עשו להם והאמינו בו ובשלוחו ולא אמרו היאך נצא למדבר לא מקום זרע ומזונות והלכו אחריו והוא הביאם לתוך חדרי היקף ענניו בזו עודם היום גלים ושמחים בו אף לפי עניים וצרתם והם מזכירים דודיו מיין ומישור אהבתם אותו: (ה) שחורה אני ונאוה וגו׳. אתם רעיותי אל אקל בעיניכם ל אף אם עזבני אישי מפני שחרות שבי כי שחורה אני על ידי שזיפת השמש ונאוה אני בהיתוך אברים נאים. אם אני שחורה כאהלי קדר המשחירים מפני הגשמים שהם פרוסים תמיד במדברות קלה אני להתכבס להיות כיריעות שלמה. דוגמא היא זו אומרת כנסת ישראל לאומות שחורה אני במעשי ונאה אני במעשה אבותי ואף במעשי יש מהם נאים אם יש בי עון העגל יש בי כנגדו זכות קבלת התורה.

שפתי חכמים

לכ"ס בתולות לפי שסדיבור וכו׳: י דק"ל ממ"כ אם ירוצו א"ל נימשך ואם הולכת לימשך א"כ לא ירוצו. לכ"ס אני שמעתי וכו׳ ואני שמעתי אחריך נרוצה וא"ל נמשכני: כ שכל הפרשה מספרת מה שאמרה באלמנות א"כ הביאני המלך חדריו הוא מה שהיה כבר וא"כ מהו נגילה ונשמחה משמע עתה. לז"פ וגם היום הזה וכו׳: ל כוונת רש"י לפרש דכל הכתיב הזה הוא דבר והפוכו אם שחורה איכה נאוה אם

אבן עזרא

נערות קטנות: (ד) נזכירה. יש אומרים שהוא מן אזכרתה וזכרו כיין לבנון: מישרים. תאר היין כמו יתהלך במישרים הולך לדודי למישרים. ומ"ס מיין. ישרת עלמו ואהר עמו. וכן ענינו ממישרים אהבוך. העלמות הנזכרות. וכמוהו וארא אל אברהם אל יצחק ואל יעקב באל שדי ושמי ה׳ ענינו ובשמי ה׳ ורבים כמוהו. ואחרים אמרו כי המישרים אהבוך כמו ומגיד מישרים והראשון קרוב אלי: (ה) שחורה. יש מפרשים שהיא יפה כמו האשה הכושית כי מרוב יפיה הפחד ההם שתשלוט בה עין רעה על כן תקרא כושית ושחורה אין לנו צורך בפירוש הזה באשה הכושית ולא במלת שחורה כי הנה היא העידה בנפשה ואמרה אל תראוני שאני שחרחורת: ונאוה. כמו נחמדת מן אוה למושב לו והנו"ן לבנין נפעל כמו וכל נעשה במרחשת אין אבן

ספורנו

הטוב המושג מאתך. לכן אני אומרת: (ד) משכני אחריך. הדריכני באמתך ולמדני כענין אחרי ה׳ אלהיכם תלכו: נרוצה. כי אמנם דרך מצותיך נרוץ בשמחי לעשות רצון לפניך. וזה כי כבר הביאני המלך חדריו בספורי מעשה בראשית וזולתי עם מופתי׳ חושיים ושכליים אשר בה הודיע התכלית המכוון ממנו ובכן נגילה ונשמחה בך. על היותך לנו לאלהים: נזכירה דודיך. נזכיר לפניך את דודיך ואוהביך שהם האבות אשר הם. מיין מישרים אהבוך. אהבו אותך אהבת יושר בלתי תלויה בדבר יותר ממה שיאהב את היין המתענג בו: (ה) שחורה אני ונאוה. הקדים המחבר דבור עדת ירושלים למחוזות הנקראות בנות ירושלים כאמרו ונתתי אתהן לך לבנות להודיע שלא יהיה להן

מצודת דוד

בעבור גודל הנסים ומרביתם אשר הפלאת מאז נתפרסם שמך אף בין האומות: (ד) משכני. משך אותי אליך משיכה מועטת ואני הרוץ אחריך במסירות נפש: הביאני המלך חדריו. וכזה אהה החשוק חביב בעיני כמלך תביא אותי אל חדריו ושם אגיל ואשמח בך ואזכיר הדודים הטובים מאשתה היין. והנמשל הוא לומר שאמרה כנסת ישראל הכא׳ לי רמז ישועה והיכה ואז אמהר לשוב אליך בכל לב ועי"ז תביאני אל בית המקדש ואגיל ואשמח בישועתך ואזכיר להודות לך על הנפלאות ועל התשועות: מישרים אהבוך. ר"ל לא יהיה לי לבוז מה שאני רודפת כ"כ אחר אהבתך כי אין זה מלד החשק לבד אבל באמת היה גם מפאת המעלה והיושר הנמצא בך כי אוהבי מישרים אהבוך בעבור רוב המעלה והיושר והנמשל הוא שאמרה כ"י האהבה היא מוחזקת בידי מאבותי אנשי היושר והם העמידו אותי על האמת: (ה) שחורה אני כו׳. חוזה פניה כלפי הנערות בנות גילה ותאמר אתן בנות ירושלים אל תחשבו שהחשוק עזב אותי בעבור השחרות הנמצא עתה בי כי אף שאני שחורה עכ"ז אני נאוה בעיניו ועם כי יש בי שחרות

מצודת ציון

נערות כמו והיה הנערה (בראשית כ"ד): (ד) נרוצה. ענין מהירת ההליכה ובא בלשון רבים ליחיד לתפארת וכן ונתנה לך גם את זאת (שם כ"ט): הביאני. ענין במקום עתיד וכמוהו רבים במקרא: מישרים. מל׳ ישר ונאוה: (ה) ונאוה. מל׳ נאה ויופי כמו נאוה

קיצור אלשיך וש"מ

בקשת הלאום הישראלי ישקני וגו׳ כי טובים דודיך מיין. הוא ההנהגה למעלה מהטבע. אשר מהנהגה זו לא נהנה עוד שום אומה ולשון. כי מהנהגה זו נדע כי שבת אלינו באהבה אותנו כקדם. כי לריח שמניך. זו הנהגה הטבעית. מריחים ונהנים כל באי עולם. על כן בשביל הנהגה זו אף עלמות אהבוך. כל היצור יאהבוך. אבל בקשתנו שתתנהג עמנו בהנהגה נסית ואז וראו כל עמי הארץ כי שם ה׳ נקרא רק עלינו ויראו ממנו:

(ד) משכני אחריך נרוצה וגו׳. האדם מורכב מגוף ונפש. מבקשת הכנסיה להקב"ה עזרני לשוב אליך. וכאשר תמשוך אחריך נשמתי הקרובה אליך לעבדך כמאמר חז"ל אדם מקדש עצמו מעט מקדשין אותו הרבה. ואז גם חלקי הגופים ירוצו אחריך: הביאני המלך חדריו. כשהקב"ה יביאני אל חדריו אל ציון וירושלים. אז נגילה ונשמחה רק בך: נזכירה דודיך. בכל עת שאנו זוכרים את דודיך שהראת לנו אז בזמן המקדש היה לנו יותר התענוג מתענוגי היין: מישרים אהבוך. אבותינו הישרים אהבוך: (ה) שחורה אני ונאוה וגו׳. הפסוק הזה מתחלק זה לעומת זה. שחורה אני כאהלי קדר. ונאוה כבנות ירושלים כיריעות שלמה. הקדרים ההולכים

loved you. 4. Draw me, we will run after you; the king brought me to his chambers. We will rejoice and be glad in you. We will recall your love more fragrant than wine; they have loved you sincerely. 5. I am black but comely, O daughters of Jerusalem! Like the tents of

4. **Draw me, we will run after you**—*I heard from your messengers a hint that you said to draw me, and I said, "We will run after you to be your wife."*—[*Rashi*] *Mezudath David* explains: Draw me gently to you, and I will run after you with great speed.

the king brought me to his chambers—*And even this very day, I still have joy and happiness that I cleaved to you.*—[*Rashi*]

We will recall your love—*Even today, in living widowhood, I recall your early love more than any banquet of pleasure and joy.*—[*Rashi*] *Zeror Hamor* explains: The congregation of Israel beseeches the Almighty: You be the initiator to draw us after You to return to You, as is written in Lamentations (5:21) "Restore us to You, O Lord, and we will be restored!" It should be noted that the request מָשְׁכֵנִי, *draw me*, appears in the singular, whereas the clause אַחֲרֶיךָ נָּרוּצָה, *let us run after you,* appears in the plural. The reason for this is that the influence and the enlightenment emanating from God is equal upon all persons, hence the singular. Its reception, however, depends on each individual. The Rabbis taught (*B.B.* 75a): "Everyone is burned by the canopy of his peer." This means that the righteous will achieve varying degrees of honor in the World to Come, and each one will burn with jealousy when he witnesses the honor bestowed on his peer who achieved a higher degree of righteousness than he. Therefore, each one's running differs from that of the others.

the king brought me to his chambers—And with this, you, my beloved, who are as dear to me as a king, will bring me into your chambers, and there I will rejoice and be glad with you, and I will recall your love, which is better than a wine banquet. The allegorical meaning is that the congregation of Israel says: Show me a hint of salvation and love, and I will hasten to return to You with all my heart, and through that, bring me to the Temple, and I will rejoice and be glad in Your salvation and remember to thank You for the wonders and the salvations.—[*Mezudath David*] *Zeror Hamor* explains: If only the King would bring me to His chambers, we would rejoice and be glad with You, unlike the beginning, when we said [to Moses], "You speak with us," and we demurred to hear the speech of the Holy One, blessed be He directly.

We will recall your love —If only we would merit to recall the love of the future redemption, as we now recall the redemption from Egypt.—[*Zeror Hamor*]

more fragrant than wine—And we will rejoice with it more than with all the plenty we received during the Exodus from Egypt, which is called wine, as we find in the Talmud that the redemption from Egypt will become secondary to the future redemption.—[*Zeror Hamor*]

they have loved you sincerely—*a strong love, a straightforward love, without crookedness* (Heb. עֲקִיבָה) *or deceit* (Heb. רְכָסִים), [*after Isaiah 40:4: and the crooked terrain* (הֶעָקֹב) *shall become a plain and the rugged mountains* (וְהָרְכָסִים) *a valley*], *that my ancestors and I loved you in those days. This is its simple meaning according to its context, and according to its allegorical meaning, they mention before Him the loving-kindness of* [their] *youth, the love of* [their] *nuptials, their following Him in the desert, a land of aridness and darkness, and they did not even prepare supplies for themselves, but they believed in Him and in His messenger, and they did not say, "How will we go out into the desert, which is not a land of seed or food," but they followed Him, and He brought them into the midst of the chambers of the encompassment of His clouds. With this, they are still joyful today and happy in Him despite their afflictions and distress, and they delight in the Torah, and there they recall His love more than wine and the sincerity of their love for Him.*—[*Rashi*] *Midrash Shir Hashirim* reads: Although the Holy One, blessed be He, loves us, we surpass Him with our love.

Mezudath David renders: they love him with propriety. I will not be put to shame because I run after your love so much, because this does not stem merely from desire, but also because of your greatness and righteousness. The allegorical meaning is that the congregation of Israel says: I have had that love since the days of my forefathers, righteous people, who justified this love with logic and established its truth.

The *Targum* paraphrases: When the children of the House of Israel left Egypt, the Divine Presence led them with a pillar of cloud by day and with a pillar of fire at night. The righteous of that generation exclaimed, "Lord of the Universe, draw us after You, and we will love the way of Your goodness. Draw us near the foot of Mount Sinai and give us Your Torah from Your celestial archives, and we shall rejoice and be happy with the twenty-two letters with which it is written. We shall remember them and love Your Godliness and we shall distance ourselves from the gods of the nations. And all the righteous, who do what is proper before You, will fear You and love Your commandments."

Zeror Hamor explains: in the merit of those who loved You sincerely, i.e., with a strong and sincere love, without crookedness or deceit. This refers to the Patriarchs and the Israelites with the love of Your nuptials. *Sforno* explains: They loved You with a sincere and disinterested love, which is much higher than love of wine, from which pleasure is derived.

5. **I am black but comely, etc.**—*You, my friends, let me not be light in your eyes even if my husband has left me because of my blackness, for I am*

black because of the sun's gaze, but I am comely with the shape of beautiful limbs, and if I am black as the tents of Kedar, which are blackened by the rain, for they are constantly spread out in the deserts, I am easily laundered to be like the curtains of Solomon. The allegory is that the congregation of Israel says to the nations: I am black in my deeds, but I am comely in the deeds of my ancestors, and even some of my deeds are comely. If I am guilty of the iniquity of the Calf, I can counter it with the merit of the acceptance of the Torah (*Song Rabbah*). *He calls the nations the daughters of Jerusalem because she is destined to become the metropolis for them all, as Ezekiel prophesied* (*16:61*)*: "and I shall give them to you for daughters," like* (*Josh. 15:45*): "*Ekron, with her towns* (וּבְנוֹתֶיהָ)."—[*Rashi* from *Exod. Rabbah* 23:11] A metropolis is a mother city in Greek. Therefore, the surrounding towns are known as daughters.—[*Sifthei Hachamim*]

The *Targum* explains this literally: When the House of Israel made the Calf, their faces turned black like the Cushites who live in the tents of Kedar, and when they repented and were forgiven, the brilliance of their faces increased to resemble that of the angels because they made the curtains for the Tabernacle, and the Divine Presence rested in their midst, and Moses their master ascended to heaven to make peace between them and their King. *Mezudath David* explains: She now turns to the maidens of her age and says to them: You daughters of Jerusalem, do not think that my beloved left me because of the blackness that is now found upon me, for even though I am black, I am still comely in his eyes, and even though I am as dark as the tents of Kedar, which are spread out and exposed to the rain of the heavens and are blackened by the constant moisture of the rain, I am easily laundered to become as white as the curtains of Solomon, which are pure white. Therefore, I was not rejected. The allegorical meaning is that the congregation of Israel says to the nations: Do not think that the Lord rejected me because of my sins, because I am still beloved in His eyes because of the merit that is found in me, and when I return to Him, He will expiate my sins, and they will become as white as snow. *Sforno* explains that Israel says to the nations: Although I am as black as you with my deeds, I am comely with my knowledge of God and with His fear and His love. In that way, I am compared to the tents of Kedar, which are black only externally, and like the curtains of Solomon, which are completely white, both because of the materials from which they are made. *Zeror Hamor* explains this verse in an entirely different way, as the Shechinah's reply and promise to Israel:

I am black—Although I am now black to you, for I am not lavishing any benefit upon you in public.

but comely, O daughters of Jerusalem—All My beauty is only for the nations, who are called the daughters of Jerusalem.

קֵדָר כִּירִיעוֹת שְׁלֹמֹה: ו אַל־תִּרְאוּנִי שֶׁאֲנִי שְׁחַרְחֹרֶת שֶׁשְּׁזָפַתְנִי הַשָּׁמֶשׁ בְּנֵי אִמִּי נִחֲרוּ־בִי שָׂמֻנִי נֹטֵרָה

תו"א באני שחרחרם. ספר הזוהר פ' תזריע: בני אמי. פ' כזוהר פ' ויחי:

תרגום

קדר וכד תבו בתיובתא ואשתבק להון סנא זיו יקר אפיהון כמלאכיא על דעבדו יריעתא למשכנא ושרת ביניהון שכינתא דיי ומשה רבהון סליק לרקיעא ויהב שלם ביניהון ובין מלכהון: ו אל אמרת כנשתא דישראל כל קבל עממיא לא תבזון יתי על די אנא קדריתא מכון על דעבדית כעובדיכון וסגידת לשמשא וסהרא דנביאי שקרא אנון גרמו לאסתקפא תקוף רוגזא דיי עלי ואלפוני למפלח טעותכון ולהלכא בנימוסיכון ולמרי עלמא די הוא אלהי לא פלחית ולא אזלית

שפתי חכמים

באהלי קדר אינה כיריעות שלמה. לכ"פ באה"ס בטשה אחד: ב פי' אם של עיירות הם בלע"ז מטרפולין בל' יון פי' כ"פ בערוך א"כ שפיר הוא שהיא האם והם הבנות ומה שנביא כמו עקרון ובנותיה לפי בנס היא היתה מטרפולין של מלכים כדאיתא בפ"ק דמגלה עקרון תעקר זו קיסרי שהיא היתה מטרפולין של מלכים: ג דק"ל לרש"י בשלמא לפי פשוטו כמשמעו אבל לפי הדוגמא שאמרה כנסת ישראל אל תראוני שאני שחרחורת בעון העגל או שאר עבירות מהו בני אמי נחרו בי. לכ"פ הם בני מצרים וכו' כלומר לפי הדוגמא הם בני מצרים וכו': ם כוונת רש"י דקשה"ל כרמי לא נטרתי מהו שלי. לכן פי' שהיה שלי מאבותי: ע כוונתו בזה למה קורא האלהות בל' כרמים לזה כתב מצינו פרנסים כו' וכ"כ האבן עזרא ז"ל שמוני נוטרה עבודת שרים ומזלות כמו ונתתי לה את כרמיה ומתרגמינן

רש"י

וקורא לאומות בנות ירושלים על שם שהיא עתידה ליעשות מטרפולין לכולן ם כמו שנבא יחזקאל (יחזקאל טז) ונתתי אתהן לך לבנות כמו (יהושע טו) עקרון ובנותיה: (ו) **אל תראני**. אל תסתכלו בי לבזיון [כמו (שמואל א ו) כי ראו בארון ה']: **שאני שחרחרת**. לפי שאין שחרותי וכיעורי ממעי אמי אלא ע"י שזיפת השמש שאותו שחרות נוח להתלבן כשיעמוד בצל: **בני אמי נחרו בי**. הם בני מצרים נ שנגדלתי בהם ועלו עמי בערב רב הם נחרו בי בהסתתם ופתוים עד שמוני. **נוטרה את הכרמים**. ושם שזפתני השמש והושחרתי כלומר נתנוני עבודת כוכבים אחרים וכרמי שהיה שלי ם מאבותי לא נטרתי. מצינו פרנסים נקראים במקרא בלשון כרמים ע שנאמר (הושע ב) ונתתי לה את כרמיה משם ומתרגמינן ואמני לה ית פרנסהא וכן (איוב כד) לא יפנה דרך כרמים:

ספורנו

פתחין פה בבה שתבקש היא מאת ה' ית' השגחה פרטית עליה* ותאמרנה שיש משוא פנים בדבר באמרה ראוי הוא שיחפוץ בי האל ית' כי גם שאני שחורה במעשים כמותן מכל מקום אני נאוה בידיעת האל ית' ויראתו ואהבתו: כאהלי קדר. שהשחרות בהם הוא בקרי לא עצמי כי לא נעשו מבגד שחור אלא מבגד לבן שקרה לו השחרות אבל בעצם אני נאוה. כיריעות שלמה. שהן נאוה מצד עצמן בדברים אשר מהם נעשו ומצד מלאכתן וסדרן: (ו) אל תראני שאני שחרחורת. אל תראו ראיה מצד המעשים שהם מקולקלים לדון אותי לכף חובה על מחשבת הלב כי אמנם המעשים נעשו לי על הרגל במקרה: ששזפתני השמש. נקנו בצד ההרגל: ובכן שמוני נוטרה את הכרמים. להשתדל בצרכי חיי שעה: כרמי שלי. והוא העסק בתורה ובמצות: לא

אבן עזרא

נראה: (ו) שחרחורת. זה הכפל למעט וכן ירקרק או אדמדם: ששזפתני. ראתני והביטה בי וגלתני וכמוהו ולא שזפתו עין איה: נחרו בי. נלחמו בי והנו"ן לבנין נפעל מן ויחר אפו: נטרה. שם התואר ועניגו שומרת:

מצודת ציון

ירושלים (לק' ו'): כיריעת. ענין וילון: (ו) תראני. מצינו ההסתכלות דרך בזיון וכן לראוה בך (יחזקאל כ"ח): שחרחורת. מל' שחרות בהכפל העי"ן והלמ"ד ויורה על רוב השחרות וכן ירקרק או אדמדם (ויקרא י"ג): ששזפתני. ענין ראיה והבטה כמו שזפתו עין (איוב כ"ח): נחרו. מל' חרון אף וחמה: נוטרה. ענין שמירה

מצודת דוד

באהלי קדר הפרסים למטר השמים והאחרים מההמדה רטיבת הגשם הנה נוחה אני להתלבן להיות כיריעות שלמה ששמה בתכלית הלבנינות ולכן לא נמאסתי. והנמשל הוא שאמרה כ"י אל מול האומות אל תחשבו שה' מאס בי בעבור הפשע שנמצא בי כי עכ"ז חביבה אני בעיניו בעבור הזכות הנמצא בי וכאשר אשוב אליו יכפר עון פשעי וכשלג ילבינו: (ו) אל תראוני. אל תסתכלו בי דרך בזיון על שאני בתכלית השחרות כי לא נולדה בי ממעי אמי כי במקרה באה כי השמש ראה בי וזרחה עלי ועל ידי זה נולדה בי השחרות ונוחה הנה א"כ להתלבן בקל בסור המקרה כשאעמוד בצל: בני אמי נחרו בי. ר"ל אל תחשבו שאני יצאנית רודפת בבדה אל מול השמש ובכיתי לא ישכנו רגלי כי לא כן הוא הנה אחי בני אמי נתכעסו בי ושמו אותי להיות יושבת ומשמרת את כרמיהם לעין השמש ואני מעולם לא שמרתי סף הכרם שלי ולא הורגלתי לעמוד בשמש ולזה הושחרתי ביותר. והנמשל היא שאמרה כ"י אל תבזו אותי על שעבדתי מאז לעגלי הזהב

לקוטי אנשי שם

(ו) **בני** אמי נחרו בי וגו'. הנה ידוע כי האדמה היא אם כל חי המדבר ושאינו מדבר. כמ"ש איוב ערום יצאתי מבטן אמי וערום אשוב שמה. ואין ר"ל אמו ממש שלא לבטן אמו לא ישוב לעולם. רק אמו ר"ל האדמה שהיא אם כל חי. כי האדמה ילדה הכל. כמ"ש הכתוב אלה תולדות השמים והארץ. נמצא האדם והבהמה והחיה והעוף והאילנות והתבואות והעשבים כלם אחים מן האם. בני אם אחת. והאדמה היא כמו בעל הבית המפטם בהמה או אווז מאכילה מכל טוב ומבקש אותה. הבהמה סבורה שזה לטובתה ובאמת הוא לרעתה. כי אם היתה לחושב לה היה הבעל הבית שוחטה והיתה עוד זמן רב וכמו זה תעשה האדמה עם האדם היא מוציאה עבורו כל תענוגי העולם והאדם חושב שזה לטובתו והוא נהיפך מחמת שהאדם נמשך אחרי התאות לבו ואחרי מראה עיניו ע"כ מות ימות ונקבר באדמה נמצא האדמה מכזבת באדם. והוא מדמה שהיא סובבת אותו ע"כ היא מוציאה עבורו כל תענוגים והם הוא לרעתו ועי"ז המאמר המלך החכם ואמר בני אמי נחרו בי. כל תענוגי העולם שהם אחי בני אם אחת הסיתו בי את התאוה שמוני נוטרה את הכרמים להתענג מהם והכרמים אינם שלי כי כאשר באתי לעולם ומלאתי את הכרמים כן כאשר אלך מן העולם ישארו הכרמים ואעזוב אותם לאחרים כי אין מלוין לאדם לא כסף ולא זהב וכרמי שלי ממש זהו התורה והמצוה שהם המלוין את האדם לעולם הבא והם לא נטרתי והשלכתים אחרי גוי ע"כ נשתחרה נשמתי:

קיצור אלשיך וש"מ

ההולכים תמיד במדבר. יריעות אהליהם שחורים מבחוץ מהאבק והגשם. ונאים בפנים. שאהליהם מקושטים בפנים. וכנסת ישראל אומרת אל הקב"ה שחורה אני מן הצרות ושחרותי הוא רק מבחוץ כאהלי קדר השחורים רק מבחוץ אבל בפנים „בלבי" אני נאוה כבנות ירושלים הנאות וכיריעות שלמה ר"ל ויש בי אנשים הנאים גם בחוץ. והמה כיריעות שלמה הנאים גם מבחוץ כמ"ש חז"ל רצוננו לעשות רצון אבינו שבשמים. רק היצה"ר ושעבוד גליות מעכב:

(ו) **אל** תראוני שאני שחרחורת. כנסת ישראל אומרת להאומות אל תסתכלו בי דרך בזיון על שאני בתכלית השחרות. כי השחרות לא נולדה בי ממעי אמי כי במקרה באה לי (ששזפתני השמש) כי השמש זרחה עלי ועי"ז נולדה בי השחרות וא"כ נוחה אני להתלבן בקל בסור המקרה כשאעמוד בצל. כי (בני אמי נחרו בי) בני אמי האחים שנולדנו מאם אחת [זהו בני עשו שנולד עם יעקב מאם אחת] נחרו בי. נתכעסו עלי ושמוני נוטרה את הכרמים שלהם לעין

Kedar, like the curtains of Solomon. 6. Do not look upon me [disdainfully] because I am swarthy, for the sun has gazed upon me; my mother's sons were incensed against me; they made me a keeper

Like the tents of Kedar—Although My tent, which I spread over you to protect you, is now as black as the tents of Kedar, which are unattractive because of the sun's glare, it will ultimately become as white as the curtains of Solomon. Another explanation is that this explains the first segment of the verse: I am black but comely. The blackness is compared to the tents of Kedar, which, although unattractive, afford shelter from the elements. This symbolizes the relationship of the Shechinah to Israel. Although they are in exile, God nevertheless protects them and performs hidden miracles for them. The daughters of Jerusalem are compared to the curtains of Solomon, whose beauty is external, but which does not afford shelter or protection. This symbolizes the relationship of the Shechinah to the nations.

6. **Do not look upon me**—*Do not look upon me disdainfully* [*like* (*I Sam. 6:19*) *"for they had gazed upon the Ark of the Lord"*].—[*Rashi* from *Mid. Shir Hashirim*, which renders: "Do not despise me," and quotes the verse from Samuel. See also *Targum.*]

because I am swarthy—*For my blackness and my ugliness are not from my mother's womb, but from tanning from the sun, for that blackness can easily be whitened by staying in the shade.*—[*Rashi*] *Ibn Ezra* explains that the word שְׁחַרְחֹרֶת is the diminutive, i.e., dark, but not really black. *Sforno* explains: Do not look at me according to my corrupt deeds and judge me unfavorably for the thoughts of my heart, because the deeds have incidentally become habitual.

my mother's sons were incensed against me—*These are the Egyptians among whom I grew up, and they went up with me in the mixed multitude; they were incensed against me with their enticement and their seduction until they made me*—[*Rashi*]

a keeper of the vineyards—*and there the sun tanned me and I became blackened; i.e., they made me a worshipper of alien gods, but my own vineyard, which I had from my forefathers, I did not keep. We find that in the Scripture, leaders are called by an expression of vineyards, as it is said* (*Hos. 2:17*)*: "And I will give her her vineyards from there," which the Targum renders: "And I will appoint her leaders for her." And similarly* (*Job 24:18*): *"he will not turn by the way of the vineyards."*—[*Rashi*] [*Rashi* to Job explains*: They did not turn by the way of the good, in the way of the righteous, who are lofty and dwell in the heights of the world. Vineyards represent the righteous men and the leaders of the generation.*]

אֶת־הַכְּרָמִים כַּרְמִי שֶׁלִּי לֹא נָטָרְתִּי׃ ז הַגִּידָה לִּי שֶׁאָהֲבָה נַפְשִׁי אֵיכָה תִרְעֶה אֵיכָה תַּרְבִּיץ בַּצָּהֳרָיִם שַׁלָּמָה אֶהְיֶה כְּעֹטְיָה עַל עֶדְרֵי חֲבֵרֶיךָ׃ ח אִם־לֹא

הגידה לי. ספר הזוהר פ' ויקרא ופ' בלק : אם לא תדעי. שבת לג כתובות סו :

בְּנִימוּסֵיהּ וְלָא נְטָרִית יַת פִּקּוּדוֹי וְיַת אוֹרַיְיתֵיהּ׃ ז הַגִּידָה כַּד מְטָא זִמְנֵיהּ דְמשֶׁה נְבִיָא לְמִפְטַר מִן עָלְמָא אֲמַר קֳדָם יְיָ גְּלֵי קֳדָמַי דְעַמָּא הָדֵין הוּא עֲתִידִין לְמֶחֱב וּלְמֵהַלְכָא בְּגָלוּתָא פְּעַן חֲוֵי קֳדָמַי אֵיכְדֵין יִתְפַּרְנְסוּן וְיִשְׁרוּן בֵּינֵי עַמְמַיָא דְקַשְׁיָן גְּזֵירַתְהוֹן כְּחוּמָתָא וְכִשְׁרָבֵי שִׁמְשָׁא דְטִיהֲרָא בִּתְקוּפַת תַּמּוּז וְלָמָה דֵין יְהוֹן מִטַּלְטְלִין בֵּינֵי עֶדְרֵי בְּנוֹי דְעֵשָׂו וְיִשְׁמָעֵאל דִּי מִשְׁתַּפְּפִין לָךְ טַעֲוָתְהוֹן לְחַבְרַיָא׃ ח אִם אֲמַר קוּדְשָׁא בְּרִיךְ הוּא לְמשֶׁה נְבִיָא

רש"י

(ז) הגידה לי שאהבה נפשי. עכשיו רוה"ק חוזר ומדמה אותה לצאן החביבה על הרועה אומרת כנס"י לפניו כאשה לבעלה הגידה לי שאהבה נפשי איכה תרעה צאנך בין הזאבים הללו אשר הם בתוכם ואיכה תרביצם בצהרים בגלות הזה שהיא עת צרה להם כצהרים שהיא עת צרה לצאן: שלמה אהיה כעטיה. וא"ת מה איכפת לך פן אין זה כבודך שאהיה כאבילה עוטה על שפה בוכיה על צאני: על עדרי חבריך. אצל עדרי שאר הרועים שהם רועים צאן כמותך כלומר בין גדודי האומות הסמוכים על אלהים אחרים ויש להם מלכים ושרים מנהיגים אותם: (ח) אם

שפתי חכמים

פרנסתא עכ"ל : פ סיפיה וא"ת וכו' כי בזולת זה לא יתקבל סוף פסוק לראש פסוק כי סוף פסוק הוא על עדרי חבריך וזה אינו סבה ונתינת טעם לאהבה שהתחיל בה הגידה לי שאהבה וגו' רק שאינ' לפי כבודו שיהיה להם מלכים ושרים מה שאין כן בצאנו . על כן הוסיף

אבן עזרא

(ז) שאהבה נפשי. יחסר מקום הקריאה כמו אתה: איכה תרעה. הצאן: איכה תרביץ. אותם ויש אומרי' שעניינו שאלת המקום כמו איכה הם: שלמה. השי"ן מקום אשר: כעטיה. מתערבת והיא פועלת מן ויעט העם אל השלל. ויש אומרים הוספה והוא רחוק. ויש אומרים נגרעת מן ויעט בהם :

הפעם השנית

לריח שמניך. כי שמניך יש להם ריח טוב מרחוק והזוכרת שמך כאלו שמן מור יורק לפניה על כן עלמות אהבוך וא"כ שמניך מרחוק אף כי נשיקות פיך: משכני. וכל אחת מהעלמות מתאוה והומרת משכני אחריך נרוצה: המלך הדריו. יותר נשמח בך ממה שיביאני המלך הדריו: שחורה. ובעבור שאלה העלמות היו הומרות משכני חזרה הנערה לה ואמרה אינני פחותה מכם אע"פ שיש בי שחרות מעט כאהלי קדר שהם מגולים לשמש תמיד יפה אני כיריעות שלמה: אל תראני. פירושו אל תבזוני או אל תראוני בעין קלון והסרון כי זה השחרות לא נולדתי בו רק הוא מקרה ויסור וסבת זה המקרה כי כעסו אחי עלי ושמוני נוטרה את הכרמים ובתחלה קודם זה אפילו כרמי שלי לא נטרתי . והזרה לרועה ואמרה לו הגידה לי אי זה מקום תרעה ותרביץ כי אני רוצה לשוב רועה וארדוף אחריך:

הפעם השלישית

לריח. היה מלמד מעשיו של המקום ומורה אנשי דורו ובכל מקום שהולך ויקרא שם אברם בשם ה' וזהו שמן תורק שמך: על כן עלמות אהבוך. על כן עלמות שאין להם בעל כך אנשים שלא היה להם אלוה הכניסם תחת הייחוד כענין ואת הנפש אשר עשו בחרן: משכני. שנמשך אחר המקום ויצא מארץ מולדתו: הביאני המלך הדריו. שהביאו אל ארץ כנען ויתקן שהחכימו ועמד על סודות נפוגים. וענין נזכירה דודיך הוא בנין מזבח בכל מקום ונטיעת אשל: שחורה. הגל בשעבוד מצרים אע"פ שאני שחורה בקלת מעשים רעים נאוה אני בשמירת הברית וייחוד השם: אל תראני. השמש הוא גלות מצרים ומי סבב לי שתכני השמש האנשים מבני אמי בשמוני נוטרה שהטור דתים נכרים ועזבתי שלי. וכן

ספורנו

נטרתי. לא עסקתי בה מקוצר רוח"ע"י מקרים זמניים ובכן קלקלתי מעשי : (ז) הגידה לי ."תתחיל המחבר בדברי עדת ה' אליו ותשובתו על דרך דברי אוהבת עזובה עם אהובה. ואמר הגידה לי שאהבה נפשי . אתה ה' אבינו שאהבה נפשי אע"פ שהמעשים מקולקלים הגד לי:איכה תרעה. את התלמידים דעה והשכל: איכה תרביץ. את ההמון תחת חכמי הדור שיתנהגו על פיהם : בצהרים. בזמן שיהיו ב' בני צהר חולקים בהלכה וכל א' מהם מאיר דבריו בטעם הגון כמו שיקרה בצהרים שחצי מאור במזרח וחציו במערב וזה קרה בסבת שכרמי שלי לא נטרתי ולא שמשו כל צרכם : שלמה אהיה כעוטיה על עדרי חבריך.על עדרי אותם החברים החולקים ותלמידיהם שהם שלך ואומרי' אלו לאלו שהם דברי אלהים חיים ובכן אהיה כעוטיה על שפם שלא אדע את מי אשאל ויודיעני דבר אל נכון : (ח) אם לא תדעי לך . הלכה פסוקה: היפה בנשים. במדת חסד ופרישו':

מצודת דוד

בימי מלכי ישראל כי לא מלכי נעשהם אלא ע"י הכרחת המלכים ועתה הייתי להנרע מהם בסור סמכריתים : (ז) הגידה לי כו' . כאלו תשלח אמריה אל החשוק ותאמר אליו אתה החשוק בנפשי הודיעה אותך הגידה לי אנה תרעה את הצאן ואנה תרביצם בעת הצהרים (כי אז היא העת להרביץ הצאן לנוח) וכאלו תאמר הודיעני מקומך ואבוא אני אליך לרעות עמך בצאן : שלמה. אשר למה אהיה כמשוטטת אנה ואנה על עדרי הרועים חבריך לחפש עד אשר אמצאך. והנמשל הוא שאמרה כ"י פתח לבי לדעת המתוקק ודבוקה בך למה אהיה נמשכת אחריך ויבלתך למען אהיה מוספת כדעת הוקרת ונבוכה : (ח) אם לא תדעי לך . כאלו החשוק משיב לה ויאמר דבריו לאמר את היפה בין הנשים אם לא ידעת מקום תחנותי אין לאי ולכי בדרכך

מצודת ציון

כמו היכטור לעולם (ירמיה ג') : (ז) איכה . הוא כמו אנה וכן איכה הוא (מ"ב ו') : תרבין. ענין השכיבה לנוח : בצהרים . מלי' וכפר והורה והוא הלי היום : שלמה. אשר למה השי"ן הוא במקום אשר : כעטיה . ענין הפרחה ושטיפה כמו ותעט אל השלל (ש"א ט"ו) :

קיצור אלשיך וש"מ

השמש ועי"כ כרמי שלי לא נטרתי:

(ז) הגידה לי מה שאהבה נפשי. לידע איכה תרעה ר"ל אם כי מאמין אנכי בכל לבי כי לא לעולם תזנח ולא לנצח תקצוף. ועוד תבא עת אשר תקבץ צאן מרעיתך המפוזרות בכל זאת אתמה על החפץ איככה הרעה עתה את צאנך בגלות המר הזה. איכה תרביץ אותם בצהרים. כי המרביץ את צאנו עת הצהרים בתוקף השמש לא מקום מנוחה הוא ולא עת מנוחה הוא. כן אנכי בגלות החיל הזה אין לי לא מקום מנוחה ולא עת מנוחה. ואולם למצער אם תשיגנה הצאן במקום השמש מרעה טוב ורוה להן מעט. אך אם גם במקום השמש אין מרעה להם הלא הן נבוכות מאד. כן גם אנכי לו מצאתי חית ידי והשגתי השפעתי ממך. הנה אף כי בארץ לא לי אנכי. בכ"ז נחמתי מעט. אך עתה מה רע ומר גורלי כי שלמה בגלות המר הזה אהיה כעוטיה. כמוחפת ושוטטת אנה ואנה על עדרי חבריך לבקש השפעתי מאינם מאמינים בך ואומרים אשר אלהיהם הם חבריך רועי צאן כמוך. ומהם ועל ידם אשיג טרף חלקי. הלא גדול מכאובי כנשוא :

(ח) אם לא תדעי לך היפה בנשים. הקב"ה משיב לכנס"י אתה עמי אשר אכנך בשם רעיתי היפה

of the vineyards; my own vineyard I did not keep . 7. Tell me, you
whom my soul loves, where do you feed, where do you rest [the
flocks] at noon, for why should I be like one who veils herself
beside the flocks of your companions?" 8. "If you do

Mezudath David explains that the people of Israel states: Do not look at me with disdain because I worshipped golden calves in the days of the kings of Israel; I did not do this on my own volition but through the compulsion of the kings, and I could easily abandon that worship when the compulsion ceased.

The *Targum* paraphrases: The people of Israel said to the nations: Do not despise me because I am blacker than you because I have emulated your deeds, and I have prostrated myself to the sun and the moon; for the false prophets have been the cause of it in order to draw down upon me the wrath of the Lord; and they taught me to worship your gods and to follow your customs, and the Lord of the Universe, Who is my God, I did not worship, and I did not keep His commandments or His instructions.

7. **Tell me, you whom my soul loves**—*The Divine Spirit repeatedly compares her to the flock that is beloved to the shepherd. The congregation of Israel says before Him as a woman to her husband, "Tell me, You Whom my soul loves, where do You feed Your flock among these wolves in whose midst they are, and where do You rest them at noon, in this exile, which is a distressful time for them, like noon, which is a distressful time for the flock?"*—[*Rashi*]

for why should I be like one who veils herself—*And if you ask, "What does it concern you?" It is not complimentary for you that I should be like a mourner, with a veil over my lip, weeping for my flock.*—[*Rashi* from *Song Rabbah*]

beside the flocks of your companions—*beside the flocks of the other shepherds, who pasture flocks as you do; i.e., among the flocks of the heathens, who rely on pagan deities, and who have kings and princes who lead them.*—[*Rashi*] *Mezudath David* explains:

Tell me, etc.—She sends a message to her beloved and says, "You, whom my soul loves, tell me where you feed the flocks, and where you rest them at noon." It is as though she says, "Let me know your place, so that I can come to you to feed the flocks with you."

for why—should I be like one who wanders hither and thither beside the flocks of your companions? The allegorical meaning is that the congregation of Israel says: Open my heart to know Your truth and Your ability, so that I will be attracted to You and cleave to You. Why should my mind wander to philosophical speculation and be perplexed?

8. **If you do not, etc.**—*This is the shepherd's reply: If you do not know where you should go to feed your flock, you, O fairest of women, for the shepherd has ceased pasturing them.*—[*Rashi*]

תֵּדְעִי לָךְ הַיָּפָה בַּנָּשִׁים צְאִי־לָךְ בְּעִקְבֵי הַצֹּאן וּרְעִי
אֶת־גְּדִיֹּתַיִךְ עַל מִשְׁכְּנוֹת הָרֹעִים: ט לְסֻסָתִי בְּרִכְבֵי

תרגום

אִבַּעְיָא לְהוֹן לְמִמְחֵי גָלוּתָא כְנִשְׁתָּא דְמַתִילָא לְרִיבָא שַׁפִּרְתָּא וְנַפְשִׁי תְּהֵא רָחֲמָא לַהּ תְּהֵא מְהַלְּכָא בְּאוֹרְחֵיהוֹן דְּצַדִּיקַיָּא וּתְהֵא מְסַדְּרָא צְלוֹתָא עַל פּוּם בְּרַזִילְהָא וּמְדַבְּרֵי דָרְהָא וּתְהֵי מְאַלְּפָא לִבְנָהָא דְּמַתִילִין לְגַדְיֵי עִזִּין לְמֵיזַל לְבֵית כְּנִשְׁתָּא וּלְבֵית מִדְרְשָׁא וּבְהַהִיא זְכוּתָא יְהֶוְיָן מִתְפַּרְנְסִין בְּגָלוּתָא עַד זְמַן דְּאֶשְׁלַח מַלְכָּא מְשִׁיחָא וִיהֵי מְדַבַּר יָתְהוֹן בְּנִיחַ עַל מַשְׁכְּנֵיהוֹן הוּא בֵּית מַקְדְּשָׁא דִּיבְנֵי לְהוֹן דָּוִד וּשְׁלֹמֹה רַעֲיָא דְיִשְׂרָאֵל: ט לְסֻסָתִי כַּד נְפַקוּ יִשְׂרָאֵל מִמִּצְרַיִם רְדָפוּ פַּרְעֹה וּמַשִּׁרְיָתֵיהּ בַּתְרֵיהוֹן בִּרְתִיכִין וּבְפָרָשִׁין וַהֲוַת אוֹרַח סְגִירָא לְהוֹן מֵאַרְבַּע סִטְרֵיהוֹן מִן יְמִינָא וּשְׂמָאלָא הֲווֹ מַדְבְּרַיָּא דְּמַלְיָין חִיוָן קָלָן וּמִן בַּתְרֵיהוֹן הֲוָה פַּרְעֹה רַשִׁיעָא וּמַשִּׁרְיָתֵיהּ וּמִן קֳדָמֵיהוֹן הֲוָה יַמָּא דְסוּף מָה עֲבַד קוּדְשָׁא בְּרִיךְ הוּא אִתְגְּלֵי בְּכֹחַ גְּבוּרְתֵּיהּ עַל יַמָּא וּנְגַב יַת יַמָּא וְיַת טִינָא לָא נְגַב אֲמַרוּ רַשִׁיעַיָּא וְעַרְבְּלָאִין וְנוּכְרָאִין דִּי בֵּינֵיהוֹן יַת מוֹי דְיַמָּא יָכִיל לְנַגָּבָא וְיַת טִינָא לָא יָכִיל לְנַגָּבָא בְּהַהִיא שַׁעְתָּא תְּקַף רוּגְזֵיהּ דַּיְיָ עֲלֵיהוֹן וּבְעָא לְשַׁנְקוּתְהוֹן בְּגוֹ דְיַמָּא הֵיכְמָא דְאִשְׁתַּנְקוּ פַרְעֹה וְחֵילְוָתֵיהּ רְתִיכוֹהִי וּפָרָשׁוֹהִי וְסוּסְוָתוֹי אִלּוּלֵי מֹשֶׁה נְבִיָּא דִּפְרַשׂ יְדוֹי בִּצְלוֹ קֳדָם יְיָ וַאֲתֵיב רוּגְזָא דַּיְיָ מִנְּהוֹן וּפְתַח אִיהוּ וְצַדִּיקֵי דָרָא יַת פּוּמְהוֹן וַאֲמַרוּ שִׁירְתָא וַעֲבַרוּ בְּגוֹ יַמָּא דְסוּף בְּיַבֶּשְׁתָּא בְּגִין זְכוּתָא דְאַבְרָהָם יִצְחָק

שפתי חכמים

וא"ת יכו': צ כוונת רב"י במה שאמר שם הראיתי לכל כי רעיתי את וכמה הראיתי כי שם קשטתיך וזולת זה אין תלה הכתוב נאוו לחייך

רש"י

לא הדעי לך. זו היא תשובת הרועה אם לא תדעי לך להיכן תלכי לרעות לאנך את היפה בנשים שהדל הרועה מלהנהיג אותם: **צאי לך בעקבי הצאן.** הסתכלי בפסיעות דרך שהלכו הצאן והעקבים ניכרים טראצי"ש בלע"ז וכן הרבה במקרא (תהלים עז) ועקבותיך לא נודעו (ירמיה יג) נחמסו עקביך (בראשית מט) והוא יגוד עקב ישוב על עקביו ואותו הדרך לכי: **ורעי את גדיותיך על משכנות הרועים.** בין משכנות שאר הרועים שאת אומרת וזה הדוגמא אם לא תדעי לך כנסייתי ועדתי היפה בנשים בשאר אומות איכה תרעי ותנצלי מיד המציקים לך להיות ביניהם ולא יאבדו בניך התבונני בדרכי אבותיך הראשונים שקבלו תורתי ושמרו משמרתי ומצותי ולכי בדרכיהם ואף בשכר זאת תרעי גדיותיך אצל שרי האומות וכן אמר ירמיה (ירמיה לא) הציבי לך ציונים שיתי לבך למסילה וגו': (ט) **לססתי ברכבי פרעה דמיתיך רעיתי** לפ"ד זו כמו לפ"ד (שם י) לקול תתו המון מים וכמו לפ"ד לריח שמניך לקבוצת סוסים הרבה שאספתי מהגותי לנאת לקראתך ברכבי פרעה להושיעך כמ"ש (חבקוק ג) דרכת בים סוסיך סוסים הרבה שם דמיתיך רעיתי שתקתיך מלצעקתך שנ' (שמות יד) ואתם תחרישון זאת ראיתי בספרי אגדה. ד"א דמיתיך רעיתי שם הראיתי לכל שרעיתי את. **לססתי.** קבוצת סוסים ובל' לע"ז קבליי"א. **דמיתיך.** אריסמא"י בלע"ז כמו (שופטים כ) אותי דימו להרוג צ כי שם קשטתיך

ספורנו

צאי לך בעקבי הצאן. כיון שהלכה רופפת בידך לכי אחר המנהג: ורעי את גדיותיך. העתידות להניק כמותך התלמידים העתידים להורות: על משכנות הרועים. במדרשי חכמי הדור לדע' טעמים ויתבוננו איזה יכשר. אמנם התנצלות אשרך ששופטני השמש הוא התנצלות בלתי מספיק. כי הנה (ט) לסוסתי ברכבי פרעה דמיתיך רעיתי. כי כמו שקרה לך בהיותדסוסתי בין רכבי פרעה שנגלית שכינתי עליך כאיש מלחמה ונצחת את כלם כן דמיתיך בהיותך רעיתי וזה כי אמנם

אבן עזרא

תמצא בספר יחזקאל שהזהירם הנביא שישובו כי היו מהם עובדים עבודה זרה והומר לשפוך חמתי עליהם לכלות אפי בם בתוך ארץ מצרים: הגידה לי שחזרו בתשובה ושאלו איך היו רועים האבות ונאחוז דרכם ולא נתערב עם אלהים אחרים שיאמרו שהם כמוך וזה ענין על עדרי חבריך:

הפעם הראשונה

(ח) בעקבי הצאן. כמו ועקבותיך לא נודעו האותות העוקב הדורך אחריו: גדיותיך. כל קטן יקרא גדי ומסמיכתו לעזים היא הראיה: (ט) לסוסתי. היו"ד נוסף כיו"ד מלאתי משפט אהבתי לדוש:

מצודת ציון

(ח) בעקבי. ר"ל במדת עקבות הרגל וכן ועקבותיך לא נודעו (תהלים ס): ורעי. מל' מרעה: גדיותיך. מל' גדי עזים: על. ממעל: משכנות. מל' משכן (ט) לססתי. נקבת הסוס הקרא סוסים כאשר תקרא נקבת החמור חמורה והיו"ד נוספת ובעבור הוספה הי' נהפכה הס"א לתי"ו נהסמיכה אל היו"ד וכן מלאתי משפט (ישעיה א') שבעבור תוספת היו"ד נהפכה הה"א לתי"ו ואמר בלשון נקבה לפי שדרך המלך והשרים היה לקשור במרכבתם סוסיות נקבות כי בסוסים מתגרים (מ"א יו"ד) והמובחר שבכולן יקשרו במרכבת המלך

מצודת דוד

עקבי רגלי הצאן לאני ותרעי גם את גדיותיך ממעל למשכנות שאר הרועים כי שם מקומי ותהיה א"כ קרובה אלי. והנמשל הוא כי משיב לה אם לא מלאת הכמה לדעת אמתתי מעלמך סמכי על הקבלה והאחזי בדרכי אבותיך והוי דבוקה אלי ואז תהיה למעלה מכל גוי הארצות כי גדול אני מכל אלהי העמים הם שרי מעלה: (ט) לססתי. את רעיתי הן דמיתי אותך מול סעלמות כונן לסוסים הקבורה ברכבי פרעה מול שאר סוסיות אשר באתן מצרים שהנה מעולות מכולן כי מולא הסוסים המה ממצרים כמ"ש ומוצא הסוסים אשר לשלמה והנמשל הוא לומר כנה את הכנסה מכל מבפחות האדמה אף מן

קיצור אלשיך וש"ם

(היפה בנשים) היפה מכל עם ולשון (אם לא תדעי לך) באיזה דרך אשוב אליך להיות אתך כקדם (צאי לך בעקבי הצאן) צאי לך ולכי בפסיעות דרך שדרכו והלכו בה הצאן קדשים הם אבותיך הקדושים. אתה בדרכיהם ובמדותיהם. ורעי במרעה הזה גם את גדיותיך. גם את ילדיך הקטנים בדרך ישרה כזו. ואז תהיה על משכנות הרועים. למעלה מכל שרי האומות באופן שהם רק על ידיך ישיגו השפעתם. בדרך שאמר דוד המע"ה הללו את ה' כל גוים וגו' כי גבר עלינו חסדו. והנותר ממנו ישיגו האומות: (ט) לסוסתי ברכבי פרעה דמיתיך רעיתי. הקב"ה אומר לישראל ראי הטובות שעשיתי לך מיום היותך לגוי. מיום הוציאך ממצרים. לסוסתי ברכבי פרעה. הסוסים הללו אשר לי המה. אשר אנכי בראתים. ופרעה לקחם וקשרם ברכבו ליסע עמהם להלחם נגדי כה דמיתיך רעיתי השויתי אותך להם. כי משלי חטאת לי. הלא אנכי נתתי לך ביזת מצרים וביזת הים:

גאוו

not know, O fairest of women, go your way in the footsteps of the flocks and pasture your kids beside the shepherds' dwellings. 9. At the gathering of the steeds of Pharaoh's chariots

go your way in the footsteps of the flocks—*Look at the footsteps, the way that the flocks went, and the heels are discernible, traces in French, tracks. There are many similar instances in Scripture, e.g.* (*Ps. 77:20*): *"and Your steps* (וְעִקְּבוֹתֶיךָ) *were not known"*; (*Jer. 13:22*): *"your steps* (עֲקֵבַיִךְ) *were cut off"*; (*Gen. 49:19*): *"and his troops will return in their tracks* (עָקֵב)*." He will return in his tracks. Now go that way.*—[*Rashi*]

and pasture your kids beside the shepherds' dwellings—*among the dwellings of the other shepherds beside whom you are, and this is the allegory: If you do not know, My assembly and My congregation, O fairest of women,* [the fairest] *of the nations, where you will pasture and be saved from the hand of those who oppress you, to be among them, and that your children should not perish, ponder the ways of your early ancestors, who received My Torah and kept My watch and My commandments, and go in their ways, and as a reward for this, you will pasture your kids beside the princes of the nations, and so did Jeremiah say* (*31:20*)*: "Set up markers for yourself...put your heart to the highway, etc."*—[*Rashi*]

9. **At the gathering of the steeds of Pharaoh's chariots have I silenced you, my beloved**—Heb. לְסֻסָתִי. *This "lammed" is like the "lammed" of* (*Jer. 10:13*): *"At the sound of* (לְקוֹל) *His giving a multitude of waters," and like* (above verse 3): *"At the fragrance of* (לְרֵיחַ) *your oils." At the gathering of many steeds, for I gathered my camps to go forth toward you in the chariots of Pharaoh to save you, as it is said* (*Hab. 3:15*): *"You trampled in the sea with your steeds," many steeds. There I silenced you, my beloved. I silenced you from your cry, as it is written* (*Exod. 14:14*)*: "and you shall be silent." I saw this in Aggadic works* (*Song Rabbah*)*. Another explanation:* דִּמִּיתִיךְ רַעְיָתִי—*There I demonstrated to all that you are my beloved.*—[*Rashi*]

steeds—לְסֻסָתִי *means a gathering of horses, and in the French language, chevalchie, troop of horses, cavalcade.* דִּמִּיתִיךְ *is adesmay in Old French, like* (*Jud. 20:5*): *"Me they intended* (דִּמּוּ) *to kill," for there I adorned you with beautiful ornaments.*—[*Rashi*] *Mezudath David* renders: To a mare of Pharaoh's chariots I compared you, my beloved. I compared you, my beloved, to all the other maidens, as a mare tied to Pharaoh's chariots compared to all the other horses in Egypt, for they are the most outstanding steeds, and the one tied to Pharaoh's chariot is superior to all. The allegory is that Israel is beloved of the Lord more than all the families of the earth.

פַּרְעֹה דִּמִּיתִיךְ רַעְיָתִי׃ י נָאווּ לְחָיַיִךְ בַּתֹּרִים צַוָּארֵךְ
בַּחֲרוּזִים׃ יא תּוֹרֵי זָהָב נַעֲשֶׂה־לָּךְ עִם נְקֻדּוֹת הַכָּסֶף׃
יב עַד־שֶׁהַמֶּלֶךְ בִּמְסִבּוֹ נִרְדִּי נָתַן רֵיחוֹ׃ יג צְרוֹר

הנ"א עד שהמלך במסבו. שבת פח גיטין לו: נרדי נתן ריחו. ס' הזוהר סוף פ' בראשית ופ' אחרי מות ופ' פקודי: צרור המור דודי לי. שבת שם מנחות לח:

תרגום

וְיַעֲקֹב דְּחִימְיָא בַיְיָ׃ י נָאווּ כַּד
נְפָקוּ לְמַדְבְּרָא אֲמַר יְיָ לְמֹשֶׁה
כַּמָּה יָאֵי עַמָּא הָדֵין לְאִתְיְהָבָא
לְהוֹן פִּתְגָמֵי אוֹרַיְתָא וִיהוֹן
כִּזְמָמִין בְּלִיסָתְהוֹן דְּלָא יֶעְדוֹן
מִן אוֹרְחָא טָבָא הֵיכְמָא דְּלָא
עָדֵי סוּסְיָא דִּזְמָמָא בְּלִיסָתֵיהּ וְכַמָּה יָאֵי קְדָלְהוֹן לְסוֹבָרָא נִיר פִּקּוּדַי וִיהֵי עֲלֵיהוֹן כְּנִירָא עַל קְדָל תּוֹרָא
דְּהוּא חָרֵישׁ בְּחַקְלָא וּמְפַרְנֵס יָתֵיהּ וְיָת מָרֵיהּ׃ יא תּוֹרֵי בְּכֵן אִתְאֲמַר לְמֹשֶׁה סַק לִרְקִיעָא וְאֶתֵּן לָךְ יָת
תְּרֵין לוּחֵי אַבְנִין חֲצִיבִין מִסַּפִּיר כּוּרְסֵי יְקָרִי בְּהִיקָן כְּדַהַב טָב מְסַדְּרָן בְּשִׁיטִין כְּתִיבִין בְּאֶצְבְּעֵי גְלִיף
בְּהוֹן עַסְרְתֵי דִּבְרַיָּא זְקִיקִין יַתִּיר מִן כַּסְפָּא דְּמִזּוּקָק שְׁבַע זִמְנִין שִׁבְעָא דִּסְכוּם עִנְיָנִין דְּמִתְפָּרְשִׁין
בְּהוֹן אַרְבְּעִין וּתְשַׁע אַפִּין וְאֶתְגְּנוּן עַל יְדָךְ לְעַמָּא בֵּית יִשְׂרָאֵל׃ יב עַד וְעוֹד דַּהֲוָה מֹשֶׁה רַבְּהוֹן בִּרְקִיעָא
לְקַבָּלָא יָת תְּרֵין לוּחֵי אַבְנַיָּא וְאוֹרַיְתָא וְתַפְקֶדְתָּא קָמוּ רַשִׁיעֵי דָּרָא הַהוּא וַעֲבָדוּ עֵגֶל דִּדְהַב
וְעַרְבְרוּבִין דִּי בֵינֵיהוֹן וְאַסְרִיאוּ עוֹבְדֵיהוֹן וּנְפַק לְהוֹן שׁוּם בִּישׁ בְּעָלְמָא דִּמְקַדְּמַת דְּנָא הֲוָה נְפַק רֵיחֵיהוֹן
נְדִיף בְּעָלְמָא וּבָתַר כֵּן סְרִיאוּ כְּנִרְדָּא רֵיחֵיהּ בִּישׁ לַחֲדָא וּנְחַת מַכְתַּשׁ סְגִירוּ עַל בִּשְׂרְהוֹן׃ יג צְרוֹר בְּהַהִיא

רש"י

בקישוטים נאים: (י) נאוו לחייך בתורים. שורות נזמי אזן ומלחת זהב: צוארך בחרוזים. ענקי זהב ומרגליות הרוזות בפתילי זהב של ביזת הים: (יא) תורי זהב נעשה לך. נמלכנו אני ובית דיני לפני בא פרעה שהשיאנו והחזק את לבו לרדוף אחריך עם כל שבא גנזי אוצרותיו כדי שנעשה לך תורי קשוטי הזהב: עם נקודת הכסף. שהיה בידך כבר שהוצאת ממצרים שגדולה היתה ביזת הים מביזת מצרים. נקדות. כלי כסף מנוקדים ומצויירים בהברבורות וגוונים: (יב) עד שהמלך במסבו. משיבה כנסת ישראל ואומרת כל זה אמת טובה גמלתני ואני גמלתיך רעה כי בעוד המלך על השלחן מסבת הופתו: נרדי נתן ריחו. הילוף להבאיש בעוד שהשכינה בסיני קלקלתי בעגל ולשון חבה כתב הכתוב נתן ריחו ולא כתב הבאיש או הסריח לפי שדבר הכתוב בלשון נקיה. (עיין ברש"י במסכת שבת פרק ר"ע דהטעם דלא כתיב הבאיש או הסריח משום חיבה אכן לפירוש התוס' שם שפי' וה"קמ"ה נתן ולא עזב והוא משום חיבה. אכן מה שלא כתב הבאיש או הסריח זהו בלאו הכי משום לשון נקיה): (יג) צרור המור דודי לי. דודי נעשה לי כמי שיש לו צרור המור בחיקו ואמר לו הרי לך צרור זה שיתן ריח טוב מן

שפתי חכמים

בהא דלעיל מיניה: ק דק"ל מה נעשה. לכ"פ נמלכנו אני ובית דיני וכו': ר פי' כשם שיש הפרש בין כסף לזהב כך יש שבח ממון הים מביזת מצרים לא שביזת מצרים היה כסף וביזת הים זהב אלא שביזת הים גדולה מביזת מצרים כהפרש זהב מכסף וכ"כ הב"ר: ש במקומות

אבן עזרא

(י) בתורים. צורות מצויירות כמו תורים: הרוזים. הם הקשורים מהאבנים היקרות ואין לו חבר וי"א כי והרוזים במרכולתך כמוהו ויתחלף האל"ף בהי"ת וזה איננו נכון כי לא יתחלפו בלשון הקדש הוץ מאותיות יהו"א לבדם: (יא) נקדות הכסף. שיהיו בצורות התורים נקודות הכסף שהוא לבן: (יב) במסבו. כמו מקום מעולה ונכבד כמו ובמסבי ירושלים והקרוב אלי שהוא המקום שיש בו מסבה לשתות כמנהג שותי היין: נרדי. בושם כמין כרכום: (יג) צרור המור. פירוש דבר צרור כמו וצרת הכסף בידך ויש אומרים התיכה והוא רחוק. ופירוש מור יש אומרים כי מר דרור הוא המוס"ק וזה רחוק בעבור שאמר אריתי מורי והנה הוא בושם ממיני הצמחים שילוקט ועוד וידי נטפו מור והנה הוא נוטף והמוס"ק איננו נוטף וי"א כי מר יתפרש לשני ענינים:

הפעם השנית הטיבה נאי לך בעקבות הצאן ורעי גדיות קטנות כמו שאת קטנה למעלה ממשכנות כי שם הוא מקומי: לססתי. נקבת הסוס: ברכבי. יש רכב עץ ורכב ברזל אמר לה דמיתיך רעיתי בין אותם העלמות

ספורנו

יודו את מעשיך ודעותיך ביסודו' הורתי ומופתי' ואתה לא תשוב ובהיותך על זה האופן גם כיאז (י) נאוו לחייך בתורים. בבזת מצרים: צוארך בחרוזים. בבזת הים. עכשיו (יא) תורי זהב נעשה לך. עם תשלומי כל נקודות הכסף: (יב) עד שהמלך במסבו. מסב בינותינו בעמוד אש וענן ושאר נפלאותיו: נרדי נתן ריחו. היו בעשי נותנים ריח טוב. והנה עתה (יג) צרור

מצודת דוד

המובחרים שבהם: (י) נאוו לחייך בתורים. לחייך נאים והגונים לקשרם מתורים ולואכך נאה והגון לקשטו בחרוזי מרגליות ואבני יקר. והנמשל הוא לומר ראויה את והגונה להשפיע לך טובה מרובה: (יא) תורי זהב נעשה לך. וכמו שראויה את לקשוטים כן נעשה לך קשוטים מתורי זהב ובהם נקודות נקודות מכסף והוא תכשיט מפואר ביותר. והנמשל הוא לומר כמו שאת ראוי' לטובה כן אשפיע לך: (יב) עד שהמלך במסבו. כאלו ההשוקה תשלה אמריה לאמר לו הנה בעוד היות המלך נשען במסבו בגמר הסעודה ואז הדרך להשיא לפניו המוגמר מבושם הטוב להעלות ריח טוב על"ז הכילי הנרד אשר עמדי נותן ריחו ונודף מאוד ומבטל ריח המוגמר ההוא. והנמשל הוא לומר הנה המעט"ע שבידי גברו מאוד על מעשה מבחרי בעלומ"ז וכאפס ותוהו המה מול מעשי: (יג) צרור המור דודי לי. על"ז אתה דודי נחשב לי כצרור המור שבעבור שהוא צרור וקשור עומד ריחו בו לבל תפוג והוא העולה על ריח נרדי ולכן תשוקתי אליך

מצודת ציון

זכרים יקשה על הרכב לעצרם ללכת לאט לבל ירוצו: פרעה. כל מלכי מצרים קרואים בשם פרעה: דמיתיך. מל' דמיון ומשל: רעיתי. חברתי: (י) נאוו. מל' נאה ויופי: לחייך. הם הלסתות אצל העינים וכן בשבט יכו על הלחי (מיכה ד): בתורים. הם הפנינים המסודרים בתואר נאה והכונה יפה וקרוב לו כתור האדם המעלה (ד"ה א' י"ז) ור"ל כתואר ותכונת האדם המעלה: בחרוזים. הם אבנים טובות ומרגליות נקובות מחוברות בחוט ודרז"ל מחרוזות של דגים (ב"מ כ"א): (יא) נעשה. פעמים דרך היחיד לדבר בלשון רבים לתפארת: (יב) עד. בעוד וכן עד היותי על אדמתי (יונה ד'): במסבו. דרכו היה להסב ולהשען על המטות בשעת האכילה: נרדי. מין בושם: (יג) צרור. ענין קשור כמו צרור כספו (בראשית מ"ב): המור. מין

קיצור אלשיך וש"מ

(י) **נאוו** לחייך בתורים. בפנינים ומרגליות. צוארך בחרוזים. בקשורי אבנים טובות:

(יא) **תורי** זהב נעשה לך עם נקודות הכסף. לקחת ממצרים כלי כסף וכלי זהב. ואחרי אשר הרמותיך מהחומר והלבנים והעשרתיך. עשית כמ"ש הנביא וכסף הרביתי להם וזהב עשו לבעל. ועד שהמלך מלכי המלכים הקב"ה היה על הר סיני במסבו. במסבת אלפי שנאן. נרדי. הבשמים שלי. נתן ריחו הטוב שהריח והגיח לתוכו מאמונתו בה' ומהאזהרה שהזהיר הקב"ה לא יהיה לך אלהים אחרים ועשה את העגל:

(יג) **כנס"י** משיבה צרור המור דודי לי וגם. אשכול

have I silenced you, my beloved. 10. Your cheeks are comely with
rows, your neck with necklaces. 11. We will make you rows of
gold with studs of silver." 12. "While the king was still at his table,
my spikenard gave forth its fragrance. 13. A bundle

10. **Your cheeks are comely with rows**—*rows of earrings and a golden forehead plate.*—[*Rashi*] *Ibn Ezra* interprets this as ornaments shaped like turtledoves.

your neck with necklaces —*necklaces of gold with pearls strung on golden threads of the plunder of the sea.*—[*Rashi*] *Mezudath David* explains: Your cheeks are comely and fit to be ornamented with rows of pearls and precious stones, and your neck is comely and fit to be ornamented with strings of pearls. The allegory is that you deserve to have much good lavished upon you.

11. **We will make you rows of gold**—*I and My tribunal decided before the arrival of Pharaoh that I should entice him and strengthen his heart to pursue you with all the best of his hidden treasures, so that we should make rows of golden ornaments for you.*—[*Rashi*] *Mezudath Zion* explains that sometimes an individual speaks in the plural to beautify the language.

with studs of silver—*that were already in your possession, that you took out of Egypt, for the plunder at the sea was greater than the plunder in Egypt.*—[*Rashi* from *Song Rabbah*] The plunder in Egypt is therefore described as silver, whereas the plunder at the sea is described as gold.—[*Sifthei Hachamim*]

studs—*silver objects studded and decorated with stripes and hues.*—[*Rashi*] *Ibn Ezra* explains that the golden turtledoves were studded with silver. The *Targum* paraphrases: Then it was said to Moses, "Ascend to heaven, and I shall give you two stone tablets hewn out of the sapphire of My Throne of Glory, glistening like fine gold, arranged in rows, written with My finger, upon which are engraved the Ten Commandments, refined more than silver that is refined seven times seven times, the total of the topics which are explained in forty-nine manners, and I shall give them through you to the people of the House of Israel."

12. **While the king was still at his table**—*The congregation of Israel replies and says, "All this is true. You bestowed good upon me, but I repaid You with evil, for while the king was still at the table of his wedding banquet..."*—[*Rashi*]

my spikenard gave forth its fragrance—*This is instead of saying, "gave forth its stench." When the Shechinah was still at Sinai, I sinned with the Calf; Scripture describes it with an expression of love, "gave forth its fragrance," and did not write, "stank," or "became putrid," because Scripture speaks euphemistically.*—[*Rashi* from *Shab.* 88b] *(According to the Tosafists, it does not say, "stank," because of euphemism, and it does not say, "abandoned its fragrance,"*

because of love.) In *Song Rabbah*, Rabbi Meir is the author of this interpretation.

The *Targum* paraphrases: While Moses their teacher was still in heaven to receive the Two Tablets of stone, the Torah and the commandments, the wicked of that generation arose and made a Golden Calf with the mixed multitude that was among them, and their deeds gave forth a stench, and a bad name went forth for them in the world. Whereas previously, their fragrance had gone forth in the world, afterwards, their stench went forth like spikenard, which has a very bad odor, and the plague of *zaraath* descended upon their flesh.

Mezudath David explains this verse in a favorable light. The good deeds of the Jews are compared to after-dinner incense. After the king had finished his feast and was still sitting at the table enjoying his incense, my bundle of spikenard gave forth its fragrance and overpowered the scent of the incense; i.e., my good deeds greatly surpassed those of the preeminent of the other nations of the world.

In *Song Rabbah*, Rabbi Judah also interprets this verse favorably. He retorts to Rabbi Meir (mentioned above): Enough of this, Meir! The Song of Songs is not expounded in a bad sense, but only in a good sense, for the Song of Songs was revealed only for the praise of Israel. What then is meant by, "While the king was still at his table"? While the Supreme King of kings, the Holy One, blessed be He, was still at His table in the firmament, Israel sent forth a fragrance before Mount Sinai and said: "All that the Lord has said, we will do and we will obey." (Exod. 24:7) According to Rabbi Meir, the verse is to be interpreted as: "My stench gave forth its odor." But according to a tradition that Israel brought from the exile, God skipped over the incident of the Calf and wrote first about the construction of the Tabernacle. [i.e., In the Torah, the incident of the Calf is written after the construction of the Tabernacle, even though chronologically, it preceded it. This is the explanation of the Midrash according to *Mattenoth Kehunnah* and *Maharzav*. Accordingly, this follows Rabbi Judah. *Yefeh Kol* explains: According to Rabbi Meir, does the verse mean: my stench gave forth its odor? It is known that spikenard is a fragrant spice. Rather, the writer of the Song of Songs skipped over the incident of the Calf and alluded to the construction of the Tabernacle.]

Rabbi Eliezer and Rabbi Akiva and Rabbi Berechiah. Rabbi Eliezer said: While the Supreme King of kings, the Holy One, blessed be He, was still at His table in the firmament, Mount Sinai was already sending up pillars of smoke, as it is said (Deut. 4:11): "And the mountain was burning with smoke." Rabbi Akiva said: While the Supreme King of kings, the Holy One, blessed be He, was still at His table in the firmament already: "the glory of the Lord abode upon Mount Sinai." (Exod. 24:16) Rabbi Berechiah said:

While Moses was at his table in the firmament, already: "God spoke all these words." (Exod. 22:1) Moses was also known as a king, as it is stated (Deut. 33:5): "And he was a king in Jeshurun, when the heads of the people gathered."

Rabbi Eliezer the son of Jacob and the Rabbis. Rabbi Eliezer says: While the Supreme King of kings, the Holy One, blessed be He, was still at His table in the firmament, Michael the great prince had already descended and saved Abraham from the fiery furnace. The Rabbis, however, say that God Himself came down and saved him, as it is said: "I am the Lord Who brought you out of Ur of the Chaldees." (Gen. 15:7) When then did Michael come down? In the time of Hananiah, Mishael, and Azariah. Several other interpretations are given in *Song Rabbah.*

13. **A bundle of myrrh is my beloved to me**—*My beloved has become to me as one who has a bundle of myrrh in his bosom, and he said to him, "Here, take this bundle, which will give a more fragrant odor than the first one that you lost." So was the Holy One, blessed be He, appeased by Israel for the incident of the Calf and found them an atonement for their iniquity and said: Donate to the Tabernacle, and let the gold of the Tabernacle atone for the gold of the Calf.*—[*Rashi*]

between my breasts he shall lie—*Even though I betrayed him, he said to dwell there.*—[*Rashi*]

between my breasts—*between the two staves of the Ark.*—[*Rashi* from *Yoma* 54a, *Midrash Shir Hashirim*] As *Rashi* explains in I Kings 8:9, the staves of the Ark pressed into the curtain and bulged like a woman's breasts.

The *Targum* paraphrases: At that time, the Lord said to Moses, "Go, descend, for your people has behaved corruptly; leave Me and I will destroy them." Then Moses returned and begged mercy of the Lord, and the Lord remembered for them the binding of Isaac, whose father bound him on Mount Moriah on the altar, and the Lord repented of His wrath and caused His Shechinah to rest among them as before.

Mezudath David, continuing from his comment on verse 12, where he wrote that Israel's deeds are superior to those of the nations, and are compared to spikenard, explains this verse to mean that the maiden says of her beloved, "A bundle of myrrh is my beloved to me." Although my deeds emit the scent of spikenard, my beloved is to me like a bundle of myrrh, which—because it is bound up—does not lose its scent. Therefore, it surpasses the fragrance of my spikenard. Consequently, I long for you to lie between my breasts to delight in you. The allegory is that the good that You did for me was greater than that warranted by my deeds. Therefore, I desire that You cause Your Shechinah to rest in my midst.

המר | דודי לי בין שדי ילין: יד אשכל הכפר דודי לי בכרמי עין גדי: טו הנך יפה רעיתי הנך יפה

ת"א אשכול כופר דודי לי. שבת פח:

זמנא אמר יי למשה איזיל חות ארום חבילו עמך פסק מני ואשיצנון בכן תב משה ובעא רחמין מן קדם יי ודכר יי להון עקדת יצחק דכפתיה אבוי בטור מוריה על מדבחא ותב יי מן רוגזיה ואשרי שכנתיה ביניהון כמלקדמין: יד אשכול הא בכן נחת משה ותרין לוחי אבנין בידוי ובגין חובי ישראל אתיקרו ידוי ונפלו ואתברו בכן אזל משה ושף ית עגלא ובדרית עפריה לנהלא ואשקי ית בני ישראל וקטיל ית כל מאן דאתחיב קטול וסליק זמנא תניתא לרקיעא וצלי קדם יי וכפר על בני ישראל בכן אתפקיד למעבד משכנא וארונא בההיא זמנא אוחי משה ועבד ית משכנא וית כל מנוי וית ארונא ושוי בארונא ית תרין לוחין אוחרנין ומני ית בנוי דאהרן כהנא למקרב קורבנא על מדבחא ולנסכא ית חמרא על קורבנא ומנן הוה להון חמרא לנסכא הלא אנון במדברא לא אתר כשר לבית דרע ואף לא תינין וגופנין ורמונין אלא הוו אזלין לכרמי עין גדי ונסבין מתמן אתכלין דענבין ועצרין מנהון חמרא ומנסכין יתיה על מדבחא רבעות הינא לאמרא חדא: טו הנך כד עבדו בני ישראל רעותא דמלכהון היא במימריה משבח יתהון בפמליא במלאכיא קדישיא ואמר כמה יאין עובדך ברתי

רש"י

הראשון שאבדת כך הקב"ה נתרצה לישראל על מעשה העגל ומצא להם כפרה על עונם ואמר התנדבו למשכן ויבא זהב המשכן ויכפר על זהב העגל: בין שדי ילין. אף על פי שמעלתי בו אמר לשכון שם: בין שדי. בין שני בדי הארון: (יד) אשכל הכפר. יש בושם ששמו כופר כמו (שיר ד) כפרים עם נרדים ועשוי כעין אשכלות: בכרמי עין גדי. שם מקום ושם הוא מצוי וראיתי באגדה שאותן כרמים עושין פירות ארבעה או חמשה פעמים בשנה ודוגמא היא לכמה כפרות ומחילות שמחל להן הקב"ה על כמה נסיונו' שנסוהו במדבר: (טו) הנך יפה רעיתי. אני הייתי בושה בקלקולי והוא מחזקני בדברי רצויים לומר (במדבר יד) סלחתי כדבריך והרי את יפה ויפה כי עיניך יונים כלו' כלה שעיניה כעורי' כל גופה צריך בדיקה ושעיניה נאים אין גופה צריך בדיקה והדוגמא זו היא מהלתי לך על עונך והרי את יפה בנעשה והנך יפה בנשמע יפה במעשה אבות יפה במעשיך: כי עיניך יונים. צדיקים יש בידך שדבקו בי כיונה זו שבשמכרת את בן זוגה אינה מניחתו שיזווג לאחר. כך (שמות לב) ויאספו אליו כל בני לוי ולא טעו בעגל ועוד הנך יפה במלאכת המשכן שנאמר (שם לט) והנה עשו אותה וגו' ויברך אותם משה הרי שקלסם על כך:

ספורנו

תמור דודי לי. את אצלי לראש לכל בשמים הן לו. בין שדי יליך שתגל' שכינתך עלי כמאז ונשוב אליך כמאז. אבל אין הענין כן כי (יד) אשכול הכופר דודי לי בכרמי עין גדי. אשר שם אפרסמון כמו שספרו ז"ל כן אתה מראה מעוט דרכי טובך בתוכנו בערך זמן העבר: (טו) הנך יפה רעיתי. משיב האל ית' הנה עתה אינך צריכה לאותו אופן גלוי שכינה באותות ומופתים כמאז כי כבר עשיתיך יפה בנתינת התור' והמצו' אשר כתבתי

אבן עזרא

שאהובני כמו הסוסיא בין הרכב ודימה הצעיף שיש על להיה מצויירה כמו המתג המצוייר בדמות תורים שהוא על להיי הסוסיא והלי הכתם הם הקשורים כדמות קשורים שישימו על צואר הסוסיא ולא היה ראוי לך שיהיו התורים שלך כי אם זהב עם נקודות הכסף. ענתה היא ואמרה אע"פ שריחי נודף ואפי' המלך כשהוא במסבו יתאוה להריח נרדי יותר טוב ריח נודף יש לדודי שהוא צרור המור והייתי מתאוה שילין בין שדי והייתי חושבת שאני מחבקת אשכול הכופר: הפעם השלישית אם לא תדעי. השיבם הנביאה שהתנבאה להם במצרים וי"א שהיא אהרן וכן ענין שלה צא ביד תצלה שלח נא ביד אותו שתשלה בכל עת: את גדיותיך. הם קטני אמנה שאין להם דעת נכונה: לססתי. החל הנביא ואמר לישראל מפי הגבורה לסיסתי ונאוו לחייך בתורים והענין כי תצאי ממצרים בכלי כסף וזהב ושמלו' וענתה כנסת ישראל עד שהמלך במסבו והענין כשיבואני אל הר האלהים אז יתן נרדי ריחו והוא ריח הקטורת: בין שדי ילין. בין הכרובים או באמצע מחנה ישראל: הפעם הראשונה (יד) אשכל הכפר. יש אומרים שהוא הכותבת והקרוב שהוא כמו בלשון ישמעאל כן בלשון לע"ז כי הוא כמו אשכולות: עין גדי. מקום בארץ ישראל שימצא שם אשכול הכפר:

מצודת ציון

בושם: דודי. אהובי: שדי. שם דדי האשה: ילין. ענין התמדה כמו צדק ילין בה (ישעיה א'): (יד) אשכול. כן יקרא הענף והגרגרים האוים בו וכן אשכול ענבים (במדבר י"ג): הכופר. מין בושם: בכרמי. הוא מושאל לפרדסים בעלי אילנות וכן כרם זית (שופטים ט"ו): עין גדי. שם מקום בא"י: (טו) הנך. הנה את כמו הנך הרה

מצודת דוד

ואתאוה שתלין בין שדי להתענג בך. והנמשל הוא לומר הנה הטובות שגמלת עלי גברו על מעשי ולכן אתאוה שתשרה שכינתך בקרבי: (יד) אשכול הכופר. דומה אתה בעיני לאשכול הכופר הגדל בכרמי עין גדי המרובה בגרגרים וריחו נודף למרחוק. והנמשל הוא לומר הרבה פלאות עשית עמדי הנשמעים עד אפסי ארץ: (טו) הנך יפה רעיתי. כאלו השוב ישלח דברו לקלסה ולומר הנך יפה ועיניך כעיני היונים היפות מאוד וממשיכות אהבה. והנמשל הוא לומר

קיצור אלשיך וש"מ

(יד) אשכול הכופר דודי לי. כאשר יצרור אדם כמה מיני בשמים בצרור אחד יתנו ריח טוב ביותר. מחמת שהבדים מרובים וצרורים יחדיו. אבל גם הסרון יש לזה כי ברוב ימים יתיבשו הבדים ויפסוק הריח. אבל אשכול הכופר. כאשר הכופר [הוא מין בשמים] המה על ענפי האילן. מחמת שהענפים נפרדים המה אינם מריחים ביותר אבל מעלה יש להם שלעולם לא תפוג ריחם. כל זמן שיהיו מחוברים באילן. ואומה הישראלית אומרת להקב"ה. אע"פ שחטאתי בעגל. עכ"ז הריח הטוב שהרחתי בסיני לא פג ממני וכל הדברות ביחד המה כצרור בשמים המריחים ביותר ובין שדי ילינו הבשמים. הדברות נשרשות המה בלבי בין שני השדים. ושמא תאמר ברוב ימים יתיבשו ונשכחים ממני. לא. כי כאשכול הכופר דודי לי. כמו הכופר הגדל באילן לא יתייבש לעולם. כן לא יתייבשו ולא ישכח ממני לעולם זכרך הטוב. כי תיכף אחר עשותי העגל נחמתי מאד וקבלתי הלוחות השניות [עין גדי שם מקום. בכרמי עין גדי גדלים בשמי הכופר]:

(טו) הנך יפה רעיתי. אבל מתי הנך יפה. כשעיניך דוגמת עיני היונים. שאינם מסתכלים רק על בן זוגם. כך כשתסתכל רק אלי ושמת בטחונך רק עלי. אז תקרא רעיתי. חברתי. ותקרא יפה מכל הנשים. מכל האומות:

of myrrh is my beloved to me; between my breasts he shall lie. 14. A cluster of henna-flowers is my beloved to me, in the vineyards of Ein-Gedi." 15. "Behold, you are comely, my beloved; behold, you are comely;

14. **A cluster of henna-flowers**—Heb. כֹּפֶר. *There is a spice called* כֹּפֶר, *like* (*below 4:12*): *"Henna-flowers* (כְּפָרִים) *with spikenard," and it is shaped like a sort of cluster.*—[*Rashi*]

in the vineyards of Ein-Gedi—*the name of a place, and there it is common. I saw in an aggadah (Song Zuta) that those vineyards produce fruits four or five times a year, and this is symbolic of the many atonements and forgivenesses that the Holy One, blessed be He, forgave them for the many trials that they tried Him in the desert.*—[*Rashi*] *Mezudath David* explains that the henna-flowers, which grow in Ein-Gedi, are composed of many seeds, and their fragrance wafts to great distances. This symbolizes the many miracles that God performed for the Jewish people, which were heard of to the ends of the earth.

The *Targum* paraphrases: Lo! Moses then descended with the two tablets of stone in his hands, but through the sins of Israel his hands became heavy, and they fell and were broken; whereupon Moses went and crushed the Calf, scattering its dust into the brook and giving the Children of Israel to drink thereof, while he slew all those deserving of death, and ascended a second time into the heavens and prayed to God, offering an atonement for the Children of Israel. Then he was commanded to make the Tabernacle and the Ark. At that time, Moses hastened and made the Tabernacle and all its vessels and the Ark, and he put two other tablets into the Ark and he appointed the sons of Aaron the priest to offer up sacrifices on the altar and to offer up libations of wine with the sacrifices. Now where did they get wine for the libations? They were in the desert, in a place unfit for sowing, and surely not a place of fig trees, vines, and pomegranates. They went to the vineyards of Ein-Gedi and took clusters of grapes from there and pressed wine out of them, and with it they offered libations on the altar, a quarter of a *hin* for one lamb.

15. **Behold, you are comely, my beloved**—*I was ashamed of my sin, but He encouraged me with appeasing words, saying,* (*Num. 14:20*): *"I have forgiven according to your words," and you are most fair, for your eyes are like doves; i.e., a bride whose eyes are ugly—her entire body requires examination but* [a bride] *whose eyes are beautiful, her body requires no examination.* (*Song Rabbah* 4). *The allegorical meaning is: I forgave you for your iniquity, and behold you are fair with* [your statement of] *"Let us do," and you are fair with* [your statement of] *"Let us hear"; fair with the deeds of your forefathers and fair with your own deeds, because*—[*Rashi*]

עֵינַיִךְ יוֹנִים׃ טו הִנְּךָ יָפֶה דוֹדִי אַף נָעִים אַף־עַרְשֵׂנוּ
רַעֲנָנָה׃ יז קֹרוֹת בָּתֵּינוּ אֲרָזִים רַהִיטֵנוּ רהיטנו כתיב
בְּרוֹתִים׃ ב א אֲנִי חֲבַצֶּלֶת הַשָּׁרוֹן שׁוֹשַׁנַּת הָעֲמָקִים׃

תו"א קורות בתינו ארזים רהיטנו ברותים, יומא לח: אני חבצלת השרון. ס' הזוהר פ' אמור ופ' שמיני:

חביבתי כנשתא דישראל בזמן די אנת עבדא רעותי ועסיקא בפתגמי אורייתי וכמא תקנין עובדיך ועיניך כגוזלין בני יונתא [..]ו דכשרין לאתקרבא על מדבחא: טז הנך אתיבת כנישתא דישראל קדם רבון עלמא ובן אמרת כמה יאי שכינת קודשך בעידן די את שרי ביננא ומקבל ברעוא צלותנא ובעידן די את משרי בפורינא חביבתא ובננא סגן עלוי ארעא ואנחנא פישין וסגין כאילן דנציב על עינא דמיא די עפיה שפיר ואנביה סגי: יז קורות אמר שלמה נביא כמה יאי בית מוקדשא דיי דאתבני על ידי מן קיסי גולמיש אבל יתיר יהי יאי בית מוקדשא דעתיד לאתבנאה ביומי מלכא משיחא דכשרוהי יהוון מן ארזין דגנתא דעדן ושירותוהי יהוון מן ברתי ושגי ושורבני: ב א אני אמרת כנשתא דישראל בעדן דמשרי מרי עלמא שכינתיה ביני אני כהילא

רש"י

(טז) הנך יפה דודי אף נעים. לא היופי שלי אלא שלך אתה הוא היפה: אף נעים. שעברת על פשעי והשרית שכינתך בתוכנו וזהו קילוס של ירידת האש (ויקרא ט) וירא כל העם וירונו: אף ערשנו רעננה. ע"י נעימותיך ת הנה רעננה ערשנו בבנינו ובבנותינו שהם כולם נקבצים אליך פה שנאמר (שם ח) ותקהל העדה וגו' המשכן קרוי מטה שנאמר הנה מטתו שלשלמה וכן המקדש קרוי מטה שנאמר ביואש (ד"ה ב כה) בחדר המטות אשר בבית ה' על שהם פריין א ורביין של ישראל: (יז) קורות. בתינו ארזים. שבח המשכן הוא זה: רהיטנו. לא ידעתי אם לשון קרשים או לשון בריחים אך ידעתי שאף בלשון משנה שנינו רהיטי ביתו של אדם הן מעידים בו: (א) חבצלת.

שפתי חכמים

ספרים אינה לפי שדבר הכתוב בל' נקיה רק ולא כתב ספסים או הסריה ותו לא: ת פי' מדאמר אף נעים אף ערשינו רעננה משמע בהנעימות גורם דאף ערשינו רעננה דאל"כ מתחיל בשבחו וסיים שערשינו רעננה: א בשיר השירים רבה אף ערשינו רעננה מה מטה זו אינה אלא לפריה ורביה כך עד שלא נבנה בית המקדש כל הקהל כא' ארבע רבוא משנבנה בית המקדש פרו ורבו דאמר"י מגבת ועד אנטיפטרס שבים רבוא עיירות היו והיו מוציאות כפלים כיוצאי מצרים:

אבן עזרא

(טו) עיניך יונים. כעיני יונים כי מנהג בני יונה שלא להתחבר אלא עם הזוג שלה: (טז) רעננה. דומה כעץ רענן: (יז) רהיטנו. מדברי רבותינו ז"ל: ברותים. אין לו חבר וי"א שהוא ברושים וי"א כי רהיטנו הוא כמו ברהטים בשקתות המים אם כן יהיו ברותים כמו אבני שיש: (א) חבצלת. י"א שהוא ורד וי"א שהוא צמח אחר נכבד יש

ספורנו

להורות במופתים שכליים וזה בהיותך רעיתי כנזכר: עיניך. המורים מחכמי הדורו': יונים. כעיני יונים יושבות על מלאת. כן יביטו נפלאות התור' ומופתיה בשלמו': (טז) הנך יפה דודי. מכל מקום היית מועיל לנו בזה כי תרחיב לבבנו כאשר ילך כבודך בקרבנו כמאז: אף נעים. וסלחת ונחלתנו כמאז: אף ערשנו. יסיד המטה: רעננה. אע"פ שסרו יצועי בקלקול מעשי כי הסתרת פניך מכל מקום יסוד המטה והוא ידיעת האל ית' ונטית לבבנו אליו הוא חדש ורענן כמאז ומוכן לקבל המצע בשוב ה' ציון כי לא שכחנו שם אלהינו: (יז) קורות בתינו. חכמי הדורות: ארזים. גבוהים בחכמה ובתור' ובמצות: רהיטנו. תלמידיהם: (א) אני. ההמון: חבצלת השרון. נותנת ריח טוב בקיום קצת מצות: שושנת העמקים. הגדלה בין החוחים כן אני

מצודת דוד

הנה מעשיך טובים והגונים וממשיכים אהבתי אליך: (טז) הנך יפה דודי. כאלו השיבה תשיב אמריה לקלסו ולומר הנך יפה במראה ואף הוא של חסד מתוק עליך להיות נעים ואהוב: אף ערשנו רעננה. אף המטה שהכנת מאז לשכוב בה להתעלס באהבים הנה היתה נאה ויפה כעץ רענן. והנמשל הוא לומר הטוב שגמלת עלי מאז היה על צד המובחר בחסד רב ומקום שכנך בקרבי מאז על הכפורת היתה המודם ביותר: קורות בתינו ארזים. הבית שהכנת לנו מאז לבוא בו הנה הקורות היו עצי ארזים והבנין בעליות הבית מחדר להדר הנעשה לנו להתהלך בו היה מעצי ברושים הנחמדים למראה העין. והנמשל הוא לומר הנה בה"מ כולו שהכנת מאז לשכנך היה בנין נפלא ומפואר:

ב (א) אני חבצלת השרון. עתה תשלח אמריה ומספרת בשבחה להתאהב על החשיק וכה תאמר דומה אני אל הורד הגדל במקום דשן ושמן היפה מאד ואל השושנה הגדלה בעמקים העומדת בלחותה והיא בת שש עלין ולא השתנה כי כן גם אני עומדת תמיד ביופיי מבלי השתנות. והנמשל הוא שאומרת כ"י בכל עת אני עומדת רטובה בטמ"ט וידי אוחזת במלות ורגלי עמדה במישור בדרך האמת

מצודת ציון

(בראשית ט"ז): (טז) נעים. אהוב ומתוק כמו נטעי נעמנים (ישעיה י"ז): ערשנו. כן יקרא המטה כמו ערש ילוטי (תהלים קל"ב): רעננה. ענין לחות ורטיבות כמו דשנים ורעננים (שם נ"ב): (יז) קורות. כן יקרא העץ השוכב וכן ונקחה משם איש קורה אחת (מ"ב ו): רהיטנו. הם הבנינים שבעליות הבתים אשר בהם ילכו וירוצו מחדר לחדר וכן מלך אסור ברהטים (לקמן ז) כי התרגום של וירץ הוא ורהט ובלשון הזה יקרא גם שקתות המים כמ"ש ותמלאנה את הרהטים (שמות ב') וזה ע"ש מרוצת המים שבהן: ברותים. כמו ברושים בשי"ן והוא שם אילן סרק חשוב:

ב (א) חבצלת הוא הורד המריח: השרון. היא מקום שמן ודשן כמו והיה השרון לנוה (ישעיה סה): שושנה. הם למה המריח ונקראת כן על כי היא לעולם בעלת שש עלין:

קיצור אלשיך וש"מ

(טז) הנך יפה דודי. כנס"י משבח ומהלל את הקב"ה. אתה הוא היפה. אף נעים במדותיך הנעימים אף ערשנו רעננה. לחה ורטובה. הערש הוא משל על התדבקות השוכבים עליה. כן היה הבהמ"ק התחברות השראת שכינתו יתברך עם כנס"י. התחברות הזה עדיין לחה ורטובה ועוד בה כח הצמיחה שתצמח כבראשונה. כמו שאנו מבקשים בכל יום את צמח דוד עבדך מהרה תצמיח:

(יז) קורות בתינו ארזים. המקום הנועד המוכן להשראת השכינה הוא חזק כארזים וברותים. ר"ל המקום הוא בקדושתו ולא נתחלל: כי קדושה שנייה קידשה לשעתה וקידשה לעתיד לבא. ונקל הוא שתשרה עליו השכינה בהבנותו מחדש. וזהו רהיטנו ברותים. הדלתות הרצים הנה והנה בפתיחה וסגירה חזקים הם. והכל כוכן להשראת השכינה. והוא דרך דוגמא ומשל:

ב (א) אני חבצלת הגדלה בשרון מקום לח ממים. והיא פורח תפרח הרבה. וכן שושנת העמקים. שושנה הגדלה בעמקים. אשר שם מקום מים רבים. תהיה הפרחתה רבה מהגדלה במקום גביה. אמנם

לקוטי אנשי שם

ב (א) אני חבצלת השרון חבצלה הגדלה במקום מישור [או השרון הוא שם מקום שהוא מקום מישור] (שושנת העמקים) שושנה הגדלה בעמק. והגאון מלבים ז"ל פי' החבצלת הוא מין עשב שאין לו ריח הזק ועל ראשו פרח יפה מאד דרכו לפתח לפני השמש. ולנטות אחריו ולהסגר בשקיעת השמש והוא גדל רק בשרון במקום שאין שם צל. והשושנה היא בעלת ריח טוב ובעת שקיעת החמה היא פולטת ריחה הטוב מעצמה והשושנה גדלה בעמק היא נותנת ריח ט"ב כל היום כי שם אין השמש זורחת ואינה שורפת מכנס ריחה הטוב ותמיד היא רטובה

your eyes are like doves." 16. "Behold, you are comely, my beloved, yea pleasant; also our couch is leafy. 17. The beams of our houses are cedars; our corridors are cypresses."

2

1. "I am a rose of Sharon, a rose of the valleys."

your eyes are like doves—*There are righteous among you who clung to Me like a dove, which, as soon as it recognizes its mate, does not abandon him to mate with another. Similarly,* (*Exod. 32:26*): *"and all the sons of Levi gathered to him," and they did not err with the Calf, and moreover, behold you are fair with the work of the Tabernacle, as it is said* (*ibid. 39:43*)*: "and behold, they made it, etc. and Moses blessed them"; behold he praised them for that.*—[*Rashi*] It is as though the youth sends his words to praise her and to say, "Behold you are comely, and your eyes are like the beautiful eyes of the doves, which cause people to love them." The allegorical meaning is: Behold, your deeds are good and proper and cause Me to love you.—[*Mezudath David*]

The *Targum* paraphrases: When the Children of Israel did the will of their King, He Himself praised them in the divine household of the holy angels, saying, "How comely are your actions, My beloved daughter, O congregation of Israel, in the hour when you do My will, engaging in the dictates of My Law! And how right are your deeds and pursuits, like turtledoves and young pigeons, which are fit to be offered up on the altar!"

16. **Behold, you are comely, my beloved, yea pleasant**—*The beauty is not mine, but yours; you are the comely one.*—[*Rashi*]

yea pleasant—*For You overlooked my transgression and caused Your Shechinah to rest in our midst, and this is the praise of the descent of the fire* (*Lev. 9:24*)*: "and all the people saw and shouted for joy."*—[*Rashi*]

also our couch is leafy—i.e., it is like a leafy tree.—[*Ibn Ezra*] *Through your pleasantness, behold our couch is leafy with our sons and with our daughters, all of whom gather to You here, as it is said* (*ibid. 8:4*)*: "and the congregation gathered* [to the entrance of the Tent of Meeting]." *The Tabernacle is called a bed, as it is said* (below 3:7)*: "Behold, the litter of Solomon," and the Temple is called a bed, as it is said concerning Joash* (*II Chron. 22:11, II Kings 11:2*)*: "in the bed chamber" which was in the "House of the Lord"* (ibid. 3), *because they* [the Sanctuaries] *are the source of Israel's fruitfulness and procreation.*—[*Rashi* from *Song Rabbah*] Before the [Second] Temple was built, (Ezra 2:64): "The entire congregation of Israel together was forty-two thousand, etc." After the Temple was built, they increased rapidly, as Rabbi Johanan said: From Gabbata to Antipatris there were sixty myriads of towns, and they had a population twice that of the Israelites

who left Egypt.—[*Song Rabbah*, quoted by *Sifthei Hachamim*]

The *Targum* paraphrases: The Congregation of Israel replies to the Lord of the Universe and says: How comely is Your Holy Presence at the time that You dwell in our midst and receive our petitions with favor, at the time that You cause love to dwell in our bed and our children to multiply upon the earth; and we are fruitful and multiply, as the tree which stands by the spring of water, whose branches are beautiful, and whose fruit is plentiful!

17. **The beams of our houses are cedars**—*This is the praise of the Tabernacle.*—[*Rashi* from *Mid. Zuta*]

our corridors—Heb. רָהִיטֵנוּ. *I do not know if this is a term referring to boards or a term referring to bars, but I do know that also in the language of the Mishnah, we learned* (*Hag*. 16a)*: "The* רָהִיטִים *of a person's house testify against him."*—[*Rashi*] *Mezudath Zion* renders: our corridors. *Mezudath David* explains the sense of verses 16 and 17 as follows:

[16] **Behold you are comely, my beloved**—It is as though the maiden replies to praise her beloved and says, "Behold you are comely in your physical appearance, and a thread of kindness is drawn over you to be pleasant and beloved."

also our couch is leafy—Also the couch that you prepared on which to lie, to enjoy ourselves with amorous embraces, is as beautiful and pleasant as a leafy tree. The allegorical meaning is that the good that You bestowed upon me was the best possible good and the place of Your Shechinah in my midst, which at that time rested on the Ark cover, was very desirable.

[17] **The beams of our houses are cedars**—The house that you prepared for our dwelling had beams of cedar wood, and the corridor on the second story was constructed of cypress wood, which is very beautiful. The allegorical meaning is that the entire Temple was a wondrous and glorious edifice.

The *Targum* paraphrases: Solomon the prophet spoke: How beautiful is the Temple of the Lord, built by my hands, of cedar-wood; but more beautiful still will be the Temple that is destined to be built in the days of the King Messiah, the beams of which will be of the cedars of the Garden of Eden, and the pillars of which will be of firs, juniper, and cypress-wood.

Rabbenu Avigdor Cohen Zedek defines the word רָהִיטֵנוּ as derived from the Aramaic root רהט, to run, denoting that when King Solomon built the Temple, he hastened in its construction and completed it in seven years, as opposed to the construction of his palace, which took thirteen years.

2

1. **a rose**—Heb. חֲבַצֶּלֶת. *This is a rose* (שׁוֹשַׁנָּה).—[*Rashi*] *Ibn Ezra,* too, identifies חֲבַצֶּלֶת as a rose. He quotes others who interpret it as a flower with a blackish hue. *Song Rabbah* explains that a young rose is called חֲבַצֶּלֶת, while a mature rose is called

שׁוֹשַׁנָּה. See the interpretation of the *Zohar* below.

Rabbenu Avigdor Cohen Zedek explains: The congregation of Israel said: I am she whom the Holy One, blessed be He, loved, and He sat me in the shade of a cedar. According to Wertheimer, he derives חֲבַצֶּלֶת from חַב צֵל, beloved in the shade, meaning that God hid them in the shade of the Temple. A similar derivation is apparent in *Song Rabbah*, which states:

I am the rose of Sharon—Said the Congregation of Israel: I am the one, and I am beloved. I am the one whom the Holy One, blessed be He, loved more than the seventy nations.

the rose of Sharon—for I made Him a shade through Bezalel, as is written (Exod. 37:1): "And Bezalel made the Ark."

of Sharon—so called, because I sang a song (שִׁירָה) to Him through Moses, as it is written (ibid. 15:1): "Then Moses and the Children of Israel sang."

Another explanation:

I am the rose of Sharon—I am the one, and I am beloved. I am she who was hidden (חֲבוּיָה) in the shade of Egypt, and in a brief space the Holy One, blessed be He, brought me to Raamses and I blossomed forth in good deeds like a rose, and I chanted before Him the song, as it says (Isa. 30:29): "The song shall be to you as the night of the sanctification of the festival."

Another explanation:

I am the rose of Sharon—I am the one, and I am beloved. I am she who was hidden in the shadow of the sea, and in a brief space I blossomed forth with good deeds before Him like a rose, and I pointed to Him with my finger, the Master stands before me, as it is written (Exod. 15:2): "This is my God, and I will glorify Him."

Another explanation:

I am the rose of Sharon—I am the one, and I am beloved. I am she who was hidden in the shadow of Mount Sinai, and in a brief space I blossomed forth in good deeds before Him like a rose, with my hand and my heart, and I said before Him (ibid. 24:7): "We will do and we will obey."

Sharon—A fertile region in the land of Israel, as in Isaiah 33:9.—[*Mezudath Zion*]

a rose of the valleys—*This is prettier than the rose of the mountains because it is always moist, since the sun has no strength there.*—[*Rashi*] *Song Rabbah* also explains that the rose of the valleys remains fresh, whereas the rose of the mountains wilts. *Ibn Ezra* defines it as a fragrant white six-leafed flower.

The maiden says this to her beloved to enamor herself to him. The allegorical meaning is that the congregation of Israel says to the Holy One, blessed be He, "I am always moist with good deeds. My hand grasps the commandments and my feet stand on the plain, i.e., stand firmly on one road. I shall not turn away from it."—[*Mezudath David*]

ב כְּשׁוֹשַׁנָּה בֵּין הַחוֹחִים כֵּן רַעְיָתִי בֵּין הַבָּנוֹת:
ג כְּתַפּוּחַ בַּעֲצֵי הַיַּעַר כֵּן דּוֹדִי בֵּין הַבָּנִים בְּצִלּוֹ חִמַּדְתִּי

תו"א כשושנה בין החוחים ספר הזוהר פ' תולדות ופ' בראשית: כתפוח בעצי היער. שבת פח עקידה וזוהר שם עקרים מ"ג פ"א: כן דודי בין הבנים. ספר הזוהר פ' אחרי מות ופ' לך לך ופ' משפטים ופ' עקידה

לְבַרְקוּס רָטִיב מְגִנְתָּא דְעֵדֶן וְעוֹבָדֵי יָאִין כְּוַרְדָּא דִבְמֵישַׁר גִּנּוּנִיתָא דְעֵדֶן: ב כְּשׁוֹשַׁנָּה וּבְעִדָּן דִּי אֲנָא סַטְיָא מִן אוֹרְחָא דְתַקְנָא קֳדָמוֹי וְאִי הוּא מְסַלֵּק שְׁכִינַת קוּדְשֵׁיהּ מִנִּי אֲנָא מְתִילָא לְוַרְדָּא דְמַלְבְּלָבָא בֵּינֵי חַלְוָא דְנָעִיצָן עַפְיָהָא וּבְזִיעָן הַכְדֵּין אֲנָא נְעִיצָא וּבְזִיעָא מִגְּזִירָן בִּישָׁן בְּגָלוּתָא בֵּינֵי מַלְכֵי עַמְמַיָּא: ג כְּתַפּוּחַ הֵיכְמָה דְיָאֵי וּמְשַׁבַּח אֶתְרוּגָא בֵּינֵי אִילָנֵי סְרַק וְכוּלֵּי עָלְמָא מוֹדְעִין יָתֵיהּ כֵּן רִבּוֹן עָלְמָא הֲוָה מְשַׁבַּח בֵּינֵי מַלְאֲכַיָּא בְּעִדָּן דְּאִתְגְּלֵי עַל טוּרָא דְסִינַי בִּזְמַן דִּיהַב אוֹרַיְתָא לְעַמֵּהּ בְּהַהִיא שַׁעְתָּא בְּטַלַּל שְׁכִנְתֵּיהּ רְגִינַת לְמֵיתַב וּפִתְגָּמֵי דְאוֹרַיְתֵיהּ בְּסִיסָן עַל מוֹרִיגִי וּשְׂכַר פִּקּוּדוֹי נְטִירִין לִי

רש"י

היא שושנה: שושנת העמקים. נאה משושנת ההרים לפי שמרטבת תמיד שאין כח החמה שולט שם: (ב) כשושנה בין החוחים. שמנקבין אותה ותמיד היא עומדת בנויה ואדמימותה כן רעיתי בין הבנות מפתות אותה לרדוף אחריהם לזנות כמותם אחרי אלהים אחרים והיא עומדת באמונתה: (ג) כתפוח. אילן של תפוחים כשהוא בין אילני סרק הוא חביב מן כולן ספרי טוב בטעם וברית: כן דודי בין הבנים. כי הבחורים הדוגמא כך הקב"ה מכל האלהים נבחר לפיכך בצלו חמדתי וישבתי. ומדרש אגדה התפוח הזה הכל בורחים הימנו לפי שאין לו צל כך ברחו כל האומות מעל הקב"ה במתן תורה אבל אני

ספורנו

דבקה בך אפילו בשעת פגעי הזמן ולכל אלה ילך נא ה' בקרבנו משיב האל יתעלה. (ב) כשושנה בין החוחים. שאינה גדלה אלא בתוכם: כן רעיתי בין הבנו'. וזה כי לא תפנה לי באופן אחר: (ג) בצלו חמדתי וישבתי. במתן תורה כאמור והם תוכו

אבן עזרא

לו ריח טוב ועינו כענין בהרת: שושנת. י"א שהוא צמח לבן ויש לו ריח טוב והוא חם מאד עד שריחו יכאיב הראש ויתכן להיותו כן יהי' פירושו מן שש כי לעולם היא ששה עלים לבנים גם בתוכו כדמות כר סעיפים ארוכים גם הם שש ויהיה פירוש שפתותיו שושנים בריח לא בעין: (ג) כתפוח. כאילן

מצודת ציון

(ב) החוחים. מין קוצים כמו חוח עלה ביד שכור (משלי כ"ו):
(ג) נאוי. הוא"ו מה שמעל להלשון:

מצודת דוד

לא אסור ממנה: (ב) כשושנה בין החוחים. כאלו הפסיק ישלח דבר לומר לה כן אמת דומה אתה לשושנה ועוד אוסיף על שבחך לומר שדומה אתה מול הבנות כילן אל השושנה העומדת בין החוחים עם שאי אפשר למי לקרב אליה למשמש בה לנחת תארה וכמו כן גם אתה עם רוב יסורי שבך שהיה סיבה להלסיב לב אנשים לרדוף אחר ההבתך עם כל זה לא תעזוב את מי לקרוב אליך. והנמשל הוא לומר אף שכל הע"ג מפתים אותך ללכת בדרכיהם להתחבר עמהם לא תאבה ולא תשמע אליהם: (ג) כתפוח בעצי היער. עתה השלח אמרים לקלס את החשיק והאמר דומה אתה בעיני בין שאר הבחורים כאילן תפוח בין אילני סרק אשר ביער שאף בכל אילן התפוח הוא מעט מאד כל אילני סרק עם כל זה טוב הוא מכולם כי עושה פרי ולכן חמדתי בצלו וישבתי תחתיו עם כי הוא המעט מכולם כי פריו היה מתוק לחכי מה שלא נמצא באילני סרק וכאלו תאמר עם כי מוי שאר הבחורים מלאתי מעט מן ההון עם כל זה חמדתי לשבת בצלך כי פרי חכמתך יערב לחכי וטוב להסות בצל החכמה מבצל הכסף והנמשל הוא לומר שאמרה כנסת ישראל אף שבהיות העבירה וע"ג ממסרת לבא בעולם הזה בצל האילן שהבטחה בא ממנה מיד כאשר ישי איש התתיו עם כל זה משכתי ידי מן העבירה ומע"ג ודבקתי בך כי פרי הגמול בעולם הבא עדנים עלי ביותר עם כי היא מתאחרת לבא:

לקוטי אנשי שם

ורענים. וחבצלת ושושנה המה שני הפכים. שהבצלת גדלה דוקא נגד השמש והשושנה גדלה ביותר במקום צל. והמר שלמה אני דומה לחבצלת הגדלה בשרון ולשושנה הגדלה בעמקים. כי יש לי טבע שניהם יחד. כי בעת אשר השמש [הוא בהירות הקדושה] זורחת עלי אני פותח את כל לבי לקבלה באהבה. ועכ"ז בעת אשר הסתיר שמש הקדושה ממני ג"כ לבי פותח את ימי הטוב אשר קלטתי אז בהנו כל הקדושה על לאבי. ע"כ אני בעת יותר מוכן לקבל השפעת רוח קדשו מחמת כי עדנה לא פג ממני רוח קדושתי אשר יש לי ממחזה הקשוגה:

קיצור אלשיך וש"ם

אמנם בהעדר שמה מים קל מהרה יכמשו ויבשו לפני כל חציר משא"כ להבצלת ושושנה הגדלה בהר שלא במהרה תיבש. כן היינו אנחנו שהפרחנו הפרחה רבה ואמרנו נעשה ונשמע ובקרב ימים בהעדר משנו משה שהוא העדר מים מהחבצלת נעשתה הועצת העגל בינינו. הנה כי מפאת עצמי מה אני וא"כ איפה גם עתה כמאז עשה למענך עם שאנו בלתי ראוים כי גם אז בלתי שלמים היינו ולא עזבת חסדך:

(ב) כשושנה וגו'. משיב הוא יתברך ואומר גם שכדברך כן היה. שאליך תיחס עון אשמת העגל לא תכבד אשמתך כי הלא התערבת במצרים ותלמד ממעשיהם והוא מאמרם ז"ל שאמר מרע"ה להקב"ה כאשר נעשה העגל הזה למה הדבר דומה לאחד שעשה לבנו חנות של בושם בשוק של זונות והוא נער. כי אז הנערות והילדות עשה את שלו והשוק עשה שלו ואין על הנער עון אשמה. כן אתה ה' את ישראל שהיה נער בעבודת ה' נתת אותם בין המצרים מקום מלא גלולים כו'. וזה יאמר פה כשושנה בין החיחים וכו' כאשר השושנה הגדלה בין החוחים אם תראנה מלאה חזזית ונרמסת ונקובה אין ליחס פגמה אל עצמה לומר כי רע איכותה. כי אין זה לה רק מרוע חברתה כי החוחים נקבוה והעלו בם חזזית ומהם דבקה בה הרעה. כן היתה רעיתי בין הבנות כי מרעת חברת המצריים והנטוים שם אליהם כערב רב היו למודי הרע לעשות אלילים אלמים הכל כמנהג המדינה אשר גדלו בה. כי לולא החוחים ההם כשרונך היה רב אז מעתה אבל איך אחיש לגאלך עד מלאות סאת כשרונך:

(ג) כתפוח בעצי היער כן דודי בין הבנים. לעומת ששיבח הקב"ה לישראל גם היא אמריה תשיב לעומתו כמו התפוח העומד בעצי היער ואין שם מי שיכיר מעלתו על שאר האילנות כן דודי בין הבנים היית מקדם שלא היה מי שיכיר מעלתך בין הבנים [בין כל באי עולם] רק אני לבדי בצלו חמדתי וישבתי במתן תורה. ופריו מתוק לחכי ואמרנו נעשה ונשמע. ואפשר שאמר בצלו חמדתי טרם ששמענו הדברות מפי הגבורה חמדתי לחסות תחת צל כנפיו והקדמתי נעשה לנשמע כי היה חביב עלי לישב בצלו ולכן קבלתי עלי כל דבר קשה שיגזור עלי. אמנם אח"כ כששמעתי ממנו הדברות. אז היה פריו מתוק לחכי. הדברות היו ערבים עלי ומתוקים עד מאד:

הביאני

2. "As a rose among the thorns, so is my beloved among the daughters." 3. "As an apple tree among the trees of the forest, so is my beloved among the sons; in his shade I delighted

2. **As a rose among the thorns**—*which pierce it, but it remains constant in its beauty and its redness, so is my beloved among the daughters. They entice her to pursue them to stray like them after strange gods, but she remains firm in her faith.*—[*Rashi*] *Mezudath David* explains that it is as though the young man replies to his beloved: Yes, it is true that you are like a rose, and I will add to your praise, saying that you are, in contrast to all the daughters, as a rose among the thorns, so that it is impossible to touch it and destroy its beauty. Because of your beauty, many men pursue your love. But like the rose, you are impossible to touch, for you do not allow anyone to come near you. The allegorical meaning is that, although the heathens entice you to follow their ways and join them, you do not heed them.

The *Targum,* in contrast, interprets these two verses as follows:

[1] The congregation of Israel said: As long as the Lord of the Universe causes His Shechinah to rest in my midst, I am compared to the crocus, fresh from the Garden of Eden, and my deeds are as beautiful as the rose of the plain of the Garden of Eden.

[2] But when I turn away from the road that He deems proper, and He withdraws His Holy Shechinah from me, I am compared to a rose that blossoms among the thorns, which pierce and tear the branches, in the same manner as I am pierced and torn by the evil decrees in exile among the kings of the nations.

Midrash Lekach Tov explains in a similar manner, as follows:

As a rose among the thorns—Just as the rose is beautiful among the thorns, and all recognize the difference between the rose and the thorns, so are the Israelites distinguished from the nations and separated from all their defilements and abominable traits. However, if the rose turns aside, it is torn by the thorns. So it is with Israel; if they turn aside from the way of God, the nations of the world immediately come upon them, smite them, and punish them.

[Another explanation:]

As a rose among the thorns—Just as it is difficult to pick a rose from among the thorns, so is it difficult to redeem Israel from among the nations.

[Another explanation:]

As a rose among the thorns—Just as the rose was [created] only for its scent, so were the Israelites created only for their scent, to praise the Lord, as it is written (Isa. 43:21): "This people I have formed for Myself; they shall recite My praise." [The scent denotes a spiritual pleasure, so to speak. Another explanation:]

As a rose among the thorns—Just as a rose wilts from the heat, so do the Israelites suffer pains because of Esau. As soon as Esau perishes—

as it is said (Obad. 18): "and the house of Esau will have no survivors,"—Israel will immediately blossom like a rose. When the rose is small, it is called חֲבַצֶּלֶת, and when it grows, it is called שׁוֹשַׁנָּה. [This accounts for the various terms used to describe Israel in these two verses.] And because Israel endures all kinds of suffering among the nations, it is compared to "a rose among the thorns."

Zeror Hamor, based on *Zohar,* vol. 3, p. 107, explains that the congregation of Israel says to the Holy One, blessed be He, that He has no reason to complain so much about her sins, because she was originally like the crocus of Sharon, yellow, with a tinge of red, but later she was like a rose of the valleys, completely red. According to the Kabbalah, red is the symbol of judgment. Originally, when they were righteous, they were compared to the crocus or narcissus, which has but a tinge of red, i.e., there was very little judgment against them. Later, they became like the red rose, signifying that Divine judgment predominated. However, they were still in the valley, with room around them, and no one to oppress them. They also had prophets to bring them back to God. Later, when they were exiled, they were compared to a rose among thorns, oppressed by the nations, as the rose is pierced by thorns.

3. **As an apple tree among the trees of the forest**—*When an apple tree is among trees that do not bear fruit, it is more beloved than them all, for its fruit is good both in taste and in fragrance.*—[*Rashi*]

so is my beloved among the sons—*among the young men. The allegory is that so is the Holy One, blessed be He, chosen above all the gods. Therefore, in His shade I delighted and sat. The Midrash Aggadah* (*Song Rabbah*), [states]: *This apple tree—all flee from it because it has no shade. So did all the nations flee from the Holy One, blessed be He, at the giving of the Torah, but I—in His shade I delighted and sat.*—[*Rashi*] *Mezudath David* explains that the maiden replies to her beloved: In my eyes, you are among the other young men as an apple tree among the trees of the forest that do not bear fruit, for although the apple tree has less shade than the forest trees, it is better than them all because it produces fruit. Therefore, I delighted and sat under it because its fruit was sweet to my palate. It is as though she says: Although, compared to the other young men, you have less wealth and worldly possessions, I nevertheless delight to sit in your shade because the fruit of your wisdom is sweet to my palate, and it is better to shelter oneself in the shade of wisdom than in the shade of silver. Allegorically, this means that the congregation of Israel says: Although the gratification of sin and idolatry is immediate in this world, like the shade of a tree, which affords immediate pleasure, I nevertheless restrained myself from sin and idolatry and clung to You, because although it is delayed, the reward in the Hereafter is sweeter to me.

Zeror Hamor, in keeping with his interpretation of the preceding verses, interprets this verse in a vein similar to that of *Mezudath David*:

As an apple tree among the trees of the forest—Nevertheless, see my righteousness. Although I am like a rose among the thorns, and the Holy One, blessed be He, is only like an apple tree among the trees of the forest, which has no shade, whereas the trees of the forest are leafy and shady....

so is my beloved—this is the Holy One, blessed be He.

among the sons—among the nations. All the nations dwell under the shade of celestial princes, but I have no shade under which to dwell, and the sun beats down upon me, i.e., I suffer great trials and tribulations. Nevertheless, I delight in His shade.

and his fruit was sweet to my palate—His fruit, for which I yearn, and which is destined to come, is sweet to my palate, for I already tasted of it when He brought me into the banquet hall, etc.

The *Targum* paraphrases: Just as an ethrog tree is beautiful and praised among the trees that do not bear fruit, so was the Lord of the Universe praised among the angels when He revealed Himself on Mount Sinai and gave His people the Torah; in the shade of the Shechinah I delighted to sit, and the words of His Torah were sweet to my palate, and the reward for His commandments is reserved for me in the World to Come.

וישבתי ופריו מתוק לחכי: ד הביאני אל־בית היין ודגלו עלי אהבה: ה סמכוני באשישות רפדוני בתפוחים כי־חולת אהבה אני: ו שמאלו תחת

תו"א ודגלו עלי אהבה. שבת סג: סמכוני באשישות רפדוני בתפוחים. זוהר פ' שמיני ביאס כא

לעלמא דאתי: ד הביאני אמרת כנשתא דישראל אעל יתי יי לבית מתיבת מדרשא דסיני למילף אוריתא מפום משה ספרא רבא וטקס פקודוי קבלית עלי בהבתא ואמרית כל די פקיד יי אעביד ואשמע: ה סמכוני ובעידן די שמעית ית קליה די מתמלל מגו שלהוביה אשתא זעית ותעית כהראי מן רתיתא בכן קריבית לות משה ואהרן ואמרית להון קבילו אתון קל פתגמי דיי מגוי אשתא ואעילו יתי לבית מדרשא וסעידו יתי בפתגמי אוריתא די עליהון אתבסם עלמא והבו רדידין על צוארי מפשר מלא קדישין דמתיקן על מוריגי כתפוחי גנתא דעדן ואהי עסיקא בהון מאים אתסא בהון ארום מרעת חבתא אנא: ו שמאלו כד הוו עמא בית ישראל אזלין במדברא הוו ענני יקרא מסחרן להון ארבעה מארבע רוחי עלמא בגין דלא ישלוט בהון עינא בישא וחד מן עליהון בגין דלא ישלוט בהון שרבא ושמשא ואוף לא מטרא וברדא וחד מלרע להון די הוה מסובר יתהון היכמא דמסובר תורבינא ית ינקא בעטפיה וחד הוה רהיט קדמיהון מהלך תלתא יומין למככא טוריא ולמדליי מישריא וקטיל כל חיון קלן ועקרבין די במדברא והוה מאלל להון אתר כשר למבת

רש"י

בצלו חמדתי וישבתי: (ד) אל בית היין. אהל מועד ששם נתנו פרטיה וביאוריה של תורה: ודגלו עלי אהבה. וקבוצתי שדגלני אליו אהבה היא עלי עודני זוכרת אהבתו. ודגלו אבר"ייט בלע"ז: (ה) סמכוני. עתה כמדת החולים באשישי ענבים או באשישות סלת נקיה: רפדוני. רפדו רפידתי סביבותי בתפוחים לריח טוב כדרך החולים כי חולה אני לאהבתו כי נמאהתי לו פה בגלותי רפידה לשון מצע היא כמו (איוב מא) ירפד חרוץ עלי טיט: (ו) שמאלו תחת לראשי. במדבר: וימינו תחבקני. דרך ג' ימים נוסע לתור להם מנוחה ובמקום המנוחה

אבן עזרא

התפוח: (ד) ודגלו. מן דגל מחנה יהודה: (ה) באשישות. כלי זכוכית מליאות יין: רפדוני. בלשון ישמעאל כמו הזקוני וי"א שימו היליע תפוחים מן רפידתו זהב ירפד חרוץ עלי טיט שעניינו ענין הלעה והוא רחוק בעיני: **הפעם השנית** הנך. אמר הוא הנך יפה. אמרה היא הנך יפה דודי ויש לי במדינה ערש רעננה ובית נכבד וזה ענין קורות בתינו ארזים: אני. לכן אני עתה בחוץ כמו חבצלת השרון ואין מריח: כשושנה. אמר הוא: **הפעם השלישית** אשכל הכופר. משל על השכינה. ענתה שכינה אחר שכל זה השבח. יפה את. ענתה כנסת ישראל עוד אעשה ערש והוא הבית כשתכניסני לארץ ישראל. לכן אני עתה כמו חבצלת שהיא בשרון שהוא מקום מישור כל אדם ישיגנה וכשושנה בעמק רגל תרמסנה אני מתפחדה. אמרה שכינה אני אשמור אותך שלא יגע בך רע כשושנה בין החוחים ענתה כנ"י אם תשמרני לעולם אשב בצלך: וענין פריו. שאשמע כל מצותיו: בית היין. הוא בית ה' מקום נסוך היין. וענין אשישות ותפוחים הם המשוררים הלא תראה ימשל דברי הנבואה ליין והלב וכן הכמות נשים בנתה ביתה מסכה יינה ועוד תפוחי זהב: **הפעם הראשונה** (ו) שמאלו תחת לראשי עולת הער' והבקר:

ספורנו

לרגליך: ופריו מתוק לחכי. כאמור ושמענו ועשינו. ובכן (ד) הביאני אל בית היין. אל ארץ ישראל שהיה מקום כל התענוג ומזון שלא בצער כאמרו זבת חלב ודבש: ודגלו. להלחם: עלי אהבה. להלחם בעודנו באהבה כאמרו כי לא בחרבם ירשו ארץ וכו' כי ימינך וזרועך ואור פניך כי רציתם: (ה) בתפוחים. בהיותי עוסקת בתורה וטעמה וריחה: שחולת אהבה אני. כי אמנם כל העינשין הם בשביל אהבתי את האל ית'. ובכן תהיה (ו) שמאלו תחת לראשי. שמאלו של דודי הנזכר תהיה תחת לראשי להקימני: וימינו. ימין צדקו להושיע: תחבקני. לתשועת

מצודת דוד

(ד) הביאני אל בית היין. כאלו נמוגו מדברת לאמר מאז הוא אני שהביא אותי אל בית היין להתענג כי במקום רואים לפרסם חיבתך אני: ודגלו עלי אהבה. הרמת דגלו עלי להראות לכל שאני לו יסכ נשמעתו זה מחשב לי להראות אהבה והבה יתירה. והנמשל הוא לומר מהאוה אני להסתרות בי בכינתך לעין כל העו"ג לפרסם הדבר שאני לו לעם היא חביבה עלי מאד: (ה) סמכוני באשישות. מרוב הגעגועין שבאו לה אמרו לבני ביתה הקריבו אלי בגביעי היין להביא נפשי ותליעו מטתי בתפיחים המעלים ריח טוב להבריא אותי כי חולה אני על כי כלתה נפשי לאהבת סהש"ק הוא והנמשל הוא שהאמר כ"י לחכמים ולזקנים אמלו בדבי הכובלות וחזקי ידי הרפות ננחם אותי בסחזרת השכינה למקומה כי כלתה נפשי לה: (ו) שמאלו תחת לראשי. כי מתאוה אני להיות דבוקה בו כמאז להבים שמאלו תחת

מצודת ציון

(ד) הביאני. עבר במקום עתיד: ודגלו. מלשון דגל שמרימין בגבה: (ה) באשישות. הם הגביעים ישימו בהם היין כמו אשישי ענבים (הושע ג'): רפדוני ענין הצעת המטה כמו רפדתי יצועי (איוב י"ז):

קיצור אלשיך וש"מ

(ד) **הביאני** אל בית היין. ירצה עדיין לא טעמתי מיינו. רק הביאני אל בית היין זה סיני שקרב אותנו לפני הר סיני ובאתי החת דגלו להתקרב אליו אזי מיד ודגלו עלי אהבה ולא הרהרתי במזמותי אולי יגזור עלינו גזרות קשות כמו שמהרהרין אחר מלך חדש כי יקום למלוך [וגם במדרש איתא אל בית היין זה סיני]:

(ה) **סמכוני** באשישות. ז"ל רס"ג כמו החולה צריך שיחזקו כחו באשישות יין ובתפוחים וכדומה בדברים אשר יסעדו לבעלי חלישות כח כן ישראל מבקשים סעד ועזר מהשי"ת שיהא אהבתם אהבה אמתית. בעבור שמרגישים בעצמם חלישות אהבתם כי אהבתם חוזרת אל עצמם וזוכרים את עצמם והנאתם בכוונת אהבתם אליו ית'. ולזה אמרה כנ"י להקב"ה סמכוני חזקני ביראתך ואהבתך כי אני מרגיש בעצמי חלישות אהבתי בך וז"ש כי חולת אהבה אני שאהבתי חוזרת אל עצמי וזה יורה על חלישת אהבה, עכ"ל רס"ג:

(ו) **שמאלו** תחת לראשי. אפילו כשהקב"ה מביא עלי איזה צרה בגולה. עכ"ז הוא אוחז שמאלו החת ראשי שלא אפול ואה"כ כשאני עושה תשובה וימינו תחבקני יחבק אותי בימינו:

השבעתי

and sat, and his fruit was sweet to my palate. 4. He brought me to the banquet hall, and his attraction to me [was symbolic of his] love. 5. Sustain me with flagons of wine, spread my bed with apples, for I am lovesick. 6. His left hand was under

4. **He brought me to the banquet hall**—*The Tent of Meeting, where the details and the explanations of the Torah were given.*—[*Rashi*] However, in the *Midrashim*, and the *Targum*, the banquet hall is interpreted as representing Mount Sinai, where the Torah was given. The *Targum* renders: The Congregation of Israel said: Bring me to the study hall of Sinai to learn Torah from the mouth of Moses the great scribe. I accepted the instruction of the commandments upon myself with love, and said, "All that the Lord commanded me I will do and I will hear."

Sforno identifies the banquet hall as the Land of Israel, the place of all pleasures and sustenance without effort or pain, as the Torah calls it, "a land flowing with milk and honey." *Ibn Ezra* identifies it as the Temple, where wine libations were performed.

and his attraction to me [was symbolic of his] love—*And his gathering, that he gathered me to him, that was love to me. I still remember his love.* וְדִגְלוֹ *is attrait in French.*—[*Rashi*] *Mezudath Zion* defines וְדִגְלוֹ as *his banner. Mezudath David* explains:

He brought me to the banquet hall—It is as though she addresses him, saying: I wish that you would bring me to the banquet hall to delight in me in a place where people see, to demonstrate your love for me.

and his banner over me [was symbolic of his] love—His raising his banner over me to show everyone that I am his and I obey him demonstrates great love and affection. The allegorical meaning is that I desire that He cause His Shechinah to dwell in my midst before all the nations, to publicize the fact that I am His nation.

5. **Sustain me**—*now as is the manner of the sick, with flagons of grape wine or with cakes of pure white flour.*—[*Rashi*]

spread my bed—*Spread my bed around me with apples for a good fragrance, in the manner of the sick, for I am sick for his love, for I thirst for Him here in my exile.* רְפִידָה *is an expression of a couch, like* (*Job 41:22*): "*where he lies* (יִרְפַּד) *is gold upon the mire.*"—[*Rashi*]

The *Targum*, however, explains the verse as referring to the giving of the Torah: When I heard His voice speaking out of the flame of fire, I quaked and shivered, and finally, out of fear, I approached Moses and Aaron, and said to them: Receive the voice of God's words from the midst of the fire, and bring me into the study hall. Sustain me with the words of Torah upon which the world stands and place veils upon my neck, explaining the holy words, which are as sweet to my palate as the apples of the Garden of Eden, and I will engage in them. Perhaps I will be healed by them, for I am lovesick.

לְרֹאשִׁי וִימִינוֹ תְּחַבְּקֵנִי׃ ז הִשְׁבַּעְתִּי אֶתְכֶם בְּנוֹת
יְרוּשָׁלִַם בִּצְבָאוֹת אוֹ בְּאַיְלוֹת הַשָּׂדֶה אִם־תָּעִירוּ
וְאִם־תְּעוֹרְרוּ אֶת־הָאַהֲבָה עַד שֶׁתֶּחְפָּץ׃ ח קוֹל דּוֹדִי
הִנֵּה־זֶה בָּא מְדַלֵּג עַל־הֶהָרִים מְקַפֵּץ עַל־הַגְּבָעוֹת׃
ט דּוֹמֶה דוֹדִי לִצְבִי אוֹ לְעֹפֶר הָאַיָּלִים הִנֵּה־זֶה עוֹמֵד

תו"א השבעתי אתכם. כתובות קיא: קול דודי הנה זה בא. ר"ה הבנה יא: דומה דודי לצבי. זוהר פ' בחקותי:

תרגום

בגין דהוו עסיקין באולפן דאוריתא דאתיהיבת להון ביד ימינא דיי: ז השבעתי בתר כן אתאמר למשה בנבואה מן קדם יי למשלח אוזדין לאללא ית ארעא וכד תבו מאללא אפיקו שום ביש על ארעא דישראל ואתעכבו ארבעין שנין במדברא פתח משה בפומיה וכן אמר אשבעית יתכון כנשתא דישראל ביי צבאות ובתקפי ארעא דישראל דלא תזידון למיסק לארעא דכנען עד דיהא רעוא מן קדם יי וישיפון כל דרי אנשי קרבא למימת מגו משריתא היכמא דהוו אחוכון בני אפרים די נפקו תלתין שנין ממצרים עד לא מטא קצא ונפלו ביד פלשתאי דיתבין בגת וקטלו יתהון אלהין אוריכו עד זמן ארבעין שנין ובתר כן יעלון בניכון ויחסנון יתה: ח קול אמר שלמה מלכא בעידן דהוו יתבין עמא בית ישראל במצרים סליקת קבלתהון לשמי מרומא הא בכן אתגלי יקרא דיי למשה על טורא דחורב ושדר יתיה למצרים למפרק יתהון ולאפקא יתהון מגו דחוק מרנות מצרים וטפא על קצא בגין זכותא דאבהתהון דמתילין לטוריא ושור על זמן שעבודא מאה ותשעין שנין על צדקתא דאמהתן דמתילן לגלמתא: ט דומה אמרת כנשתא דישראל בזמן דאתגלי יקרא דיי במצרים בליליא דפסחא וקטל כל בוכרא רכב

רש"י

מוריד להם מן ושליו כל זה אני זוכרת עתה בגלותי והולה לאהבתו: (ז) **השבעתי אתכם**. אתם האומות: **בצבאות או באילות**. שתהיו הפקר ומאכל לצביים ואילים: **אם תעירו ואם תעוררו את האהבה**. שביני לדודי לשנותה ולהחליפה ולבקש ממני להתפתות אחריכ': **עד שתחפץ**. בכל עוד שהיא תקועה בלבי והוא חפץ בי. **עד שתחפץ**. כמו עד שהמלך במסיבו בעוד שהמלך במסיבו: **אם תעירו**. אם תסיתו כמו (שמואל א כד) **ויהי ערך** (דניאל ד) ופשרה לערך: **ואם תעוררו**. כמו המעורר על השדה קלניי"ר בלע"ז יש מדרשי אגדה רבים ואינם מתיישבים על סדר הדברים כי רואה אני שנתנבא שלמה ודבר על יציאת מצרים ועל מתן תורה והמשכן וביאת הארץ ובית הבחירה וגלות בבל וביאת בית שני וחורבנו: (ח) **קול דודי**. חוזר המשורר על הראשונות כאדם שקצר דבריו וחוזר ואומר לא אמרתי לפניכם ראשית הדברים הוא התחיל ואמר הביאני המלך חדריו ולא סיפר האיך פקדם במצרים בלשון הנה ועכשיו חוזר ואומר מסיבה זו שאמרתי לכם שמשכני דודי ורצתי אחריו כן היתה נואש הייתי אומרת לגאול' עד תום ארבע מאות שנה שנאמרו בין הבתרים: **קול דודי הנה זה בא** לפני הקץ כמדלג על ההרים ומקפץ בגבעות: (ט) **דומה דודי לצבי**. בקלות מרוצתו שמיהר לבא כצבי וכעופר האילי'. עופר איל בחור: **הנה**

ספורנו

עולמים: (ז) ובכן השבעתי אתכם בנות ירושלים.* השבעתי בהודיעי שחולת אהבה אני: *אם תעירו. אותה *להתפלל: ואם תעוררו את האהבה של דודי לרחם *עלי: עד שתחפץ. בזכות **הדור או לקץ הימין**: קול דודי הנה זה בא אומרת עדת ה' כמתאוננת על חורבן הבית הנה קול דודי זה שלא השתנה בא בהיותי בשעבוד מצרים: מדלג על ההרים. בהראותו למשה רבינו על הר האלהים. (ט) דומה דודי לצבי. כממהר לעמוד

אבן עזרא

(ח) מקפץ. תרגום לנתר בה לקפצא בהון: (ט) **לצבי. לשון** זכרים צבי צבאים וכצבאים על ההרים ולנקבות צבאות:

מצודת ציון

(ו) **תחבקני**. ענין סבוב הזרוע בגוף: (ז) השבעתי. מלשון שבועה: **בצבאות**. נקבות הצבאים: באילות. נקבות האילים: תעירו תעוררו. מל' התעוררות וכפל המלה לחזק הענין: (ח) הנה זה. הלשון הזה יורה **על** מהירות הענין וכן והנה זה מלאך נוגע בו (מ"א י"ט): מדלג. **מקפץ**. שניהם ענין רקוד ומהירות ההליכה והכפל במלות שונות **יורה** על מרבית המהירות: (ט) דומה. מלשון דמיון: לעופר. כן

מצודת דוד

לראשי ותחבקני ימיני דרך אהבה וחיבה. והנמשל היא כי האמר כ"י הן מאוד תאבתי לחזרות כי שכינתו כמאז: (ז) השבעתי. חוזרת פניה כלפי הנעדות ותאמר להן אתן בנות ירושלים השבעתי אתכם להיות דומות לצבאות או לאילות השדה להיות להפקר ולמאכל כמותן אם תעוררו אליכן אהבת החשוק הזה עד שתהיה האהבה נחפצת לשוב אלי מעצמה ר"ל כל עוד שלא שבה האהבה מעצמה אל תמאסי אותי בעיניו לעורר האהבה אליכן ולאומרת אבל אחר שתשוב האהבה הנה לא יהיה לאל ידכן להמאיס אותי בעיניו ולעורר האהבה אליכם ואין צורך אז אל השבועה. והנמשל הוא לומר כאלו כ"י השביעה את העכו"ם ותאמר אבל כל עוד שלא שבה אלי אהבת המקום ב"ה מעצמה בלא תכריחוני לעבור על דת להמאיס אותי בעיניו ולעורר אליכם אהבתו להמשיל אתכם עלי עד עולם כי אלא מתחת ידכם ולאומרת אבל אחר כו' כמו במשל: (ח) קול דודי והנה מהר תשוב האהבה למקומה וכאלו נשמע קול לעדי דודי והנה כאלו הוא בא חיש מהר כאלו מדלג על ההרים למהר ביאתו והנמשל הוא לומר הנה הגאולה מוכנת מהרה תשוב אהבת המקום ב"ה אלי: (ט) דומה דודי. בקלות מרוצתו דומה הוא לצבי או לעופר האילים בהם קלי המרוץ

קיצור אלשיך וש"מ

(ז) **השבעתי** אתכם בנות ירושלים. הקב"ה **אומר** לכנס"י המכונים בשם בנות ירושלים אני משביע אתכם בצבאות או באילות השדה. **אם** תעירו **ואם** תעוררו את האהבה וגו'. **איתא בגמרא** כתובות (קיא א) אמר רבי אלעזר שתי שבועות השביע הקב"ה את ישראל שלא ידחקו את הקץ ושלא ימרדו באומות. **ועוד שבועה שלישית השביע את האומות** שלא ישתעבדו בישראל יותר מדאי וא"כ אם יעברו **ישראל את** שבועתם וידחקו את הקץ הקב"ה יתיר **לתאומות** שבועתם להשתעבד בישראל **אף** יותר מדאי ואני מתיר את בשרכם להאומות שאני מתיר להם שבועתם ובשרכם יהיו הפקר להם כצבאות **או כאילות** השדה ע"כ **אל תעירו** ואל העוררו את **אהבת הקץ** עד שתחפץ הכנס"י לעשות תשובה גמורה **מאהבה**. ואז אחרי התשובה הגמורה מאהבה **ישמע**.

(ח) **קול** דודי הנה זה בא. **והוא בעצמו ימהר את** הקץ כמו הרץ לאיזה דבר הצלחה **מדלג** על ההרים מקפץ על הגבעות שיבא מהר:

(ט) **דומה** דודי לצבי או לעופר האילים. **דודי הוא** הקב"ה דומה לצבי הרץ מהר **או הוא** דומה **לעופר** האילים הרץ **עוד** מהר מחמת **היותו צעיר** הוא **עוד** קל המרוץ. **כן נראה אלי הקב"ה במצרים** למדותי

my head, and his right hand would embrace me. 7. I adjure you, O
daughters of Jerusalem, by the gazelles or by the hinds of the field,
that you neither awaken nor arouse the love while it is desirous.
8. The sound of my beloved! Behold, he is coming, skipping over
the mountains, jumping over the hills. 9. My beloved resembles a
gazelle or a fawn of the hinds; behold, he is standing

6. **His left hand was under my head**—*in the desert.*—[*Rashi*]

and his right hand would embrace me—*He traveled a three-days' journey to search out a rest for them* [as in Num. 10:33], *and in the place of the rest, He brought down manna and quails for them. All this I remember now in my exile, and I am sick for His love.*—[*Rashi* from unknown Midrashic source] I long that he cleave to me as of yore, to place his left hand under my head and embrace me affectionately with his right hand. Allegorically, the congregation of Israel says: I long intensely that God cause His Shechinah to rest upon me.—[*Mezudath David*] The *Targum* paraphrases: When the people of Israel were wandering in the desert, the Clouds of Glory surrounded them from all four sides, so that the evil eye should have no power over them; one [cloud hovered] over them so that neither the heat nor the sun nor the rain and hail affect them; and one encompassed them from below, bearing them as a nurse carries a suckling infant in his bosom. One cloud would fly before them a three-days' journey to flatten the mountains, raise the valleys, and slay all venomous serpents and scorpions that were in the desert. It would seek out a suitable place for them to rest, because they were engaged in the study of Torah, which had been given to them with the right hand of the Lord. [This is similar to *Rashi*'s interpretation. According to the *Targum*, however, the embrace symbolizes the clouds surrounding the camp, which in effect, embraced it.]

7. **I adjure you**—*you nations.*—[*Rashi*]

by the gazelles or by the hinds—*that you will be abandoned and preyed upon like gazelles and hinds.*—[*Rashi*]

that you neither awaken nor arouse the love—*that is between my beloved and I, to change it and to alter it and beg me to be enticed to follow you.*—[*Rashi*]

while it is desirous—*as long as it is thrust in my heart, and he desires me.*—[*Rashi*]

while it is desirous—Heb. עַד, *like* (1:12): "*While* (עַד) *the king was at his table,*" [i.e.,] *while* (בְּעוֹד) *the king was still at his table.*—[*Rashi*]

that you neither awaken—Heb. תָּעִירוּ, *if you cause hatred, like* (*I Sam. 28:16*): "*and has become your adversary* (עָרֶךָ)"; (*Dan. 4:16*): "*and its interpretation for Your foes* (לְעָרָךְ)."—[*Rashi*] [This comment appears to differ with the previous interpretation of תָּעִירוּ].

nor contest—Heb. תְעוֹרְרוּ, *like* (Keth. 13:6): *"one who contests the ownership* (הָעוֹרֵר) *of a field," chalon[j]èr in Old French, to contest, claim. There are many aggadic midrashim but they do not fit the sequence of the topics, for I see that Solomon prophesied and spoke about the Exodus from Egypt and about the giving of the Torah, the Tabernacle, the entry to the Land, the Temple, the Babylonian exile, and the coming of the Second Temple and its destruction.*—[*Rashi*] Other editions read: *the second building. Mezudath David* explains that she now turns to the maidens and says to them, "I adjure you, daughters of Jerusalem, to be like gazelles and the hinds of the field, to be abandoned and preyed upon as they are, if you arouse the love of my beloved for yourselves, until that love returns to me of its own accord." It is as though she is saying, "After his love returns to me, you will have no power to alienate him from me and to arouse his love toward you, and there will then be no need for an oath." The allegorical meaning is that it is as though the congregation of Israel adjures the heathens and says that as long as the love of the Omnipresent, blessed be He, has not returned to me of its own accord, do not coerce me to transgress the Torah, to alienate me from Him and to arouse His love toward you, to allow you to rule over me forever, so that I should never be free from your hands. And after His love will be restored to me, there will be no need for an oath.

The *Targum* paraphrases: Afterwards, [i.e., after the giving of the Torah], Moses received a prophecy from God to send spies to spy out the land. When they returned from spying, they brought an evil report concerning the Land of Israel and were detained in the desert for forty years. Moses opened his mouth and said: I adjure you, O congregation of Israel, by the Lord of Hosts (צְבָאוֹת) and by the powerful ones of the Land of Israel (אַיְלוֹת הַשָּׂדֶה), that you should not dare to go up to the Land of Israel until the Lord desires it, and all the generation of the men of war finish dying out in the camp. [Do not dare to do as] your brethren, the sons of Ephraim, did, for they left Egypt thirty years before the predetermined end, and fell into the hands of the Philistines in Gath, who slew them. It is imperative to wait for the duration of forty years, and then your sons will enter and inherit it. *Midrash Zuta* also explains that God adjures the Jewish people not to endeavor to hasten the ultimate redemption. It states as follows:

the love—What is the love? This is Jerusalem, for the Holy One, blessed be He, said to Israel: You built the Temple, and it was destroyed. You shall not rebuild it until you hear a voice from heaven, in the fulfillment of the verse (Isa. 18:3): "when a standard of the mountains is raised you shall see, and when a shofar is sounded you shall hear."

that you shall neither awaken nor arouse, etc.—The Holy One,

blessed be He, adjured them not to rise up against the kingdoms. So it is said: "by the hosts," meaning by Him Who took "My" hosts from Egypt. Another explanation: By what does He adjure them? By Israel, who are called hosts, as a king who swears by his son's life.

or by the hinds of the field—By Him Who causes the deserts to quake, as it is said: (Ps. 29:9): "The voice of the Lord will frighten hinds." Another explanation:

by the gazelles and by the hinds of the field—If you rebel against the nations, your blood will be like that of the gazelle and the hind.

Rabbi Avigdor Kohen Zedek explains:

by the hinds of the field—By Him Who has compassion on His creatures and sustains them, as the gazelle and the hind. *Isaiah da Trani* explains that the maiden says to her companions: I adjure you by your lives, you who are like gazelles and hinds, neither to awaken nor to arouse the love between me and my beloved until it is desirous; i.e., until the love awakens of its own accord, for whenever I mention my beloved, I swoon.

8. **The sound of my beloved**—*The poet returns to earlier topics, like a person who was brief with his words and later said, "I did not tell you the beginning of the matter." He commenced by saying, "The king brought me into his chambers," but did not tell how He remembered them in Egypt with an expression of affection, and now he returns and states: This attraction that I told you about, that my beloved drew me and I ran after him, came about as follows: I had despaired of the redemption until the completion of the four hundred years that were foretold* [in the Covenant] *Between the Parts.*—[*Rashi*]

The sound of my beloved! Behold, he is coming—*before the end, as one skipping over the mountains and jumping over the hills.*—[*Rashi* from *Song Rabbah; Pesikta Rabbathi, Parashath Hahodesh*]. *Mezudath David* explains: Behold, the love will soon be restored. It is as though the sound of my beloved's footsteps is heard; as if he is coming swiftly, and skipping over the mountains to arrive quicker. The allegorical meaning is that the redemption is prepared; God's love for us will soon return. The *Targum* paraphrases: Said King Solomon: When the people of the House of Israel were dwelling in Egypt, their plaint ascended to the high heavens; then the glory of the Lord was revealed to Moses on Mount Horeb, and He sent him to Egypt to redeem them and to take them out of the oppression of the Egyptian bondage, and He skipped over the end because of the merit of their Patriarchs, who are likened to mountains, and He jumped over the time of the enslavement, one hundred and ninety years, because of the merit of the Matriarchs, who are likened to hills.

Isaiah da Trani explains that the beloved maiden relates to her friends:

אחר כתלנו משגיח מן־החלנות מציץ מן־החרכים:
י ענה דודי ואמר לי קומי לך רעיתי יפתי ולכי־לך:
יא כי־הנה הסתו עבר הגשם חלף הלך לו:
יב הנצנים נראו בארץ עת הזמיר הגיע וקול התור

תו"א משגיח מן החלונות. עקידה שער פב וזוהר פ' פקודי: הנצנים נראו בארץ. עיין כה זוהר פ' בראשית וס' וירא פ' ויקרא:

על חיזוא קלילא ורהט כטביא וכאורזלא דאילא ואגן על בתיא די אנן תמן ואתעכב בתר אשותנא ואשגח מן תרעא ואסתכל מן חרכיא וחזא דמא דנכסת פסחא ודמא דגזרת מהולתא דחקיק על תרעא וחס מן שמי מרומא וחמא לעמיה דאכלין ית נכסת חגא טוי נורא על תמכא ועולשין ופטירין וחס עלן ולא יהב רשותא למלאך מחבלא לחבלא בן: י ענה ובעדן צפרא אתיב רחימי ואמר לי קומי לך כנשתא דישראל רחימתי די מלקדמין ושפירת עובדין איזילי נפקי מן שעבוד מצראי: יא כי ארום הא זמן שעבודא דדמי לסתוא פסק ושניא דאמרית לאברהם בין פלגיא אתקטעו וטרות מצראי דמתילא למטרא טרידא חלף ואזל ולא תוספון למחזיהון עוד עד עלמא: יב הנצנים ומשה ואהרן דמתילו ללולבי דתמר אתחזו למעבד נסין בארעא דמצרים ועדן קטוף בוכריא מטא וקל רוחא דקודשא דפורקנא דאמרית לאברהם אבוכון כבר שמעתון מה דאמרית ליה ואף ית עמא די ישתעבדון בהון דאן אנא ובתר כן יפקון בקנינא סגיא וכען צביתי למעבד מה

רש"י

זה עומד וגו' סבורה הייתי לישב עגונה עוד ימים רבים ב והנה הוא הודיע שהיה עומד ומציץ מן הלונות השמים את העשוי לי שנא' (שמות ג) ראה ראיתי את עני עמי וגו': (י) ענה. ל' עונייה ול' צעקת קול רם וזה בנין אב לכולם (דברים כז) וענו הלוים: ואמר לי. ע"י ג משה: קומי לך. (שמות ג) אעלה אתכם ד מעני מצרים: (יא) הנה הסתיו עבר. אין עכשיו טורח בדרך. סתיו חורף תרגום חורף סתוא: (יב) הנצנים נראו בארץ. קרבה ימי החמה שהאילנות מוציאין פרחים והולכי דרכים מתענגים לראותם: עת הזמיר הגיע. שהעופות נותנין זמר וקול ערב להולכי דרכים: וקול התור. כמשמעו תורים ובני יונה דרך העופות להיות משוררים ומצפצפים

שפתי חכמים

ב דק"ל דבתחלה אמר קול דודי וגו' על מהירות הקץ ואח"כ אמר הנה זה עומד כו'. לכ"פ סבורה הייתי כלומר שפסוק זה נפרש אופן הקול הנזכר וסבת המהירות כאלו אמר מה שאמרתי קול דודי הנה זה כך היה סבורה הייתי לישב עגונה כו' הנה הודיע שהיה עומד ומציץ כו' ואז קול דודי הנה זה בא וענה דודי בקול רם ואמר לי קומי וגו': ג דק"ל ה"א לא מצינו שאמר לישראל רק למשה לכ"פ לי על ידי משה: ד דק"ל היכן אמר זה לכ"פ אעלה אתכם וגו':

אבן עזרא

עפר האילים. הוא הקטן: כתלנו. ידוע בלשון תרגום והוא מתפש בכותליא וכן חרכים תרגום בעד החלון מן חרכיא. וכן הסתיו כתרגום וקיץ וחרף סתוא: (יא) חלף. נכרת כמו והאלילים כליל יחלוף: (יב) הנצנים. כמו עלתה נצה והנו"ן השני נוסף: הזמיר. כמו וזמיר עריצים יענה ועניננו זמירות העופות וי"א כי הוא מן וכרמך לא תזמור ואיננו

ספורנו

מרחוק שלא אשב בצלו: הנה זה עומד אחר כתלנו. גם כי אינו רחוק באמת אבל קרוב לכל קוראיו ומסתתר שלא נרגיש בו עד שנתעורר לבקשו כאמרו ובקשתם משם את ה' אלהיך ומצאת: ומשגיח מן החלונות. שלא יכלונו העונשים. מציץ מן החרכים. ועם זה ממכון שבתו משגיח כמו מארובות השמים לראות היש משכיל דורש אלהים ומכלנו אין איש ואין מפגיע ומכפר עלינו: (י) ענה דודי. הנה בשעבוד מצרים הוא העיר רוחי ואמר לי קומי לך. ואומר להם איש שקוצי עיניו השליכו: (יא) כי הנה הסתו. גזרת מצרים על הילדים: הגשם חלף. שבטלה עבודה מאבותינו בר"ה קודם לגאולה: (יב) הנצנים. משה ואהרן שהיו מוכנים לעשות פרי: נראו בארץ. לעזור ולהושיע. עת הזמיר. שירת הים: וקול התור. שהוא בקול מתאונן: נשמע בארצנו. כי

מצודת דוד

וכאלו הוא עומד כבר אחר כותל ביתנו ומשגיח בי דרך החלונות ומגלה עצמו אלי דרך החרכים. והנמשל הוא לומר מוכן הוא להשיב בכינתו אלי וימהר את הקץ וכאלו כבר בא ומשגיח בי בעין חמלתו: (י) ענה דודי. ר"ל הנה בתחלת למיחות האהבה כאשר בא אלי בראשונה הרים קול ואמר לי קומי ממקומך להנהגך את רעיתי יפתי ולעוצבך לכי אחרי. והנמשל הוא לומר הנה ביום בהרו בי עוד הייתי במצרים שלח שליחיו להוציאני מקושי השעבוד: (יא) כי הנה הסתיו עבר. כי כבר עבר החורף וחלף זמן הגשם ואין טורח להולכי אורח. והנמשל הוא שאמר הנה כבר נשלם ימי השעבוד וזמן עבודת הפרך: (יב) הנצנים כו'. כבר נראים פרחי האילן והגיע עת האביב שהעופות מצפצפים ומשוררים בקול ערב ובארצנו נשמע קול התורים ודרך הולכי אורח להתענג בהלה. והנמשל הוא שהלכה במדבר בעמוד

מצודת ציון

יקרא ילד האיל וכן יקרא ילד הצבי כמ"ש כשני עפרים תאומי צביה (שה"ש ד'): משגיח. ענין הבטה בהתבוננות רב: מציץ. מל' נצן והוא גלוי הפרח ר"ל מגלה עצמו להיות נראה ונשקף: החרכים. תרגום של חלון חרכא: (י) ענה. ענין הרמת קול כמו וענו הלוים כו' קול רם (דברים כ"ז): (יא) הסתיו. זמן החורף כי קיץ וחורף (בראשית ח') ת"א קיטא וסתוא: חלף. עבר כמו וחלף ביהודה (ישעיה ח'): (יב) הנצנים. ענין פרח כמו עלתה נצה (בראשית מ'): הזמיר.

קיצור אלשיך וש"מ

לפדותי משם קודם הזמן (הנה זה עומד אחר כתלנו) בתחלת השעבוד היה הקב"ה עומד אחר כתלנו ולא השגיח עלינו. רק הטה אזנו לשמוע מה נעשה עמנו במצרים ואח"כ התקרב יותר משגיח מן החלונות. כמו שמביט דרך החלון לראות מה נעשה במצרים. ואח"כ התקרב עוד יותר מציץ מן החרכים כמי שמושיט ראשו דרך החרך לתוך הבית ומתחבר עם השוכן בבית. כמ"ש ועברתי בארץ מצרים. ואז.
(י) ענה דודי ואמר לי קומי לך רעיתי יפתי ולכי לך. עד הנה קרא לה רעיתי. וכאשר הסכינו נפשם בדם פסח ודם מילה קרא לה עוד יפתי:
(יא) כי הנה הסתו עבר. קרירות הסתו עבר גם הגשם חלף הלך לו:
(יב) הנצנים נראו בארץ והוא נחמד למראה וטוב לטייל בנאות דשא. ועת הזמיר הגיע. שהעופות המשוררים יתנו זמירות בימי האביב. וקול התור. שהוא מעופות הנסיעה שדרכה לנסוע בעת הסתו לארצות החמים ואינה שבה עד תזרח השמש ותתחמם האויר. גם היא שבה וקולה נשמע בארצנו:

התאנה

behind our wall, looking from the windows, peering from the lattices. 10. My beloved raised his voice and said to me, 'Arise, my beloved, my fair one, and come away. 11. For behold, the winter has passed; the rain is over and gone. 12. The blossoms have appeared in the land, the time of singing has arrived, and the voice of the turtledove

It once happened that I heard the sound of my beloved, who was coming and skipping to hasten toward me, and he was like a gazelle in his swiftness. Behold, he is standing behind our wall, etc.

9. **My beloved resembles a gazelle**—*in the swiftness of his running, for he hastened to come like a gazelle and like a fawn of the hinds.* עֹפֶר *is a young hind.*—[*Rashi*]

behold, he is standing, etc.—*I had expected to remain detained for many more days, and behold, he informed me that he was standing and peering from the windows of heaven at what was being done to me, as it is written* (*Exod. 3:7*): *"I have indeed seen the affliction of My people, etc."*—[*Rashi*] *Mezudath David* explains that the allegorical meaning is that He is ready to restore His Shechinah to us, and He will hasten the end of the exile, and it is as if He had already come, and He is looking at me with His merciful eye. The *Targum* paraphrases: The congregation of Israel said: At the time that the glory of the Lord was revealed in Egypt on the night of Passover, and He slew every firstborn, He rode on a swift wind, and He ran like a gazelle and like a fawn of the hinds, and He protected the houses in which we were, and He stood behind our wall and looked through the windows and peered through the lattices, and He saw the blood of the Passover sacrifice and the blood of the circumcision which were engraved on our gates, and He hastened from the heavens on high and saw His people eating the Passover sacrifice, roasted with fire, with bitter herbs, endives, and unleavened bread, and He pitied us and did not permit the destroying angel to harm us.

10. **raised his voice**—Heb. עָנָה, *an expression of answering and* [sometimes] *an expression of a loud cry, and the following is the precedent for them all* (*Deut. 27:14*): *"And the Levites shall raise their voices* (וְעָנוּ)*."*—[*Rashi*]

and said to me—*through Moses.*—[*Rashi*]

Arise—(*Exod. 3:17*): *"I will bring you up from the affliction of Egypt."*—[*Rashi*]

Mezudath David explains: The commencement of the burgeoning of our love was when he first came to me, raised his voice, and said, "Arise from your place for your own benefit, my beloved, my fair one, and for your own good, follow me." The allegorical meaning is that on the day

נשמע בארצנו: יג התאנה חנטה פגיה והגפנים
סמדר נתנו ריח קומי לכי רעיתי יפתי ולכי־לך:
יד יונתי בחגוי הסלע בסתר המדרגה הראיני את־

ת"א ... ודא ... ויונה דחגוי הסלע. עקרים מג פב זוכר פ' לך לך אחרי מומוס' וירא ופ' אמור:

תרגום

דקימית ליה במימרי: יג התאנה כנשתא דישראל דמתילא לבכורי תאנים פתחת פומה ואמרת שירתא על ימא דסוף ואף עולמיא ויניקיא שבחו למרי עלמא בלשנהון מן יד אמר להון מרי עלמא קומי לך כנשתא דישראל רחמתי ושפרתי איזילי מכא לארעא דקיימית לאבהתך: יד יונתי וכד רדף פרעה רשיעא בתר עמא דישראל הות מתילא כנשתא דישראל

רש"י

בימי ניסן: **התאנה חנטה פגיה.** כמשמעו: **והגפנים סמדר.** כשנפל הפרח והענבים מובדלי' זה מזה ונכרים כל ענבה לעצמה קרויה סמדר. כל הענין הזה **ה** לפי פשוטו לשון חבת פתוי שבחור מרצה את ארוסתו לילך אחריו כן עשה לי דודי · **ענה דודי** על ידי משה. **ואמר לי.** על ידי אהרן: **קומי לך** זרזי **ו** עצמך (שמות יא) וישאלו איש מאת רעהו: **כי הנה הסתו עבר.** אלו ארבע מאות שנה דלגתים למנותם משנולד יצחק: **הגשם.** שהוא טרחותו של סתיו הלך והלך לו כלו' שמונים ושש שנה של קושי השעבוד נגזרו עליכם והלכו להם משנולדה מרים הקשו המצריים שעבוד כל ישראל ולכך נקראת מרים על שמררום: **הנצנים נראו בארץ.** הרי משה ואהרן מוכנים לכם לכל צרכיכם: **עת הזמיר הגיע.** שאתם עתידים לומר שירה על הים: **וקול התור.** קול התייר **ז** הגדול. דבר אחר קול התור קול שהגיע זמן יציאתכם ממצרים: (יג) **התאנה חנטה פגיה.** הגיע זמן של בכורים לקרב שתכנסו לארץ: **והגפנים סמדר.** קרב זמן נסכי היין. דבר אחר כשרים שבכם חנטו והנצו לפני מעשים טובים והריחו ריח טוב: **קומי לכי** כתיב יו"ד יתירה קומי לך לקבל עשרת הדברות. דבר אחר התאנה חנטה פגיה אלו פושעי ישראל שכלו בשלשת ימי אפלה: **והגפנים סמדר נתנו ריח.** אלו הנשארים מהם עשו תשובה ונתקבלו כך נדרש בפסיקתא: (יד) **יונתי בחגוי הסלע** זה נאמר על אותה שעה שרדף פרעה אחריהם

שפתי חכמים

ה לפי מה שפי' ענה ל' עניית קול רם ומהו העניים אמר לי ע"י משה בבא עת לגאולתי כדאמר אעלה אתכם ואח"כ פירש לפי מדרש רבותינו ז"ל בשיר השירים רבה דקשה היינו עניה היינו רמיזם ותרתי למה לי לכך דרשי ענה דודי ע"י משה ואמר לי ע"י אהרן: ו דק"ל הל"ל רק לכי לך מהו קומי לך ולכי לך לכ"פ זרזי עצמך וכו' וכ"ה בשה"ש רבה. אך ק' למה לא פי' זה לעיל אחר שפי' ענה דודי לי הל"ל מיד ד"א ענה ע"י משה וכו' וכ"ל דאין כוונת רש"י לפרש ענה דודי וגו'. אך מה שפירש כן עשה לי דודי הולך להביא שיר השירים רבה מה שפירש על הענין הזה שהתחיל הענין מראש דהיינו מענה דודי וגו' עד יונתי בחגוי וגו' וכתב הענין הזה מראש ועד סוף כפי מה שהביא בשיר השירים רבה ולולי שהולך להביא הא דשיר השירים רבה על פסוקי דהנה הסתו עבר וכו' לא היה מביא אותו על פסוק ענה דודי רק מאחר שהולך להביאו על סוף הענין לכך כתב אגב זה כל הענין מתחלה ועד סוף: ז התייר הגדול מפרש דרבות זה

ספורנו

אבנם נמינו כל יושבי כנען: (יג) התאנה חנטה. בארץ כנען באופן שתאכלו פריה מיד כי היתה הכוונה שיכנסו לארץ תיכף אחר מתן תורה לולי חטאו בעגל ובמרגלים ועכשיו *אין נביא ומתעורר ואין אתנו יודע עד מה: (יד) יונתי בחגוי הסלע. משיב האל ית' הנה בשעבוד מצרים היו צדיקי הדורות מלמדי' דעת

אבן עזרא

עתו: התור. כמשמעו מן התורים: (יג) **חנטה.** המתיקה ויש אומר כי עשתה כדמות אבק מן ויחנטו הרופאים · **פגיה.** הוא הפרי טרם שיתבשל וכן היא בלשון ישמעאל: **סמדר.** כשילא ציץ הגפן:

הפעם השנית אין את נמשלת לשושנת העמק שהיא קרובה לקחתה כי אם כשושנה בין החוחים. אמרה כתפוח אלו הפסוקים דבוקים עם מלת חמדתי שהייתי חומדת שאשב בצלו ויביאני אל בית היין וישים דגלו עלי והענין בפרהסיא ויראה אהבתו וישים שמאלו תחת לראשי ואשביע בנות ירושלים שלא יעירוני עד שיגיע עת חפץ האהבה וזו השבועה בעבור שידמה השוקתו לצביה וכן אילת אהבים ויעלת חן בעבור יפיה ונקיותה ושחרות עיניה כאלו אמרה השבעתי אתכם בדומות לכם ביופי. נשלמה זאת הפרשה. והיא הלכה אל ביתה כמו שאמרה לו קורות בתינו והנה הוא בא אחריה בעת צאת בני אדם להתענג לחוץ לראות הצצים · קול דודי. אמרה כי דודה מרוב דלוגו ומרוצתו שמעה קול רגליו: דומה דודי לצבי. במהירות · ענה דודי. כל הפרשה:

הפעם השלישית השבעתי אתכם. זה שאמרו ז"ל כי בני אפרים יצאו ממצרים קודם שהגיע הקץ וזה הענין שתהפך ונהרגו ועליהם כתוב ויהאבל אפרים אביהם וענין בצבאות כמו שדמיהם מותרים לשפוך כך יהיו דמיכם אם תתעוררו קודם הקץ קול דודי זהו שנראה המקום בסנה: מדלג על ההרים. על הר סיני: מן החלונות. כמו ממכון שבתו השגיח מחלוני הרקיע כמו ראה ראיתי את עני עמי · ענה דודי. שאמר לישראל ואומר אעלה אתכם: כי הנה הסתיו עבר. משל לגלות וענין הגשם כמו יום המעונן והיא הצרה שהיו בה והעיכוי כמו יום ענן וערפל: הנצנים. הם הצדיקים של ישראל עת הזמיר. שתאמר שירה קול התור. שהגיע תור ישראל · התאנה חנטה פגיה. בארץ ישראל ועת להביא ממנה בכורים: והגפנים. ליין הנסכים. או ידמה אותם לתאנה שחנטה פגיה. ולגפן כשהיא סמדר כמו שכתוב כענבים במדבר מצאתי ישראל כבכורה בראשיתה:

הפעם הראשונה (יד) בחגוי הסלע. מן חוג הארץ שפירושו גלגל הסובב על הארץ והוא

מצודת ציון

מל' זמר ושיר: התור. הוא שם עוף: (יג) חנטה. יציאת הפירות והראותן קודם גמר בישולן תקרא חנטה ובדרז"ל אילן שחנטו פירותיו (ר"ה ט"ו): פגיה. הם הת"ים שלא בשלו כל צרכן ובדרז"ל פגה שטמנה (שבת קכ"ג): סמדר. הם הענבים הדקים היוצאים אחר שנפל הפרח וכן פתח הסמדר (לקמן ז'): לך. ר"ל להנאתך · (יד) בחגוי. ענין נקוב וחריץ כמו שוכני בחגוי סלע (עובדיה א'):

מצודת דוד

אש וענן ואמרו שירה על הים על שטבעו המצרים: (יג) התאנה וכו'. הילכי תאנה חנטו פירותיהם ודרך האדם להתענג בראותן והסמדר מן הגפנים נתנו ריח טוב באפי הולכי אורח והכל הוא ענין פתוי מה שדרך לפתות בהם ללכת בדרך: קומי לך. ר"ל הואיל וכ"כ תתענג בדרך לכן קומי לך כו'. והנמשל הוא שבאכילת המן התענגה לטעום בו כל הטעמים והגיז לה השליו ולא הסרה דבר: (יד) יונתי בחגוי הסלע. עודה מספרת השיבה שבראה: לא השתוק מאז ואמרת הנה כשהלכתי אחריו אמר לי אתה שמובטחני בך שלא

קיצור אלשיך וש"ם

(יג) **התאנה** חנטה פגיה. וריחם נודף למרחוק. וגם הגפנים שהיו סמדר נתנו ריח [התאנים קודם שנתבשלו קרוים פגים. והגפנים [הענבי'] קודם שנתבשלו קרוים סמדר] ע"כ מהרי קומי לך רעיתי יפתי ולכי לך:

(יג) **יונתי** בחגוי הסלע. יונתי אתה. אף כי הנך בחגוי הסלע

is heard in our land. 13. The fig tree has put forth its green figs, and the vines with their tiny grapes have given forth their fragrance; arise, my beloved, my fair one, and come away. 14. My dove, in the clefts of the rock, in the coverture of the steps, show me

He chose me, when I was still in Egypt, He sent His messengers to lead me out of the harsh bondage. The *Targum* paraphrases: And at the time of morning, my beloved replied and said to me, "Arise, O congregation of Israel, My beloved from days of yore, whose deeds are beautiful, and go forth from the Egyptian bondage."

11. **behold, the winter has passed**—*There is no difficulty in traveling now.* סְתָיו *is winter. The Targum of* חֹרֶף (Gen. 8:22) *is* סִתְוָא.—[*Rashi*] *Mezudath David* explains that the Egyptian bondage is over. This is expressed very aptly in the *Targum*'s paraphrase: For behold, the time of the bondage—which resembles winter—is over, and the years that I told Abraham [in the Covenant] Between the Parts have been shortened, and the bondage of the Egyptians—which is compared to incessant rain—is over and gone, and you will never see them again.

12. **The blossoms have appeared in the land**—*The days of summer are near, when the trees blossom and the travelers enjoy seeing them.*—[*Rashi*]

the time of singing has arrived—*when the birds give forth their song, and the sound is pleasant for travelers.*—[*Rashi*]

and the voice of the turtledove—Heb. הַתּוֹר. *According to its apparent meaning, this is a term referring to turtledoves and young pigeons. It is customary for the birds to sing and chirp in the days of Nissan.*—[*Rashi*]

13. **The fig tree has put forth its green figs**—[This is to be explained] *according to its apparent meaning.*—[*Rashi*]

and the vines with their tiny grapes—*When the blossom falls, and the grapes are separated from one another, and each grape is recognizable by itself, it is called* סְמָדַר. *This entire episode, according to its simple meaning, is an expression of the affection of enticement, i.e., a young man appealing to his betrothed to follow him. So did my beloved do to me.*—[*Rashi*]

[10] **My beloved raised his voice**—*through Moses.*—[*Rashi*]

and said to me—*through Aaron.*—[*Rashi*]

Arise, my beloved—*Hurry* (*Exod. 11:2*): *"and let each man borrow from his neighbor."*—[*Rashi*]

[11] **For behold, the winter has passed**—*These are the four hundred years. I skipped them by counting them from Isaac's birth.*—[*Rashi* from *Song Rabbah*] [See *Rashi*, Gen. 15:13.]

the rain—*which is the hardship of winter, is over and has gone away; i.e., eighty-six years of harsh slavery were decreed upon you, and they have gone away. From the time that Miriam was born, the Egyptians intensified the bondage upon Israel; therefore, she was called Miriam,*

because they made it bitter (מַר) *for them.*—[*Rashi* from *Song Rabbah*] *Song Rabbah* quotes Exodus 1:14: "And they embittered (וַיְמָרֲרוּ) their lives."

[12] **The blossoms have appeared in the land**—*Behold Moses and Aaron are prepared for you to fulfill all your needs.*—[*Rashi* from *Pesikta Rabbathi*, ibid.]

the time of singing has arrived—*you are destined to recite the Song by the Sea.*—[*Rashi* from *Song Rabbah*]

and the voice of the turtledove—Heb. הַתּוֹר, *the great guide* (תַּיָּר). [The great guide was Moses.] *Another explanation:* קוֹל הַתּוֹר *means the voice* [announcing] *that the time of your exodus from Egypt has arrived.* [תּוֹר is explained to mean time, as in Esther (2:12,15).]—[*Rashi* from *Song Rabbah*]

[13] **The fig tree put forth its green figs**—*The time to bring the first fruits has arrived, for you will enter the Land.*—[*Rashi* from *Song Rabbah*]

and the vines with their tiny grapes—*The time of the wine libations has drawn near. Another explanation: The pious among you ripened and blossomed good deeds before Me and emitted a pleasant odor.*—[*Rashi*]

arise—Heb. קוּמִי לָכִי. *A superfluous "yud" is written. Arise to receive the Ten Commandments.* [The "yud" has the numerical value of 10.] *Another explanation: "The fig tree has put forth its green figs"—These are the transgressors of Israel, who perished during the three days of darkness.*—[*Rashi*]

and the vines with their tiny grapes gave forth their fragrance—*Those who remained of them repented and were accepted. So it is interpreted in Pesikta* (*Rabbathi* 15:11, 12; *Pesikta d'Rav Kahana*, p. 50).—[*Rashi*] *Mezudath David* explains the allegory as follows:

[12] **The blossoms have appeared in the land, etc.**—They went in the desert with a pillar of fire and a pillar of cloud, and they sang by the sea when the Egyptians drowned.

[13] **The fig tree, etc.; arise, my beloved**—They enjoyed the manna, in which they experienced all kinds of tastes, as well as the quails, and they lacked nothing.

Midrash Lekach Tov, based mainly on *Song Rabbah*, explains these verses as referring to the ultimate redemption, as follows:

[10] **My beloved raised his voice and said to me**—This is the time of the redemption. The Lord is destined to send the prophet Elijah, as it is written (Mal. 3:23): "Lo, I will send you Elijah the prophet before the coming of the great and awesome day of the Lord." My Beloved raised His voice through Elijah, and said to me through the King Messiah, "Arise, My beloved," etc.

my beloved, my fair one—the nation that knew Me and did not exchange Me. (Deut. 6:4): "Hear, O Israel, the Lord is our God, the Lord is one."

and come away—as is stated (Isa. 35:9f.): "and the redeemed ones shall

go there. And the ransomed of the Lord shall come to Zion with song."

[11] **For behold, the winter has passed**—These are the troubles of the four kingdoms, who resemble winter, the time of snow, wind, cold, etc.

the rain is over and gone—They will all perish and be destroyed, etc.

[12] **The blossoms have appeared in the land**—These are the righteous, who will rise shortly after the coming of Elijah.

the time of singing has arrived—after the righteous rise, etc. Then He will mete out vengeance upon the wicked and upon the nations of the world, etc.

and the voice of the turtledove is heard in our land—This is the voice of Elijah, etc.

13. **The fig tree has put forth its green figs**—These are the wicked of Israel, who are like unripe figs and grapes...and the Lord is destined to bring the righteous near and to cause them to rejoice and to distance the wicked and to disgrace them, etc.

14. **My dove, in the clefts of the rock**—*This is said concerning that time when Pharaoh pursued them and overtook them camping by the sea with no avenue of escape before them because of the sea, and they could not turn because of the wild beasts. What did they resemble at that time? A dove that fled from a hawk and entered the clefts of the rocks, and a snake was hissing at her. Should she enter within, there was the snake. Should she go outside, there was the hawk. The Holy One, blessed be He, said to her, "Show Me your appearance," the propriety of your deeds, to whom you turn in time of trouble.*—[*Rashi* from *Song Rabbah*]

מראיך השמיעני את־קולך כי־קולך ערב ומראך נאוה׃ טו אחזו־לנו שועלים שעלים קטנים מחבלים

ליונתא דסגירא בחגוי טנרא וחיוא מעיק לה מגיו ונצא מעיק לה מברא הכדין הות כנשתא דישראל סגירא

תו"א כי קולך ערב. ברכות כה נדה לה: אחזו לנו שעלים. סוטה יב:

מארבע סטרוי דעלם דמן קדמיהון ימא ומן בתריהון רדף סנאה ומן תרין סטריהון מדברין דמליין חיוון קלן דנכתין וקטלין באריסיהון ית בני נשא ומן יד פתחת פומה בצלו קדם יי ונפקת קלא מן שמי מרומא וכן אמרת אנת כנשתא דישראל דמתילא ליונתא דכיתא ומטמרא בסטור טנרא ובחביוני דרגתא אחזיני ית חזויך וית עובדיך דתקנן אשמעיני ית קליך ארום קליך בצלותא בבית מוקדש זעיר וחזויך שפיר בעובדין טבין׃ טו אחזו בתר דעברו ית ימא אתרעמו על מיא ואתא עליהון עמלק רשיעא די נטר להון דבבו על עסק בכירותא וברכתא די שקל יעקב אבונא מן עשו ואתא לאגחא קרבא בישראל על דבטילו פתגמי אוריתא והוה עמלק רשיעא גנב מתחות גדפי ענני יקרא נפשתא משבטוי דדן ומקטל יתהון על דהוא בידהון פסל

רש"י

והשונאים הולכים על הים ואין מקום לנוס לפניהם מפני הים ולא להפנות מפני חיות רעות למה היו דומין באותה שעה ליונה שבורחת מפני הנץ ונכנסה בנקיקי הסלעים והיה הנחש נושף בה תכנס לפנים הרי הנחש תצא לחוץ הרי הנץ אמר לה הקב"ה הראיני את מראיך את כשרון פעולתך למי את פונה בעת צרה׃ השמיעני את קולך. (שמות יד) ויצעקו בני ישראל אל ה'. בחגוי. בנקיקי הוא ל' שבר ודומה לו (תהלים קז) יחוגו וינועו (ישעי' יט) והיתה אדמת יהודה למצרים לחגא ובשהן רבים קורא להן חגוי וכן קלה קלוי וכן (שמואל ב י) ויכרות את מדויהם׃ המדרגה. איסקלוי"ש בלע"ז כשעושין חריץ סביבות המגדלים ושופכים עפר למעלה להגביה התל סביב עושין מדרגות זו למעלה מזו׃ בסתר המדרגה. פעמים שיש בהן חורי' ונכנסים שם שרצים ועופות (טו) אחזו לנו שעלים. שמע הקב"ה את קולם ח צוה את הים ושטפם זהו אחזו לנו השועלים הקטנים עם הגדולים שאף הקטנים היו מחבלים את הכרמים בעוד כרמנו סמדר שהענבים כשהיתה בת ישראל יולדת זכר והיא טומנתו והיו המצרים נכנסים לבתיהם ומחפשין את הזכרים והתינוק טמון בן שנה או בן שנתים והם מביאין תנוקות מבית מצרי ותינוק מצרי מדבר ותינוק ישראל עונהו ממקום שטמון והיו תופשין ומשליכין אותו ליאור ולמה קרא אות' שועלי' מה השועל הזה מביט לפנות לאחוריו לברוח אף מצרי' מביטים לאחוריהם שנ' (שמות יד) אנוסה מפני בני ישראל׃ שעלים קטנים. כתיב חסר וי"ו על שם שהיה נפרע מהם

שפתי חכמים

משה בשעה שאמר כה אמר ה' כחצות הלילה׃ ח דק"ל קודם זו מה שאירע להם על הים ויצעקו בני ישראל אל ה' והיך הזר ושמ שעשו לו המצריים. לכ"פ דקאי אלעיל ויצעקו בני ישראל אל ה הקב"ה את קולם וכו' זהו אחזו לנו השועלים וכו' הם המצריים ק"ל מהו שועלים קטנים וכי קטנים היה שוטף ולא הגדולים לכם הקטנים עם הגדולים שאף הקטנים וכו' פי' ומ"ש שועלים קטני רק לנתינת טעם למה נטבעו הקטנים ולפי זה יהיה פירוש הכתוב לנו שועלים וכו"ל הגדולים והקטנים ואהר קך אמר הכתוב עלמ ענם הקטנים וכפב שועלים קטנים מחבלים את הכרמים וכו'

אבן עזרא

הפוך או הם שני שרשים והענין אחד׃ המדרגה. כמו מעלות וכמוהו ונפלו המדרגות וכן תרגום אונקלוס לא תעלה במעלות לא תיסק בדרגין וכן בלשון ישמעאל׃ ערב. כמו וערבה לה' שפירושו טוב ונחמד׃ נאוה. תאוה לעינים׃ (טו) אחזו. לשון צווי כמו אחזו את ה' שהדו בעדי׃

ספורנו

את העם ומתפללים כאמרו ונצעק אל ה' וישלח מלאך עתה: הראיני את מראיך. היש משכיל מראה ומורה דרך החיים: השמיעיני את קולך. היש מפגיע ומתפלל באמ הגאולה:כי קולך ערב ומראך נאוה. כי אמנם אז בשעבוד מ הי' קולך ערב אצלי בתפלה ומראך המורה לצדקה היה והגון הוא אהרן ומשה ודומיה'. אבל עכשיו (טו) אחזו שועלים.מתיהרים בלבוש של ת"ח וכל רוח אין בקרבם:שר

קטנים. שלא הגיעו להוראה: מתבלים כרמים. להורות שלא כהלכה: וכרמינו סמדר. שלא תמצא הלכה ברורה ומ

מצודת דוד

תמיד אותי באחר כדרך שאין היונה ממירה בן זוגה בבקשה ממך כשנכנס בדרך במקום מולגע בבקועי הסלע או במקום נסתר שבין המדרגות שם הראי לי את מראיך ושם השמיעי לי את קולך לדבר בי דברי חשק ואהבה כי קולך ערב ומראך נאוה ולזה אתאוה להקשיב קולך ולהשביע עיני ממראך. והנמשל היא שאמר ב"ה לישראל בהנה במדבר מול הר סיני שם התראה לפני הקשיב מאמרך שתשיבי לאמר כל אשר דבר ה' נעשה ונשמע׃ (טו) אחזו לנו שועלים. ר"ל עם כי אז נפרדה השכרם בני אדם ערומים כשעלים אחזו אותנו בהשחתם ופיתויים לסות נפרדים זו מזו לבל תתקרב׃ שועלים קטנים מחבלים כרמים בזה תפרש היאך היה מה אפשר לעשות פירוד בין החשוקים ותאמר הלא אף שועלים קטנים יכולים הם לבשחית הכרמים בעוד שכרמינו סמדר כי אז עת להשחית והאלו אמר לפי שעדיין לא הוחזקה האהבה כי היתה בתחלתה לכן מלאו ידי הם הם הערומים כשעלים לעשות פירוד. והנמשל הוא לומר הנה הערב רב והאספסוף אשר עלה עמי הם פתוני לעבוד את העגל ויכלו

מצודת ציון

המדרגה. ענין מעלות כמו ונפלו המדרגות (יחזקאל ל"ח): ענין מתיקוה וגם מות כמו וערבה לה' מנחת (מלאכי ג'). נאה ויפה: (טו) שעלים. שם חיה עכ. מחבלים. משחיתים

קיצור אלשיך וש"מ

הסלע. בין חשוגאים המעיקים אותך ובסתר המדרגה במקום השך ואופל מפני הגזרות והשמדות. עכ"ז יונתי אתה. אינך ממיר אותי באלוה אחר. כיונה שאינה ממירה את בן זוגה. הראיני את מראיך. הצלם אלהים אשר עליך ע"י צדקתך וכשרון מעשיך. השמיעיני את קולך בתפלה וזעקה כמו שעשית במצרים ויזעקו ותעל שועתם אל האלהים. כי קולך בתפלה ותחנונים ערב לפני ואז ומראך יהיה נאוה נגדה נא לכל העמים. בי תהיה עליון על כל גויי הארץ כימי צאתך ממצרים: (טו) אחזו לנו שועלים. כנס"י יאמרו איש אל רעהו הפסו השועלים. הם האנשים הרשעים הנד לשועלים מערימים לחבל כרם ה' צבאות. כי שעלים קטנים הם בכ"ז מחבלים את הכרמי מעבירים את עם ה' מדרך הטובה והישרה. וכרמ סמדר. הענבים עודם לא נתבשלו כל צרכם. בי בג"י לא נקלטו בהם היראת ה' ונוח להעבירם מהד ואתרי הסירך הקוצים מכרם ה' צבאות אז תוכלי להתפ נגד כל העמים לאמר ראו נא דודי לי ואני לו בבר האהבה בקדם. הרועה בשושנים. בצאן קדשים. בצדיק הנקראים שושנים:

your appearance, let me hear your voice, for your voice is pleasant and your appearance is comely.' 15. Seize for us the foxes, the little foxes, who destroy

let me hear your voice—(*Exod. 14:10*): *"And the Children of Israel cried out to the Lord."*—[*Rashi* from *Song Rabbah*]

in the clefts of—Heb. בְּחַגְוֵי, *in the clefts; this is a term referring to a breach, and similar to this is* (*Ps. 107:27*): *"They were frightened* (יָחוֹגּוּ) *and staggered"*; (*Isa. 19:17*): *"And the land of Judah will be to Egypt for a dread* (לְחָגָּא)*," and in the plural Scripture calls them* חַגְוֵי. *Similarly, from* קֵץ (end) קַצְוֵי, *and so,* (*II Sam. 10:4*): *"and he cut off their garments* (מַדְוֵיהֶם)*."*—[*Rashi*]

steps—Heb. מַדְרֵגָה, *échelons, in French, steps. When they make a ditch around the towers and pour the earth from above to raise the mound roundabout, they make it [in] many steps, one above the other.*—[*Rashi*]

in the coverture of the steps—*There are sometimes holes in them, and reptiles and birds enter therein.*—[*Rashi*]

15. **Seize for us the foxes**—*The Holy One, blessed be He, heard their voice, commanded the sea, and it inundated them. That is the meaning of "Seize for us" these "foxes," the little ones with the big ones, for even the little ones were destroying the vineyards, when our vineyards were still with* סְמָדַר, *when the grapes were tiny. When a Jewish woman would give birth to a male and hide him, the Egyptians would enter their houses and search for the males, but the baby was concealed, and he was a year or two old. So they would bring a baby from an Egyptian home; the Egyptian baby would talk, and the Jewish baby would answer him from his hiding place; and they would seize him and cast him into the Nile. Now why does he call them foxes? Just as the fox looks to turn around to flee, so did the Egyptians look behind them, as it is written* (*Exod. 14:25*): *"I shall flee from before Israel."* —[*Rashi* from *Song Rabbah*]

little foxes—Heb. שֻׁעָלִים. *It is written without a "vav", because He punished them with water, which was measured with the gait* (בְּשָׁעֳלוֹ) *of the Omnipresent.*—[*Rashi*] The allusion is to Isaiah 40:12: "Who has measured water with his gait?"

Mezudath David explains these two verses as follows:

[14] **My dove, in the clefts of the rock**—She is still telling about the love that her beloved displayed toward her in times past, and she says, "When I followed him, he said to me: I am assured that you will not exchange me for anyone else, just as the dove does not change her mate. I implore you that when we are on the road, in a hidden place, in the clefts of the rock or in a hidden place between the steps, that you will show me your appearance and let me hear your voice, speaking words of endearment and affection to me, for your voice is pleasant, and your appearance is

כרמים וכרמינו סמדר: טז דודי לי ואני לו הרעה
בשושנים: יז עד שיפוח היום ונסו הצללים סב דמה־
לך דודי לצבי או לעפר האילים על־הרי בתר:
ג א על־משכבי בלילות בקשתי את שאהבה נפשי

תו"א עד שיפוח היום. ספר הזוהר פ' וירא ופ' תזריע. על הרי בתר. זוהר פ' ויצא. על משכבי. זוהר פ' תזריע.

תרגום

דמיכה בההיא שעתא אתחייבו בית ישראל דמתילין לכרמא לאתחבלא אלולי צדיקי דרא ההיא דמתילין לכוסם טב: טז דודי בההיא שעתא הדרו בתיובתא בכן אתעתד משה נביא וצלי קדם יי ויהושע משמשניה אזדרז ונפק מתחות גדפי ענגא יקרא דיי ועמיה גברין צדיקיא דדמין בעובדיהון לורדא ואגיחו קרבא בעמלק ותברו ית עמלק וית עמיה בשמתא דיי וקטלא ותבירא בפתגם דחרב: יז עד ובזמרות יומיא עבדו בני ישראל ית עגלא דדהבא ואסתלקו ענני יקרא די מטללין עליהון ואשתארו מפרסמן ואתרוקנו ית תקון זיניהון דחקיק ביה שמא רבא מפרש בשבעין שמהן ובעא יי להובדא יתהון מן עלמא אלולי דאדכר קדמוי קים דקים במימריה לאברהם ליצחק וליעקב דהוו קלילין בפולחניה כטביא וכאורזילא דאילא ותקרובתא די קרב אברהם ית יצחק בריה בטור מוריה ומן קדמת דנא קרב תמן ית קורבניה ופליג יתהון בשוה: ג א על וכד חזו עמא בית ישראל דאסתלקו ענני יקרא מעליהון וכלילא

שפתי חכמים

שאף הקטנים וכו': ט דק"ל לשון עד מורה על מרחק זמניי או מקומיי לזה פירוש מוסב למקרא שלמעלה סימנו דודי לי ואני לו עד זמן וכו' דהיינו מרחק הזמניי: י פירושו של מלת היום הוא מפרש דהילו מלת שיפוח היה די במה שפירש שזפתני השמש ולמה האריך לומר כחום היום. אלא על"ל מלת היום הוא דקמפרש: כ אינו מפרש רש"י ונסו הצללים דהא אחר כך מפרש ונסו הצללים ומה שכתוב ונסו הצללים דברי רש"י הוא וסיומיה דדבריו הוא ושזפתני השמש כחום היום וגבר השרב ונסו הצללים. דקשה לרש"י איך יתפעל ניסת הצללים משזיפת השמש לכן פירש וגבר השרב ומתוך כך ונסו הצללים. ואחר כך פירש איזה עון גורם שזיפת השמש וכתב הטאנו בעגל וכו' ואחר כך שפירש פירושו על שיפוח היום אז חזר ופירש דבריו על ונסו הצללים. דקשה לרש"י למה לי ונסו הצללים הרי החטא הוא גורם שזיפה השמש וזהו רמז בשיפוח היום ואם כן מהו ונסו הצללים לכן פירש זכיות וכו' ואם כן תרי מילי ניניהו שיפוח היום מורה על החטא והף אם יש חטא דילמא היו להם זכיות כנגדם לזה מורה ונסו הצללים דגם היו להם זכיות ובמיעוט זכיות לבד ג"כ אינו די דדילמא אף שלא היו להם זכיות אפשר דגם חטא ועון לא היו להם לזה אמר הכתוב דהיה להם חטא ועון וסלקו עול מלות המגינות: ל קשה לרש"י מהו

רש"י

שנמדדו בשעלו של מקום: (טז) **דודי לי ואני לו**. הוא כל צרכיו תבע ממני ולא לוה אלא לי עשו פסח קדשו בכורות עשו משכן הקריבו עולות ולא תבע מאומה אחרת: **ואני לו**. כל צרכי תבעתי ממנו ולא מאלהים אחרי': **הרועה**. את צאנו בשושנים במרעה טוב ונוה ויפה: (יז) **עד שיפוח היום**. מוסב למקרא של מעלה הימנו דודי לי ואני לו עד זמן שגרם ט העון ושזפתני השמש י כחום היום וגבר השרב: **ונסו הצללים**. הטאנו בעגל כ הטאנו במרגלים: ונסו הצללים. זכיות המגינות עלינו פרקתי עולו: **סוב דמי לך דודי**. גרמתי לו להסתלק מעלי על הרים המופלגים ממני: **בתר**. ל' חלוק' והפלג': (א) **על משכבי בלילות**. ל בצר לי שישבתי אפילה כל שלשים ושמנה שנה שהיו

ספורנו

ברורה: (טז) דודי לי ואני לו. משיבת עדת ה' אעפ"כ לא שכחנו שם אלהינו: הרועה בשושנים. הרועה בצדיקי הדורות: (יז) עד שיפוח היום. בחום מכל צד לרב ניצוץ האור המכה מכל צד וזה יהיה בצהרים שתהי' לאור עולם: ונסו הצללים *בעיון ובמעשה: סוב. פנה אלינו: דמה לך דודי לצבי. מהר יקדמונו רחמיך: על הרי בהר. עם היותך רחוק מישועתי:

ג א **על** משכבי בלילות. הלא בימים ראשונים חטאתי וסלחת מיד אחרי שובי ועתה לא כן כי אמנם בלילות שהם מחשכי ארבעים יום שהיו בכעס: בקשתי את שאהבה נפשי. בודוי ובתפלת משה רבינו וצדיקי הדור: בקשתיו ולא מצאתיו

אבן עזרא

מחבלים. משחיתים כמו והבל את מעשה ידיך: (יז) עד שיפוח. *היום: הרי בתר. הרי נדוד מן ויבתר אותם בתוך

מצודת ציון

והבל עול (ישעיה י): (יז) שיפוח. מל' הפחה ונשיבה: היום. וכן יקרא השמש כמו לרוח היום (בראשית ג') וזהו לפי שבעוד השמש על הארץ הוא יום: ונסו. מל' ניסה ובריחה: הצללים. מל' צל: סב. מלשון סביב: דמה. מלשון דמיון: לעופר. הוא ילד האיל: בתר. ענין חלוקה והפלגה כמו ויבתר אותם בתוך (שמות ב'):

מצודת דוד

אז עדיין לא נשרשה בלבי אמונת המקום ב"ה ומלאו יד לעבות פירוד ביני ובין המקום ב"ה משך ארבעים שנה ששהתי במדבר: (טז) דודי לי. עכ"ז לא נפסקה האהבה מכל וכל אבל דודי היה מיוחד לי ולא געלתי בו לחשוק במי וכן אני הייתי מיוחדת לו ולא געל בי לחשוק באחרת: הרועה בשושנים. ר"ל לא הלך לחבק חיק נכריה אבל הלך לרעות עלמו ולטייל בין השושנים עד יעבור הזעם ולשוב אלי והמשל הוא לומר שעכ"ז לא בחרתי באל נכר והמקום ב"ה לא בחר בעם אחר אבל השרה שכינתו על משה ואהרן ועל בבעים זקני העם הנמשלים לשושנים בבית מעשיהם וביופי כשרון מעלליהם: (יז) **עד** שיפוח היום. ואז מיד הזרתי ופייכתי אותו ושאלתי ממנו לומר עד העת שיהיה השמש נפוח מן הארץ לרדת לשקוע ועד ינוסו הצללים הוא עת ערב שאז ינוסו צללי הדברים להיות מתארכים נמשכים למרחוק ועד לא תבוא העת. היה פנה דודי ודמה עצמך בדבר מהירת ההליכה להיות דומה לצבי או לעופר האילים הרלים על הרי בתר החלוקים ומופלגים אלו מאלו כי שם היו מצויים. ויתקן שהמחנה שעמדו שם הוא מ"ם וילכו כל ההרון (ש"ב ב') ר"ל הנה אני בקשתי ממנו לשוב אלי קודם הערב להתעלם באהבים. והנמשל הוא לומר מיד הלך משה לפיים את המקום ב"ה לשוב ולהתרצות אלי היום קל מהר:

ג (א) על משכבי בלילות. עודה מספרת מה הנעשה באותן הימים ותאמר כשבא הלילה הלכתי על מקום רפידת משכבי בלילות ושם בקשתי את החשוק שנפשי אוהבת אותו בחושבי שכבר בא כאשר שאלתיו ושוכב הוא על משכבי אבל בקשתיו ולא מצאתיו כי

לקוטי אנשי שם

(יז) **איהא** בזוהר וירא (דף קיט) א"ר יוסי זכאין אינון כל אינון דהשתארין בעלמא בסייפא אלפא שתיתאה למיעל בשבתא. ועי"ז רמזו לנא חז"ל חכמי אמת אוי לנו כי פנה היום. יום שלם אלף שנה וגם ינטו צללי ערב יותר מת"ק שנה על אלף שתיתאה הוא חצי היום וינטו צללי ערב לזה אנו מבקשים טרם שיפוח היום וטרם ינוסו הצללים סוב ופנה ודמה לך דודי בדמיון שהיית בגלות מצרים לדמות לצבי או לעופר האילים לדלג ולמהר את הקץ בשביל האבות ובשביל ברית בין הבתרים:

קיצור אלשיך וש"ם

(יז) **עד** שיפוח היום. טרם שיפוח היום. וטרם ונסו הצללים מהיום. סוב אלינו במהירות ודמה לך דודי לצבי או לעופר האילים הרצים במהירות על הרי בתר. על ההרים החלוקים והרחוקים מעט זה מזה המה מדלגים מהר להר. כן תדלג ותמהר גאולתנו ופדות נפשנו:

ג (א) **על** משכבי בלילות. על משכבי אשר שכבתי הוזה וישנה בשני לילות אפלות והם גלות מצרים וגלות בבל גם שמה בקשתי את שאהבה נפשי. בקשתי את דודי האהוב לנפשי כי יוציאני מחשכת הגלות

the vineyards, for our vineyards are with tiny grapes. 16. My beloved is mine, and I am his, who grazes among the roses. 17. Until the sun spreads, and the shadows flee, go around; liken yourself, my beloved, to a gazelle or to a fawn of the hinds, on distant mountains."

3

1. On my bed at night, I sought him whom my soul loves;

comely. Therefore, I desire to listen to your voice and to satiate my eyes with your appearance." The allegory is that the Holy One, blessed be He, said to Israel, "Behold, in the desert, opposite Mount Sinai, appear before Me, and there I will listen to your voice when you reply: All that the Lord has spoken we shall do and we shall hear.

[15] **The foxes seized us**—People as cunning as foxes seized us with their enticements and persuaded us to separate from one another.

the little foxes, who destroy the vineyards—This explains how it was possible to separate the two lovers. She said, "Cannot even little foxes destroy the vineyards when the grapes are still small and easily destroyed?" She means that since their love was not yet strengthened, for it was still young, those who were as cunning as foxes were able to alienate the two lovers from one another. The allegorical meaning is that the mixed multitude that left Egypt with Israel persuaded them to worship the Calf, for their faith in God had not yet been deeply rooted in their hearts. They were therefore successful in separating Israel from the Omnipresent, blessed be He, for the forty years that they wandered in the wilderness.

The *Targum* renders: After crossing the sea, they complained by the sea. The wicked Amalek, who bore a grudge against them because of the birthright and the blessing that Jacob our father had taken from Esau, came upon them to wage war against Israel because they had failed to observe the words of the Torah. The wicked Amalek kidnapped people of the tribe of Dan from beneath the Clouds of Glory. He slew them because they had the graven image of Micah. At that time, the House of Israel was condemned to be destroyed, likened to a vineyard about to be destroyed; they were saved only because the righteous of that generation, who are compared to spices, prayed for them.

16. **My beloved is mine, and I am his**—*He demanded all His needs from me; He commanded only me: Make a Passover sacrifice, hallow the firstborn, make a Tabernacle, sacrifice burnt offerings, and He did not demand these things of any other nation.*—[*Rashi*]

and I am his—*All my needs I*

demanded of Him, and not of other deities.—[*Rashi* from *Song Rabbah*]

who grazes—*his flock among the roses, in a good, pleasant, and beautiful pasture.*—[*Rashi*]

Mezudath David, continuing from the preceding verse, explains: Nevertheless, our love was not completely terminated; my beloved was still special to me, and I did not reject him to love anyone else. I was likewise still special to him, and he did not reject me to love anyone else.

who grazes among the roses—He did not seek to embrace a strange woman, but went to graze and stroll among the roses until his anger would pass, and he would return to me. The allegorical meaning is that despite the sin of the Golden Calf, I did not choose a strange god, and the Omnipresent, blessed be He, did not choose another nation. He caused His Shechinah to rest upon Moses and Aaron and upon the seventy elders of the people, who were likened to roses because of the fragrance of their deeds and the beauty of their acts.

The *Targum,* continuing with the war initiated by Amalek, writes: At that time, they repented; Moses the prophet then stood and prayed before the Lord, and Joshua, his servant, quickly went from under the wings of the Cloud of the Glory of the Lord, and with him were righteous men, resembling roses in their deeds, and they waged war with Amalek and crushed Amalek and his people with an anathema of the Lord, and they slew and destroyed them by the edge of the sword.

17. **Until the sun spreads**—*This refers back to the preceding verse: "My beloved is mine, and I am his," until the time that the iniquity caused the sun to darken me in the heat of the day, and the heat to intensify.*—[*Rashi*]

and the shadows flee—*We sinned with the Calf; we sinned with the Spies, and the shadows fled, the merits that protected us. We broke off His yoke.*—[*Rashi*]

go around, liken yourself, my beloved—*I caused him to leave me on mountains distant from me.*—[*Rashi*]

distant—Heb. בָּתֶר, *an expression of separation and distancing.*—[*Rashi*]

Mezudath Zion renders: until the sun blows away and the shadows flee. *Mezudath David* explains: I immediately appeased him and beseeched him, saying, "Until the time the sun is "blown" off the earth, i.e., when it sets, and until the shadows flee, i.e., the time of evening, when the shadows become long and stretch out into the distance. Until that time comes, turn, my beloved, and liken yourself to something that moves swiftly, a gazelle or a fawn of the hinds, which run on the distant mountains, on mountains that are separated from one another, for there the lovers were standing. They may have been in the region known as the Bithron in II Samuel 2:29. She is pleading with her lover to return to her before evening. The allegorical meaning is that Moses immediately went to

appease God to take Israel back into His good graces.

The *Targum* paraphrases: And in a few days, the Children of Israel made the Golden Calf, and the Clouds of Glory, which had sheltered them, departed, and they were left exposed and bereft of their weapons, upon which the great Ineffable Name was engraved, explained in seventy names. And the Lord would have destroyed them from the world, had He not remembered the oath that He had sworn by His word to Abraham, to Isaac, and to Jacob, who were swift in His worship as a gazelle and as a fawn of the hinds. And [He remembered] that Abraham had sacrificed his son on Mount Moriah, and prior thereto, had brought his sacrifices there and divided them evenly. [This probably refers to the Covenant Between the Parts, in which Abraham cut the animals in two.]

3

1. **On my bed at night**—*when I was troubled; when I sat in the dark for the entire thirty-eight years that the Israelites were under reproach.*—[*Rashi* from unknown Midrashic source]

Midrash Lekach Tov interprets the verse as follows: The exile resembles night, as it is stated (Isa. 21:11): "Watchman, what will be of the night? Watchman, what will be of the night?" The congregation of Israel says: On my bed at night, when I lie in exile, I remember the mercy of the Holy One, blessed be He, and the miracles that He performed for me on the night of Passover, in the manner that David said (Ps. 77:7): "I recall my music at night; I speak with my heart and my spirit searches." And the Lord already promised Israel to take them out of this exile as He took us out of Egypt, as it is written: (Exod. 12:42): "It is a night of vigil for the Lord to take them out of Egypt; this night remains for the Children of Israel a vigil to the Lord for all generations." This teaches us that Israel is destined to be redeemed again on Passover. Now since Israel was detained in exile, David said about them with the holy spirit (Ps. 77:10): "Has God forgotten to be gracious?" (Ibid. 9): "Has His kindness forever ended? Has He issued a decree for all generations?" (Lam. 3:31): "For the Lord will not cast [him] off forever." (Ps. 77:8): "and nevermore be appeased?" (Ibid. 10): "Has He, in anger, shut off His mercy forever?" Although He has become angry, His mercy exists forever. I sought Him Whom my soul loves—I sought to return in repentance, perhaps I would be saved from the nations.

בקשתיו ולא מצאתיו: ב אקומה נא ואסובבה בעיר בשוקים וברחבות אבקשה את שאהבה נפשי בקשתיו ולא מצאתיו: ג מצאוני השמרים הסבבים בעיר את שאהבה נפשי ראיתם: ד כמעט שעברתי מהם עד שמצאתי את שאהבה נפשי אחזתיו

תו"א הסובבים בעיר. זוהר פ' לך לך:

תרגום

דקודשא דאתיהב להון בסיני אתנטילת מנהון ודאשתארו חשיכין כליליא ובעו ית כלילא דקודשא דאסתלק מנהון ולא אשכחוהי: ב אקומה אמרין בני ישראל אלין לאלין נקום וגיזל ונסחר למשכן זמנא דפרסיה משה מברא למשריתא ונתבע אולפן מן קדם יי ושכינת קודשא דאסתלקת מננא והדרו בקרוין ובפלטיא ובפתון ולא אשכחו: ג מצאוני אמרת כנשתא דישראל אשכחו יתי משה ואהרן וליואי נטרי מטרת מימרא דמשכן זמנאדי כסהרך יהיה חזור חזור ושאלית להון על עיסק שכינת יקרא דיי דאסתלקת מני אתיב משה ספרא רבא דישראל וכן אמר אסק לשמי מרומא ואצלי קדם יי מאים יכפר על חוביכון וישרי ית שכינתיה ביניכון כמלקדמין: ד כמעט כזער צבחר הוה ותב יי מתקוף רוגזיה ופקיד למשה נביא

רש"י

ישראל נזופים: בקשתיו ולא מצאתיו. (שמות לג) כי לא אעלה בקרבך (דברים א) כי אינני בקרבכם: (ב) אקומה נא וגו' אבקשה. (שמות לג) ויהל משה (שם לב) אעלה אל ה': (ג) מצאוני השמרים. משה ואהרן: את שאהבה נפשי ראיתם. מה מ אמהם בפיו: (ד) כמעט שעברתי מהם. קרוב לפרישת' ממני לסוף ארבעים שנה: עד שמצאתי. שהי' עמי בימי יהושע לכבוש ל"א מלכים: אחזתיו ולא ארפנו. לא

שפתי חכמים

על משכבי בלילות בקשתיו אם ישכב על משכבו איך ישכב. לכן פי' בלר כי וכו' כלומר על משכבי משל הוא לישיבה באפילה: מ דקש' דמשמע דזהו הדברים בשאלו השומרים אם עלה בקשתם שאמרו אם באהבה נפשי בקשתי ומה איכפת להו ומה נפקא מיניה אם לאו

אבן עזרא

כלומר שיתפרד ממנו: (ב) בשוקים. תרגום חולות: הפעם השנית ועוד יונתי בחגוי הסלע. אמר לה את נסתרת בביתך ולא אוכל לראותך כמו יונה שהיא בחגוי הסלע: הראיני את מראיך. מאהד הדרכים או השמיעני את קולך ואמרי לי מה אעשה. ענתה היא ואמרה לנעריה אחזו לנו שועלים. והענין לכו שמרו את הכרם מן השועלים כי אני רוצה ללין שם עם דודי שהוא הרועה בשושנים בעבור הריח הטוב שיש לשושנים. ואתה דודי עד שיפוח רוח היום ויגדלו הימים וזה ענין ונסו הצללים לך אל הרי בתר והענין כי לא אוכל עתה לצאת חוצה והנה הלך לדרכו כאשר דבר לה: נשלמה הפרשה: הפעם השלישית וקרא אותה יונתי בעבור שיצאה ממצרים. וענין בסתר המדרגה שהיו ישראל מסותרים בעננים: הראיני את מראיך. זה הוא ויאמינו בה': השמיעני את קולך. אז ישיר משה ובני ישראל. או יהיה פירושו שאמרו נעשה ונשמע והוא יותר נכון: אחזו לנו שועלים הם עובדי העגל שהשחיתו כרם ה' שהם ישראל ועוד הכרם היה במדבר: דודי לי ואני לו. שנהרגו עובדי העגל ומבקשים דברי השכינה: בשושנים. הם הצדיקים. וטעם עד שיפוח היום סב דמה לך על הרי בתר היא שאמרה השכינה כי לא אעלה בקרבך ומשה יקח

ספורנו

מפני האף והחמה: (ב) ואסובבה בעיר בכל מחנה ישראל בקשתיו היש מוצא חן ולא מצאתיו בכל המחנה והיה כל מבקש ה' כו': (ג) מצאוני השומרים. משה ואהרן בכהניו ושאלתים דאמנם את שאהבה נפשי ראיתם ואין עונה: (ד) כמעט שעברתי מהם. מאיתם הלילות שהיו בכעס: עד שמצאתי כו'. בלוחות שניות: אחזתיו. תכף בנדבת המשכן: ולא ארפנו. ולא שבתי לכסלה. ולחטוא. עד שהביאתיו. להשרות שכינתו: אל בית אמי. אל מזבח החיצון שבעזרת ישראל אשר שם ראשי העם

מצודת דוד

לא חזר. והנמשל הוא לומר הנה השבתי בע"יתפלה מזה נתגלה לי במקום ב"ס מ"ל וכל אבל לא כן היה כי אמר כי לא אעלה בקרבך (שמות ל"ג): (ב) אקומה נא. אז אמרתי אל לבי עתה אקומה נא ואלכה בעיר מסביב בשוקים וברחובות ואבקשה את שאהבה נפשי והנה כן עשיתי כי בקשתיו אבל גם שם לא מצאתיו. והנמשל הוא לומר הנה בכל הימים בסבבתי במסעות המדבר הייתי מחזרת אחר האהבתו אבל לא נתגלה לי ולא אבה לשכינסני מיד אל הארץ: (ג) מצאוני השומרים. בעת סבבתי בעיר להפש אהריו מצאו אותי שומרי העיר הסובבים בלילה לשמרה והנה לא בושתי ואת פיהם שאלתי האם ראיתם את שאהבה נפשי כי מרבית האהבה קלקלה את השורה ובשלכתי הבושה מנגד ובאלתים וכאומרת אני באלתים אבל לא מצאתי ממנה. והנמשל הוא לומר כאשר מצאו אותי השומרים הסובבים המנהיגים אותי הם משה ואהרן ובאלתים מה מצאתם בפי ה' והנה אין ולא מצאו נבואה על כי הייתי נזופה לפניו בהוהן הימים: (ד) כמעט שעברתי מהם אבל כזמן מעט היה משעברתי מהם עד במצאתי את שאהבה נפשי וכאשר מצאתיו אחזתיו בידי ולא נתתי לו רפיון להיות נעזב ממני עד שהבאתיו אל בית אמי לבבת שם עמדי נהושבה שאמם תעזור לה על התמדת האהבה. והנמשל הוא לומר מיד שפרשו ממני המנהיגים ההם שמתו בשנת הארבעים עמד יהושע והעבירני את הירדן

מצודת ציון

ג (ב) בשוקים וברחובות. כפל כמלה בשמות נרדפים וכן אדמת עפר (דניאל י"ב): (ד) כמעט. דאת הכ"ף להמחת הדבר וכן מכרה כיום (בראשית כ"ה): ארפנו. מלשון רפיון: הורתי. מלשון הריון ור"ל אמי שהרתה אותי והוא כפל ענין במ"ש:

קיצור אלשיך וש"ם

הגלות האפל וישוב לאהבה אותי. אכן בקשתיו ולא מצאתיו. כי הסתיר פניו ממני. ואולם אנכי לא נתתי שנת לעיני ואמרתי בלבי.

(ב) **אקומה** נא וגו' אבקשה את שאהבה נפשי. כלומר אתעורר לבקש ולהפש אחרי אהבת דודי הפש מחופש בזעקה בבי וההגונים ואחרי כל אלה בקשתיו ולא מצאתיו וכמעט אמרתי נואש ואולם כרגע נכמרו רחמי דודי עלי. כי פתאום.

(ג) **מצאוני** השומרים. הם משה ואהרן במצרים, ועזרא ונחמיה בבבל. אשר הם שומרים כרם ה' צבאות. הסובבים בעיר להשיב לב בני ישראל לאביהם שבשמים ולבשרם כי שנת גאולה באה. ומאשר פג רוחי לשמע הבשורה הנעימה הזאת הייתי כמתמהת ושואלת את שאהבה נפשי ראיתם. האמנם כי ראיתם בעצמכם את דודי והבטיח לכם להחיש פדות נפשי? ואולם לשמחת לבבי נוכחתי לדעת. כי.

(ד) **כמעט** שעברתי מהם. זמן מעט עבר מעת עברי מהם. עד העת שמצאתי את דודי האהוב לנפשי. וכאשר מצאתיו אחזתיו באהבה וחבה יתרה ולא ארפנו מלכת אתי עד שהבאתיו אל בית אמי הוא הבית

I sought him but I did not find him. 2. I will arise now and go about the city, in the market places and in the city squares. I will seek him whom my soul loves; I sought him, but I did not find him. 3. The watchmen who patrol the city found me; "Have you seen him whom my soul loves?" 4. I had just passed them by, when I found him whom my soul loves; I held him

I sought him but I did not find him—(*Exod. 33:3*): *"For I shall not go up in your midst"; (Deut. 1:42): "for I am not in your midst."*—[*Rashi* from unknown Midrashic source]. This was after the sin of the Spies, when it was declared that the Israelites would wander in the desert for forty years. Since two years had already elapsed, they had to wander for another forty-eight years. During this time, the Shechinah was hidden from them. *Mezudath David* explains: The maiden continues her narrative. She says: When night fell, I went to lie down on my bed, and there I sought my beloved. I sought him but I did not find him, because he had not returned. The allegory is that I thought that through Moses' prayer, the Holy One, blessed be He, had completely forgiven me, but it was not so, for God said, "I shall not go up in your midst."

The *Targum* paraphrases: And when the people of the House of Israel saw that the Clouds of Glory had withdrawn from them and that the holy crown that had been given to them at Sinai was taken away from them, they were left in darkness, as at night. They sought the holy crown that had been taken from them, but did not find it.

2. **I will arise now, etc., I will seek**—(*Exod. 32:11*): *"And Moses prayed."* (*Ibid. verse 30*): *"I will go up to the Lord."*—[*Rashi*] Then I said to myself, "I will now arise and go about the city, to the market places and the city squares, and I will seek him whom my soul loves," and behold, so I did. I sought him, but I did not find him. The allegorical meaning is that all the time that I was wandering in the desert, I sought His love, but He did not become reconciled to me, and He did not bring me into the Holy Land.—[*Mezudath David*] [Note that *Mezudath David* follows the context of the preceding verse, which deals with the sin of the Spies. *Rashi,* however, appears inconsistent, because he quotes verses related to the sin of the Golden Calf.]

3. **The watchmen who patrol the city found me**—*Moses and Aaron.*—[*Rashi*]

Have you seen him whom my soul loves—*What did you find in His mouth?*—[*Rashi*] i.e., Did He forgive me?—[*Sifthei Hachamim*]

4. **I had just passed them**—*shortly before their separation from me, at the end of the forty years.*—[*Rashi*]

when I found—*that He was with me in the days of Joshua to vanquish the thirty-one kings.*—[*Rashi*]

וְלֹ֣א אַרְפֶּ֔נּוּ עַד־שֶׁ֨הֲבֵיאתִ֜יו שהבאתיו ק׳ אֶל־בֵּ֣ית אִמִּ֔י
וְאֶל־חֶ֖דֶר הוֹרָתִֽי׃ ה הִשְׁבַּ֨עְתִּי אֶתְכֶ֜ם בְּנ֤וֹת יְרֽוּשָׁלִַ֙ם֙
בִּצְבָא֔וֹת א֖וֹ בְּאַיְל֣וֹת הַשָּׂדֶ֑ה אִם־תָּעִ֧ירוּ ׀ וְֽאִם־
תְּעֽוֹרְר֛וּ אֶת־הָאַהֲבָ֖ה עַ֥ד שֶׁתֶּחְפָּֽץ׃ ו מִ֣י זֹ֗את עֹלָה֙
מִן־הַמִּדְבָּ֔ר כְּתִֽימְר֖וֹת עָשָׁ֑ן מְקֻטֶּ֤רֶת מֹר֙ וּלְבוֹנָ֔ה

הו״א מי זאת עולה. זוהר פ׳ בראשית ופ׳ ויגלת:

תרגום

למעבד משכן זמנא וארונא ואשרי שכינתיה בגויה ועמא בית ישראל הוו מקרבין קורבניהון ועסיקין בפתגמי אוריתא באדרון בית מדרשא דמשה נביא ובקטונא דיהושע בר נון משומשניה: ה תשבעתי כד שמעו שבעא אומיא דבני ישראל עתידין למחסן ית ארעהון קמו כחדא וקציצו ית אילניא וסתימו ית מבועי מיא וצדיאו ית קרויהון ועריקו אמר קודשא בריך הוא למשה נביא אנא קיימית לאבהתהון דאלין לאעלא ית בניהון לאחסנא ארעא עבדא חלב ודבש והכדין אנא מעיל ית בניהון לארעא צדיא וריקניא כען אנא מעכב יתהון ארבעין שנין במדברא ותהי אורייתי מתערבא בגופיהון ומבתר כן אנון עמין רשיעין יבנון מה דאצדיאו בכן אמר משה לבני ישראל אשבעית לכון כנשתא דישראל ביי צבאות ובתקיפי ארעא דישראל דלא תזידון למיסק לארעא דכנענאי עד משלם ארבעין שנין ויהי רעוא מן קדם יי לממסר יהבי ארעא בידיכון ותעברון ית ירדנא והדי ארעא כבישא קדמיכון: ו מי כד סליקו ישראל מן מדברא ועברו ית ירדנא עם יהושע בר נון אמרו עמי ארעא מה היא דא אומא בחרתא דסלקא מן מדברא מתגמרא מן קטורת בוסמין וסעידה בזכותיה דאברהם די פלח וצלי קדם יי בטור מוריה ומתמרקא כשח רבותא בצדקתיה דיצחק די אתעקד באתר בית מוקדשא דמתקרי

רש״י

נתתי לו רפיון עד שהביאותיו אל משכן שילה בשביל כל זאת שעשה לי: (ה) השבעתי אתכם. האומות בהיותי גולה ביניכם: אם תעירו ואם תעוררו. אהבת דודי ממני על ידי פתוי והסתה נ לעזבו ולשוב מאחריו: עד שתחפץ. בעוד שאהבתו חפץ עלי: (ו) מי זאת עולה מן המדבר. כשהייתי מהלכת במדבר והי׳ עמוד האש והענן הולכים לפני והורגים נחשי׳ ועקרבים ושורפין הקוצים והברקנים לעשות דרך מישור והי׳ הענן והעשן עולין ורואין אותן האומות מתמיהות על גדולתו ואומרות מי זאת כלומר כמה גדולה היא זאת העולה מן המדבר וגו׳: כתימרות עשן. גבוה וזקוף כתמר: מקטרת מור. על שם ענן הקטרת שהי׳ מתמר מעל מזבח הפנימי: רוכל. בשם

שפתי חכמים

לכ״ב מה מלאתם בפיו כלומר אם מחל לי או לא: נ מה שמשנה רש״י פירושו פה ולא פירש כמו שפירש לעיל י״ל דכוונת רש״י דבכל מקום שיש שבועה לפי הענין דלעיל מיירי בדבקות האהבה כמו שאמר ודגלו עלי אהבה. אמר השבעתי אתכם אם תעירו ואם תעוררו את האהבה בעיני לדודי לשמתה ולהחליפה כלומר שלא תסתו והחליפו האהבה הנזכרת אבל השם כאן דגלו עלי ופה מדבר באהבה שיש לישראל על הקב״ה כאמור אחזתיו ולא ארפנו על כן פירש השבעתי אתכם אם תעירו ואם תעוררו אהבת דוד ממני וכו׳ לעזבו לשוב מאחריו כי אם אחזתיו ולא אעזבנו. ולכן פירש לעיל והוא חפץ בי ופה

ספורנו

שהם כמו אם בישראל וזה ביריד׳ האש אחר קרבנותינו: ואל חדר הורתי. אל בית קדש הקדשים אשר שם הורתי תורת הלוחו׳ לבדה המורה לצדקה וזה בחנוכת הנשיאי׳ כאמרו ובבא משה אל אהל מועד לדבר אתו וישמע את הקול מדבר אליו ובכן השבעתי למען יוכלו צדיקי הדורו׳ להתעסק בתור׳ ותפל׳: (ו) כי זאת עולה מן המדבר כתימרות עשן. משיב האל ית׳ אמת הוא שאז סלחתי בתפל׳ משה בחירי שעמד בפרץ לפני אך לא לגמרי כי כאשר שנו כוונתם בענין המרגלי׳ פקדתי עליה׳ חטאת העגל כי אמנם קודם ענין המרגלים היתה הכוונה שיכנסו לארץ מיד בלתי מלחמה כתימרו׳ עשן מקטרת כאמרו קומה ה׳ ויפוצו אויביך וינוס׳ אבל אחר ענין המרגלים מי זאת עולה באופן זה הנה הוצרכו להלחם גם אחרי כן בארצם היו צריכים לכלי זיין

אבן עזרא

את האהל ונטה לו מחוץ למחנה. אמרה כנסת ישראל על משכבי בלילות. אז הייתי כאשה שוכבת והיא במחשך בלא נר וזה ענין בלילות ובקשתי השכינה שתלך בקרבי. וענין בשווקים וברחובות הוא שעברו ושבו משער לשער: הפעם הראשונה (ו) כתמרות. כמו עמודים כמו כרוכים ותמרות וי״א שהם דמות

מצודת ציון

(ה) תעירו תעוררו. מל׳ התעוררות: (ו) כתמרות. מלשון אילן תמר ור״ל עמוד עשן זקוף כאילן תמר וכן ותמרות עשן (יואל ג). מקטרת. הבערת הבשמים להריח קרוי קטרת בלשון מקרא: מור ולבונה. שמות מיני בושם: אבקת. ר״ל בשמים השחוקים דק דק

מצודת דוד

לבוא לרשת את הארץ והמקום ב״ה נלחם באומות ובאתי אל א״י המוחזקת לי מאבותי והיא הכן קדושה ומוכנת לעבוד שם את ה׳: (ה) השבעתי כו׳. אחר שספרה תחלת האהבה שסרבה לפתוח הותה ללכת אחריו וכל הנעשה אז חזרה לראשית אמריה לומר הואיל וכן היה מאז ולכן אבעת שמהר תשוב האהבה למקומה ולכן השבעתי אתכם להיה ספקר לבאות כי׳ אם תמאיסו אותי לעורר אליכם האהבה בעוד שלא בבא אני האהבה מעלמה וכמ״ש למעלה כי קרובה היא לשוב כמו שבשה מאז. והנמשל הוא לאחדים עם המשל וכמ״ש למעלה: (ו) מי זאת עולה. עודם מספרת ומשתבחת במעלות הנהגה שהי׳

קיצור אלשיך וש״מ

הבית הראשון אשר שם ישבה אמי [השכינה הזנה ומפרנסת אותי כאם]. ומגלות בבל יצאתי אתו והבאתיו אל חדר הורתי. הוא הבית השני [ומכנה אותו בשם חדר בערכו מול הבית הראשון]. ונקרא הורתי. לשון ברכת הורי. שמשם יצאה תורה והוראה:

(ה) השבעתי אתכם וגו׳. עיין קפיטל ב׳ פסוק ז׳:

(ו) מי זאת וגו׳. דברי כנס״י בראותה כי אין לה כל צדקה לזעוק עוד אל המלך ה׳ צבאות שמה על לבה לזכור לפני דודה את חסד נעוריה מאז. ותתאר לפניו כמו שהולכת היא עתה אחריו במדבר בארץ לא זרועה ושואלת היא אותו לאמר הגידה נא לי שאהבה נפשי מי זאת עולה עתה מן המדבר אחריך כמוני היום. והנני דומה כתמרות עשן כעתר עשן הקטרת העולה כתמר ביושר ולא יכול הרוח לנצחהו כמו כן לא ינצחני ג״כ רוח היצר לאמר אנה אני הולכת? רק בתום וביושר לבבי הנני הולכת ועולה אחריך. ובהליכתי זאת הנני מקוטרת מור ולבנה מכל אבקת רוכל. בשמים הנותנים ריח ניחח לפניך. הם המצות וחקי אלהים אשר קבלתי באהבה וברצון. ומי מכל האומות אשר תאבה ללכת רגליה אחריך בארץ תלאובות כמוני? כמו כן תתאר הרעיה לפני דודה את בנין הבית שבנה שלמה לשם ה׳. והאמר.

הנה

and would not let him go, until I brought him into my mother's house and into the chamber of her who had conceived me.
5. I adjure you, O daughters of Jerusalem, by the gazelles or by the hinds of the field, that you neither awaken nor arouse the love while it is desirous.
6. Who is this coming up from the desert, like columns of smoke, perfumed with myrrh and frankincense,

I held him and would not let him go—*I did not loosen my grasp from Him until I brought Him to the Tabernacle at Shiloh because of all that He had done for me.*—[*Rashi*] *Mezudath David* explains: It was but a short time after I passed them that I found him whom my soul loves, and when I found him, I held him with my hand, and did not loosen my grasp until I had brought him to my mother's house to dwell there with me. The maiden says this because she believes that her mother will help her preserve the love. The allegorical meaning is that as soon as those leaders separated from me—i.e., when they died in the fortieth year—Joshua arose and took me across the Jordan to go and possess the Land, and the Omnipresent, blessed be He, waged war with the nations. I came to the Land of Israel, which had been in my possession since the days of the Patriarchs, and it is a holy land, conducive to the worship of God.—[*Mezudath David*]

5. **I adjure you**—[you] *nations, while I am exiled among you.*—[*Rashi*]

that you neither awaken nor arouse—*my beloved's love from me through seduction or enticement to forsake him, to turn from following him.*—[*Rashi*]

while it is desirous—*as long as I still desire his love.*—[*Rashi*] *Mezudath David* explains that after the maiden told about the beginning of her love, how her beloved had persuaded her to follow him and all that had happened, she goes back to the beginning of her words, saying: Since it was so originally, I am confident that the love will soon be restored. I therefore adjured you to be as abandoned and preyed upon as the gazelles and hinds of the field if you alienate me by arousing his love for yourselves before it returns to me, for it will soon return to me as it returned to me in days of yore. The allegorical meaning is clear, as explained above.

6. **Who is this coming up from the desert**—*When I was traveling through the desert and the pillar of fire and cloud were going before me and killing the snakes and scorpions and burning the thorns and thistles to make a straight road, and the cloud and the smoke were ascending, the nations saw them, and were astounded by my greatness, and they said, "Who is this," i.e., "How great is this one coming up from the desert, etc.!"*—[*Rashi*]

like columns of smoke—Heb. כְּתִימְרוֹת, *tall and erect as a palm tree* (תָּמָר).—[*Rashi*]

מִכֹּל אַבְקַת רוֹכֵל׃ ז הִנֵּה מִטָּתוֹ שֶׁלִּשְׁלֹמֹה שִׁשִּׁים גִּבֹּרִים סָבִיב לָהּ מִגִּבֹּרֵי יִשְׂרָאֵל׃ ח כֻּלָּם אֲחֻזֵי חֶרֶב מְלֻמְּדֵי מִלְחָמָה אִישׁ חַרְבּוֹ עַל־יְרֵכוֹ מִפַּחַד בַּלֵּילוֹת׃ ט אַפִּרְיוֹן עָשָׂה לוֹ הַמֶּלֶךְ שְׁלֹמֹה מֵעֲצֵי הַלְּבָנוֹן׃

תו״א הנה מטתו שלשלמה. יבמות קט גטין סח סנהדרין ז כ שבועות לה זוהר פרשת אחרי מות כלם אחזי חרב מלמדי. סנהדרין ז: אפריון עשה לו המלך שלמה. בתרא יד זוהר פ׳ תרומה:

תרגום

טור דלבונתא ומתעבדן לה נסין בחסידותיה דיעקב דאשתדל עמיה עד מסק קריצתא ואתגבר מניה ואשתזיב הוא ותרי עסר שבטוי: ז הנה כד בנא שלמה מלכא דישראל ית בית מקדשא דיי בירושלם אמר יי במימריה כמא יאי בית מוקדשא הדין דאתבני לי על ידוי דמלכא שלמה בר דוד וכמא יאין כהניא בעדן דפרסין ידיהון וקימין על דוכניהון ומברכין לעמא בית ישראל בשתין אתין דמסירין למשה רבהון ובההיא ברכתא מסחרא להון כשור רם ותקיף ובה מתגברין ומצלחין כל גבורי ישראל: ח כלם וכהניא וליואי וכל שבטיא דישראל כולהון אחידין בפתגמי אוריתא דמתילין לחרבא ושקלן וטרין בהון כגברין מאלפי קרבא וכל חד וחד מנהון חתימת מילה על בסרהון היכמא אתחתימת בבסריה דאברהם ומתגברין בה כגבר דחרבא חגירא על ירכיה ובגין כן לא דחלין מן מזיקיא וטלני דאזלין בליליא: ט אפריון היכל קודשא בנא ליה שלמה מלכא מן

רש״י

המוכר כל מיני בשמים. אבקת. על שם שכותשין אותו ושוחקין הדק כאבק: (ז) הנה מטתו שלשלמה. אהל מועד והארון שהיו נושאין במדבר: ששים גבורים סביב לה. ששים רבוא סביב לה: מגבורי ישראל. מיוצאי הצבא לבד פחותי׳ מבן עשרים והיתרים על בני ששים: (ח) מלמדי מלחמה. מלחמתה של תורה וכן הכהנים הסובבים אותה החונים סביבות המשכן מלומדי סדר עבודתם: איש חרבו. כלי זיינו הן מסורת וסימנים שמעמידים על ידה את הגירסא והמסרה שלא תשכח: מפחד בלילות. פן ישכחוה ויבואו עליה׳ צרות וכן הוא אומר (תהלים ב׳) נשקו בר פן יאנף ותאבדו דרך: (ט) אפריון עשה לו. זה אהל מועד שנקבע במשכן

שפתי חכמים

פירש בסוד שאספהו חפץ עלי: ס דק״ל קודם זה אמר מה שאירע במדבר איך יסמוך לזה הנה מטתו. לכ״פ דגם זה מספר מה שהיה במדבר ופירש הנה מטתו אוהל מועד וכו׳ ואוהל מועד נקרא מטה כדפירש לעיל וכאלו אמר הנה מטתו שהיא המשכן של מלך שהשלום

אבן עזרא

לאילן התמר: אבקת. מן אבק עפר רגליו: רוכל. סוחר כמו המה רוכליך: (ח) מלמדי. רגילים כמו כעגל לא למד: (ט) אפריון. אין לו דומה ופירושו לפי ענינו סכך נכבד: הפעם השנית היתה רואה בחלום וזהו ענין על משכבי בלילות שהיתה מבקשת דודה עד שמצאה אותו והביאתו אל בית אמה והיתה משבעת בנות ציון שלא יעירוה וכאשר היה בבקר רדפה הנערה אחר דודה וכאשר ראה אותה תמה אמר מי זאת עולה מן המדבר. וטעם הנה מטתו שלשלמה ששים. כי היה שלמה המלך הורג

ספורנו

באופן שאפי׳ בימי שלמה שנתתי שלום על ישראל היו צריכים לכלי זיין: (ח) מפחד בלילות. מפני הפחד שקנו בלילות מ׳ יום שהיו בכעס ובליל ט׳ באב שנפקד אז עליה׳ גם חטאת העגל כאמרו תשאו את עונותיכם: (ט) אפריון עשה לו המלך שלמה.

מצודת דוד

לה מאז וכה תאמר אל הנערות הידעתן מי היא זאת שעלתה מן המדבר ומרוב זהרה היתה נראית למרחוק כמו תימרות עשן אשר נראה למרחוק וריחה הטוב היה נודף כאלו היתה מקוטרת במור ולבונה ומכל בשמים החשובים המצויים אצל הרוכל המטעים ריח ערב ומיעוטה והאומרת הלא אני היא העולה ואין אחרת והנמשל הוא לומר הלא אני עליתי מן המדבר בעמודי אש וענן ההולכים לפני אשר היו נראים כתמרות עשן ועמי המשכן והמזבח שהקטירו עליו קטורת מרכבת מיני בושם: (ז) הנה מטתו שלשלמה. לפי מרבית אהבתה אל המשוקקיה גדול בעיניה עד בכינה אותו בשם מלך שלמה שהיה הגדול והמהולל שבכל בני אדם וכה אמרה אל הנערות הנה כ״כ הייתי נאה אהובה ויקרה בעיני החשק עד כי מפחדו פן שודדי לילה יחטפו אותי מן המטה אשר הכין לו עשה שמירה מעולה וסבב את המטה בששים גבורים מגבורי ישראל הנאמנים על השמירה לבלתי תת שינה לעיניהם. והנמשל הוא לומר הנה בבה״מ היו ששים כתות גבירים והם כ״ד משמרות כהונה וכ״ד משמרות לוים ושנים עשרה מחלוקות ישראל כן הוא במדרש וכולם היו צדיקים וזריזים וגבורים בכבישת יצרם: (ח) כלם אחזי חרב. כל הגבורים השומרים היו אוחזים החרב בידם להיות נכונים להלחם מול שודדי לילה והיו מורגלים במלחמה לדעת תכסיסים ותחבולותיה: איש חרבו על ירכו. כ״א מהם היתה חרבו מלומדת לו על ירכו להיות נכונה לאחוז ביד אם תפול החרב שאוחז בכפו ותחילות השמירה היתה מן הפחד המצוי בלילות מהשודדים והגנבים. והנמשל הוא לומר כל הכתות האלה היו מורגלים במלחמת היצה״ר ועמדו על משמרתם לעשות גדרים לה אמר מפתוי היצה״ר ואופן תחבולותיו ועולם ערמתו על כי פחדו פן יוליכו ברשת פתויו ויהי׳ מעותד לבוא הולך כחשכת הלילה: (ט) אפריון. עתה הזכה לספר בשבח ויופי האפריון שעשה נאה להתעלס עמה בו וכה אמרה הנה האפריון עשה מעצי הלבנון מן המובחר במינם.

מצודת ציון

כאבק וכן יקרא עפר הדק כמו יסכך אבקתם (יחזקאל כ״ו): רוכל. כן יקרא מוכר הבושם כמו הצורפים והרוכלים (נחמיה ג׳): (ח) מלמדי. ענין הרגל כמו וילמד לטרוף טרף (יחזקאל י״ט): על ירכו. על צדו: (ט) אפריון. הוא כמטה שנושאין בה הכלות ובדרז״ל הושיבה

קיצור אלשיך וש״מ

(ז) הנה מטתו שלשלמה. הלא יראה נא דודי את המטה שלו אשר עשה שלמה להתענג אתי יחד באהבת דודים והוא בית המקדש. ששים גבורים סביב לה. בכל יום ויום סובבים אותה ששים גבורים. היינו כ״ד משמרות כהונה. וכ״ד משמרות לויה. וי״ב מחלקות ישראל [וכן הוא במדרש על פסוק זה]. וכולם הם מגבורי ישראל. גבורים נגד יצרם ועושים רצון יוצרם ביראה ואהבה נאמנה. ומישראל הם ולא מעמים זולתם. ועוד תשוב ותראה מגבורי ישראל המשימים נפשם בכפם לבנות בית לשמך ולזכרך אשר. (ח) כולם אחוזי חרב מלומדי מלחמה. מפחד שונאיהם בנפש והוא בנין הבית השני. ככתוב (נחמיה ד) הבונים בחומה וגו׳ באחת ידו עשה במלאכה ואחת מחזקת השלח איש חרבו על ירכו ככתוב שם והבונים איש חרבו אסורים על מתניו ובונים מפחד בלילות כי גם בלילה לא נתנו שנה לעיניהם ולא פשטו בגדיהם וחרבותיהם מפחד שונאיהם וככתוב שם והיה לנו הלילה משמר והיום מלאכה ואין אני וגו׳ ואנשי המשמר פושטים בגדינו וגו׳ וכל זה אך לשמך ולזכרך דודי. ואשר לא מצאת כמוני בכל האומות זולתי. ואולם נשובה לדבר עוד מבנין הבית אשר לשלמה אשר שם אף כי לא נמצאו מפריעים במלאכת עבודת הקודש. בכל זאת האם נמצאו מהאומות מריצות נדבותיהן באהבה לכל עבודת הקודש כמוני? כי אמנם (ט) אפריון. הוא בית ה׳ בכלל עשה לו המלך שלמה מעצי הלבנון מהמובחר שבהם. מדמה

חבית

of all the powder of the peddler? 7. Behold the litter of Solomon;
sixty mighty men are around it, of the mighty men of Israel.
8. They all hold the sword, skilled in warfare; each one with his
sword on his thigh because of fear at night. 9. King Solomon made
himself a palanquin of the trees of Lebanon.

perfumed with myrrh—*the cloud of incense which would rise straight up from the inner altar.*—[*Rashi*]

the peddler—*a spice merchant who sells all types of spices.*—[*Rashi*]

powder—Heb. אַבְקַת *since they crush it and pound it as fine as dust* (אָבָק).—[*Rashi*]

7. **Behold the litter of Solomon**—*the Tent of Meeting and the Ark, which they carried in the desert.*—[*Rashi*] If we are to interpret this verse according to its simple meaning, viz. the litter of Solomon, it would have no connection to the preceding verse, which deals with Israel's wanderings in the desert. *Rashi* therefore interprets it to mean the litter of the King to Whom peace belongs, viz. God. The Tabernacle is called God's litter, or bed, as explained above (1:17).—[*Sifthei Hachamim*]

sixty mighty men are around it—*sixty myriads surround it.*—[*Rashi* from *Song Rabbah*]

of the mighty men of Israel—*of those who go out to the army, in addition to those under twenty and those over sixty.*—[*Rashi* from *Song Rabbah]*

8. **skilled in warfare**—*the war of Torah, and similarly, the priests who surround it, who camp around the Tabernacle, skilled in the order of their service.*—[*Rashi*]

each one with his sword—*his weapons. These are the Masorah and the mnemonics, by which they preserve the correct version* [of the Oral Law] *and the masorah* (the traditional spelling and reading of the Scriptures), *lest it be forgotten.*—[*Rashi*] [In the Bible, we find many identical words with spelling variations. There are lists by which one can remember the spelling and the vowelization of many words. This is the *masorah.* In the Talmud, there are mnemonics by which to remember the views of the Rabbis and the sequence of many Talmudic discussions. By memorizing these mnemonics, we remember many *halachoth* in the Talmud.

because of fear at night—*lest they forget it, and troubles will befall them, and so Scripture says* (*Ps.* 2:12): *"Arm yourselves with the grain* [of Torah] *lest He become angry and you perish in the way."*—[*Rashi*] [See Commentary Digest ad loc. for other interpretations.]

9. **King Solomon made himself a palanquin**—*This refers to the Tent of Meeting, which was established in the Tabernacle at Shiloh. He made Himself a crowning canopy for glory.*—[*Rashi*]

י עַמּוּדָיו עָשָׂה כֶסֶף רְפִידָתוֹ זָהָב מֶרְכָּבוֹ אַרְגָּמָן
תּוֹכוֹ רָצוּף אַהֲבָה מִבְּנוֹת יְרוּשָׁלָם׃ יא צְאֶינָה
וּרְאֶינָה בְּנוֹת צִיּוֹן בַּמֶּלֶךְ שְׁלֹמֹה בָּעֲטָרָה שֶׁעִטְּרָה־

תו״ו רפידתו זהב חגילה י׳: צאינה וראינה. פסוק כן זוכר פ׳ מפסקים:

תרגום

אילני זנגבילא ושאגי ושורבני דאתי מן לבנון וחפא יתיה דהב דכי: י עמודיו ובתר די שלים יתיה שוי בגויה ית ארונא דסהדותא דהוא עמודא דעלמא ותרין לוחי אבניא די אצנע תמן משה בחורב דיקירין מן כסף מזוקק ושפירין מן דהב טב ופריש וטליל מן עלוהי ית פרוכתא דתכלא וארגונא וביני כרוביא די עלוי כפורתא הות שריא שכינתא דיי דשכן שמיה בירושלם מן כל קרוי ארעא דישראל: יא צאינה כד אתא שלמה מלכא למעבד ית

רש״י

שילה עשה לו אפריון חופת כתר לכבוד: (י) רפידתו. משכבו ומשכנו על הכפרת שהוא זהב: מרכבו ארגמן. זה הפרכת שהי׳ תלוי ורוכב על כלונסות מעמוד לעמוד: תוכו רצוף. סדור ברצפת אהבה ארון וכפרת וכרובים ולוחות: מבנות ירושלם. אלו ישראל יראים ושלמים להקב״ה: (יא) בנות ציון. בנים שמצויינין לו במילה ובתפילין ובציצית: בעטרה שעטרה לו אמו. אהל מועד שהוא מעוטר בגוונין תכלת וארגמן ותולעת שני. אמר רבי נהוניא שאל רבי שמעון בר יוחאי את רבי אלעזר ברבי יוסי א״א שמעת מאביך מהו בעטרה שעטרה לו אמו אמר לו משל למלך שהיתה לו בת יחידה והיה אוהבה ביותר לא זז מחבבה עד שקראה בתי שנ׳ (תהלים מה) שמעי בת וראי לא זז מחבבה עד שקראה אחותי ע שנאמר פתחי לי אחותי רעיתי לא זז מחבבה עד שקראה אמי שנאמר (ישעיה נא) הקשיבו אלי עמי ולאומי אלי האזינו ולאמי כתיב עמד

שפתי חכמים

שלו: ע מקשים בזה וכלה אין דרך המדרגה שיחשב אחותי יותר מבתי ואיך אמר לא זז מחבבה עד שקראה אחותי משמע דחיבוב אחות יותר מבתו וזה אינו כידוע. ויש לומר דאינו מביא ראיה ממעלת החיבוב רק ממעלת השררה והשתררות ע״כ אמר משל למלך שהיה לו בת והיה אוהבה ביותר ואף באוהבה ביותר מ״מ האב יש לו מעלה יתירה והשתררות על הבת לא זז מחבבה עד שקראה אחותי ר״ל שחיבוב במקומה עומדת כחיבוב הבת והוה כ״כ החיבוב עד שקראה אחותי רצה לומר שלא רצה להיות שום מעלה רק יהיו שוה במעלה כדמיון אח ואחות לא זז מחבבה עד שקראה אמי רצה לומר שחיבה יתירה היבבה עד שהגדילה להיות היא במעלה יתירה ממנו כמעלת

אבן עזרא

לגבורים רבים שישמרו מטתו: מפחד בלילות. שמא יתטפוה לסטים בעבור יפיה ואיך עלתה זאת מן המדבר לבדה ועוד שלמה המלך כאשר לקח את השוקתו הוליך לבנות אפריון והוא היה בתוך האפריון:

הפעם השלישית עד שמלאוני השומרים. והם משה ואהרן. ומעט זמן היה שעברתי עד שהבאתיו. אל הארון: השבעתי אתכם. אע״פ שנכנסה השכינה עמכם לא תוכלו להכנס לארץ עד שיגיע הקץ והם אמרו הננו ועלינו וכתיב ויכום ויכתום: מי זאת עולה מן המדבר כנסת ישראל שעלתה מן המדבר ושמעה הולכת בכל המדינות וזה ענין מקוטרת מור. וענין הנה מטתו שלשלמה היא ה״י שהיא היום מטתו של שלמה. וענין ששים גבורים. ששים רבבות הם הבאי׳ אל הארץ כאשר פקד אותם משה ואלעזר הכהן: מפחד בלילות. היו מלומדי מלחמה והרגו כל נשמה כי היו מפחדים שיביאום לידי גלות:

הפעם הראשונה (ט) אפריון. ואחר כן עשה שלמה המלך אפריון והוא בית ה׳: (י) רפידתו. הציע שלו: מרכבו. הוא המרכב המסתיר הקורות מבפנים כי כן דרך ארמוני המלכים: רצוף. י״א

ספורנו

משיבה עדת ה׳ הלא חוזרה עטרה ליושנה בבנין בית ראשון שהי׳ מכוסה בארזים אין אבן נראה עם רב כסף וזהב לכבוד: (י) תוכו רצוף אהבה. שהיו שם בקירות כרובי׳ ותמונו׳ להורות אהבת ה׳ את עמו: (יא) צאינה וראינה בנות ציון. אתם צבאות ה׳ בנות ציון שחשבתם שחזרה עטרה ליושנה צאו וראו ההבדל אשר בין המשכן שהי׳ קודם המרגלים ובין מקדש ראשון שהיה אח״כ: בעטרה שעטרה לו אמו. עדת הנשיאים שהיו אם בישראל קנויה לאל יתעלה: ביום חתונתו. בחנוכת המשכן והתפרדתי מהם והענין שעלה משה והתפלל בעד ישראל: עד

מצודת דוד

והנמשל הוא על בנין המקדש שהיה בנין נפלא ומהודר: (י) עמודיו. הם העמודים שהיו בארבעת מקצעות האפריון ועל הכלונסות שמעל להם יתלה הוילון סביב האפריון והנמשל הוא על עמודי יכין ובועז שהיו המצופות בכסף: רפידתו. המצעות שעל ספריון היו מפותלי זהב מעשה רוקם. והנמשל הוא על מקום משכן השכינה שעל כפורת הזהב: מרכבו. זהו הוילון התלוי ורוכב על הכלונסות שמעמוד לעמוד. והנמשל הוא על פרוכת פתח ההיכל המבדלת בין הקדש לקדש הקדשים: תוכו. בתוך האפריון רוכב גחלת של אהבה הנחשב מכל הנערות ועל המשוק האמר שהם אהבתו תוקד בלב כל הנערות כולן וכמ״ש על כן עלמות אהבוך (לעיל א׳). והנמשל הוא לומר בתוך המקדש היתה השראת השכינה הנאהבה והנעימה בעיני כל האומות: (יא) צאינה וראינה. עתה מתפארת דפני הנערות וכאילו אומרת אל תחשבו שהשוק חשק בי מפאת החשק ועם כי אין אני כדאי לו כי צאינה מבתיכן ולכנה ראינה העטרה שעטרה לו אמו ביום שנתחתן עמדי ואז היה יום שמחת לבו כי הרבה לשמוח על שנפלתי בגורלו וכאומרת הנה מזה תקחו ראיה שאני הוגנת לו כי לולא זאת לא העטירה לי אמו עטרה ביום שמחת חתונתו. והנמשל הוא לומר אתם

מצודת ציון

כאפריון (סוטה י״ב) וכן קראו רז״ל למטה פוריה ואמרו ע״ש שפרין ורבין עליה (כתובות י׳): הכלבון. שם יער בא״י: (י) רפידתו. ענין הצעה כמו רפדתי היצועים (לעיל ב׳): מרכבו. מל׳ רכיבה: ארגמן. שם צבע חשוב: רצוף. ענין גחלת אש וכן ובידו רצפה (ישעיה ו). ודרך שמקרא נכנות ספנגת האהבה באש הבוער ומתלהב. וכן רשפיה רשפי אש שלהבת יה (לקמן ח׳): (יא) בעטרה. בכתר: חתונתו מל׳ חתן:

קיצור אלשיך וש״מ

הבית המקדש לאפריון הוא החופה. כמו עשיר גדול העושה חופה לבנו בכל מיני קישוט ונוי. עמודים של החופה היו של כסף והפרוכת של החופה היתה של זהב. והתכלית האמיתי של החופה. אין מגמתו של האב רק להיות תוכו ועיקרו שיהא רצוף אהבה. שיהא אהבה שלמה בין הזוג אהבה רצופה ומתמדת. כמו שיש לזוג אהבה בעת כניסתם לחופה כן תהא אהבה רצופה כל ימי חייהם. וזה היה תכלית המקדש. אף (י) שעמודיו עשה כסף רפידתו זהב מרכבו ארגמן. אבל העיקר היה שתוכו רצוף אהבה מבנות ירושלים. שתהא אהבה רצופה ומתמדת בין הקב״ה ובין כנס״י [רפידתו ענין הצעה. פארשפרייטען: מרכבו ארגמן. נמשל על הפרוכת. שהיה מארגמן ורוכב על הכלונסות שמעמוד לעמוד]. אבל הקב״ה משיב לכנס״י מה תתפאר עם המקדש שעשה שלמה: (יא) צאינה וראינה בנות ציון במלך שלמה. ר״ל לא לבד כי את רעיתי לא שמת על לבך התכלית הרצוי והענין הרצוף בזה. כי גם צאו וראו במלך שלמה בעצמו שהוא הבונה את הבית לתכלית הרעיון הנשגב הזה, והוא בעצמו קלקל וחבל את

מעשי

10. Its pillars he made of silver, its couch of gold, its curtain of purple, its interior inlaid with love, from the daughters of Jerusalem. 11. Go out, O daughters of Zion, and gaze upon King Solomon, upon the crown

10. **its couch of gold**—*His couch and His dwelling were on the Ark cover, which is gold.*—[*Rashi*]

its curtain of purple—Heb. מֶרְכָּבוֹ. *This is the dividing curtain, which hangs and "rides"* (רוֹכֵב) *on poles from pillar to pillar.*—[*Rashi*]

its interior inlaid—*arranged with a floor of love—the Ark with an Ark cover, cherubim, and Tablets.*—[*Rashi*]

from the daughters of Jerusalem—Heb. יְרוּשָׁלָם. *These are the Israelites, who fear* (יְרֵאִים) *and are wholehearted* (שְׁלֵמִים) *with the Holy One, blessed be He.*—[*Rashi*]

Mezudath David interprets these verses as referring to the Temple.

[10] **Its pillars**—The pillars of the bed, which are built at its four corners, upon which poles are laid, upon which, in turn, curtains are hung. These symbolize the pillars of the Temple, called Jachin and Boaz, which were as precious as silver.

its couch—The fabric used to cover the couch was made of gold threads. This symbolizes the place of the Shechinah, which was over the golden Ark cover.

its curtain—This symbolizes the curtain that separated the Holy from the Holy of Holies.

its interior inlaid with love—The Temple was the seat of the Shechinah, which was beloved and pleasant in the eyes of all peoples.

11. **O daughters of Zion**—Heb. צִיּוֹן. [This refers to] *the sons, who are distinguished* (מְצֻיָּנִין) *for Him with circumcision, phylacteries, and ritual fringes.*—[*Rashi*] *Song Rabbah* and *Pesikta d'Rav Kahana* read: with their haircut, circumcision, and ritual fringes.

upon the crown with which his mother crowned him—[This refers to] *the Tent of Meeting, which is crowned with hues: blue, purple, and crimson. Rabbi Nehunia said: Rabbi Simeon bar Yohai asked Rabbi Eleazar the son of Rabbi Jose, "Perhaps you heard from your father what the meaning of 'upon the crown with which his mother crowned him' is?" He replied: "This is a parable of a king who had an only daughter of whom he was very fond. He could not stop loving her until he called her "my daughter," as it is said* (*Ps. 45:11*): *"Hearken, daughter, and see." He could not stop loving her until he called her "my sister," as it is said* (below 5:2): *"Open for me, my sister, my beloved." He could not stop loving her until he called her "my mother," as it is said* (*Isa. 51:4*): *"Hearken to Me, My people, and My nation* (וּלְאוּמִּי)*, bend your ears." It is written:* וּלְאֻמִּי, [which can be read: וּלְאִמִּי, *and to my mother*]. *Rabbi Simeon bar Yohai stood up and kissed him on his head, etc.*—[*Rashi* from *Song Rabbah*] Note that our editions of Isaiah read וּלְאוּמִּי. See *Minhath Shai* ad loc.

לוֹ אִמּוֹ בְּיוֹם חֲתֻנָּתוֹ וּבְיוֹם שִׂמְחַת לִבּוֹ: ד א הִנָּךְ יָפָה רַעְיָתִי הִנָּךְ יָפָה עֵינַיִךְ יוֹנִים מִבַּעַד לְצַמָּתֵךְ

חֲנֻכַּת בֵּית מוּקְדְּשָׁא כָּרוֹזָא נְפַק בְּחֵיל וְכֵן אֲמַר פּוּקוּ וַחֲזוּ יָהֲבֵי פַּלְכַיָּא דְּאַרְעָא דְּיִשְׂרָאֵל וְעַמָּא דְצִיּוֹן בְּתָגָא וּבְכְלִילָא דְּכַלִּילוּ עַמָּא בֵּית יִשְׂרָאֵל יַת מַלְכָּא שְׁלֹמֹה בְּיוֹם חֲנֻכַּת בֵּית מוּקְדְּשָׁא וַחֲדֵי בְּחֶדְוַת חַגָּא דִמְטַלַּלְתָּא דַּעֲבַד שְׁלֹמֹה מַלְכָּא בְּעִדָּנָא הַהִיא יַת חַגָּא דִמְטַלַּלְתָּא אַרְבְּעָה עֲשַׂר יוֹמִין: ד א הָנָךְ וּבְהַהִיא יוֹמָא קָרִיב מַלְכָּא שְׁלֹמֹה אֶלֶף עֲלָוָן עַל מַדְבְּחָא וְאִתְקַבַּל בְּרַעֲוָא קוּרְבָּנֵיהּ קֳדָם יְיָ נָפְקַת בַּת קָלָא מִן שְׁמַיָּא וְכֵן אָמְרַת כַּמָּא יָאָה אַנְתְּ כְּנִשְׁתָּא דְיִשְׂרָאֵל וְכַמָּא יָאַן אִנּוּן רַבְרְבֵי כְנִשְׁתָּא וְחַכִּימַיָּא יָהֲבֵי סַנְהֶדְרִין דְּאִינּוּן

רש"י

רבי שמעון בן יוחאי ונשקו על ראשו וכו': **ביום חתונתו.** יום מתן תורה שעטרוהו להם למלך וקבלו עולו: **וביום שמחת לבו.** זה שמיני למלואים שנתחנך בו המשכן במדבר: (א) **הנך יפה רעיתי.** קילסן ורצן וערבו עליו קרבנותיהם: **עד שיפוח היום.** שהטאו לפני בימי הפני ופינחס: **עיניך יונים.** גווניך ומראיתך ודוגמתך כיונה צ הזאת הדבקה בבן זוגה וכשבוחטין אותה אינה מפרכסת אלא פושטת צוארה כך אתה נתת שכם לסבול עולי ומוראי: **מבעד לצמתך שערך כעדר העזים.** הקילוס הזה דוגמת קילוס אשה ק האהבת להתן מבפנים לקישורייך שערך נאה ומבהיק כלוהר ולבנונית כשער עזים לבנות היורדות מן ההרים ושערן מבהיק מרחוק והדוגמא שדימה כנ"י לכך זו היא מבפנים למחנותיך ומשכנותיך אף הרקים שביך חביבין עלי כיעקב ובניו שגלשו לרדת מהר הגלעד כשהשיגם לבן שם. ד"א כאותן שגלשו על מדין בעבר הירדן שהיא בארץ גלעד ולשון זה במדרש שיר השירים: **מבעד.** הוא לשון מבפנים שרוב בעד שבמקרא דבר המסיך ומגין נגד דבר אחר כמו (איוב ט) ובעד כוכבים יחתום (יונה ב) הארץ בריחיה בעדי (איוב כח) הבעד ערפל ומבעד הוא הדבר שהוא מבפנים לאותו בעד לכך הוא אומר מבעד: **צמתך.** לשון דבר המצומצם השער שלא יפריח לצאת וזו היא השבכה והקישורים ולא יתכן לפ' צמתך לשון צומת שתהא התי"ו מושרשת בתיבה שא"כ היה לה להיות דגושה כשהיא נסמכת לה"א לפעול בה פעולת נקבה או לוי"ו לפעול בו פעולת זכר כמו תי"ו של שבת כשהוא נותנה לנקבה היא מודגשת כמו הנה הדשה ושבתה וכן לזכר עולת שבת בשבתו ותי"ו של צמתך שהיא רפה על כרחינו באה

שפתי חכמים

ראה על הכן: פ כל זה דברי רש"י הוא אבל אינו מדרש הפסוק ועשה פירושיו עליו דאין כאן מקומו ולקמן בפסוק עלמי מפרשו כי שם ביתו: צ כלומר אין עיניך פה לשון עינים ממש אלא לשון מראית כמו עין יעקב כעין הבדולח ולכן פירש גם בכאן וכשבוחטין וכו' כי אתה נתת שכם לסבול וכו' ולא פירש כן לעיל דלעיל מיירי שבכבר קבלו לסבול עול תורה ולא מיירי רק בשלדיקים סדבקים בו אבל כאן מיירי בשעת מתן תורה שנתנו שכם לסבול יותר מכל האומות כיונה זו כשבוחטים אותה וכו': ק רש"י מפרש תחלה ענין הכתוב בכלל

אבן עזרא

מן רצפת בהט ושש שעניינו ענין הנעת אבנים בקרקע וי"א שהוא כמו שרוף מן וכידו רצפה שפירושו גחלת והוא הישר בעיני כאשר אפרשנו במקומו: (א) מבעד לצמתך.

ספירנו

וביום שמחת לבו. ביום חנכת מקדש ראשון כי גם שירדה אש בחנכת המקדש בכל מקום גדולה מזו היתה במשכן שלא היה שם רב כסף וזהב וחנוכתו קטנה מאד בערך אל מקדש ראשון וזה כי ענן ה' על המשכן כו' והנה לחניכתו בבא משה אל אהל מועד וישמע את הקול ובכן תבינו שאחר שנשנה העון ולא היתה שם תשובה מגעת עד כסא הכבוד כמו שתהיה לעתיד כאמרו ושבת עד ה' אלהיך אין שם מחילה גמורה משיבה עטרה ליושנה. מכל מקום: (א) הנך יפה רעיתי. בהיותך רעיתי: הנך יפה. מימי יהושע והזקנים אשר האריכו ימים אחריו: עיניך. שופט וכהן

מצודת דוד

האומות אל התשבו במה בבחר בי ה' הוא בעבור הכת האבות לבד עם כי אינני הוגנת לו מפאת עצמי כי הביטו וראו שביום מתן תורה הייתי לו נעטרה והאוצר הביב כנ"ש והייתם לי סגולה כו' ואתם תהיו לי ממלכת כהנים וגוי קדוש (שמות י"ט) ונאמר ישראל אשר בך אתפאר (ישעיה מ"ט) וכ"ז הוזר למעלה לומר הואיל וכן ה' בודאי המהר לשוב האהבה למקומה ולכן השבעתי אתכם כו':

ד (א) הנך יפה רעיתי. כאשר היה נשמע אל התשוק שהיא מתעטעטת באהבתו אליו ומפלגה בטחונה בו שלא אמריו לקלכה וכה אמר הנך יפה כו' ר"ל יפה היית מאז עודך רעיתי ויושבת עמדי ועדיין את עומדת ביופיך ולא נפרדה היופי ממך מכל וכל בעבור האלער שעזבתיך. והנמשל הוא לאחדים עם המשל ויאמר על כשרון המעשים: עיניך יונים. מראה עיניך היה מאז כמראה עיני יונים והנה נסתרות מבפנים לאמסך ובזה היו ממשיכות אהבה וחשק יותר מאלו היו גלויות מבלי מסוה והנמשל הוא על החכמים שהם עיני העדה להורותם הדרך אשר ילכו בה אשר היו נחמדים כיונים ולנועים

מצודת ציון

ד (א) הנך. הנה את: יונים. כיונים: מבעד. בפנים כי בעד ענינו דבר המפסיק כמו הארך בריחיה בעדי (יונה ב') ומבעד הוא הדבר שהוא מפנים לאותו בעד המפסיק: לצמתך. הוא המסוה המכסה את הפנים כמו גלי צמתך (ישעיה מז) והוא יריעה

קיצור אלשיך וש"מ

מעשי ידיו ותכליתו. כי ראו נא בעטרה שעטרה לו אמו. בעטרת תפארת המוסר והתוכחה שעטרה לו אמו בתוכחתה ביום חתונתו וביום שמחת לבו. ביום אשר התחתן את בת פרעה והיום ההוא היתה ג"כ שמחת לבו בבנין בית המקדש. והיתה שמחת בת פרעה גדולה יותר משמחת בית המקדש עד שישן עד ארבע שעות ביום. ואמו הוכיחתו על זה כמאמרם ז"ל בגמרא [סנהדרין ע] ובמדרשים הרבה וכדי בזיון וקצף. והקב"ה אמר לכן לשוא תצעקי חמס עלי. כי בחטאתיך אשר הרבית אשמת. ובעונותיך נלכדת. ורק אם תשובי אז כבוד ה' יזרח לך כימי קדם דורות עולמים:

ד (א) **הנך** יפה רעיתי וגו'. הרעיה כנס"י תתחיל לספר בפרטות מאהבת דודה אליה מאז ואת אשר קלסה ושבחה כאיש המקלס אהובתו בכל אבריה. ותאמר זכרי בהיותי בשלוה יושבת בירושלים מה מאד אהבתני והוקרתני עדי אצלת לי תהלה על יפעת תארי בשער בת רבים. וככה אמרת לי. הנך יפה בכלל כי רעיתי את. אהובתי וחמדת נפשי אולם הנך יפה רעיתי גם בפרט. כי עיניך יונים. והוא תואר לעיני העדה המשגיחים על עם ה' להורותם הדרך ילכו בה ולסעדם במשפט ובצדקה צנועים הם כיונים הדבוקות בבן זוגם. (מבעד לצמתך) לא כשאר הנשים שהם מגלים השבכה הוא המסוה שעל פניה כדי להראות יפיה אמנם עיניך הם מבעד לצמתך. הם תחת השבכה שלא יביטו בך זרים. (שערך) שער ראשך מבהיק ומצהיר כשער עדר העזים שנמרטו והורידו אותם הרועים מהר גלעד אחרי שבעם ממרעיתם שמה כי אז שערותיהם מבהיקים מאד מרוב משמן בשרם וקונים אותם למלאכה. ככה יוצלחו שערך למלאכות חשובות. והכונה הוא תואר להצדיקים המיוחדים המכונים בשם שער באשר הקב"ה מדקדק עמהם כחוט השערה. והם מבהיקים ומאירים בנר

מצוה

with which his mother crowned him on the day of his nuptials and on the day of the joy of his heart.

4

1. "Behold, you are fair, my beloved; behold, you are fair; your eyes are [like] doves, from within your kerchief;

on the day of his nuptials—*the day of the giving of the Torah, when they crowned Him King for themselves and accepted His yoke.*—[*Rashi* from *Song Rabbah* and *Taanith* 26b] As is obvious from the context, *Rashi* (*Taan.* ad loc. s.v. הָ) interprets this as referring to Yom Kippur, when the second Tablets were given.

and on the day of the joy of his heart—*This refers to the eighth day of the investitures, when the Tabernacle in the desert was dedicated.*—[*Rashi* from *Pesikta d'Rav Kahana* 5a and *Song Rabbah*] According to the Mishnah (*Taan.* 26b), this refers to the building of the Temple. According to the second dissertation of *Midrash Rabbah*, "the day of His nuptials" refers to the Tent of Meeting, and "the day of the joy of His heart" refers to the Temple. The *Targum* paraphrases: When King Solomon came to dedicate the Temple, a herald announced vociferously: "Come forth, dwellers of the provinces of the Land of Israel and the people of Zion, and see the crown and the diadem with which the people of the House of Israel have crowned King Solomon on the day of the dedication of the Temple and rejoice with the joy of the Festival of Succoth!" King Solomon celebrated the Festival of Succoth for fourteen days at that time, [i.e., the celebration extended over fourteen days].

Mezudath David explains:

Go out...and gaze—The maiden now boasts to her companions, and it is as though she says, "Do not think that my beloved loves me out of pure desire although I am undeserving of his love, but go out of your houses and gaze at the crown with which his mother crowned him on the day he married me. That was the day of his joy, for he was jubilant that I fell into his lot." It is as though she says, "From this you have evidence that I am fit for him, because otherwise, his mother would not have crowned him on the day of the joy of his nuptials." Allegorically, this means that Israel tells the nations: Do not think that God chose me only because of His love for the Patriarchs although I myself was not worthy to be chosen, for go out and see that on the day of the giving of the Torah, I became His crown and His precious treasure, as the Torah states (Exod. 19:5f.): "And you shall be a precious treasure to Me...And you shall be for Me a kingdom of priests, a holy nation." Also, (Isa. 49:3): "Israel, about whom I will boast." All this refers back, saying that, since this is so, the love will surely return to its place. Therefore, (above v. 5) "I adjure you, etc."

Isaiah da Trani explains this entire chapter as a story that the maiden is relating to her companions. She tells them:

[1] **On my bed at night**—Still another time, I was lying on my bed, and while lying there, I longed to see my beloved.

I sought him—because I thought that he was with me, but I did not find him.

[5] **I adjure you, O daughters of Jerusalem**—The maiden says to them, by your lives, for you are like **the gazelles or by the hinds of the field, that you neither awaken nor arouse the love**— that is between me and my beloved...

until it is desirous—until the love itself desires to be aroused, for whenever I remind myself of the love, I swoon.

[6] **Who is this coming up from the desert**—All this is part of the maiden's narrative, and she says to them: When I was searching for my beloved, I wandered through the deserts, and as soon as he spied me, he was dumfounded, and he immediately asked, "Who is this coming up from the desert and walking alone, unafraid of attackers?"

like columns of smoke—Like the smoke of the altar pyre, which ascends straight up and does not spread out to the sides.

[7-8] **Behold the litter of Solomon**—This is what my beloved said to me, "Behold the litter of Solomon..."

sixty mighty men are around it, etc. because of fear at night—because he fears that someone may come at night to disgrace his beloved in the pitch darkness of the night, for many people put themselves into danger because of the love of a woman, and you go out alone in the wilderness!

[9] **King Solomon made himself a palanquin**—in which to rejoice with his beloved, so strongly is a man bound with the love of a woman, yet you go alone and are not afraid.

[10] **its couch**—He spread gold fabric within the palanquin.

its curtain of purple—He spread a tent over them, and there was purple cloth in the curtain that served as a tent over them.

his innards were burning—Solomon's entire being was burning with the love of one of the daughters of Jerusalem. So strongly is a man bound to the love of a woman. The word רָצוּף means burning, like (Isa. 6:6): "and in his hand was a coal (רִצְפָּה) which he had taken with tongs from the altar."

[11] **Go out and see**—how much a person does for the love of a woman, but his beloved was walking alone, without fear of being assaulted by a man.

4

1. **Behold, you are fair, my beloved**—*He praised them and appeased them, and their sacrifices pleased Him.*—[*Rashi*]

until the sun spreads—*that they sinned before Me in the days of Hophni and Phinehas.*—[*Rashi*] Note that this is verse 6. It is

explained further. *Rashi* quotes it here to tell us that God's praise of Israel for their sacrifices lasted only until the days of Hophni and Phinehas, who disgraced the sacrifices (see I Sam. 2:12–18.)—[*Sifthei Hachamim*]

your eyes are [like] doves—*Your hues and your appearance and your characteristics are like those of a dove, which cleaves to its mate, and when they slaughter it, it does not struggle but stretches forth its neck; so have you offered your shoulder to bear My yoke and My fear.*—[*Rashi* from *Song Rabbah* and *Midrash Shir Hashirim 1:15*]

from within your kerchief; your hair is like a flock of goats—*This praise is a paradigm of the praise of a woman beloved by her bridegroom. Within your kerchief, your hair is beautiful and glistens with brilliance and whiteness like the hair of white goats descending from the mountains, whose hair gleams in the distance. And in the allegorical sense,* [it is said of] *the congregation of Israel that within your camps and your tents, even the empty ones among you are as dear to Me as Jacob and his sons, who streamed down to descend from Mount Gilead when Laban overtook them there. Another explanation: As those who mobilized against Midian beyond the Jordan, which is in the land of Gilead, and this language is found in Midrash Shir Hashirim.*—[*Rashi* from *Song Rabbah* and *Song Zuta*]

within—Heb. מִבַּעַד. *This is a term meaning "within," for the majority of* בְּעַד *in Scripture refers to something that covers and shields against something else, like* (*Job 9:7*): *"and He sealed up* (וּבְעַד) *the stars"* ; (*Jonah 2:7*): *"the earth—its bars are closed on me* (בַּעֲדִי)*"*; (*Job 22:13*): *"Does He judge through* (הַבְעַד) *the dark cloud?" And* מִבַּעַד *is the thing that is within that* בְּעַד. *Therefore, he says* מִבַּעַד.—[*Rashi*]

your kerchief—Heb. צַמָּתֵךְ. *An expression denoting a thing that confines the hair so that it does not show, and this refers to a kerchief and ribbons. It is impossible to interpret* צַמָּתֵךְ *as meaning a veil* (צֹמֶת), *where the "tav" is a radical, for were that so, it would have to be punctuated with a "dagesh" when immediately preceding a "hey," which makes it the feminine possessive, or a "vav," which makes it the masculine possessive, like the "tav" of* שַׁבָּת, *which, when given to a female, (i.e., in the feminine possessive form), is punctuated with a "dagesh," like* (*Hos. 2:13*): *"her festival[s], her new moon[s], and her Sabbath[s]* (שַׁבַּתָּה)*," and so for the masculine,* (*Num. 28:10*): *"the burnt offering of a Sabbath in its Sabbath* (בְּשַׁבַּתּוֹ)*," but the "tav" of* צַמָּתֵךְ, *which is not punctuated with a "dagesh," perforce comes instead of a "hey," and the name of the kerchief is* צַמָּה, *and when it is possessive, to be given to a male or female, the "hey" is converted to a "tav" without a "dagesh"; e.g.* שִׁפְחָה *becomes* שִׁפְחָתוֹ *or* שִׁפְחָתָהּ, *and so* אָמָה [becomes] אֲמָתָהּ, אֲמָתוֹ; עֶרְוָה (nakedness) [becomes] עֶרְוָתָהּ, עֶרְוָתוֹ, *and likewise, this one, viz.* צַמָּה [becomes] צַמָּתֵךְ, צַמָּתִי, צַמָּתָהּ, צַמָּתוֹ.—[*Rashi*]

שַׂעְרֵךְ כְּעֵדֶר הָעִזִּים שֶׁגָּלְשׁוּ מֵהַר גִּלְעָד׃ ב שִׁנַּיִךְ
כְּעֵדֶר הַקְּצוּבוֹת שֶׁעָלוּ מִן־הָרַחְצָה שֶׁכֻּלָּם
מַתְאִימוֹת וְשַׁכֻּלָה אֵין בָּהֶם׃ ג כְּחוּט הַשָּׁנִי

מְנַהֲרִין לְעָלְמָא לְעַמָּא בֵּית יִשְׂרָאֵל וְדַמְיָין לְנוּזְלִין בְּנֵי יוֹנָתָא וַאֲפִילוּ שְׁאָר בְּנֵי כְנִשְׁתָּךְ וְעַמָּא דְאַרְעָא אִנּוּן צַדִּיקִין כִּבְנוֹי דְיַעֲקֹב דִּי לְקַטוּ אַבְנִין וַעֲבָדוּ גַלְשׁוּשִׁיתָא בְּטוּרָא דְגִלְעָד׃ ב שִׁנַּיִךְ כַּמָּא יָאָיָן כַּהֲנַיָּא וְלֵיוָאֵי דִמְקָרְבִין יָת קוּרְבָּנָךְ וְאָכְלִין בְּסַר קוּדְשָׁא וּמַעַשְׂרָא וְאַפְרָשׁוּתָא וְדַכְיָין מִכָּל אוּנְסָא וּגְזֵלָא הֵיכְמָא דַהֲווֹ דַכְיָין עֶדְרָא עָנָא דְיַעֲקֹב בְּעִדָּן דַּהֲווֹ גְזִיזִין וְסַלְקָן מִן נַחְלָא דְיוּבְקָא דְלָא הֲוַת בְּהוֹן אֲנִיסוּתָא וּגְזֵילָא וְכוּלְהוֹן דַמְיָין דָּא לְדָא וְיַלְדָן תְּיוֹמִין בְּכָל עִידָן וְעַקְרָא וּמְתַכְּלָא לָא הֲוַת בְּהוֹן׃ ג כְּחוּט וְשִׂפְוָתֵי דְכַהֲנָא רַבָּא הֲוַן כְּעַיְן צְלוֹתָא בְּיוֹמָא

שפתי חכמים

ואחר כך פירש המלות: ר כלומר קאי על מה שפי' דקות ולבנות. ש פירושו של וסדורות כלומר סדורות על סדרן כסדר עדר וכו' ודיוקו של רש"י שזה שלבנות דייק מן שעלו מן הרחצה וסדר דייק מן כעדר הקצובות. נ"ם וסדר העדר הרחלים הברורות משאר הצאן

רש"י

במקום ה"א ויהא שם הקישור למה וכשהוא סמוך לתתו לזכר או לנקבה תהפך הה"א לתי"ו רפה כגון שפחה תהפך לומר שפחתו שפחתה. וכן אמה אמתו אמתה. ערוה ערותו ערותה. וכן זה למה למתו למתה למתי למתך. שגלשו. שנקרחו גבח מתורגם גלוש כשהבהמות יורדות מן ההר נמלא העם נקרח וממורט מהם: (ב) שניך כעדר הקצובות וגו'. אף קילוס זה בלשון נוי אשה: שניך. דקות ולבנות וסדורות על סדורן כלמר ר וסדר עדר הרחלים ש הברורות משאר הצאן בקצב ומנין נמסרות לרועה הכם והגון ליזהר בלמרן שעושין אותן לכלי מילת ומשמרין אותן מעת לידתן שלא יתלכלך הצמר ורוחצין אותם מיום אל יום: שכלם מתאימות. לשון מתום (תהלים לח) אין מתום בבשרי כלומר תמימות אינטרי"ש בלע"ז: ושכלה. שום שכול ומום אין בהם ונאמר הדוגמא הזו על שם גבורי ישראל הכורתים ואוכלים אויביהם בשיניהם שביבותם והרי הם מתרחקין מן הגזל של ישראל ומן העריות שלא יתלכלכו בעבירה ונא' קילוס זה על שנים עשר אלף איש שבאו על מדין בקצב ומנין שלא נחשד אחד מהם על העריות שנ' (במדבר לא) ולא נפקד ממנו איש ואף על הרהור הלב הביאו כפרתן ואף על הגזל לא נחשדו שהעיד עליהם הכתוב (שם)

ספורנו

גדול מורת הדור: יונים. דבקים בבוראם כיונה בבעל: מבעד לצמתך. שהיא תכשיט של שער נכרי: שערך. הטבעי והם מנהגי אבות הם כעדר העזים. כשער עדר העזים שמכניסים גם אותו למילת: שגלשו. שכל שערן הוא באחורי הראש והוא נאות ויקר: (ב) שניך. אנשי הצבא: כעדר הקצובות שנזוז שערן כן הם לא לקחו דבר מהשלל עד שחלקוהו ביניהם כלם כאמרו חלקו שלל אויביכם עם אחיכם: שכלם מתאימות. כן היו אנשי הצבא שלמי' בתור' ובמ"ט: ושכולה אין בהם. אין ביניהם מורד: (ג) כחוט השני שפתותיך. הכמי הדורות המורי' את

אבן עזרא

מכפנים כמו בעד החלון פי' שער הרב: שגלשו שנקפו ונראו או יתדלגו מן העין וי"א שנקרחו תרגום קרח הוא גליש והוא רחוק בענין: (ב) כעדר הקצובות. יחסר מקום רחלים כמו ומאכלו בריאה שענינו שה בריאה וענין הקצובות שיש להן מדה אחת כאלו נחצבת כל אחת כמו הכרתה. וכמוהו וקצב אחד וממנו ויקצב עץ: מתאימות. כמו תואמית וי"א שיש לפני כל אחת תאומים. (ג) ומדברך כמו דיבורך: כפלח הרמון. י"א כחלי והקרוב שהוא לין הרמון האדום ויש מפרשים אותו מלשון פלח דבלה שהוא לשון ביקוע כן זה ביקוע הרמון: רקתך. בין המלה והעין: למתך. הוא השער הרב וכמוהו גלי למתך

הפעם השנית רצוף אהבה. כלומר שרוף אהבה על אחת מבנות ירושלים ושם עטרה בראשו וכל זה עשה שלמה המלך אז ראה תאותו: הנך. ואת יותר יפה מחשוקתו של שלמה ויכולתי לראותך בלי שאצטרך לעשות אפריון: שערך כעדר העזים. הענין כי מנהג העזים שיתלו בהרים הגבוהים ועומדות ברגליהן ללקט עלים לכאן ולכאן כן דימה שער ראשה שזה על זה נופל: שניך וגו'. וענין מן הרחצה. הלבן: ושכלה. כמו נשברת: הפעם השלישית עמודיו רפידתו. ענינו רוב הזהב והכסף וכתוב שליפהו בזהב ובכסף: מרכבו ארגמן. כענין ארגמן או הרכיב מבחוץ. וטעם לאינה וראינה. הוא ויקהלו אל המלך שלמה. הנך יפה רעיתי עיניך יונים. שהיו עובדי השם כאשר פירשתי בפעם הראשונה. וענין עיניך. נביאים כי כן יקראו רועים וחוזים.

מצודת ציון

דקה מאד ומראיה השפים נראה כדך בה: גלשו. ענין מריטת השער כי גבה הוא (ויקרא י"ג) ת"א גליש הוא: (ב) הקצובות. ענין החוך וכריתה כמו מדה אחת וקצב אחד (מ"א ו'): מתאימות מלשון תאומים: ושכלה. ר"ל חסרון ופגם ואמר בלשון שכלה מלשון הנופל בבע"ה הנשכל מחיה ודע: (ג) כחוט השני פתיל לצבוע אדום כמו ושני

מצודת דוד

במעשיהם להסתירם מבני אדם: שערך כעדר העזים. שער ראשך הי' מאז סרוק ומבהיק כשער עדר העזים אשר נמרטו ונסרקו בענפי הקוצים בלכתם ממקום מרעיתם מהר גלעד וכאלו נסרקו במסרק. והנמשל הוא על המורים שהיו בה המגדלים פרע שער ראשם כעדר העזים כו' שהם סרוקות ושערותם ארוכות ותלויות כלפי מטה: (ב) שניך כעדר הקצובות. שניך היו דומות זו לזו בגובה ובעובי ולבנות היו במראה כמו עדר הדומות זו לזו כאלו נחתכו כאחת וכשהם עולים מן הרחצה שמבהיקים בלובן לח: שכלם מתאימות. מוסב על השנים לומר אשר כל השנים שוות היו כתאומים ולא הי' בהם שכולה ר"ל לא היה נחסר אחד מהם ולא נפגם ולא נשתנה מראהו. והנמשל הוא על הגבורים אנשי המלחמה אשר היו בה מאז שכורתים ואוכלים אויביהם שהיו כעדר השוים כתאם המנוקים מן הלכלוך אחר שעלו מן הרחצה כי כמו כן היו שוים גם המה אלו לאלו וכולם היו קדושים ומנוקי' מן הגזל ולא נמצא בהם מהם נדנוד עוסק לא כדרך גדודי העו"ג: (ג) כחוט כו'. שפתי פיך המה היו דקות ואדומות כחוט השני והוא ענין יופי. והנמשל הוא על הנביאים שהיו מתנבאים ומודיעים לעמם

קיצור אלשיך וש"ם

מצוה ואור תורה אחרי שבעם ממרעה שדה החכמה ומדעי אלהים:

(ב) שניך הם נקצבים במנין והם לבנים במראיתן כמו עדר הנקצבות במנין לרועה והם מבהיקים במראיתן לאחר שעלו מן הרחצה שדרך הרועה לרחצם וכן שניך הם לבנים מאד ושוין בגובהן כאלו הם מתאימות כתאומים ושכולה אין בהם. אין בהם חסרון. והדוגמא שניך רומז לדיבורך שכל דבור שלך במשקל וברורים ונקיים כשמלה וכולם מתאימות ואין בהם נפתל. ולא כשאר נשים שהם דברניות:

(ג) כחוט השני שפתותיך. שפתי פיך הם נאים באדמומיות כחוט השני שהיה אדום ביותר ולא נשתנה מעולם מגוון שלו כן לא נשתנה דברי פיך ולא תחטא בטומאת שפתים. ומחמת שצבע אדמומית נאה לשפתים מדמה לזה הצבע ולא לאחר: ומדברך נאוה. נאים ונחמדים מבטאיך ונאומיך הנעימים והוא תואר להנביאים המטיפים דבריהם להעם בהשכל ומדעים. ויודעים לכלכל אותם בשפה ברורה ונעימה:

כפלת

your hair is like a flock of goats that streamed down from Mount Gilead. 2. Your teeth are like a flock of uniformly shaped [ewes] that came up from the washing, all of whom are perfect, and there is no bereavement among them. 3. Your lips are like a scarlet thread,

that streamed—Heb. שֶׁגָּלְשׁוּ, that they became bald. גִּבֵּחַ (bald, Lev. 13:41) *is rendered by the Targum as* גְּלוֹשׁ. *When the animals descend from the mountain, the mountain becomes bald and bare of them.*—[*Rashi*]

Mezudath David explains: When the young man heard that the maiden enjoyed his love and how great her trust was in him, he sent forth his words to praise her, and so he said, "Behold, you are fair, my beloved, etc." i.e., you were fair when you were my beloved, and you stayed with me, and you are still fair, for your beauty has not left you at all because of the pain you suffered when I left you. The allegory parallels the text, with the beauty representing the propriety of Israel's deeds.

your eyes are doves—In those days, your eyes appeared like those of doves, and behold, they were hidden behind your veil; they thereby aroused love and desire to a greater extent than if they had been exposed. The allegory is that the sages, who are the eyes of the congregation, as they direct them in the way they are to go, were as fair as doves and as modest in their ways by hiding their good deeds from the people.

your hair is like a flock of goats—The hair of your head was combed out and gleamed like the hair of a flock of goats, which was pulled out and combed by the branches and the thorns when they descended from their pasture on Mount Gilead, and it is as though they were combed with a comb. Allegorically, this symbolizes the Nazirites who would let their hair grow long like that of a flock of goats for they were combed, and their hair was long and hanging down. The *Targum* paraphrases: And on that day, King Solomon sacrificed one thousand burnt offerings upon the altar, and his sacrifices were willingly accepted before the Lord. A heavenly voice emanated from heaven and said: How fair you are, O congregation of Israel, and how fair are the dignitaries of the congregation and the wise men who sit in the Sanhedrin! They illuminate the world for the congregation of the House of Israel, and they resemble young doves, and even the rest of the members of your congregation and the people of the land are as righteous as the sons of Jacob, who gathered stones and made a mound on Mount Gilead.

2. **Your teeth are like a flock of uniformly shaped [ewes]**—*This praise too is in terms of a woman's beauty.*—[*Rashi*]

Your teeth—*are thin and white and arranged like wool and the order of a flock of ewes, selected from the rest of the flocks by count and number, delivered to a clever and*

worthy shepherd to be careful with their wool, for they make them into fine woolen garments, and they watch them from the time of their birth, that the wool should not become soiled, and they wash them from day to day.—[*Rashi*]

all of whom are perfect—Heb. מַתְאִימוֹת, *an expression of perfection,* (*Ps. 38:4*): *"There is no soundness* (מְתֹם)*"; i.e., perfect, enterins in Old French, whole, perfect, sound.*—[*Rashi*] *Mezudoth* and *Ibn Ezra* derive מַתְאִימוֹת from תְאֹמִים, twins, explaining the words as referring to teeth, meaning that all the teeth are even, with none missing or discolored.

bereavement—*There is neither bereavement nor blemish among them. This example is given as symbolic of the mighty men of Israel, who cut down and devour their enemies surrounding them with their teeth, and yet they distance themselves from stealing from Israelites and from immoral acts, so that they should not become sullied with sin. Now this praise was given concerning the twelve thousand men who mobilized against Midian with count and number, of whom not one was suspected of committing immoral acts, as it is written* (*Num. 31:49*): *"and not a single man among us is missing." And they even brought atonements for erotic thoughts, and they were not suspected of theft, for Scripture attests for them,* (*ibid. verses 11f.*): *"And they took all the booty and they brought it to Moses and to Eleazar the priest, etc.," and not one of them concealed even one cow or one donkey.*—[*Rashi* from *Song Rabbah*]

The *Targum* paraphrases: How fair are the priests and the Levites who offer up the sacrifices and eat the hallowed flesh, the tithes, and the heave offerings, and they are as pure of any theft or robbery as the flocks of Jacob's sheep were clean when they were shorn and came up from the Jabbok Brook, and nothing was obtained through robbery or force. They were all alike, they bore twins every time, and there were no barren ones or ones who miscarried among them.

3. **Your lips are like a scarlet thread**—*beautiful to promise and to keep their promise, as the Spies did to Rahab the harlot, i.e., they said to her,* (*Josh. 2:18*): *"you shall bind this line of scarlet thread, etc.," and they kept their promise.*—[*Rashi*] *Mezudath David* explains: Your lips were as thin and red as a scarlet thread, which is a feature of beauty in a woman. This symbolizes the prophets who foresaw events in the distant future, and whose prophecies were realized, like red color, which is visible from afar and can be removed only with great difficulty.

Song Rabbah interprets

Your lips are like a scarlet thread as referring to the Sanhedrin, which promulgates oral decisions, even to the extent of pronouncing the death sentence, symbolized by the scarlet thread. As the decree of the king is the decree of the Sanhedrin, to sentence defendants to stoning, burning, the sword, and strangulation.

Rabbi Hunia says that it refers to the blood of the sacrifices, as we learned that a red line encircled the altar to differentiate between the blood that was to be sprinkled on the upper part of the altar and the blood that was to be sprinkled on the lower part of the altar. Rabbi Azariah said in the name of Rabbi Judan: Just as the red line differentiates between the blood that is to be sprinkled above and the blood that is to be sprinkled below, so does the Sanhedrin differentiate between ritual uncleanness and ritual cleanness, between prohibition and permissibility, between innocence and guilt.

Another explanation is that the scarlet thread represents the scarlet thread tied to the head of the scapegoat on Yom Kippur. This would miraculously turn white, indicating that the sins of the people were forgiven. When Israel complained to God that we have neither scarlet thread nor scapegoat, He replied that the movement of the lips in prayer is in lieu of the scarlet thread and is accepted in its place.

Song Zuta explains that the scarlet thread symbolizes the dividing curtain which separated between the Holy and the Holy of Holies. One of the materials used in its manufacture was scarlet wool. *Midrash Lekach Tov* elaborates that the sages of Israel are compared to the scarlet threads of the dividing curtain, to indicate that, just as the curtain divides between the Holy and the Holy of Holies, so do the sages of Israel distinguish between laws of minor importance and laws of major importance and between those things that are prohibited and those that are permitted.

שפתותיך ומדברך נאוה כפלח הרמון רקתך מבעד לצמתך: ד כמגדל דויד צוארך בנוי לתלפיות אלף המגן תלוי עליו כל שלטי הגבורים: ה שני

חו״א כפלח הרמון רקתך. ברכות נז עירובין יט חגיגה כז סנהדרין לז: כמגדל דוד צוארך. ברכות ל׳ שוכר ע׳ ו גש׳:

דכפורי קדם יי ומלוי הוו מהפכין חוביהון דישראל דדמין לחוט זהוריתא ומחורן יתהון כעמר נקי ומלכא די הוא רישהון מלי פקודיא כרימונא בר מן אמרכליא וארכוניא דאינון קריבין למלכא די אנון צדיקיא ולית בהון מדעם ביש: ד כמגדל וריש מתיבתא די הוא רב די ליה חסין בזכותא ורב בעובדין טבין כדוד מלכא דישראל ועל מימר פומיה הוה מתבני עלמא ובאולפן דאוריתא דהוה עסק רחיצין עמא בית ישראל ומנצחין בקרבא כאילו אחדין בידיהון כל מיני זיין דגברין: ה שני תרין פריקיך דעתידין למפרקיך משיח בר דוד ומשיח בר אפרים דמין למשה

רש״י

ויקחו את כל השלל ויביאו אל משה ואל אלעזר הכהן וגו׳ ולא הבריה אחד מהן פרה אחת או חמור אחד: (ג) כחוט השני שפתותיך נאות להבטיח ולשמור הבטחתם כמו שעשו המרגלים לרחב הזונה שאמרו לה (יהושע ב) את תקות חוט השני וגו׳ ושמרו הבטחתם: ומדברך. דבורך והרי ת הוא מגזרת (יחזקאל לג) הנדברים בך אצל הקירות (מלאכי ג) אז נדברו יראי ה׳ פרלרי״ן בלע״ז: רקתך. היא גובה הפנים שקורין פומילי״ש בלע״ז אצל העינים ובלשון גמרא קורין אותו רומני דאפי ודומין לפלח חצי רמון מבחוץ שהוא אדום וסגלגל הרי קילוס בנוי אשה והדוגמא פירשו רבותינו ריקנים שבך מלאים מצות כרמון: מבעד לצמתך מבפנים לקישוריך. (ד) כמגדל דוד צוארך. קומה זקופה נוי באשה והדוגמא כמגדל דוד הוא מצודת ציון שהוא מקום חוזק ועופל ומבצר כך הוא צוארך זו לשכת הגזית שהיתה חזקן ומבצרן של ישראל ואותו המגדל בנוי להתלפיות בנוי לנוי להיות הכל מסתכלין בו ללמוד צורותיו ונוי מלאכת תבניתו והוא מגזרת (איוב לה) מלפנו מבהמות ארץ והתי״ו בתלפיות כמו תי״ו שבתרמית ובתבנית: אלף המגן תלוי עליו. כך מנהג השרים לתלות מגיניהם ושלטיהם בכותלי המגדלים: שלטי אשפות שנותנין בהם הזים כמו (ירמיה נא) הברו החצים מלאו השלטים ודומה לו לשכת הגזית שמשם הוראה יוצאה שהתורה מגן לישראל ויש לומר אלף המגן כמו מגן האלף על שם (ד״ה א טז) דבר צוה לאלף דור: כל שלטי הגבורים. מלינו שהתלמידים נקראים על שם חצים ושלטים כענין שנ׳ (תהלים קכז) כחצי׳ ביד גבור כן בני הנעורים אשרי הגבר אשר מלא את אשפתו מהם: (ה) שני שדיך. המניקות אותך זה משה ואהרן: כשני עפרים תאומי צביה. דרך צביה להיות יולדת

שפתי חכמים

בקלב לסורות דליטנא דהקגוזות קדייק: ת מדנקים במיר״ק תחת סמ״ס וקמ״ן תחת הכי״ת ע״כ כתב מגזרת הנדברים כו׳ שהם נ״כ

אבן עזרא

וענין שערך. הם הנזירים. שניך. הם הגבורים: שפתותיך. המשוררים: רקתך. הם הכהנים: הפעם הראשונה (ד) לתלפיות י״א לתלות פיות שהם הרבות וי״א כי התי״ו נוסף ויחסר אל״ף שופט וכהן גדול היו כשני עפרים הנלחמים ולא השוו לדעת

ספורנו

החלק העיוני: ומדברך. המורי׳ את החלק המעשים באופן כי כפלח הרמון רקתך הסמוכה לפה והם התלמידים מלאי דעה את ה׳ כפלח הרמון היפה במראה וטוב בטעמו גם שאינו רמון שלם: (ד) כמגדל דוד צוארך ואז היה צוארך שר צבאך שהחת הראש כמגדל דוד המרא׳ כל שלטי גבורי המנוצחים: (ה) שני שדיך. אמנם אחרי כן הנה המורים ומלמדים שהם אחת כענין שספרו ז״ל על פנחס ויפתח: הרועים בשושנים. בין

מצודת דוד

רחוקית ודבריהם היו מקויימים כלבע אדום הנראה למרחוק ולא תוסר כ״א בקושי: ומדברך נאוה. דברי פיך שמה היו נאים ונחמדים במישב המלילה וכחן המכסה וכמשל היא על הלוים שהיו עומדים על הדוכן לדבר בשיר והכהן היה מולך בשפתותם: כפלח כו׳. גובה פניך מזה ומזה היה סגלגל ואדום ומעורב בלובן כמראה החתיכה הנבקעת מן הרמון והמה היו נסתרים מבפנים למסוה ובזה היו משילים אסכה וחשק יותר מאלו היו גלוים מבלי מסוה. והנמשל היא על הסנהדרין שופטי העדה שהם פני הדור והיו ממולאים בכל חכמה ומדע כרמון שמלאים הם גרגרים והמה היו מסתירים החכמה בלבותם ולא התפארו בפני אנשים: (ד) כמגדל כו׳. צואר שלך היה זקוף ומיושר כמו המגדל של דוד הוא מצודת ציון הנבנה להתלמד להולכי אורח כי לפי רוב הגובה היא נראה למרחוק והיה סימן לשם לדעת אנה יפנו. אלף המגן. אשר על המגדל שהוא היה תלוי אלף המגן כי כן היה הדרך לתלות המגינים על כתלי המגדל להיות להדר ולפאר וכמ״ש מגן וכובע תלו בך המה נתנו הדרך (יחזקאל כ״ז): כל שלטי הגבורים. בזה יפרש אמריו מה שאמר אלף המגן אחז מספר מה בה והכונה שהוא נומר כל שלטי הגבורים אנשי המלחמה ולא אלף לבד וכאלו ישבה בזה את החשוקה לומר שצוארה זקוף ומיושר כמגדל והרבה מיני עדי ותלי כתם היו תלוים על צוארה לתפארת וליופתה. והנמשל הוא על בה״מ שהיה מאז חוזק ומבצרן של ישראל כצוארה הזה שהוא חוזק האדם והיה עומד על הר גבוה ותלול ומשם יצא הוראה לכל ישראל והיה בנוי בהמובחר שבבניני׳ ומלאה זהב כפתוחי מקלעות כרובי׳ ותמרות ופטירי ציצים כמו שכתוב במ״א (ה) שני שדיך. דדיך היו שוים זה עם זה כשני ילדי צבי שנולדו תאומים

מצודת ציון

תולעת (במדבר י״ט) ומדברך. דבורך: נאוה, נאה ויפה. כפלח. ענין בקיע כמו כפלח תחתית (איוב מ״א): רקתך. הוא גובה הפנים שאצל העין מזה ומזה ויקרא כן על מיעוט ודקות הבשר אשר בהם וכן והתקע את היתד ברקתו (שופטים ד): (ד) לתלפיות. ענין הוראה ולמוד כמו מלפנו מבהמות ארץ (איוב ל״ה) והתי״ו שבת פיות הוא כמו תי״ו שבתרמית ובתבנית: שלטי הוא המגן וכן את שלטי הזהב (דה״א י״ח): (ה) שדיך הם דדי האשה: עפרים. כן יקראו

קיצור אלשיך וש״מ

כפלח הרמון רקתך. רקות פניך אם כי מעט הבשר בהן בכל זאת מראיהן כמראה החתיכה הנבקעה מן הרמון אשר אף כי קטנה היא בכ״ז יפה היא ומלאה גרגרים כמו כן המון העם הפשוט אף כי קטן הוא ודל במדעי אלהים בכ״ז מלא הוא במצות ומעש״ט כמאמרם ז״ל הרקנין שבך מלאים מצות כרמון: מבעד לצמתך יראתם טמונה בתוך לבם כמו תחת שבכה ומסוה: (ד) כמגדל דוד צוארך. הנה כל חיות האדם תלוי בהקנה אשר בצואר שבו תלוי הלב והריאה הכבד והטרה. והמגדל דוד בנוי לתלפיות היה בנין גדול גבוה מאד נראה למרחוק. אלף המגן תלוי עליו כל שלטי הגבורים. ועליו היו תלוים אלף מגינים [פאנצערין] השלטים והמגנים הקשתות והרמחים החניתות והחרבות וכל כלי המלחמה ואוצר כל מאכל ומלבוש אשר לצבא המלחמה שהם עיקר קיום המלוכה והמדינה בכללה. כן הוא האומה הישראלית בכללה אשר בה תלוי כל חיות העולם כמאמר חז״ל תנאי התנה הקב״ה עם מעשי בראשית אם יקבלו התורה מוטב ואם לאו אחזיר העולם לתוהו ובוהו:

(ה) שני שדיך כשני עפרים. כשני אילים קטנים (תאומי צביה) הנולדים תאומים מן הצביה. ונאים לראותם כשהולכים ביחד. שני השדים הם הסגולה

and your speech is comely; your temple is like a split pomegranate from within your kerchief. 4. Your neck is like the Tower of David, built as a model; a thousand shields hanging on it, all the quivers of the mighty men. 5. Your two

and your speech—Heb. וּמִדְבָּרֵךְ, *your speech, and this is of the structure of* (*Ezek. 33:30*): *"who talk* (הַנִּדְבָּרִים) *about you beside the walls"*; (*Mal. 3:16*): *"Then the God-fearing men spoke* (נִדְבְּרוּ)," *parlediz in Old French, words, speech, talk.*—[*Rashi*] *Mezudath David* explains: The words of your mouth are beautiful with the most fitting and poetic language and the clearest enunciation. Allegorically, this refers to the Levites, who stood on the platform and sang the Psalms with their beautiful voices.

your temple—Heb. רַקָּתֵךְ. *This is the highest part of the face, called pomels or pomials, cheek-bones,* [some editions read: *tenples* or *tanples,* temples] *next to the eyes. And in the language of the Talmud, it is called "the pomegranate of the face," and it resembles the split half of a pomegranate from the outside, which is red and round. This is a praise in terms of a woman's beauty, and our Sages explained the allegory to mean: even your worthless ones* (רֵיקָנִים, lit. empty ones) *are full of mitzvoth as a pomegranate.*—[*Rashi*]

from within your kerchief—Heb. מִבַּעַד לְצַמָּתֵךְ, *from within your kerchief.* [See above, verse 1.]—[*Rashi*] *Mezudath David* explains that the temple hidden behind the veil or the kerchief aroused love and desire more intensely than if it had been exposed. Allegorically, this refers to the Sanhedrin, the judges of the community, who were the "face" of the generation, and they were as full of wisdom as a pomegranate is full of seeds, and they would conceal their wisdom in their hearts and not boast about it.

The *Targum* paraphrases: And the lips of the high priest offered up a prayer on Yom Kippur before the Lord, and his words would transform the sins of Israel, which resembled a scarlet thread, and whiten them like clean wool. And the king, who was their head, was as full of mitzvoth as a pomegranate, while the officers and the elders who were close to the king, were righteous and had no evil traits. *Ibn Ezra* explains the image of hair resembling a flock of goats, as follows: It is customary for goats to climb lofty mountains to graze. Allegorically, he explains that the eyes symbolize the prophets, the hair symbolizes the Nazirites, the teeth the mighty men, the lips the choristers, and the temple the priests.

Sforno explains the allegorical meaning of this verse as follows:

Your lips are like a scarlet thread —This refers to the sages of the generations who teach the theoretical portion of the Torah.

and your speech—This refers to those who teach the practical portion. They [are comely] insofar as...

your temple is like a split pomegranate—The temple is the part of the face near the eyes. This represents the disciples, who are as full of the knowledge of God as a split pomegranate is full of seeds. Even though it is not a whole pomegranate, it is comely in its appearance and delicious in its taste.

from within your covering—which is a wig. This is only when they do not mingle with the gentiles.

4. **Your neck is like the Tower of David**—*An erect stature is beauty in a woman, and the allegorical meaning is that* [just as] *the Tower of David, which is the Citadel of Zion, is a place of strength, a tower, and a fortress, so is your neck. This is the Chamber of Hewn Stone, which was Israel's strength and fortification, and that tower was built as a model, and was built for beauty, so that everyone should look at it to learn its shapes and the beauty of its architecture, and the word* (לְתַלְפִּיּוֹת) *is of the grammatical structure of* (*Job 35:11*): *"He teaches us* (מַלְּפֵנוּ) *more than the beasts of the earth," and the "tav" in* תַּלְפִּיּוֹת *is like the "tav" in* תַּרְמִית (guile) *and* תַּבְנִית (form).—[*Rashi*]

a thousand shields hanging on it—*It was the custom of the princes to hang their shields and their quivers on the walls of the towers.*—[*Rashi*]

quivers—Heb. שִׁלְטֵי, *the quivers in which they place arrows, like* (*Jer. 51:11*): *"Polish the arrows, fill the quivers* (הַשְּׁלָטִים)*," and similar to this is the Chamber of Hewn Stone, whence instruction goes forth, for the Torah is a shield to Israel,* (rendering אֶלֶף הַמָּגֵן as: the teaching that is a shield.) *It is also possible to render* אֶלֶף הַמָּגֵן *as* מָגֵן הָאֶלֶף, *the shield of the thousand, alluding to* (*I Chron. 16:15*): *"the word He had commanded to the thousandth* [לְאֶלֶף] *generation."*—[*Rashi*]

all the quivers of the mighty men—*We find that disciples are symbolized by arrows and quivers, as is stated* (*Ps. 127:4f.*): *"As arrows in the hand of a mighty man, so are the sons of one's youth. Happy is the man who has filled his quiver with them."*—[*Rashi* based on *Kid.* 30b] *Mezudoth* interprets שִׁלְטֵי as shields. Not only were a thousand shields hanging on the tower, but all the shields of the warriors and the mighty men. It is as though he is praising his beloved and saying that her neck is erect and straight, with many adornments hanging on it to beautify it. Allegorically, this symbolizes the Temple, which was the strength and fortification of Israel, built on a high hill, from which instruction would go forth to all Israel. It was the most beautiful of edifices, adorned with various pictures and designs. *Midrash Shir Hashirim* also sees the Tower of David as representing the Temple. Now why is it compared to the neck? Because as long as the Temple stood, Israel's neck was erect among the nations of the world, but when the Temple was destroyed, it was as though their neck was bent over, as Scripture states (Lev. 26:19): "And I

shall break the pride of your strength." This is the Temple.

The *Targum* paraphrases: And the head of the academy, who was your master, was as powerful in merit and as great in good deeds as David, King of Israel, and by the word of his mouth the world was built up, and on the study of the Torah in which he was engaged, the people of the House of Israel relied, and they would be victorious in battle, as if they were holding all kinds of weapons in their hands.

Sforno explains the allegorical meaning of this verse, as follows:

Your neck is like the Tower of David—Then your neck, symbolizing the general of the army, who is below the head, is like the Tower of David, which displays all the quivers of the mighty men of the vanquished nations.

The *Gra* explains:

Your neck is like the Tower of David—When they construct a fortification for a city, they build towers on the four corners of the city, which are its main source of strength, for all the shields and the quivers are found there, as we find that if the city is captured, they run into the tower, as it is said (Jud. 8:9): "I will break down this tower"; (ibid. 17): "And he broke down the tower of Penuel." Here Scripture states that the tower that David constructed for Zion, which is very strong, is like your neck. The meaning is that the principal strength of Israel is its Torah scholars. They are compared to the towers because there were four Sanhedrins: 1) the Great Sanhedrin [composed of seventy-one judges, which convened in the Chamber of Hewn Stone in the Temple court]; 2) the Minor Sanhedrin, [composed of twenty-three judges, which convened in the Enclosure on the Temple Mount]; 3) the Minor Sanhedrin in every city; 4) and the Minor Sanhedrin in the Temple Court. These are the shields which are תַלְפִּיּוֹת, a mound that everyone faces to see.

the shields of the teachers—Every generation had great scholars who were the shield of the nation, and so it should be.—[*Gra*]

שָׁדַיִךְ כִּשְׁנֵי עֳפָרִים תְּאוֹמֵי צְבִיָּה הָרוֹעִים בַּשּׁוֹשַׁנִּים:
ו עַד שֶׁיָּפוּחַ הַיּוֹם וְנָסוּ הַצְּלָלִים אֵלֶךְ לִי אֶל־הַר
הַמּוֹר וְאֶל־גִּבְעַת הַלְּבוֹנָה: ז כֻּלָּךְ יָפָה רַעְיָתִי וּמוּם

תו"א ו) יפה רעיתי ומום אין בך ורמות קה קדושין חו חורדרין לו :

תרגום

ואהרן בני יוכבד דאמתילו לתרין אורזילין תיומי טביא והוו רען לעמא בית ישראל בזכותהון ארבעין שנין במדברא במנא ובעופין פטימין ומי בארא דמרים : ו עד וכל זמן דהוו בית ישראל אחדין בידיהון אומנות אבהתהון צדיקיא הוו ערקין מזיקי וטלני וצפריי וטיהרי מביניהון על דהוה שכינת יקרא דיי שריא בבית מוקדשא דהוה מתבני בטור מוריה וכל מזיקיא ומחבליא הוו ערקין מריח קטורת בוסמין : ז כלך ובזמן דעמך בית ישראל

שפתי חכמים

בזה הניקוד: א מה שלא פירש זה לעיל גבי עד שיפוח היום משום דלעיל מיירי בגודל הטא ישראל אשר ע"כ פירש שם שגרם העון ונזדפתי השמש כחום היום וגבר שערב כו' א"כ היום כפשוטו להורות על תגבורת השמש כמו כחום היום גבי אברהם לכן דייק רש"י וכתב ונזדפתי השמש כחום היום אבל הכא לא היה כל כך גדול החטא בישראל רק בהפני ופנחס והראיה שלא סילק שכינתו מהם לגמרי כמו התם רק הלך לו למקום אחר אם כן קשה מהו היום שמורה על תגבורת השמש והגבורת החטא. ל"פ לא שמלת היום בה"א הידיעה פה היא כחום היום דגבי אברהם אלא היום הוא השמש ומביא ראי' מהפסוקים שבכל מקום נקראת השמש היום אבל לעיל א"ל לסוליא מלת היום מפשיטו כך נראה לפי נוסח הספרים. אבל מצאתי בספרים מדויקים שלא כתיב בהן נוסח זה אלא כך היא הנוסחה שם עד שיפוח היום עד שתתפשט החמה ונסו הצללים הוא עת ערב וחום היום אני אלילך ואת ערבה עלי ומשיפוח היום הלך לי כלומר משתחטא אז לפני כו' וגירסא

רש"י

תאומים כך שניהם שוים שקולים זה כזה דבר אחר שני שדיך על שם הלוחות תאומי צביה שהם מכוונות במדה אחת וחמשה דברות על זו וחמשה על זו מכוונין דבור כנגד דבור אנכי כנגד לא תרצח שהרוצח ממעט את הדמות של הקב"ה לא יהיה לך כנגד לא תנאף שהזונה אחר עבודת כוכבים דרך אשה המנאפת תחת אישה תקח את זרים. לא תשא כנגד לא תגנוב שהגונב סופו לישבע לשקר. זכור כנגד לא תענה שהמחלל את השבת מעיד שקר בבוראו לומר שלא שבת בשבת בראשית. כבד כנגד לא תחמוד שהחומד סופו להוליד בן שמקלה אותו ומכבד למי שאינו אביו הרועים. את לאכס בשושנים ומדריכים אותם בדרך נוהה וישרה : (ו) עד שיפוח היום. עד שתתפשט החמה: ונסו הצללים. הוא עת ערב וחום היום אני אלילך ואת עריבה עלי: היום. הוא השמש א וכן (בראשית ג) לרוח היום וכן (מלאכי ג) כי הנה היום בא בוער כתנור ומשיפוח היום אלך לי בהר המוריה בבית עולמים בב"ר. כלומר משחטאו אז לפני להלל את קדשי ולכאן מנחתי בימי הפני ופנחס אסתלק מעליכם ואטוש משכן הזה ואבחר לי בהר

ספורנו

החוחים בבלחמות* אנשי כנען: (ו) עד שיפוח היום. וכל זה נמשך עד שבא אור הצהרי' בימי דוד שהדריך את ישראל בציון ובמעשה כאמרו ונסבה את ארון אלהים אלינו כי לא דרשנוהו בימי שאול: ונסו הצללים. שהעביר השקוצים מן הארץ אשר מנעו אור החיים. ובכן אלך לי אל הר המור בגרן ארונה. ואל גבעת הלבונה. אל הר הבית בימי שלמה. והנה אז היית: (ז) כלך יפה רעיתי. כאמרו אשר בנינו כנטיעים בנותינו כזויות: ומום אין בך. כאמרו אין פרץ ואין יוצאת. ומכל זה התבאר שה' עמך בהיותך עמו בלעדי משכן וכליו כאמרם ז"ל כל העוסק בתור'

אבן עזרא

והוא מן מלפנו מבהמות ארץ ומדקדקים אמרו אין לו דומה: שלטי. מיני הנשק וכן והשלטים עגינו כמו מגינים :

מצודת ציון

ילדי הצביה והאילה : (ו) שיפוח. מל' הפחה ונשיבה: היום. השמש: ונסו מלשון ניסה ובריחה: הצללים. מל' צל: המור הלבונה שמות

מצודת דוד

שהם בשווי גמור וכאשר רועים בין השושנים שאז המה נחמדים ביותר אל העין הרואה וכן נחמדו היו שדיך. והנמשל הוא על המלך וכה"ג שהיו מניקים אותם מאז ומשפיעים לה טובה המלך במלחמותו וכה"ג בעבודתו והיו שוים בגדולה ומסכימים ונשמעים זה לזה כרעים אהובים והיו מקובלים על האומה כשני עפרים כו': (ו) עד שיפוח היום. כלומר לכן בעבור הכשרון והיופי הנמצא בך מאז ביותר שאת הוחילי על הטוב' כי יש תקו' ועד העת שיהי' השמש נפיח מן השרן לרדת לשקוע ועד ינוסו הצללים הוא עת ערב שאז ינוסו צללי הדברים להיות מתארכי' ונמשכי' למרחוק ועד לא הבא העת ההיא אלך אל הר שנגדל שם בושם המור ואל גבעה שגדילה שם לבונה ושמה אלין הלילה והנמשל הוא לו' בעבור כשרון המעשה והשכל הנמצא בך אז אמהר להשרות שכינתי בבה"מ מקום שמקטירין בהם סממני הקטרת ובהם מור ולבונה: (ז) כולך יפה רעיתי. מגודל רעיתי כל חלקי גופך יפה ולא נמצא בך שום מום. והנמשל הוא לומר אתם כ"י מאז כולכם כשרים ולא נמצא בכם שמץ פסול:

לקוטי אנשי שם

(ז) כולך יפה רעיתי וגו' סדמיון למי שיש לו אשה מחוכמת ומושלמת וכל דבר חכמה לא נאלל ממנה רק מום אחת היה בה שהיתה ילאנית ובעבור זה נשבית פעמים ושלש ופדה בעלה אותה מידם. וכאשר נשבית פעם רביעית איחר בעלה מלפדותה והיא שלחה לבעלה מחמת אחרו פעמי מרכבותיו לפדותה ולהביאה אליו לביתו וכי מום מלאת בי והשיב לה בעלה ידעתי כי כולך יפה רעיתי אמנם בתנאי אם מום זה אין בך. ידעתי זדונך ורוע לבבך כי אין מגמתך לשבת עמדי בארמוני וכל מגמתך להיות בבוי ולפדות אותך ממסגר אסיר ואיך מסתכלת כי בשתי עינים רק בעי אחת להלילך מהמעתיקים אותך. בדוגמא זו השיב הקב"ה לכנ"י על מה שמבקשת ממנו להביאה אל בית ארמונו ואמר אמת כולך יפה רעיתי בכל הקילוסים שקלסתיך עד הנה. רק באופן אם מום זה לא היה בך. וגלה ברמז את מומה ואמר אתי מלבנון כלה. אם היתה כונתך באמת אלי להיות אתי בלבנון „בה"י ובבהמ"ק" שנקראים לבנון. אז היית בטוח כי תבואי מעלמך בלי שום מונע מהשונאים. לבוא אלי להיות אתי בלבנון אך המניעה הוא מאתך שאינך

קיצור אלשיך וש"מ

הסגולה הנבחרת שבאומה הישראלית. והם השתי כתות שבכנסיה. בעלי תורה ובעלי עבודה. והם דומים לשני דדי אשה שמניקים את הילד. כן הם מספיקים השפע לכלל הבריאה. ולכן דרשו חז"ל שני שדיך אלו משה ואהרן שמשה רע"ה היה עמוד התורה. ואהרן הוא עמוד העבודה. ושניהם יפים ונעימים כעפרים הללו. ושניהם שקולים ושוים במעלה כתאומים הנולדים כאחד והם הרועים והמנהיגים את בנין כלל ישראל שנמשלו לשושנים:

(ו) עד שיפוח היום ונסו הצללים. הקב"ה אומר אל הכנסיה אע"פ שאתה כ"כ נאה ויפה עכ"ז לא אוכל להאיר ולהופיע עליך מזיו שכינתי עד שיפוח היום העולם הגשמי הזה. וינוסו הצללים המכהים אירך. ובין כה וכה אלך לי אל הר המור ואל גבעת הלבונה. אלך אל ההרים והגבעות אשר שם גדלים כל ראשי בשמים. מור ולבונה. ר"ל אלכה נא אל הצדיקים לבד להשרות עליהם זיו שכינתי. ומהם התפשט השפעתי על כלל המון כנסת ישראל המתחזקים באמונתם. ומה שתקוה על הגאולה התמידית היא בתנאי בעת אשר תהיה.

(ז) כולך יפה רעיתי ומום אין בך. ואז עיניך תראינה בישועת ה' ואזניך תשמענה דבר מפי דודך לאמר

breasts are like two fawns, the twins of a gazelle, who graze among
the roses. 6. Until the sun spreads and the shadows flee, I will go to
the mountain of myrrh and to the hill of frankincense. 7. You
are all fair, my beloved, and there is no blemish

5. **Your two breasts**—*which nourish you. This refers to Moses and Aaron.*—[*Rashi* from *Song Rabbah, Midrash Zuta, Midrash Shir Hashirim*]

Also, insofar as the breasts represent a woman's pride and beauty, so were Moses and Aaron the pride and beauty of Israel.—[*Song Rabbah*]

are like two fawns, the twins of a gazelle—*It is customary for a gazelle to bear twins so that they are both identical, this one to that one. Another explanation:*

Your two breasts—*symbolize the Tablets.*

the twins of a gazelle—*exactly corresponding in one measure; the five commandments on this one* (side of the Tablets, correspond to) *the five commandments on the other* (side of the Tablets), *a commandment corresponding to a commandment.* "I [am the Lord your God]" *corresponds to "You shall not murder," for the murderer diminishes the semblance of the Holy One, blessed be He. "You shall not have* [any other gods before Me]" *corresponds to "You shall not commit adultery," for one who commits idolatry is like an adulterous woman, who takes strangers instead of her husband. "You shall not bear* [the name of the Lord your God in vain]" *corresponds to "You shall not steal," for one who steals will ultimately swear falsely. "Remember* [the Sabbath day to keep it holy]" *corresponds to "You shall not bear* [false witness against your neighbor]," *for one who profanes the Sabbath testifies falsely against his Creator, saying that He did not rest on the Sabbath of Creation. "Honor* [your father and mother]" *corresponds to "You shall not covet," for one who covets is destined to beget a son who slights him and honors one who is not his father.*—[*Rashi* from *Mechilta* to Exod. 20:13] As regards Moses and Aaron, the symmetry of the two breasts represents the equality of them both. This is evidenced by the fact that in the Torah, sometimes Moses is mentioned before Aaron, and sometimes Aaron is mentioned first. They are compared to the breasts because they nourished Israel by teaching them the Torah. So will the Messiah and the Cohen Zedek teach Israel the Torah in the future.—[*Midrash Lekach Tov*] They are compared to the twins of a gazelle, because just as the twins of a gazelle love one another, so did Moses and Aaron love one another.—[*Song Zuta*]

who graze—*their flocks among the roses and lead them in a tranquil and straight path.*—[*Rashi*]

Mezudath David explains: Your breasts are exactly alike as identical twins of a gazelle, and when they graze among the roses, they are especially beautiful to the eye that

beholds them. Your breasts were similarly beautiful. Allegorically, this symbolizes the king and the high priest, who nourished them from days of yore and lavished much benefit upon them—the king by waging war, and the high priest by performing the Temple service. They were equal in greatness and lived in perfect harmony as dear friends, and were accepted by the people as the two fawns of a gazelle. The *Targum* paraphrases: Your two redeemers who are destined to redeem you, namely the Messiah the son of David and the Messiah the son of Ephraim, resemble Moses and Aaron the sons of Jochebed, who were compared to two fawns, the twins of a gazelle. They sustained the people of the House of Israel with their merit for forty years in the desert with manna, with fat fowl, and with Miriam's well.

Zeror Hamor follows *Rashi*'s interpretation that, "Your two breasts" represent Moses and Aaron, the sustainers of Israel. The Shechinah announces: Come and see the exemplary qualities you had then. Your qualities were so exceptional that your two sustainers, Moses and Aaron, derived benefit from you just as you derived benefit from them. *Rashi* explains in Exodus 32:7: Descend from your greatness: I granted you greatness only because of them. This is what the verse means:

Your two breasts—i.e., Moses and Aaron, who sustained you.

are like two fawns—They, too, were like two fawns, who were sustained by their mother. So did Moses and Aaron derive their status from us.

the twins of a gazelle—In *Song Rabbah*, the Rabbis state that when one of the twins of a gazelle ceases to suck, the breast runs dry. So was it the case of Moses and Aaron with Israel. When Israel ceased to derive sustenance from the Shechinah, Moses and Aaron, too, ceased to receive their sustenance. The reason they originally received their greatness from the Shechinah was because—

who graze among the roses—They led the Israelites—known as roses—to follow the good path. In that merit, they became the sustainers of Israel. As long as Israel was "grazing," and followed the way their shepherds led them, they merited to be "your breasts and your sustainers."

Sforno explains this in the opposite manner, as follows:

Your two breasts—But after this, i.e., after Joshua and the elders—the instructors and teachers, viz. the Judge and the High Priest, were—

like two fawns—who fight between themselves and were not of one mind, as the Rabbis tell us of Phinehas and Jephthah.

who graze among the roses—among the thorns in the wars with the nations.

6. **Until the sun spreads**—Heb. עַד שֶׁיָּפוּחַ הַיּוֹם, *until the sun spreads.*—[*Rashi*]

and the shadows flee—*That is the time of heat, the hottest time of*

the day. I will save you, and you are pleasant to me.—[*Rashi*]

the sun—Heb. הַיּוֹם, usually "the day." *This refers to the sun, and likewise,* (*Gen. 3:8*): *"in the direction of the sun* (לְרוּחַ הַיּוֹם)*," and so,* (*Mal. 3:19*): *"For lo, the sun* (הַיּוֹם) *comes, glowing like a furnace," and when the sun spreads, I will go to Mount Moriah, to the everlasting Temple.* [This is] *in Genesis Rabbah* (55:7). [I.e., *Genesis Rabbah* identifies הר הַמּוֹר with הַר הַמּוֹרִיָּה, so called because of the incense that was burned there in the Temple.] *i.e., When they will then sin before Me by profaning My sacred offerings and by spurning My meal offerings in the days of Hophni and Phinehas* (I Sam. 3:12–17), *I will withdraw from them and I will abandon this Tabernacle, and I will choose for Myself Mount Moriah, the everlasting Temple, and there, "You are all fair...and there is no blemish in you," and there I will accept all your sacrifices.*—[*Rashi*]

Sforno continues with his interpretation that Scripture is allegorically depicting the history of Israel from the time of their entry to the Holy Land, as follows:

Until the sun spreads—All this continued until the coming of the light of noon, viz. the reign of David, who directed Israel in theory and practice, as is stated (I Chron. 13:3): "...And let us bring the Ark of our God around to us, for we did not seek Him in the days of Saul."

and the shadows flee—For David removed from the land the abominations which obstructed the light of life. And therefore...

I will go to the mountain of myrrh—in the threshing floor of Aravnah the Jebusite...

and to the hill of frankincense—to the Temple Mount in the days of Solomon.

7. **You are all fair, my beloved**—Since your birth, my beloved, all the parts of your body are fair, and there is no blemish on you. Allegorically, this means that the entire nation is righteous, and no disqualification is found in anyone.—[*Mezudath David*]

Isaiah da Trani comments: When my beloved praised me, he would praise my beauty in general, and he would say, "You are all fair, my beloved."

Sforno identifies this as referring to the time of the building of the Temple, as in the preceding verse. This verse corresponds to (Ps. 144:12): "For our sons are like saplings, grown up in their youth; our daughters are like cornerstones, praised as the form of the Temple."

and there is no blemish in you—This corresponds to (ibid. 14): "There is neither breach nor rumor going out." From all this, it is apparent that God is with us, even without the Tabernacle and its vessels, as the Rabbis state: Whoever engages in Torah requires neither burnt offering nor meal offering, etc.

אֵין בָּךְ׃ ח אִתִּי מִלְּבָנוֹן כַּלָּה אִתִּי מִלְּבָנוֹן תָּבוֹאִי תָּשׁוּרִי ׀ מֵרֹאשׁ אֲמָנָה מֵרֹאשׁ שְׂנִיר וְחֶרְמוֹן מִמְּעֹנוֹת אֲרָיוֹת מֵהַרְרֵי נְמֵרִים׃ ט לִבַּבְתִּנִי אֲחֹתִי כַּלָּה

הו"א אתי מלבנון. זוהר פ' שמות. לבבתני אחותי כלה. שבת פח.

עבדין רעותיה דמרי עלמא הוא מקלס יתהון בשמי מרומא וכן אמר כלך שפרתא כנשתא דישראל ומחתא לית ביך: ח אתי אמר יי במימריה עמי תהי יתבא כנשתא דישראל דדמיא לננפי דהיא צניעא ועמי תעלון לבית מוקדשא וידון מקרבין לך דורון ראשי עמא דיתבין על נהר דאמנא ודירי דיתבין בריש טור תלגא ואומיא די בחרמון מסקין לך מסין יתבי כרכין תקיפין די אנון גברין כאריון תקרובתא מן קרוי טוריא דחסינין מן נמרין: ט לבבתני קביע על לוח

רש"י

המוריה בבית עולמים. ושם כולך יפה ומום אין בך והרצה שם כל קרבנותיך: (ח) אתי מלבנון כלה. כשתגלו מלבנון זה אתי תגלו כי אני הגלה עמכם: אתי מלבנון תבואי. וכשתשובו מן הגולה אני אשוב עמכם ואף כל ימי הגולה בצרתך לי צר ועל כן כתב אתי מלבנון תבואי. כשתגלו מלבנון זה אתי תבואי ולא כתב אתי ללבנון תבואי לומר משעת יציאתכם מכאן עד שעת ביאתכם כאן אני עמכם בכל אשר תלאו ותבואו: תשורי מראש אמנה. בקבלי את נדהיך תסתכלי ותתבונני מה שכר פעולתך מראשית האמונה שהאמנת בי לכתך אחרי במדבר ומסעותיך והניותיך על פי וביאתך לראש שניר והרמון שהיו מעונות אריות סיחון ועוג. ד"א מראש אמנה הר הוא בגבול לפונה של ארץ ישראל ושמו אמנה ובלשון משנה טורי אמנון והר ההר שנאמר בו (במדבר לד) מן הים הגדול תתאו לכם הר ההר וכשהגליות נקבצות ומגיעות שם הם צופים משם ורואין גבול א"י ואוירה של א"י ושמחים ואומרים הודיה לכך נא' תשורי מראש אמנה: (ט) לבבתני. משכת את לבי אליך: באחת מעיניך. הרבה דוגמות טובות שביך לולא היתה בך אלא

אבן עזרא

(ח) תשורי. כמו אשורנו ולא עתה:

(ט) לבבתני. לקחת לבי: ענק. מיני הלי קשורים על הצואר וכמוהו וענקים לגרגרותיך:

הפעם השנית כמגדל. דימה החרוזים שהם הקשורים שים על צוארה כמו המגינים שהם תלוים על מגדל דוד: שני שדיך. חוזר למשל: כשני עפרים. שים להם ריח טוב שהם רועים בשושנים אמר לה את אמרת לי שאלך אל הרי בתר עד שיפוח היום ואני לא הלכתי כי אם אל הר המור: כלך יפה. הטעם כל מה שאמרת יפה הוא בעיני ומום אין בך לכן אתי מלבנון כלה בואי עמי תראי מראש אמנה הוא הר מקום האריות והנמרים והענין ברחי מהמדבר ומאותם המקומות כי הם בסכנה ובואי עמי כי

ספורנו

אינו צריך לא עולה ולא מנחה וכו'. לכן (ח) אתי מלבנון כלה. אע"פ שלא תשבי בביתי אלא כמו כלה חוץ לביתי פנו אלי ואל תשימו לב למקדש אם אינו עם כל גדלו כעצי הלבנון: אתי מלבנון תבאי. בכל המקום אשר אזכיר את שמי: תשורי להעביר חטאים מן הארץ: מראש אמנה כו'. שהם גבולות הארץ: ממעונות אריות. שמשם ולחוץ מעונות* הכנענים שהיו כמו חיות רעות טורפות. כי אמנם בימי דוד. (ט) לבבתני באחת מעיניך. שהי'

מצודת דוד

(ח) אתי מלבנון כלה. הנה אתם כלה ר"ל כלולה בכל מיני יופי אתי מלבנון וחוזר ומפרש אתי מלבנון תבואי ר"ל ממקום שאת עומדת עתה בלבנון משם תבואי אתי אל הר המור כו' ושם נתעלסה באהבים ונרוה דודים עד הבקר: תשורי מראש אמנה. תלעדי ותלכי ממקום שאתם שם מראש הר אמנה ומראש הרי שניר וחרמון שהם מקומות מעון אריות ונמרים ולא תעמודי עוד באלה המקומות כי אתי תבואי אל הר המור כו'. והנמשל הוא לומר עמי תבואי להרלך ותלאי מהגולה: (ט) לבבתני. הנה מאז בהיותי עמך משכת את לבי אליך את אחותי כלה ואמר אחותי בלשון הבה יתירה: לבבתני באחת מעיניך. ישרם

מצודת ציון

מיני בושם: (ח) מלבנון. שם יער: כלה. תקרא כן על כי אז היא כלולה בכל מיני יופי ופאר: תשורי. ענין לעדה והלוך כמו באשירו אחוז רגלי (איוב כ"ג): אמנה שניר וחרמון. שמות הרים: ממעונות. ענין מדור כמו ה' מעון אתה היית (תהלים צ'): (ט) לבבתני.

קיצור אלשיך וש"מ

לאמר קומי ונעלה ציון ונשב שם עד עולם:

(ח) אתי וגו'. הכנסיה עוד לא תוכלי להרגיע נפשה ומתאוננת לפני דודה איה איפוא הבטחתך הנאמנה אלי דוד יקר? הן זכור אזכור עת צאתי מארצי והלכתי בגולה במר נפשי. אתה דודי חזקתני ונהבתני לאמר. אל תירא רעיתי הן אתי מלבנון. אתי תצאי מיער הלבנון. הוא א י כי גם אני אצא אתך בגולה ומשם אקראך בשם כלה וארשתיך לי לעולם. וכמו אתי תצאי מלבנון כן תבואי אתי עוד הפעם אל ארצך [כדאיתא בספרי פרשה בהעלותך. וזה לשונו גלו לבבל שכינה עמהם גלו לאדום שכינה עמהם וכשהם חוזרים שכינה חוזרת עמהם שנאמר אתי מלבנון כלה. אתי מלבנון תבואי]. ועוד תשורי. תצעדי. ותלכי אל הר בית ה'. וכמו מאז דרכו רגליך מראש אמנה מראש שניר וחרמון. ההרים הגבוהים הררי עד אשר שם הפלאתי לעשות אתך בצאתך ממצרים. כן תדרכנה רגליך לצאת ממעונות אריות מהררי נמרים תואר לגלות בבל ויון ואדום וא"כ איפוא מדוע זה כמה כלו עיני מיחל להבטחתך ואך שוא תקותי ואפס תוחלתי: תשובת הקב"ה אתי. אמנם כן רעיתי הבטחתיך להחיש פדותך ולהשיב שבותך. אך מדוע זה לא תשימי לב ליתר הדברים אשר דברתי אליך לאמר „אתי" תחזקנה ידיך רעיתי להיות אתי ודבוקה במצותי ואז אף כי תצאי מלבנון בכל זאת עוד אקראך כלה וארשתיך לי באמונה. ולא אחת הזהרתיך כי גם שניתי אחרי הזהרתי לאמר. „אתי". זכרי נא רעיתי להיות אתי חבוקה ודבוקה בי. ואז כמו תצאי מלבנון מא"י. כן תבואי. ומדוע זד החרש תחרישי ותשבי בעצלתים. תשורי מראש אמנה, תצעדי ותלכי בדרכי האמונה. כמו מראשית האמונה שהאמנת בי, ואז תראי כי כמו שהצלתיך מראש שניר והרמון. הם סיחון ועוג שהיו הראשים והמלכים של ההרים האלה. כן אצילך ואוציאך ממעונות אריות מהררי נמרים, תואר להגלות החיל הזה: (ט) שאלה הכנסיה להקב"ה לבבתני. זכור אזכור ותשוח עלי נפשי. עת עלה על לבך לבוא אתי במסורת ברית אהבה מה מאד הייתי אהובה אליך עדי אמרת לי לבבתני קנית ומשכת את לבי,

לקוטי אנשי שם

רולה בכוס לבבך להיות עמדי ותקבל עול מלכותי עליך. רק תשורי והביט אלי לפדותך משונאים אשר נשבית שמה. מראש אמנה ושניר וחרמון [שלשתן שמות הרים הם. רש"י] וגם להיות נמלט ממעונות אריות מהררי נמרים ושאר מלכים הקדמים לזאבי' ולא תביט אלי רק בעין אחת. רק לפדותך מהגלות. ולא מאהבתך אלי לעבדני באמת ותמים. ע"ד ולא אותי קראת יעקב:

(ט) לבבתני אחותי וגו'. אמרו רבותינו ז"ל אמר הקב"ה לישראל לב אחד היה לכם במצרים ונתתם לי שתי לבבות. לבבתני באחד מעיניך בדם פסח ודם מילה. באחד

עדי

in you. 8. With me from Lebanon, my bride, with me from Lebanon shall you come; you shall look from the peak of Amanah, from the peak of Senir and Hermon, from the lions' dens, from mountains of leopards. 9. You have captivated my heart, my sister, [my] bride;

8. **With me from Lebanon, my bride**—*When you will be exiled from this Lebanon, with Me you will be exiled, for I will go into exile with you.*—[*Rashi*]

with me from Lebanon shall you come—*And when you return from the exile, I will return with you, and also all the days of the exile, I will be distressed with your distress. Therefore, he writes: "with me from Lebanon you shall come." When you are exiled from this Lebanon, you shall come with me, and he does not write: "with me to Lebanon you shall come," denoting that from the time of your departure from here until the time of your arrival here, I am with you wherever you go out and come in.*—[*Rashi*]

you shall look from the peak of Amanah—*When I gather your dispersed ones, you will look and ponder what is the reward of your actions from the beginning of your faith* אֱמוּנָה *that you believed in Me* (*Tan. Beshallach* 10), *your following Me in the desert and your travels and your encampments by My command, and your coming to the peak of Senir and Hermon, which were the dens of lions, namely Sihon and Og* (*Song Rabbah, Mid. Zuta*). [Accordingly, we would render מֵרֹאשׁ אֲמָנָה: from the beginning of the faith.] *Another explanation: from the peak of Amanah: This is a mountain on the northern boundary of the Land of Israel, named Amanah, and in the language of the Mishnah, the mountains of Amnon, and* [this is] *Mount Hor, about which it says:* (*Num. 34:6*): *"from the Great Sea you shall draw a line extending to Mount Hor." When the exiles gather and arrive there, they will look from there and see the boundary of the Land of Israel and the air of Israel, and they will rejoice and utter thanks. Therefore, it says: "You shall see from the peak of Amanah,"* [explaining תָּשׁוּרִי like תָּשִׁירִי, *you shall sing*] (*Song Rabbah*).—[*Rashi*]

9. **You have captivated my heart**—Heb. לִבַּבְתִּנִי, *you have drawn my heart to you.*—[*Rashi*]

Mezudoth defines כַּלָּה as one inclusive of all kinds of beauty, and תָּשׁוּרִי as, "you will walk," rendering the verse as follows: With me from Lebanon, you, who possess all kinds of beauty, with me shall you come from Lebanon; i.e., from the place where you are now standing, namely Lebanon, from there will you come with me to the mountain of myrrh, and there we will enjoy our love until the morning.

לִבַּבְתִּנִי בְּאַחַד באחת ק׳ מֵעֵינַיִךְ בְּאַחַד עֲנָק מִצַּוְּרֹנָיִךְ:
י מַה־יָּפוּ דֹדַיִךְ אֲחֹתִי כַלָּה מַה־טֹּבוּ דֹדַיִךְ מִיַּיִן וְרֵיחַ
שְׁמָנַיִךְ מִכָּל־בְּשָׂמִים: יא נֹפֶת תִּטֹּפְנָה שִׂפְתוֹתַיִךְ

לבי רהמתיך אחתי כנשתא דישראל דמתילא לננפי די היא צניעא קביע על לוח לבי חבת זוטר די בינך די הוא צדיקא כחד מן רבני סנהדרין וכחד מן מלכיא דבית יהודה דהות יהיבא כלילא דמלכותא על צוריה: י טח פמה שפירן עלי חבביך אחתי כנשתא דישראל דמתילא לננפי דהיא צניעא כמה טבן עלי חבתיך יתיר משבעין אומיא ושום טב דצדיקיך נדיף מכל בוסמנין: יא נופת ובעידן דמצלין כהניא בעזרתא דקודשא זלהן

רש"י

אחת מהן הייתי מחבבך ביותר וכל שכן בכולן וכן באחד ענק מצורניך באחד מרבידי ענקי קישוטיך הם תכשיטי מצוה שישראל מצויינין בהם. ד"א באחד ענק באחד מאבותיך הוא אחד היה מיוחד וזה אברהם הנקרא ענק האדם הגדול בענקים: (י) מה יפו דודיך. כל מקום שהראית לי שם חבה יפה הוא בעיני גלגל שילה נוב וגבעון ובית עולמים הוא שיסד הבבלי מנוחה ושאר ויעודים מנוחה זו ירושלים ושאר ויעודים מקום שנתוועד׳ שם שכינה לישראל: וריח שמניך. שם טוב. (יא) נפת. מתוק: תטפנה שפתותיך. טעמי תורה: וריח שלמותיך. מצות

ספורנו

מלך לרצון אבל לא אביתר כ"ג: באחד ענק. בבניהו שהי׳ על הכרתי והפלתי לא ביואב. כי אמנם בימי שלמה. (י) מה יפו דודיך. שהיו כלם צדיקים המלך וצדוק כ"ג ובניהו בן יהוידע על הצבא. מה יפו דודיך. בעיון ובמעשה: מה טובו דודיך. ללמד דעת את העם: וריח שמניך. במדות. לכן (יא) נפת תטופנה שפתותיך כלה. ראוי שתתעסקו גם אחר החורבן בתורה

אבן עזרא

לא אוכל להפרד מעמך כי לבבתני ולא נשאר לי לב: הפעם השלישית צוארך המגדל: אלף המגן. הם שריו: שני שדיך. הם שתי תורות תורה שבכתב ותורה שבעל פה כי השדים מוציאין את החלב כענין לכו שברו ואכולו אמרה השכינה אני אלך לי אל הר המוריה שהוא בית ה׳ כי שם נבנה הבית וזה הענין מפורש בספר דברי הימים ויבן שלמה את הבית בהר המוריה אשר נראה לדוד אביהו והענין אני אשב בהר המוריה: עד שיפוח היום. עד שתשתנה הרוח והטעם כל זמן שישראל שומרים מצותי אשב בקרבה על כן אמר כלך יפה שהיו כל ישראל כולם בימי שלמה צדיקים: אתי מלבנון. שבאים לרגלים מכל מקום גם מעבר לירדן ששם שניר. ועוד מי שהיה בארץ ערלים הנגבלים לאריות ולנמרים היו הכל באים: לבבתני. אחר שאמר כלך יפה אמר עתה לבבתני באחת ענק מצורניך זהו שבט יהודה שהלך אחרי השכינה כי רובי מלכי יהודה היו חסידים. וענין באחת מעיניך. הוא אליהו הנביא שהחזיר ישראל בתשוב׳ ודבקו בשם וזה ענין מה יפו דודיך

מצודת ציון

מלשון לב: ענק. כן יקרא עדי הנושא כמו וענקים לגרגרותיך (משלי א׳):(י) מה יפו. מלת מה יורה על הפלגת הדבר כמו מה רב טובך (תהלים ל"א): דודיך. אהבתך והבתך: (יא) נופת. ענין הזלה והטפה כמו ונופת צופים (שם י"ט) ותחסר מלת צופים והוא מובן מעצמו שר"ל כהזלת הצוף הדבש: תטפנה. תרד טיפין:

מצודת דוד

במה משכה לבו ואמר בהבטת עין אחת מעיניך כי הבטה בדרך חיבה בעין אחת ממשיך את הלב עד מאוד: באחד ענק. אף בעדי אחד מקשוטי צוארך משכת את לבי אליך ומכ"ש בכולם. והנמשל היא לומר אהבתי לך בעבור אברהם אביך שהיה עין העולם לפרסם אלהותי בין בני אדם להיישירם בדרך אשר ילכו בה ובעבור משה עבדי המכניסך עמי בברית. וכינה באחד ענק תן הנושא שהוא היה העדי והקשוט המיוחד בהמדברים בך וקובעים בגרון ללכת בדרכי ה׳ ולשמור מצותיו: (י) מה יפו דודיך. מה מאוד היו יפים אהבות היהבך אני את אחותי כלה מה מאד היו טובים יותר ממשתה היין וריח השמן שאתה סך מהם הוא ריח ערב מריח כל בשמים. והנמשל הוא לומר השמועה שאתה מאמין בי ופרסום קדושה במי הכלה על ידך הגון בעיני ומקובל לפני: (יא) נפת תטופנה. אמרי שפתיך מתוקים וערבים כאלו מטיפים הזלת צופים וכאלו תחת לשונך דבש וחלב ויזלו מפיך והוא כפל ענין במלות שונות. והנמשל היא על עסק למוד

לקוטי אנשי שם

ענק מצורניך. זה משה המיוחד והגדול שבשבטיך ע"כ ראוי לשית לב מה להו בכתוב לדרוש כך. ועוד מי שאין לו אלא לב אחד. איך יתן שנים. וגם היכן נתן השנים. ועוד אומרו באחד מעיניך דם פסח ודם מילה ע"כ איך קראם שכתוב אחד ומה ענין משה בדבר. ולמה קראו גדול ומיוחד. אמנם הנה הרשע והשכבלין הם שתים שהן הרבע. והוא. כי הרשע או עו"ג הם יעשה אלילים בכל לב כי את ה׳ השליך אחר גיוו. הרשע ההוא אין לו שום לב כי גם ילדו הטוב מבועבד להרע. אך העובד ע"ג כישראל במצרים ולבם עם ה׳ כענין אם שכחנו שם אלהינו ונפרוש כפינו לאל זר ר"ל אם בכחי שם אלהינו בעת ונפרוש כפינו לאל זר? הלא אלהי׳ יחקר זאת כי הוא יודע העלומות לב. והנה העושה כן לב אחד יש לו כי ילדו הטוב לא נאבד. כי מלבים הוא וקיים עם ה׳. אך לא נאמר שאותו הלב נתן לה׳. כי לא נתנו עדיין לה׳ שלא פעל בו דבר בקום ועשה. רק שיש לו במלואות לב אחד. והעושה טוב בפועל יש שתי חלוקות אחד המתחיל לעשות מצות. אך עדיין אין ילדו הרע נכנע ובטל ומשועבד לה׳ לגמרי. הנה יתייחס למי שנתן לב אחד לה׳. הוא היצר הטוב. אמנם מי שהכניע היצר הרע ג"כ שגם הוא משועבד לה׳. עליו יצדק לומר שגם את היצר הרע נתן לה׳. כאברהם שנאמר בו ומצאת את לבבו נאמן לפניך. ואמרו בירושלמי שני יצריו מולא נאמנים לה׳ והיא מאומרו לבבו ולא נאמר לבו. ונבא אל הבאור הוקשה לו בכתוב איך עושה פועל מהם. וגם אמר לבבתני בשני ביתי"ן ע"כ פירש ואמר לב אחד היה לכם במצרים. שהיו עובדים ע"ג אך לא מלכם כי לבם בלם עם ה׳ היה. נמצא שהיה לכם לב אחד הוא היצר הטוב. אך לא נתנוהו לה׳. וזהו והיה לכם. ואחרי כן עליתם עד קלה האחרון ונתתם לי שני לבבות. והוא כי דם פסח ודם מילה הם ב׳ עינים שהתחילו היות אל האלהים. והנה בתחלה בהמם הפסח שהחלו במצות נתנו לב אחד הוא היצ"ט. אך לא השנים. כמו כי גדולה היתה שמעה מכרו עצמם פן יתקוממו המצרים להורגם בשחטם אלהים עכ"ז עדיין לא נכנע יצרם הרע בעצם עד דם מילה. וזהו לבבתני באחד וגו׳ שמוה שבתחת כי בשני לבבות לא היה בכל אחד מהשתי עינים כי אם באחד מהם לבד. ומה העינים שבאחד מהם לבבו את הקב"ה דם פסח ודם מילה. כי בשתי עינים אלו התחלו נהדים אל האלהים. מעא"כ עד היום ההוא

קיצור אלשיך וש"מ

עדי נכספה נפשי כי תהיי אחותי כלה, ר"ל חבוקה ודבוקה בי [כי שם אחו׳ מורה על דבר הראוי להתחבר לחברו כמ"ש הרמב"ם בהמור׳ ח"א בשיתוף אח ואחות] לבבתני משכת את לבי אף באחת מעיניך בהבטת עין אחת מעיניך באחד ענק מצורניך, בעדי אחד מקישורי צוארך, ר"ל בזכות צדיק אחד מהצדיקים שבו לקחת לבי לבחור בך לרעיה ואהובת נצח, אח"ז כאשר עמדתי לפני הר סיני לקבל את התורה. אמרת.

(י) מה יפו דודיך, אהבתך וחבתך אלי עדי באמת ראויה את להיות אחותי כלה, מה טובו דודיך מיין מכל עונג ושמחה שיש לי בעליונים וריח שמניך מכל בשמים, הריח של שני השמנים הטובים שהרחת לפני הם נעשה ונשמע יקר לי מכל המדות הטובות הנוהגים ריח ניחח לפני. ועוד אמרת לי בשלשה אלה מצאתיך כי נעלית מכל אום ולשון. א) (יא) נפת תטופנה שפתותיך כלה. לא כשאר האומות אשר אנכי חזותי עליהם שיקבלו התורה ולא רצו. ואולם את כנופת צוף הטיפו שפתותיך

you have captivated my heart with one of your eyes, with one link of your necklaces. 10. How fair is your love, my sister, [my] bride; how much better is your love than wine, and the fragrance of your oils than all spices! 11. Your lips drip flowing honey,

with one of your eyes—*Of the many good characteristics that you possess, if you had only one, I would have loved you dearly, and how much more so with all of them! And so,* בְּאַחַד עֲנָק מִצַּוְּרֹנָיִךְ, *with one of the links of the necklaces of your adornments; these are the adornments of the commandments with which the Israelites are distinguished. Another explanation:* בְּאַחַד עֲנָק—*with one of your forefathers; he was the one who was special, and that is Abraham, who was called* עֲנָק, *a giant, "the greatest man among the Anakim"* (Josh. 14:15). [See Comm. Dig. ad loc.]—[*Rashi*] *Mezudath David* explains: When I was with you then, you drew my heart to you, my sister, my bride. He calls her "sister" as an expression of deep love. He then proceeds to explain how she attracted his heart, and saying that she captivated him strongly with one eye, for an affectionate glance with one eye can captivate the heart intensely.

with one link—You captivated my heart with only one link of your necklaces, how much more so with all of them. Allegorically, this means: I loved you because of Abraham your father, who was the eye of the world, by publicizing My Godliness among people to lead them on the path they should follow, and because of Moses My servant, who brought you into a covenant with Me. He refers to him as "one link of your necklaces," for he was a special adornment on the neck representing those among you who speak and call to you to go in the ways of the Lord and to keep His commandments.

10. **how much better is your love**—*Every place where you showed me affection is beautiful in my eyes: Gilgal, Shiloh, Nob, Gibeon, and the everlasting Temple. That is what the "Babylonian* (poet)*" composed: "A resting place and other meeting places,": "resting place" refers to Jerusalem, and "other meeting places" refers to the place where the Shechinah met with Israel.*—[*Rashi*]

and the fragrance of your oils—*your good name.*—[*Rashi*]

Mezudath David explains:

How fair is your love—How fair are your displays of affection, my sister, my bride! How much better is your love than a wine feast, and how much more fragrant are your oils with which you anoint yourself than any spices! Allegorically, this means that I deem your faith in Me and your publicizing of My name, proper and acceptable.

11. **flowing honey**—*which is sweet.*—[*Rashi*]

Your lips drip—*the reasons of Torah.*—[*Rashi*]

כַּלָּה דְּבַשׁ וְחָלָב תַּחַת לְשׁוֹנֵךְ וְרֵיחַ שַׂלְמֹתַיִךְ כְּרֵיחַ
לְבָנוֹן׃ יב גַּן | נָעוּל אֲחֹתִי כַלָּה גַּל | נָעוּל מַעְיָן חָתוּם׃
יג שְׁלָחַיִךְ פַּרְדֵּס רִמּוֹנִים עִם פְּרִי מְגָדִים כְּפָרִים
עִם־נְרָדִים׃ יד נֵרְדְּ | וְכַרְכֹּם קָנֶה וְקִנָּמוֹן עִם כָּל־
עֲצֵי לְבוֹנָה מֹר וַאֲהָלוֹת עִם כָּל־רָאשֵׁי

ת״א דבש וחלב תחת לשונך. חגיגה יג: גן נעול אחותי כלה. יומא עה סקידס שבר ו: שלחיך פרדס. שיר ג בפרא סת נדה יט סקידס שם.

תרגום

ספותהון נערת דובשא ולישנך גנפי צניעא במלולהך שירין ותושבחין מתיקין כחלב ודבש וריח לבושי כהנין כריח אילבנין: יב גן ונשיך דמתנסבן לגוברין צניען כננפי צניעא וכגנתא דעדן דלית רשו לגבר למיעל לגוה אלהן צדיקיא דנפשהון משתלחין לגוה על יד מלאכיא ובתולתיך טמירן וגניזן באנפלין וחתימן בכן כמבוע דמין חיין דנפיק מתחות אילנא ומתפרש לארבעת רישי נהרין ואלמלי די הוא חתים בשמא רבא וקדישא הוה נפק וטבע ושטף כל עלמא: יג שלחיך ועולמיך מלין פקודיא הכרימונין ורחימין לנשיהון וילדן בנין כן צדיקין כותהון וריחיהון מטול הכי כבוסמנין טבין דגנתא דעדן כפורין עם רשקין: יד נרד רשק ומוריקא וקנה

רש״י

הגוונות הנוהגות בשלמותיך ציצית תכלת בגדי כהונה איסור שעטנז: (יב) גן נעול. על שם צניעות בנות ישראל שאין פרוצות בעריות: גל נעול. יש לפרשו לשון מעין כמו (יהושע טו) גולות עליות ויש לפרשו לשון שער והוא לשון ארמי בתלמוד טרוקו גלי: (יג) שלחיך. ארץ יבשה קרויה בית השלחין וצריך להשקותה תמיד ושדה בית הבעל ב יפה הימנה וכאן קילס היבש שלחיך הרי הן מלאין כל טוב כפרדס רמונים וזה על שם קטנים שבישראל מרטיבי׳ מעשים טובים כפרדס רמונים: כפרים עם נרדים.

שפתי חכמים

נכונה היא מכמה טעמים דוק ותמצא. ב לשון מבנס הוא בריס חזקת סבתים ופירושו שדה שהיא בעומק ומלוחלחת א״צ להשקותה ופי׳

אבן עזרא

ושפתותיך משלמי נדרים ונדבות ושלמותיך פחות: הפעם הראשונה (יב) גן נעול. נהר יוצא והוא קטן וכמוהו גלת עליות וגלת תחתיות: (יג) שלחיך. כמו סעיפיך קרוב מן הצלה קלריה עד יש וכן שלוחותיה נטשו: פרדס. בלשון ישמעאל כדמות גן יש בו מין אחד: כפרים. לשון רבים מן אשכול הכופר: (יד) ואהלות. מין בושם וכמוהו כאהלים נטע ה׳:

ספורנו

ובמצות. כי אמנם דבש וחלב תחת לשונך. כי קרוב אליך הדבר מאד בפיך ותחת לשונך דבש וחלב העיון והמעש׳ ללמוד וללמד: וריח שלמותיך. במדות: כריח לבנון. רצוי בעיני אלהים ואדם: (יב) גן נעול אחותי כלה. הלא תראי שאין התשועה תלויה במקדש כי אמנם בימי דוד היה גן נעול לא נודע מקום המקדש: גן נעול. הר הבית: מעין חתום. מקום המזבח ומ״ש היו בימיו. (יג) שלחיך. שהם קרקעות בלתי נאותות לפירות: פרדס רמונים. היו כפרדס רמונים כי אמנם עתות בצרת מלחמות עמון ומואב היו לו כל ימיו לעושר ולכבוד: עם פרי מגדים. להבין ולהורות כאמרם ז״ל אלמלא דוד עסק בתורה לא עשה יואב מלחמה: כפרים עם נרדים. במדות כאמרו לא ישב בקרב ביתי עושה רמיה כו׳: (יד) נרד וכרכום. וכן היה בימי אסא שהשתדל ללמד דעת את העם כאמרו אשר לא ידרוש לאלהי ישראל יומת

מצודת דוד

הכמה התירס: וריח שלמותיך. הריח הנודף משלמותיך מן המוגמר הוא כריח יער הלבנון הנמלא בו הרבה עשבים ומגמים המעלים ריח טוב. והנמשל הוא על המצות התלויות בבגדים כמצות ציצית ואיסור שעטנז: (יב) גן נעול. אתה מוזהר לשבחך בדבר הצניעות וכה יאמר הרי את כגן הנעול שאין מי יוכל לבוא בו כ״א בעל הגן כי כ״כ לא תעזוב את מי לגשת אליך: גל נעול. את נעול כמעין הנעול כי לא תעזב מי בך לקלקל ולעכור הבתולים והרי את נעול: מעין חתום. כפל הדבר במ״ש. והנמשל הוא על שהרחקת מן עובדי כוכבים ומזלות: (יג) שלחיך. הנה לפי מעשיך הטובים ושמירת הצניעות מובטחני בך שיהיו שלחיך פרדס רמונים ר״ל פרי בטנך המתפשטים ונשלחים ממך יהיו מלאי חכמות כרמון שמלאה גרגרים עם פרי מגדים גם יהיו בני מדות טובות כפרי משובח ומעולה בהרבה מיני בנח בטעם וביופי וכדומה: כפרים עם נרדים. פרסום שמותם נתפשט למרחוק כריח כפרים עם נרדים שהרכבה ההיא מעלה ריח ערב ונודף למרחוק. והנמשל הוא לאחדים עם המשל: (יד) נרד וכרכם. ר״ל פרסום שבחם יהיו מוסיף והולך להתפשט ממרחק ורב כריח נרד כו׳ עם כל מין עצי לבונה מור ואהלות עם כל מיטב מיני

מצודת ציון

שלמותיך. בגדיך: (יב) נעול. סגור וכן ונעל הדלת (ש״ב י״ג): גל. מעין כמו גולות מים (יהושע טו): חתום. ענין סגירה כמו כי חתום הוא (ישעיה כ״ט): (יג) שלחיך. כן יקראו הסעיפים המתפשטים ויוצאים כמו שלוחותיה נטשו (שם טז): פרדס. כן יקרא גן מעצי מאכל וכן גנות ופרדסים (קהלת ב): מגדים. כן יקרא דבר משובח ומעולה כמו ומגדנות נתן לאחיה (בראשית כ״ד): כפרים נרדים. מיני בושם: (יד) נרד וכרכם כו׳. כולם שמות מיני בושם: ראשי. ענין מיטב ומובחר כמו ולראשית שמנים (עמוס ו):

קיצור אלשיך וש״מ

לאמר „כלה" הנני נכונה להיות כלה וארוסה אליך עד עולם סלה. ב) דבש וחלב תחת לשונך תואר להנעשה והנשמע [כי הדבש הוא הנעשה ע״י מעשה אשר תעשינה הדבורים שאוכלות עשבים ופרחים וע״י ידיהם תוציאנה הדבש. והחלב הוא הנהפך מאליו מדם החי. כמו כן אמירת נעשה שהכונה על מצות מעשיות תואר לדבש והנשמע שהכונה על מצות רוחניות תואר לחלב]. ג) וריח שלמתיך כריח לבנון. מדותיך הטובות אשר בהן לבשת [עד״ה צדק לבשתי] נותנות ריח טוב כלבנון. ובאשר מצאתיך נעלית מכל האומות בשלש אלה. לכן אתן לך שלש אלה א) תהיי. (יב) גן נעול. לבל יערב זר לגשת אליך. כלומר כל האומות יפחדו וייראו ממך. ב) אדעך בשם „אחותי כלה" כלתי תהיי חבוקה ודבוקה בי עד עולם. ג) אתן לך גל נעול מעין חתום. המקור והמעיין של שפע ברכה העליונה יהי׳ נעול וחתום לך לבדך ואין לזרים אתך. ואחרי כל הטוב הגדול הזה שאעשה לך בטוח אני. (יג) שלחיך פרדס רמונים. ר״ל פרי בטנך המתפשטים ונשלחים ממך יהיו מלאים חכמות כרמון המלאה גרגרים. עם פרי מגדים. נאים במדות טובות המיפים את האדם כפרי יפה הנחמד למראה ופרסום שמותם תתפשט למרחוק כריח של כפרים עם נרדים המעורבים יחד שריחם נודף למרחוק. (יד) וכריח של נרד וכרכום קנה וקנמון וגו׳. שבהתערב כל אלה הבשמים יחד הריח גדול מאד. כן יתפשטו ריחם הטוב של צאצאיך:

לקוטי אנשי שם

הזוא. ובאיזה משתי עיניך אלו היו נתונים לה׳ שתי הלבבות. לזה אמר באחד ענק כו׳ זה מבש כו׳ והוא כמ״ש רז״ל מי מנין במצרים רבי ברכיה אומר משה מוהל אהרן פורע כו׳ וזהו באחד ענק כו׳ וביאור הכתוב לפי זה באיזה אחד מהשתי עיניך נתת לי השתי לבבות. הוא באחרון שהוא באות שנעשה על יד

מעין

O bride; honey and milk are under your tongue, and the fragrance of your garments is like the fragrance of Lebanon. 12. A locked up garden is my sister, [my] bride; a locked up spring, a sealed fountain. 13. Your arid fields are as a pomegranate orchard with sweet fruit, henna and spikenard. 14. Spikenard and saffron, calamus and cinnamon, with all frankincense trees, myrrh and aloes, with all the chief

and the fragrance of your garments—*the proper commandments that pertain to your garments: ritual fringes, the blue thread, the priestly raiments, and the prohibition of shaatnez* (the mingling of wool and linen).—[*Rashi*] *Mezudath David* explains the verse in the same manner, elaborating as follows:

Your lips drip flowing honey—The words of your lips are sweet and pleasant, as if they were dripping flowing honey, and as if honey and milk were under your tongue, and dripping from your mouth. The same idea is expressed repetitively. Allegorically, this represents the engagement in the study of the wisdom of the Torah.

and the fragrance of your garments—The fragrance wafting from your garments because of the incense applied to them is like the fragrance of the Lebanon forest, in which many aromatic grasses grow, which emit a fragrant odor. Allegorically, this refers to the commandments pertaining to garments, such as ritual fringes and the prohibition of *shaatnez*.

12. **A locked up garden**—*This refers to the modesty of the daughters of Israel, who are not loose in immoral actions.*—[*Rashi* from *Mid. Shir Hashirim*]

a locked up spring—Heb. גל. *This may be explained as a term referring to a fountain, like* (*Josh. 15:19*): *"upper springs* (גלת עליות)," *and it may also be explained as a term referring to a gate. This is an Aramaic expression; in the Talmud* (*Ber.* 28a): טרוקו גלי, *lock the gates.*—[*Rashi*]

13. **Your arid fields**—*Dry land is called* בית השלחין, *and it must be continually irrigated, and a field watered by rain is superior to it. Here he praises the arid field. Your arid fields are replete with all good like a pomegranate orchard. This is symbolic of the smallest of Israel, who are moist with good deeds like a pomegranate orchard.*—[*Rashi*]

henna and spikenard—*These are species of spices.*—[*Rashi*]

Mezudath David renders: **Your shoots**—Behold according to your good deeds and your observance of modesty, I am assured that your shoots will grow to become a pomegranate orchard; i.e., the fruit of your womb, who are spread out and sent away from you, will be as full of wisdom as a pomegranate, which is full of seeds, with sweet fruit . They will also have admirable character

בְשָׂמִים׃ טו מַעְיַן גַּנִּים בְּאֵר מַיִם חַיִּים וְנֹזְלִים
מִן־לְבָנוֹן׃ טז עוּרִי צָפוֹן וּבוֹאִי תֵימָן הָפִיחִי גַנִּי יִזְּלוּ
בְשָׂמָיו יָבֹא דוֹדִי לְגַנּוֹ וְיֹאכַל פְּרִי מְגָדָיו׃ ה א בָּאתִי
לְגַנִּי אֲחֹתִי כַלָּה אָרִיתִי מוֹרִי עִם־בְּשָׂמִי אָכַלְתִּי יַעְרִי

תו"א מעין גנים באר מים חיים. זוהר פ' תולדות ופ' בלק: עורי צפון ובואי תימן. זבחים קטו. זוהר פ' ויקרא: באתי לגני אחותי כלה. זוהר פ' בראשית ופ' ויקרא ופ' פינחס:

תרגום

בּוּסְמָא וְקִנָּמוֹן עִם כָּל קִיסֵי לְבוֹנְתָּא מֵירָא דַכְיָא וְאַקְסֵי אַלְוָאָן עִם כָּל מִינֵי בוּסְמָנִין׃ טו מַעְיַן וּמַיָּא דְשִׁילוֹחַ מְדַבְּרִין בְּנִיחַ עִם מוֹתַר מַיִין דְנַגְדִּין מִן לִבְנוֹן לְאַשְׁקָאָה יָת אַרְעָא דְיִשְׂרָאֵל בְּגִין דְאִינוּן עָסְקִין בְּפִתְגָמֵי אוֹרַיְתָא דִמְתִילִין לְבֵירָא דְמַיִין חַיִּין וּבִזְכוּתָא דְנִסּוּךְ מַיָּא דְנַסְכִין עַל מַדְבְּחָא בְּבֵית מַקְדְּשָׁא דְמִתְבְּנֵי בִּירוּשְׁלֵם דְמִתְקְרֵי לְבָנוֹן׃ טז עוּרִי וְעַל סְטַר צִיפוּנָא הֲוָה פְּתוֹרָא וַעֲלוֹהִי תְּרֵי עֲסַר לַחְמִין דְאַפִּין וְעַל סְטַר דָרוֹמָא הֲוַת בּוֹצִינָא לְאַנְהָרָא וְעַל מַדְבְּחָא הֲווּ מְקָרְבִין כַּהֲנַיָּא קוּרְבָּנָא וּמַסְקִין עֲלוֹי קְטוֹרֶת בּוּסְמִין כְּנִשְׁתָּא דְיִשְׂרָאֵל אֲמָרַת יֵיעוּל אֱלָהָא רְחִימִי לְבֵית מַקְדְּשָׁא וִיקַבֵּל בְּרַעֲוָא קוּרְבָּנְהוֹן דְעַמֵּיהּ׃ ה א בָּאתִי אֲמַר קוּדְשָׁא בְּרִיךְ הוּא לְעַמֵּיהּ בֵּית יִשְׂרָאֵל עָלֵית לְבֵית מַקְדְּשִׁי דִבְנֵית לִי אַחָתִי כְּנִשְׁתָּא דְיִשְׂרָאֵל דְמִתִילָא

שפתי חכמים / רש"י

בגמרא ענין כעולם: ג ופי' שם הלוקח תאנים מן התאנה מיני בשמים הם: (טו) מעין גנים: כל זה מוסב ע
שלהיך ומקלסן כמעין המשקה אותן והדוגמא על שם טבילות טוהר שבנות ישראל טובלות: ונוזלים מן לבנון. מתקו
נקיות באין עכירת טיט: (טז) עורי צפון ובואי תימן. אחר שערב עלי ריחך ונוי משכנותיך אני מצוה את הרוחות לפו
ותימן להפיח בגנך לצאת ריחך הטוב למרחוק והדוגמא על שם שהגליות מתקבצות ומכל הגוים מביאים אותם מנחה
לירושלים ובימי הבנין יהיו ישראל נקבצי' שם למועדים ולרגלים וישראל משיבין יבא דודי לגנו אם אתה ש
הכל שם: (א) באתי לגני. בימי חנוכת הבית: אריתי. לקטתי והוא ל' משנ' כמלא אורה וסלו ג ואף לשון מקרא
(תהלי' פ) וארוה כל עוברי דרך וגא' על שם הקטור' שהקטירו קטורת יחיד הנשיאים על מזבח החיצון ונתקבלה והוא דבר
שאיני נוהג לדורות ועל כן נאמר אכלתי יערי עם דבשי יש דבש שהוא גדל בקנים כענין שנא' (שמואל א יד) ביערת
הדבש ויערת היא ל' קנה כמו (שמו' ב) והסם בסוף ושויתיה ביערא ומוצאין הדבש ומשליכין העץ ואני מרוב חיבה אכלתי
יערי עם דבשי אכלתי הקנה עם הדבש את שאינו ראוי עם הראוי קטרת נדבה וכן שעירי חטאת שהקריבו הנשיאים

ספורנו

היו כמו כן שלחיו וצרות מלחמות הכושים לעושר ולכבוד לו: מור ואהלות. וכן יהושפט שהשתדל בזה כאמרו וישיבם אל ה' אלהי אבותיהם היתה לו מלחמות עמון ומואב לעושר ולכבוד: (טו) מעין גנים באר מים חיים. וכן חזקיהו שהיה מעין משתדל ללמד תורה לישראל עד שאמרו רז"ל עליו שבדקו מדן ועד אנטוכיא ולא מצאו עם הארץ היו צרות מלחמת סנחריב לעושר ולכבוד לו: ונוזלים מן לבנון. ומן לבנון ובהמ"ק היו נוזלים אגדות לתורה: (טז) עורי צפון כי הוא אמנם הרבה השתדלות לעורר את ישראל לתשובה כאמרו וילכו הרצים באגרות מיד המלך וכו' לאמר בני ישראל שובו אל ה' אלהי אברהם יצחק וישראל:
ה (א) באתי לגני. לעורר את השבים אלי. ובכן: אריתי מורי. קבלתי ברצון תכמי הדור: עם בשמי. עם תלמידיהם:

אבן עזרא

(א) אריתי מורי. לקטתי וכמוהו וארוה כל עוברי דרך: יערי. מן יערת הדבש: חלבי י"א שהוא הלובן העולה על היין. ויפרש כמוהו כיין הלבנון והוא רחוק כי הלבנון הוא שם

מצודת ציון

(טו) חיים. נובעים כמו על מים חיים (ויקרא יד): ונוזלים. מלשון הזלה ונטיפה: (טז) עורי. מלשון התעוררות: הפיחי. מלשון הפחה ונשיבה:
ה (א) באתי. עבר במקום עתיד וכן אריתי אכלתי שתיתי: אריתי. ענין לקיטה כמו וארוה כל עוברי דרך (תהלים פ): יערי. כן יקראו הקנים שגדל בהם הדבש וכן ביערת הדבש (ש"א

מצודת דוד

בשמים שהרכבה גדולה כזאת אין למעלה ממנה בדבר העלאת ריח טוב וערב עד למרחוק. והנמשל הוא לאחדים עם המשל: (טו) מעין גנים. ר"ל בדין הוא שיהיו השליחות פרדס רמונים כו' כי המעין המשקה את הגנים הוא באר של מים חיים מוקף מחילות ולא מגולה לשיבא בו אבק ועפרורית וגם המים ההם נוזלים ונובעים מהר הלבנון ולכן המה מתוקים ביותר ולזה מהראוי שיצליחו השליחות להיות פרדס רימונים כו' ר"ל בדין הוא שיהיו בניך מלאים חכמות ומדות טובות לפי שאת היא מקור מהולדם והגונה את להוליד תולדות כאלה והנמשל הוא לומר לפי שמקום מהולדם כ"י היא מאבות ואמהות כשרים ולדיקים ראויים התולדות להתדמות אל האבות: (טז) עורי צפון. כאשר נשמע לאוזן שהשיקה מרבית הקילוס מה שהחשוק מקלסה אמרה אתה רוח הצפוני התעוררי לנשב ואתה רוח הימין בואי הנה והפיחי אל גני למען יזלו ויטיפו בשמיו את הערף והמין ולמרבי' הריח אשר יהיה נודף למרחוק יבא דודי חיש קל מהר אל הגן שהכנתי לו לטייל בו ושם יאכל הפירות החשובים אשר זמנתי לו למען יתמיד לשבת עמדי. והנמשל הוא כאילו תאמר כ"י עם כל אלה כי אמלא חן בעיניו יקים נא ומהר ישרה בי שכינתו בבית המכון לשבתו ויקבל שם קרבנותי ברצון:
ה (א) באתי לגני. החשוק שלה דבריו וכה אמר כן אעשה ואמהר לבא אל הגן שהכנת לי ואלקט המור עם שאר מיני הבשם שהזמנת לי ואת הדבש אוכל לתאוה עד שאוכל גם הקנים לאוזן הדבש מהם ואשתה היין עם החלב שהזמנת לי: אכלו רעים. למרבית השמחה אזמין קרואים ואפייסם לאכול וכה אמר להם אכלו רעים כו'. והנמשל הוא לומר כאלו המקום ב"ה מבטיח ואומר הנה חיש מהר אשרה שכינתי בקרבך ואתקבל ברצון קטורת הסמים ואם תרד מן הסמים ואהלל עלי המערכה עם הקרבנות אשר

לקוטי אנשי שם

ענק אחד הוא משה שנקרא ע"ש גבורתי למול את כל ישראל נגדי ימיוהד כאשר הענק מיוחד בין באר העם שהוא ברית מילה כי בדם מילה זכו ונתנו השתי נדבות. ואמר שבשבטיך על צורניך שבהם תלוים חיי עולם בלוהר כי אמלא ישראל אין עולם נמלאו השבטים כי"ב לואר החיות (רמ"א):

קיצור אלשיך וש"מ

(טו) מעין גנים. המעיין שבהגנים שבהם גדלים הבשמים הנ"ל נמשכים מן באר מים חיים ונוזלים דרך הלבנון:
(טז) (עורי צפון ובואי תימן) עורי רוח צפוני. וגם יבוא רוח דרומי. ויפיחו בהגן ויזלו בשמיו ריח טוב. ואז נבוא דודי לגנו ויאכל פרי מגדיו. כמו שהמשיל ישעיה הנביא את ישראל ככרם. כמו שבעל הכרם יבא לכרמו כשהוא נטוע נטע שעשועים כמו שחשב בעל השיר בפסוקים הנ"ל כן ה' צבאות יבא לגאול את ישראל כשיעשו תשובה ומע"ט:
ה (א) באתי לגני. הרעיה בהתעטף עליה נפשה תזכור הימים הראשונים אשר היו טובים מאלה. כי מצאה חן בעיני דודה לאהבה ולמשכה חסד ותען ותאמר הן זכור אזכור ותשוח עלי נפשי עת האירה לי

spices. 15. A garden fountain, a well of living waters and flowing
streams from Lebanon." 16." Awake, O north wind, and come, O
south wind; blow upon my garden, that the spices thereof may
flow out; let my beloved come to his garden and eat his sweet
fruit."

5

1. "I have come to my garden, my sister, [my] bride; I have
gathered my myrrh with my spice, I have eaten my sugar cane

traits, compared to fruit which is superior in both taste and beauty.

henna and spikenard—The publication of their names has spread afar like the fragrance of henna and spikenard, the combination of which produces a pleasant and pungent odor. The allegory parallels the literal image.

14. **Spikenard and saffron**—The publication of their praise will continuously spread afar like the fragrance of spikenard and saffron, with all species of frankincense trees, myrrh and aloes and the choicest spices, a combination unsurpassed in its fragrance.

15. **A garden fountain**—*All this refers back to, "your arid fields" and he praises them* (comparing them to) *a fountain that waters them, and this figure of speech symbolizes the immersions of purity which the daughters of Israel immerse themselves.*—[*Rashi*]

and flowing streams from Lebanon—*from a place of cleanliness, without the murkiness of mud.*—[*Rashi*]

16. **Awake, O north wind, and come, O south wind**—*Since your fragrance and the beauty of your dwellings is pleasing to me, I command the north and south winds to blow on your garden so that your good fragrance should spread afar. And this figure of speech symbolizes the ingathering of the exiles and from all the nations they will bring* [them] *as an offering to Jerusalem, and in the days of the building* [of the Temple], *the Israelites will gather there for the festivals and for the pilgrimages, and Israel shall reply, "Let my beloved come to His garden." If You are there, all are there.*—[*Rashi*]

5

1. **I have come to my garden**—*in the days of the dedication of the Temple.*—[*Rashi* from *Mid. Shir Hashirim, Seder Olam*, ch. 7]

I have gathered—Heb. אָרִיתִי, *I gathered, and it is Mishnaic language* (*Shev.* 1:2)*: "as much space as is required by a picker* (אוֹרֶה) *and his basket." It is also Biblical language* (*Ps. 80:13*)*: "and all wayfarers have plucked its fruit* (וְאָרוּהָ)*." This was stated in regard to the incense, for the princes burned private incense* (as opposed to the

עִם־דִּבְשִׁי שָׁתִיתִי יֵינִי עִם־חֲלָבִי אִכְלוּ רֵעִים שְׁתוּ וְשִׁכְרוּ דּוֹדִים׃ ב אֲנִי יְשֵׁנָה וְלִבִּי עֵר קוֹל ׀ דּוֹדִי דוֹפֵק פִּתְחִי־לִי אֲחֹתִי רַעְיָתִי יוֹנָתִי תַמָּתִי שֶׁרֹּאשִׁי ר׳ דגוש

תו״א אני ישנה ולבי ער. זוהר פ׳ בראשית ופ׳ אמור ופ׳ האזינו:

לְגִנְּפֵי צִנְיָעָא אַשְׁרֵיתִי שְׁכִינְתִּי בֵּינָיךְ קַבְּלִית יַת קְטוֹרֶת בּוּסְמַיךְ בַּעֲבַדְתְּ לִשְׁמִי שְׁלָחִית אֶשָּׁתָא מִן שְׁמַיָּא וַאֲכַל יַת עַלְוָן וְיַת נִכְסַת קוּדְשַׁיָּא אִתְקַבַּל בְּרַעֲוָא קֳדָמַי נְסוּךְ חֲמַר סוּמָק וַחֲמַר חִיוָּר דִּנְסִיכוּ כַּהֲנַיָּא עַל מַדְבְּחִי כְּעַן אֱתוּ כַּהֲנַיָּא רַחֲמֵי פִּיקוּדַי אֱכָלוּ מַה דְּמִשְׁתְּאַר מִן קוּרְבָּנַיָּא וְאִתְפַּנְּקוּ מִן טוּבָא דְּאִתְעֲתַד לְכוֹן׃ ב אֲנִי בָּתַר כָּל פִּתְגָּמַיָּא הָאִילֵין חָבוּ עַמָּא בֵּית יִשְׂרָאֵל

רש״י

ואין הטאת קריבה נדבה ואני קבלתים בו ביום: **שתיתי ייני.** הם הנסכים: **עם חלבי.** מתקו ונחו מחלב: **אכלו רעים.** באהל מועד אהרן ובניו ובבית עולמים הכהנים כולם: **שתו ושכרו דודים.** אלו ישראל אוכלי בשר זבח השלמים שהקריבו לחנוכת המזבח: (ב) **אני ישנה.** כשהייתי שלוה ושקטה בבית ראשון נואשתי מעבוד הקב״ה כישנה ונרדמת: **ולבי ער.** זה הקב״ה כך נדרש ד בפסיקתא: **ולבי ער** הקב״ה שהוא צור לבבי וחלקי ער לשמרני ולהטיב לי: **קול דודי דופק.** משרה שכינתו על הנביאים ומזהיר על ידיהם השכם ושלוח: **פתחי לי.** אל תגרמי לי שאסתלק מעליך: **שראשי נמלא טל.** ל׳ אדם שבא בלילה דופק על פתח אהובתו אומר כן בשביל היכתך באתי בלילה בעת הטל או הגשם והדוגמא שראשי נמלא טל שאני מלא רצון ונחת רוח אברהם אביך הערבו עלי מעשיו כטל והנני

שפתי חכמים

כגון קולר בחביתה: ד ואחר כך מפרש דברי פסיקתא למה דורש לבי על הקב״ה ואמר כי הקב״ה נקרא צור לבבי ולענין מה הוא ער מפרש עד לשמרני כו׳: ה פירוש שראשי רמוז לאברהם ראש המאמינים: ו אף על פי שכבר פירש שאני מלא רצון ונחת רוח והוא פירוש של טל לפי שטל״ם נמלא טל קאי על ראשי שהוא רמוז לאברהם א״כ ע״כ פירוש שערבו עלי מעשיו כטל ולמנ״מ אמר לכם שמעשי אברהם ערבו עליו כטל. אלא עכ״ל שמתוך כך ומתוך מעשיו הוא

אבן עזרא

מקום ואיננו תאר לכן הלבי הוא כמשמעו: (**ב**) דופק. מניק כמו מתדפקים: תמתי. התמימה שלי: קווצותי. קצות השער והוא הפוך: רסיסי לילה. מנזרת לרוס את הסלת:

הפעם השנית גן נעול. ואת דומה לגן נעול שיש לו ריח טוב מחוץ ולא יוכל אדם להכנס לשם.

ואחר שדימה אותה למעין החתום אמר את כמו מעין גנים שהם באר מים חיים. ענתה היא ואמרה עד שיתעורר רוח צפון ויבוא רוח תימן ויפיחו שיהם בגני ויזלו בשמיו. ילך דודי אל הגן שלו ואחר כן יבא. אמר באתי לגני וארתי מורי והענין שבע אני מכל טוב ולא יחסר לי כי אם דמותך ועוד אל תפחדי כי רעי שהם הרועים כאשר כתוב בתחלה על עדרי חבריך אכלתים ושכרתים. אמרה אני ישנה אע״פ שאני ישנה לבי כמו ער וזאת אמרה פעם שנית רק בראשונה בקשה ממנו בחלום ועתה בא אליה לגן שלה כאשר אמרה לו עורי צפון: קול דודי דופק. עתה היא פוטנת וכל הפרשה כולה מבוארת:

הפעם השלישית גן נעול. בתולותיהם נגועות: ופרדס רמונים עם עצי בשמים. הם שנים עשר כנגד השבטים. וענין מעין גנים. על נשי הטבילה: עורי צפון ובואי תימן. באה רוח צפונית וזה עד שיפוח היום והפיחה בגן שהם ישראל והפילה בשמיו לארץ. ברח דודי אל גנו. השכינה שעלתה לשמים כענין אלכה ואשובה אל

ספורנו

אכלתי יערי. קבלתי עמי הארץ: עם דבשי. עם בעלי מעשה: שתיתי ייני עם חלבי. מלמדי תינוקות עם תינוקות של בית רבן: אכלו רעים. ובכן אמרתי אכלו רעים כאמרו כי חמאה ודבש יאכל כל הנותר בקרב הארץ: (ב) אני ישנה ולבי ער. משיבה עדת ה׳ הנה צדקו דברי דודי כי אמנם אני הייתי ישנה מעסוק בתורת ומצות: ולבי. שהם הנביאים וחכמי הדורות התעוררו והעירוני לשוב אל דודי ואנכי מריתי: קול דודי דופק. ע״י נביאיו: פתחי לי. שערי צדק שאוכל להכנס כאמרו שובו אלי ואשובה אליכם: שראשי נמלא טל. קודם זריחת השמש של מלכות בית דוד וזה בימי עלי שהיו בניו ודומיהם בלתי הגונים: נמלא טל. בלבד שלא היו ישראל כ״כ פרוצים כמו עכשיו אמנם עתה: קווצותי מלאו רסיסי לילה. שהם קשים יותר מן הטל באמרו כי מספר עריך היו אלהיך יהודה ולזה העיד הנביא באמרו כי לכו נא אל

מצודת דוד

יערבו עלי כדבש ואקבל ברצון נסכי היין אשר ימתקו עלי כחלב והכהנים בני אהרן יאכלו חלקם ממותר אשי: (ב) אני ישנה. עתה חזרה החשוקה לספר עם הנערות כי כשבא לאוזן החשוק נועם אמריה והפלגת חשקה שלה אמריו לקלסה כאומרו הנך יפה רעיתי כו׳ (לעיל ד) וכל הענין והיא חשבה מחשבות שיבוא אל הגן לשבת עמה והוא השיב שכן יבוא והפסיק הענין בזה הספור ועתה שבה לספר מה היה הסיבה אשר החשוק נפרד ממנה כ״כ הרבה מן הזמן ואמרה כאשר הלכתי לישן ועדיין היה לבי ער כי לא נשקעתי בשינה שמעתי קול דודי נוקש על הדלת וכה אמר פתחי לי הדלת את אחותי רעיתי הדבוקה בי כיונה בבן זוגה התמימה באהבתה אלי: שראשי נמלא טל. כי שער ראשי נמלא מן הטל שירד עלי והקווצות נתמלאו מזלוף הגשמים שירדו בלילה וכאומר

מצודת ציון

יד) ושכרו. ענין שתיה יותר מדי המדה: דודים. אהובים: (ב) ער. מל׳ התרה והקיצה: דופק. ענין הכאה בנחת על הדלת כמו מתדפקים על הדלת (שופטים י״ט): תמתי. מלשון תמימות

קיצור אלשיך וש״מ

עלי שמש הצלחתי, עת באתי לגני לארצי המלאה כל טוב כגן אלהים, ואשר עליה כנס התנוסס דגל האהבה כתוב ורשום באצבע אלהים „אחותי כלה" פה תשב ותשכון הכלה האהובה החבוקה ודבוקה בי ע״ע, שמה אריתי מורי עם בשמי הטוב אשר נתן לי דודי [והוא תואר לשפע רב אשר השפיע לה הקב״ה לריח ניחוח לפניה], אכלתי יערי עם דבשי, ר״ל כ״כ היתה ארצי ברוכה ממגד שמים אשר כיער כדבש שניהם היו טובים למאכל ומתוק לחך. שתיתי ייני עם חלבי, תואר לשביעת העדן והעונג עד בלי די עדי אמרתי אכלו רעים, שבזמן שבהמ״ק היה קיים היתה ההשפעה נתונה מאתו ית׳ לישראל ומותר השפעתם קבלו שרי מעלה להשפיע להאומות אשר תחת ידם, לכן יתאר פה שבהיות ההשפעה מרובה במדה יתרה לישראל קראו לשרי מעלה המקבלים מותר השפעתם לאמר „אכלו גם אתם רעים מהשפעתי הנתונה לי כי יש די גם לי גם לכם. שתו ושכרו דודים, ר״ל כי גם מהמותר תוכלו לשתות לרויה עדי גם תשכרו מרוב הטוב, ככה השביעני דודי עדן ועונג לרויה בשבתי בארצי, ואף כי פתאם לפתע באה כשואה הותי. ונפסק מקור השפעתי כי גרשני דודי מהסתפח בנחלתי. בכל זאת לא ארכה לי עת צרתי:

(ב) **כי** אני ישנה וגו׳. הדוגמא לאשה המחכה בכל עת שיבוא בעלה ממרחק לביתה ואמרה בכל עת שאני ישנה לא אוכל להשתקע בשינה כי לבי ער ונדמה ברעיוני כאילו קול דופק בדלת ואומר פתחי לי אחותי רעיתי חיש מהר כי שער ראשי נמלא טל היורד בלילה וגם קוצותי הוא שער ראשי התלוי למטה נתמלא מרסיסי

with my sugar, I have drunk my wine with my milk. Eat, friends;
drink, yea, drink abundantly, beloved ones." 2. "I sleep, but my
heart is awake. Hark! My beloved is knocking: Open for me, my
sister, my beloved, my dove, my perfect one, for my head

usual incense, which is a communal offering) *on the outside altar* (as opposed to the usual incense, which is burned on the inner altar) *and it was accepted. This is something that does not apply to later generations, and because of this, it is stated: "I have eaten my sugar cane with my sugar." There is honey* (i.e., a sweet substance) *that grows in canes, as it is stated* (*I Sam. 14:27*): *"into the sugar canes* (בְּיַעְרַת הַדְּבָשׁ)", *and* יַעְרַת *is a term referring to canes* [or reeds], *as it is stated* (*Exod. 2:3*): *"and she placed [it] in the reeds* (בַּסּוּף)", [which *Onkelos* renders:] וְשַׁוִּיתָהּ בְּיַעְרָא, *and the sugar is sucked out and the wood is discarded. But I, out of great love, ate my* יַעַר *with my honey: I ate the cane with the sugar, the inedible with the edible, signifying the freewill incense, and likewise, the he-goat sin-offering that the princes sacrificed, although a sin-offering is not sacrificed as a freewill offering, but I accepted them on that day.*—[*Rashi* from *Song Rabbah; Pesikta Rabbathi*, ch. 5]

I have drunk my wine—*These are the libations.*—[*Rashi* from *Mid. Shir Hashirim*]

with my milk—*They were sweeter and clearer than milk.*—[*Rashi*] [Note that in *Midrash Shir Hashirim* חֲלָבִי is interpreted as the sacrificial parts, apparently interpreting חֲלָבִי as חֶלְבִּי, *my fat. Pesikta Rabbathi*, ch. 5, indeed states: These are the libations and the fats. *Rashi* apparently rejects this as being far from the simple meaning.]

Eat, friends—*in the Tent of Meeting.* [These were] *Aaron and his sons, and in the everlasting Temple, all the priests.*—[*Rashi*]

drink, yea, drink abundantly, beloved ones—*These are the Israelites who ate the flesh of the peace offerings that they offered up for the dedication of the altar.*—[*Rashi* from *Mid. Shir Hashirim* and *Pesikta Rabbathi,* ad loc.]

2. **I sleep**—*When I was confident and tranquil in the First Temple, I despaired of worshipping the Holy One, blessed be He, as one who sleeps and slumbers.*—[*Rashi*]

but my heart is awake—*This is the Holy One, blessed be He. So is this explained in the Pesikta* (*Rabbathi*, ch. 15).—[*Rashi*] [Note that this appears also in *Song Rabbah* and *Mid. Shir Hashirim.*]

but my heart is awake—*The Holy One, blessed be He, Who is* (*Ps. 73:26*): *"the Rock of my heart and my portion," is awake to guard me and to benefit me.*—[*Rashi* from *Pesikta Rabbathi*, ch. 15, *Song Rabbah*]

Hark! My beloved is knocking—*He causes His Shechinah to rest upon the prophets and He admonishes through them by sending them betimes.*—[*Rashi* from *Mid. Shir Hashirim, Targum*]

נִמְלָא־טָל קְוֻצּוֹתַי רְסִיסֵי לָיְלָה׃ ג פָּשַׁטְתִּי אֶת־
כֻּתָּנְתִּי אֵיכָכָה אֶלְבָּשֶׁנָּה רָחַצְתִּי אֶת־רַגְלַי אֵיכָכָה

תר"א פשטתי את כתנתי אחר פ' בראשית:

ומסר יתהון ביד נבוכדנצר מלכא דבבל ואוביל יתהון בגלותא והוו דמין בגלותא כגבר דמכא דלא יכיל לאתערא משנתיה וקל רוחא דקודשא מזהרא להון על יד נביאיא והות עירא יתהון מדמוך לבהון ענה רבון כל עלמא וכן אמר הדרי בתיובתא פתחי פומיך ובועי ושבחי לי אחתי רחמתי כנשתא דישראל דמתילא ליונתא בשלימות עובדיך ארום שער רישי אתמלי מן דמעתיך כגבר דשער רישיה מצטבע מטלא דשמיא וציצית נזרי אתמלי מן טפי עיניך כגבר דציצית נזרוהי מלין מטפי מטרא דנחתין בליליא: ג פשטתי ענת כנשתא דישראל כל קבל נביאיא הא כבר אעדיתי מני ניר פקודוי ופלחית לטעות עממיא והכדין יהוין לי אפין למהדר לותיה אתיב להון מרי עלמא על יד נביאיא

שפתי חכמים

מלא נחת ורצון: ז שהרי כל זה דברי תוכחה והזהרה ע"י נביאים הוא וא"כ ע"כ ע"י עבדיו הנביאים נאמר לכם זה אם

רש"י

בא אליך טעון ברכו' ושילום שכר מעשים טובים אם תשובי אלי: קווצותי רסיסי לילה. אף בידי הרבה קבוצות מיני פורענות ליפרע מעוזבי וממנאצי. טל הוא לשון נחת: רסיסי לילה גשמי לילה שהן טורח ועייפות. רסיסי תרגום של רביבי' (דברים לב) וכרביבים עלי עשב וכרסיסי מלקושא. קווצות הן דבוקי שערות הראש המדובקים יחד שקורין קלוציי"ש ולפי שאחז המקרא בלשון טל ומטר אחז בל' ראש וקווצות שדרך טל ומטר להאחז בשער ובקווצות. ויש לפרש טל ורסיסי לילה שניהם לטובה שכר מצות קלות הנוחות להעשות כטל ושכר מצות החמורות הקשות כטורח רסיסי לילה: (ג) פשטתי את כתנתי. כלומר כבר למדתי לעצמי דרכים אחרים לא אוכל לשוב אליך עוד כענין שנאמר (ירמיה מד) ומאז חדלנו לקטר למלכת השמים וגו' שהיו הדרכים האלה ישרים בעיניהם ולשון פשטתי את כתנתי רחצתי את רגלי לשון תשובת האשה המנאפת שאינה רוצה לפתוח לבעלה הדלת. ולפי שפתח

ספורנו

מקומי אשר בשילה וראו את אשר עשיתי לו מפני רעת עמי ואתם הרעותם מאבותיכם ואנכי מריתי. אמרתי: (ג) פשטתי את כתנתי. הנכבדת בתורה ובמעשים טובים להתענג בתענוגות זמניות: איככה אלבשנה. ללמוד וללמד כאמרם ז"ל שנה ופירש קשה מכלם: רחצתי. לתענוג: איככה אטנפם. כאמרם ז"ל ועל

אבן עזרא

מקומי. וענין ויאכל פרי מגדיו לא אקריב עולות עוד כענין אשר חלב זבחימו יאכלו אמרה שכינה באתי לגני ואין לי צורך כענין כי לי כל חיתו יער ואילו הוצרכתי יש לי הכל: יערי עם דבשי והייתי מאכיל לרעי שהם המלאכים והענין

איך תאמרי ויאכל פרי מגדיו. אחר שעלתה שכינה גלו ישראל לבבל אמרה כנסת ישראל אני ישנה בגלות בבל כאדם שהוא במהפך וענין ולבי ער. שהייתי מתאוה לחזור עם השכינה כשהייתי: קול דודי. זהו העיר ה' את רוח כורש מלך פרס: שראשי נמלא טל. דרך משל כענין כי לא ישבתי בבית העת אתם לכם לשבת בבתיכם ספונים או טל דמעות של ישראל שעלו: הפעם הראשונה (ג) אטנפם. בלשון רבנן ז"ל לשון

מצודת ציון

והוא הפוך המרמס: קוצותי. הוא שער הראש התלוי למטה וכן קוצותיו תלתלים האמור למטה: רסיסי. ענין זלוף ונטיפה וכן לרוס את הסולת (יחזקאל מ"ו): (ג) פשטתי. ענין הסרת המלבוש:

מצודת דוד

תהרי פתחי כי מילך אני בעומדי חוצה בעבור רסיסת הטל והמטר שירדו עלי. והנמשל הוא לומר כאשר ישבתי בגולה בבבל הייתי נואש מן הגאולה אבל הבחורים שבי כדניאל וחבריו היו מוסיפים עליה וחשבו את הקץ הנאמר בפי ירמיה והנה סמך ב"ה העיר רוח כורש לבנות הבית למען לא יחולל עוד שמו בין הגוים לומר עם ה' אלה ומארצו יצאו מבלתי יכולת להעמידם בארצו: (ג) פשטתי את כתנתי. ואני השבתי לו הנה כבר פשטתי את כתנתי כדרך ההולכים לישן ואין ללכת ערומה ואיך א"כ אלבשנה כי יש לי טורח בזה וכבר רחצתי את רגלי עד לא עליתי על המשכב ואיך א"כ אטנפם ללכת בארץ לפתוח לך הדלת והנמשל הוא לומר הנה נתעצלתי לעלות לירושלים לפי שכבר

קיצור אלשיך וש"ם

מרסיסי הגשמים שירדו בלילה והנה צר לי בעומדי ההוצה עבור רטיבת הטל אשר היה לי בתחלת הלילה ומנטיפת הגשמים אשר ירדו אחר זה עלי והנה היא מרוב החפזון והמהירות אינה יכולה לכוון ללבוש את כותנתה אשר הפשיטה טרם שהלכה לישן על מטתה מרוב חשכת הלילה ואומרת אליו איככה אלבשנה ואי לזה אחר שלבשה כותנתה לא יכולה למצוא המנעלים ומתאוננת בלבה ואומרת איככה אטנף רגלי אשר רחצתי טרם שכבי. והנה בעוד שהלבישה כותנתה הושיט דודה את ידו מן החור לפתוח את כפית המנעול והיא כאשר ראתה את ידו מיד מעיה המו עליה ונכמרה רחמיה עליו ואומרת בלבה הנה ידי מזוהמות מהשינה לכן טרם פתחי את הדלת אקח את המור להעביר על ידי כדי להעביר את הריח הרע מידי, והנה כאשר באה לפתוח את המנעול מחמת רבוי הבושם בידיה היו ידיה נוטפות מור עובר על כפות המנעול, אמנם דודה לא ידע מטוב כונתה להתקשט לפניו במלבוש לבן ובריח טוב ולכן חרה אפו והסתיר וחמק ועבר ממנה על אשר לא פתחה לו מיד, והנה היא רצתה אחריו בין השווקים והרחובות על אשר שמעה קול דבורו בחרי אף לאמר לא אשוב אליך עוד וכמעט נפשה יצאה בדברו זאת והנה היא בקשה והפשה אותו איך הוא שב ולא מצאתהו והתחילה לקרוא אותו בקול גדול בחשבה שהוא במקום נסתר אולי יענה אליה בשמעו קולה אבל לא ענה לה, והנה בעוד חפשה אותו בעיר בתוך כך מצאוה השומרים הסובבים בלילה בעיר הכוה ופצעוה וגם לקחו והפשיטו את רדידה ותכשיטיה מעליה כשודדי לילה ואת כל אלה היא מספרת כאילו נדמה לה בחלום הלילה. הדוגמא כי דרך כל איש ישראלי עם אלהי אברהם שעם היותם ישנים על מטת עצלות מתשובה ומעשים טובים עכ"ז לא יבצר מהם תשוקת לב לשוב עד ה' כי שורשם קדוש מחחת כסא הכבוד ושואג לבם להדבק בשורשם וכמה פעמים לבם נוקפם לשוב אל ה' והשאור שבעיסתם הוא היצה"ר מרדימם בשינת עצלות מלקום לשוב. אבל קול דודי אשר השמיע לנפשותינו במעמד הר סיני אנכי ה' אלהיך וגו' הקול ההוא עודנו דופק בלבי ולא יעבור ממני לעולם. וע"כ לבי ער. ומה הוא הדפיקות שדופק כמדבר בי פתחי לי שער אבוא בו לידבק בך ואעזרך לשוב. או פתחי לי שער השמים אשר הוא סגור בעונותיך המבדילים. ואל תתיאש על רוב עונך פן אעזבך כי הלא אחותי את מפאת הנפש תמשך אחרי בפיתחך. וגם רעייתי את כי עד כה שותף אני עמך בברייתו של עולם כי קול ה' הדובר היא התורה שבה ברא את העולם כנודע וישראל מקיימים אותה באופן ששותפי את. וכן יונתי שלא המרתני כיונה שלא תמיר בן זוגה. תמתי.

סובלת

is full of dew, my locks with the drops of the night." 3. "I have taken off my tunic; how can I put it on? I have bathed my feet; how

Open for me—*Do not cause Me to withdraw from you.*—[*Rashi*]

for my head is full of dew—*A term referring to a man who comes at night, knocking on the door of his beloved. He says thus, "Because of love for you, I have come at night at the time of dew or rain," and the allegory is that, "My head is full of dew because I am full of good will and satisfaction with Abraham your father, whose deeds pleased Me like dew, and behold, I come to you, loaded with blessings and the payment of reward for good deeds if you return to Me."*—[*Rashi* from *Mid. Shir Hashirim*]

my locks with the drops of the night—*In My hands there are also many categories of types of retribution, to exact retribution from those who forsake Me and anger Me. Dew is an expression of pleasure.*—[*Rashi*]

the drops of the night—*the rains of the night, which represent hardship and weariness.* רְסִיסֵי *is the Targum of* רְבִיבִים: (*Deut. 32:2*): *"and like drops* (וְכִרְבִיבִים) *on the grass," is translated as* וְכִרְסִיסֵי מַלְקוֹשָׁא, *drops of the last rain of the season. Locks are bunches of hair adhering together, called flozels, curls, locks, and because Scripture adopted an expression of dew and rain, it adopted an expression of a head and locks, for it is usual for dew and rain to adhere to the hair and locks. Both "dew" and "drops of the night" may also be explained favorably, viz. the reward for precepts that are easy to perform, like dew, and the reward for precepts that are difficult as the hardship of the drops of the night .*—[*Rashi*]

Mezudath David explains:

[1] **I have come to my garden**—The young man sends his word and says: I will hasten to come to the garden that you have prepared for me, and I will gather the myrrh with the other species of spices that you have prepared for me, and I will eat sugar with such a ravenous appetite that I will eat the sugar cane along with it in order to suck the sugar out , and I will drink the wine with the milk that you have prepared for me.

Eat, friends—Because of the intense joy, I will invite people and persuade them to eat, and so will I say to them, "Eat, friends, etc." Allegorically, it is as though the Omnipresent, blessed be He, promises and says, "Behold, I will very soon cause My Shechinah to rest in your midst, and I shall willingly accept your incense, and a fire will descend from heaven and consume the wood arrangement on the altar with the sacrifices, which are as sweet to Me as honey, and I will with desire accept the wine libations, which will be as sweet to Me as milk, and the priests will eat their portion of the sacrifices, spared from the fire."

[2] **I sleep**—The beloved maiden now returns to complete her narrative

with the maidens, for when the beauty of her words, depicting her intense love for her beloved, reached his ears, he sent word to praise her, as in chapter 4, and she devised a plan that he should come to the garden to sit with her, and he replied that he would indeed come. She now resumes her narrative and explains how she became separated from her beloved for such a long time, and she relates: When I went to sleep, and my heart was still awake, for I had not yet fallen asleep, I heard the sound of my beloved knocking at the door, and so he said: Open the door for me, my sister, my beloved, who cleaves to me like a dove to her mate, who are wholehearted in your love for me.

for my head is full of dew—For the hair of my head is full of the dew that fell upon me, and my locks are filled with the stream of rain that fell at night, as one who says, "Hurry and open the door for me. It is uncomfortable standing outside in the rain and the dew which have fallen on me." Allegorically, Israel says: When I sojourned in Babylon, I despaired of being redeemed, but the young men in my midst, such as Daniel and his companions, anticipated it and calculated the end prophesied by Jeremiah, and behold, the Omnipresent, blessed be He, inspired Cyrus to set them free, so that His name should no longer be profaned among the nations who said that (Ezek. 36:20): "These are the people of the Lord, and they have come out of His land," because He did not have the power to keep them in His land.

3. **I have taken off my tunic**—*i.e., I have already accustomed myself to other ways; I can no longer return to You, as it is stated (Jer. 44:18): "But since we stopped burning incense to the queen of heaven, etc.," for these ways were proper in their eyes, and the expression, "I have taken off my tunic...I have bathed my feet," is the language of an adulterous wife, who does not wish to open the door for her husband. And since Scripture commenced with the language of, "I sleep...Hark! My beloved is knocking," it concludes with an expression apropos to an expression of knocking at the door at the time of retiring to sleep at night.*—[*Rashi*]

Mezudath David explains: And I replied to him: Behold, I have already taken off my tunic in order to retire. How will I put it on again? That involves much trouble. Moreover, before going to bed, I bathed my feet. How can I soil them by walking on the ground to open the door for you? Allegorically, Israel says: I was too lazy to go up to Jerusalem, because I was already settled in Babylon, and that land pleased me so much that I did not wish to take the trouble to travel to Jerusalem.

The *Targum* paraphrases:

[1] Then the Holy One, blessed be He, said to His people, the House of Israel: I have come to the Temple that you have built for Me, O My sister, congregation of Israel, compared to a chaste bride! And I have caused My Shechinah to dwell in your midst. I received with favor your incense, which you prepared for My sake; I sent

fire from heaven and it devoured your burnt offerings and your peace offerings; and as for your holy libations, they were accepted favorably by Me, the oblation of red wine and of white wine, which the priests poured out upon My altar. Now you priests, who love My precepts, come and enjoy what is left of the sacrifices, and delight yourselves with the bounties that are ready for you.

[2] After all these things, the people of the House of Israel committed iniquity, and He delivered them into the hand of Nebuchadnezzar, King of Babylon, and he led them into exile, and in exile they were like a man in slumber, who cannot be roused from his sleep. Here the voice of the holy spirit warned them by means of the prophets, and He roused them from the slumber of their hearts. The Lord of the Universe began and said: Return in repentance, open your mouth, pray and praise Me, O my sister, My love, O congregation of Israel, resembling the dove in the perfection of your works, for the hair of My head is full of your tears, as a man whose head is soaked with the dew of heaven, and the locks of My hair are filled with the drops from my eyes, as a man whose locks of hair are filled with raindrops that fall in the night.

[3] Then the congregation of Israel answered and said to the prophets: I have in the past removed from myself the yoke of His commandments and worshipped the idols of the nations; how then can I have the face to return to Him?

The Sovereign of the Universe replied to them by the prophets: As for Me, I have already removed My Shechinah from your midst; how then can I return, seeing that you have done evil things? And I have made clean My feet from your uncleanness; how then can I allow them to be sullied in your midst through your wicked actions?

Sforno explains:

[1] **I have come to my garden**—to arouse those who returned to Me [in the days of Hezekiah], and so...

I have gathered my myrrh—I received the sages of the generation favorably.

with my spice—with their disciples.

I have eaten my sugar cane—I received the ignorant people.

with my sugar—with those who perform good deeds.

I have drunk my wine with my milk—the teachers with the school children.

Eat, friends—And so I said, "Eat, friends," as Scripture states (Isa. 7:22): "for every one remaining in the midst of the land will eat cream and honey."

[2] **I sleep, but my heart is awake**—The congregation of the Lord replies: Behold, my beloved's words are correct, for indeed, I was asleep, failing to engage in the Torah and the commandments, but my heart, representing the prophets and the sages of the generations, awoke and aroused me to return to my beloved, but I rebelled.

Hark! My beloved is knocking—through His prophets.

אטנפם: ד דודי שלח ידו מן־החור ומעי המו עליו: ה קמתי אני לפתח לדודי וידי נטפו־מור ואצבעתי מור עבר על כפות המנעול: ו פתחתי אני לדודי

הנ"א פתחתי אני לדודי. זוהר פ' האזינו

ואף אנא הא כבר סלקית שכנתי מבינך והכדין אהדור ואת עבדת עובדין בישין ואנא קדשית ית רגלי מסובתך והכדין אטנפינון בינך בעובדיך בישיא: ד דודי כד אתגלי מן קדם יי דעמא בית ישראל לא צבן למחרט ולמהב אושיט מחת גבורתיה על שבטא דראובן וגד ופלגות שבטא דמנשה למעברא לירדנא ומסר יתהון ביד סנחריב מלכא דאתור ואגלי יתהון בלחלח ובחבור נהרי גוזן וקרוי מדי ודבר מנהון עגלא מתכא דשוי ירבעם חייבא בלשם דן דמתקריא פמיאס ביומי פקח בר רמליהו וכד שמעת אנא רחמי אתגלגלו עליהון: ה קמתי וכדו תקפת עלי מחת גבורתא דיי תהית על עובדי וכהניא קריבו קורבנא ואסיקו קטורת בוסמין ולא אתקבל ברעוא ארום מרי עלמא אחד דשי תיובתא באנפי: ו פתחתי אמרת כנשתא דישראל צביתי

רש"י

הכ' כל' אני ישנה קול דודי דופק סיים כל' תשובה הנופלת על ל' דופק על הדלת בעת משכב השינה בלילות: (ד) דודי שלח ידו מן החור. מאצל הדלת וראיתי ידו ונהפכו עלי המון מעי לשוב לאהבתו ולפתוח לו: (ה) קמתי אני לפתוח לדודי וידי נטפו מור. כלומר בלב שלם ונפש חפיצה כמקשטת עצמה להתאהב על אישה בריח טוב: מור

אבן עזרא

גיאול: (ד) מן החור. הנקב שיש בין שתי הדלתות:

ספורנו

הארץ תישן וחיי צער תחיה ובתורה אתה עמל: (ד) דודי שלח ידו מן החור. בימים הראשונים בימי רחבעם ע"י שישק להחזירם בתשובה כאמרו וידעו את עבודתי ואת עבודת מלכי הארצות: ומעי המו עליו. אז ושבו בתשובה כאמרו ובהכנעו שב אף ה' ממנו: (ה) קמתי אני לפתוח לדודי. לעורר את ישראל לתשובה בימי חזקיהו: וידי נטפו מר. באגרות המל': ואצבעותי מור עובר. באגרות שריו כאמרו וילכו הרצים באגרות מיד המלך ושריו: (ו) פתחתי אני לדודי. בימי יאשיהו כאמרו ויעמוד המלך על

מצודת דוד

נתישבתי בבבל והיתה הארץ ההיא ערבה עלי ולא רציתי לטרוח בטלטול הדרך: (ד) דודי שלח ידו מן החור. אמ"ז הושיט המשוק את ידו מן החור שאצל הדלת והכוונה היה למען תראה ידו ותתעורר עליו ויראה לה בהפרידו ממנה: ומעי המו עליו. כאשר ראיתי ידו השלוחה מן החור נתעוררו בעבורו ונכמרו רחמי. והנמשל הוא לומר שהמקום ב"ה שלח דברו ע"י חגי וזכריה לנבואות לה שבא הקץ ועי"ז נתעוררו לבנות הבית כמ"ש והתנבי חגי נביאה וזכריה כו' באדין קמו זרובבל כו' ושריו למבנא בית אלהא כו' (עזרא ה'):
(ה) קמתי אני. אז קמתי ממטתי לפתוח לדודי את הדלת ובכדי להתאהב עליו התבשמתי להיות ריחי נודף ובעבור מרבית הבושם היו ידי נוטפים מור ומן אצבעותי היה המור עובר וירד על ידי המנעול כשאחזתי את הדלת לסגרה. והנמשל הוא לומר הן עסקתי בבנין בנפש חפצה והצלחתי בה כמ"ש ושבי יהודאי בנין ומצלחין (שם ו): (ו) פתחתי. כאשר פתחתי לו הדלת אז סבב

מצודת ציון

איככה. מלשון איך: אטנפם. מלשון טינוף ולכלוך: (ד) שלח. ענין הושטה: החור. הנקב: המו. מלשון המייה והוא ענין לשון התכמרות רחמים וכן על כן המו מעי לו (ירמיה ל"א): עליו. בעבורו: (ה) עובר. ענין התפשטות: כפות המנעול. הכלי שסוגרין בו הדלת קרוי מנעול כמו מנעוליו ובריחיו (נחמיה ג') וכפות הם ידות המנעול הנתחבים במקום העשוי לסגור הדלת והוא מלשון כף היד: (ו) חמק. ענין סבוב כמו עד מתי תתחמקין (ירמיה ל"א):

קיצור אלשיך וש"מ

סובלת גלות ויסורים בתמימות לב בלי בעיטה. הן אלה הכנות גדולות לדבקך בי מיד בפותחך בל תמוט. ועוד אומרת קול דודי היא התורה מהרי כי כאשר יש לך ארבע הכנות לדבקך בי כך מוכן אנכי להטיב לך שראשי היא ראש התורה הרוחני הוא שורשה העליון נורא נמלא טל להחיות מתיך. למה. שקוצותי הם. כל קוץ וקוץ מאותיות התורה והלכותיה נמלא: רסיסי לילה הם הרסיסים הנעשים בעסק התורה בעוה"ז בגלות חדומה ללילה. שעל ידה גם אם לא נהיה כדאים מצד אשמותינו יעשה חסד עמנו בבקר אור העתיד. כמאמר הכתוב יומם יצוה ה' חסדו בעולם הבא בזכות מה שבלילה שירה עמי היא התורה שעמי שאני עוסק בה באיפן שתורתך השים בלבי כל ההבטחות האלה ושלא תרצה ממני רק שאפתח לו יתברך ושאם אין אני שב בנינו ית' אעשה בנין כל האושר העתיד ליהן לי ועכ"ז אנכי מתעצלת מלקום ולשוב בתשובה ומע"ט לא במרד ולא במעל כ"א שהיצה"ר יפיל עצלה ותרדמה לאיש מפאת הנפש ולאיש מפאת החומר אשר הוא מפאת הנפש כי יתן בלבו להשיב ולומר פשטתי את כתנתי וכו' כי הנה כל צדיק וצדיק יש לו חלוקא דרבנן כמדובר בגמרא ובזוהר אחד של מעשה אל הרוח ואחד של מחשבה וכונה טובה אל הנשמה והנה בהעוותי פשטתי אותה ללבוש בגדים צואי' ואיככה אלבשנה כמה וכמה תשובות ומע"ט לא יספיקו לי לשוב ללובשה כי מי יעצור כח להשיבה כבראשונה אחרי אשר הוטמאה בכמה וכמה עונות וחטאים ומתי אעשה בעד כל סיג והלאה ואקדש עצמי כי המלאכה מרובה. וע"כ אתעצל. מה עושה הוא ית' שולח ידו מן החור הוא חור האוזן שנותן בלבנו לשמוע למוכיחים ומלמדי תורתו ית' כמאמר הכתוב ויגל אזנם למוסר וכמ"ש שמעו ותחי נפשכם. וכן בכל התורה תלה כל השלמות בשמיעה. שמע ישראל וגו' אם שמוע תשמעו וגו'. כי השמע לקול ה'. כי מהשמיעה תבוא העשיה וז"א קמתי אני לפתוח וגו' שע"י השמיעה אדם קם משנתו מתרדמת משובתו לפתוח שער השמים אשר הוא סגור בכותל ומסך עונותינו אשר הם מבדילים בינינו לבין אלהינו.

הנה הקב"ה כשמעו בקולי אשר אנכי שואל שישלח לי מורה דרך ויורני מיד (ד) שלח ידו מן החור. חתר חתירה מתחת כסא כבודו לקבלני בתשובה ונתן לי לב טהור ורוח נכון חדש בקרבי עד שנתעוררתי בחבה יתרה עליו עד שהתחילו להיות מעי המו עליו [מלת עליו רומז על גלות השכינה]. (ה) קמתי אני לפתוח. ר"ל קמתי אני לשוב בתשובה ולפתוח פתח שאבוא לדודי וגם ידי נטפו מור כלומר בלב שלם ואמתי וכן טהרתי את ידי להיות נקי כפים מהחמס וגזלות אשר בהם טמאתי את ידי. ואצבעותי מור עובר. ר"ל טהרתי אצבעותי מכל טומאה. וגם הראיתי באצבעותי טעמי התורה הנמשלים למור עובר. כמו שהמור ריחו מתפשט ועובר לכל צד כן נתבשם כל העולם כולו ע"י התורה ומעשים טובים. על כפות המנעול. כי ידוע כשנופל חלודה בבריח העובר בתוך מנעול אזי ימשחנו בשמן כדי שבקל יפתח. וכמו כן היו שערי רחמים נעולים מרוב חלודת העונות ומחלאת כתמי העון ולכן הרביתי בידי מע"ט הנמשלים למור עובר על כפות המנעול שיעבירו הבריח של העונות ויפתחו שערי רחמים הנעולים בעונינו:

(ו) פתחתי וכו' ודודי חמק עבר. ירצה סבב עצמו ממני ואינו אלא מציץ עלי מן החרכים לשמרנו

can I soil them?" 4. My beloved stretched forth his hand from the hole, and my insides stirred because of him. 5. I arose to open for my beloved, and my hands dripped with myrrh, and my fingers with flowing myrrh, upon the handles of the lock. 6. I opened for my beloved,

Open for me—the gates of righteousness, so that I will be able to enter, as the prophet says (Mal. 3:7): "Return to Me, and I will return to you."

for my head is full of dew—before the rising of the sun on the kingdom of the House of David, in the days of Eli, when his sons and their ilk did not behave properly.

is full of dew—only dew, for the Israelites were not sullied to any great extent with idolatry and the like, but now...

my locks with the drops of the night—which are worse than the dew, as Scripture states (Jer. 2:28): "For the number of your cities were your gods, O Judah." This was the prophet's intention when he said (ibid. 7:12): "For go now to My place that is in Shiloh ...and see what I did to it because of the wickedness of My people Israel." He states further (ibid. 16:12): "And you have done worse than your fathers." But I rebelled and said:

[3] **I have taken off my tunic**—which was sanctified with Torah and good deeds, to enjoy temporal pleasures.

4. **My beloved stretched forth his hand from the hole**—*which is beside the door, and I saw his hand, and the stirring of my insides turned over within me to return to his love and to open for him.*—[*Rashi*]

Mezudath David explains: My beloved then stretched forth his hand from the hole beside the door. He wished me to see it and long for him and feel troubled that he had left me.

and my insides stirred because of him—When I saw his hand stretched out from the hole, I was pained because of him, and my feelings toward him were stirred up. The allegorical meaning is that the Omnipresent, blessed be He, sent His word through Haggai and Zechariah to prophesy that the end had arrived, and through that, they were inspired to rebuild the Temple, as it is written: (Ezra 5:1f): "Now the prophets, Haggai the prophet and Zechariah, etc. Then Zerubbabel the son of Shaltiel...arose and commenced to build the House of God, etc."

5. **I arose to open for my beloved, and my hands dripped with myrrh**—*wholeheartedly and with a desiring soul, as one who adorns herself to endear herself to her husband with a pleasant scent.*—[*Rashi*]

with flowing myrrh—*with a fragrance that flows and spreads to all sides.*—[*Rashi*] *Mezudath David* explains these words allegorically. Israel says: I eagerly engaged in the building of the Temple, and I succeeded, as it is written (Ezra 6:14): "And the elders of the Jews were building and succeeding."

וְדוֹדִי חָמַק עָבָר נַפְשִׁי יָצְאָה בְדַבְּרוֹ בִּקַּשְׁתִּיהוּ וְלֹא
מְצָאתִיהוּ קְרָאתִיו וְלֹא עָנָנִי׃ ז מְצָאֻנִי הַשֹּׁמְרִים
הַסֹּבְבִים בָּעִיר הִכּוּנִי פְצָעוּנִי נָשְׂאוּ אֶת־רְדִידִי

הו"א [illegible]

למתבע אולפן מן קדם יי ואיהו סלק שכנתיה מביני ונפשי תאבת לקל מלוי תבעית שכינת יקריה ולא אשכחית צליתי קדמוהי ואיהו טלל שמיא בעננא ולא קביל צלותי: ז מצאוני אדביקו לי כשדאי דנטרין אורחתא ומעיקין חזור חזור על קרתא דירושלם מני קטלו בחרבא ומני אובילו בשביתא נטלו תגא דמלכותא מעל צוריה

רש"י

עבר. ריח עובר ומתפשט לכל צד: (ו) ודודי חמק עבר. נסתר ונכסה ממני כמו (שיר ז) חמוקי ירכיך סתרי ירכיך ע"ש שהירך בסתר (ירמיה לא) עד מתי תתחמקין תסתרי ותתכסי מחמת בושה שמעלת בי: נפשי יצאה בדברו. שאמר לא אבא אל ביתך כי מתחלה לא אבית לפתוח: בקשתיהו וגו'. מצאוני השמרים הסבבים בעיר. ותופסין גנבים המהלכים בלילות: הכוני פצעוני. הכלו בי חבורה. כל פצע ל' מכת כלי זיין הוא נברדורי"א בלע"ז: רדידי. עדיי המרודד והמרוקע עלי וכן כל הענין לשון אשת נעורים המתאוננת על בעל נעוריה ומבקשתו. וזו היא הדוגמא: דודי שלח ידו מן החור. כשאמרתי רחצתי את רגלי ולא אפתח לך ולא אשוב מן ע"א שבחרתי בה: שלח ידו. והראה נקמתו בימי אחז והביא עליו חיל מלך ארם (ד"ה ב כח) ויכו בו וישבו ממנו שביה גדולה וגו' ויהרוג פקח בן רמליהו ביהודה מאה ועשרים אלף ביום אחד: ומעי המו עליו. בא חזקיהו בנו ושב בכל לבבו לדרוש להקב"ה כל דורו שלמים לא קם דור בישראל כמותם כמו שמפורש בחלק בדקו מדן ועד באר שבע ולא מצאו עם הארץ מגבת ועד אנטוכיא ולא מצאו איש ואשה שאין בקיאין בהלכות טומאה וטהרה וזהו וידי נטפו מור וגו' אף יאשיהו נאמר בו (מלכים ב' כב) וכמוהו לא היה לפניו מלך כי ראה פורענות שבאה על מנשה ועל אמון לקיים שלא ידו מן החור ומעי המו עליו: פתחתי אני לדודי ודודי חמק עבר. לא ביטל גזירתו שנא' בחזקיהו (ישעיה לט) הנה ימים באים ונשא כל אשר בביתך וגו' ומבניך אשר תוליד אלו דניאל חנניה מישאל ועזריה ואף ביאשיהו על ידי חולדה הנביאה (ירמיה יח) הנני מביא רעה אל המקו' הזה ועל יושביו וגו' ואו' (מלכים ב כב) וכמוהו לא היה לפניו מלך וגו' אך לא שב ה' מחרון אפו הגדול אשר חרה ביהודה על כל הכעסים אשר הכעיסו מנשה ויאמר ה' גם את יהודה אסיר מעל פני כאשר הסירותי את ישראל ומאסתי את העיר הזאת: נפשי יצאה בדברו. יצאה ממני בדברו דבר זה: בקשתיהו ולא מצאתיהו. ואם תאמר והלא ירמיה עומד ומתנבא בימי יהויקים וצדקיהו שובו אלי ואשובה אליכם לא לבטל הגזירה אלא להקל הפורענות ולהכין מלכותם בשובם מן הגולה לנוטעם מאין נתישה ולבנותה מאין הורס. (ז) מצאוני השומרים. נבוכדנאצר וחילותיו:

ספורנו

עמדו ויכרתו את הברית וכו' כל ימיו לא סרו מאחרי ה' כו': ודודי חמק עבר. כאמרו אך לא שב ה' מחרון אפו הגדול כו' לכל הכעסים אשר הכעיסו מנשה: נפשי יצאה בדברו. ע"י חולדה הנביאה כאמרו ותתך חמתי במקום הזה ולא תכבה: בקשתיו. בימי יהויקים כאמרו קראו צום לפני ה' ויקרא ברוך בספר: קראתיו. ע"י ירמיהו כאמרו אם עונינו ענו בנו ה' עשה למען שמך כו': ולא ענני. כאמרו אינני שומע אל רנתם וכאמרו אם יעמוד משה ושמואל לפני אין נפשי אל העם הזה: (ז) השומרים הסובבים בעיר הכוני. כאמרו שריה בקרבה אריות שואגים כו' ובכן נשאו את רדידי מעלי שומרי החומות* בבתוך לבלתי תת יוצא ובא כאמרו כשומרי הרים היו עושים

אבן עזרא

(ו) חמק. כמו הלך מן חמוקי ירכיך וי"א כמוהו עד מתי תתחמקין בענין רחוק: (ז) רדידי. בלשון ישמעאל כמו

מצודת ציון

(ז) פצעוני. היא מכה המוציאה דם וכן פצע תחת פצע (שמות כ"א): נשאו. לקחו וכן ונתים ונשאו (מיכה ב'): רדידי. הוא שם הכסוי

מצודת דוד

עצמו ועבר משם: נפשי יצאה בדברו. כי נשפכה ממני דבר קשות לאמר לא אשיב עוד אליך והמרה בשמעי דבריו אלה כמעט יצאה נפשי מהפלגת הגעגועין בקשתיהו. אף"ז בקשתי אותו והפשתי אחריו ולא מצאתי אותו וקראתי אותו כחשבי שהוא במקום סתר ויגלה עצמו אלי בשמעו קולי אבל לא ענה לי. והנמשל הוא לומר כאשר נמלטתי בנין הבית נסתלקה הנבואה ומאוד נצטערתי על העדרה ומחזרת הייתי על מחזרת הנבואה ולא עלתה בידי: (ז) מצאוני השומרים. בעת סבבתי בעיר לחפש אחריו מצאו אותי שומרי העיר הסובבים בלילה לשמרה והכו אותי ופצעו בי ושומרי החומות לקחו מעלי את רדידי כדרך שעושין להולך יחידי בלילה שמכים ופוצעים בו ומפשיטין בגדיו באמרם שהולך הוא לגנוב או לנאף. והנמשל הוא לומר הנה פגעו בי השודדים המתפרצים בעולם ואבדו מתני כמה וכמה בכל דור ודור והמסו אותי אלופי המגוני הליגוני ככלי ריק:

קיצור אלשיך וש"ם

לשמרני שלא נהיה כלה מן האומות והוא רואה אותי מן החרכים ואני לא אוכל לראותו וכל זה הוא עושה כדי להביאנו בכור המבחן אם לא נהיה מהרהרין אחר מדותיו ואם אהבתנו אליו שלמה כמו שנסה לאברהם אם לא יהרהר אחר מדותיו. נפשי יצאה בדברו. הראב"ע אומר וז"ל כנ"י אומרת נפשי הצא כשאזכור דברו שהיה מדבר עמי בימים קדמוני' מהידוע כי כל חלק משתוקק אל הכל שממנו לוקח. כשלהבת הנר הנמשך אל האבוקה. וזה סוד מיתת נשיקה כי בעת מותו נמשך נשמת אדם אל השכינה. וזה מושכל כי יש הבדל בין דברתי עם פלוני. ובין פלוני מדבר עמי. כי הלשון פלוני מדבר עמי במשמעותי שפלוני קרב את עצמו אלי ונחשב אצלו לכבוד לדבר עמדי. אמנם אני דברתי עם פלוני הוא להיפך. והנה מצאנו שקרב ה' את עצמו אל ישראל לדבר עמהם. כמ"ש וירד ה' על הר סיני ולזה נאמר ומי גוי גדול אשר לו אלהים קרובים אליו. והנה מלת אליו הוא מיותר אמנם בא לרמז שהקב"ה קרב א"ע אליו לישראל. וזש"ה נפשי יצאה בדברו. הכנ"י כמתאוננת וקובלת איככה נעתקה האהבה הקדומה מאתו ית' אלי כי בימי קדם חבבתני חבה נמרצת במעמד הר סיני והוא ית' קרב עצמו אלי לדבר עמדי עד שנפשי יצאה בדברו עמדי מחמת רב תשוקתי אליו ככל חלק משתוקק אל הכל. ואמרנו אל ידבר עמנו אלהים פן נמות. וז"ש נפשי יצאה בדברו. שהוא התקרב אלי. ועתה נחלשה אהבתו מאתי. כי לא זה לבד שהוא לא חפץ לדבר עמדי אלא אף שקרבתי עצמי אליו והפשתיו ובקשתיו ולא מצאתיו גם קראתיו ולא ענני ואשר לזאת הנני נגוע כל היום מוכה אלהים ומעונה. כי (ז) מצאוני השומרים הסובבים בעיר. הם פקידי העכו"ם שומרי העיר וסובבים בה להשגיח עליה הם אם אך מצאוני הכוני פצעוני. אף כי לא מצאו בי כל עון אשר חטא. רק באשר מצאוני דוקא איתי ושם ישראל נקרא עלי. נשאו את רדידי מעלי שומרי החומות גם הפקידים היותר גבוהים במעלתם להיותם נקראים שומרי החומות של המדינה גם הם נשאו את רדידי ותכשיט האנושי

מעלי

but my beloved had hidden and was gone; my soul went out when he spoke; I sought him, but found him not; I called him, but he did not answer me. 7. The watchmen who patrol the city found me; they smote me and wounded me; the watchmen of the walls took my jewelry

6. **but my beloved had hidden and was gone**—Heb. חָמַק, *was hidden and concealed from me, like* (*below 7:2*): "*the curves* (חַמּוּקֵי) *of your thighs,*" *the hidden places of your thighs, because the thigh is hidden.* [Also] (*Jer. 31:21*): "*How long will you hide* (תִּתְחַמָּקִי)," *will you hide and cover yourself because of the shame that you betrayed Me?*—[*Rashi*]

my soul went out when he spoke—*for he said, "I will not come into your house because at first you did not wish to open."*—[*Rashi*]

I sought him, etc.

7. **The watchmen who patrol the city found me**—[i.e., those who patrol the city] *and apprehend the thieves who prowl at night.*—[*Rashi*]

they smote me and wounded me—*They inflicted a wound upon me. Every* [instance of] פֶּצַע *is an expression of a wound* [inflicted] *by a weapon, navredure in Old French, a wound.*—[*Rashi*]

my jewelry—Heb. רְדִידִי. *My jewelry that was hammered and beaten, upon me, and the entire episode is an expression of a wife of one's youth who bewails the husband of her youth and searches for him. And this is the allegorical meaning:*

[4] **My beloved stretched forth his hand from the hole**—*when I said, "I have bathed my feet," and I will not open for You, and I will not repent of the idolatry that I have chosen.*—[*Rashi*]

stretched forth his hand—*and demonstrated His vengeance in the days of Ahaz, and He brought upon him the army of the king of Aram* (*II Chron. 28:5f*): "*and they smote him and captured from him a great captivity, etc. And Pekah the son of Remaliah slew in Judah one hundred and twenty thousand in one day.*"—[*Rashi*]

and my insides stirred because of him—*Hezekiah his son came and repented with all his heart to seek the Holy One, blessed be He, and his entire generation was wholehearted; there never arose a generation in Israel like them, as is delineated in* [the chapter entitled] חֵלֶק (*Sanh.* 94b)*: They searched from Dan to Beersheba and did not find an ignoramus, from Gebeth to Antioch, and did not find a man or woman who was not well versed in the laws of ritual contamination and purity, and this is the meaning of, "my hands dripped with myrrh, etc." It is also stated regarding Josiah* (*II Kings 23:25*)*: "Now before him there was no king like him, etc.," for he saw the retribution that had come upon Manasseh and upon Amon, to fulfill the words, "he stretched forth his hand from the hole, and my insides stirred because of him."*—[*Rashi*]

[6] **I opened for my beloved, but my beloved had hidden and was gone**—*He did not nullify His decree, as it is stated regarding Hezekiah (Isa. 39:6f): "Behold a time shall come when everything in your palace, etc. shall be carried off to Babylonia. And...[some] of your sons...whom you shall beget." These are Daniel, Hananiah, Mishael, and Azariah, and also* [as it is stated] *concerning Josiah, through Huldah the prophetess (II Kings 22:16): "Behold, I bring calamity upon this place and upon its inhabitants, etc." And Scripture states:* (ibid. 23:25ff): *"Now, before him there was no king like him... Nevertheless, the Lord did not turn back from His great wrath, for His wrath was kindled against Judah, because of all the provocations that Manasseh had provoked Him. And the Lord said: I will remove Judah too from before Me as I have removed Israel, and I will reject this city."*—[*Rashi*]

my soul went out when he spoke—*It left me when He spoke this word.*—[*Rashi*]

I sought him, but found him not—*Now if you ask: Was not Jeremiah standing and prophesying during the days of Jehoiakim and Zedekiah, (Mal. 3:7): "Return to Me, and I will return to you"? This was not to nullify the decree, but to mitigate the punishment and to prepare their kingdom for the time when they would return from the exile, to plant them without being uprooted and to build it without being demolished.*—[*Rashi*]

[7] **The watchmen...found me**—*Nebuchadnezzar and his armies.*—[*Rashi*]

who patrol the city—*to wreak the vengeance of the Omnipresent.*—[*Rashi*]

took my jewelry—*the Temple.*—[*Rashi*]

the watchmen of the walls—*Even the ministering angels, who were guarding its walls, as it is stated (Isa. 62:6): "On your walls, O Jerusalem, etc." They ignited the fire upon it, as it is written (Lam. 1:13): "From above He has hurled fire, etc."*—[*Rashi*]

The *Targum* paraphrases:

[4] When it was made clear to the Eternal that the people of the House of Israel were not willing to repent and to return to Him, He stretched forth the stroke of His might upon the tribes of Reuben, Gad, and the half-tribe of Manasseh upon the other side of the Jordan, and delivered them into the hand of Sennacherib, king of Assyria, and he caused them to be carried captive to Lahlah and Habor, rivers of Gozan, and to the cities of Media, and took from their hands the molten calf which the sinful Jeroboam had set up in Leshem Dan, which is called Pamios, in the days of Pekah, son of Remaliah; and when I heard of these things, my pity was stirred for them.

[5] And as the mighty stroke of the Eternal was heavy upon me, I was astounded at my actions; then the priests brought the sacrifice and offered up sweet-smelling incense, but it was not accepted with favor,

for the Lord of the Universe had closed the doors of repentance in my face.

[6] The congregation of Israel exclaimed: I desired to ask instruction from the Eternal, but He had removed His Shechinah from me; my soul longed for the voice of His word, I sought the presence of His glory, but I found it not; I prayed to Him, but He covered the heavens with clouds and would not receive my prayer.

[7] The Chaldeans overtook me, they that guard the ways, and they pressed me sore round about the city of Jerusalem; some of my people they slew with the sword, others they took into captivity; they took the royal crown off from the neck of Zedekiah, King of Judah, bringing him to Rivlah, and they put out his eyes, these people from Babylon, who harassed the city and guarded the walls.

Sforno explains:

[4] **My beloved stretched forth his hand from the hole**—in the early days, in the days of Rehoboam through Shishak, to bring them back to repent, as the Chronicler states (II Chron. 12:8): "and they will know My service and the service of the kingdoms of the lands."

and my insides stirred because of him—Then they repented, as the Chronicler says (ibid. 12): "And when he humbled himself, the Lord's wrath returned from him."

[5] **I arose to open for my beloved**—to inspire Israel to repent in the days of Hezekiah.

and my hands dripped with myrrh—with the letters of the king.

and my fingers with flowing myrrh—with the letters of his princes, as the Chronicler states (ibid. 30:6): "So the couriers went with the letters from the hand of the king and his officers."

[6] **I opened for my beloved**—in the days of Josiah, as Scripture states (ibid. 34:31ff.): "And the king stood in his place and enacted the covenant...all his days they did not turn away from following the Lord God of their forefathers."

but my beloved had hidden and was gone—as Scripture states (II Kings 23:26): "Nevertheless, the Lord did not turn back from His great wrath, etc., because of all the provocations that Manasseh had provoked Him."

my soul went out when he spoke—through Huldah the prophetess, as Scripture states (II Chron. 34:25): "My wrath is poured down upon this place, and it shall not be quenched."

I sought him—in the days of Jehoiakim, as Scripture states (Jer. 36:9f.): "They proclaimed a fast...and Baruch read in the book."

I called him—through Jeremiah, as Scripture states (ibid. 14:7): "If our iniquities have testified against us, O Lord, do for Your name's sake, etc."

but he did not answer me—as Scripture states (ibid. 12): "I will not hearken to their prayer," and as Scripture states further (ibid. 15:1): "If Moses and Samuel stand before Me, I have no desire for this people."

[7] **The watchmen who patrol the city...they smote me**—as the

מֵעָלַי שֹׁמְרֵי הַחֹמוֹת׃ ח הִשְׁבַּעְתִּי אֶתְכֶם בְּנוֹת
יְרוּשָׁלָ͏ִם אִם־תִּמְצְאוּ אֶת־דּוֹדִי מַה־תַּגִּידוּ לוֹ שֶׁחוֹלַת
אַהֲבָה אָנִי׃ ט מַה־דּוֹדֵךְ מִדּוֹד הַיָּפָה בַּנָּשִׁים מַה־
דּוֹדֵךְ מִדּוֹד שֶׁכָּכָה הִשְׁבַּעְתָּנוּ׃ י דּוֹדִי צַח וְאָדוֹם

תו"א אם תמצאו את דודי. זוכר פ' ויחי:

דצדקיהו מלכא דיהודה ואוביל יתיה בבבלא וסימו ית עינוהי עמא דבבל דמעיקין על קרתא ונטרין ית שוריא: ח השבעתי אמרת כנשתא דישראל אשבעית לכון נביאיא בגזירת מימרא דיי אם אתגליא עליכון רחמתכון חויאו קדמוהי דמרעיתא מן חבת רחמוהי אנא: ט מה ענו נביאיא ואמרו לבית ישראל אידין אלהא אנת בעיא למפלח כנשתא דישראל שפרתא מכל עממיא לאידין אנת צביא למדחל דהכדין קיימת עלנא: י דודי בכן שריאת כנשתא דישראל למשתעי בשבחא

רש"י

הסובבים בעיר. לנקום נקמתו של מקום: **נשאו את רדידי.** בית המקדש: **שומרי החומות.** אף מלאכי השרת שהיו שומרים חומותיה כענין שנא' (ישעיה סב) על חומותיך ירושלים וגו' הם הציתו בו את האור כענין שנאמר (איכה א) ממרום שלח אש וגו': (ח) **השבעתי אתכם.** האומות אנשי נבוכדנצר שראיתם בחנניה מישאל ועזריה מוסרי' עצמם לכבשן האש ואת דניאל לגוב אריות על עסקי התפלה ואת דורו של מרדכי בימי המן: **אם תמצאו את דודי.** לעתיד לבא ליום הדין שיבוקש מכם להעיד עלי כענין שנאמר (ישעיה מג) יתנו עדיהם ויצדקו: **מה תגידו לו.** שתעידו עלי שבשביל אהבתו חליתי ביסורי' קשים ביניכם יבא נבוכדנאצר ויעיד יבא אליפז וצופר וכל נביאי האומות ויעידו עלי שקיימתי את התורה: (ט) **מה דודך מדוד.** כך היו שואלין האומות את ישראל מה אלהיכם מכל האלהים שכך אתם נשרפים ונצלבים עליו: **שככה השבעתנו.** להעיד לו על אהבתך: (י) **דודי צח.** לבן כמו (איכה ד) צחו מחלב: **ואדום.** אפרש תחלה כל הענין לפי פשוטו בקילוס

אבן עזרא

נפיף: (י) דגול. מן דגל: הפעם השנית ענין דגול מרבבה. כמו הדגל הוא בין הבירין:

הפעם השלישית פשטתי. שנתעללו ישראל לעלות ולבנות הבית: דודי שלח ידו מן החור. מהלון הרקיע וזהו דאתנביאו חגי וזכריה בר עדו: קמתי אני לפתוח לדודי. זהו בנין הבית והשבו שהשכינה תדור עמהם וכן הבטיחום הנביאי' ושכנתי בתוכך אלו היו על דרך ישרה והנה השכינה לא נכנסה עמהם וזה ענין בקשתיהו ולא מצאתיהו: וטעם נפשי יצאה בדברו נפשי תלא כשאזכור דברו כשהיה מדבר עמי בימים הקדמונים: מלאכי השומרים. מלכי יון: הכוני פצעוני נשאו את רדידי. והענין עזבוני ערומה מהמצות ואני בין כך ובין כך דבקה בשם וחולת אהבה ולא עבדתי עבודה זרה: דודי צח. שמעשיו זכים ונקיים לזכים ואדום למכעיסיו כענין מדוע אדום ללבושך וענין *מרבבה אלף אלפין ישמשוניה:

ספורני

מסביב ונשאו את **רדידי** מעלי כאמרו ויבאו ויאכלו ארץ ומלואה עיר ויושבי בה: (ח) **אם תמצאו את דודי.** בנפלאותיו אשר יעשה בקרבכם כענין כבשן האש: **מה תגידו*** **לו.** בשבילו. כאמרו אתיא ותמהיא כו' שפר קדמוהי להחויא: **שחולת אהבה אני.** הגידו שחולת אהבה אני כאמרו ויהבו גשמיהון דלא יפלחון ולא יסגדון לכל אלהא אלהין לאלההון כי בזה תשהו כל האומ' *לפני'. ואמרו: (ט) **מה דודך מדוד.** מה ההבדל אשר בין זה האלוה לזולתי *שתמסרי עצמך לבלתי החליפו באחר: **היפה בנשים.** בהשכל וברחמים ופרישות באופן שתהיה לרצון גם לפני כל אלוה זולתו: **שככה השבעתנו.** להגיד אמונתך עמו עד מות: (י) **דודי צח ואדום.** הוא צח כלו בהיותו מיטיב במדת רחמיו על כל מעשיו

מצודת דוד

(ח) **השבעתי כו'.** כלותה לספר אמרה אל הנערות משביע אני אתכן אם תמצאו את דודי הנה זאת היא מה שתגידו לו אשר אני חולה מרוב שגעגועין אל אהבתו וכאלו תאמר אין חליי בעבור המכות שהכו ופצעו בי השומרים כי הצער ההוא הוא כאין מול צער הפרדתו ממני הוא חליי. והנמשל הוא כאלו כנסת ישראל משבעת את העכו"ם להעיד עליה לעתיד לפני המקום ב"ה לומר שכל התלאות שסבלתי בגולה קבלתי באהבה אבל כל חליי ודאגתי היא על המנעת השראת השכינה כי לבד זאת היא מגנתי ותוחלתי: (ט) **מה דודך.** כאלו הנערות משיבות אותה מה זה תתרפק בו ומתגעגעת עליו את היפה בין הנשים וכי במה נחשב הוא ביתר משאר כדודים: **שככה השבעתנו.** אבל כך השבעתנו להגיד שאתה חולה לאהבתו וכאלו תאמרנה הנה גודל ההרילית הזה יורה שאין מי להעריך אליו אמרי נא מה הם הסיבות הנמצאות בו שאינם בזולתו. והנמשל הוא כאלו העו"ג משיבות אותה לומר אמרי נא במה הוא נחשב מכל שרי מעלה של העו"ג הלא כולם משפיעים טובה לאוהביהם וא"כ הואיל והוא עזבך התחברו עמנו ונהיה לעם אחד ותהי גם את תחת ממשלת השר המיוחד בנו: (י) **דודי צח ואדום.** כאלו משיבה הן אין להעריך שאר הדודים מול דודי כי דודי הוא צח הלבון מעורב במראה אדמימות הנחמד לעין. והנמשל הוא כו' הנה המקום ב"ה פועל ברחמים והדין כי צחות הלבון יורה על הרחמים והאודם על הדין כמפורסם

מצודת ציון

מה מרודד זהו וכן והצניפות והרדידים (ישעיה ג' ג'): (י) צח.

קיצור אלשיך וש"מ

מעלי ויאמרו כי לא תואר ולא הדר לו. וכל זה היה בזמנים אחר החורבן טרם הקים ה' לנו מלכי חסד אשר בצלם נחסה ונתלונן כהיום. נוסף לזה יתאמרו כל פועלי און כי אין כל עול להכני. באשר כבר מאס בי דודי והפר את בריתו אתי. כאשר כבר שאלתי את פיהם לאמר (ח) השבעתי אתכם בנות ירושלים להשיבני דבר אמת אם תמצאו את דודי והוא יביאכם במשפט לאמר על מה שוא דכיתם כחלל עמי? מה תגידו לו? הנה כזאת שמעתי מפיהם שהדור לא יריב ריבי עד עולם. שחולת אהבה אני. ולכן הותרה הרצועה להכני באגרוף רשע כחפצם והוא עד"ה (ירמיה נ) צריהם אמרו לא נאשם תחת אשר וגו' והעל אלה תתאפק דוד יקר תחשה ותענני עד מאד.

והכנסיה אומרת להקב"ה מה תאמר אלי דוד יקר כי רפו ידי מלשמור חומות האמונה והדת הלא ראה נא דודי איך האומות שאינם מאמינים בך מפתים אותי ושואלים אותי לאמר הלא תגידי נא לנו (ט) מה דודך מדוד. מה יתרון לדודך מכל דוד אשר חבוקה כ"כ אתה בו ודבוקה אליו · היפה בנשים? האם בזה אשר בחרת בו יפה את בנשים? כלומר נעלית מכל אום ולשון? הלא נהפוך הוא, כי תלכי קדורנית, וא"כ מה דודך מדוד. מה זה אשר בחרת בדודך יותר מכל דוד. שככה השבעתנו. מבלי לעורר חלילה אהבת דודך אלינו? וכאומרים הלא טוב גם לך גם לנו להחזיק באמונת דודנו ולהתענג על כל טוב מלעוז במעוז דודך ולהיות עזובה ושוממה כל היום דוה? ואולם זאת אשיב להם, חלילה לי מעזוב את דודי וללכת אחריכם יען כי הנני כבשרד לתאר לפניכם את עוצם גדלו הודו ותפארתו למען תאמינו לי ותבינו כי אין כמוהו בכל הארץ. הן (י) דודי זה אשר בחרתי בו יצטיין במעלתו

הרמה

off me. 8. "I adjure you, O daughters of Jerusalem, if you find my beloved, what will you tell him? That I am lovesick." 9. "What is your beloved more than another beloved, O fairest of women? What is your beloved more than another beloved, that you have so adjured us?" 10. "My beloved is white and ruddy,

prophet says (Zeph. 3:3): "Her princes in her midst are roaring lions, etc.," and so...

the watchmen of the walls took off my jewelry—The nations who were watching the walls from outside to prevent anyone from entering or leaving entered, as the prophet states (Jer. 4:17): "Like watchers of a field they are against her round about," and they took off my jewelry, as the prophet says (ibid. 8:16): "they came and devoured the land and its produce, the city and those who dwell therein."

8. **I adjure you**—[You] *heathens, Nebuchadnezzar's men, who saw Hananiah, Mishael, and Azariah submitting themselves to the fiery furnace, and Daniel to the lions' den because of prayer, and Mordecai's generation in the days of Haman...*—[*Rashi*]

if you find my beloved—*in the future, on judgment day, for He will request you to testify about me, as it is stated (Isa. 43:9): "Let them present their witnesses, that they may be deemed just."*—[*Rashi*]

what will you tell him—*you will testify on my behalf that because of love for Him, I suffered harsh tortures among you. Let Nebuchadnezzar come and testify...let Eliphaz and Zophar and all the prophets of the heathens* [come] *and testify about me that I fulfilled the Torah.*—[*Rashi* , *A.Z.* 3a]

9. **What is your beloved more than another beloved**—*This is what the nations were asking Israel, "What is it about your God more than all the other gods, that you allow yourselves to be burned and hanged because of Him?"*—[*Rashi* from *Mechilta*, Exod. 14:3]

that you have so adjured us—*to testify before Him concerning your love.*—[*Rashi*]

10. **My beloved is white**—Heb. צַח, *white, like* (*Lam. 4:7*): *"they were whiter* (צַחוּ) *than milk."*—[*Rashi*]

and ruddy—*I will first explain the entire section according to its simple meaning, i.e., the praise of the beauty of a young man, when he is white and his face is ruddy.*—[*Rashi*]

דָּגוּל מֵרְבָבָה׃ יא רֹאשׁוֹ כֶּתֶם פָּז קְוּצּוֹתָיו תַּלְתַּלִּים שְׁחֹרוֹת כָּעוֹרֵב׃ יב עֵינָיו כְּיוֹנִים עַל־אֲפִיקֵי מָיִם רֹחֲצוֹת בֶּחָלָב יֹשְׁבוֹת עַל־מִלֵּאת׃

תו"א דגול מרבבה חגיגה טז: קווצותיו תלתלים. עירובין כא חגיגה יד חולין כג:

תרגום

למרי עלמא וכן אמרת להוא אלהא רעותי למפלח דעטיף ביממא באצטלא חיור כתלגא וזיו יקרא דיי׳ דאנפוהי זהרין כנורא מסגיאות חוכמתא וסברא דהוא מחדת שמועין חדתין בכל יומא ועתיד לפרסמנון לעמיה ביומא רבא ומקסיה על רבוא רבון מלאכין דמשמשין קדמוי׃ יא ראשו אוריתיה די היא רגינה מדהב טב ופירוש מליא דבהון דנורין דגורין טעמין ופקודין למן דנטרין להין חורין כתלגא ודלא נטרין יתהון אוכמין כאגפי עורבא׃ יב עינוהי מסתכלין תדירא על ירושלם לאוטבא לה ולברכא לה מרישא דשתא ועד סופא דשתא כיונין דקימין ומסתכלין על מפקנות מיא בגין זכותא דיתבי סנהדרין דעסקין באוריתא ומנהרין ית דינא למהוי שעיע כחלב ויתבין בבית מדרשא ומתינין בדינא עד דגמרין לזכאה ולחיבא׃

רש"י

נוי בחור כשהוא לבן ופניו אדמוניות׃ **דגול מרבבה.** נדגל בחיילות הרבה רבים חיילותיו. רבבות הרבה קרויין רבבה שנא׳ (יחזקאל יז) רבבה כצמח השדה נתתיך׃ (יא) **ראשו.** מבהיק ככתם פז. כתם הוא לשון סגולת מלכים שאוצרין בבית גנזיהם וכן (איכה ד) ישנא הכתם הטוב וכן (איוב לא) אמרתי לכתם מבטחי וכן (משלי כה) וחלי כתם׃ **קווצותיו תלתלים.** לשון תלויים פנדלוייש בלע"ז׃ **שחורות כעורב.** כל אלה נוי לבחור׃ (יב) **עיניו כיונים על אפיקי מים.** עיניו על אפיקי מים נאות כעיני יונים. אפיקי מים ערבים למראה והבחורים

ספורנו

עם היותו אדום במה"ד ואין זה מפועל שום עצם שכלי כאשר הוא שכלי בלבד כי אכנם פעולתו באמת הוא בחינת האמת מן השקר ולכך היותו צח ואדום כו׳ יורה על היות מציאותו מציאות רביעי ושכלו עצם משכיל נבדל מחמת זולתו פועל בהכרח סדרו ומצותיו בלבד. ובכן הוא בהכרח דגול. נודע לבעל דגל נצחון היכולת׃ מרבבה מרבבות קדש עושי רצונו׃ (יא) ראשו כתם פז. ומאותו מדת רחמיו הוא כי ראש דבריו בתורת קדשו הוא במעשה בראשית להגיד כח מעשיו במופתים שכליים וחושיים למען ידעוהו ויזכו לחיי עולם. כי אמנם יאמר על הדבר שהוא שלו בהיות הדבר מסודר מאתו בלבד לא שיהיה חלק ממנו וחלק מגופו ח"ו וכן יקר׳ ברוב מקומות בספרי הקדש כענין ברוך כבוד ה׳ ממקומו וזולתו ובזה יסורו ספיקות מספיקות׃ קווצותיו. יסודי תורתו שהם כמו השער בגוף שאינו חלק ממנו. וכמו כן ספורי תורתו שאינם מן החלק העיוני גם לא מהמעשי׃ תלתלי׳. מספרים עניני חכמי הדורות שגבה לבם בדרכי ה׳ והצדיקי׳ ילכו בם כמו עניני האבות וזולתם שהיו לרצון׃ שחורות כעורב. וכמו כן מספרים עניני רשעי ארץ שהיו כמו העורב שהוא טמא ומראהו מנגד לאור הלובן כענין דור המבול ודור הפלגה ובני סדום וזולתם ומשפטי פיהו נגדם ובכן שומר נפשו ירחק מהם׃ (יב) עיניו. וכמו כן מספרים ענינים המורים לצדקה שהם כמו עיני׳ לזולתם בענין האבות׃ כיונים על אפיקי מים. להשקות ממעיני תשועת עולמים׃

אבן עזרא

הפעם הראשונה (יא) כתם. דבר עגול ממיני חלי׃ **פז.** אבנים יקרות׃ קווצותיו קלת שערו׃ תלתלים. מן תל כמו על הר גבוה ותלול׃ (יב) על מלאת.

מצודת ציון

ענין בסירות הלובן כמו לחו מחלב (איכה ד׳)׃ דגול. מל׳ דגל והוא הנס שנושאים לפני כל מחנה ומחנה וכן איש על דגלו (במדבר ב׳)׃ מרבבה. רבוא הוא עשרת אלפים׃ (יא) כתם פז. זהב טוב ויקר כמו בכתם אופז (דניאל י׳)׃ קווצותיו. הוא שער הראש התלוי למטה׃ תלתלים. מל׳ תל וגובה׃ כעורב. שם מין עוף׃ (יב) אפיקי מים. מקומות ששמים שוטפים ונגרים בחוזק וכן כאפיקים בנגב (תהלים

מצודת דוד

וכאומר הנה בידו הכל הכחות והדין אבל שרי מעלה לא ייטיבו ולא ירעו מעצמם כי הינם אלא שלוחי המקום ב"ה׃ דגול מרבבה. יש לו דגלים מקובצת רבבות. והנמשל הוא לומר רבים הם מלאכיו עושי דברו כמ"ש אלף אלפין ישמשונה ורבו רבבן קדמוהי יקומון (דניאל ז׳) ולא כן שרי מעלה׃ (יא) ראשו כתם פז. כאומרה אין לסמוך בראשו עטרת זהב כי הראש עצמו יפה ומבהיק עוד ככתם פז. והנמשל הוא לומר אין לספר עוצם גדלו כי הוא מרומם על כל ברכה ותהלה׃ קווצותיו תלתלים. שערותיו המה מסולסלים ועל כי יתהפכו בסלסולם פעמים נכנסים ופעמים יוצאים לכן המה כראשים תלים תלים והמה שחורות כנוצות העורב וזה דבר נוי. והנמשל הוא לומר הנפלאות הנשפעות מאת המקום ב"ה יתהפכו בהתחכמותיו והתם לפנות ותשוכית מענין האדם ואין להשיגם ובא הרמז בנוצות העורב כי דבר שחור הוא חשוך אל העין׃ (יב) עיניו כיונים. הם עיניו יפה כהבטת עיני יונים בהתילבם על אפיקי מים ומביטים לרוות שם לתאוותם והיא הבטה נאה מאוד רוחצות בחלב. לובן עיניו המה לחות ונקיות מבלי מלוא בכן רושם אדמימות כאלו הן רוחצות תמיד בחלב׃ יושבות על מלאת קבועות המה בגומא שלהן לפי מדת הגומא למלאותו אינן בולטות והינן שוקעות וזהו דבר נוי. והנמשל הוא לומר שהוא משגיח בהבטת אהבה והשגחת הדין ממתיק בכחתים כי לובן החלב יורה על הכחתים והכשגחה עצמה היא על דרך המילוא שם כי על הכל ישגיח מ"מ על מחשבה רעה

קיצור אלשיך וש"מ

הרמה והנשגבה כי הוא צח ואדום. פועל הרחמים והדין כאחד. ככתוב (דברים לב) ראו עתה כי אני אני הוא ואין אלהים עמדי אני אמית ואחיה מחצתי ואני ארפא. הרצון בזה שהוא עושה דבר והפכו ביחד. מיתה ותחיה. מחיצה ורפואה כאחד. **וז"ל** המדרש (שמות רבה פרשה כח) הקב"ה עושה הכל בבת אחת, ממית ומחיה בב"א מכה ורופא בב"א. והוא דגול מכל הרבבות מלאכי מעלה. כי כל הצבאות מעלה אינם יכולים לעשות כמעשהו. ואין להם רשות לעשות רק מה שהורשה להם מהקב"ה׃

(יא) **ראשו** כתם פז. מחשבותיו זכות וטהורות ורחוקים מהשגת אנושית. יבולע לכל הבא לחקור אותם ויכהה עין מראיתו. וזה כמו הכתם פז שהוא טהור ומנוקה מכל סיג וחלאה ומכהה עין רואה׃ מחמת רוב בהיקותו (קווצותיו תלתלים) השתלשלות מדותיו שהם נדמים לקצוות שערות הראש הם תלתלים. סדורות בסידור יפה יפה כל מדה לעצמה. השערות הם מדותיו ית׳ המתפשטים מן המחשבה העליונה כשערות המתפשטים מן הראש. שערותיו שחורות כנוצות העורב. ר"ל מדותיו ומחשבותיו המה מכוסים מבני אדם ואין אדם יודע ומבין הנהגתו והולך חשכים כמאמר כי לא מחשבותי מחשבותיכם׃

(יב) **עיניו** כיונים על אפיקי מים. **רי"ע** מפרש היונים הם חדי הראות לראות האפיקים מרחוק והם זכים ונקיים מרוחצים בחלב והם קבועות במקומן לא שוקעות ולא בולטות וז"ש יושבות על מלאת והוא דבר נוי. והדוגמא השגחתו ית׳ שהם עיני ה׳ המשוטטות בכל הארץ הנה המה כמו עיני היונים נאים מאד. והקב"ה מביט על העולם בחסד וברחמים כעיני היונים שאין להם עורקים בעיניהם המלאים דם. והם נקיים ולבנים כרוחצות

surrounded by myriads. 11. His head is as the finest gold; his locks are curled, [they are as] black as a raven. 12. His eyes are like doves beside rivulets of water, bathing in milk, fitly set.

surrounded by myriads—*surrounded by many armies; His armies are many. Many myriads are called* רְבָבָה, *as it is said: (Ezek. 16:7): "Myriads* (רְבָבָה) *like the plants of the field have I made you."*—[*Rashi*]

11. **His head**—*glistens like the finest gold.* כֶּתֶם *is a term referring to the treasures of kings which they store in their treasure houses, and similarly, (Lam. 4:1): "[How] changed is the fine gold jewelry* (הַכֶּתֶם)*," and similarly, (Job 31:24): "and to jewelry* (לַכֶּתֶם) *I said, 'My confidence,'" and similarly, (Prov. 25:12): "and jewelry of finest gold* (כָּתֶם)*."*—[*Rashi*]

his locks are curled—Heb. תַּלְתַּלִּים, *an expression of hanging* (תְּלוּיִים), *pendeloys in Old French, (locks of hair) hanging.*—[*Rashi*]

black as a raven—*All these are beauty for a young man.*—[*Rashi*]

Mezudath David explains:

[6] **I opened**—When I opened the door for him, he turned around and left.

my soul went out when he spoke—For when he turned away from there, he spoke harshly, saying, "I will no longer return to you," and she said, "When I heard his words, my soul almost left me out of intense longing."

I sought him—Afterwards, I sought him and searched for him, but I did not find him. I called him thinking that he was in a hidden place and would reveal himself to me when he heard my voice, but he did not answer me. The allegorical meaning is: When I completed the building of the Temple, prophecy was withdrawn, and I suffered greatly because of its absence. I searched for the recovery of prophecy, but was unsuccessful.

[7] **The watchmen...found me**—When I walked around the city to seek him, the watchmen who patrol the city at night found me, and they smote me and wounded me, and the watchmen of the walls took my jewelry off me, as they do to one roaming alone at night, for fear that he is going to commit burglary or adultery. The allegorical meaning is that the bandits of the world attacked me. They destroyed many of my people in every generation; they robbed me, devoured me, confounded me, and left me standing destitute.

[8] **I adjure you**—When she completed her narrative, she said to the maidens, "I adjure you, if you find my beloved, this is what you shall say to him, that I am sick because of my longing for his love." She means that she is sick, not because of the wounds she sustained from the watchmen's beating, but because of her longing and pining for her beloved, for the former pain is insignificant compared to the pain

she suffers because of her separation from her beloved. The allegorical meaning is that the congregation of Israel adjures the nations of the world to testify on their behalf in the future before the Omnipresent, blessed be He, and say that all the troubles that I suffered in exile, I accepted with love, and all my illnesses and worries were due to the absence of the Shechinah, for that alone was my aim and hope.

[9] **What is your beloved**—It is as though the maidens answer her, "Why do you long so for your beloved, you, the fairest of women? In what respect is he superior to another beloved?"

that you have so adjured us—that you have so adjured us to tell him that you are lovesick for him? It is as though they say to her, "Your great concern indicates that he is highly superior to others, beyond comparison. Tell us therefore in what qualities he is superior to everyone else? The allegorical meaning is that the nations ask Israel: How is your God superior to the celestial princes of the heathen nations? Do not all of them lavish benefits upon their subjects? Since He has left you, join us, and we will be one nation, and you will be under the jurisdiction of the same celestial princes who govern us.

[10] **My beloved is white and ruddy**—It is as though she replies to them, "No other beloved can be compared to my beloved, for my beloved is white, and his whiteness is mingled with his ruddy complexion, which is pleasing to the eye." The allegorical meaning is that the Omnipresent, blessed be He, controls both compassion and justice, for the bright whiteness symbolizes compassion and the ruddiness, strict justice. It is as though they are saying that both compassion and justice are in His hands, but the celestial princes can do neither good nor harm by their own volition, for they are only the agents of the Omnipresent, blessed be He. *Ibn Ezra* explains: His deeds are pure and pleasant to those who are pure, and red to those who provoke Him, as it is written (Isa. 63:2): "Why is Your clothing red...?"

surrounded by myriads—He has grouped around him groups of myriads. Allegorically, Scripture tells us that God is surrounded by myriads of angels who execute His will, as is written (Dan. 7:10): "a thousand thousands serve Him, and ten thousand times ten thousand rise before Him." This is not true of the celestial princes.—[*Mezudath David, Ibn Ezra*]

[11] **His head is as the finest gold**—It is as though she says, "There is no need to place a golden crown on his head, for his head itself is as handsome and glistening as the finest gold." Allegorically, this means that His greatness cannot be described because it is superior to any blessing or praise.

his locks are curled—His locks are curled, and since the locks turn in and out, they appear like mounds (תִּלִים) and are called תַּלְתַּלִּים. And they are as black as the crow's

feathers, and this is beautiful. The allegorical meaning is that the wonders lavished by the Omnipresent, blessed be He, revolve through His devices, and are hidden and concealed from the eyes of mortals, and cannot be fathomed. This enigma is symbolized by the crow's black feathers, because a black object appears dark to the eye.—[*Mezudath David*]

The *Targum* paraphrases: His Torah, which is as precious as fine gold, and the explanation of its words, contain many mounds of reasons and precepts. They are as white as snow for those who keep them, but as black as a crow's wings for those who do not keep them.

12. **His eyes are like doves beside rivulets of water**—*His eyes by rivulets of water are as beautiful as the eyes of doves. Rivulets of water are beautiful to behold, and the young men go there to swim, and so does the poet praise the eyes of "my beloved." When he gazes upon the rivulets of water, they resemble the beauty of the eyes of doves.*—[*Rashi*] *Mezudath David* explains: The gaze of his eyes is as beautiful as the gaze of the eyes of doves standing beside rivulets of water, where they look to quench their thirst, and this is a beautiful gaze.

bathing in milk—*the eyes of my beloved in milk.*—[*Rashi*] *Mezudath David* explains: The whites of his eyes are pure and clear without a trace of redness, as if they were constantly bathed in milk.

fitly set—*All this is an expression of beauty, neither protruding too much nor sunken, but set on* מִלֵּאת, *their sockets.* (*Other editions: the eye according to the socket.*) *And the literal meaning parallels the allegorical meaning. And it is a term used to refer to anything made to fit a socket which is made for it as a base, like* (*Exod. 25:7*): "*stones to be fit* (מִלֻּאִים)"; (*ibid. 28:17*)*:* "*And you shall set* (וּמִלֵּאתָ) *into it settings of* (מִלֻּאת) *stones.*"—[*Rashi*] *Mezudath David* explains this allegorically to mean that when God gazes with love, He mitigates His gaze of justice, for the whiteness of milk denotes mercy, and His gaze is between mercy and justice, for He sees all, but He does not look at an evil thought to punish for it, as is stated (Ps. 66:18): "If I saw iniquity in my heart, the Lord will not hear it." The *Targum* paraphrases: His eyes constantly gaze on Jerusalem to benefit it and to bless it from the beginning of the year to the end of the year, like doves, which stand and gaze on rivulets of water. [This is done] in the merit of those who sit in the Sanhedrin, who engage in the Torah and illuminate the law to be as smooth as milk, and they sit in the study hall and deliberate over the law until they declare the defendant innocent or guilty.

יג לְחָיָו כַּעֲרוּגַת הַבֹּשֶׂם מִגְדְּלוֹת מֶרְקָחִים שִׂפְתוֹתָיו שׁוֹשַׁנִּים נֹטְפוֹת מוֹר עֹבֵר: יד יָדָיו גְּלִילֵי זָהָב מְמֻלָּאִים בַּתַּרְשִׁישׁ מֵעָיו עֶשֶׁת שֵׁן מְעֻלֶּפֶת סַפִּירִים:

תרגא לחיו כערוגת [illegible]

יג לוחי תרין לוחי אבנין דיהב לעמיה כתיבן בעשר שטין דמין לשטי גנת בוסמא מרבין דקדוקין וטעמין היכמה דגנוניתא מרבי בוסמין וספותי חכימי דעסקין באוריתא זלחין טעמין בכל סטר ומאמר פומהון כמירא בחירא: ידידיה תרי עסר שבטין דיעקב עבדיה גלילן על ציץ כלילא דדהבא דקודשא גליפן על תרי עסר מרגליתא עם תלתא אבהן דעלמא אברהם יצחק ויעקב ראובן גליף על אחמר שמעון גליף על עקיק לוי גליף על ברקן ועפרן יהודה גליף על כחלי יששכר גליף על אזמורד זבולן גליף על גיהר דן גליף על ברלא נפתלי גליף על אספור גד גליף על טבאג אשר

רש"י

יושבים שם לשוט וכן מקלם המשורר עיני דודי כשהוא מביט על אפיקי מים דומות לנוי עיני יונים. **רוחצות.** עיני דודי בחלב: **ישבות על מלאת.** כל זה לשון נוי לא בולטות יותר מדאי ולא שוקעות אלא יושבות על מלאת גומא שלהם הענין (ס"א העין לפי הגומא) לפי הדוגמא והוא לשון כל דבר שעשוי למלאות גומא העשויה לו למושב כמו (שמות כה) אבני מלואים (שם כה) ומלאת בו מלואת אבן: (יג) **לחיו כערוגת הבשם.** אשר שם באותם ערוגות ח גידולי מרקחים: **מגדלות מרקחים.** מגדלות של מרקחים גידולי בשמים שמפטמים אותם מעשה רוקח: (יד) **גלילי זהב.** כאופני זהב: **ממולאים בתרשיש.** כל לשון מושב אבן יקרה בזהב קרוי מלאת: **עשת.** ל' (ירמי' ה כה) שמנו עשתו קבוץ קרוי עשת מששאי"ה בלע"ז: **שן.** מעלמות פיל: **מעולפת ספירים.** מקושטת ומתוקנת בספורים לשון ותתעלף דמתרגמינן ואיתקנת:

שפתי חכמים

תשיבו אלי לא שייסה כן על כ"פ כמובן מן הכתוב: ח פי' אשר שם כו' שלא הבין לחייו כערוגת הבושם וכמגדלות מרקחים לכן פירש לחייו כערוגת הבושם אשר שם כו' שלא דמו הלחיים רק לערוגה

אבן עזרא

על מתכנות כמו ומלאת בו מלואת אבן: (יג) **ערוגת.** תהיכת מקום בגן: **מגדלות.** י"א מן גדול והנכון שהוא ל' רבים ממגדל: (יד) **גלילי.** כמו גלגלי וכן על גלילי כסף: **ממלאים.** כמו ומלאת בו: **בתרשיש.** אבן יקרה כמו תרשיש שהם וישפה וי"א שהוא כעין השמים: **מעיו.** בטנו: **עשת.** כלי עשוי משן הפיל שהוא לבן ונקרא עשת בעבור שהוא לה כמו שמנו עשתו: **מעלפת.** כמו ויתעלף: **ספירים.** אבן יקרה הדומה ויורה עליו אדמו עלם מפנינים ספיר גזרתם כי ככר משל הלובן כחלב ושלג וטעה המפרש כמעשה לבנת הספיר מן לבן כי אין פירושו אלא מן קה לך לבנה ויורה עליו כמעשה כי מה ענין כמעשה עם הלובן כי היה לו לומר

ספורנו

רוחצות בחלב. את זולתם בהלב מעשיהם שהם בכל עת לבנים ומאירים להורות לזולתם: **יושבות על מלאת.** שכל תכלית מכוון בפעולת' הי' להשלים עצמם וזולתם לרצון להם לפני ה' כאמרו התהלך לפני והיה תמים: (יג) **לחייו** וכמו כן מספרים ענין לחיו המניעים אל הדבור והם נביאיו: **כערוגת הבושם מגדלות מרקחים.** הנותן טעם וריח וגדולה למרקחות וכמו כן היו בני הנביאים לפני הנביאים כאמרו ואצלתי מן הרוח אשר עליך ושמתי עליהם: **שפתותיו.** בדבור ראשון ובדבור שני שהיו פנים בפנים. **היו: שושנים נוטפות מר עובר.** שהעביר מהם מעלה לישראל והוא עדים מהר חורב וכן קרה למשה רבינו כי קרן עור פניו בדברו אתו וכן לשאול בהתנבאו כאמרו והתנבאת עמם ונהפכת לאיש אחר: (יד) **ידיו.** מצות וקשרתם לאות על ידך וגם הם כמו גלילי זהב שהם אצעדות בזרוע: **ממלאים בתרשיש.** בארבע פרשיות שבהם למען תהיה תורת ה' בפינו: **מעיו.** המעים המתוקנים מאתו במצות אסורי מאכלות. הב: **עשת שן.** מנוקים מכל איסור: **מעולפת ספירים.** ובזה תהיינה תכונות הנפש החיונית והנפשי' בהם מוכנות לשרת את העצם השכלי

מצודת ציון

קבו): (יג) **לחיו.** הוא המקום מתחת לעין: **כערוגת.** הוא תלם המתאימים כמו מערוגת מטעה (יחזקאל יז): **מגדלות.** גידולי: **מרקחים.** כן יקראו הסממנים המעורבים השמורים לזמן מרובה וכן רקח מרקחת (שמות ל): **שושנים.** שם עשב המריח: **עובר.** ר"ל מהשפע: (יד) **גלילי.** אופני המרכבה כמו על גלילי כסף (אסתר א):

מצודת דוד

אינו משגיח בם לפנות עליה כמ"ש און אם ראיתי בלבי לא ישמע ה' (תהלים ס"ו): (יג) **לחיו כערוגת הבושם.** לחיו המה בתהלים ההדור ידמו אל הערוגות שלומחים שם הבושם שמייפין את כיותר: **מגדלות מרקחים.** אשר בערוגות ההן יש גידולי סממנים מובחרים לעשות מהם מעשה רוקח להיות שמור לזמן מרובה בהן הערוגות ההן הנה בתכלית ההדור מפאת לוחם ומפאת הסממנים המובחרים במינם הלומחות עליהן. והנמשל הוא לומר הדבורים שיצאו מפי המקום ב"ה המה יקרים ומחוכמים ובתכלית התועלת וירמוז בלחיים על כי המה יקיפו בלי הדבור: **שפתותיו שושנים.** מבין שפתותיו עולה ריח טוב כריח השושנים וכאילו מטיפות את המור. והנמשל הוא על הנביאים הבאים מאת ה' לדבר דבריו בשמה כמו שושנים שריחם נודף למרחוק כי כ"כ המה מודיעים מה שיהיה לאחרונה ומייעדים טובה מרובה והלכות מתמידות: (יד) **ידיו גלילי זהב.** אלבעות ידיו כשהן פרודות יתדמו במראיהן לזרועות אופני הזהב ר"ל נקיות כזהב ועם כי באשי אלבעותיו הן בלי השימוש ודרכן להיות מגולגלות: **ממולאים בתרשיש.** וכאם יושבים אבני תרשיש לפי מדות הגיאות לא בולטין ולא שוקעין ועל הלפרנים יאמר שהם נאים וחלקים כאבני תרשיש וכמה במדה הראויה לא קלרות ולא ארוכות. והנמשל הוא על גלגלי השמים מעשה אלבעות המקום ב"ה שנאמר כי אראה שמיך מעשה אלבעותיך (תהלים ח) שהמה בהירים ויקרים כזהב וממולאים בכוכבי אור: **מעיו עשת שן.** בטנו זך ובהיר כזכות שן הפיל כאילו מעוטפת בספירים וקבועים בה שאז נופל זוהר הספירים על השן ומבהיק ביותר והנמשל הוא לומר עם כי השמים שמים לה' הוא מאז נמושב לו על הכפרת שהיא מקום פנימי ונעלם כמו המעים שבתוך

קיצור אלשיך וש"ם

כרוחצות בחלב. וגם אין להם מדה. ע"כ הם כולם חסד ורחמים. כן ה' ית' מנהיג את העולם בחסד כמ"ש חסד ה' מלאה הארץ:

(יג) **לחיו** כערוגת הבושם. הלחיים הם התחלה האבר המתנועע לדבר. והוא כמאמר חז"ל [שבת פ"ט] כל דבור ודבור שיצא מפי הקב"ה נתמלא כל העולם בשמים. שדבורו של הקב"ה מטהר את שומעיהם ומתקנים הגופות תכלית התיקון כמו הבשמים המריחים ומעבירין הסרחון מן הבשר המקולקל. והרמזים הרומזים על הדבור המעותד וההתחלת הדבור. הם כמו ערוגת הבושם שהם מגדלות מרקחים מגדלים גידולי בשמים המריחים. **שפתותיו שושנים נוטפות מור עובר.** עצם הדבור הוא כמו השושנים הנוטפים מור. שכבר נגמר בשלם וריחם נודף ביותר:

(יד) **ידיו** גלילי זהב. הרי"ע פי'. הכנסיה משבחת הקב"ה בפלאי מעשיו כי ידיו עשו גלילי שמים היקרים מזהב כמ"ש דהמע"ה השמים מספרים כבוד אל. כי אראה שמיך, והגלגלים והמזלות המה י"ב. ונחלקים תמיד לשש שש. שש למעלה מן האופן ושש למטה. וזהו ממולאים בתרשש. תרי פעמים שש. ועל יתר הכדורים אשר למטה בקרב גלגל המזלות אמר מעיו עשת שן. זה הגלגל השמיני שיש בו לובן כעשת שן

13. His jaws are like a bed of spice, growths of aromatic plants; his lips are [like] roses, dripping with flowing myrrh. 14. His hands are [like] wheels of gold, set with chrysolite; his abdomen is [as] a block of ivory, overlaid with sapphires.

13. **His jaws are like a bed of spice**—*in those beds are spice plants.*—[*Rashi*]

growths of aromatic plants—Heb. מִגְדְּלוֹת מֶרְקָחִים, *aromatic plants, growths of aromatic plants which are compounded with the art of an apothecary.*—[*Rashi*] This denotes the beard, growing on the jaws.—[*Ibn Ezra, Akriti*]

Mezudath David explains: His jaws are most beautiful; they resemble spice beds whose beauty is greatly enhanced. The allegorical meaning is that the words that emerged from the mouth of the Omnipresent are precious, profound, and beneficial. The jaws are mentioned because they encompass the organs of speech.

his lips are like roses—Between his lips emerges a fragrant odor like that of roses, and it is as if they drip myrrh. Allegorically, this symbolizes the prophets sent by God to preach His words, which are like roses, whose fragrance wafts over long distances, for they foretell what will take place at the end of days, and they herald much good and continual prosperity.—[*Mezudath David*]

14. **wheels of gold**—Heb. גְּלִילֵי זָהָב, *like wheels of gold.*—[*Rashi*] The fingers of his hands, when they are separated, appear like the spokes of golden wheels, i.e. as clean as gold, although the finger tips are "utensils of use," and are usually soiled.—[*Mezudath David*]

set with chrysolite—*Every term referring to the setting of a precious stone in gold is called* מִלֵּאת.—[*Rashi*] *Mezudath David* explains: And in them are set chrysolite stones according to the sizes of the sockets, neither protruding nor sunken. Here Scripture refers to the finger nails, which are beautiful and smooth, like chrysolite stones, and which are the proper size, neither too short nor too long. Allegorically, this represents the sphere of the heavens, the work of God's fingers, as it is said: (Ps. 8:4): "When I see Your heavens, the work of Your fingers," bright and precious like gold, and filled with stars that give off light.

a block—Heb. עֶשֶׁת, *an expression of* (*Jer. 5:28*): *"They became fat; they became thick* (עָשְׁתוּ)*." A thick mass is called* עֶשֶׁת, *masse in French, a mass.*—[*Rashi*] *Mezudath David* explains: His abdomen is as pure and clear as the clarity of ivory, overlaid with sapphires, when the brilliance of the sapphires falls on the ivory and it glistens.

ivory—Heb. שֵׁן, *from the bones of the elephant.*—[*Rashi*]

overlaid with sapphires—Heb. מְעֻלֶּפֶת, *adorned and decorated with sapphires, an expression of* (*Gen. 38:14*) וַתִּתְעַלָּף, *which the Targum renders*: וְאִתַּקְּנַת, *and she adorned herself.*—[*Rashi*]

טו שׁוֹקָיו֙ עַמּ֣וּדֵי שֵׁ֔שׁ מְיֻסָּדִ֖ים עַל־אַדְנֵי־פָ֑ז מַרְאֵ֙הוּ֙ כַּלְּבָנ֔וֹן בָּח֖וּר כָּאֲרָזִֽים׃ טז חִכּוֹ֙ מַֽמְתַקִּ֔ים וְכֻלּ֖וֹ מַחֲמַדִּ֑ים

תו״א מראהו כלבנון בחור כארזים. סנהדרין ק:

גְלִיף עַל פְּרוֹזָג יוֹסֵף גְלִיף עַל מְרִיבָג בִּנְיָמִין גְלִיף עַל אַפְנָטוּר דָמְיָן לִתְרֵי עֲסַר מַזָּלַיָא נְהִירִי כְּעַשְׁשִׁית צְחִיחִין בְּעוֹבָדֵיהוֹן כְּשֵׁן דְפִיל וּבְהִיקִין כְּשַׁבְזִיזִין: טו שׁוֹקָיו וְצַדִּיקַיָא אִנּוּן עַמּוּדֵי עָלְמָא בְּסִיסָן עַל סַמְכִין דִדְהַר פָּז אִנּוּן פִּתְגָמַיָא דְאוֹרַיְתָא דְעָסְקִין בְּהוֹן וּמוֹכְחִין עַמָּא בֵית יִשְׂרָאֵל לְמֶעְבַּד רְעוּתֵיהּ וְאִיהוּ מִתְמְלֵי רַחֲמִין עֲלֵיהוֹן כְּסָבָא וּמְחַוַּר חוֹבֵיהוֹן דְבֵית יִשְׂרָאֵל כְּתַלְגָא וּמִתְעַתַּד לְמֶעְבַּד נִצְחָן וּקְרָבָא בְעַמְמַיָא דְעָבְרִין עַל מֵימְרֵיהּ כְּעוּלֵם גִּבַּר וְתַקִּיף כְּגַלְמִישִׁין: טז חכו מִלֵּי מוֹרִיגוּי מְתִיקָן כְּדוּבְשָׁא וְכָל פִּקּוּדוֹי

רש״י

(טו) שוקיו. כעמודי שש המיוסדים על אדני פז: עמודי שש. עמודי שיש והכרו במגלת אסתר (אסתר א) על גלילי כסף ועמודי שש. ומראהו גבוה כארזי הלבנון: בחור כארזים נבחר בין הבנים כארז בין שאר עצים: (טז) חכו ממתקים. דבריו ערבים: זה דודי זה דמות דודי וזה דמות רעי ועל כל אלה חליתי לאהבתו. והדוגמא כלפי הקב״ה כך היא: דודי צח. ולבן להלבין עונותי. צח ולבן כשנראה בסיני נראה כזקן מורה הוראות וכן כשבתו למשפט (דניאל ז) לבושיה כתלג חור ושער רישיה כעמר נקי: ואדום ליפרע משונאיו כענין שנאמר (ישעיה סג) מדוע אדום ללבושיך: דגול מרבבה. הרבה חיילות מקיפין אותו: ראשו כתם פז. תחילת דבריו השהיקו ככתם פז וכן הוא אומר (תהלים קיט) פתח דברך יאיר פתח אנכי ה׳ אלהיך הראם תחלה שמשפט מלוכה יש לו עליהם ואחר כך גזר עליהם גזרותיו: קוצותיו תלתלים. על כל קוץ וקוץ תילי תילים של הלכות: שחורות כעורב. על שם שהית׳ כתובה לפניו אש שחורה על גבי אש לבנה. ד״א קוצותיו תלתלים כשנראה על הים נראה כבחור נלחם בגבורה: עיניו כיונים על אפיקי מים. כיונים שעיניהם צופות אל ארובותיהם כך עיניו על בתי כנסיות ובתי מדרשות שמשם מוצאי התורה המשולים למים: רוחצות בחלב. כשהן צופות במשפט מבררות דין לאמתו להצדיק צדיק לתת לו כצדקתו ולהרשיע רשע לתת דרכו בראשו: ישבות על מלאת. על מלאת של עולם משוטטות בכל הארץ צופות טובים ורעים. ד״א תלמידי חכמים שהקב״ה נותנם עינים להאיר לעולם כשם שהעינים מאירים לאדם כיונים הנודדים משובך לשובך לבקש אכלם כך הם הולכים ממדרשו של פלוני חכם לבית המדרש של פלוני חכם לבקש טעמי תורה: על אפיקי מים. על בתי מדרשות שהם מוצאי מים של תורה: רוחצות בחלב. לפי שקראן עינים והעין לשון נקבה היא אמר רוחצות לשון נקבה הם מלבנים עצמן בחלב של תורה ומלבנים סתריה וסתומותיה: ישבות על

ספורנו

לקבל כל חכמה ודעת ומעשה לבנת הספיר: (טו) שוקיו. פעולי הרגלים בעליית רגלים ובהקהל הנה מצותיו אלה הן כמו עמודי שש מיוסדים על אדני פז. שהאדנים נכבדים מן השוקים כן המכוון מהם הוא למען נלמד ליראה ולאהב׳ כי מציון תצא תור׳: מראהו. לראות את פני האדון ה׳: כלבנון. הוא נכבד מכל הראותנו לפניו גם בבתי כנסיות ובתי מדרשות כי שמה ישבו כסאות סנהדרי גדולה: בחור כארזים. וכמו כן הוא נבחר לתפל׳ מכל מקום זולתו כאמרו וזה שער השמים: (טז) חכו ממתקים. כאמרו מה ה׳ אלהיך שואל מעמך כי אם ליראה כו׳ לטוב לך:

אבן עזרא

כמראה לבנת: (טו) שש. אבני שיש ומשקלו עש ועיש: הפעם השנית לחיו. זקנו: מגדלות. הם כמו מגדלות סביבות לחייו: ממלאים בתרשיש. רמז לשער שעל ידיו מעיז עשת שן. חגור מתניו אבל מעין חגורים כי איננו ערום: אדני פז. רגליו ואצבעותיו: מראהו כלבנון. שהוא נחמד למראה: הפעם השלישית ראשו כתם פז. הוא כסא הכבוד: שחורות כעורב כענין ישת חשך סתרו סביבותיו סוכתו: עיניו. כענין בכל מקום עיני ה׳: רחצות בחלב. כענין טהור עינים מראות ברע: לחיו.

מצודת ציון

בתרשיש. שם אבן יקר: מעיו. על הבטן יאמר שבו המעים: עשת. ענין בהירות וזכות וכן ברזל עשות (יחזקאל כז): שן. הוא שן הפיל: מעלפת. ענין עטוף וכסוי כמו ותתעלף (בראשית לח): (טו) שוקיו. הוא פרק מפרקי הרגל: שש. אבן שיש: מיוסדים. מל׳ יסוד: אדני. הוא הדבר שהעמוד תקוע בו וכן אדני כסף (שמות כו): פז. הוא המובחר שבזהבים: (טז) חכו. הוא מה שממעל הלשון והוא מבלי

מצודת דוד

סגוף ומשם באה הארה לכ״י כלהות וזכות השן ובהירות הספיר: (טו) שוקיו עמודי שש. רגליו נאים בלובן וביושר כעמודי אבן שיש והמה מיוסדים על אדני פז הם כפות הרגל שהמה נקיה כזהב פז עם כי מדרכם להיות מלוכלכות בעפר הארץ והנמשל הוא על העולם השפל הדום רגלי המקום ב״ה שנא׳ והארץ הדום רגלי (ישעיה ס״ו) שהוא חזק כעמודי אבני שיש והאדני יסיד כדור הארצי המעמידו במקומו לבל יתקרב לפאה מן הפאות דומה הוא אל הפז ויאמר על הנקודה האמצעית מכדור הארצי שהיא מעמדת כל הכדור במקומו כאשר חקרו הטבעיים כי כל יסוד מתחקק ליסודו ולכן בא הרמז כפז כי הנקודה הזאת הוא כמעט קט כמו הפז שמעט יגדל לעולם כמ״ש רז״ל: מראהו כו׳ מראה קומתו הוא כהר הלבנון והוא נבחר מבאר סדודים כארזים מכל עצי היער. והנמשל הוא לומר שהמקום ב״ה גדול ורם מכל אלהים ומאד נבחר מכולם ואין להעריך אותם אליו: (טז) חכו ממתקים. כל דברי החכו המה מתוקים במלולם נאותם ולחות אמריו וכל מעשיו והנעותיו המה חמודים כי עשוים בהשכל

קיצור אלשיך וש״מ

שן. כחתיכת שן [עלפאנד ביין] והוא חזק כחוזק הספירים. כמ״ש כמעשה לבנת הספיר ואמרו במדרש באחד שהביא ספיר ונתנו על הסדן והכה עליו בפטיש ונבקע הפטיש והסדן והספיר נשאר קיים:

(טו) שוקיו עמודי שש. שוקי העולם. ר״ל הרגלים שהעולם עומד עליהם. המה עמודי שיש. חזקים מאד. כמ״ש הכתוב אף תכון תבל בל תמוט. מיוסדים על אדני פז. העמודים הם הרגלים נתקעים באדני פז. לומר שאין מלאכת שמים וארץ כמלאכות הנעשית ע״י אדם. כי בבנינים האנושיי׳ התחתון. היסוד סובל העליון. אבל בבנין זה של העולם. העליון סובל הכל. במאמר חז״ל [חגיגה י״ב] הארץ עומדת על עמודי׳ עמודים על המים. מים על ההרים. ההרים על הרוח. רוח על הסערה. סערה תלויה בזרוע של הקב״ה. שנאמר מתחת זרועות עולם. ולזה אמר מיוסדים על אדני פז. הפז הנזכר למעלה. ראשו כתם פז. ר״ל העולם תולה על בלימה. רק על רצון הקב״ה ורוח פיו. גם לזה כוון באמרו ידיו גלילי זהב. כי הכל עצם אחד הוא. כי זהב ופז הכל אחד. כי פז הוא ג״כ זהב. להורות כי ה׳ ית׳ הוא הכל עצם אחד פשוט בתכלית הפשיטות [כונת בעל העקדה]. מראהו כלבנון בחור כארזים. הקב״ה הוא רם ומתנשא על כל באי עולם כהארז אשר בלבנון:

(טז) חכו ממתקים. דבריו מתוקים. כי מדרך מלכי אדמה כשהם מצוים צויהם לעבדיהם יצו׳ בלשון התנשאות ושולטנות. והשי״ת לגודל אהבתו לישראל ממשיך אותם בדברים ערבים ומתוקים להלהיב לבבם לשמור מצותיו. כדאיתא במדרש חכו ממתקים

15. His legs are [as] pillars of marble, founded upon sockets of fine gold, his appearance is like the Lebanon, chosen as the cedars.
16. His palate is sweet, and he is altogether desirable;

Mezudath David explains this expression allegorically to mean that, although the heavens are the heavens of the Lord, He desired of old to dwell upon the Ark cover, which is hidden inside the Tabernacle, as the intestines are hidden within the body, and from there emerges light upon all Israel like the clarity and purity of the ivory and the brightness of the sapphire.

According to the *Targum*, this refers to the twelve tribes, whose names were engraved on the twelve stones of the high priest's breastplate. They resemble the twelve signs of the zodiac and shine like lanterns, bright as ivory, and sparkling as sapphires.

15. **His legs are**—*as pillars of marble, founded upon sockets of fine gold.*—[*Rashi*]

pillars of marble—Heb. שֵׁשׁ, *pillars of marble* שַׁיִשׁ, *and a similar word appears in Megillath Esther* (*1:6*): *"on silver rods and marble* (שֵׁשׁ) *columns," and his appearance is as tall as the cedars of the Lebanon.*—[*Rashi*]

chosen as the cedars—*chosen among the sons as the cedar among the other trees.*—[*Rashi*]

16. **His palate is sweet**—*His words are pleasant.*—[*Rashi*]

this is my beloved—*This is the likeness of my beloved, and this is the likeness of my friend, and because of all these things I have become ill for his love. The allegorical meaning, symbolizing the Holy One, blessed be He, is as follows:*

[10] **My beloved is white**—*and white, to whiten my iniquities. Clear and white; when He appeared at Sinai, He appeared as an old man, teaching instructions, and so, when He sits in judgment* (*Dan. 7:9*)*: "His garment was like white snow, and the hair of His head was like clean wool."*—[*Rashi*]

and ruddy—*to exact retribution upon His enemies, as it is stated* (*Isa. 63:2*)*: "Why is Your clothing red?"*—[*Rashi*]

surrounded by myriads—*Many armies encompass Him.*—[*Rashi*]

[11] **His head is as the finest gold**—*The beginning of His words shone like finest gold, and so Scripture says* (*Ps. 119:130*)*: "The commencement of Your words enlightens." The commencement of, "I am the Lord your God" showed them first that He has the right of sovereignty over them, and He then issued His decrees upon them.*—[*Rashi* from *Gen. Rabbah* 3:1]

his locks are curled—Heb. קְוֻצּוֹתָיו תַּלְתַּלִּים. *Upon every point* (קוֹץ וָקוֹץ)[of the letters of the Sepher Torah] *were heaps of heaps* (תִּלֵּי תִּלִּים) *of halachoth.*—[*Rashi* from *Er.* 21b, *Song Rabbah*]

black as a raven—*because it was written before Him in black fire on white fire. Another explanation: His locks were curled when He appeared on the sea, appearing like a young man mightily waging war.*—[*Rashi* from *Song Rabbah* and *Mechilta*, Exod.15:1]

[12] **His eyes are like doves beside rivulets of water**—*Like doves, whose eyes look toward their dovecotes, so are His eyes on the synagogues and study halls, for there are the sources of Torah, which is compared to water.*—[*Rashi*]

bathing in milk—*When they look into the judgment, they clarify the law in its true light, to justify the just, to give him what he deserves, and to condemn the guilty, to repay his* [evil] *way upon his head.*—[*Rashi*, see *Mid. Shir Hashirim*]

fitly set—*on the fullness of the world. They wander over the entire earth, gazing upon good and evil. Another explanation: Torah scholars, whom the Holy One, blessed be He, makes as eyes to illuminate the world, just as the eyes illuminate for man; like doves that wander from dovecote to dovecote to seek their food, so do they go from the study hall of one sage to the study hall of another sage, to seek the explanations of the Torah.*—[*Rashi*]

by rivulets of water—*in the study halls, which are the sources of the water of Torah.*—[*Rashi*]

bathing in milk—*Since he calls them eyes, and the eye* (עַיִן) *is a feminine noun, bathing* (רוֹחֲצוֹת) *is in the feminine conjugation. They cleanse themselves with the milk of Torah and whiten* (clarify) *its mysteries and enigmas.*—[*Rashi* from *Mid. Shir Hashirim*]

fitly set—*They resolve the matters appropriately.*

Another explanation:

His eyes—Heb. עֵינָיו, [like] עִנְיָנָיו, *His topics. The sections of the Torah, the halachoth, and the Mishnayoth are like doves which are comely in their walk beside the rivulets of water,* [i.e.], *in the study halls, bathing in milk, made clear as milk, as I have explained.*—[*Rashi*]

[13] **His jaws**—*the commandments of Mount Sinai, for He showed them a friendly and smiling countenance.*—[*Rashi*]

his lips are like roses—*the commandments* (lit. statements) *that He spoke in the Tent of Meeting, which are for appeasement and for atonement and for a pleasant fragrance: the law of the sin offering, the guilt offering, the meal offering, the burnt offering, and the peace offering.*—[*Rashi*]

[14] **His hands**—*the Tablets, which He gave with His right hand, which are the work of His hands.*—[*Rashi* from *Song Zuta*]

wheels of gold—*These are the commandments, about which it is said* (*Ps. 19:11*)*: "They are to be desired more than gold, yea more than much fine gold." Said Rabbi Joshua the son of Nehemiah: They were made miraculously. They were of sapphire, yet they could be rolled* (*Song Rabbah, Tan. Ki Thissa* 26). *Another explanation: because they bring about* (lit. roll) *much good to the world.*—[*Rashi*]

set with chrysolite—*He included the 613 commandments in the Decalogue.*—[*Rashi*] [The source of this statement is obscure, as is its derivation from the text. It is undoubtedly based on *Rav Saadia*

Gaon's *Sefer Hamitzvoth,* which connects all 613 commandments to the Decalogue. *Rashi* quotes this in Exodus 24:12.]

his abdomen is [as] a block of ivory—*This is the Priestly Code* (Leviticus), *placed in the center of the Five Books of the Pentateuch, like the intestines, which are set in the center of the body.*—[*Rashi*]

[as] a block of ivory, overlaid with sapphires—*It appears as smooth as a block of ivory, and is set with many details* [derived from] *similar wordings, general principles, and inferences from minor to major.*—[*Rashi* from *Song Rabbah*]

[15] **founded upon sockets of fine gold**—*Said Rabbi Eleazar Hakkappar: This pillar has a capitol above and a base below. Said Rabbi Samuel the son of Gadda: The sections of the Torah have a capitol above and a base below, and they are juxtaposed before them and after them,* [i.e., they are related to the section preceding them or following them] *e.g., the sections of the Sabbatical year and the Jubilee year,* [are juxtaposed to] (*Lev. 25:14*): "*And if you transact a sale,*" *to teach you how severe the dust* (i.e., a minor infraction) *of the Sabbatical Year is, as appears in Tractates Bava Metzia and Arachin* (30b). [Note that this does not appear in extant editions of *Bava Metzia.* Some editions of the Song of Songs include *Succah* (40b). It also appears in *Kiddushin* 20a and in *Tosefta Arachin,* ch. 5. The meaning is that if one does business with produce grown during the Sabbatical year, he will ultimately sell both his real estate and his portable property, as is denoted by the juxtaposition of these sections.] *Also, like* (*Num. 27:16*)*: "May the Lord...appoint a man over the congregation,"* *and* (*ibid. 29:2*): "*Command...My sacrifice, My bread.*" [This teaches us that when Moses prayed to God to appoint a leader for the congregation, God immediately replied]: *Before you command Me about My children, command them about Me* (*Sifrei* Num. 27:23), *and similarly, many* [such instances]. *Therefore, it is stated: "His legs are [as] pillars of marble, founded, etc."*—[*Rashi* from unknown Midrashic source. See *Song Rabbah.*]

his appearance is like the Lebanon—*One who reflects and ponders over His words finds in them blossoms and sprouts, like a forest which blooms. So are the words of Torah—whoever meditates over them constantly finds new explanations in them.*—[*Rashi*]

chosen—Heb. בָּחוּר, *chosen as the cedars, which are chosen for building and for strength and height.*—[*Rashi*]

רגיגן על חכימוי מדהב וכסף **זֶה דוֹדִי וְזֶה רֵעִי בְּנוֹת יְרוּשָׁלָם: ו א אָנָה הָלַךְ דּוֹדֵךְ**
דין הוא תושבחתיה דאלהא
רחימי ודין הוא תקוף חוסניה דמרי חביבי נביאיא דמתנבאין בירושלם: ו א אנה אתיבו נביאיא כד שמעו וכן אמרו תושבחתא דיי מפום כנשתא דישראל על אידין חובא אסתלק מבינך שכינתא דיי את דשפירא עובדך מכל אומיא ולאן אתר אתפני רחימך באסתלקותיה ממוקדשך אמרת כנשתא דישראל על חובין ומרודין ואשתדור די השתכחו בי אמרין וריאיא כען הדרי בתיובתא ונקום

רש"י

כלאת. מיושבים דברים על אופניהם. ד"א עיניו עיניו פרשיות של תורה והלכות ומשניות כיונים שהם נאים בהליכתן. על אפיקי מים בבתי מדרשות רוהלות בחלב מלוהלהות כחלב כמו שפירשתי: **לחיו**. דברות הר סיני שהראה להם פנים מסבירות ושוחקות: **שפתותיו שושנים**. דבורים שנדבר באהל מועד שהם לריצוי ולכפרה ולריח טוב תורת העולה והחטאת והאשם ומנחה ועולה ושלמים: **ידיו**. הלוחות שנתן מימינו ומעשה ידיו המה: **גלילי זהב**. אלו הדברות שבהן נאמר הנחמדים מזהב ומפז רב. א"ר יהושע בן נחמיה מעשה נסים היו של סנפירינון היו והיו נגללין. ד"א על שם שמגלגלות טובה לעולם: **ממלאים בתרשיש**. שכלל בעשרת הדברות תרי"ג מצות: **מעיו עשת שן**. זה תורת כהנים הניתן באמצע המשה חומשים כמעיים הללו שהם נתונים באמצע הגוף: **עשת שן מעולפת ספירים**. נראית חלקה כעשת שן והיא סדורה דקדוקים רבים גזירות שוות ובנין אב וקלים וחמורים: **מיוסדים על אדני פז**. א"ר אלעזר הקפר העמוד הזה יש לו כותרת למעלן ובסיס למטן א"ר שמואל בר גדא פרשיות שבתורה יש להן כותרת למעלן ובסיס למטן וסמוכות לפניהם ולאחריהם כגון פרשיות של שביעית ויובל (ויקרא כה) וכי תמכרו ממכר להודיעך כמה קשה אבקה של שביעית כדאיתא במסכת ב"מ וערכין וכגון (במדבר כז) יפקד ה' איש על העדה לו את קרבני להמי עד שאתה מפקדני על בני פקוד אותם עלי וכן כמה לכך נאמר שוקיו עמודי שש מיוסדים וגו': **מראהו כלבנון**. המסתכל ומתבונן בדבריו מוצא בהם פרחים ולולבים כיער זה שמלבלב כך דברי תורה ההוגה בהם תמיד מחדש בהם טעמים: **בחור**. נבחר כארזים ט הנבחרים לבנין ולהוזק ולגובה: **חכו ממתקים**. דבריו ערבים (ויקרא יט) וערט לנפש לא תתנו בבשרכם אני ה' הנאמן לשלם שכר יש חיך מתוק מזה. אל תהבלו בעצמיכם ותקבלו שכר. ובשוב רשע מרשעתו (יחזקאל יד) ועשה משפט וצדקה עליהם חיה יחיה עונות נחשבו לו לזכיות יש חיך מתוק מזה: (א) **אנה הלך דודך**. מהגים ומקנטרים האומות את ישראל אנה הלך דודך למה הניח אותך עזובה אלמנה: **אנה פנה דודך**. כשהזר והשרה רוחו על כורש ונתן רשות לבנות הבית והתחילו לבנות באו ואמרו להם אנה פנה דודך אם הוזר הוא אליך נבקשנו עמך כענין שנאמר (עזרא ד) וישמעו צרי יהודה ובנימין כי בני הגולה בונים היכל וגו' ויגשו אל זרובבל וגו' נבנה עמכם כי ככם נדרוש לאלהיכם וגו' וכוונתם לרעה כדי להשביתם מן המלאכה. והם משיבים:

שפתי חכמים

סבושם לא למגדלות מרקחים ומגדלות מרקחים קאי על ערוגת הבשם: ט לאפוקי מל' גם בחור גם בתולה דא"כ הוא איך יתדמה בבחרות

אבן עזרא

הם שרי הפנים: שפתותיו. הם המלאכים השלוחים לבני אדם כמו גבריאל: ידיו גלילי זהב. הם האופנים: וענין בתרשיש. כענין מראה האופנים ומעשיהם כעין תרשיש: מעיו. היא האפודה האמצעית שיש בה תמונות מכוכבים נקבלי': שוקיו. הוא הגוף שממנו נברא העולם: וענין שש. שיש לו שש קצוות: אדני פז. הם הארץ כענין על מה אדניה הטבעו: ומראהו כלבנון. הענין שיש בלבנון עצים אין מספר להם אצל בני אדם וכשיראה האחד מהם יחשוב שאין כמוהו ולא ילך כי אם מעט בלבנון וימצא יותר מופלא ונכבד ממנו כן מעשה המקום: בחור כארזים. שהוא עומד וכן מעשיו ולא יכלו כי הדשים לבקרים רבה אמונתו:

ספורנו

וכלו מחמדי'. וכל המכוון הוא למען נשיג חיים נצחיים הנחמדי' מכל זולתם: זה דודי. כאמרו כי מאהבת ה' אתכם: וזה רעי. לשכנו בתוכנו כאמרו כי לא יטוש ה' את עמו: (א) **אנה** הלך דודך. אמרו הכשדים מה היה לו שסלק שכינתו ממך: אנה פנה בהסתירו פניו: ונבקשנו עמך.

מצודת דוד

רב. והנמשל הוא לומר דברי התורה הכתובים מפיו המה משפטים צדיקים והוקים ישרים וכל מעשיו בחסד וברחמים: זה דודי כו'. הנה מי שיש בו אלה השבחים זה דודי ורעי והאומרת בהיות כן איך לא אתחוקק אליו וכי יש מי לשעריך אליו. והנמשל הוא לומר דעו מי בכל אלה בו הוא אלהי וכאלו האמר עתה שפטו נא אם מי דומה לו ומה זה תאמרו לעזבו ולהתחבר עמכם להיות תחת ממשלת שר של מעלה המושל בכם הלא כלם כמוהם כאין נמול אלהי:

ו (א) אנה הלך דודך. כאשר שמעו הנערות אמריה כי נעמו אמרו לה את היפה בנשים אם לא מלאת את דודך בעיר אמרי נא להיכן הלך ולהיכן פנה ר"ל אנה דרכו ללכת ונלך עמך לבקשו במקום ההוא כאלו תאמרנה אם את מתפחדת ללכת יחידי נלכה גם אנו בהברתך. והנמשל הוא כאלו יאמרו האומות אם הדבר כן הוא אמרי לנו היכן הוא כלומר במה השיב אותו אליך ובמה יתרצה ונעזור

מצודת ציון

סדבור: ממתקים. מל' מתוק: ו (א) אנה. להיכן כמו אנה אלך

קיצור אלשיך וש"ם

זה הקב"ה ראה מה הוא אומר דרשוני וחיו. היש לך חיך מתוק מזה. ולפי שכן דרך הסרסור כשיש לפניו לסרסר מקח רע הוא מדבר על לב הקונה דברים ערבים לפתותו על מקחו הרע. לזה סיים לומר כי לא כן הוא עם השי"ת כי כולו מחמדים. כל התורה וכל המצות נחמדים הם. ואין בהם נפתל ועקש זה דודי וזה רעי אשר לא אוכל לעזבו. עתה הלא תדעו בנות ירושלים גודל מבוקשי אותו בסבלי כל הרעות האלו מבלי לעזוב איתו ללכת אחרי אלהים אחרים אשר לא שערום אבותינו. כי עוד ישוב אפו וינחמני לתת לנו אחרית ותקוה טובה:

ו (א) **אנה הלך דודך**. כנס"י אומרת לפני הקב"ה אחרי ספרי להאומות את גדלך ושמעו אמרי כי נעמו גם הם רוצים לחלות את פניך לעבדך שכם אחד כמוני. וככה שואלים אותי אנה הלך דודך ממך את היפה בנשים. באשר באמת יפיפית את מכל רעיותיך כי יש לך דוד יקר כזה. וא"כ איפוא הגידי נא לי אנה הלך ממך? ואם לא תדע איה מקום כבודו. אשר הוא חונה שם. למצער אולי תדע אנה פנה דודך לאיזה צד ונבקשנו עמך. יען כי גם אנחנו כלתה נפשנו אל דוד נעים כזה. והנה זאת תשובתי אליהן. רעיותי עליכן לדעת כי לא הלך דודי ממני. ולא נפרד מאתי

ברחלס

this is my beloved, and this is my friend, O daughters of Jerusalem."

6

1. "Where has your beloved gone,

[16] **His palate is sweet**—*His words are pleasant, e.g.* (*Lev. 19:28*): "*And you shall not make a wound in your flesh for one who has died...I am the Lord," faithful to pay reward. Is there a palate sweeter than this? Do not wound yourselves, and you will receive reward.* (*Ezek. 33:19*): "*And when a wicked man repents of his wickedness and performs justice and righteousness, he shall live because of them." Iniquities are accounted to him as merits. Is there a palate sweeter than this?*—[*Rashi*. See *Song Rabbah*, 6:1.]

Mezudath David explains:

[15] **His legs are [as] pillars of marble**—His legs are beautiful both in their whiteness and their straightness, like pillars of marble which are founded on bases of finest gold. Those are the soles of his feet, which are as clean as the finest gold, although they are usually soiled with the dust of the earth. Allegorically, this alludes to the lowly earth, the footstool of the Omnipresent, blessed be He, as Scripture states (Isa. 66:1): "and the earth is My footstool," which is as strong as marble pillars, and the bases of the foundations of the planet Earth, which hold it in place so that it should not veer off, are like the finest gold. This central point is very minute, similar to fine gold, which is very scarce.

his appearance is like the Lebanon—The appearance of his stature is like Mount Lebanon, and he surpasses the other beloveds as the cedar surpasses the other trees of the forest. The allegorical meaning is that the Almighty is greater and higher than all other gods; He surpasses them, and they cannot compare to Him.

[16] **His palate is sweet**—All the words of his mouth are sweet, uttered with the proper language and with beautiful expressions, and all his deeds and his movements are desirable, for they are performed with much deliberation. The allegorical meaning is that the words of the Torah, which were given from His mouth, are just and fair laws, and all His deeds are performed with kindness and mercy.

this is my beloved, etc.—Behold, he who has all these attributes is my beloved and my friend. It is as though she says, "Since this is so, how can I not long for him, for is there anyone his equal?" The allegorical meaning is that He Who possesses all these attributes is my God. Now judge for yourselves whether there is anyone like Him. Why then do you entice us to forsake Him and to join you, to be under the rule of the celestial princes who rule over you? Are they not all as nought compared to Him?

6

1. **Where has your beloved gone**—*The nations taunt and provoke Israel, "Where has your Beloved gone?" Why has He left you abandoned like a widow?*—[*Rashi*]

הַיָּפָה בַּנָּשִׁים אָנָה פָּנָה דוֹדֵךְ וּנְבַקְשֶׁנּוּ עִמָּךְ: ב דּוֹדִי
יָרַד לְגַנּוֹ לַעֲרוּגוֹת הַבֹּשֶׂם לִרְעוֹת בַּגַּנִּים וְלִלְקֹט
שׁוֹשַׁנִּים: ג אֲנִי לְדוֹדִי וְדוֹדִי לִי הָרֹעֶה בַּשּׁוֹשַׁנִּים:
ד יָפָה אַתְּ רַעְיָתִי כְּתִרְצָה נָאוָה כִּירוּשָׁלָםִ אֲיֻמָּה

אַנְתְּ וַאֲנַן וּנְצַלֵּי קֳדָמוֹהִי וְנִבְעֵי רַחֲמִין עִמָּךְ: ב דּוֹדִי וּמָרֵי עָלְמָא קַבֵּל צְלוֹתְהוֹן בְּרַעֲוָא וּנְחַת לְבָבֶל לְסַנְהֶדְרִין דְּחַכִּימַיָּא וִיהַב רְוָחָא לְעַמֵּיהּ וְאַסְּקִנּוּן מִגָּלְוָתְהוֹן עַל יַד כּוֹרֶשׁ וְעֶזְרָא וּנְחֶמְיָה וּזְרוּבָּבֶל בַּר שְׁאַלְתִּיאֵל וְסָבֵי יְהוּדָאֵי וּבְנוֹ יַת בֵּית מוּקְדְּשָׁא וּמַנִּיאוּ כָּהֲנַיָּא עַל קוּרְבָּנַיָּא וְלֵוָאֵי עַל מַטְּרַת מֵימְרָא דְּקוּדְשָׁא וּשְׁלַח אֶשָּׁתָא מִן שְׁמַיָּא וְקַבֵּל בְּרַעֲוָא יַת קוּרְבָּנָא וְיַת קְטוֹרֶת בּוּסְמִין וּכְגַבַר דִּמְפַרְנֵס יַת בְּרֵיהּ רְחִימָא בְּתַפְנוּקִין כֵּן פַּרְנְקִנּוּן וּכְגַבַר דִּמְנַקֵּב וַרְדִּין מִן מֵישְׁרַיָּא כֵּן כַּנְשִׁנּוּן מִן בָּבֶל: ג אֲנִי וּבְהַהוּא יוֹמָא אֲנָא פָּלְחָא לְמָרֵי עָלְמָא רְחִימִי וְרְחִימִי אַשְׁרֵי שְׁכִינַת קוּדְשָׁא בֵּינַיְהוֹן יָתִי בְּתַפְנוּקִין: ד יָפָה אֲמַר יְיָ בְּמֵימְרֵיהּ כַּמָּה יָאָה אַתְּ חֲבִיבְתִּי בִּזְמַן דִּצְבוּתִךְ לְמֶעְבַּד רְעוּתִי שַׁפִּיר בֵּית מוּקְדְּשָׁא דְּבָנֵית לִי כְּמַקְדַּשׁ קַדְמַי דִּי בְנָא לִי שְׁלֹמֹה מַלְכָּא בִּירוּשְׁלֵם וְאֵימְתִךְ עַל כָּל עַמְמַיָּא כְּיוֹמָא

שפתי חכמים

לאהיים. לכ"ם נכתב: י ק"ל סרי ככר אמר לערוגת הבשם דהיינו בית המקדש וא"כ מאי לרעות בגנים. לכ"ם ועוד ירד לרעות כו'.

רש"י

(ב) דודי ירד לגנו. גוה לנו לבנות היכלו ויהיה שם עמנו: לערוגות הבשם. מקום מקטר הקטורת: לרעות בגנים. ועוד ירד לרעות לאנו י בגנים אשר נפוצו שם אותם שלא עלו מן הגולה משרה שכינתו עליהם בבתי כנסיות ובבתי מדרשות: וללקוט שושנים. שומע ומקשיב נדברים בתורתו ללקוט זכיותיהן ולכתבם בספר זכרון לפניו כענין שנא' (מלאכי ג) אז נדברו יראי ה' וגו' ומה שאתם אומרים לבקש עמנו ולבנות עמנו אני לדודי ולא אתם לו ולא תבנו עמנו כענין שנאמר (עזרא ד) לא לכם ולנו לבנות בית אלהינו ואומר ולכם אין חלק וצדקה וזכרון בירושלים: (ג) הרועה בשושנים. הרועה את צאנו במרעה נוח וטוב: (ד) יפה את רעיתי כתרצה. והקדוש ברוך הוא מקלס על זאת יפה את רעיתי כשאת רצויה לי כך הוא נדרש בספרי: נאוה. את עתה כאשר בראשונה כירושלים: איומה כנדגלות. חיילי מלאכים אימתך הטיל עליהם שלא להלחם ולהשביתכם מן המלאכה כמו שנאמר בעזרא:

ספורנו

כאמר(נבנה) עמכם כי ככם נדרוש לאלהיכם: (ב) דודי ירד לגנו. בקהל קדושים אנשי כנסת הגדולה: לרעית בגנים. לשמוח בבתי כנסיות ובתי מדרשות כענין ישמח ה' במעשיו: וללקוט שושנים. שרידי עמו.* (ד) יפה את רעיתי. אמר האל ית' עתה בבנין בית שני אל תוסיפי לסלק שכינתי מתוכך כי אמנם את עתה יפה בחכמת אנשי כנסת הגדול' נאוה כירושלים. הראשונ' שהיתה עיר הצדק כי שמה ישבו כסאות למשפט: איומה. כענין שמעון הצדיק עם אלכסנדרוס: כנדגלות. כמערכו' ישראל תהיו

אבן עזרא

הפעם הראשונה (ד) כתרצה שם מדינה תמלאנה כדברי ההגב: אימה. שיש אימה ממנה לכל רואיה כמו איום ונורא: כנדגלות. כמחנות בעלות הדגלים:

מצודת ציון

מרוחק (תהלים קלט): (ב) לרעות. מל' מרעה: (ד) כתרצה. שם עיר מלכה למלכי ישראל: נאוה. נאה ויפה: איומה. מלשון אימה

מצודת דוד

לך על שבבה לשספיק בידך לשפיכו אליך ולא משיף להדיחך מעל מאחריו: (ב) דודי ירד לגנו. כאלו משיבה לומר דרכו ללכת בגנים ובודאי ירד שם אל בין ערוגות הבשם לרעות ולטייל בגנים וללקוט שושנים להביאם לו תשורה. והנמשל הוא אשר תשיב אמריה מעולם דרכו להשרות שכינתו בבתי כנסיות ובבתי מדרשות להקשיב רנה של תורה ותפלה לקבלם ברצון לכיוה שמורים אצלו לשלם משם שכר טוב ולאומרת הנה בעבק סחורה ותפלה אשתנו לבוא אלי: (ג) אני לדודי כו'. ר"ל כמו שבכל תשוקתי היא אל דודי כן תשוקתו אלי והוא זה הרועה בשושנים להביא לו משם תשורה. והנמשל היא לומר כמו שאני לא בהרהרי באל נכר כן הוא לא עזבני מכל וכל לבחור בעובדי גלולים ואף עתה מקבל ברצון עסק התורה ותפלה ושמורים אצלו להשיב לי עליהם גמול טוב: (ד) יפה את רעיתי כתרצה. כאשר נשמע אל התשוק טועם דבריה והפלגת תשוקתה אליו שלא אמריו לקלסה וכה אמר יפה את רעיתי כעיר תרצה והיא היתה עיר יפה מאד בבנינים נפלאים (ועד שלא נבנית שומרון היתה עיר מלוכה למלכי ישראל): נאוה כירושלים. שהיתה נאה מאד בהפלגת סדור ובכנסה איומה כנדגלות לפי רוב חביבת' ומעלתך את מטלת אימה על רואך כמו חילים ממחנות רבות המטילים אימה על רואיהם. והנמשל הוא לומר עם כי את גולה וסורה עכ"ז יפה את במעשים הגונים ובמדות ישרות וכל האומות אינם חפצים להשחיתך עד התכלית כאלו הייתי המון עם רב מלומדי מלחמה:

קיצור אלשיך וש"מ

בההלט. הן (ב) דודי מאז מקדם בהיותי בארצי ירד אך לגנו המיוחד לו לערוגות הבושם. כי היה גנו יפה ומהודר בערוגו' בשמי מור הנותנים ריח ניחוח. כלומר היה משרה שכינתו רק אתי באשר מצא אותי יפה ונאה בכל מדות והנהגות טובות וגם עתה בהיותי בגולה לא נפרד ממני כי יורד הוא לרעות אותי גם בגנים אחרים. וללקוט שושנים. וחפצו ומגמתו ללקוט את השושנים המפוזרים בגנים אחרים. כלומר לקבץ את נדחי המפוזרים בארצות נכריות. יען כי אם אך (ג) אני לדודי לשוב אליו כחפצו. אזי ודודי לי כמקדם, הרועה בשושנים. מאשר זה כל חפצו כי יהיה הוא הרועה בצאן קדשים נחמדים ונאים כשושנים ככה דודי שאלת רעיותי ותשובתי אליהן, ואשר לזאת יתעוררו נא רחמיך לצאת לישע אהובתך, למען יכירו כל הגוים כח מלכותך ויטו שכם אחד לעבדך באהבה ויראה כמוני. הכנס"י מדברת הלאה (ד) יפה, אשאל אותך דוד יקר החפץ בטובת רעיתו מדוע בהיותי בגלות בבל, אשר גם שמה חטאתי והעויתי את דרכי [כי בשלוח ה' נביאו יחזקאל בבלה

אמר לו הקב"ה שולח אני אותך אל בני ישראל אל גוים המורדים וגו'] בכל זאת אמרת לי ידעתי בך רעיתי. כי יפה את רעיתי כתרצה*). כשאת רוצה תוכלי להיות יפה במעשיך [וכמאמרם ז"ל בש"ר וז"ל כד את בעיא לית את צריכה בעיא מכלום למילף פי' כשאת רוצה אין את צריכה ללמוד משום אדם. ומעצמך תוכלי לדעת את ה'] לכן אעבור על מדותי לעשותך מקודם נאוה כירושלים. נאוה ויפה כמאז היותך בירושלים, אשיבך לארצך כמקדם, ובטוח אנכי כי אחרי היותך בארצך שלוה ושקטה תהיי איומה ע"י פעולת התורה והמצוה [ע"ד הכתוב וראו כל עמי הארץ כי שם ה' נקרא עליך ויראו ממך] כנדגלות, כהמון מחנות נושאות דגל ביום קרב ומלחמה [ככתוב (יחזקאל יא) כה אמר ה' אלהים וקבצתי אתכם וגו' ונתתי לכם את אדמת ישראל ובאו שמה והסירו את כל שקוציה וגו' למען בחקתי ילכו וגו' והיו לי לעם וגו', ובאמת כן היה. כי הנה אך דרכו רגליהם מן הגולה ובאו לארצם

*) בפשטות הענין „תרצה" היתה ע"ר בא"י כלילת יופי למלכי ישראל

O fairest of women? Where has your beloved turned, that we may seek him with you?" 2. "My beloved has gone down to his garden, to the spice beds, to graze in the gardens and to gather roses. 3. I am my beloved's, and my beloved is mine, who grazes among the roses." 4. "You are fair, my beloved, as Tirzah, comely as Jerusalem,

awesome

Where has your beloved turned—*When He returned and caused His spirit to rest on Cyrus, and sanctioned the rebuilding of the Temple, and they commenced to build, they came and said to them, "Where has your Beloved turned?" If He is returning to you, we will seek Him with you, as is stated (Ezra 4:1f): "Now the adversaries of Judah and Benjamin heard that the people of the exile were building a Temple, etc. And they approached Zerubbabel, etc.: Let us build with you, for like you we seek your God, etc." But their intention was for evil, in order to stop the work. And they replied to them*—

2. **My beloved has gone down to his garden**—*He commanded us to build His Temple, and He will be there with us.*—[*Rashi*]

to the spice beds—*to the place where the incense is burned.*—[*Rashi*]

to graze in the gardens—*And further, He went down to pasture His flocks in the gardens where they were scattered, i.e., those who did not come up from the exile. He causes His Shechinah to rest upon them in the synagogues and in the study halls.*—[*Rashi* from *Song Rabbah*]

and to gather roses—*He listens and hearkens to those who speak of His Torah, to collect their merits and to inscribe them in a memorial book before Him, as it is stated (Mal. 3:16): "Then the God-fearing men spoke* [to one another, and the Lord hearkened and heard it. And a book of remembrance was written before Him for those who feared the Lord and for those who valued His name highly.]" *Now, concerning your request to seek with us and to build with us, "I am my Beloved's," but you are not His, and you shall not build with us, as it is stated (Ezra 4:3): "It is not for you and for us to build a House for our God," and Scripture states further (Neh. 2:20): "and you have no portion or right or memorial in Jerusalem."*—[*Rashi*]

Mezudath David explains these verses as follows: [1] When the maidens heard her beautiful statements, they said to her, "You, O fairest of women, if you have not found your beloved in the city, tell us where he went and where he turned," i.e., where he usually goes, "and we will go with you to seek him there." It is as though they were saying, "If you are afraid to go alone, we will accompany you." Allegorically, it is as though the nations will say, "If that is so, tell us where He is," i.e., how you can return Him to you, and with what He will be appeased, and we

will help you to return Him to you, and we will no longer attempt to lead you astray from Him.

[2] **My beloved has gone down to his garden**—It is as if she replies, saying, "He usually goes down to the gardens, and he surely has gone down there among the spice beds to pasture the flocks and to stroll in the gardens, and to gather roses, to bring me a gift." The allegorical meaning is that Israel replies, "He was always accustomed to cause His Shechinah to rest in the synagogues and the study halls, to hearken to the song of Torah study and prayers, to accept them with desire that they should be preserved with Him to reward them greatly." It is as though Israel says that through study and prayer, I can entice Him to return to me.

Sforno explains similarly, as follows:

[1] **Where has your beloved gone**—The nations of the world say: What reason did He have to cause His presence to depart from you?

Where has your beloved turned—when He hid His countenance from you?

that we may seek him with you—as they said (Ezra 4:2): "Let us build with you, for like you, we seek your God."

[2] **My beloved has gone down to his garden**—into the congregation of the holy ones, the men of the Great Assembly.

to graze in the gardens—to rejoice in the synagogues and the study halls, as is stated [in Psalms] (104:31): "the Lord will rejoice with His works."

and to gather roses—the remnants of His people, from among the thorns.

The *Gra* explains:

[1] **Where has your beloved gone, etc.**—Now they again ask two questions: 1)Where has your beloved gone, i.e., to what place has he gone; 2) where has your beloved turned, i.e., to what occupation has he turned; with what does he occupy himself now?

[2] **My beloved has gone down to his garden**—She replies to both questions: To the question of where He went, she replies that He went down to His garden. This world is not fit for Him now. He has gone to the Garden of Eden.

to the spice beds—This refers to the righteous, who sit as in rows of spices.

to graze in the gardens—This is the reply to the second question. He occupies Himself by amusing Himself with the righteous.

and to gather roses—to gather original Torah insights from them. The Torah, which is composed of positive and negative commandments, is compared to roses, which are both white and red, and this corresponds to the two academies in Paradise, the Upper Academy and the Lower Academy. That is the meaning of "to graze in the gardens."

3. **I am my beloved's, etc.**—Just as all my desire is for my beloved, so is all his desire for me, and he is the one who pastures among the roses to bring them to me as a gift. Allegorically this

means that just as I have not chosen any foreign deity, so has He not forsaken me entirely to choose the heathens. Even now, He accepts Torah study and prayers with desire and they are preserved beside Him to reward me for them.—[*Mezudath David*]

who grazes among the roses—*who pastures his flocks in a calm and goodly pasture.*—[*Rashi*]

4. **You are fair, my beloved, as Tirzah**—When the young man heard the words of his beloved in which she expressed her deep love for him, he sent his words to praise her, and so he said, "You are fair, my beloved, as the city of Tirzah," which was a beautiful city with wondrous edifices (the capital of the kingdom of Israel before Samaria was built).—[*Mezudath David*] i.e., in the days of Omri, who reigned six years in Tirzah (I Kings 16:23). When he purchased Mount Samaria from Shemer, he fortified it and made it his capital. In the days of his son Ahab, Tirzah is no longer mentioned, until the reign of Menahem the son of Gadi, who ascended from Tirzah.—[*Yahel Ohr*]

comely as Jerusalem—which was extremely beautiful in its plan and decorum.—[*Mezudath David*]

Midrashically, *Rashi* explains:

You are fair, my beloved, as Tirzah—*And the Holy One, blessed be He, praises her for this: You are fair, my beloved, when you are desirable* (explaining כְּתִרְצָה as רְצוּיָה) *to me. So it is expounded in Sifrei* (*Deut. 6:9*).—[*Rashi*]

comely—*are you now as at first in Jerusalem.*—[*Rashi*]

כַּנִּדְגָּלוֹת: ה הָסֵבִּי עֵינַיִךְ מִנֶּגְדִּי שֶׁהֵם הִרְהִיבֻנִי שַׂעְרֵךְ כְּעֵדֶר הָעִזִּים שֶׁגָּלְשׁוּ מִן־הַגִּלְעָד: ו שִׁנַּיִךְ כְּעֵדֶר הָרְחֵלִים שֶׁעָלוּ מִן־הָרַחְצָה שֶׁכֻּלָּם מַתְאִימוֹת וְשַׁכֻּלָה אֵין בָּהֶם: ז כְּפֶלַח הָרִמּוֹן רַקָּתֵךְ מִבַּעַד

תו"א הסבי עיניך מנגדי. זוהר פ' קדושים: שערך כעדר העזים. ברכות כט:

תרגום

דְהַלְכוּ אַרְבַּע טַקְסִין בְּמַדְבְּרָא: ה הָסֵבִּי אַסְחָרִי רַבָּנַיִךְ חַכִּימַי כְּנִשְׁתָּא רַבְּתָא חֲזוֹר חֲזוֹר לְקִבְלִי דִּי אִינּוּן אַמְלְכוּנִי בְּגָלוּתָא וְקַבְּעוּ מִדְרְשָׁא לְאוּלְפַן אוֹרַיְתִי וּשְׁאָר נַעֲמְטוּתָךְ וְעַמָּא דְאַרְעָא אַצְדִּיקוּ יָתִי בְּמֵימַר פּוּמְהוֹן כִּבְנוֹי דְיַעֲקֹב דִּלְקַטוּ אַבְנַיָּא וַעֲבַדוּ גְּלִישׁוּשִׁיתָא בְּטוּרָא דְגִלְעָד: ו שִׁנַּיִךְ וְכַהֲנַיָּא וְלֵוָאֵי אָכְלֵי קוּרְבָּנַיִךְ וּמַעֲשַׂר קוּדְשָׁא וְאַפְרָשׁוּתָא דַּכְיָן מִכָּל אֲנִיסוּת וּגְזֵילוּת דַּהֲווֹ הֵיכְמָא דַכְיָן עֶדְרֵי דְעָנָא דְיַעֲקֹב בְּזִמַּן דְּסַלְקָן מִן נַחַל יוּבְקָא דְלָא הֲוַת בְּהוֹן אֲנִיסָא וּגְזֵלָא וְכוּלְהוֹן דָּמְיָן דָּא לְדָא וְיָלְדָן תְּיוֹמִין בְּכָל עִדָּן וּמְתַכְּלָא וְעִקָּרָא לָא הֲוַת בְּהוֹן: ז כְּפֶלַח וּמַלְכוּת בֵּית חַשְׁמוֹנָאֵי

רש"י

(ה) הסבי עיניך מנגדי. כבחור שארוסתו חביבה ועריבה עליו ועיניה נאות והוא אומר לה הסבי עיניך מנגדי כי ברהותי אותך לבי משתהלך ומתגאה עלי ורוחי גסה בי ואיני יכול להתאפק: הרהיבני. הגיסו לבי כמו (תהלים צ) ורהבם עמל ואון (ישעיה ל) רהב הם שבת איסמייר"ר בלע"ז והדוגמא כך הוא אמר הקב"ה במקדש זה אי אפשר להשיב לכם ארון וכפרת וכרובים שהם הרהיבוני בבית ראשון להראותכם חבה יתירה עד שמעלתם בי: שערך כעדר העזים. בקטני' ורכים ודקים שבכם יש שבח הרבה: (ו) שניך. קציניך וגבוריך שבך כולם לטובה: כעדר הרחלים. הרחל הזאת ב כולה קדושה צמרה לתכלת בשרה לקרבן קרניה לשופרות שוקיה לחלילין מעיה לכינורות עורה לתוף אבל

שפתי חכמים

ב דקילוס הראשון אמר לעדר הקלופות וכאן בקילוס זה שינה וכתב כעדר הרחלים ועם שבח הוא ברחלים שהם בשלמא כעדר הקלופות

אבן עזרא

(ה) הרהיבני. הזקו ממני או הסירו כחי וממשלתי כמו המהלכת רהב ורהבם עמל ואון:

הפעם השנית דודי ירד לגנו. כאשר פירשתי שאמרה לו יבא דודי לגנו וכאשר הקילה רדפה אחריו וכאשר ראה אותה אמר יפה את רעיתי ואמר שערך ושניך גם כפלח הרמון והטעם כי את היא תשוקתי הקדמונית ואל תתערבי לי באחרת כי הנה שערך ושניך ורקתך לעדים נאמנים ולא יתכן שתתערבי באחרת כי אחת את היא בעולם ואין דומה לך גם הנה שלמה יש לו ששים מלכות ושמונים פילגשים ועלמות אין מספר ואין כמותך כי אחת את לאמך:

הפעם השלישית דודי ירד לגנו. זה שעלה למרום: לרעות בגנים וללקוט שושנים. שהוא דר עם המלאכים שהם הצדיקים: אני לדודי. אמרה כנסת ישראל אע"פ שירד דודי לגנו אני שלו והוא שלי. ענתה שכינה יפה את. זה שחזרו בבית שני. ופי' הסבי עיניך מנגדי. שנפסקה הנבואה בבית שני כאשר התנבא דניאל ולהתום חזון ונביא כאשר פירשתי בספר דניאל: שערך. שהיו בבית שני נזירים: (ו) שניך. גבורים: (ז) רקתך.

ספורנו

מכל מקום: (ה) הסבי עיניך. הנביאים כאמרו ויעצם את עיניכם את הנביאים: מנגדי. שלא יפגשו עמל חזון גם שיהיו ראוים לכך: שהם הרהיבוני. הם היו סבה שהתנשאתי להנקם מכם כאשר לא שמעת: שערך. כי אמנם מנהגי אבות הם נאותים ויקרים כמו שער של עדר העזים המוכן להיות בגד חשוב וכן הנהיגו מנהגי נכבדי' כאמרם והעמדנו עלינו מצות כו' ואין צורך עוד להנביאים: (ו) שניך. הנלחמים כמו בני חשמונאי וזולתם: כעדר הרחלים. הם צדיקי' ויקרי' בעיני כעדר הרחלי' שמכניסי' אותו למלת: מתאימות. בעיון ובמעשה: ושכולה אין בהם. אין בהם מורד מקדיח תבשילו: (ז) כפלח הרמון רקתך. התלמידים

מצודת דוד

(ה) הסבי עיניך מנגדי. גם זה מדברי החשוק ישלח אמריו לאמר לה בדרך חבה החזירי לי עיניך שהם מוסרים מנגד פני כי מאז בהביטם בי חזקו ומלאו את לבבי להיות נמשך אחריך. והנמשל הוא כאלו יאמר להחכמים עיני העדה שיביטו גם עתה ויסתכלו בתורה ויעסקו בה כי בזה היו מוכיחים כח מאז בהגליה של מעלה וגם עתה יאספו בזה אל המקום ב"ה וכאומר עם כי שמה בגולה ואין עסק התורה מוספת כח כ"כ כמו שעסק בא"י מ"מ מוסיפים הם: שערך כעדר העזים. שער ראשך סרוק ומבהיק כשער עדר העזים אשר נמרטו ונסרקו בפני הקולים בירדת' ממקום מרעית' מהר הגלעד וכאלו נסרקו במסרק. והנמשל הוא על הנזירים המגדלים פרע שער ראשם כעדר העזים כו' שהם סרוקות ומפולחים הרוכות ותלויות כלפי מטה וכאומר עם כי אין קרבן בגולה להביא במלאת ימי נזרן מ"מ חביבים הם לפני: (ו) שניך כעדר הרחלים. שניך המה לבנות במראה ומסודרות כמו עדר הרחלים כשהם עולים מן הרחצה שמבהיקים בלובן לח: שכולם מתאימות. מוסב על השנים לומר אשר כל השנים שוות כתאומים ואין בהם שכולה ר"ל לא נחסר אחד מהם ולא נפגם ולא נשתנה מראהו. והנמשל הוא על שופטי העדה הממונים להכרית ולהשמיד את החייבים במשפט שהם נקיים הן השופט כעדר שעולה מן הרחצה המנוקים מן הלכלוך וישוו אלו לאלו וכולם קדושים מנוקים מגזל ולא ימצא בהם מום נדנוד עושק: (ז) כפלח הרמון רקתך. גובה פניך מזה ומזה הוא סגלגל ואדום

מצודת ציון

ופחד: כנדגלות. מל' דגל ור"ל מחנות בעלי דגל: (ה) הסבי. מל' סבוב והחזרה: הרהיבוני. ענין התחזקות כמו תרהיבני בנפשי עוז. (תהלים קלח): שגלשו. ענין מריטת השער: (ו) מתאימות. מלשון תאומים: ושכלה. ר"ל חסרון ופגם ואמר בלשון השאלה: (ז) כפלח. ענין בקוע כמו כפלח תחתית (איוב מא): רקתך. הוא גובה הפנים שאצל העין מזה ומזה וכן ותתקע את היתד ברקתו

קיצור אלשיך וש"ם

אמרת לי (ה) הסבי עיניך מנגדי שהם הרהבוני, והוא ע"ד המליצה כדמיון הריע אשר מאד דבקה נפשו בנפש רעיתו ואומר אליה עיניך היפות סנגדי. יען כי מפיקות הן זיקי אהבה ומבטי חן והן הרהבוני בעוז ותעצומות אהבה המתלקחת בקרב לבי עדי שאת בל אוכל. כמו כן אמרת לי חכמיך ועיני העדה ערבים ונעימים לי במעשיהם הטובים עדי הרהבוני וחזקוני באהבתי אליהם (שערך כעדר העזים שגלשו מן הגלעד) שער ראשך מבהיק ומצהיר כשער עדר העזים שגלשו והורידו אותם הרועים מהר גלעד אחרי שבעם ממרעיתם שמה כי אז שערותיהם מבהיקות מאד מרוב משמן בשרם. והוא תואר להצדיקים המיוחדים המכוני' בשם שער באשר הקב"ה מדקדק עמהם כחוט השערה והם מבהיקים ומאירים בנר מצוה ואור תורה אחרי שבעם ממרעה שדה החכמה ומדעי אלהים:

(ו) שניך כעדר הרחלים שעלו מן הרחצה ונתכבס צמרן מכל שמץ ולכלוך, כמו כן שניך רומז לדבורך שכל דבור שלך ברורים ונקיים וכולם מתאימות. שואל כענין ומשיב כהלכה [ולא כשאר נשים שהם דברניות] ושכולה אין בהם. שאין בהם כל חסרון ודופי:

(ז) כפלח הרמון רקתך. ירצה כמו הרמון אף אם נתלכלך מבחוץ מכל מיני מיאום עכ"ז כשיתפלח

as the bannered legions. 5. Turn away your eyes from me, for they have made me haughty; your hair is like a flock of goats that streamed down from Gilead. 6. Your teeth are like a flock of ewes that came up from the washing, all of which are perfect and there is no bereavement among them. 7. Your temple is like a split pomegranate from beneath

awesome as the bannered legions—*the legions of angels. I will cast your awe upon them* (upon your adversaries) *so that they should not wage war and stop you from the work, as is stated in Ezra* (ch. 5).—[*Rashi*] *Ibn Ezra* and *Mezudath David* explain: Because of your high esteem, you cast awe upon those who behold you, like legions bearing banners, which cast awe on all who behold them.

Mezudath David explains these words allegorically to mean that, although you are exiled and rejected, you are fair in your good deeds and your admirable character traits, and none of the nations wish to annihilate you completely, as if you were a great multitude of trained warriors. The *Targum* paraphrases: The Lord said: How beautiful are you, my beloved, at the time when you wish to do My will! The Temple that you built for Me is like the First Temple which King Solomon built for Me in Jerusalem, and your awe is upon all the nations, as on the day when the four divisions marched through the desert.

5. **Turn away your eyes from me**—*as a young man whose betrothed is dear and sweet to him, and her eyes are comely, and he says to her, "Turn away your eyes from me, for when I see you, my heart becomes haughty and proud, and my spirit becomes arrogant, and I cannot resist."*—[*Rashi*]

they have made me haughty—Heb. הִרְהִיבֻנִי. *They made my heart arrogant, like* (*Ps. 90:10*): *"but their pride* (וְרָהְבָּם) *is toil and pain"; (Isa. 30:7): "They are haughty* (רַהַב), *idlers," asoijer in Old French, to make proud. The allegorical meaning is as follows: The Holy One, blessed be He, said: In this Temple, it is impossible to restore to you the Ark, the Ark cover, and the cherubim, which made Me proud in the First Temple, to show you great affection, until you betrayed Me.*—[*Rashi*]

your hair is like a flock of goats—*in the small, the tender, and the slight ones among you, there is much praise.*—[*Rashi*] *Mezudath David* explains: **Return your eyes, which are turned away from me**—This too is the statement of the young man, which he sends affectionately to his beloved. "Return your eyes, for they are turned away from my face, for since days of yore when they looked at me, they strengthened and encouraged my heart to follow you." Allegorically, it is as though He says to the sages, "The eyes of the congregation should look and concentrate on the Torah and busy

themselves with it, for therewith they will add strength to the heavenly household, and also now, they will be beloved therewith by the Omnipresent, blessed be He." It is as though He says that although they are in exile, and their Torah does not add as much strength to the heavenly household as in the Holy Land, it nevertheless does add some strength.

your hair is like a flock of goats—The hair of your head is combed and gleams like the hair of a flock of goats that was pulled and combed by the thorny branches when they descended from their pasture on Mount Gilead, and it is as if their hair was combed out with a comb. Allegorically, this refers to the Nazirites, who allow their hair to grow long like the hair of a flock of goats, whose hair is combed and hangs long. He is saying that, although they cannot bring a sacrifice at the termination of the fulfillment of the Nazirite vow in exile, they are nevertheless dear to Me.

The *Targum* paraphrases: Turn your rabbis, the sages of the Great Assembly, around to Me, for they accepted My reign in exile, and they established study halls for the study of Torah, and your other nobles, and the people of the land, acknowledged My righteousness with the word of their mouths, like the sons of Jacob, who gathered stones and made a heap on Mount Gilead.

6. **Your teeth are like a flock of ewes**—*The officers and the mighty men among you are all* [devoted to] *goodness.*—[*Rashi*]

like a flock of ewes—*This ewe is entirely devoted to holiness: its wool is for the blue thread* [for the priestly robe (מְעִיל)], *its flesh for a sacrifice, its horns for shofaroth, its thighs for flutes, its intestines for harps, its hide for a drum; but the wicked were likened to dogs, for they have nothing to offer to holiness.*—[*Rashi* from *Song Zuta*] *Song Zuta*, however, is worded as follows: Just as this ewe is entirely holy, so are Israel all holy. The flock of ewes is for the Tent of Meeting (*Yalkut Machiri*, Isaiah p. 216: the skin of the ewes is for the Tent of Meeting), the wool is for the bells [of the priestly robe (מְעִיל)], the horns are for shofaroth. [*Rashi* appears to have combined his commentary from *Midrash Zuta* and *Kinnim* 3:6, where all these are enumerated. See *Rav* and *Tos. Yom Tov* ad loc.]

Mezudath David explains: Your teeth are white in their appearance and straight as a flock of ewes when they ascend from the washing, when they gleam with a bright whiteness.

all of which are perfect—This refers to the teeth, meaning that all the teeth are even, like twins, and they have no imperfection, meaning that none of them is missing, chipped, or discolored. Allegorically, this refers to the officers of the congregation, appointed to execute those liable to the death penalty. These officers are innocent of any dishonest dealings, like a flock of sheep that ascends from the washing, which is cleansed of any dirt or stain. So are the officers clean of any theft

or anything related to injustice. The *Targum* renders: The priests and the Levites, who eat your sacrifices and the holy tithes and the heave offering, are clean of any violence or robbery, for they are as clean as Jacob's flocks of sheep when they came up from the stream of Jabbok. And there is no violence or robbery among them, and they all look alike and bear twins at all times, and there is neither a miscarriage nor a barren woman among them. [Note that our translation follows *Rashi* above (4:1).]

7. **Your temple is like a split pomegranate**—Your temples are round and red, mingled with white, like a slice of a split pomegranate. The temples are hidden behind a veil, where they arouse more affection and desire than if they were exposed without a veil. Allegorically, the temples represent the judges of the congregation who are the face of the generation. They are as full of wisdom and knowledge as a pomegranate is full of seeds, but they conceal the wisdom in their hearts and do not boast of it before others. This is to say that although in exile the judges are appointed according to the statutes of the gentile government, no one dares to become a judge unless he possesses all the aforementioned qualities. (He does not mention the lips as he did above, because they represent the prophets, who no longer exist in exile. He does not mention the speech because it represents the Levites who sang in the Temple, which does not exist in exile. He does not mention the neck, which represents the Temple, which has been destroyed. Neither does he mention the breasts, which represent the king and the high priest, offices no longer existing in exile.)—[*Mezudath David*] See above 4:3.

The *Targum* paraphrases: And the royal house of the Hasmoneans was as full of (the performance of) the precepts as a pomegranate [is full of seeds], besides Mattathias the High Priest and his sons, who were more righteous than all of them, and they performed the commandments and the words of the Torah with thirst.

Sforno explains:

Your temple is like a split pomegranate—The disciples, who reached the level of giving instruction in the Law, who were near the "eyes of the community," namely the Sanhedrin, as the temple is near the eyes, were like a split pomegranate, which, although not a complete pomegranate, is tasty and beautiful. So were they full of knowledge of the Lord in study and in deed.

from beneath your kerchief—because they were separated from the views of the sages of the nations, who are compared to a wig, which is an ornament made of a stranger's hair.

לְצַמָּתֵךְ׃ ח שִׁשִּׁים הֵמָּה מְלָכוֹת וּשְׁמֹנִים פִּילַגְשִׁים וַעֲלָמוֹת אֵין מִסְפָּר׃ ט אַחַת הִיא יוֹנָתִי תַמָּתִי אַחַת הִיא לְאִמָּהּ בָּרָה הִיא לְיוֹלַדְתָּהּ רָאוּהָ בָנוֹת וַיְאַשְּׁרוּהָ

חו"א אחת היא יונתי. פקודה שער כא:

תרגום

כולהון מלין פקודיא כרמונא בר מן מהתיה כהנא רבא ובנוהי דאנון צדיקין מכולהון ומקימין פקודיא ופתגמי אוריתא בצחותא: ח ששים באנון קמו יונאי וכנישו שתין מלכין מבנוי דעשו מלובשי שריונין רכבין על סוסון ופרשין ותמנן דוכסין מבנוי דישמעאל רכבין על פיליא בר מן שאר עממיא ולישניא דלית בהון מנין ומניאו אלכסנדרוס מלכא עליהון לרישא ואתו לאגחא קרבא לירושלם: ט אחת ובעדנא ההיא הות כנשתא דישראל דמתילא ליונתא שלימתא פלחא בלב

רש"י

הרשעים נמשלו לכלבים שאין מהם לקדושה כלום: (ח) **ששים המה מלכות**: אברהם ויוצאי ירכו בני קטורה שש עשרה. ישמעאל ובניו שלש עשרה. יצחק ובניו ג'. בני יעקב שנים עשר. בני עשו ט"ז (בדברי הימים) הרי ששים. וא"ת לא מהם תמנע שהיא אשה אברהם מן המנין: **ושמנים פלגשים**. נח ובניו עד אברהם כל תולדות יוצאי התיבה שמנים המנאם וכשם שהמלכות שהם נשי המלך יתירות בגדולה על הפלגשים כך היו אברהם ויוצאי ירכו חשובים גדולים ויתרים בחשיבות על הכל כאשר תראה הגר בת מלכים היתה תמנע בת שלטונים היתה ונעשית פילגש לעשו ואומר (בראשית יד) אל עמק שוה וגו' הושוו כלם בעצה אחת והמליכו את אברהם עליהם: **ועלמות אין מספר**. למשפחות הרבה נחלקו כל אלה: (ט) **אחת היא יונתי**. ומכולם אחת היא הנבחרת לי ליונה תמה שהיא המימת לב עם בן זוגה: **אחת היא לאמה**. לכנסייתה הרבה מחלוקות בבתי מדרשות כלם לבם להבין תורה על מכונה ועל אמתה: **ברה היא**

ספורנו

שהגיעו להוראה הקרובי' לעיני הדור כמו הרקה לעינים הם כמו פלח הרמון שגם שאינו רמון שלם הוא נאות בטעמו ומראהו כן מלאו דעה את ה' בעיון ובמעשה: מבעד לצמתך. מהיותם נבדלים מדעות* זרות: וזה כי אמנם. (ח) ששים המה. רבו דעות חכמי קדם החוקרי' באלהיות. ושמני' פלגשים. ויותר מהמה החוקרי' בטבעיו': ועלמות אין מספר. המורים עניני העולם*: (ט) אחת היא יונתי. *שהיתה דבקה בי כיונה לבעלה: תמתי. השלמה*: אחת היא לאמה. לשרה תחוללכם לא לאברהם שיצא ממנו ישמעאל: *ראוה בנות ויאשרוה. כענין רחב באמרה כי ה' אלהיכם הוא אלהים בשמים ממעל ועל הארץ מתחת: מלכות ופלגשים. מלכת שבא ושפחותיה כאברה אשרי אנשיך ואשרי

אבן עזרא

כהנים: (ח) ששים המה. מפרשים הוציאו מספר ששים ושמונים בני נח ובני אברהם עם בני עשו בן בנו: ועלמות אין מספר. שאין להם ייחוס: (ט) אחת היא. כמו גוי אחד בארץ:

מצודת ציון

(שופטים ד): מבעד. מבפנים: לצמתך. היא המסוה המכסה את הפנים וכן גלי צמתך (ישעיה מז): (ח) ועלמות. נערות. וכן עלמות אסבוך (לעיל א): (ט) ברה. מל' ברור ונקי: ויאשרוה. ענין

מצודת דוד

ומעורב בלובן כמראה התיכה הנבקעת מן הרמון והמה נסתרים מבפנים להמסוה וכזה ממשיכים ההכה והשק יותר מאלו היו גלויים מבלי מסוה. והנמשל הוא על שופטי העדה שהם פני הדור שהמה ממולאים בכל החכמה ומדע כרמון המלאה לה גרגרים והמה מסתירים החכמה בלבותם ואינם מתפארים בפני אנשים ולאומר עם כי בגולה יתמנו השופטים בישראל ע"פ חוקי הממשלה עכ"ז לא ימלא מי יערב לבו לגשת להיות מן השופטים אם לא ימצא בו כל אלה (ולא זכר שבח השפתים מה שזכר למעלה כי הם שמרמזים על הנביאים ואינם בגולה ובעבור זה לא זכר גם שבח הצואר כי הוא מרמז על הלוים העומדי' על הדוכן לדבר בשיר ובגולה אין דוכן ואין שיר וכן לא זכר שבח הלואר כי היא מרמז על בה"מ והוא הרב וכן לא זכר שבח השדים כי הם מרמזים על המלך וכה"ג ובגולה אין מלך ואין כה"ג): (ח) ששים המה מלכות. יתכן שבנשי המלך שלמה שהיו שבע מאות שרות היו בהן ששים מופלגות ביופי ובמדות חמודות ובג' מאות פלגשיו היו בהן פ' שהן מופלגות ביופי כו' כאלו הכתוב ישאל דברו לאמר הנה בנשי המלך השרות יש ששים מופלגות ביופי ובמדות המודות וכן בפלגשיו יש שמונים וזולתם יש הרבה מן הנערות שבהן מופלגות ביופי כו'. והנמשל הוא לומר כי הנה אמרו זרעו של שם בן נח נחלק אח"כ לששים עממים וכינה אותם בשם מלכות להיותם מזרע שם הנאהב מהמקום ב"ה והמבורך מפי נח אביו וזרעו של יפת אחיו נחלק אח"כ לשמונים עממים וכינה אותם בשם פילגשים להיותם מזרע יפת בלא היה נאהב להמקום ב"ה כמו שם אבל לא היה בגוא לפניו כמו הם וזרעו של חם הארור נחלק אח"כ לעממים אין מספר וכינה אותם בשם עלמות לבד להיותם מזרע חם השפל מהמקום ב"ה והמקולל מפי נח אביו: (ט) אחת היא. אבל רעיתי הדבוקה בי כיונה בבן זוגה ותמימה בהכרתה אלי היא אחת ומיוחדת בדלין ואין להעריכן אליה וזהו על כי היא אחת ויחידה לאמה

לקוטי אנשי שם

ו (ח) **ששים** המה מלכות וגו' זה לשון התרגום בזה"ל קמו יונאי וכנשו שתין מלכין מבנוסי דעשו ותמנין דוכסין מבנוסי דישמעאל ברם משאר עממיא דלית בהו מנין ואתו לאגחא קרבא לירושלים ובעידנא ההיא הוית כנשתא דישראל דמתילא ליונתא שלימתא פלחא בלב חד ומרכה והדוגמא הקב"ה משבח לכנס"י אף שהם בגלות בכל בין ששים מלכים מבנוסי דעשו ובין שמונים דוכסים מבנוסי דישמעאל ובין שאר עלמות [עממיא] וכולם מליקים להם ומסיתים אותם. עכ"ז אחת היא כולם בלב אחד להתאבק אלי כיונה לבן זוגה והם תמימים בי בלב שלם. ראוה בנות ויאשרוה. ראו האומות את כח האומה הישראלית אשר אחרי כל הצרות והיסורין שסובלת בהרבע מיתות בדינה הלומות. והיא חזוקה ודבוקה בה' אלהים. ויאשרוה מלכות ופלגשים. המלכים מעשו והדוכסין מישמעאל ויהללוה:

קיצור אלשיך וש"מ

כשיתפלה ויתבקע לשנים הגרעינים הפנימיים נקיים וגם הם מדובקים דיבוק חזק ולא יפלו מבפנים לקישורם החוצה. כן העם הזה ישראל אף הריקנים שבהם המלוכלכים במדות רעות עכ"ז אינם יוצאים מקישורי הדת אף שהם נהרגים וגם נתבקעו כליותיהם מגזרת השמד יקדשו שם שמים במורא ויראתם הפנימית נתגלה לעין כל. זה שאמר מבעד לצמתך ירצה שהם מבפנים השבכה והמסוה ויראתם טמונה בלבותם. ומלת פלח ענין ביקוע ומלת רקתך הוא גובה הפנים שאצל העין ונקרא כן על מיעוט רקות הבשר:

(ח) **ששים** המה מלכות. איתא במדרש ששים המה מלכות אלו ששים רבוא ישראל שיצאו ממצרים מבן עשרים שנה ומעלה. ושמונים פלגשים אלו שמונים רבוא מבן עשרים ולמטה, ועלמות אין מספר אלו הקטנים. ויתכן לפי זה יאמר שאומר הוא יתברך הלא אמרתי כי יפה את רעיתי אך כתרצה קלת השלמות מלבד עיניך אשר הרהיבוני שקדשו שמי ושיש בכם רשעים וגאים דומים לשער הראש, אל יעלה על רוחך כי גם כללות האומה קל ערכה לפני באופן שתתיאש מהדבקי בך. כי הלא יש בך יתרון גדול מאד על כל אומה ולשון. הלא הוא כי שורשך קדוש מאד מאחדות הקדושה, כי הלא המה ששים רבוא היו מעשרים שנה ומעלה. ושמנים רבוא פחותים מבן עשרים וקטנים אין מספר. ועכ"ז כולם נכללים לאחת כי כל ישראל נפש אחת יקראו להיות כל נשמתן משורש אחדות הקדושה מתחת כסא הכבוד וזה (ט) אחת היא יונתי.

שכל

your kerchief. 8. There are sixty queens and eighty concubines, and innumerable maidens. 9. My dove, my perfect one, is but one; she is one to her mother, she is the pure one of she who bore her; daughters saw her and praised her,

8. **There are sixty queens**—*Abraham and his descendants* (*Song Zuta*). *The sons of Keturah are sixteen. Ishmael and his sons are thirteen. Isaac and his sons are three. The sons of Jacob are twelve. The sons of Esau are sixteen, thus totalling sixty. And if you say that Timna should be excluded because she was a woman, then count Abraham in the number.*—[*Rashi*]

and eighty concubines—*Noah and his sons until Abraham, all the generations of those who left the Ark* (*Song Zuta*) *you will find them to be eighty. And just as the queens, who are the kings' wives, are superior in greatness to the concubines, so were Abraham and his descendants of great esteem, and superior in their esteem over everyone, as you will see. Hagar was the daughter of kings* [and became Sarah's maidservant (*Gen. Rabbah* 45:1)]. *Timna was the daughter of rulers and became Esau's concubine* (*ibid. 82:15*)*, and Scripture says:* (*Gen. 14:17*): "*to the Valley of Shaveh, etc.*" *They all unanimously* (deriving שָׁוֵה from הֻשְׁווּ, became unanimous) *resolved to make Abraham king over them.*—[Rashi]

and innumerable maidens—*All these were divided into many families.*—[*Rashi* from *Song Zuta*]

There are sixty queens—It is possible that among King Solomon's wives, who totalled seven hundred princesses, were sixty of exceptional beauty and admirable character traits. Among his three hundred concubines were eighty of exceptional beauty and admirable character traits, and there were innumerable maidens possessing these properties. It is as though the young man sends his words of love and states that King Solomon has such wives in his harem and that there are in addition to them, innumerable maidens of this caliber. The allegorical meaning is that the families of Shem the son of Noah are divided into sixty nations, and he calls them queens because they are of the seed of Shem, beloved by God and blessed by his father Noah. The sons of his brother Japheth are divided into eighty nations. They are called concubines because their forefather was not beloved by God like Shem, but neither was he hated by Him like Ham. The sons of Ham were divided into innumerable nations, referred to as "innumerable maidens" because they are descended from Ham, hated by God and cursed by his father Noah.—[*Mezudath David*]

9. **My dove is but one**—*And of all of them, one is My chosen one as a perfect dove, for she is wholehearted with her mate.*—[*Rashi*]

she is one to her mother—*to her assembly. Many controversies exist in the study halls. All of them stem from the desire to understand the Torah in a well founded manner and according to its true meaning.*—[*Rashi*]

מְלָכוֹת וּפִילַגְשִׁים וַיְהַלְלֽוּהָ׃ י מִי־זֹאת הַנִּשְׁקָפָה כְּמוֹ־שָׁחַר יָפָה כַלְּבָנָה בָּרָה כַּֽחַמָּה אֲיֻמָּה כַּנִּדְגָּלֽוֹת׃ יא אֶל־גִּנַּת אֱגוֹז יָרַדְתִּי לִרְאוֹת בְּאִבֵּי הַנָּחַל לִרְאוֹת

חו"א מי זאת הנשקפה. זוהר פ' תרומה ופ' ויגלח: אל גנת אגוז. חגיגה יא:

חַד לְמָרְהָא וַאֲחִידָא לְאוֹרַיְתָא וְעַסְקָא בְּפִתְגָּמֵי אוֹרַיְתָא בְּלֵב שְׁלִים וּבְרִירָן זַכְוָתְהָא כְּיוֹמָא דִנְפָקַת מִמִּצְרַיִם הָא בְּכֵן נְפַקוּ בְּנֵי חַשְׁמוֹנָאֵי וּמַתִּתְיָה וְכָל עַמָּא דְיִשְׂרָאֵל וַאֲגִיחוּ בְהוֹן קְרָבָא וּמְסַר יְיָ יַתְהוֹן בִּידֵיהוֹן וְכַד חֲזוֹ יָתְבֵי פַּלְכַיָא אֲשִׁירוּ יַתְהוֹן וּמַלְכְוָת אַרְעָא וְשִׁלְטוֹנַיָא וְקַלִּיסוּ לְהוֹן׃ י מִי אֲמָרוּ אוּמַיָא כַּמָה זִיהֲנִין עוֹבָדֵי עַמָּא הָדָא כְּקְרִיצְתָּא שַׁפִּירִין עוּלֵימָהָא כְּסִיהֲרָא וּבְרִירָן זַכְוָתְהָא כְּשִׁמְשָׁא וְאֵימָתְהָא עַל כָּל יָתְבֵי אַרְעָא בִּזְמַן דְּהַלִּיכוּ אַרְבַּעַת טִקְסָהָא בְּמַדְבְּרָא׃ יא אֶל אֲמַר מָרֵי עָלְמָא לְבֵית מַקְדָּשׁ תִּנְיָן דְּאִתְבְּנֵי עַל יְדוֹהִי דְּכוֹרֶשׁ אַשְׁרֵיתִי שְׁכִנְתִּי לְמֶחֱמֵי עוֹבְדִין טָבִין דְעַמִּי

רש"י

ליולדתה. יעקב ראה אותה מטה שלימה בלא פסול והוד' וקילס למקום שנאמר (בראשית מז) וישתחו ישראל על ראש המטה: ראוה בנות את ישראל בגדולתה: ויאשרוה. ומה היא קילוסן: (י) מי זאת הנשקפה. עלינו. ממקום הגבוה לנמוך קרויה השקפה כך בית המקדש גבוה מכל ארצות: כמו שחר. הולך ומאיר מעט מעט כך היו ישראל בבית שני בתחלה זרובבל פחת יהודה ולא מלך והיו משועבדים לפרס וליון ואחר כך נלחמו בית חשמונאי ונעשו מלכים: איומה כנדגלות. אימה כגבורים כנדגלות של מלכים. כל זה הקב"ה מקלס את כנסת ישראל יפה את רעיתי כתרצה וכל הענין ע"כ: (יא) אל גנת אגוז ירדתי. עוד זה מדברי שכינה הנה באתי אל מקדש שני זה אליך: לראות באבי הנחל. מה לחלוחית מעשים טובים הראה כך: הפרחה הגפן. אם תפריחו לפני ת"ח וסופרים ושונים:

אבן עזרא

הפעם הראשונה (יא) אגוז. ידוע בדברי קדמונינו ז"ל: באבי. כמו בפרי הנחל כמו ואנביה שגיא וכן עודנו באבו לא יקטף וי"א שהיא המבוכר ומן אביב ומן

ספורנו

עבדיך אלה כו': (י) מי זאת הנשקפה. לכן ראוי לתמוה כי אמנם דניאל וחביריו שהיו בגלות היו מצפי' לאור הישועה: יפה כלבנה. המקבלת אור מזולתה כן הוא וחביריו התבוננו בדברי ירמיהו כאמרו אני דניאל בינותי בספרים כו': ברה כחמה. בנבואת חגי זכריה ומלאכי שהתנבאו הם בעצבם על הישועה: איומה. כענין דריוש מלך פרס באמרו ואלהא די שכן שמיה תמה יבגר כו' ועם די ישלח ידית להשניא לחבלא בית אלהא דך די בירושלים. והנה אחרי כן: (יא) אל גנת אגוז ירדתי. מצאתי עשר' יוחסין שעלו לארץ שהיו רובם פסולי' ובלתי ראוים לשריית שכינה: לראות באבי הנחל. מכל מקום ירדתי שם עם חגי

מצודת דוד

ושמה בה כל מגמתה לשלם מעגל דרכי' להיישירה בכל עוז והיא ברה ולהם בעבור אמה שילדתה כי השתדלה לגדלה ולמרקה בתמרוקי הנשים. והנמשל הוא לומר הנה כ"י היא המיוחדת שבכל הגוים כי מקור מחצבה' היו קדושים המה האבות והאמהות והם השרישו בלבה אהבת ה': ראוה בנות. כשראו העלמות בכשרון מעשיה ובהפלגת יופיה היו מאשרות ומשבחות אותה וכאשר ראוה נשי המלך ופילגשיו היו מהללות אותה כאלו הודו בעלמן שהיא עולה על כלן. והנמשל הוא על חכמי האומות שכלן מפארי' את ישראל ומודי' בשבח': (י) מי זאת הנשקפה כו'. הם' הזה יורה על ענין שבח וחשיבות וכן מי מלל לאברהם (בראשית כ"א) ומיסב למעלה לו' כן היה הקילוס שקלסוה הבנות והמלכות והפלגשי' וכה אמרו ראו מי היא וכמה גדול' וחשוב' היא זאת אשר מתחלה היתה נשקפה ונראה כזוהר כוכב השחר ולאח"ז נתעלתה עד שנעשית יפה כלבנה ואח"ז הוסיפה עוד ביופי עד שנעשית ברה כחמה. לא כדרך שאר הנשים שאחר יופיין כשהן מזדקנות. והנמשל הוא לומר כמה גדולה האומה ההיא שבכל פעם מוספת על עצמה סייגים וגדרים נעשות משמרת למשמרת התורה: אף ומה כנדגלות. לפי רוב חשיבותם ומעלתם מטלת אימה על רואים כמו דגלים ממחנות רבות המטילים אימה על רואיהם. והנמשל היא לומר כל האומות אינם מפלים לשאתם עד התכלית כאלו היתה המון עם רב מלמדי מלחמה: (יא) אל גנה אגוז ירדתי. גם זה מדברי החשוק שאמר הנה כשנפרדתי ממנה לא הלכתי לחבק חיק נכרים אבל געגועי היו עליה ולהספק געגועין ירדתי אל גנת אגוז לטייל שם ולקבל ריח פרי האילנות ולראות בצמחים הגדולים בשפת הנחל ולהבין אם פרחה הגפן אם

מצודת ציון

הלול ושבח כמו אשרי האיש (תהלים א): (י) הנשקפה. ענין ראיה והבטה כמו בעד החלון נשקפה (שופטים ה): שחר. כוכב השחר: איומה. מל' אימה ופחד: כנדגלות. מל' דגל של מחנות עם: (יא) באבי הנחל. בצמחי הנחל כמו עודנו באבו (איוב ח): הפרחה.

קיצור אלשיך וש"מ

שכל רבוי הפרטים האלו אחת הן וע"כ היתה יונתי שלא המרתני במצרים בצאתה עם שנתגדלה בגלולי מצרים והערת למות נפשה ע"ם הטלה שמשכו ושחטו לעיניהם. וזהו יונתי כיונה הבלתי ממירה בת זוגה וגם תמתי שהלכה אחר משה ואהרן המדברה בבצק במשארותם ולא אמרו איה מאכלים נאותים לחולים וזקנים ועוברות ומניקות. ככתוב זכרתי לך חסד נעוריך וגו' לכתך אחרי במדבר. וזהו תמתי. שהלכת בתמימות עמי. אחת היא לאמה ברה היא ליולדתה [לאביה המולידה] עדה"כ הביטו אל צור חוצבתם. הביטו אל אברהם אביכם. ואל שרה תחוללכם. כי אחד קראתיו. כי תכונת הנפשות נמשכות אחר מזג התולדה מהאבות. ע"כ למדה זאת מהמאמינים הראשונים מאברהם ושרה ללכת אחרי בארץ לא זרועה. ואחרי כל זאת התדבקה עוד יותר באלהיה בקבלת התורה אשר כל אומה ולשון לא רצו לקבלה. והיא הקדימה נעשה לנשמע. ראוה בנות הם שרים של מעלה ויאשרוה. כמאמר הזוהר פ' בלק כי שרי העו"ג כולם נתנו מתנות לישראל וכן אמרו בגמרא. כי אף גם המלאך המות נתן להם מתנה שנעשו חרות ממה"מ. וקראם בנות לשון נקבה להיותם מקבלי השפע לאומותיהם. מלכות ופלגשים. מלכים ושרים של העו"ג ויהללוה כמאמרם ז"ל שהקולות וברקים של מ"ת נשמעו בכל העולם ונתקבצו האומות אל בלעם ושאלו לו מה טיבם של הקולות ואמר להם הקב"ה נותן תורה לישראל, וזהו ה' עוז לעמו יתן ואין עוז אלא תורה מיד פתחו כולם ואמרו ה' יברך את עמו בשלום שיהי' להם שלום מכל האומות. ואמרו (י) מי זאת. מי היא האומה הזאת. הנשקפה כמו שחר. בהיותה במצרים בתוך חשך הגלות כמו חשכת הלילה המתגברת סמוך לעלות השחר. כמו שאמר פרעה תכבד העבודה וגו' וזה היה קודם הגאולה. אח"כ בא אורה והיתה יפה כלבנה ואחר כך נעשית ברה כחמה. שהאירה על כל העולם כשמש בצהרים. ואח"כ נעשית איומה כנדגלות. שהיתה יראתן מוטלת על הבריות כמ"ש וראו כל עמי הארץ כי שם ה' נקרא עליך ויראו ממך, כשהלכו ישראל במדבר בדגליהם. אמרו האומות אין אלו אלא אלהות שתשמישן באש עמוד אש בלילה ועמוד ענן עולה ושני זקוקין דנור יוצאין מבין בדי הארון ואוכלת כל נחש שרף ועקרב. וע"כ היתה אימת ישראל עליהם. וז"א איומה כנדגלות. כי היו מחנות ישראל בעיניהם כמחנות שכינה. כי אמר הקב"ה הנחתי מלאכים (יא) ואל גנת אגוז ירדתי דמה הארבעה דגלים לאגוז [א וועלשענע נוס] כי האגוז בהסיר מעליו השתי קליפות נראה בתוכו ארבע חלקי אוכל

queens and concubines, and they lauded her: 10. Who is this who looks forth like the dawn, fair as the moon, clear as the sun, awesome as the bannered legions?" 11. "I went down to the nut garden to see the green plants of the valley, to see

she is the pure one of she who bore her—*Jacob perceived that perfect bed* (i.e., his conjugal bed) *without any disqualification, and he thanked and praised the Omnipresent, as it is said* (*Gen. 47:31*): *"And Israel prostrated himself because of the esteem of the bed."*—[*Rashi* based on *Sifré*, Deut. 6:4]

daughters saw her—*Israel in her greatness.*—[*Rashi*]

and they lauded her—*And what was their praise?*—[*Rashi*]

Sforno continues: [Israel is separate from the nations in the pursuit of wisdom because]:

[8] **There are sixty queens**—The gentiles have many views in the field of theology…

and eighty concubines—and even more than these in the field of science.

and innumerable maidens—who teach the matters of the world, such as political science and household arts.

[9] **My dove is but one**—But the nation that cleaves to Me like a dove to its mate…

my perfect one—She is more perfect than any other nation in all these matters.

she is one to her mother—i.e., to Sarah, the mother of the Jewish people, but not to Abraham, who fathered Ishmael.

she is the pure one of she who bore her—i.e., of Rebeccah, who loved Jacob but not Esau, because she recognized the vast difference between their ways of life.

10. **Who is this who looks forth**—*upon us.* [Looking] *from a high place to a low place is called* הַשְׁקָפָה. *So is the Temple higher than all lands.*—[*Rashi*, based on *Kid.* 69a, *Sanh.* 87a, *Song Rabbah* 4:11]

like the dawn—*which progressively lights up little by little; so were the Israelites in the Second Temple. In the beginning, Zerubbabel was the governor of Judah, but not a king, and they were subjugated to Persia and to Greece, and afterwards, the house of the Hasmoneans defeated them and they became kings.*—[*Rashi*]

awesome as the bannered legions—*awesome among the mighty men as the bannered legions of kings. All this the Holy One, blessed be He, praises the congregation of Israel, "You are fair, my beloved, as Tirzah," and the entire matter until here.*—[*Rashi*]

11. **I went down to the nut garden**—*This too is included in the words of the Shechinah: "Behold I came to this Second Temple to you."*—[*Rashi*]

to see the green plants of the valley—*what moisture of good deeds I would see in you.*—[*Rashi*]

הִפְרְחָה הַגֶּפֶן הֵנֵצוּ הָרִמֹּנִים׃ יב לֹא יָדַעְתִּי נַפְשִׁי
שָׂמַתְנִי מַרְכְּבוֹת עַמִּי נָדִיב׃ ז א שׁוּבִי שׁוּבִי
הַשּׁוּלַמִּית שׁוּבִי שׁוּבִי וְנֶחֱזֶה־בָּךְ מַה־תֶּחֱזוּ בַּשּׁוּלַמִּית

ת״א אלי אלי השולמים. בפרק טו:

ולמחמי אלולי פשן וסגן חכימיא דמתילין לגופנא ולבלוביהון מלין עובדין טבין הכרמונין: יב לא וכדו אתגלי קדם יי די אנון צדיקין ועסקין באוריתא אמר יי במימריה לא אוסיף למסכנון ואף לא אעביד עמהון גמירא אלהין אמליך בנפשי לאוטבותהון ולשואה יתהון גיותנין ברתיכי מלכין בגין זכותא דצדיקי דרא דדמין בעובדיהון לאברהם אבוהון: ז א שובי תובי לותי כנשתא דישראל תובי לירושלם תובי לביר אולפן אוריתא תובי לקבלא נבואה מן נביאיא די מתנבאין בשום מימרא דיי ומה טיבכון נביאי שקרא למטעי עמא דירושלם בנבואתכון די אתון ממללין

רש״י

הנצו הרמונים. מקיימי מצות מלאי זכיות למה נמשלו ישראל לאגוז מה אגוז אתה רואה אותו כולו עץ ואין ניכר מה בתוכו פולעו ומלאו מלא מגורות של אוכלים כך ישראל צנועין וענוותנין במעשיהם ואין תלמידים שבהן נכרים ואין מתפארים להכריז על שבהן בדקתו אתה מוצא אותו מלא חכמה ועוד כמה מדרשות לדבר מה אגוז זה נופל בטיט ואין מה שבתוכו נמאס אף ישראל גולין לבין האומות ולוקין מלקיות הרבה ואין מעשיהם נמאסין: (יב) לא ידעתי. כנסת ישראל מתאוננת לא ידעתי להזהר מן החטא שאעמוד בכבודי ובגדולתי ונכשלתי בשנאת הנם ומחלוקת שגבר במלכי בית חשמונאי הורקנוס ואריסתובלוס עד שהיה מביא אחד מהם את מלכות רומי וקבל מידו המלוכה ונעשה לו עבד ומאז נפשי שמתני להיות מרכבות להרכיב עלי נדיבות שאר אומות׳ עמי נדיב. כמו עם נדיב יו״ד יתירה כיו״ד של (דברים לג) שכני סנה (בראשית לא) גנובתי יום (איכה א) רבתי עם: נפשי שמתני. אני בעצמי מגיתים עלי כענין שנאמר (ירמיה יג) ואת למדת אותם עליך אלופים לראש: (א) שובי שובי השולמית. אומרים אלי שובי שובי מאחרי המקום: השולמית. השלימה באמונתך עמו. שובי שובי אלינו: ונחזה בך. נליב ממך נגידים ושלטונים כמו ואתה תחזה מכל העם כך דרש רבי תנחומא. ד״א ונחזה בך נתבונן אליך מה גדולה ליתן לך והיא אומרת מה תחזו בשולמית מה גדולה אתם יכולים לפסוק לי שתהא שוה לגדולתי אפי׳ לגדולת דגלי

ספורנו

זכריה ומלאכי לראות במיוחסי׳ שנשארו בבבל: הפרחה הגפן כו׳. אם יש בהם חכמים ותלמידים אשר לבבם פונה לבא לארץ ה׳ להשרו׳ שם שכינתו: (יב) לא ידעתי נפשי. משיבה עדת ה׳ הנה לא ידעתי מה היות אז נפשי רצוני ודעתי: שמתני מרכבות עמי נדיב. שבחרתי לשבת בגולה תחת יד פרס ומדי גם שהם בלי ספק עם נדיב כאמרו אשר כסף לא יחשובו אחרי אשר נקראתי מהנביאים לבא אל המלך הק׳ בארצו לבען תשרה שכינתו בתוכנו״:(א) שובי שובי השולמית והנה כאשר קראו הנביאים בדבר ה׳ כאמרם שובי אלי ואשובה אליכם הוי ציון המלטי יושבת בת בבל: ונחזה בך. ובהיותכם בארץ ה׳ תשרה שכינתו בתוכנו ובכן נחזה כי נמצא חזון מה׳ ולא תהי׳ חתימת חזון: מה תחזו. הנה אמרתי לנביאים מה תחזו האמנם תוכלו לתת תורה חדשה: כמחולת המחני׳. כמו שקרה לישראל במדבר שהיו כמו מחול חונים סביב לשתי המחנות שהם מחנה שכינה ומחנה לויה וזה לא יהי׳ כלל שאין

אבן עזרא

אב יולידנו. (יב) עמי נדיב. שתי מלות ויש אומר כי יו״ד עמי נוסף כיו׳ בני אתונו ויתכן שלא תהיה היו״ד במלת בני נוסף: (א) השולמית. שהיא מן שלם היא ירושלים ועניינו

מצודת ציון

מל׳ פרח: הנצו. היא הוצאת הפרי כשהפרח נופל כמו ויוצא פרח ויצץ ציץ (במדבר יז): (יב) שמתני. מל׳ שימה ושמיה: עמי. היו״ד יתירה כמו שוכני סנה (דברים לג) ורבים כמוהו: נדיב. ענין הרמה כי דרך השר לנדב ולתת מתן: ז (א) השולמית. מל׳ שלם. ונחזה. ענין ראיה והבטה: כמחולת. ענין רקוד של שמחה כמו לחול במחולות (שופטים

מצודת דוד

גדלו כלי הרמונים והנמשל הוא לומר אף בהיות כ״י בגולה לא בחרתי בעם אחר אבל מלוי אני בבתי כנסיות ובבתי מדרשות לקבל בהלון עסק חדושי התורה ורנון התפלה׳ (יב) לא ידעתי. חוזרת ההתיקה להתאונן ולומר הנה אז לא שמתי לבי לדעת ולהזהר בכבוד שהשיק לפתוח לו הדלת מיד והנה נפשי עשתה לי להיות מרכבה לשטין על נדיבי עם ר״ל להיות משועבדת ונכנעה אליהם כדרך היושבת בדודה ונלמודה. והנמשל הוא לומר שכ״י מתאוננת לומר לה שמתי לבי נואש נגאלתי מבבל כולנו יחד כאשר לוה ה׳ ונפשי עשתה לעצמה להיות משועבדת בגולה.

ז (א) שובי שובי השולמית. כאשר נשמע אל ההשוק אשר תשוקתו מתאוננת על שלא נזכרה בכבודו שלח אמריו לאמר לה את השלימה במעלות ומדות הגונות שובי אלי להיות עמי כמאז וכפל המלות יורה על החזוק והזרוז: ונחזה בך. אני ואנשי ביתי נסתכל ונבים בך להשלים התלך בכל אשר תשאלי מה תחזו. כאילו מיסב הדבור לאנשי ביתו לומר להם דעו מהו הדבר אשר תחזו בה נמלאום תשוקתם להרחיב לבה בשמחה מרובה כשמחת רקוד מחולות של מחנות רבות והנמשל הוא כאלו המקום ב״ה אומר לה שובי מהגולה

קיצור אלשיך וש״מ

אוכל שוים ומונחים כל אוכל בפ״ע בחדר מיוחד כן אחרי הסירך מעליך השתי קליפין כאגוז. והם שתי ערות מילה ופריעה נגלה שלמותך וזכית והיית לארבע מחנות כארבעה חלוקי אוכל שבאגוז ואז ירדתי עליך ותהיה לי למרכבה וכ״כ היה רב כשרונך כי באתי לראות באבי הנחל הוא ההפרחות הנמשכות ממימי הנחל שוטף שפע להריק על ישראל. וזהו לראות באבי הנחל. ומי המה הראוים לשפע הגדולה הזאת הם השלמים שבישראל המשולים לגפן. ואח״כ ראיתי שלא בלבד המשולים לגפן כי אם גם המשולים לרמונים הם הרקים שבך כד״א כפלח הרמון רקתך וזהו הנצו הרמונים. משיבים ישראל ואומרים (יב) לא ידעתי נפשי שמתני מרכבות עמי נדיב. לא ידעתי נפשי. לא אדע בעצמי נפשי שמתני. מי שם נפשי בהשגה גדולה כזו. רק מחמת שהיה בי נדיבות ע״כ עליתי למדרגה גדולה כזו להיות מרכבה לשכינה שתשרה שכינתו עלי:

הנה אחר השבח הגדול הזה ששבח הקב״ה את ישראל בלכתם במדבר ארץ לא זרועה. ובקבלת התורה ובדגלים. ועכשיו אבדה כל הגדולות. יען עזבה תורת ה׳, וע״כ נחרב הבית והיו בתוך הגולה. והקב״ה אומר לה ע״י נביאיו.

ז (א) שובי שובי השולמית, שובי שובי לשלמותך. שובי שובי מדרכי האומות שובי אל דודך היושבי בשמים ונחזה בך ונגידה לך את כל החזיון אשר ראינו בך. ושאלתי אותם מה תחזה בשולמית? מה הנה הגדולות והטובות אשר יש לכם לנבאות ולהזות בי? והשבוני לאמר כמחולת הנחנים אם הטיב תטיבי דרכך אזי תלכי גם עתה במחול כמחולת המחנות של יוצאי מצרים. כלומר תצאי גם עתה

whether the vine had blossomed, the pomegranates were in bloom.
12. I did not know; my soul made me chariots for a princely people."

7

1. "Return, return, O Shulammite; return, return, and let us gaze upon you." "What will you see for the Shulammite,

whether the vine had blossomed—*whether you caused Torah scholars, scribes, and Mishnah teachers to blossom.*—[*Rashi*]

the pomegranates were in bloom—[This refers to] *those who fulfill the commandments, who are full of merits. Why were the Israelites compared to a nut? Just as this nut—all you see is wood, and what is inside is not discernible, and you crack it and find it full of compartments of edible food, so are the Israelites modest and humble in their deeds, and the students among them are not discernible, and they do not boast by announcing their* [own] *praise. But if you examine him, you find him full of wisdom. There are many additional homiletic interpretations of this matter. Just as if this nut falls into the mud, its interior does not become sullied, so are the Israelites exiled among the nations and smitten with many blows, but their deeds are not sullied.*—[*Rashi* from *Song Rabbah* with variations]

12. **I did not know**—*The congregation of Israel laments: I did not know to beware of sin, that I should retain my honor and my greatness, and I erred in the matter of groundless hatred and controversy, which intensified during the reign of the Hasmonean kings, Hyrcanus and Aristobulus, until one of them brought the kingdom of Rome and received the kingship from their hand and became their vassal, and since then, my soul made me to be chariots, that the nobility of other nations ride upon me.*—[*Rashi*]

a princely people—Heb. עַמִּי נָדִיב, *like* עַם נָדִיב, *the "yud" being superfluous, like the "yud" of* (*Deut. 33:16*): "*the One Who took up His abode* (שֹׁכְנִי) *in the thornbush*"; (*Gen. 31:39*): "*stolen* (גְנֻבְתִי) *by day*"; (Lam. 1:1): "*populous* (רַבָּתִי עָם)."—[*Rashi*]

my soul made me—*I myself appointed them over me, as it is stated* (*Jer. 13:21*): "*and you accustomed them to be princes over you as head.*"—[*Rashi*]

Mezudath David explains these verses as follows:

[9] **My dove, my perfect one, is but one**— But my beloved, who cleaves to me as a dove cleaves to its mate, and who is wholehearted in her love to me, is one, singled out from among them all, and they cannot be compared to her. This is because she is her mother's only one. Her mother gave her all her care and attention, taught her to choose the right paths,

and put great efforts into leading her straight, and she is pure and fresh because her mother, who bore her, took pains to groom her with all types of ointments and perfumes. The allegorical meaning is that the congregation of Israel are singled out from among all peoples, for their origin is pure and holy, for they are descended from the Patriarchs and the Matriarchs, who imbued them with the love of God.

daughters saw her—When the maidens saw the propriety of her deeds and her exceptional beauty, they praised her, and when the king's wives and concubines saw her, they lauded her, as if to admit that she was highly superior to them all. The allegorical meaning is that the savants of the nations all praise Israel and acknowledge their superiority.

[10] **Who is this who looks forth, etc.**—This wording indicates praise and esteem, and so, (Gen. 21:7): "Who would have told Abraham, etc." This verse is connected to the preceding verse, saying that the praise of the queens, the concubines, and the maidens was as follows: See who she is and how esteemed she is! She first appeared like the glow of the morning star, and then was elevated until she became as fair as the moon, and finally became more beautiful until she became as pure as the sun, not like other women, whose beauty declines with age. The allegorical meaning is as follows: See how great this nation is, for they constantly add fences and safeguards to the commandments of the Torah.

awesome as the bannered legions—Because of her great importance, she casts fear upon those who see her, like the banners of many camps, which cast fear on those who see them. The allegorical meaning is that none of the nations wish to destroy them completely. They fear them as if they were a great multitude, trained for war.

[11] **I went down to the nut garden**—This, too, is a statement of the young man. He says: When I separated from her, I did not go to embrace a strange woman, but I longed only for my beloved. To ease my longing, I went down to the nut garden to stroll there and to enjoy the fragrance of the leaves of the trees, to gaze upon the plants growing on the bank of the stream, and to see whether the vines had blossomed and the pomegranates were in bloom. Allegorically, this means that even when Israel is in exile, God does not choose another nation, but is found in the synagogues and the study halls to accept with desire the study of new interpretations of the Torah and the song of the prayers.

[12] **I did not know**—The beloved maiden returns to lament and to say: Behold, I did not pay heed to know and to be careful to honor my beloved, to open the door for him immediately, and behold, my soul made me into chariots to load upon me the princes of the people, i.e., to be subjugated to them as one who sits alone and forlorn. The allegorical meaning is that the congregation of Israel laments that she did not pay

heed to leave Babylon all together, as the Lord had commanded, and she was therefore doomed to be subjugated by the nations in exile.

The *Targum* renders the final verses as follows:

[7] And the kingdom of the house of the Hasmoneans was all filled with [the performance of] precepts as a pomegranate; and as for Mattathias the High Priest and his sons, they were more righteous than them all and they thirstily fulfilled the commandments and the words of the Torah.

[8] Then the Greeks arose and brought in sixty kings of the sons of Esau, attired in coats of mail, astride horses, and horsemen, and eighty dukes of the sons of Ishmael, riding on elephants, besides the other peoples and tongues without number, and they appointed King Alexander over them as their leader, and came to wage war against Jerusalem.

[9] And at that time, the congregation of Israel, which is likened to a perfect dove, worshiped its Master with one heart, cleaved to the Torah, and wholeheartedly engaged in the words of Torah. Her merits were as clear as on the day she left Egypt. Behold then the Hasmoneans and Mattathias and his sons and all the people of Israel went forth and waged war against them, and the Lord delivered the enemy into their hands, and when the inhabitants of the provinces saw this, they praised them, and the kingdoms of the land and the rulers [saw] and lauded them.

[10] The nations said: How brilliant are the deeds of this people like the dawn! Its young men are as handsome as the moon, and its merits are as bright as the sun, and its fear is upon all the inhabitants of the earth at the time the four divisions marched in the desert.

[11] The Lord of the World said: I caused My Shechinah to rest upon the Second Temple, which was built by Cyrus, in order to see the good deeds of My people and to see whether the Sages, who are likened to a vine, and whose blossoms are as full of good deeds as pomegranates, were fruitful and multiplying.

כמחלת המחנים: ב מה־יפו פעמיך בנעלים בת־נדיב חמוקי ירכיך כמו חלאים מעשה ידי אמן: ג שררך אגן הסהר אל־יחסר המזג בטנך ערמת

תו"א מה יפו פעמיך. סוכה מט חגיגה ג: חמוקי ירכיך. סוכה מט מועד קטן ט: שררך אגן הסהר. סוטה מה סנהדרין יד עקידה שער נח:

סמיא על מימרא דיי ולאחלא משרית ישראל ויהודה: ב מה אמר שלמה ברוח נבואה מן קדם יי כמה שפירן רגליהון דישראל כד סלקן לאתחזאה קדם יי תלת זמנין בשתא בסנדלין דססגונא ומקרבין ית נדריהון וית נדבתהון ובניהון נפקי ירכיהון יאון כיוהרין דקביעין על כלילא דקודשא דעבד בצלאל אומנא לאהרן כהנא: ג שררך וריש מתיבתך די בזכותיה

רש"י

מחולות מחנות המדבר: (ב) מה יפו פעמיך בנעלים. הם אומרי' לה חפצי' אנו שתדבקי בנו בשביל נוי וחשיבות שראינו בך ל בעודך ביפיך: מה יפו פעמיך. בעליית הרגלים בת נדיבים. חמוקי ירכיך כמו חלאים. קבולת עדיי זהב קרויה חלי כמו חלאים בלשון ערבי. ורבותינו דרשו על נקבי השיתין של נסכים שנעשו מששת ימי בראשית עגולים כמו ירך. כמו חלאים לשון חפירה כמו חוליית הבור: מעשה ידי אמן. ידי הקב"ה במסכת סוכה אמן כמו אומן. קילוסו של הקב"ה ישראל מקלסין אותו מלמעלה למטה מתחילין מראשו כתם פז ויורדין ובאין עד שוקיו עמודי שש לפי שהן באין לרצותו להוריד שכינתו מן העליונים לתחתונים והוא מונה קילוסם מלמטה למעלה מה יפו פעמיך הם הרגלים ומונה והולך על ראשך עליך ככרמל עד שהוא בא למושכה אליו: (ג) שררך אגן הסהר. טבורך כאגן של מים גלולים שרוחצין בהן והוא עשוי מאבני שיש ובלשון ערבי קרוי סהר על שם שהטבור כמו נקב עגול מושלו כאגן עגול והקילוס הזה אינו מענין נוי אשה כקילוס העליון לפי שהעליון דודה מקלסה וזה ריעותיה מקלסות אותה על שם מעטיה לומר הגונה את להתחבר עמנו והדוגמא על שם לשכת הגזית היושבת בטבור הארץ: אל יחסר המזג. לא יכלה משם משקה רוצה לומר לא יכלה ולא יפסק משם שום דברי הוראה: בטנך ערמת חטים.

שפתי חכמים

שבת סוף כדפי' לעיל. נכ"פ כרתב הזאת: ל הקילוס הזה אינו כענין נוי אשה בקילוס העליון דודה מקלסה וזה ריעותיה מקלסות אותה על שם מעטיה לומר הגונה את להתחבר עמך כך הוא בספרים מדוייקים וכך ראוי להיות דקאי אמה שכתוב לעיל נויה הם אומרים לה הפצים אנו כו' ולפי זה מיושב קלת מה שפי' אח"כ והוא מונה קילוס' מלמטה

אבן עזרא

יראו שלם: כמחולת המחנים. מן תוף והליל ומחול: (ב) חמוקי ירכיך. י"א שהוא המקום שיסוב הירך וכן יפרש תתהמקין גם חמק עבר: חלאים. לשון רבים מן וחלי כתם כמו נבאים שהוא לשון רבים מן נבי: אמן. הרש וזה הלשון ידוע: (ג) שררך טבורך כמו רפאות תהי לשרך: אגן. כלי עגול וכן וישם באגנות: הסהר. תרגום ירח וכן השהרונים כדמות ירח וכן יקראו בלשון ישמעאל: המזג. ידוע בלשון רבנן כמו מסכה יינה וי"א שפירושו כפי ענינו וכן אפרשנו במקומו ואין לו ריע דומה: סוגה. כמו בדברי חכמינו סייג: הפעם השנית אמרה היא כל מי שהיה רואה אותי היה תמיה ואומר מי זאת הנשקפה כמו שחר והשיבותי להם אל גנת אגוז ירדתי. וטעם לא ידעתי אמרה תמיהה אני שלא הרגשתי ולא ידעתי שהייתי הולכת במרוצה אליך כמו מרכבות עמי נדיב הגדול שיש בעמי והיה כל רואי צועק אחרי שובי השולמית והייתי אומרת להם מה תחזו בשולמית שיאתם כלכם לראותה כאשר תראה שתי מערכות במחולות לקראת המלך והוא עובר באמצע בין ב' המערכות וזהו ענין המחנים והיו אומרי' מה יפו פעמיך. וענין המוקי ירכיך. שהיו מכוסים בבגד מצוייר כמיני חלאי': שררך. והענין בשריר' חגור באזור במתניה יש בו דמות השהרונים ואחר שדימהו ללבנה

ספורנו

נביא ראשי לחדש דבר מעתה: (ב) מה יפו פעמיך. והנה אז השיבו הנביאים הרבה תרויחו בבאכם אל ארץ ה' כי ירבה התועלת בעלית רגלים וזה כי חמוקי ירכיך שהם סתרי תורה ועמי המצות שהם כמו ירכים המעמידים כל הגוף והם בלתי גלוים הם באמת כמו חלאים מעשה ידי אמן. שלפעמים לא יתקשט בהם האדם אל נכון עד שיודיעהו האומן אופן עשייתם: (ג) שררך. סנהדרי גדולה חיושבים על טבור הארץ בלשכת הגזית: אגן הסהר. כחצי גורן עגולה ובידם להסיר כל מחלוקת: אל יחסר המזג. הכרעת' בין החולקי' אל נא תחסר ביניכ' בני בבל כי

מצודת דוד

אל ארצך ואני באמצעות מלאכי מעלה נשלים חפלך בהחזרת בית המקדש והלוך סמחנות של שכינה ולויה וישראל כאשר היה אז: (ב) מה יפו פעמיך בנעלים. עוד זה מדברי החשיק מבטיחה לומר הם בת נדיב מה מאד יהייפו רגליך כשהם בתוך הנעלים המסודקים בהם לפי מדהם לא יעדפו ולא יחסרו. והנמשל הוא גו' את כ"י מזרע אברהם מה מאוד תתיפי בשובך לארצך ותבוא לבה"מ ברגלים ג' פעמים בשנה: חמוקי ירכיך. הקפת ירכיך ישוו בעגולה כעגול התכשיטים שעושה מעשה ידי אמן. והנמשל הוא לומר כאשר תקיפו בעזרה ברגל לראות נראה לפני תהיה חמודה בעיני כחלאים נאים: (ג) שררך. טבורך יהיה עגול כאגן העגול כדמות סיהרא: אל יחסר המזג. לפי שהטבור הוא מקום רב הלחות השרשי המזין את הגוף לכן אמר שלא יחסר בו הלחות והרי הוא כאגן הזה שלא יחסר בו יין מזוג. והנמשל היא על השפעה המסבבת ובאה שלא תופסק בשום זמן ובא הרמז בשרר

מצודת ציון

כא): המחנים. מל' מחנה: (ב) פעמיך. כן יקראו הרגלים וכן פעמי דלים (ישעיה כו): בנעלים. מלשון מנעול: חמוקי. ענין סבוב והיקף כמו חמק עבר (לעיל ה): ירכיך. מל' ירך והוא מפרקי הרגל: חלאים. ענין תכשיט כמו וחלי כתם (משלי כה): אמן. כן יקרא המופלג במלאכה: (ג) שררך. הוא הטבור כמו ואונו בשרירי בטנו (איוב מ): אגן. מזרק וכן וישם באגנות (שמות כד): הסהר. תרגום של ירח הוא סיהרא: המזג. טעמו יין המזוג במים וזה הלשון ידוע בדרז"ל: ערמת. אגודת שבלים וכן הלוה כמו ערמים

קיצור אלשיך וש"מ

עתה ביד רמה מן הגלות כיום צאתך ממצרים [וכמאמרם ז"ל (ברכות ד) ראוים היו ישראל ליעשות להם נס בימי עזרא כדרך שנעשה להם נס בימי יהושע בן נון [ופי' רש"י לבא ביד רמה] אלא שגרם החטא]. ועוד הפליאו מאד הטובות אשר תצמחנה אלי אם אך שוב אשוב אל דודי. לאמר (ב) מה יפו פעמיך בנעלים. מה מאד תתייפנה פעמי רגליך בנעלים יקרים אשר תנעלי עליהן בשובך לארצך. ויען כי בצאתה מארצה בגולה הלכה יחפה בלי מנעלים. לזאת ינחמוה עתה כי לא תצא מן הגולה יחפה כי אם במנעלים יפים ויקרים. ותקראי בפי כל בת נדיב. בת אלהים אשר גדבה רוחו הנדיבה לאספך אליו: חמוקי ירכיך. הנה עם ה' נחלק לשלש מחנות אלה. הכהנים בעבודתם. הלוים בדוכנם. וישראל במעמדם. לכן יחשוב עתה כי כל בניה אלה ישובו לארצם ויעמדו כולם על משמרתם כפי מעלתם מקדם. וחושב מלמטה למעלה: חמוקי ירכיך. בניך היוצאים מסתרי ירכיך. והוא תואר לישראל העומדים על רגליהם במעמדם. יהיו כמו חלאים מעשי ידי אמן. כמו התכשיטים הנעשים בידי אמן. כלומר יהיו לשם ולתפארת מעשה ידיו של הקב"ה:

(ג) שררך. להיות שכתבו המפרשים שבזמן שהבה"מ היה קיים היו הכהנים בעבודתם והלוים בדוכנם כצנור ומשפך שעל ידיהם הורק השפע ברכת ה'

as in the dance of the two camps? 2. How fair are your feet in sandals, O daughter of nobles! The curves of your thighs are like jewels, the handiwork of a craftsman. 3. Your navel is [like] a round basin, where no mixed wine is lacking; your belly is [like] a stack of

7

1. **Return, return, O Shulammite**—*They say to me, "Return from following the Omnipresent."*—[*Rashi*]

O Shulammite—Heb. הַשּׁוּלַמִּית, *the one who is perfect in your faith with Him, return, return to us.*—[*Rashi*]

and let us gaze upon you—Heb. נֶחֱזֶה. *We will appoint from you governors and rulers, like* (*Exod. 18:21*): *"And you shall appoint* (תֶחֱזֶה) *from all the people." So did Rabbi Tanhuma interpret it* (*Bamidbar* 11). *Another explanation for "and we will gaze upon you": We will ponder what greatness to give you, but she says, "What will you see for the Shulammite?" What greatness can you allot me, that will equal my greatness, or even the greatness of the divisions of the dances of the encampments in the desert?*—[*Rashi* from *Midrash Shir Hashirim*]

2. **How fair are your feet in sandals**—*They say to her: We want you to cleave to us because of the beauty and the esteem that we saw in you when you were still beautiful* (lit. in your beauty).—[*Rashi*]

How fair are your feet—*in the festive pilgrimages, O daughter of princes!*—[*Rashi* from *Song Rabbah, Song Zuta, Hag.* 3a]

The curves of your thighs are like jewels—*A collection of gold jewels is called* חֲלִי כֶתֶם , *al chali in Arabic. And our Sages interpreted this as referring to the holes of the foundations* [of the altar] *for the libations, which were created during the Six Days of Creation, round as a thigh.*—[*Rashi* from *Song Rabbah, Succah* 49a, *Song Zuta*]

like jewels—Heb. חֲלָאִים, *like the hollow of* (חוּלְיַת) *a pit.*—[*Rashi*]

the handiwork of a craftsman—[They are] *the* [work of the] *hands of the Holy One, blessed be He.* [See] *Tractate Succah* (49a).—[*Rashi*]

craftsman—Heb. אָמָּן, *like* אוּמָּן. *In the praise of the Holy One, blessed be He, the Israelites praise Him from top to bottom. They commence, so to speak, from "His head is as finest gold," and progressively descend to "His legs are as pillars of marble," since they come to appease Him, to draw down His Shechinah from the heavenly abodes to the earthly abodes. He, however, counts their praises from bottom to top: "How fair are your feet!" These are the feet, and He progressively counts until, "Your head upon you is like Carmel," until He comes to draw them to Him.*—[*Rashi, Yalkut Shimoni* from *Tanhuma*]

3. **Your navel is [like] a round basin**—*Your navel is like a basin of clear water with which they wash, and it* [the basin] *is made of marble, which in Arabic is called "sahar."*

חִטִּים סוּגָה בַּשּׁוֹשַׁנִּים׃ ד שְׁנֵי שָׁדַיִךְ כִּשְׁנֵי עֳפָרִים תָּאֳמֵי צְבִיָּה׃ ה צַוָּארֵךְ כְּמִגְדַּל הַשֵּׁן עֵינַיִךְ בְּרֵכוֹת

מתפרנסין כל עלמא היכמא דעוברא מתפרנס מן פרתיה במעננא דאמיה בהיק באוריתא כאוננא דסיהרא במיתיה לדכאה ולסאבא לזכאה ולחיבא ולא חסרין פתגמי אוריתא תדירא מפומיה היכמא דלא חסרין מוי דנהרא רבא די נפק מעדן ושבעין חכימין מסחרין יתיה באדר סנהגל ואוצריחון מלין מן מעשר קדשא ונדרא ונדבתא דסיגו להון עזרא כהנא וזרובבל וישוע ונחמיה ומרדכי בלשן אנשי כנשתא רבתא דמתילין לחטין בגין די יהי להון חילא למעסק באוריתא יומם ולילא׃ ד שני פריקיך דעתידין למפרקך משיח בר דוד ומשיח בר אפרים דמין למשה ואהרן בני יוכבד דמתילין להרין אורזילין תיומי טביא׃ ה צוארך ואב בית דינא דדאין דינך חסין על עמא לכפתא יתהון ולמנגד מן די יתחיב בדינא לנגדא כשלמה מלכא דעבד מגדלא דשן דפיל וכבש ית עמא בית

שפתי חכמים

למעלה מה יפו פעמיך כו' דסיה קילוסו של הקב"ה על ישראל וכאן פי' דהוא קילום האומות לישראל והפשר לומר מה שפי' אחר כך הוא כמו פי' אחר דס"ל דהכל הוא קילוס של הקב"ה אבל כיש הספרים דכתב זה אחר שרכך אגן הסהר משמע דאין הוכל שום פי' אחר רק הוא קילוס האומות וקשה דהרי קידם לזה פירש שהוא קילוס של הקב"ה ואפשר לתרץ בדוחק מה שרית סקודם מספר קילוס שהאומות מקלסי' קילוס של הקב"ה קרי ליה : ם מנ' הכל צריכים למרי דחטיה :

רש"י

שהכל ם צריכין לה : סוגה בשושנים גדורה ומסויינת בגדר שושנים די לה בגדר קל ואין אחד מהם פורץ בו ליכנס הרי חתן נכנס להופה לבו מגעגעת להופה ולהיבת חתוניו בא ליזקק לה אמרה לו טיפת דם כחרדל ראיתי הרי הופך פניו לצד אחר ולא נשכו נחש ולא עקרב עוקצו. הרי שהוא עובר בדרך ראה בכורות בראשי התאנים פשט ידו ליטול אומרי' לו של בעלי' הם גם הוא מושך ידו מפני הגזל הרי סוגה בשושנים : (ד) שני שדיך . שתי הלוחות דבר אחר מלך וכהן גדול : (ה) צוארך ההיכל והמזבח שהם זקופים וגבוהים ולשכת הגזית גם היא שם עשויה לחוזק ולמגן כמגדל השן : עיניך . כבריכות אשר בחשבון המושכות מים . כך עיניך על שער בת רבים הכמיך כשהם יושבים בשערי

ספורנו

אבנם עתה בטנך תופסי התור' שהם כמו בטנך שממנו מזון וריח חיים לשאר הגוף הוא כמו ערמת חטים סוגה בשושני'. שאין שם דבר מחזיק להיות לאחדים אלא ערמות ערמות עד היות תורה כשתי תורות: (ד) שני שדיך. נשיא ואב"ד: כשני עפרי'. הנלחמי' תמיד יוסי בן יועזר לסמוך ויוסי בן יוחנן שלא לסמוך כו' במשנה הראשוני' נשיאי' והשניים להם אבות ב"ד. וכ"ז אפשר התקון אם תהיו כלכם בא"י תשרה בה שכינת האל ית': (ה) צוארך. כהן גדול שהי' שני במעלה למלך כמו הצואר תחת הראש: כמגדל השן. שהוא חשוב למראה בלתי טעם וריח הנה הוא תפוס זהב

אבן עזרא

בשעת היותה מליאה אמרה כי זה הסהר שלך לא יחסר אורו כאשר יחסר אור הסהר אחר היותו שלם: בטנך ערמת חטים. שהיתה נראית בחוץ כמו ערימת הטים עבה מלמטה ודקה מלמעלה. וענין סוגה בשושנים. אמר כי הערימה לא היתה נראית כי שושנים היו סביבם:

הפעם השלישית מי זאת הנשקפה. כמו מי זאת עולה מן המדבר והענין על החשמונאי שאותו הזמן היתה המלוכה בבית שני. אמרה שכינה אל גנת אגוז ירדתי משל לכנסת ישראל שלא יראה הפרי אלא אחר השברו הפך וישמן ישורון ויבעט. נשקפתי לראות הפרחה הגפן אם יש ישראל צדיקים גמורים וישרים. אמרה כנסת ישראל לא ידעתי והענין לא הרגשתי עד שמתני נפשי והענין שאני הרעותי לנפשי עד שחזרתי להיות מרכבות לאחרים הפך ואתה על במותימו תדרוך והרכבתיך על במתי ארץ והטעם שנאת הנס שהיתה בבית שני עד שהולידה הגלות על ישראל: שובי שובי זה לעתיד בשוב ה' את שבות ציון : וענין מה תחזו בשולמית . כמו ההרים והגבעות יפצחו לפניכם רנה: מה יפו פעמיך. שיעלו ישראל מכל מקום כענין מי אלה כעב תעופינה: שררך. סנהדרי גדולה כהצי גורן עגולה: בטנך . סנהדרי קטנה :

מצודת ציון

(ירמיה ג) : סוגה . מל' סייג וגדר וכמשנה מסורת סייג לתורה (פ"א מ"ג) : (ד) עפרים. כן יקראו ילדי האילים: (ה) כשן . שן

מצודת דוד

כי דרך בו בא הזנת הילד במעי אמו : בטנך ערמת חטים . בטנך יהיה יפה ומריח כאגודת שבלי החטים הנגדלת בשושנים המעלים ריח טוב . והנמשל הוא לומר פרי בטנך יתרבו כגרעיני ערמת חטים וכולם יהיו גדורים בגדרים נחמדים והגונים לבל יכשלו בדבר איסור : (ד) שני שדיך דדיך ישוו זה עם זה והמה יהיו כשני ילדי צביה שנולדו תאומים שהמה בשווי גמור והנמשל היא על המלך וכה"ג המיניקים ומשפיעים טובת המלך במלחמתו וכה"ג בעבודתו ואמר ביבוי בגדולה ויהיו מסכימים ומשפטים זה לזה כרעים אהובים : (ה) צוארך כמגדל השן. הצואר שלך יהיה זקוף ומיושר וההלבנת שלבן כמו מגדל משן הפיל. והנמשל הוא על בה"מ שהוא חזקן ומגלן של ישראל כצואר הזה שהוא מוזק האדם שיעמוד על הר גבוה תלול ויהיה כנוי בהמבחר שבבנינים מהם יצא מחילת התורה ולבון הטון : עיניך ברכות בחשבון. עיניך תהיינה זכות ובהירות כמו הברכות שבעיר חשבון אצל השער שמו בת רבים. והנמשל היא על החכמים שהם עיני העדה לסורותם הדרך אשר ילכו בה שהמה יהיו

קיצור אלשיך וש"מ

ה' ממרומים אל עם ה' אלה העומדים במעמדם וידמו אותם לבטן וטבור האשה שהמאכל היורד בבטנה יורד משם אל הטבור. ומשם יוצא מחיה ומזון להעובר אשר במעיה. כמו כן ההשפעה ממרומים ירדה אל הכהנים ומהם אל הלוים. ומהם אל כל קהל עדת ישראל. ולזה יאמר „שררך" לוייך המתוארים כשרר וטבור שמהם תינקי השפעת הטוב. יהיו כאגן הסהר [הוא כלי עגול המלא משקה. כמו כן אל יחסר המזג. כלומר לא תפסיק ההשפעה מלרדת לך תמיד על ידיהם: בטנך. כהניך המתוארים לבטן. הראשונה לקבלת המאכל. כמו כן הם הראשונים לקבלת ההשפעה. יהיו כערמת חטים כלאים תמיד משפע רב [ומאשר הכהנים גדולים במעלתם מהלוים לכן יתאר שעל ידי הכהנים תרד השפעת המאכל. וע"י הלוים השפעת המשקה] וכל העדה בכלל תהיה סוגה בשושנים. תואר לטובות ושמחות אין קץ. ע"ד הכתוב פרוח תפרח ותגל אף גילת ורנן :

(ד) שני שדיך הם המלך וכה"ג המניקים ומשפיעים לעם טובה הרבה יהיו דומים כשני עפרים תאמי צביה. אחים ורעים באהבה וחבה נאמנה כשני ילדי צבי שנולדו תאומים וכשהם רועים בשושנים המה חביבים לבני אדם ההולכים לטייל בשושנים. כן היו המלך וכה"ג :

(ה) צוארך כמגדל השן צוארך חזק לישא עליו עול תורה ומצות כמגדל הבנוי משן [עלפאנד ביין] כדאיתא במדרש פ' שמיני עולא בירא בשם ר"ב משל לאחד שיצא לגורן וכלבו וחמורו עמו. הטעין על חמורו ה' סאין ועל כלבו ג' סאין והי' החמורה הולך

wheat, fenced in with roses. 4. Your two breasts are like two fawns, the twins of a gazelle. 5. Your neck is like an ivory tower; your eyes are [like] pools

He compares it to a round basin because the navel is shaped like a round hole. This praise does not refer to a woman's beauty as the above praise does, for [in] *the above, her beloved praises her, but here, her companions praise her about her deeds, saying: You are worthy to join us. The image symbolizes the Chamber of Hewn Stone, which is situated in the "navel" of the world.*—[*Rashi* from *Song Rabbah, Mid. Shir Hashirim, Tan. Ki Thissa* 2, *Bamidbar* 4]

where no mixed wine is lacking—*No beverage will ever cease* [to be found] *there; he wishes to say that no words of instruction will cease or end from there.*—[*Rashi*]

your belly is [like] a stack of wheat—*which everyone needs.*—[*Rashi*] The allegorical meaning is that all need the vast store of knowledge of the erudite scholar, even the astute.—[*Sifthei Hachamim*]

fenced in with roses—*fenced and hedged about with roses. A light fence suffices her, and no one breaches it to enter. For example, a bridegroom enters the nuptial canopy, his heart longing for the nuptials and for the love of his marriage. When he comes to cohabit with her, she says to him, "I have perceived a drop of blood like a mustard seed." He turns his face to the other side. Now no snake bit him, nor did a scorpion sting him.* [Similarly,] *one passes by on the road and sees freshly ripened fruit at the top of the fig trees. He stretches out his hand to take* [them]. *They tell him, "These belong to owners," and he too withdraws his hand because of* [the prohibition] *of theft. This is the meaning of "she is fenced in with roses."*—[*Rashi* from *Pesikta Rabbathi*, p. 84] *Pesikta Rabbathi* reads: I have perceived a red rose. [This appears more appropriate for our verse.]

4. **Your two breasts**—*the two Tablets. Another explanation: the king and the high priest.*—[*Rashi*, see above 4:5]

5. **Your neck**—*the Temple and the altar, which are erect and tall, and the Chamber of Hewn Stone, which is also there, made for strength and for a shield, like an ivory tower.*—[*Rashi*]

your eyes—*are like pools* (בְּרֵכוֹת) *in Heshbon, through which water flows. So are your eyes by the gate of the multitudes. Your sages, when they sit in the gates of Jerusalem, the city of multitudes, and engage in the computation* (חֶשְׁבּוֹן) *of the seasons and the signs of the zodiac—their wisdom and understanding in the eyes of the peoples flow like pools of water. Alternatively, we can explain* בְּרֵכוֹת בְּחֶשְׁבּוֹן *to mean doves, and this is a Mishnaic usage: If one buys the doves of a dovecote, he must let the first brood* (בְּרִיכָה) *fly away, covedes in Old French, covey, brood.*—[*Rashi*] See *Bezah* 10a, *Rashi* ad loc.

בְּחֶשְׁבּוֹן עַל־שַׁעַר בַּת־רַבִּים אַפֵּךְ כְּמִגְדַּל הַלְּבָנוֹן צוֹפֶה פְּנֵי דַמָּשֶׂק׃ ו רֹאשֵׁךְ עָלַיִךְ כַּכַּרְמֶל וְדַלַּת רֹאשֵׁךְ כָּאַרְגָּמָן מֶלֶךְ אָסוּר בָּרְהָטִים׃ ז מַה־יָּפִית

תו"א ראשך עליך ככרמל. זוהר פ' ברהטים: ודלת ראשך עקידה שער ו: מה יפית ומה נעמת. עקרים מג פ' נו:

יִשְׂרָאֵל וַאֲהַדַר יְהוֹן לְמָרֵי עָלְמָא סַפְרַיִךְ מַלְיָן חוּכְמְתָא כִּבְרֵקְטִינִין דְמַיָא וְיָדְעִין לְמִמְנֵי חוּשְׁבָּנֵי עִבּוּרִין וּמְעַבְּרִין שְׁנִין וְקָבְעִין רֵישֵׁי יַרְחִין וְרֵישֵׁי שְׁנִין בִּתְרַע בֵּית סַנְהֶדְרִין רַבָּא וְרַב בֵּיהּ אַבָּא לְבֵית יְהוּדָה דָמֵי לְדָוִד מַלְכָּא דִי בְנָא מְצַדְתָּא דְצִיוֹן דִי מִתְקְרֵי מִגְדְלָא דְלִבְנָן דְכָל מַן דִיקוּם עֲלוֹהִי יָכִיל לְמִמְנֵי כָּל מִגְדְלִין דִי בְדַמֶּשֶׂק׃ ו רֵאשֵׁךְ מַלְכָּא דְאִתְמַנֵי עֲלָךְ רֵישָׁא צַדִיקָא כְּאֵלִיָהוּ נְבִיָא דְקַנֵי קִנְאֲתָא לְמָרֵי שְׁמַיָא וְקַטֵל יַת נְבִיאֵי שִׁקְרָא בְּטוּרָא דְכַרְמֶל וְאָתִיב יַת עַמָא בֵּית יִשְׂרָאֵל לְדַחַלְתָּא דַייָ אֱלָהָא וְדַלַּת עַמָא דִי אָזְלִין בְּרֵישָׁא מִכָּא עַל דִי אִנּוּן מִסְכְּנִין עֲתִידִין לְמִלְבַּשׁ אַרְגְוָונָא הֵיכְמָא דִי לְבַשׁ דָנִיאֵל בְּקַרְתָּא דְבָבֶל וּמָרְדְכַי בְּשׁוּשַׁן בְּגִין זְכוּתָא דְאַבְרָהָם דְאַמְלִיךְ מִן קַדְמַת דְנָא לְמָרֵי עָלְמָא וּבְצִדְקְתָא דְיִצְחָק דִכְפָתֵיהּ אֲבוּהִי לְמִקְרְבֵיהּ וּבְחַסְדוּתָא דְיַעֲקֹב דְקַלֵּף עַל חוּטְרַיָא בְּרַהֲטַיָא׃ ז מַה אֲמַר מַלְכָּא שְׁלֹמֹה כְּמָה יָאָה אַנְתְּ כְּנִשְׁתָּא דְיִשְׂרָאֵל בִּזְמַן דִי תְּסוֹבְלִי

רש"י / שפתי חכמים

ירושלים העיר בת רבת עם ועסוקים בחשבון תקופות ג וק' מה הוכחה כפשוטו ספרת פנים בכלל. וי"ל מדכתיב הכרם
ומזלות הכמתם ובינתם לעיני העמים מושכות כבריכות מים. ועוד יש לפרש בריכות בחשבון כמו יונים. ולשון
משנה הוא הלוקח יוני שובך מפריח בריכה ראשונה קוביר"ש בלע"ז: אפך כמגדל הלבנון. איני יכול לפרשו ל'
חוטם לא לענין פשט ולא לענין דוגמא כי מה קילוס נוי יש בחוטם גדול וזקוף כמגדל ואומר אני אפך לשון פנים וזה
שהוא אומר לשון יחיד והיינו אומר אפיך שעל המלה הוא מדבר שהוא עיקר הכרת פנים כענין שנאמר (ישעיה ג)
הכרת פניהם ענתה בם ונ ותדע שהרי מקלסם והולך מלמטה למעלה עיניך בריכות בחשבון ואחריהם המלה וכן האומות
מקלסות (יחזקאל ג) מנחך הזק לעומת מלה כל הבאים להרעותך ולפתותך: כמגדל הלבנון צופה פני דמשק.
ראיתי במדרש זה בית יער הלבנון שעשה שלמה שהעומד עליו צופה ומונה כמה בתים יש בדמשק. דבר אחר פניך
צופות פני דמשק מצפות לבא שערי ירושלים עד דמשק שעתידה להרחיב עד דמשק: (ו) ראשך עליך ככרמל.
אלו תפילין שבראש שנאמר בהן (דברים כח) וראו כל עמי הארץ כי שם ה' נקרא עליך ויראו ממך הרי היא הוזקן
ומוראן כסלע הרים וכרמל הוא ראש ההרים: ודלת ראשך. קליעת שערות נזיריך נאה במצות כקליעת הרגמן:
דלת ראשך. על שם שהקליעה מודלת על גובה הראש: מלך אסור ברהטים. שמו של מקום קשור בתלתלים שנא'
(במדבר ו) נזר אלהיו על ראשו: רהטים. קורנ"ץ בלע"ז כן קורין לתלתלי האזורות שקושרין בהן החגורות. ד"א מלך
אסור ברהטים הקב"ה נקשר באהבה במצות ובריצות שאתם רצים לפניו: (ז) מה יפית ומה נעמת. אחר שפרט קילוס

אבן עזרא

הפעם הראשונה (ו) ככרמל. י"א הר הכרמל ואיננו כי אם עין וכן בדברי הימים כתוב וכרמל עם ארגמן: ברהטים. כמו ברהטים בשקתות המים והם מקומות עשויות להתחבר שם המים: ודלת. כלשון

ספורנו

וכסף וכל רוח אין בקרבו: עיניך. חכמי הדור: ברכות בחשבון על שער בת רבי'. הלכי' להשקות צאן מרעיתם ותלמידיה' בחשבון שהיא בעבר הירדן סמוך לגבולות הכנענים שיוכלו שם להמלט מהרה אל ארצותם מגזרת ינאי וחכמיו: אפך. וטגמת פני הנשארים בארץ היתה: כמגדל הלבנון. שהוא במבחר ובטבור ארץ ישראל. אמנם הוא צופה פני דמשק. שהיא חוצה לארץ כן

הם בהיותם בארץ היה לבבם פונה לצאת חוצה לארץ מרעת יושבי בה : (ו) ראשך* הורקנוס כהן גדול עליך ככרמל כמו ראש
שבולת לחה הטובן למאכל בלתי רוב מלאכות כן הוא הי' למאכל: ודלת ראשך* הורדוס שהיה מתנשא היה כארגמן המורה על

מצודת דוד

כבריכות מים המשקים את הגנות: אפך. חוטמך יהיו ביושר נמרץ מבלי עקמימות כמגדל העומד ביער הלבנון הרואה פני דמשק שהוא ממולו ואותו המגדל הי' בנוי ביושר רב. והנמשל הוא על השופט אשר יהיה בימים ההם שהוא תואר פני הדור כחוטם הזה שהוא תואר הפרצוף והוא יהיה מיושר בלי עקמימות כמגדל הזה: (ו) ראשך עליך ככרמל. הראש אשר עליך יעמוד מוזקף ויהיה סגלגל ככר הכרמל. והנמשל הוא לומר אשר המלוכה היא הראש אשר עליך יהא' כהר הכרמל. ודלת ראשך. קווצות השער המודלה על ראשך המה
יהיו יפים כפתילי ארגמן. והנמשל הוא על הנביאים הנשפעים מהמקום ב"ה שפע הנבואה כמו במימו מה שיהיה לאחרונה וכן יקים
כלבע ארגמן הנראה למרחוק ולא תסור כ"א בקושי רב: מלך אסור ברהטים. כ"כ תהיה נחמדה לעין שאף המלך יהיה הפצו להיות קשור
כבנין שבעלייה הבית מהדר להדר הנעשה להתהלך בו כחפצו כי שם ישביע עינו ממראית פניך בראותך מתהלך מהדר להדר והנמשל הוא
לומר אשר המקום ב"ה יהיה אז כאלו הוא אסור בבניני בה"מ כי עוד לא תסור משם שכינתו: (ז) מה יפית. מה מאד תהיה יפה ונעימה

מצודת ציון

הפיל: ברכות. מקום בנוי באבנים ובסיד ושם מתכנסים המים וכן בתעלת הברכה (מ"ב י"ח): אפך. חוטמך: צופה. ענין הבטה וראיה: (ו) ודלת. כן יקרא דבר הנתלה בדבר ויורד למטה וכדרז"ל הדלה עליה את הגפן (סוכה יא) וכן ורעו דליותיו (ירמיה יא): כהרגמן. מין צבע אדומה: אסור. ענין קשירה: ברהטים. הבניינים שעל העליות מהדר להדר וכן רהיטנו ברותים. (לעיל א): (ז) מה יפית. מלת מה מורה על הפלגת הענין וכן מה רב טובך (תהלים לא):

קיצור אלשיך וש"מ

הולך והכלב מלחית [נעקרעכצט] נטל ממנו סאה ונתן על חמורו אעפ"כ הי' מלחית. א"ל את טעין מלחית לית אה טעין מלחית. כך הקב"ה צוה לב"נ ז' מצות. כיון שהמה מלחיתין שכבד עליהן לקיימן עמד והטעינן לישראל. כמ"ש ישא מדברותיך ויט שכמו לסבול עול תורה. ואעפ"כ עיניך יורדות דמעות כברכות מים בחשבונם. בכל עת שמחשבין מעשיהם בכל ר"ה וי"כ ובכל עת אולי חטאו על שער בת רבים. בפרהסיא ואז היה אפך כמגדל הלבנון. איתא במדרש אפך [זה המצח] כמגדל הלבנון. מה האף הזה נתון בגבהו של אדם. כך הבהמ"ק היה נתון בגבהו של עולם. ונקרא הבהמ"ק לבנון שהלבין עונותיהן של ישראל כשלג. צופה פני דמשק ואז היתה ירושלים עתידה להתרחב עד שערי דמשק. ועכשיו בגולה. (ו) ראשך עליך ככרמל. הראשים של האומות שאתה היום אצלם בגולה. כמ"ש היו צריה לראש. המה מתנשאים ומתגאים עליך כהר הכרמל ודלת ראשך. הם הנציבים והפקידים. פניהם אדומים כארגמן כצבע אדום. שזה מורה על רשעתם. פני להבים פניהם: מלך אסור ברהטים. מלך זה הקב"ה אסור לישראל בעבותות אהבה. ברהטים. בזכות הריצה. בזכותו של אברהם ואל הבקר רץ אברהם ובזכות יעקב ויצג המקלות ברהטים [מדרש]. משיבה כנס"י (ז) מה יפית ומה נעמת היתה אהבה של הקב"ה אלי בתענוגים. בעת הייתי בא"י בתענוגים. כאשר הייתי מתענג

in Heshbon, by the gate of Bath-Rabbim; your face is as the tower of Lebanon, facing towards Damascus. 6. Your head upon you is like Carmel, and the braided locks of your head are like purple; the king is bound in the tresses. 7. How fair

your face is as the tower of Lebanon—Heb. אַפֵּךְ. *I cannot explain this to mean a nose, either in reference to its simple meaning or in reference to its allegorical meaning, for what praise of beauty is there in a nose that is large and erect as a tower? I say, therefore, that* אַפֵּךְ *means a face. Now the reason he uses the singular and does not say* אַפַּיִךְ, *is that he speaks of the forehead, which is the main recognizable feature of the face, as it is said* (*Isa. 3:9*)*: "The recognition of their faces testified against them." And you should know* [that this refers to the forehead], *for he progressively praises them from bottom to top—"Your eyes are [like] pools in Heshbon," and after them the forehead, and so do the nations praise* (*Ezek. 3:8*)*: "and your forehead is strong against" the forehead of all who come to harm you and entice you.*—[*Rashi*]

as the tower of Lebanon, facing towards Damascus—*I saw* [the following] *in the Midrash* (*Zuta*)*: This is the house of the Lebanon forest, which King Solomon made. Whoever stood on it could look and count how many houses there were in Damascus. Another explanation: Your face looks towards Damascus, looks forward to the coming of the gates of Jerusalem until Damascus, for it is destined to expand as far as Damascus.*—[*Rashi* from *Song Rabbah*]

6. **Your head upon you is like Carmel**—*These are the tephillin of the head, about which it is said* (*Deut. 28:10*): *"And all the peoples of the world will see that the name of the Lord is called upon you, and they will fear you." That is their strength and their fear, like a rock of the mountains, and the Carmel is the most prominent of the mountains.*—[*Rashi*]

and the braided locks of your head—*The braided hair of your Nazirites are as beautiful with commandments as braided purple* [ropes].—[*Rashi*]

and the braided locks of your head—Heb. וְדַלַּת רֹאשֵׁךְ, *because the braid is lifted up* (מְדֻלֶּלֶת) *on the highest part of the head.*—[*Rashi*]

the king is bound in the tresses—*The name of the Omnipresent is bound in the locks, as is stated* (*Num. 6:7*)*: "The crown of his God is on his head."*—[*Rashi*]

tresses—Heb. רְהָטִים, *courants in French, currents, windings [tresses]. This is what they call the fringes of the sashes, with which they tie the girdles. Another explanation of* מֶלֶךְ אָסוּר בָּרְהָטִים: *The Holy One, blessed be He, is bound with love to the commandments and to the swiftness with which you run before Him.*—[*Rashi*] [Accordingly, the root of רְהָטִים is רהט, the Aramaic verb meaning "to run."]

וּמַה־נָּעַמְתְּ אַהֲבָה בַּתַּעֲנוּגִים׃ ח זֹאת קוֹמָתֵךְ דָּמְתָה
לְתָמָר וְשָׁדַיִךְ לְאַשְׁכֹּלוֹת׃ ט אָמַרְתִּי אֶעֱלֶה בְתָמָר
אֹחֲזָה בְּסַנְסִנָּיו וְיִהְיוּ־נָא שָׁדַיִךְ כְּאֶשְׁכְּלוֹת הַגֶּפֶן
וְרֵיחַ אַפֵּךְ כַּתַּפּוּחִים׃ י וְחִכֵּךְ כְּיֵין הַטּוֹב הוֹלֵךְ לְדוֹדִי

ת"א אמרתי אעלה בתמר. סנה' צג: וחכך כיין הטוב. יבמות צז סנהדרין צ בכורות לא זוהר פ' שמיני:

תרגום

עליך ית ניר מלכותי בעידן די אנא מוכח יתיך ביסורין על חוביך ואנת מקבלא יתהון ברחים דמין באנפיך כהפוחין: ח זאת ובעידן די פרסין כהניך ידיהון בצלו ומברכין לאחיהון בית ישראל דדמין ארבעת ידיהון מתפרשין כלולבי דתמר וקומתהון כדקלא וקהליך קיימין אפין באפין כל קבל כהניא ואפיהון כבישן לארעא כאתכלא דענבין: ט אמרתי אמר יי במימריה אסק ואנסיה לדניאל ואחוי אי כהל למקם בנסיונא הדא היכמא דקם אברהם דדמי ללולבא בעסרא נסין ובחן אף אנא לחנניה מישאל ועזריה אי כהלין למקם בנסיוניהון אפרוק בדיל זכותהון לעמא בית ישראל דמתילין לאתכלין דענבין ושומהון דדניאל חנניה מישאל ועזריה אישתמע בכל ארעא וריחיהון יהי נדיף כריחא דתפוחין דגנתא דעדן: י וחכך אמר דניאל וחברוהי קבלא נקבל עלנא גזירת מימרא דיי היכמא די קביל

שפתי חכמים

סניסס ענפס כס משמע שלריך הכרס לבד מן ספניס ואיתא בסוף יבמות דזו ספדחת וכ"כ כתיס' בס: ס דק"ל מהו היך לדודי כו'.

רש"י

כל אבר ואבר כלל כל דבר מה יפית כולך ומה נעמת לידבק בך האהבה ההוגנת להתענג בה: (ח) זאת קומתך דמתה לתמר. ראינו נוי קומתך בימי נבוכדנצר שכל האומות היו כורעו' ונופלות לפני הצלם ואתה עומדת בקומה זקופה כתמר הזה. ושדיך לאשכלות. דניאל חנניה מישאל ועזריה שהיו לך כשדים לינק מהם דמו לאשכולות שמשפיעות משקה כך הם השפיעו להניק וללמוד את הכל שאין יראה כיראתכם עד כאן קלסוהו האומות מכאן ואילך דברי שכינה לגלות ישראל שבין האומות: (ט) אמרתי אעלה בתמר. מתפאר אני בין היילות של מעלה בכם שאתעלה ואתקדש על ידיכם בתחתונים שתקדשו את שמי בין האומות: אחזה בסנסניו. ואני אאחוז ואדבק בכם. סנסנים ענפי': ויהיו נא שדיך. ועתה האמני את דברי שלא תתפתי אחרי האומות ויהיו הטובים והחכמים שביך עומדים באמונתם להשיב דברים למפתים אותם שילמדו מהם הקטנים שבכם: (י) וחכך כיין הטוב. הזהרי בתשובותיך שיהיו כיין הטוב: הולך לדודי למישרים. זהירה אני להשיב להם ש שאעמוד באמונתי שיהא חכי הולך לפני

ספורנו

מעלת לובשו.* ובכן זאת קומתך. מעלתך: (ח) דמתה לתמר. שהוא גבו' ופריו מושג בטורח רב ועם זה פריו מעט המזון נעדר הריח ומזונו בלתי נאות כן ראשי עמך היו משתרר' על הצבור עם היותם נותנין פרי בלתי רב התועלת: ושדיך. שהיו מורים בעם דומים לאשכלות של תמר שבהם תמרים רבים ומעטי התועלת כן הם מלאו הכמות של מעט תועלת כענין שיחת דקלי' ומשלי כובסין וזולתם: ובכן אמרתי אעלה בתמר אחזה בסנסניו. להלוש אותם ולהשחיתם: (ט) ויהיו נא שדיך כאשכלות הגפן. שבהם מזון רב וטוב כן יהיו הם נותנים פרי נאות בעיוניות: וריח אפך. במעשיות: כתפוחים. בעלי ריח עם איזה מזון: (י) וחכך. בעת הויכוח: יהיה נא כיין הטוב. כיין הגפן הטוב באופן שיהי' החיך: הולך לדודי למישרים. מכוין למצוא חן בעיני דודי. בבקשת האמת לא לנצחון: דובב שפתי ישנים. ויהיו דבריו

אבן עזרא

ישמעאל קלה הטער: (ט) בסנסיניו. אין לו דומה והוא למעלה שם הפרי: (י) למישרים. תאר היין כמו יתהלך

מצודת ציון

נעמת. ענין הנאה כמו אף נעים (לעיל א): (ח) קומתך מל' קומ' וגבהות: דמתה. מלשון דמיון והשוואה: לאשכלות. כן יקרא הענף והסנגריס התלויס בו וכן אשכול הכופר (לעיל א): (ט) בסנסניו. ענין סעיף וענף ואין לו דומה: נא. עתה: (י) וחכך. הוא מה שמתעל הלשון והוא מגלי הדבור: לדודי. כמו לדודים וגלה המ"ס כמו על דברי אחי (דה"ב לג) ומשפטו הודים ורבים כמוהו: למישרים.

מצודת דוד

והאהבה ההיא עם התענוג כי בעודי נפרדת ממך האהבה היא היכה אל העלבון בעבור רוב התענוגים אבל כהתחברי עמדי הסיס האהבה סיבה אל התענוג והנמשל הוא לומר כהתשובי מן הגולה יהיה בשמחה לפני המקום ב"ה אשר לא כן בהיה בגולה: (ח) זאת קומתך. זאת היא ונראה קומתך הדמה לאילן התמר הזקוף מבלי עקמימות. והנמשל הוא על כל האומה בהיה בגולה ישרה: ושדיך. דדיך יהיו תלוים כלפי מטה כאשכלות מן האילן. והנמשל הוא על הכלך וכה"ג המניקים אותך להשפיע לך טובה הנה ישפיעו טובה מרובה כאשכלות הגפן המשפיעים יין רב. (ט) אמרתי אעלה בתמר. ר"ל אשב עם הרעים שדמהם לאילן תמר והאחז בסעיפי האילן כלומר עוד לא אפרד ממנה והנמשל הוא לומר שהמקום ב"ה ישרה בה שכינתו ולא תפרד ממנה: ויהיו נא שדיך. ר"ל עתה בזמן קרוב אתענג בשדיך שיהיו כאשכולות התלויים כלפי מטה. והנמשל הוא לומר בזמן קרוב ישפיעו לך המלך וכה"ג טובה מרובה כאשכולות המשפיעים את היין: וריח אפך. יהיה כריח התפוחים והנמשל הוא לומר אל קרבנותיך ויעלו לריח ניחוח. (י) וחכך. מאמריך ישמחו לבי כיין הטוב ההולך במהן לדודים מאהוב להוב ויישר האהבה ביותר לכל

קיצור אלשיך וש"ם

מתענג שמה ברוב כל. אז הרגשתי אהבת הקב"ה מפאת הגוף והנפש. באושר ובשובע שמחות. ולא בצרות הגולה: והקב"ה משיבה (ח) זאת קומתך דמתה לתמר. מה שתתאונן על אבדך תענוגך שהיה לך בא"י. זאת היה לך בעת שקומתך היה דומה כתמר. שהיה לך לב אחד לאביך שבשמים כתמר שאין לו אלא לב אחד. וכדאיתא במדרש מה התמר יש לה תאוה להתדבק במינה כך ישראל. ושדיך היו דומים לאשכולות היינו הצדיקים שבך המניקים ומלמדים את העם תורה ומצות היו דומים לאשכלות שמשפיעים משקה כן גם הם היו משפיעים מרוחם לעם ה' אלה בעבודת אלהים. ע"כ היה לך תענוגי' באהב'. אמרה הכנסיה א"כ (ט) אמרתי אעלה בתמר. אמרתי אל הנביאים אנכי אתאמץ בכל עוז לעלות במעלת הנפש להיות דומה לתמר כנ"ל. ואולם מה יהיה אם אוחזה רק בסנסניו. בענפי התמר ולא בתמר עצמו. כלומר אם באיזה אופן שיהיה לא אוכל לעשות בשלמות הנפש עד מרום קץ המעלות? והנה זאת היתה תשובתם אלי ויהיו נא שדיך כאשכלות הגפן. אם לא יוכל העם לעלות למעלה ראש התמר כנ"ל נבקש ממך כי תראי למצער אשר שדיך התואר לצדיקים יהיו כאשכלות הגפן. ואת גם לא כעצי הגפן בעצמם המוציאים ענפים ואשכלות רבים. ר"ל צדיקים גדולי' כ"כ מהעמידים תלמידים הרבה כמוהם כמאז מקדם. כי אם כאשכלות התלוים על הגפן שמעלתם היא בתתנם האדם אל פיו מדם ענב ישתה חמר. כמו כן יהיו צדיקיך שהעם בכלל יניקו מדות ישרות והנהגו' טובות ומועילות. וריח אפך תואר להמנהיג המיישר את העם בנתיבות יושר יתן ריח טוב כתפוחים. ר"ל שיהי' בו ריח התורה ויראת שמי' ככתוב (ישעי' יא) והריחו ביראת ה': (י) וחכך. יטעם וימצוץ מאשכלות הגפן ויערב לו כיין הטוב. כלומר יערב לך המוסר והתוכחה אשר תשמעי מפי צדיקיך אלה המוכיחים אותך ויכנסו דבריהם בלבך. ואז אם יהי' העם במצב כזה

and how pleasant you arc, a love with delights! 8. This, your stature, is like a palm tree, and your breasts are like clusters [of dates]. 9. I said: Let me climb up the palm tree, let me seize its boughs, and let your breasts be now like clusters of the vine and the fragrance of your countenance like [that of] apples. 10. And your palate is like the best wine, that glides down smoothly to my beloved,

7. **How fair and how pleasant you are** —*After having praised each limb in detail, he includes everything in a general statement: How fair you are in your entirety, and how pleasant you are, to cleave to you with a love that is proper to delight in.*—[*Rashi*]

Mezudath David explains the preceding verses as follows:

[1] **Return, return, O Shulammite**—When the young man heard his beloved maiden bewailing her failure to respect him, he sent a message to her, saying: You, who are perfect in your character and in your admirable traits, return to stay with me as of yore. The repetition denotes emphasis and encouragement. *Zeror Hamor* explains that the word "return" is written four times to denote the return from the four exiles.

and let us gaze upon you—Let me and the members of my household gaze upon you to fulfill your desire in whatever you request.

What will you see—It is as though he is addressing the members of his household, and saying to them, "Know what it is which you will see for the Shulammite which will fulfill her desire and cheer her up with as great a joy as the dance of many encampments." Allegorically, it is as though the Omnipresent, blessed be He, says to Israel, "Return from the exile to your land, and I, through the celestial angels, will fulfill your desire with the rebuilding of the Temple and the division of the camps, namely, those of the Shechinah, of the Levites, and of Israel, as in times of yore." The *Targum* paraphrases: Return, return to Me, O congregation of Israel, return to Jerusalem, return to the study hall of Torah, return to receive prophecy from the prophets who prophesy in the name of the word of the Lord. And what is it your business, you false prophets, to mislead the people of Jerusalem with your prophecy, that you speak falsely about the word of the Lord and defile the camp of Israel and Judah?

[2] **How fair are your feet**—This is a continuation of the young man's words. He promises his beloved, saying, "How beautiful your feet will be in sandals, made in your size, neither too large nor too small." The allegorical meaning is that God says to the congregation of Israel, "You, O congregation of Israel, how beautiful you will be when you return to your land and go up to Jerusalem on the pilgrimage festivals three times a year!"

the curves of your thighs—The curves of your thighs are as round as your jewelry, which is the handiwork of a craftsman. Allegorically, the curves of the thighs symbolize the circuit around the forecourt by the pilgrims on festivals. "When you circle around the forecourt of the Temple on the festival, when you come [to Jerusalem] to appear before Me, you will be as beautiful to Me as precious jewelry!"

The *Targum* paraphrases: Solomon spoke with the spirit of prophecy before the Lord: How fair are the feet of Israel when they ascend to appear before the Lord three times a year in sandals of badger's skin (see Exod. 25:5; Ezek. 16:10) and offer up their vow offerings and their free-will offerings! And their children, who emerged from their loins, are as fair as the sparkling gems set into the diadem of the Sanctuary that the skillful Bezalel fashioned for Aaron the priest. [The diadem of the Sanctuary is the golden showplate that the high priest wore on his forehead, as in Exodus 39:30. That, however, did not have any jewels.]

[3] **Your navel is [like] a moon-shaped basin**—Your navel is round as a round basin, shaped like the moon. [Note that *Mezudoth* deviates from *Rashi* and defines הַסַּהַר as derived from the Aramaic סִיהֲרָא, meaning moon.]

no mixed wine is lacking—Since the navel is the place of the basic moisture which sustains the body, he says that it will not lack moisture, and it is like a basin which does not lack mixed wine. Allegorically, the navel represents the source of sustenance which will never cease, and this image is used because the fetus gains nourishment from [the cord attached to] the navel while in its mother's womb.

your belly is [like] a stack of wheat—Your belly will be beautiful, with the fragrance of a sheaf of ears of wheat, fenced in with roses, which emit a fragrant scent. Allegorically, this symbolizes the fruit of the womb, meaning that Israel will produce many children, like grains of wheat, and they will all be fenced in with beautiful appropriate fences, to prevent them from erring and committing any prohibited act.

The *Targum* paraphrases: And the head of your academy, in whose merit the entire world is sustained, as the fetus is sustained through its navel in its mother's womb, was as clear in the (knowledge of) Torah as a moon-shaped basin, when he came to declare clean and unclean, and to declare innocent and guilty. And they never lacked words of Torah from his mouth, as water is not lacking from the great river that emerged from Eden. And seventy wise men surrounded him like a round threshing-floor, and their storehouses were full of holy tithes and vow offerings and free-will offerings fenced in by Ezra the priest and Zerubbabel and Jeshua and Nehemiah and Mordecai Bilshan, the men of the Great Assembly, who are compared to roses. [This was done]

in order that they should have strength to engage in the Torah day and night.

[4] **Your two breasts**—Your breasts will be alike; they will resemble the two offspring of a gazelle, which are born identical. Allegorically, the breasts represent the king and the high priest, who sustain the people: the king with his wars and the high priest with his service. They will both be equal in greatness, and they will concur in all matters as close friends.

The *Targum* paraphrases: Your two redeemers who are destined to redeem you, the Messiah the son of David and the Messiah the son of Ephraim, are like Moses and Aaron, the sons of Jochebed, who are compared to two fawns, the twins of a gazelle.

[5] **Your neck is like an ivory tower**—Your neck will be erect and straight and pure white, as an ivory tower. Allegorically, the neck represents the Temple, which is the strength and fortress of Israel, like the neck, which is a person's strength. The Temple will stand on a lofty mountain and will be built with the choicest of edifices. Forgiveness of sin and the whitening of iniquity will emanate from there.

your eyes are [like] pools in Heshbon—Your eyes will be as clear and bright as the pools in the city of Heshbon alongside the gate named Bath-Rabbim. Allegorically, this refers to the sages, who are the eyes of the congregation, and direct them on the right path. They will be like pools of water, which water the gardens.

your nose is as the tower of Lebanon—Your nose will be straight, without any crookedness, like the tower which stood in the Lebanon forest, overlooking Damascus, which was opposite it, and that tower was built perfectly straight. Allegorically, this represents the judge who will serve in those days, who is the symbol of the face of the generation. He will be like the nose, which symbolizes the face, and he will be as perfectly straight as this tower.

The *Targum* paraphrases: And the head of the tribunal, who tries your lawsuits, has the power over the people to compel them (to comply), and to lash the one who is liable to lashes, like King Solomon, who erected an ivory tower and subdued the people of the House of Israel and brought them back to the Lord of the Universe. Your scribes are as full of wisdom as channels of water and know how to calculate the leap years; they proclaim leap years and determine the beginnings of the months and the beginnings of the years in the gate of the Great Sanhedrin. And the head of the father's house of the house of Judah resembled King David, who built the Citadel of Zion, which is called the Tower of Lebanon, upon which one can stand and count all the towers in Damascus.

[6] **Your head upon you**—Your head which is upon you, will stand erect and will be oval like Mount

Carmel. Allegorically, this means: the Shechinah, which is your head, will appear as Mount Carmel.

and the braided locks of your head—This represents the prophets who receive an abundance of prophecy from the Omnipresent. They will announce what will be in the distant future, and it will come true, like purple dye, which is visible in the distance and cannot be removed except with great difficulty.

the king is bound to the corridors—You will be so attractive to the eye that even the king will desire to be bound to the corridor in the upper story of the house, because he thinks that he will see you there. The allegorical meaning is that the Holy One, blessed be He, will then be bound, so to speak, to the buildings of the Temple, for His Shechinah will never again leave that building.

The *Targum* paraphrases: The king who was appointed to be head over you is as righteous as Elijah the prophet, who was zealous for the Lord of Heaven and slew the false prophets on Mount Carmel and brought back the people of the House of Israel to the fear of the Lord God. And the poor of the people, who walk with bowed heads because of their poverty are destined to wear purple, as Daniel wore in the city of Babylon and Mordecai in Shushan in the merit of Abraham, who ascribed kingship to the Lord of the Universe, and because of the righteousness of Isaac, whose father bound him to offer him up as a sacrifice, and because of the saintliness of Jacob, who peeled the sticks in the troughs.

[7] **How fair and how pleasant are you**—How fair and pleasant you are! Your love will be accompanied by delight; all the while that I am separated from you, love generates grief because of my intense longing for you, but when you remain with me, love will generate delight. Allegorically, this means that when Israel returns from exile, God will experience joy, so to speak, which He did not experience when Israel was in exile.

The *Targum* paraphrases: King Solomon said: How fair are you, O congregation of Israel, at the time you bear the yoke of My Kingdom, when I chastise you with suffering for your sins, and you accept them with love: they are in your eyes as delights.

8. **This, your stature, is like a palm tree**—*We saw the beauty of your stature in the days of Nebuchadnezzar, when all the nations were kneeling and falling before the image, but you stood as erect as this palm tree.*—[*Rashi* from *Song Rabbah*]

and your breasts are like clusters [of dates]—[This refers to] *Daniel, Hananiah, Mishael, and Azariah, who were like breasts for you to suck from. They were like clusters [of dates], which shower liquid; so did they nurse lavishly and teach everyone that there is no fear like Your fear. Until this point, the nations praised Him. From here on are the words of the Shechinah to*

reveal Israel, who are among the nations.—[*Rashi*]

9. **I said: Let me climb up the palm tree**—*I boast of you among the heavenly hosts, that I should be exalted and hallowed through you in the lower realms, for you will hallow My name among the nations.*—[*Rashi*]

let me seize its boughs—*and I will seize and cleave to you.* סַנְסִנִּים *are boughs.*—[*Rashi*]

and let your breasts be now—*And now, cause my words to be realized, that you will not be seduced after the nations, and may the good and wise among you be steadfast in their faith, to retort to those who seduce them, so that the small ones among you will learn from them.*—[*Rashi*]

10. **And your palate is like the best wine**—*Be careful with your answers that they should be like the best wine.*—[*Rashi*]

that glides down smoothly to my beloved—*I am careful to answer them that I will remain steadfast in my faith, that my palate will go before my beloved with straightforward love, which emanates from the heart, and not from deceit and guile.*—[*Rashi*]

like the best wine—*which makes the lips of the sleeping speak. Even my ancestors in the grave will rejoice with me and give thanks for their portion.* דּוֹבֵב *means moving, promued in Old French, stimulates (to talk), and its basis is an expression of speech, and so is the reply: I am my beloved's, and he also longs for me.*—[*Rashi*]

למישרים דובב שפתי ישנים: יא אני לדודי ועלי
תשוקתו: יב לכה דודי נצא השדה נלינה בכפרים:
יג נשכימה לכרמים נראה אם פרחה הגפן פתח

תו"א אני לדודי. זוהר פ' לך לך: לכה דודי נלא השדה. עירובין נה. נשכימה לכרמים. שם.

עליה אברהם אבונא דמתיל לחמר עתיק ונהך באורחן דתקנן קדמוהי היכמא דאזלו אליהו ואלישע נביאיא די בזכותהון קמו מתיא דדמין לגבר דדמיך ויחזקאל בר בוזי כהנא דמנבואת פומיה אתערו דמכי מיתיא די בבקעת דורא:
יא אני אמרת ירושלם כל זמן די אנא מהלכא באורחא דמרי עלמא משרי שכינתיה ביני ועלי מתויה ובעדן די אנא סטיא מן אורחתיה מסלק שכינתיה מביני ומטלטל יתי ביני עממיא ואנון שלטין בי כגבר דשליט באנתתיה:
יב לכה כד חבו עמא בית ישראל אגלי יי' יתהון בארעא דשעיר חקלי אדום אמרת כנשתא דישראל בבעו מנך רבון כל עלמא קביל צלותי די אנא מצלא קדמך בקרוי גלותא ובפלכי עממיא:
יג נשכימה אמרין בני ישראל אלין לאלין נקדים בצפרא ונהך לבית כנשתא ולבית מדרשא ונבקר בספרא

רש"י

דודי לאהבת מישור שהוא מן הלב ולא ברמיה ועקיבה: כיין הטוב. שהוא דובב שפתי ישנים ע אף אבותי בקבר ישמחו בי ויודו על חלקם. דובב מרחיש פרומי"ר בלע"ז ויסודו ל' דיבור וכך היא התשובה אני לדודי וגם הוא משתוקק לי: (יב) לכה דודי נצא השדה. דרשו רבותינו בעירובין אמרה כנסת ישראל פ רבונו של עולם אל תדינני כיושבי כרכים שיש בהן גזל ועריות אלא כיושבי פרזות שהם בעלי אומנות ועוסקין בתורה מתוך הדחק: נלינה בכפרים. נלינה בכופרים בא והראך בני עשו שהשפעת להם טובה וכופרים בך: (יג) נשכימה לכרמים. אלו בתי כנסיות ובתי מדרשות: נראה אם פרחה הגפן.

שפתי חכמים

לכ"פ זכירים אני כו' שיהא הכי הולך לפני דודי: ע בירושלמי דבקלים ובמדרש הזית דובב שפתי ישנים כסדין דבתי חמר עתיק אף על גב דהוא בתי ליה טעמא וכו הא בפומיה כלומר שמתים דובבים בקבר מה שבכיס אומרים דבר טוב בעה"ז: פ כך היא הנוסחא בפ' עושין פסין אל תדינני כיושבי כרכים שיש בהן גזל ועריות אלא נלא השדה ואראך ת"ח שעוסקים בתורה מתוך הדחק וטעות היא בספרי רש"י שכתוב בהן אלא כיושבי פרזות שהם בעלי אומנות כו' דהכי יושבי פרזות הם יושבי כפרים דמשמע נלינה בכפרים קדים וסרי אח"כ

אבן עזרא

במישרים: דובב. כענין דבור ואולי כמוהו דבה: (יא) תשוקתו. כמו ואל אישך תשוקתך: הפעם השנית אפך כמגדל הלבנון. אותו המגדל היה בוה לא הי' בו עוות: ראשך עליך ככרמל. כענין כרמל וכתרגמן בענין או האף: וטעם מלך אסור ברהטים. כי דומה השער שהוא יורד זה תחת זה כדמות המים ברהטים והמלך הוא הרואה או יהיה פירושו כי המלך הוא היה מתאוה להיות אסור וקשור בחבלי שערה וזה הענין הזכירוהו שרי קדר החושקים: מה יפית. אין בעולם תענוג לנפש ולא דבר יפה ונעים כמו החשק: זאת קומתך דמתה לתמר. ואשכלות הם אשכלות הגפן שעלתה עם אילן התמר כל אחד הי' מתאוה ואומר אעלה בתמר: אחזה בסנסיניו. ויאחז בדליה ויריח אפה שהיא כתפוחים. והחך הוא הריר שתחת הלשון שהוא דומה ליין המתהלך במישרים ויריהם הישן כל כך ישמח הנפש ויעיר הלב. אמרתי להם הנערה אומרת אני לדודי לבדו לא לכם המתאוים. ועלי תשוקתו. לעשות חפצו. הפעם השלישית (ד) שני שדיך. שתי תורות: (ה) צוארך. המלך המשיח: עיניך. הם הנביאים שהיו בתחלה בחשבון עתה יהיו רבים כענין והיה אחרי כן אשפוך את רוחי על כל בשר ונבאו וגו': אפך. הוא כהן גדול כענין ישימו קטורה באפך: (ו) ראשך עליך ככרמל. זהו נחמיה בן חושיאל שהוא מבני יוסף: ודלת ראשך. זהו אליהו: מלך אסור ברהטים הוא המשיח שהוא אסור כאשר העתיקו קדמונינו כי ביום שחרבה ירושלים נולד: (ז) מה יפית. שתחזור כנסת ישראל לגדולתה. וענין זאת קומתך דמתה לתמר זהו שאמר ועמך כולם צדיקים וכתוב צדיק כתמר יפרח: (ט) וריח אפך. הוא הכה"ג המעלה העולות והמקטיר: (י) וחכך. הם המשוררים: (יא) אני לדודי. כי חלק ה' עמו:
הפעם הראשונה (יג) את דודי. אוהבי או ריר הלבנון:

ספורנו

בהזכיר דברי חכמת הקדמוני' והוסיף עליהם כראוי לכל אחרון: (יא) אני לדודי משיבה עדת ה' אל לבה אמת הוא שנכשלתי בכל אלה ע"מ אני לדודי ולא עזבתיו כאמרו אם שכחנו שם אלהינו כו': ועלי תשוקתו. כאמרו יחכה ה' לחננכם וירום לרחמכם כו'. ובכן אני אומרת: (יב) לכה דודי.* נצא השדה. לשוח בשדה בקבוץ גליות: נלינה בכפרים. כאמרו יושבים באין חומה ובריח ודלתים אין להם: (יג) נשכימה לכרמים. נתבונן

מצודת דוד

המוט: דובב שפתי ישנים. ר"ל היין אשר יש בו מן המתוק עד שמשיח אף שפתי ישנים והוא ענין המשל על כי דרך היין המתוק להרגיל שפתי שותיהו לספרות אמרים עם כי היה דרכו למעט בדבור ור"ל כמו היינות כאלו משמחים את הלב כן מאמריך ישמחו לבי. והנמשל הוא לומר הנה עתה תפלתך ועסק למודך יקובל ברצון לפני. (יא) אני לדודי. כאשר נשמע אל התשוקה ההבטחה והיעודים האלו אמרה הנה מאז ידעתי אשר אני מיוחדת לדודי וכל תשוקתו הוא עלי לא על זולת. והנמשל הוא כאלו אמרה כ"י מאז ידעתי שאני לו לעם ולא ימאס בי להחליפני בעם אחר: (יב) לכה דודי. תשלם אמריה לחלות פני החשוק לומר לו לא מן העיר אל השדה ונלין בלחת מן הכפרים אשר הכרמים סמוכים אליה. והנמשל הוא כאלו אמרה כ"י אל הנוקם ב"ה לך נא בערי השדה והכפרים להשגיח במעשה אנשיהן עם כי אינם מיושבים ומחוכמים כאנשי כרכים ועיירו' גדולות שיש בהם מתי ללמוד כי חכמיהם רבו למעלה אשר לא ימלא כן בערי השדה והכפרים: (יג) נשכימה לכרמים. בהיות שהכרמים סמוכים לה נבוא בהשכמה אל הכרמים עד שלא הזרח השמש בהיקף

מצודת ציון

מל' ישר: דובב. ענין שיחה ודבור כמו ודבת עם (יחזקאל לו): ישנים. מלשון שינה: (יא) תשוקתו. ענין תאוה וחשק כמו ואליך תשוקתו (בראשית ד): (יב) לכה. הוא ענין זרוז: נלינה. מל' לינה. בכפרים. כן יקראו המקומות הקטנות כמו בערים ובכפרים (דה"א יח): (יג) נשכימה. מל' השכמה: הסמדר. הם הענבים הדקים

קיצור אלשיך וש"מ

בזה יחשב הולך לדודי למישרים הולך לפני ה' בדרכי ישרים. דובב שפתי ישנים. כן היו דובבות אלי שפתי הנביאים הישנים ונוחים על משכבותם. וא"כ איפוא הלא ידעתי בנפשי כי גם עתה (יא) אני לדודי. דבוקה אני באהבתי אל דודי ולא נגרע מצבי עתה במעלות ומדות מאז. ועלי תשוקתו ומהראוי כי עלי תהיה תשוקת דודי כמאז לקרבני בימין צדקו ובאור פניו אושעה. שאלת הכנסיה ותדבר עוד לפני דודה. (יב) לכה. אמנם כן דודי צדקת מאד בריבך עמדי ואולם עליך לדעת כי לא מרוע לב ומשפלות ידים עשיתי זאת כי אם מרוע מצבי ושפלות דלותי. ואשר לזאת לכה דודי ונצא מהגלות המר הזה. השדה. אל שדה נחלת אבותינו. נלינה בכפרים כמאז: (יג) נשכימה לכרמים. כימי קדם. נראה אם פרחה הגפן

making the lips of the sleeping speak." 11. "I am my beloved's,
and his desire is upon me. 12. Come, my beloved, let us go out to
the field, let us lodge in the villages. 13. Let us arise early to the
vineyards; let us see whether the vine has blossomed,

The *Targum* paraphrases:

[9] The Lord said: I shall ascend and test Daniel, and I shall see whether he will be able to pass this test, as Abraham, who resembled a palm leaf, passed ten tests. I shall also test Hananiah, Mishael, and Azariah, to see whether they can pass their tests. I shall (then) redeem the congregation of Israel in their merit, for they are compared to clusters of grapes, and the names Hananiah, Mishael, and Azariah will be heard throughout the land and their fragrance will waft like the fragrance of the apples of the Garden of Eden.

[10] Daniel and his companions said, "We will accept upon ourselves the decree of the word of the Lord, as Abraham our father, who was compared to old wine, accepted them upon himself. And we shall go in the ways that are proper before him, as Elijah and Elisha the prophets went, in whose merit the dead, who resemble a sleeping person, arose, and like Ezekiel the son of Buzi the priest, through whose prophecy the sleeping dead awakened in the valley of Dura.

[11] Jerusalem said: As long as I go in the way of the Lord of the Universe, He causes His Shechinah to rest in my midst and His longing is towards me, but when I turn away from His way, He removes His Shechinah from my midst and causes me to wander among the peoples, and they rule over me as a man who rules over his wife.

12. **Come, my beloved, let us go out to the field**—*Our Rabbis expounded in Eruvin* (21b)*: The congregation of Israel said, "O Lord of the Universe, do not judge me like the inhabitants of large cities, where there is robbery and immorality, but like the inhabitants of villages, who are craftsmen, and engage in the Torah amidst hardship.*—[*Rashi*]

let us lodge in the villages—Heb. בַּכְּפָרִים. *Let us lodge among the disbelievers* (בַּכּוֹפְרִים). *Come and I will show You the sons of Esau, upon whom You bestowed plenty, but who do not believe in You.*—[*Rashi*]

Sforno and *Zeror Hamor* explain that Israel beseeches the Almighty to take them out of exile, to their home, which is likened to a field.

let us lodge in the villages—which have no walls with bars and double doors.—[*Sforno*] *Zeror Hamor* explains כְּפָרִים as derived from כְּפוֹר, frost, which symbolizes the manna, which had that appearance. Let us be free from the yoke of earning a livelihood. Let us eat manna, as our ancestors did in the desert. Then we will do Your bidding.

13. **Let us arise early to the vineyards**—*These are the synagogues and the study halls.*—[*Rashi*]

let us see whether the vine has blossomed—*These are the students of the Torah.*—[*Rashi*]

הסמדר הנצו הרמונים שם אתן את־דודי לך׃
יד הדודאים נתנו־ריח ועל־פתחינו כל־מגדים
חדשים גם־ישנים דודי צפנתי לך׃ ח א מי יתנך
כאח לי יונק שדי אמי אמצאך בחוץ אשקך גם

ת"א הדודאים נתנו ריח. עירובין כא זוהר פ׳ ויחי: מי יתנך כאח לי. זוהר פ׳ וישב:

דאורייתא ונחמי אי מטא זמן פורקנא דעמא בית ישראל דמתילין לגופנא לאתפרקא מגלותהון ונשאל לחכימיא אתגלי קדם יי זכותא דצדיקיא דמלין פקודיא כרמנא אי מטא קצא למסק לירושלם למתן המן שבח לאלהא דשמיא ולמקרב עלון ונכסת קודשין: יד הדודאים וכד יהא רעוא מן קדם יי למפרק ית עמיה מן גלותא יתאמר למלכא משיחא כבר שלים קץ גלותא וזכות צדיקיא אתבסם קדמי כריח בלסמון וחכימי דריא קביען על תרעי מדרשא עסקין בפתגמי ספריא ופתגמי אוריתא קום קבל מלכותא די גניזת לך: ח א מי ובההיא זמנא אתגלי מלכא משיחא לכנשתא דישראל ויימרון ליה בני ישראל אתא תהא עמנא לאח ונסק לירושלם ונהי ינקין עמך טעמי אוריתא היכמא

שפתי חכמים

דורש נלינה בכפרים אל תקרי בכפרים אלא בכופרים. אלא על"ל הוא כאשר הגהתי ופרש"י בגמרא יושבי כרכים שווקים ויסוד גדול ורגל רוכלים וסוחרים מלויים בהם לפיכך גזל ועריות מצויה בהם. בשדה בני כהגי עובדי אדמה: צ ק"ל לנאי נפקא מיניה אם לענין זה באמר המלאך אשקך ולא ימשיך גם מזה בזיון כמו בישק לאיש נכרי א"כ הוא קל"ל מי יתנך אחות לי שהנשק לאחיה ואין לה בזיון ומדאמרה כאח לי משמע שמבקשת ממנו ענין אחוה. לכ"פ שתבא לנחמני כו׳ ואח"כ ק"ל אם עיקר הבקשה היא שתבא לנחמני א"כ מהו אומרו המלאך בחוץ אשקך. לכ"פ אמלא נביאיך כו׳ מדברים בשמך כאלו

רש"י

אלו בעלי מקרא: **פתח הסמדר**. כשהפרה נופל והענבים ניכרים הוא פתוח הסמדר ולהם דימה בעלי משנה שהם קרובים ליהנות מהם בהוראת התורה: **הנצו הרמונים**. כשהם גמורים והנך שסביבותיהן נופל. הנצו נופל נצו ולהם דימה בעלי תלמוד שהן בחכמה גמורה וראויין להורות: **שם אתן את דודי**. שם אראך את כבודי וגודל שבח בני ובנותי: (יד) **הדודאים נתנו ריח**. דודאי התאנים הטובות והרעות כענין שנאמר (ירמיה כד) הראני ה׳ והנה שני דודאי תאנים וגו׳ הדוד א׳ תאנים טובות וגו׳ והדוד הב׳ תאנים רעות מאד אשר לא תאכלנה אלו פושעי ישראל עכשיו שניהם נתנו ריח כולם מבקשים פניך: **ועל פתחינו כל מגדים**. יש בידינו שכר מצות הרבה: **חדשים גם ישנים**. שהדשו סופרים עם הישנים שכתבת עלי: **צפנתי לך**. לשמך ולעבודתך צפנתי בלבי. ד"א צפנתי להראותך שקיימתים: (א) **מי יתנך כאח לי**. שתבוא לנחמני כדרך שעשה יוסף לאחיו שגמלוהו רעה ונא׳ בו (בראשית נ) וינחם אותם: **אמצאך בחוץ אשקך**. אמלא נביאיך מדברים בשמך ואחבקם ואנשקם גם ידעתי כי לא יבוזו לי

ספורנו

בבתי כנסיות ובבתי מדרשות: נראה הפרחה הגפן כו׳. אם יש יוצא למשנה ולתלמוד בעיון ובמעשה:* אתן את דודי לך. אראך אהבתי את שם קדשך. כי אמנם הדודאים. אפי׳ עמי הארץ נתנו ריח טוב במעשיות: (יד) ועל פתחינו. בתי מדרשות: כל מגדים. בעיון ובמעשה: חדשים. דברים שהבינו חכמי הדור מחדש: גם ישנים. שהורו הקדמונים: דודי צפנתי לך. בספריהם: ח (א) מי יתנך כאח לי. מי יתן ואשיג דרכיך ואעבוד מאהב׳ כמו לאח לא מיראה בלבד כראוי לאב: אמצאך בחוץ אשקך. באופן שגם כשאהיה עוסק בחיי שעה חוץ לבתי מדרשות יהיה העסק מכוון לעבדך מאהבה: גם לא יבוזו לי. שלא יחשבו שיהיו מעשי ליהורא. ובכן אנהגך אביאך אל בית אמי. אזכה להשרות שכינתך בבתי מדרשות כאמרו וברא ה׳ על מכון הר

אבן עזרא

(יד) הדודאים. למה כדמות צורת אדם:

מצודת ציון

הניכרים אחר שנפלה הפרח והוא פתח הסמדר: הנצו. הוא הנצת הפרי: דודי. ענין אהבה והבה. (יד) הדודאים. הם עשב כדמות אדם זכר ונקבה וכן וימצא דודאים בשדה (בראשית ל׳): מגדים. כן יקראו פירות משובחים וכן פרי מגדים (לעיל ד): ישנים. ענין זקנה: צפנתי. ענין הטמנה והסתרה כמו יצפנו דעת (משלי י׳): ח (א) שדי אמי. דדי אמי: בחוץ. בשוק: אשקך. מלשון נשיקה: יבוזו.

מצודת דוד

כחוס נראה. שם נתענג לראות אם כבר פרחה הגפן אם פתח כו׳. שם. בכרמים אראה לך אהבתי אליך אחר שיהיה נצו הרמונה הלב מתענג לראיה פרחי הגפן כו׳ והנמשל הוא כאלו כ"י אומרת לך שם לבתי כנסיות ומדרשות ונראה אם התלמידים והחכמים הפריחו חכמת התורה ומעש"ט ושם תראה גודל שבחי ואהבתי לך: (יד) הדודאים. תביא ראיה שקרוב הדבר שפרחה הגפן כו׳ כי הנה עשבי הדודאים כבר הפריחו ומעלים ריח טוב ועל פתחינו כבר יש כל מיני מגדים מן החדש ומן הישן של אשתקד אשר קניתים וצפנתים לתת לך וכאלו אומרת והנה ראיתים אלו מול אלו וראיתי בהם מגדים מן החדש וא"כ קרוב הדבר שפרחה הגפן כו׳ וכשנלך שמה נמלא קורת רוח והרחבת הלב ואראה לך שם תוקף אהבתי אליך והנמשל הוא כאלו תאמר כ"י הנה אף עמי הארצות בגוש שבהם רק בצורת אדם כדמות עשבי הדודאים עכ"ז גם הם נתנו ריח בעסק המצות ויש א"כ בהם הרבה זכיות ממה שעשו מחדש ומה שעשו מזמן רב וכולם עשויים שמה בעבור כבוד שמך לא להתיהר ואם כן עשו עמי הארצות מה הם עיד הזכיות אשר תמלא בין החכמים והתלמידים:

ח (א) מי יתנך כאח לי. גם זה מדברי החבוקה הבלת אמריה לומר הנ׳ החשוק בן אתאוה לנשק אותך בשוק בסומכי אבל בוש אני כן אהיה לבוז ומי יתן אותך שתהיה למולי כאח קטן שעדיין יונק שדי אמי שאין בושה לאחותו לנשקו בשוקים כי אם כן היה למולי הייתי מנשק אותך כאשר מלאתיך בשוק והייתי א"כ ממלא תאותי וגם לא היה מי מבזה אותי והנמשל הוא לומר מי יתן ויסורו הסבות

קיצור אלשיך וש"מ

הגפן פתח הסמדר הנצו הרמונים. כלומר אם אך נשב בארצנו ונתענג על טוב ה׳ בנחלת שדה וכרם ויסורו ממני המונעים והמפריעים אותי מעבודת ה׳ הם הדאגה והיגון והעצב לפרנסתי הדחוקה אז תראה כי שם אתן את דודי לך. אראך אהבתי וחבתי בתורה ומצות ביהר שאת ויתר עז:

(יד) **ואולם** עתה הדודאים נתנו ריח אלי? כלומר האם אתענג עתה על נהלת שדה וכרם? ועל פתחינו הנמצאו כל מגדים חדשים וגם ישנים. ר"ל האם השפעת לי השפעה מרובה מאד להיות שלוה ושקטה. אשר דודי צפנתי לך. אשר כל אהבתי ורעיוני היה לי להצפין אך לך ולעבודתך להיות כולו קדש לה׳ והלא יאכוף עלי פי להיות נודדת כל היום למצוא טרף חקי. ולכן רעיונותי נבוכים מבלי אוכל לעשות פקודיך וחקיך כראוי וכנכון:

ח (א) **מי** יתנך כאח לי. הבת הנשארה יחידה באין הורים מנהלים אותה ומהזיקים בידה. הנה מצד האחד תתנהטה ביותר את אחיה הגדול ממנה בשנים. מאשר הוא ישים עינו עליה לנחותה בעצתו וללמדה לכל מפעל טוב אשר ייטב לה, וללכת מישרים. לא כן באח קטן עולל ויונק שדי אמו. כי הוא לא יועיל לה להטיב מצבה החומרי והרוחני. אבל מצד האחר תשמח יותר באח עולל ויונק. כי עת המצאהו בחוץ ויתעורר בקרב לבבה רגש אהבת

the tiny grapes have developed, the pomegranates have lost their flowers; there I will give you my love. 14. The pots [of figs] have given forth [their] fragrance, and on our doorways are all manner of sweet fruits, both new and old, which I have hidden away for you, my beloved."

8

1. "O, that you were like my brother, who sucked my mother's breasts! I would find you outside, I would kiss you, and

the tiny grapes have developed—*When the blossom falls off and the grapes are discernible, that is the development of the* סְמָדַר, *and he compares the students of the Mishnah to them, because they provide pleasure by teaching Torah.*—[*Rashi*]

the pomegranates have lost their flowers—*when they are ripe, and the flower around them falls off.* הֵנֵצוּ *means its flower* (נִצּוֹ), *and he compares the Talmud students to them, who possess full wisdom and are fit to teach.*—[*Rashi*]

there I will give you my love—*There I will show You my glory and the glory of my sons and daughters.*—[*Rashi*]

14. **the pots**—*The pots of the good and the bad figs, as it is stated (Jer. 24:1f.): "The Lord showed me, and behold, two pots of figs, etc. One pot [contained] very good figs, etc., and the other pot [contained] very bad figs, which could not be eaten." These are the transgressors of Israel. Now, both of them have given forth their fragrance. They all seek Your countenance.*—[*Rashi*]

and on our doorways are all manner of sweet fruits—*We have in our hands the reward for* [fulfilling] *many commandments.*—[*Rashi*]

both new and old—*that which the Sages innovated, as well as the old, which You wrote for me.*—[*Rashi*]

which I have hidden away for you—*For Your name and for Your service I have hidden them away in my heart. Another explanation: I stored them away to show You that I have fulfilled them.*—[*Rashi*]

Mezudath David explains these verses as follows:

[8] **This, your stature**—The appearance of your stature will resemble a palm tree, erect, without any crookedness. This symbolizes the entire Jewish nation, who will all be straight.

and your breasts—Your breasts will hang downward like clusters of fruit on a tree. Allegorically, they represent the king and the high priest, who nurse you, bestowing much benefit upon you like the clusters of the vine, which give forth much wine.

The *Targum* paraphrases: (How beautiful you are) at the time when your priests spread out their hands in prayer and bless their brethren, the House of Israel. Their outspread

hands resemble palm leaves, and their stature resembles a palm tree, and your congregations stand facing the priests, with their countenances bent forward toward the ground, like a cluster of grapes.

[9] **I said, "Let me climb up the palm tree**—i.e., I will stay with my beloved, who is likened to a palm tree, and I will seize the boughs of the tree, i.e., I will never again part from her. The allegorical meaning is that the Omnipresent, blessed be He, will cause His Shechinah to rest upon Israel and not separate from her.

and let your breasts be now— I will soon delight in your breasts, which resemble hanging clusters. The allegorical meaning is that in the near future, the king and the high priest will bestow much good upon you, like the clusters of grapes, which give forth abundant wine.

and the fragrance of your countenance—will be like the fragrance of apples. The allegorical meaning is that I will accept your sacrifices, and their sweet fragrance will ascend as an expression of compliance to God.

[10] **And your palate**—Your words will gladden my heart like the best wine, which is given as a gift to friends, from one friend to another, to strengthen the love between them, lest it diminish.

making the lips of the sleeping speak—i.e., like wine that is so strong that it makes the sleeping speak. This is hyperbolic, alluding to the property of strong wine which causes even usually quiet people to be talkative. Just as these wines cheer up the heart, so will your words cheer up my heart. The allegorical meaning is: God says to Israel, "Your prayers and your studies will be accepted by Me with great desire."

[11] **I am my beloved's**—When the maiden heard all these promises, she announced, "Behold, I have known since days of yore that my beloved is devoted to me and that all his desire is for me and no one else." Allegorically, it is as if the congregation of Israel says, "I have known from days of yore that I am His people and that He will not reject me to exchange me for another people."

[12] **Come, my beloved**—She sends her message to entreat her beloved, saying to him, "Let us go out of the city to the field, and let us lodge in one of the villages neighboring on the vineyards." The allegorical meaning is that the congregation of Israel says to the Omnipresent, blessed be He, "Go now into the towns and the villages to oversee the deeds of their inhabitants, even though they are not as upright and wise as the city dwellers, who have from whom to learn, (for they have many sages), unlike the inhabitants of the towns and villages."

[13] **Let us arise early to the vineyards**—Since the vineyards are nearby, let us go early to the vineyards before the sun shines strongly.

let us see—There we will delight to see whether the vine has

blossomed, whether the tiny grapes have developed, etc. In the vineyards, I will demonstrate my love to you after being inspired by the pleasure of seeing the blossoms of the vines, etc. Allegorically, it is as though the congregation of Israel says, "Go to the synagogues and to the study halls and see whether the students and the sages have blossomed with Torah and good deeds, and there You will see the intensity of my love and praise for You."

[14] **The mandrakes**—Heb. הַדּוּדָאִים. *Ibn Ezra* and *Mezudath Zion* interpret this word to mean mandrakes, an herb resembling the human form. When the mandrakes give forth their fragrance, this is evidence that the vines have already blossomed. The mandrakes have already blossomed and emit a pleasant scent, and on our doorways we already have all kinds of sweet fruits, both new and old from last year, which I bought and stored away to give you. It is as though she says, "Behold, I saw them opposite one another, and I saw new fruits among them. It is therefore likely that the vine has blossomed, etc., and when we go there, we will find satisfaction and contentment. There I will show you the intensity of my love for you." Allegorically, it is as though the congregation of Israel says, "Even the ignorant people among them, who are merely in the shape of man, like the mandrakes, nevertheless, emit a fragrance in the performance of the precepts, and, consequently, they have many merits from the precepts they performed recently and from those that they performed long ago, and they are all performed for Your name's sake, not for the sake of boasting. Now if the ignorant people have performed so many precepts, how great are the precepts performed by the wise men and the scholars!"

8

1. **O that you were like my brother**—*that you would come to console me as Joseph did his brothers, who did evil to him, and it is stated concerning him (Gen. 50:21): "and he consoled them."*—[*Rashi*]

I would find you outside, I would kiss you—*I would find Your prophets speaking in Your name, and I would embrace them and kiss them. I also know that they would not despise me, for Your love is worthy that Your beloved should go around after You.*—[*Rashi*]

לא־יבזו לי: ב אנהגך אביאך אל־בית אמי תלמדני אשקך מיין הרקח מעסיס רמני: ג שמאלו תחת ראשי וימינו תחבקני: ד השבעתי אתכם בנות ירושלם מה־תעירו | ומה־תעררו את־האהבה עד־שתחפץ: ה מי זאת עלה מן־המדבר מתרפקת

תו"א אשקך מיין הרקח. ברכות נט. שמאלו תחת ראשי. זהר פ' בראשית:

דיניק ינקא בחדיא דאמיה דכל זמן דהויתי מטלטלא לברא מן ארעי כד הויתי דכירא ית שום אלהא רבא ומסירא נפשי על אלהותיה אף עמי ארעא לא הוו מבזין לי: ב אנהגך אדברינך מלכא משיחא ואעלינך לבית מוקדשי ותאלף יתי למדחל מן קדם יי ולמהך באורחתיה ותמן נסעוד סעודתא דלויתן ונשתי חמר עתיק דאצטנע בענבוהי מן יומא דאתברי עלמא ומרמוני פירי דאתעתדו לצדיקיא בגנתא דעדן: ג שמאלו אמרת כנשתא דישראל אנא בחרתא מכל עממיא די אנא קטרא תפילין ביד שמאלי ובריש וקביעא מזוזתא בסטר ימינא ודשי תולתא לקביל תיקי דלית רשו למזיקא לחבלא בי: ד השבעתי יאמר מלכא משיחא משביע אנא עליכון עמי בית ישראל מה דין אתון מתגרין בעמי ארעא למפק מן גלותא ומה דין אתון מרדין בחילותיה דגוג ומגוג אתעכבו פון זעיר עד דישיצון עממיא די עלו לאגחא קרבא לירושלם ובתר כן ידכר לכון מרי עלמא רחמי צדיקיא ויהא רעוא מן קדמוהי למפרקכון: ה מי אמר שלמה נביא כד יחון מיתיא עתיד לאתבזעא טור משחא וכל מיתיא דישראל עתידין למפק מתחותוהי

רש"י

כי כאלו היא אהבתך שתהא אהובתך סובבת להזר אחריך: (ב) אל בית אמי. בית המקדש: תלמדני. כאשר הורגלת לעשות באוהל מועד: אשקך מיין הרקח. נסכים: מעסים. יין מתוק: (ג) שמאלו תחת ראשי וגו': (ד) השבעתי אתכם. עכשיו כנסת ישראל מסבבת דבורה כלפי העכו"ם אף על פי שאני קובלת ומתאוננת דודי מחזיק בידי והוא לי למשען בגלותי לפיכך השבעתי אתכם: מה תעירו ומה תעוררו. כי לא יועיל לכם: (ה) מי זאת. הקב"ה ובית דינו אומרים על כנסת ישראל מי זאת כמה היא חשובה זאת שנתעלתה

אבן עזרא

(ב) תי"ו תלמדני. חוזר על האם: (ה) מתרפקת. מתחברת ואין לו דומה במקרא וכן ענינו בלשון ישמעאל:

ספורנו

ציון ועל מקראיה ענן יומם ולילה אש וכו': (ב) אשקך. ישמח ה' במעשיו: מיין הרקח. בחכמת צדיקי וחכמי הדור: מעסים רמוני. וכמו כן בפעולות ההמון במעשיות: (ד) השבעתי אתכם. שלא ימהר גוג ומגוג לבא ולבטל ובכן לא ינקה מאלתי: (ה) מי זאת עולה מן המדבר. ואמר האל ית' מה היה לה לזאת העול' ממצרים ומבבל שהיו כמו מדבר לא אדם בו: מתרפקת. מכה את עצמה ומתאוננת: על דודה. על איחור ביאת המשיח באמר' הלא

מצודת דוד

סמוכנות אותי מעבודה תמימה כי אם כן הייתי אז עוסקת בתורה ובמצות בכל מקומות מסלכתי: (ב) אנהגך. הייתי מוליך לכביאך אל בית אמי למען תלמד אותי שמה במה אתרצה לך להספקת רצונך ושם הייתי משקה אותך מיין המעורב בבשמים ומהמיין הנסחט מן רמוני. והנמשל הוא לומר עוד הייתי חוקר לדעת מצפוני המצות ועומק מסתריהם והייתי עושה אותם בתכלית מן השלמות ועולם הדקדוק למען יערב לך: (ג) שמאלו. כאומרת הן ידעתי כי בזה ידבק בי דבק אהבה ויפים שמאלו תחת ראשי ותחבקני ימינו. והנמשל היא לומר הנה בזה היית מסרה שניתך בי דבק אהבה והיבה יתירה: (ד) השבעתי. עתה הזרה פניה כלפי הנערות ותאמר אליהן עונש בטול השבועה שהשבעתי אתכן מאז יהיה עליכן בעבור מה שהעוררו אליכן אהבת החשוק הכוה בהמאים אותי בעיניו וכל האיום הזה הוא עד הזמן שתהיה האהבה נחפלת לשוב מעלמה וכל עוד שלא באה אהי מאיים עליכן על זאת וכאלו תאמר אבל אחר שתשוב האהבה אין עוד צורך לאיים עליכן כי אז לא תוכלו להמאים אותי להעיר עליכן השבתו. והנמשל הוא כאלו תאמר כ"י אל העכו"ם עונש בטול השבועה יהיה עליכם בעבור מה שהכריחו אותי לעבור על דת להמאים אותי בעיני המקום ב"ה להיות הלוסה בידכם וכל האיום הזה כו' כמו במשל: (ה) מי זאת עולה. עתה תשלח אמריה אל החשוק וכה תאמר מי עוד זאת כמוני שעלתה מן המדבר מקום שממון ואף גם שמה היתה מתחברת עם דודה ולא נפרדה ממנו. והנמשל הוא כאלו כנסת ישראל אומרת אל המקום ב"ה מי האמין עוד כך כמוני ללכת אחריך במדבר ארץ לא זרועה: תחת התפוח. עוד הייתי תחת אילן התפוח

מצודת ציון

מל' בזיון: (ב) אנהגך. מלשון הנהגה והליכה: אשקך. ענין שתיה: הרקח. ענין תערובות בשמים כמו רוקח מרקחת (שמות ל): מעסים. ענין כתיטה ור"ל המיין היוצא ע"י שהיסם וכן וכעסיס דמם ישכרון (ישעיה מט): (ג) תחבקני. ענין סבוב הזרוע בגוף: תעירו תעוררו. מלשון התעוררות וכפל המלה לחזוק הענין: (ה) מתרפקת. ענין התחברות ודבוק ואין לו דמיון במקרא

קיצור אלשיך וש"מ

אהבת האחוה אליו. הלא לא תבוש לחבקהו ולנשקהו לעין כל כי בוז לא יבוזו לה. ואולם לא כן באח גדול. כי לא תוכל עשות כזאת. פן יבולע לה. כי תהיה לבושת גם לחרפה. כמו כן תאמר הרעיה. מי יתנך דודי אולי בשני פנים. כאח לי. כאח מועיל לי לכל מפעל טוב. וגם יונק שדי אמי. ואז ייטב לי משני הצדדים. א) אמצאך בחוץ אשקך. ר"ל גם בחוץ לארץ נחלתי לו מצאתיך נשקתיך מרוב אהבתי אותך. גם לא יבוזו לי בני הנכר האומרים אלי כל היום איה אלהיך. ב) (ב) אנהגך אביאך אל בית אמי. שאוכל ג"כ לנהוג אותך ולהביאך אל בית ארץ מולדתי זה בית המקדש אשר שם ישבנו שנינו מאז מקדם. ושם תלמדני תורתך ומצותיך למען אעבדך ביראה ואהבה נאמנה. יען כי כאח מועיל תהיה לי. ואנכי ג"כ אשקך מיין הרקח כתענוגי המצות ומעשים טובים. מעסים רמוני. מנופת צוף מדותי הנעלות. ואולם לא כן עתה בגלותי אשר רוחקת ממני. ואנכי כעגל לא לומד בעבודת אלהים לכן רוחי זרה מה'.

וידי רפו מדרכי אל:

ואחרי אשר כלתה הרעיה לדבר אל דודה שמה פניה אל הבנות זרות המתאמצות לעורר אהבת הדוד אליהן ותאמר. שוא לכן בנות בוטחות לבקש אהבה, יען כי דודי לא יעזבני לנצח. ועוד תבא עת והחזינה עיניכן כי (ג) שמאלו תחת ראשי וימינו תחבקני. כלומר ישרה שכינתו בתוכי באהבה רבה וחבה יתרה. ואנכי כבר (ד) השבעתי אתכ' בנות ירושלים בדבר הזה מבלי לעורר אהבת דודי אליכן וא"כ מה תעירו ומה תעוררו את האהבה בכל פעם עד שתחפץ האהבה בכן. והיא לא תצלח. יען כי אהבת דודי קניתי לי עד עולם:

שאלת הכנסיה. כאשר שמעה מאת דודה כי יחוש לכלמת הגוים פן בוז יבוזו לו בשובו אל רעיתו בטרם תשוב היא אליו. הרהיבה בנפשה עוז לשאול את דודה לאמר הגידה נא לי שאהבה נפשי מדוע לא שמתי אני אל לבי את חרפת הגוים זאת לענם אשר לעגו עלי בצאתי ממצרים לאמר (ה) מי זאת הקלה בדעתה ונוחת להתפתות

they would not despise me. 2. I would lead you, I would bring you
to the house of my mother, who instructed me; I would give you to
drink some spiced wine, of the juice of my pomegranate. 3. His
left hand would be under my head, and his right hand would
embrace me. 4. I adjure you, O daughters of Jerusalem; why
should you awaken, and why should you arouse the love until it is
desirous?" 5. "Who is this coming up from the desert, embracing

Mezudath David explains:

O, that you were like my brother—This too is a message from the maiden to her beloved: I long to kiss you in the street, in public, but I am ashamed, lest I be put to shame. If only you would be to me as my infant brother, who still sucks my mother's breasts, and whose sister is not ashamed to kiss him in public! If you were like that to me, I would kiss you when I would meet you in the street, and I would fulfill my desire without suffering embarrassment. Allegorically, this means: If only the causes that prevent me from worshipping You wholeheartedly would be removed, I would engage in the Torah and in the commandments wherever I would go.

2. **to the house of my mother**—*the Temple.*—[*Rashi* from *Targum*]

who instructed me—*as You were accustomed to do in the Tent of Meeting.*—[*Rashi*]

I would give you to drink some spiced wine—*libations.* —[*Rashi*]

of the juice—*sweet wine.*—[*Rashi*]

Mezudath David explains:

I would lead you—I would lead you to bring you to my mother's house, in order that you teach me there how I can be accepted by you to fulfill your desire, and there I would give you to drink from wine mixed with spices and from the juice pressed from my pomegranate. Allegorically, this means: I would delve into the Torah to know the secrets of its commandments and its profound mysteries, and I would perform them in the best possible manner, in order to please You.

3. **His left hand would be under my head, etc.**

4. **I adjure you**—*Now the congregation of Israel addresses the nations, "Even though I complain and lament, my Beloved holds on to my hand, and He is my support in my exile; therefore, I adjure you."*—[*Rashi*]

why should you awaken, and why should you arouse—*for it will not avail you.*—[*Rashi*]

5. **Who is this**—*The Holy One, blessed be He, and His tribunal say about the congregation of Israel, "Who is this?" How esteemed is this one, who was exalted from the desert with all the good gifts! There she was exalted at the giving of the Torah and with the cleaving of the Shechinah, and her love is visible to all, and she is still in her exile.*—[*Rashi*]

עַל־דּוֹדָהּ תַּחַת הַתַּפּוּחַ עוֹרַרְתִּיךָ שָׁמָּה חִבְּלַתְךָ
אִמֶּךָ שָׁמָּה חִבְּלָה יְלָדַתְךָ׃ ו שִׂימֵנִי כַחוֹתָם עַל־
לִבֶּךָ כַּחוֹתָם עַל־זְרוֹעֶךָ כִּי־עַזָּה כַמָּוֶת אַהֲבָה קָשָׁה

תו"א תחת התפוח עוררתיך, פסוק ו : שים כי כחותם על לבך תענית ד זוהר פ' ויחי זוהר פ' משפטים

וַאֲפִילוּ צַדִּיקַיָּא דְמִיתוּ בְּגָלוּתָא עֲתִידִין לְמֵיתֵי אוֹרַח כּוּכַיָּא מִלְּרַע לְאַרְעָא וְנָפְקִין מִן תְּחוֹת טוּר מִשְׁחָא וְרַשִׁיעַיָּא דְמִיתוּ וְאִתְקַבָּרוּ בְּאַרְעָא דְיִשְׂרָאֵל עֲתִידִין לְמֶהֱוֵיהוֹן רְמַן הֵיכְמָא דְרָמֵי גְּבַר אַבְנָא בְּאַלָּא בְּבֵן יֵיעוּן כָּל דַּיָּירֵי אַרְעָא מַח חַיָּח וּזְכוּתָא דְעַמָּא הָדֵין דְּסָלְקָא אַרְעָא רִבּוֹא רִבְבָן כְּיוֹמָא דְסָלְקַת מִן מַדְבְּרָא לְאַרְעָא דְיִשְׂרָאֵל וּמִתְפַּנְּקִין עַל רַחֲמֵי מָרָהָא כְּיוֹמָא דְאִתְחֲמַת תְּחוֹת טוּרָא דְסִינַי לְקַבֵּל יַת אוֹרַיְתָא וּבְהַהִיא שַׁעְתָּא עֲתִידָא צִיּוֹן דְּהִיא אִמָּן דְּיִשְׂרָאֵל לְמֵילַד יַת בְּנָהָא וִירוּשְׁלֵם לְקַבָּלָא יַת בְּנֵי גָלוּתָא׃ ו שִׂימֵנִי אָמְרִין בְּנֵי יִשְׂרָאֵל בְּיוֹמָא הַהוּא לְרִבּוֹנֵיהוֹן

רש"י

מן המדבר בכל מתנות טובות שם נתעלתה במתן תורה ובדגלים שכינה ונראית חבתה לכל ועודנה בגלותה: **מתרפקת על דודה.** מתחברת על דודה מודה שהיא הרחיקו ודבוקה בו רפק בלשון ערבי רפקתה חבורה: **תחת התפוח עוררתיך.** כך היא אומרת בבקשת חבת דודה תחת התפוח עוררתיך זכור כי בתחתית הר סיני העשוי על ראשי כמין תפוח שם עוררתיך והוא לשון חבת אשת נעורים המעוררת את דודה בלילות בתנומות על משכב מחבקתו ומנשקתו: **שמה חבלתך אמך.** הרי אמרנו שהקב"ה קראה אמו שם נהיתה לך לאם. **חבלתך.** לשון חבלי יולדה. חבלתך באו לה חבלים ממך כמו (ירמיה י) בני יצאוני ואינם ממני. (ו) **שימני כחותם.** בשביל אותה אהבה התחתמני על לבך שלא תשכחני ותראה: **כי עזה כמות אהבה.** האהבה שאהבתיך עלי כנגד מיתתי שאני

ספורנו

תחת התפוח. בהיותי בגולה כתלוננת בצל שדי כמו בצל תפוח: עוררתיך. השתדלתי בתפלתי להביאך: שמה חבלתך. כמו הרה תקרב ללדת: אמך. קהלת יעקב: ילדתך. עדת ה' של צדיקי הדורות שהיו בתפלתם סבה למציאותך ולהגלותך וזה כאמרו לאל ית' בתפלתם: (ו) שימני כחותם על לבך. לזכרני בביאת משיחך: כחותם על זרועך. לחשוף את זרוע קדשך לעיני כל הארץ: כי עזה כמות אהבה. *אע"פ שאין מעשינו טובים:

אבן עזרא

חבלתך. לשון הריון כמו הנה יחבל און ויתכן שהוא הלידה מענין חבלי יולדה:

הפעם השנית ועתה לכה דודי נצא השדה נלינה. באחת הכפרים לא נלך אל המדינה ובעלות השחר נשכימה ובמקום הראוי שיש לו ריח טוב שם אתן את דודי כענין נתתי את ידידות נפשי ואם הוא הפך. וטעם הדודאים נתנו ריח ועל פתחינו כל מגדים. התחברות פה ואמרה כך הייתי מתאוה לנשק פיך בפרהסי' ובגלוי ולא אהיה לבוז בעיני בני אדם ועל זאת אמרה מי יתנך כאח לי הייתי נוהג אותך ומביא אותך אל בית אמי לעיני הכל תלמדני והיא היתה מלמדת אותי איך אשקך מיין הרקח ועניניה דבר שירקח יותר מיין: רמני. הוא הריר שתחת הלשון או יהיה כמשמעו והנה הדוד והנערה יחד על כן אמרה שמאלו תחת לראשי: מי זאת עולה. אמרה לו והם שוכבים יחד בכרם ויקרא גן. הראית לעולם נערה שעלתה מן המדבר תבקש להתחבר עם דודה כאשר עשיתי אני מרוב אהבתי בך ותדע למה עוררתיך בעבור להזכירך דבר אילן התפוח כי כמדומה לי שלא הרתה אמך ויהמה בך כי אם תחת התפוח על כן ריחך כתפוח בעצי היער כאשר אמרה לו בתחלה שהיתה מתאוה ומחמדת לשבת בצלו ולהיות שמאלו תחת ראשה:

הפעם השלישית לכה דודי. אמרה כנסת ישראל הואיל והסתכל בכרמים שהם ישראל תראה אם פרחה הגפן כמו שהעתיקו הז"ל אם ישראל עושין תשובה נגאלין ואם לאו מעמיד עליהם מלך שגזרותיו כגזירות המן ונגאלין. והנה תראה שהדודאים נתנו ריח והתחברו חסידים אלה שהם הדשים עם חסידי אבו' קדמונים וזה ענין חדשים גם ישנים: מי יתנך כאח לי. בעבור שיש בגלות עובדי השם ושומרי המצות בצניעו' הם מתאוים לשמור את המצו' בפרהסיא ושתשוב השכינה כאשר היתה בתחלה: מיין הרקח הוא ניסוך היין שמאלו. עולות הערב והבקר אמר שלמה ברוח הקודש השבעתי אתכם שלא התעוררו עד שיגיע הקץ: מי זאת עלה מן המדבר וכן אמר שלמה כשהיו ישראל במדבר ונכנסו לארץ אמר בתחלה השבעתי אתכם ואחר כן מי זאת עולה וזה הענין כמו כימי צאתך מארץ מצרים אראנו נפלאו' כשיעלו ישראל ממדברות העמים יאמרו למשיח שהוא דודה דע כי תחת התפוח עוררתיך והענין כי היית אסור וישן ולא התרתיך כי אם בתפלתי כענין תפוחי זהב במשכיות כסף דבר דבור על אפניו ודברי ותפלותי כאלו הם הולידוך:

מצודת ציון

והוא מלשון ערבי: על דודה. עם דודה וכן ויבאו האנשים על הנשים (שמות לה): עוררתיך. מל' התעוררות: חבלתך. כן יקראו מכאובי הלידה כמ"ש חבלים יאחזוך כמו אשת לידה (ירמיה יג): (ו) כחותם. הוא הטבעת העשוי לחתום בו כתבים וכן החותם והפתיל (בראשית לח): עזה. חזקה: כשאול. הוא קבר: קנאה. ענינו נוטר השנאה ברצות דבר מה בזולת והוא לא יוכל להשיגו כמו ותקנא רחל באחותה

מצודת דוד

עוררתי שם אהבתך לי ושמה באה לאמך חבלים ממך וכמו בשמה באו לה חבלים כן ילדתך שמה וכאלו תאמר מהולדת ביאתך לעולם תחת אילן התפוח שנולדת שמה מיד עוררתי אהבתך לי. והנמשל הוא לומר מעת שיצא עמך בעולם אני מאמנת בך כי ע"י אברהם אבי נתפרסם שמך בעולם והוא וזרעו נמשכו אחריו: (ו) שימני. לכן שים אותי על לבך לבל תזוז האהבה לעולם כמו החותם שניתן על היד והיינו זה מאשר: כחותם על זרועך. כמו החותם הנתון על היד כן שים אותי על זרועך והוא כפל ענין במ"ש: כי עזה כמות אהבה. האהבה שיש לי אליך היא חזקה כמות כי היא עומדת נגד המות לבל יוכל לבטל אותה ר"ל יותר אקבל עלי המיתה מלהסיר אהבתי ממך ולכן מהראוי שלא תסיר אהבתך ממני. והנמשל היא לאמרים עם

קיצור אלשיך וש"ם

להתפהות העולה מן המדבר מארין שמה ושאיה. אשר לא יעבור בה איש. בכל זאת מתרפקת היא על דודה והולכת אחריו. ועוד בזו לי לענו עלי אשר תחת התפוח עוררתיך. האומות דימו אותך לתפוח אשר אין לו צל וברחו ממך אף כי אתה כעצמך ובכבודך חזרת עליהם. ואנכי מעצמי עוררתיך כי חפצתי להסתופף בצל אילן תפוח באמרי נעשה ונשמע. ואשר ע"י זה שמה במדבר חבלתך אמך. באו לעמך אשר מאהבתך אותם קראתם בשם אם חבלים ממך [חבלים לשון חבלי לידה. צרות ויסורים] כי ע"י התורה נעשו כל האומות שונאים וצרים לי. כמאמרם ז"ל [שבת פט] למה נקרא שמו הר סיני שמשם ירדה שנאה מאומות עלינו. ואף כי שמה חבלה [היה לה יסורים] בכל זאת ילדתך • ילדה במחשבתה וברעיונתיה רק אותך, ולא אל אחר. ואשר בעד כל זאת שוה אנכי שתאהבני. ולכן (ו) שימני כחותם על לבך שתהיה דבוק אלי בלבך. כחותם על זרועך. להראני אהבתך בפועל. כי עזה כמות אהבה. אהבתי אליך עזה כמות. כי על אהבתך הורגנו כל היום

her beloved?" "Under the apple tree I aroused you; there your mother was in travail with you; there she that bore you was in travail." 6. "Place me like a seal on your heart, liked a seal on your arm, for love is as strong as death,

embracing her beloved—Heb. מִתְרַפֶּקֶת, *joining her beloved, admitting that she is his companion and adhering to him.* רפק *in Arabic is* רַפְקָתָא, *union.*—[*Rashi*]

Mezudath David explains: She now sends her message to her beloved and says the following: Who else is like me who came up from the desert, a wasteland, and even there clung to her beloved and did not part from him? Allegorically, it is as though the congregation of Israel says to the Omnipresent, blessed be He, "Who else believed in You as I did to follow You into the desert, a land that was not sown?"

Under the apple tree I aroused you—*So she says in the request of the affection of her beloved: "Under the apple tree I aroused You." I remember that under Mount Sinai, formed over my head as a sort of apple tree, I aroused You. That is an expression of the affection of the wife of one's youth, who arouses her beloved at night when he is asleep on his bed, and embraces him and kisses him.*—[*Rashi*]

there your mother was in travail with you—*We have said that the Holy One, blessed be He, called her His mother* (above 3:11). *There she became Your mother.*—[*Rashi*]

was in travail—Heb. חִבְּלַתְךָ, *an expression of* (*Hos. 13:13*): *"birth pangs* (חֶבְלֵי יוֹלֵדָה)," *birth pangs came to her from you, like* (*Jer. 10:20*): *"my children have left me* (יְצָאֻנִי)," *they went out of me.*—[*Rashi*] [*Rashi* means that the form usually used to denote a pronoun as the direct object is in some cases used to substitute for a prepositional phrase, commencing with "from."]

Mezudath David explains: While you were still under the apple tree, I aroused your love for me, and in that very place, your mother was in travail with you, and just as she was in labor with you there, so did she give birth to you there. It is as if to say that from the beginning of your entrance into the world, under the apple tree where you were born, I immediately aroused your love toward me. Allegorically, this means that Israel says to God, "As soon as Your existence became known in the world, I believed in You, for through Abraham our father, Your fame spread throughout the world, for he and his descendants followed You."

6. **Place me like a seal**—*for the sake of that love, You shall seal me on Your heart, so that You should not forget me, and You will see* —[*Rashi*]

for love is as strong as death—*The love that I loved You is to me equal to my death, for I was killed for Your sake.*—[*Rashi* from *Song Rabbah*]

כַּשְּׁאוֹל קִנְאָה רְשָׁפֶיהָ רִשְׁפֵּי אֵשׁ שַׁלְהֶבֶתְיָה׃ ז מַיִם
רַבִּים לֹא יוּכְלוּ לְכַבּוֹת אֶת־הָאַהֲבָה וּנְהָרוֹת לֹא
יִשְׁטְפוּהָ אִם־יִתֵּן אִישׁ אֶת־כָּל־הוֹן בֵּיתוֹ בָּאַהֲבָ

תו"א סוף דברי הכנה"י ופ' מלורע: מים רבים לא יוכלו לכבות. סוטה כא זוכר פ' תרומה ופ' מלורע יו
פינחס: אם יתן איש את כל הון ...

בבעו מנך שוי יתן כגלוף דעזקא על לבך כגלוף דעזקא על אדרעך דלא נוסיף עוד למהוי גלין ארום תקיפא כמותא אהבת אלהותך וחסינא כגהינם קנאתא דעממא מקנאן לן ודבבו דנטרין לן דמיא לגומרין דאשא דגהינם די ברא יתיה יי ביומא תנינא לבריית עלמא לאוקידא ביה פלחי ע"ז: ז מים אמר מרי עלמא לעמיה בית ישראל אלולי מתכנשין כל עממיא דמתילן למוי דימא דאנון סגיאין לא יכלין למטפי ית רחמי מנך ואי מתכנפין כל מלכי ארעא דמתילין למוי דנהרא בתקוף לא יכלין למחי יתיך מעלמא ואלולי יהב גבר כל ממו

רש"י

נהרגת עליך: קשה כשאול קנאה. התגר שנתקנאו ושתגרו בי האומות בשבילך קנאה בכל מקום אינפרמנ"ט בלע"ז לשון אחיזת הלב לנקום נקם. אש שלהבת יה. רשפים של אש חזקה הבאה מכח שלהבת של גיהנם טעם הזקף הגדול הנקוד על רשפי מלמדנו על תיבת אש שהיא דבוקה לשלהבת יה לומר אש של שלהבת יה: (ז) מים רבים לא יוכלו לכבות את האהבה. על שהכינס בלשון רשפים נופל עליהם ל' לא יכבו: מים רבים. האומות עכו"ם ונהרות. שריהם ומלכיהם: לא ישטפוה. על ידי הזרוע ואימה ואף על ידי פתוי והסתה: אם יתן איש את כ

אבן עזרא

הפעם הראשונה (ו) רשפיה. גחליה וכן ובני רשף יגביהו עוף: שלהבת יה. מחלוק' בין אנשי המסרה אם היא מלה אחת או שתים והקרוב שהיא שתים וסמיכ' השם כמו כהררי אל ושי"ן שלהבת שורש וכמוהו להבת שלהבת והנה היא מלה מרובע' מארבע אותיות:

ספורנו

קשה כשאול קנאת. בלבנו: רשפיה. בלבנו כאש בוערת עצורה בעצמותינו: (ז) מים רבים לא יוכלו לכבות. אהבת ה': ונהרות לא ישטפוה. וזה כי אבנם אם יתן איש את כל הון בית

מצודת דוד

המשל: קשה כשאול קנאה. הקנאה הוא דבר קשה כהירידה אל השאול וכאלו תאמר בזה אם תכיר את האהבה נוסף עוד ממני מאוד יקשה עלי הקנאה בראותי הנערות בנות גילי יושבות תחת בעליהן ומתענגות ואני אהיה בדודה וגלמודה. והנמשל הוא לומר אם עוד אשב בגולה יקשה עלי הקנאה בראותי כל האומות יושבים בארצם בשקט ושאנן ואני הנה גולה וסורה: רשפיה רשפי אש שלהבתיה. גחלת האהבה היה כרשפי אש ושלהבת גדולה ר"ל אהבתי אליך שמורה לעולם כתמימות הגחלת המתקיימת זמן מרובה וגם היא חזקה כלהבת אש גדולה השורף בחזקה. והנמשל הוא לאהדים עם הנמשל: (ז) מים רבים. לפי שהמשיל את האהבה באש לכן אמר מים רבים כו' לשון הנופל בכבוי האש ור"ל לא יועיל בזה הסתה ופתוי לבטל את האהבה ואם מי יתן כל הון ביתו בעבור האהבה להמיר אותה בגנאה הנה כל בני עולם יבוזו אותו וילעגו עליו על שלא השכיל לדעת שא"א לבטל אהבה עזה זאת כבוס דבר ותוסר למעלה לומר הנראה שלא תכיר עוד אהבתך ממני סוף"ל וגם אהבתי אליך חזק'

מצודת ציון

(שם ו): רשפיה. ענין גחלת הבוער וכן ומקנים לרשפים (תהלים עח): שלהבת יה. שלהבת הוא ענין להב כמו תיבם שלהבת (איוב טו) ור"ל להבה אש גדולה כי כן דרך המקרא כשרוצה להגדיל דבר מה סומכו למלת השם וכן אבן מאפליה (ירמיה ב) ירבים כמוהו: (ז) לכבות. מלשון כבוי: ישטפוה. ענין גריפה ע"י חוזק הרדיפה וכן תשטף ספיחים (איוב יד): הון. ענין עושר וכן הון יקר (משלי

קיצור אלשיך וש"ם

היום. כי אהבת החיים. אנו נותנים בשביל אהבתך. לקדש את שמך בעולם. וכמו שאנחנו מראים אהבתנו אליך בפועל. מהראוי שגם אתה תראה אהבתך אלינו בפועל. וגם מחמת כי קשה כשאול קנאה. אש הקנאה הבוערת בקרבי בראותי כל הגוים שלוים ושקטים ואנכי שכולה וגלמודה גולה וסורה. היא קשה מאד שתורידני עד שאול. ותבערת הקנאה היא עדי רשפיה רשפי אש. שלהבת יה. כהשלהבת היוצא מהקב"ה. כאש המתלקחת מהרעמים והברקים היוצאים ממרומי שחקים. ואולם אש האהבה גדולה כ"כ אשר (ז) מים רבים לא יוכלו לכבות את האהבה [כי באנו באש ובמים בשביל קדושת שמך] כל תחבולות המסיתים והמפתים אותי להפר אהבתי ממך לא יועילו ולא יצליחו. ונהרות לא ישטפוה. גם כל המכריחים אותי בחוזקת היד. כמו הנהרות ששוטפים בחזקה. לא יצליחו להעבירני מאהבת ה'. ומה מאד הפליגה אהבתי אליך עדי ידעתי כי אם יתן איש את כל הון ביתו באהבה. לו היה הדבר במציאות שהאהבות היו נקנות במחיר. והיה ברצון איש לקנות לו אהבה אשר כמוני אליך וליתן גם את כל הון ביתו בעד האהבה. בוז יבוזו לו. יען כי אהבתי אליך לא יסולה כל הון. והנה בעד כל אלה ראויה אנכי כי ישוב אפך ממני ותנהמני ותרצני:

תשובת הדוד מי. ולמה זה אהובתי תזכירני תמיד את חסדך אלי. ולחסדי אליך לא תשימי לב? הלא עליך לזכור גם את זאת כי בצאתך ממצרים אף כי מראש לעגו לך בכ"ז אחרי ראותם את חסדי הגדול אליך המה ראו כן תמהו לאמר: מי זאת האהובה כ"כ בעיני דודה אשר היא עולה גם המדבר. גם ממדבר ציה ושממה היא העולה בכל טוב. והיא ג"כ מתרפקת על דודה. דודה הולך לפניה והיא מתחברת ונשענת עליו והולכת אחריו ככתוב וה' הולך לפניהם וגו'. גם זכר נא עמי! את החסד הזה אשר עשיתי לך בהיותך עוד במצרים. הן תחת התפוח עוררתי לצאת לאויר העולם כמאמרם ז"ל (סוטה יא שמ"ר פ"א) שהיו נשי ישראל במצרים מתעברות בשדה ויולדת בשדת תחת אילן תפוח. שמה חבלתך אמך בא לה ההריון [כי הלשון חבל יונח לפעמים על תחלת הריון באשה כמו הנה יחבל און והרה כו' וילד כו' מדברי הראב"ע] שמה חבלה ילדתך. באו לה חבלי לידה. ועל זה היה מחסד ה' עליהם כמאמר ז"ל. ובעד כל אלה החסדים כדאי אני שתאהבני ברצון ובפועל. ולכן שימני כחותם על לבך. שים אהבתי בלבך כחותם הכנית לבלי תמוש לנצח. ולא ברצון בלבד כי אם גם בפועל לזאת שימני ג"כ כחותם על זרועך. בפועל כפים לכל מעשה הצדקה ועבודת ה'. יען כי עליך לדעת אשר אף כי עזה כמות אהבה. אהבתי אליך היא באמת עזה מאד כמות העז ומנצח את הכל. בכל זאת קשה כשאול קנאה. קנאתי לכל עוברי מצותי קשה מאד כשאול ואבדון עדי רשפיה רשפי אש שלהבתיה השורפת לכל המטים עקלקלותם. לזאת נורו לכם מפני האש קנאתי הבוערת כלהבת שלהבת להשיב נקם לכל הפושעים בי ככתוב (ירמיה כא) פן תצא כאש חמתי ובערה ואין מכבה מפני רוע מעלליכם. — והדוד האהוב אחרי אשר כלה לדבר ולהשיב לרעיתו אל כל שאלותיה וכל ויכוחיה אשר התוכחה אתו עד כה. והוא באהד כי לא ישוב אליה בטרם תשוב היא אליו. הנה הוא שם פניו לנחמה מעצבונה ויגונה בהיותה גולה וסורה בארץ נכריה ויען יאמר. ואף גם זאת רעיתי תמתי בהיותך בארץ אויביך אל

zeal is as strong as the grave; its coals are coals of fire of a great flame! 7. Many waters cannot quench the love, nor can rivers flood it; should a man give all the property of his house for love,

zeal is as strong as the grave—[This refers to] *the quarrel that the nations were jealous and quarreled with me because of You.* [The word] קִנְאָה *everywhere* [in Scripture] *means enprenement in Old French, zealous anger, an expression of determination to wreak vengeance.*—[*Rashi*]

fire of a great flame—*coals of a strong fire that comes from the force of the flame of Gehinnom. The cantillation symbol of the zakef gadol, which punctuates* רְשָׁפֶיהָ (coals of) *teaches us about the word* אֵשׁ (fire) *that it is connected to* שַׁלְהֶבֶתְיָה, *meaning fire of a great flame,* [or a flame of God, see *Ibn Ezra*].—[*Rashi*] [The *zakef gadol* is a pause, thereby connecting the following two words together.]

Mezudath David explains:

Place me like a seal on your heart—Therefore, place me upon your heart as a seal, so that the love should never leave it, like a seal placed on the hand, which is never removed.

like a seal on your arm—Like a seal placed on the hand, so should you place me on your arm. This is a repetition of the preceding.

for love is as strong as death—My love for you is as strong as death, for it stands against death, so that death cannot annul it. i.e., I will accept death rather than forget your love. It is therefore fitting that you not remove your love from me. The allegorical meaning is clear.

jealousy is as harsh as the grave—Jealousy is as harsh as the descent into the grave. It is as if to say, "If you remove your love and leave me, it will be very difficult for me, for I will be jealous when I see the other young women sitting and delighting with their husbands while I am alone and desolate." The allegorical meaning is that if I continue to remain in exile, I will suffer severe jealousy when I see all the nations dwelling in their land, secure and tranquil, whereas I am exiled and wandering.

its coals are coals of the fire of a great flame—The coal of love resembles coals of fire and a great flame, i.e., my love for you is forever preserved like the enduring heat of coal, and is as strong as the flame of a great fire, which burns furiously. The allegorical meaning is clear.

The *Targum* paraphrases: On that day, the Children of Israel shall say to their Lord: We beseech You, set us as the seal of a ring upon Your heart, as the seal of a ring upon Your arm, so that we shall never again be exiled; for strong as death is the love of Your Godliness, and powerful as Gehinnom is the jealousy that the nations bear against us; and the enmity that they harbor against us is as the coals of the fire of Gehinnom, which the Eternal created on the second day of Creation, wherewith to burn the worshippers of strange worship.

בוז יבוזו לו: ח אחות לנו קטנה ושדים אין לה

תו״א בוז יבוזו לו. שם: אחות לנו קטנה ושדים. פסחים פו קידושין מט:

ביתיה למקני חוכמתא בגלותא אנא מהדר ליה כפיל לעלמא דאתי וכל ביזתא דיבזון מן משריתיה דגוג יהי דליה: ח אחות בעדנא ההיא יימרון מלאכי שמיא אלין לאלין אומא חדא אית לן בארעא וקלילן זכוותהא ומלכין ושלטונין לית לה למיפק לאגחא קרבא עם משריתה דגוג מה נעביד

שפתי חכמים

מנשק אותך: ק דק״ל דכתיב אם יתן איש את כל הון ביתו ולא כתב תמורת מה יתן. לכ״פ כדי להמיר אהבתך כלומר אהבתך הנזכרת ולא לריך הכתיב לפרש: ר כתב ובית דינו מדאמר אחות לנו לשון רבים: ש כפ׳ אלו מגלחין:

רש״י

הון ביתו. כדי להמיר ק אהבתך: בוז יבוזו לו. כל אלו הקב״ה ר ובית דינו מעידים שכך כנסת ישראל מתרפקת על דודה: (ח) עתה אחות לנו. בתחתונים שהיא מתאחה ומתחברת ומתאוה להיות עמנו והיא קטנה ומקטנת את עלמה מכל האומות כענין שנאמר לא מרובכם וגו׳ שהם מקטינים עלמם. אחות. ל׳ איחוי אלו קרעים ש שאין מתאחין: ושדים אין לה. כענין שנאמר בגלות מצרים (יחזקאל טז) שדים נכונו בהגיע עת הגאול׳ אבל זו שדים

ספורנו

כו׳ שאין דבר נערכה אצלנו: (ח) אחות לנו קטנה. משיב האל ית׳ הנה את מצטערת על איחור שריית שכינתי בתוכך וביאת משיחי הנה אפילו בקבוץ גליות תהיה עדת הצדיקים מועטת: ושדים אין לה. ואותם המעטים אינם מלמדים דעת את העם

מצודת דוד

מאד. והנמשל הוא לאחדים עם המשל: (ח) אחות לנו קטנה. ועל כי שמעה החשוקה אשר לב החשוק טוב אליה וחפץ לשבת עמה שלחה אמריה אל החשוק וכה תאמר הנה יש לנו קרובה אחת קטנה בקומה ואין לה שדים להניק בנים ועת׳ השאלך והודיענו מה נעשה עמה בעת שידובר בה להנשא לאיש וכאומרת הנה אין מי ימלא שישאנה בעבור קטנותה והעדר השדים. והנמשל הוא לומר אחר שנטמא הגאולה בבוא הזמן יאמרו בני יהודה הנה אחינו בני עשרת השבטים קטנים המה במעשה המלות כי עוד היו בארלם שדימום מלכיהם מאחרי ה׳ ואף כי בגולה וגם לא נמלא עמהם בעלי חכמה ומדע כדרך שהיו עמי בבית השני אנשי כנה״ג ומהם נביאים ולא מלאו א״כ מי להניק

קיצור אלשיך וש״מ

אל תאמרי בלבבך כי כולה גרש גרשתיך מעל פני ולא אשוב אליך עוד. לא כי אחת נשבעתי בקדשי אשר מים רבים לא יוכלו לכבות את האהבה. הם העכו״ם המכונים בשם מים ככתוב (ירמיה מז) הנה מים עולים מצפון. ונהרות לא ישטפוה. הוא תואר למלכיהם ושריהם [עיין רש״י] וגם אם יתן איש את כל הון ביתו באהבה ולהמירה בשנאה ולהפר בריתי אתך בוז יבוזו לו. יען כי לי היית ולי תהיי עד עולם. ככתוב (ויקרא כו) ואף גם זאת בהיותם בארץ אויביהם לא מאסתים וגו׳ להפר בריתי אתם כי אני ה׳ אלהיהם [ובזה תם וכוחי הרעיה עם דודה העליון]:

(ח) אחות לנו קטנה. טרם נבוא אל הפסוקים לפרשם נפרש מלת „אחות״. המלה הזאת מלשון חבור. את ואחות. המה חברים. שמאב אחד ומאם אחת נוצרו לא כן הגוף והנפש. הגוף הוא אח עם כל הברואים שנבראו מהאדמה וכולם יחד יש להם אם אחת היא האדמה [עיין פסוק בני אמי] והנשמה היא בת שמים. אחות לכל צבא מרום. והקב״ה חברם יחד על זמן מוגבל. שיסייעו זה את זה לקנות שלמות בעולם. ומהו השלמות שיקנו בעולם. שיתחברו יחד לשמור התורה והמצוה, ועד אברהם אבינו שכל הדורות היו מכעיסין ובאים. לא היה החבור של הגוף והנפש כי היו נפרדים זה מזו. עד שבא אברהם אבינו. ע״כ דרשו חז״ל אחות לנו קטנה זה אברהם אבינו. ונקרא אחות שאיחה את כל באי עולם. ונקרא קטנה. שסיגל מצות ומע״ט בעוד שהיה קטן. ולימד את כל באי עולם שיאחדו גופם עם נשמתם יחד כמ״ש למען אשר יצוה וגו׳ ושמרו דרך ה׳ בין אדם למקום. לעשות צדקה ומשפט בין אדם לחברו וכן נמשכו הדורות דור אחר דור. עד יציאת מצרים ומתן תורה שאז נעשה עם ב״י חבור הגוף והנפש. ושנים יחד נעשו חבור כביכול להקב״ה ובפרט בימי שלמה כשבנה את בית המקדש ואז מלא כבוד ה׳ את בית ה׳. ועל הזמן הזה קרא הקב״ה לכנס״י בשם אחותי כמ״ש פתחי לי אחותי. ואומר הקב״ה אחות לנו קטנה. הקב״ה מדבר עם הפמליא שלו אדות עם ב״י ואומר להם יש לנו אחות. היא אחות שלי ושלכם מצד נשמותיה׳ אשר לזאת כמוני כמוכם נדרוש טובתה אך מה אעשה אשר היא קטנה במעשיה קטנה בצדקותיה ושדים אין לה. אין לה צדיקים אשר גם בעבורם ובזכותם הזכה לגאולה. ואין להם ממי לינק איזה זכות. ע״כ מה נעשה לאחותינו ביום שידובר בה

לקוטי אנשי שם

ח (ח) אחות לנו קטנה. הנה ישבו אחים יחדו ונדברו איש אל רעהו „אחות לנו קטנה ושדים אין לה מה נעשה לאחותנו ביום שידובר בה לענין קשור החתון. ר״ל אני היתה האחות גדולה והגיעה לפרקה בגידול שדים להניק ילדים. מוטל היה עלינו האחים להשיאה לבעל ולהמליא לה מנוח אשה בית אישה ויומשך מזה כונת הבריאה לא תהו בראה לשבת ילרה. אולם כעת אשר שדים אין לה מה נעשה לאחותנו ביום שידובר בה. אם להשיאה אף בקטנותה או להמתין עד אשר תגדל ותגיע לפרקה. השיב אח אחד ואמר נחזי אנן אם חומה היא וגו׳ אם דלת היא וגו׳. כלומר. עלתי להשיאה גם אם עדיין לא הגיעה ללדת בנים. כי האשה לא לבנים לבד נבראת לבעלה. אבל עוד נוסף מעלות היא לו בבחינת חומה. שהרי בהעדרה אמרו רז״ל (יבמות סב) השרוי בלא אשה שרוי בלא חומה. כדכתיב נקבה תסובב גבר. ר״ל כמו החומה הסובבת העיר ומשמרת אותה מן האויבים. ועכ״פ יש לה בחינת דלת. והיינו כשהבעל ישתדל בעלמו להקנות לעלמו בחינת חומה מקפת. אמנם עדיין נמלא בחומה פתחים פתוחים אשר השונאים והאויבים יכולים ליכנס בהם. יש לה להאשה הלזו בחינת „דלת״ סוגרת ומסוגרת. ולא יבא שם עוד לר ואויב להליקו. והוא שאמר האח כלשה אם חומה היא. נבנה עליה טירת כסף. ירלה נשלים בה עוד בחינות נמיירים לחומה. החומה לריכה שיבנה עליה טירת כסף להושיב בו לופה למרחוק ולהזהיר את היושבים על החומה יכינו את זיינם וכלי מלחמתם. ואם דלת היא. והוא הגבר והדף הסותם את חלל הפתח. נשלים בה בחיטת השייכים אל הדלת. והוא שנלור עליו לוח ארז. כלומר מחברים על הדף הדלתיי לוח ארז מלוייר ומשוח בששר. ויהי בהיות האחים מדברים אודות אחותם ענתה האחות ואמרה אני יכולה להיות חומה לבעלי כנ״ל. וגם שדי כמגדלות להניק בנים. רק עד עכשיו למלמתי עלמי מחמת לניעותי ע״כ השדים לא היו ניכרים בי. ואם אתארס כעת הייתי [אהיה] בעיניו [בעיני] הארוס כמולאת שלום. כאשה המולאת כל השלמות והנה הארום פלוני אלמוני נתרלה להתקשר במעונות הפירושין עם המיועדת לו.

עתה מספר מי הוא הארום ומה שמו. ומה בת הארוסה. שם הארום הוא שלמה ושם הארוסה שולמית. ומה פניו וקניניו אשר הכין להכנים לשבלונות ולנדוניא. ואמר המספר כרם היה לשלמה בבעל המון [במקום אשר רבים הולכים שמה] יתן הכרם לנוטרים. לשמרו מהיזק ההמון ובלתי יהיה למשלת שור ולמרמס שה. ואותם הנוטרים איש מהם יביא ויכניס בפריו אלף כסף והוא סך מסוים רב ונכבד עד להגדיל. את זה לעומת זה ענתה האחות המיועדת להתקשר עם הארום שלמה. כרמי שלי לפני. האלף לך שלמה. כלומר גם לי יש כרם כזה להתפרנס ממנו. והיה זה הכרם לך שלמה. נכסי מלוג. שהפירות שייכים אל הבעל אולם מאתים לנוטרים את פריו. הכרם לריך להשתמר מנוטרים. וליתן להם שכר שמירתם. חלק המישית:

הארום שלמה אומר לארוסתו שולמית את היושבת בגנים כדרך הבתולות האוהבות להיות בגנים לנגן ולרקד ודרכן לזמר זמירות נעימות בין ערוגות מטען עדי ישמעו הבחורים הפונים בין הכרמים והגנים לשמוע קול שריקות הבתולו׳ הפנויות. ויקס

נכסס

they would despise him. 8. We have a little sister who has no breasts;

7. **Many waters cannot quench the love**—*Since he refers to them with an expression of coals, the language of "cannot quench" is appropriate for them.*—[*Rashi*]

Many waters—*the heathen nations.*—[*Rashi* from *Song Rabbah*]

rivers—*their princes and their kings.*—[*Rashi* from *Song Rabbah*]

nor can...flood it—[not] *through strength and fear nor* [even] *through enticement and seduction.*—[*Rashi*]

should a man give all his property for love—*in exchange for Your love.*—[*Rashi*]

they would despise him—*On all these the Holy One, blessed be He, and His tribunal testify that to this extent the congregation of Israel embraces her Beloved.*—[*Rashi*]

Mezudath David explains:

should a man give all the property of his house for love—to alienate my love and to convert it to hate. All the people would despise him and ridicule him for failing to understand that love as strong as this cannot be alienated. This refers to the above, saying that it is fitting that you should not remove your love from me because my love for you is very strong. The allegory parallels the literal meaning very aptly.

The *Targum* renders as follows: The Lord of the Universe says to His people of the House of Israel: Even if all the nations, compared as they are to the waters of the Great Sea, were to gather together, they could not quench the love which I bear for you; and even if all the kings of the earth, likened to a river flowing with a strong current, were to join together, they would not blot you out of the world. And if a man were to give all the substance of his house in order to acquire wisdom in the exile, I would restore it to him in double portion in the World to Come, while all the spoil that men would take from the camp of Gog would also be his.

8. **We have a ...sister**—*in the lower realms, who is united and joined and desirous to be with us, and she is small and humbles herself more than all the* [other] *nations, as it is stated* (*Deut. 7:7*)*: "Not because you are more numerous, etc.* [for you are the smallest of all the peoples]," *because they hold themselves small.*—[*Rashi*, based on *Hul.* 89a]

a...sister—Heb. אָחוֹת, *an expression of joining* (אחוי), (*Moed Katan* 26a): *"These are the rends that may not be joined* (מִתְאַחִי)."—[*Rashi*]

who has no breasts—*as it is stated concerning the exile of Egypt:* (*Ezek. 16:7*): *"breasts fashioned," when the time of the redemption arrived, but this one has yet no breasts. Her time has not yet reached the time of love.*—[*Rashi*]

מה נעשה לאחותנו ביום שידבר בה: ט אם חומה היא נבנה עליה טירת כסף ואם דלת היא נצור עליה לוח ארז: י אני חומה ושדי כמגדלות אז

הג"א מה נעשה לאחותנו. זוהר פ' יתרו: אם חומה היא נבנה עליה טירת כסף. יומא ט' סנהדרין כד ז
אני חומה ושדי. עה"ש פו פסחים פז ז

לאחתנא ביומא דמלילו אומיא למסק עלהא לקרבא: ט אם יימר מיכאל רבהון דישראל אם היא מתעתדא כאושא ביני עממיא ויהבא כספא למקני יחוד שמיה דמרי עלמא נהי אנא ואתון עם ספריהון סחרין לה כנדבכין דכספא ולית רשו לעממיא למשלט בה היכמא דלית רשו לזחלא למשלט בכספא ואפילו אי מסכינא היא מן פקודיא נבעי רחמין עלהא קדם יי וידכר לה זכות אורייתא דעסקן ביה ינקיא דכתיבא על לוחא דליבא ומתעתדא לקבל אומיא כארזא: י אני מתיבא כנשתא דישראל ואמרת אנא תקיפא בפתגמי אורייתא כשורא ובנוי חסינין כמגדלא ובההיא זמנא תהי כנשתא דישראל משכחא רחמין בעיני מרהא ויהון שאלין בשלמא כל דיירי

רש"י

אין לה עדיין לא הגיע עתה לעת דודים: מה נעשה לאחותנו ביום שידבר בה. כשהעכו"ם מתלהטים עליה להכחידה כענין שנאמר (תהלים פג) לכו ונכחידם מגוי: (ט) אם חומה היא. אם תחזק באמונתה וביראתה להיות כנגדם כחומת נחושת שלא יכנסו לתוכה רוצה לומר שלא תתחתן בם והם לא יבואו בה ולא תתפתה להם: נבנה עליה טירת כסף. נהיה לה לעיר מבצר ולכתר ולנוי ונבנה לה את עיר הקדש ובית הבחיר': ואם דלת היא. הסובבת על צירה והקיש עליה היא נפתחת אף היא אם תפתח להם להיות הם באים בה והיא בהם: נצור עליה לוח ארז. נשים בדלתה נסרים של עץ הנרקבים והתולעת גוררתן ואוכלתן. וכנסת ישראל אומרת: (י) אני חומה. חזקה באהבת דודי: ושדי כמגדלות. אלו בתי כנסיות ובתי מדרשות המניקים את ישראל בדברי תורה: אז. באמרי

אבן עזרא

(י) כמוצאת. לשון נקבה על משקל מה היוצאת הזאת והמלה מן מלא ונעלם האלף כמנהגו:

ספורנו

ובלתי מזוחים להשיב מעון בהיות ההמון אז כולו עוסק בחיי שעה בלבד כאמרו עושה מקנה וקנין: מה נעשה לאחותנו. אני ומשיחי כי גם המשיח הוא כמו אש מצרף כסף: (ט) אם חומה היא. הנה אם יהיה זכותם מספיק להגין על דורם: נבנה עליה טירת כסף. נבנה בית המקדש של כסף שלא תשלוט בו האש: ואם דלת היא. שלא יסגרו דלת בעדם ולא יחושו לתקון ההמון: נצור עליה לוח ארז. נעשה להם בית המדרש של עץ ארז נכבד ולא יבנה בית המקדש בזכותם: (י) אני חומה. משיבה עדת ההמון אני השתדלתי במעשי להיות חומה להגין: ושדי. חכמי

מצודת דוד

איהם מהלב חכמת התורה וא"כ במה יזכו גם המה אל הגאולה: (ט) אם חומה היא. כאלו הכתוב שולח אחריו לאמר עלתו אם היא סגורה וסתומה כבנין חומה ולא סככה מי משכבי אשה לאחד ולשבר בתוליה אז נבנה בשבילה ארמון כסף לשתשב בה יחידי מבלי בעל והתענג לשבת בארמון כסף אם לא תתענג בשבת תחת בעל: ואם דלת היא. אם לא שמרה בתוליה והיה כדלת הנפתחת. אזי נעש' בשבילה מאסר בנין חזק ומשומר מנסרי ארז לבל יוכל מי לקרוב אליה ותשב בדודה ושוממה. והנמשל הוא כאלו המקום ב"ה משיב אם היו כחומה ולא עזבו להכנס ביניהם מעובדי גלולים לדבקה בהם אז יזכו גם המה לבנין בה"מ ואם פתחו הדלת ונכנסו ביניהם ישבו עוד במאסר הגולה: (י) אני חומה. ענהה הפסוקה ושלחה אחריה לומר הלא אני כחומ' כי שמרתי מקום בתולי ולא שכב מי אותי ואם כי שדי כמה גדוליה כמגדלות הגוה בימהם מ"מ אני שמרתי את עלמי וכאלו אומרת הוסיל וכן ראוי א"כ אני לשבת בארמון כסף ותשב הקרובה עמדי. והנמשל הוא כאלו בית יהודה תשיב לומר הלא אנו לא דבקתי בעובדי גלולים ויש בי בעלי חכמה ומדע להניק אותי מחלב חכמת התורה וראוי' אני לשוב מהגולה ולבנין בה"מ ובעבורי ישוב

מצודת ציון

א): בוז יבוזו. מלשון בזיון: (ח) בה. ר"ל בעניניה: (ט) נבנה. מלשון בנין: עליה. בעבורה: טירת. היכל וארמון וכן תהי טירתם נשמה (תהלים סט): נצור. מלשון מצור ומבצר: לוח. נסר כמו את כל לחותים (יחזקאל כז): (י) כמגדלות. מלשון מגדל: כמוצאת.

קיצור אלשיך וש"מ

אדות גאולתה. משיבים הצבא מרום החפצים בגאולת ישראל אם חומה היא, אם חזקה היא באמונתה להקב"ה כדאי היא האמונה לבד לבנות עליה [בשבילה] טירת כסף זה בית המקדש שתשכון עמה יחד כמאז. ואם דלת היא. ואם היא כדלת תסוב על צירה אנה ואנה. כן גם היא תנוד בהליכותיה הנה והנה. מאמנת ואינה מאמנת. נצור עליה לוח ארז תשאר עוד בגלותה רק נעשה סביבה גדר בלוחות ארזים שתהא נצורה בגולה מהאומות שלא ירמסוה ולא יכלוה. וכנ"י אומרת אני חומה חזקה באמונתי כחומה. ושדי כמגדלות וגם יש בי שני שדים גדולים כמגדלות לינק מהם. אחת זכות אבותי. אשר נשבעת להם בך ותדבר אליהם וגו' וכל הארץ הזאת וגו' אתן לזרעכם ונחלו לעולם. ואיה ירושת אבותינו. גם זכות הצדיקים אשר בקרבי היום. אשר אנכי יונקת ממעשיהם ומדותיהם הטובות חזקים הם כמגדלות באמונת ה'. וא"כ למה זה דודי גרשני מלהסתפח בנחלתו. ומדוע „אז" בהיותי במצרים שלא היה בי לא תורה ולא מצות הייתי בעיניו כמוצאת שלום. כאלו „מצאתי" את השלום [את הגאולה] כי לא עלה אז על רעיונו שאגאל. וכאשר באו משה ואהרן ואמרו לי שהקב"ה יגאל אותנו ממצרים. היו בעיני

לקוטי אנשי שם

להם נשים מכל אשר יבחרו. והארום הזכירה אשר מן היום והלאה בעת שבתם בגנים. והחברים מקשיבים לקולה. השמיע היא בלשון שיר זמרותי. אל מי היא מקושרת ומאורסת. כי אני אני הוא הרוסך ומיועד להיות אישך. עדי יפרדו מעליך. זה הדבור והאזהרה היה נתון לו בזמן הפרידה. אשר יתנו ארכא לבתולה י"ב חדש להכין צרכי הנשואים והכשיטי נשים. והוא גם הוא ילך לדרכו להכין צרור המור ואשכול הכופר מהררי בשמים. [מענה הארוסה] ברח דודי ורוץ נא על הרי בשמים. קח לך בשמים ראש מר דרור וגו' ולבך יהי' נכון ובטוח כי אקיים מלוהך ואיש זולתך לא אדע. לא אחליף ולא אמיר אותך באיש אחר על פני. אמנם אותה אבקש מאתך דודי. כי בעת הבריחה והריצה הלאה נא אל תשכחני ושים דעתך עלי. ודמה לך דודי לצבי. אשר העידו חז"ל על טבעו כי ישן הוא בעין אחת והשניה פתוחה ומבטת את אשר לפניו. או לעופר האילים. כתרגומו דבעידן דעריק מסתכל בתריו. כן תהא משגח בי. וע"פ דבריה והבטחותיה. כן עשה הארום. הלך הלך לו אל הרי בשמים. [וסדר הפסוקים הוא „ברח דודי אל הרי בשמים. ודמה לך לצבי או לעופר האילים] ויהי כי ארכו הימים והיא יושבת בדודה ועיניה נשואות אל ההרים מאין יבוא אוהבה ואהובה ותפן כה וכה ותרא כי אין איבה ואדוניה, הלך בדרך למרחוק והבליכה אחרי גיוו. אז פיה פתחה בשיר חולת אהבה והלך הלוך וזעקה ישקני מנשיקות פיהו כי טובים דודיך מיין. דרך השיר להעריך את הניף המדובר בו כאלו היא עומד נגדו ולהמליץ כל הדברים אליו ונכחו כאשר ידבר איש אל רעהו אחר אשר החיל המשורר לנעתו בלשון נסתר אשר הוא

באמת אז נסתר ומשם והילך נמשכו דבריה בלשונות הנעגועים אשר לה על אשר אחרו פעמי מרכבותיו ועדיין לא בא. והנ"ל כי לכך חלק מהבר זה השיר הקדוש מאמר המספר החות לני קטנה עד סופו בבא בפני עצמו. ולא סדרו בראש הספר. כדי להתחיל ספרו בתוקף לשון הגעגועים וחולת אהבה ועוצה רוחם בלב השומע יותר מהמאמרים האמצעיים. וכן

what shall we do for our sister on the day she is spoken for? 9. If she be a wall, we will build upon her a silver turret, and if she be a door, we will enclose her with cedar boards. 10. I am a wall, and my breasts are like towers, then

what shall we do for our sister on the day she is spoken for—*when the heathens whisper about her to destroy her, as it is stated* (*Ps. 83:5*): "*Come, let us destroy them from [being] a nation.*"—[*Rashi*]

9. **If she be a wall**—*If she is strong in her faith and in her fear* [of God], *to be against them like a copper wall, that they should not enter her midst, meaning that she will not intermarry with them, and they will not come into her, and she will not be seduced by them.*—[*Rashi*]

we will build upon her a silver turret—*We will be to her as a fortified city and for a crown and for beauty, and we will build for her the Holy City and the chosen Temple.*—[*Rashi*]

and if she be a door—*which turns on its hinges, and when one knocks on it, it opens. She, too, if she opens for them so that they enter her and she them...*—[*Rashi*]

we will enclose her with cedar boards—*We will put into her door wooden boards which rot and which the worm gnaws and eats. Thereupon, the congregation of Israel will say:*—

10. **I am a wall**—*a strong* [wall] *in the love of my Beloved.*—[*Rashi*]

and my breasts are like towers—*These are the synagogues and the study halls, which nurture Israel with words of Torah.*—[*Rashi* from *Pes.* 87a]

then—*when I said this.*—[*Rashi*]

I was in his eyes as one who finds peace—*like a bride who is found perfect and finds peace in her husband's house.*—[*Rashi* from *Keth. 71b*]

Mezudath David explains these verses as follows:

[8] **We have a little sister**—When the beloved maiden heard that the young man favored her and longed to live with her, she sent a message to her beloved saying, "We have a relative of short stature, who has no breasts to nurse children, and now I will ask you, and let me know what we should do with her on the day that she is spoken for in marriage." It is as if to say that no one will marry her because of her short stature and her undeveloped breasts. The allegorical meaning is as follows: When the time of the redemption arrives, the Judeans will say, "Our brethren, the Ten Tribes, are small in their observance of the commandments, for even while they were still in their land, their kings led them away from following God; how much more so now that they are in exile! Moreover, they have no wise men, as I had during the time of the Second Temple, viz. the Men of the Great Assembly, among whom were many prophets. They therefore found no one to nurture them with the milk of Torah wisdom. If so, how will they merit redemption?"

הָיִיתִי בְעֵינָיו כְּמוֹצְאֵת שָׁלוֹם׃ יא כֶּרֶם הָיָה לִשְׁלֹמֹה בְּבַעַל הָמוֹן נָתַן אֶת־הַכֶּרֶם לַנֹּטְרִים אִישׁ יָבִא בְּפִרְיוֹ אֶלֶף כָּסֶף׃ יב כַּרְמִי שֶׁלִּי לְפָנָי הָאֶלֶף לְךָ

הר"א חז הייתי בעיניו, פסחים פז כתובות עא זוהר פ' ברהשית: כרמי שלי לפני האלף לך שלמה, שבועות לה:

אַרְעָא: יא כֶּרֶם אוּמָא חֲדָא סְלִיקַת בְּעַדְבֵיהּ דְּמָרֵי עָלְמָא דִּשְׁלָמָא עִמֵּיהּ דְּהִיא מְתִילָא לְכַרְמָא אוֹתִיב יָתָהּ בִּירוּשְׁלֵם וּמְסַר יָתָהּ בְּיַד מַלְכַיָּא דְּבֵית דָּוִד דִּיהוֹן נָטְרִין יָתָהּ הֵיכְמָא דַאֲרִיסָא נָטַר לְכַרְמָא בָּתַר דְּמִית שְׁלֹמֹה מַלְכָּא דְיִשְׂרָאֵל אִשְׁתְּאַרַת בִּידוֹי רְחַבְעָם בְּרֵיהּ אֲתָא יָרָבְעָם בַּר נְבָט וּפְלַג עִמֵּיהּ מַלְכוּתָא וּדְבַר מִן יְדוֹי עֲסַר שִׁבְטִין עַל מֵימַר פּוּמֵיהּ דַּאֲחִיָּה דְּמִן שִׁילֹה דִּי הוּא גַבְרָא רַבָּא: יב כַּרְמִי כַּד שְׁמַע שְׁלֹמֹה מַלְכָּא דְיִשְׂרָאֵל נְבוּאָתֵיהּ דַּאֲחִיָּה דְמִן שִׁילֹה בְּעָא לְמִקְטְלֵיהּ וַעֲרַק אֲחִיָּה מִן קֳדָם שְׁלֹמֹה וַאֲזַל לְמִצְרַיִם וּבְהַהִיא שַׁעְתָּא אִתְאֲמַר

שפתי חכמים

ת כמילאת שלום ככלה השולאת שלימה. כפ' סמדיר ובפסחים פרק האבה:

רש"י

זאת: הייתי בעיניו במוצאת שלום. ככלה הנמלאת שלימה ת ומולאת שלום בבית בעלה: (יא) כרם היה לשלמה. זו כנסת ישראל שנא' (ישעיה ה) כי כרם ה' לצבאות בית ישראל: בבעל המון. בירושלים שהיא רבת עם והמון רב: בעל. לשון מישור כמו (יהושע יב) מבעל גד בבקעת הלבנון: נתן את הכרם לנוטרים. מסרה ליד אדונים קשים בבל מדי יון ואדום במדרש שיר השירי' מלאתי מקלת סמך על נוטרים הללו שהם המלכיות איש יבא בפריו. כל מה שיכלו לגבות מהן גולגליות וארנוניות ואנפרות הכל גבו מהם להביא לתוך ביתם: (יב) כרמי שלי לפני. ליום הדין יביאם הקב"ה במשפט ויאמר כרמי אע"פ שמסרתיו בידכם שלי הוא ולפני בא כל מה שהטפתם גכס את פריו ולא נכחד ממני מה שגביתם מהם. והם אומרים: האלף לך שלמה. אלף הכסף שגבינו מהם הכל נחזיר

ספורנו

המירים: כמגדלות. כמגדל עוז להגין ולהיות בית מנוס מכל צרה בתפלתם: אז הייתי. ובכן הייתי *כמוצאת שלום גם שהית' עת צרה. לכן עתה ראוי שנזכה בזה לביאת משיחנו: (יא) כרם היה לשלמה. משיב המלך המשיח הנה כרם היה לשלמה המלך הקדוש: בבעל המון. *כי כרם ה' צבאות בית ישראל: נתן את הכרם לנוטרים. לחכמי הדור: איש יביא בפריו אלף כסף. כדי שכל אחד מהם יעמיד תלמידים הרבה יגדיל תורה ויאדיר והנה כרמי שלי. אותם חכמי הדור שהם שלי וראוי פני הם בלבד לבנין שיוכלו לעמוד בהראותו כי לא השתדלו להרבו' אשכולות ובכן תלמידיהם מעטים: (יב) האלף לך שלמה. משיבה עדת חכמי הדור לאל יתברך. אין לאל ידינו להרבות ברצונך כי זה

אבן עזרא

(יא) בבעל המון. שם מקום שם כרמים רבים והעומד על זה ההבור אולי יתמה למה אומר כאן בלשון ישמעאל בעבור קולר דעתנו כי לא נדע מלשון הקודש כי אם הכתוב במקרא שהוצרכו הנביאים לדבר ומה שלא הוצרכו לא נדע שמו ובעבור היות לשון ישמעאל קרוב מאד ללשון הקדש כי בניניו ואותיות יהו"א והמשרתים ונפעל והתפעל והסמיכו' דרך אחת לשתיהן וכן כחשבון ויותר מחצי הגשון ימצא כמוהו בלשון הקדש על כן כל מלה שלא נמצא לה הבר במקרא ויש דומה בלשון ישמעאל נאמר אולי פירושה כן אף על פי שהדבר בספק: נשלם הפירוש מהפעם הראשונה

הפעם השנית ועתה דודי שימני כחותם על לבך כהדבק החותם באצבע כן הדביקני אל לבך הדביקני ואני על זרועך. ועניו בוז יבוזו לו. היו בני אדם מלעיגים עליו: אחות לנו קטנה. אמרה הנערה אחד מבני אמי חסד אותי ואמר לאחיו אחו' לנו שמגוה נוטרה את הכרמים והיא היתה באותו הזמן קטנה. מה נעשה לאחותנו ביום שידובר בה. להגשה: אם חומה היא. אם שמרה את עצמה והיא בתולה נבנה עליה טיר' כסף והענין כי נשים בנין השוב על החומה מכסף כדי שיהיה לה כבוד על כל החומות וזה הטעם נקנה לה הלי כתם שהם הקשורים הראוים לכלה: ואם דלת היא. שכבר נפתחה נצור עליה והענין נביאנה במצור ונסגור עליה שלא תראה הפך טירת

מצודת ציון

מלשון מציאה. (יא) בבעל. במישור וכן בעל גד (יהושע יא):

מצודת דוד

גם שמה לאלים ויזכו לבנין בס"מ: אז הייתי כו'. הייתם מתחכחת לפני הנערות ואמרה אז כשדברתי הדברים האלה הייתי בעיניו יקרה ונכבדה כדבך שמייקרין למחזרת אחר השלום ומולאת אותו כי הוטב בעיניו מה שהייתי מחזרת אחר שלום הקרובה. והנמשל הוא לאהדים עם המשנ: (יא) כרם היה לשומה. עתה הזרה המחסקה לספר ולומר הנה בעבור שהייתי מחזרת אחר שלום הקרובה יקרה דברי בעיניו לקיים את כל מאמרי כי המסוק הזה עיקר בעיני כמלך שלמה היה לו כרם במישור שמלויים שם המון עם רב ועל כי השם מגנבה מסרו לשומרים מחולפים בזה אחר זה באופן שכל שומר בזמנו יביא לעצמו אלף כסף וזהו בעבור חלקו בפרי הכרם בשכר השמירה ושלא הכסף יהיה להחשוק בעל הכרם. והנמשל הוא על עדת ישראל המכונים בשם כרם כמ"ש כי כרם ה' לצבאות בית ישראל (ישעיה ה') והוא מכר לשומרים הם מלכי ישראל שמלכו זה אחר זה וכ"א משל בזמנו על שבטת השבטים וכא הרמז באלף שהם עברה מאות מאה לשבט: (יב) כרמי שלי לפני. ושלחתי אמרי לאמר כרמי שלי יהיה לפני ר"ל אני אשימה עליו עין לשמרו: האלף כו'. האלף כסף שלקח

לקוטי אנשי שם

וכן עשה הנביא ישעיה ע"ה בספרי הגדול ספירו הראשי עד סימן ו' ואמר שם בשנת מות המלך עוזיהו וגו' ואשמע את קול אדני אומר את מי אשלח וגו' זה היה לריך להיות ראש הספר ולא הקדימו בראש ספרו עדי יגדיל תמרורו במאמר בנים גדלתי ורוממתי וגו' ונמשכו הדברים עד כי הגיע עת להגנה ליום הכסה. בא ביהו ואז שרה עד שהמלך במסבו נרדי נתן ריחו לרוד השמו' וגו' אשכול הכופר וגו' בכרמי עין גדי. וכ"ל ביאור הדברים לפי המשל ע"ד הפשט. כי בהראות האהוב אליה בתחלה. ועדיין לא נתייחד עמה במסבה אחת. ועידנה אינה במסבת היה המלך האהוב את ריח הבשמים אשר ישנם על ראשה. אמנם בהיותו מתייחד עמה במסבה האחת אז נעשה לה כלרור המור לריח טוב אשר יש לה עיקר ושורש. אולם כבר נתלה מעיינות הבשמים. ואין בכח זה הלרור להוסיף ריח מעדונה משמן. אחר שכבר נעתק ונהלם ממקום גידולו. וכל זה היה בעת שהאהוב גם הוא נעתק ממקומו. ובא בדרך לקראת אהובתו ונתייחדו בהכרח לא להם. אמנם כאשר המלך האהוב שב לביתי נאוה קודש. והיא גם היא הלכה אתו והיתה אשה בית אישה. שמה נתהווה לה בבחינת אשכול הכופר אשר עדן נטוע ושתיל בכרמי עין גדי אשר יום ליום יביע ויוסיף ריח טוב וכנו שולח את ריחו הנוסף על אפה. והיה כזה ביום מהר יותר גדול מאד.

קיצור אלשיך וש"ם

כמוצא מציאה בהיסח הדעת. ומדוע זה עתה לא מצאתי חן בעיניך להכירני. ואנכי כנכריה? (יא) כרם היה לשלמה. ר"ל כרם היה להקב"ה [ששמו שלמה שהשלום שלו] והכרם זו כנסת ישראל שנאמר כי כרם ה' צבאות בית ישראל (בבעל המון) זו ירושלים שהיתה רבת עם והמון רב (נתן את הכרם לנוטרים) מסרה ליד בבל ומדי (איש יביא בפריו) שיכלו לגבות מהם כסף גולגולת וארנוניות ואנפרות הכל גבו מהם להביא לתוך ביתם: (יב) (כרמי שלי לפני) ליום הדין יביא הקב"ה הבבלים למשפט ויאמר אע"פ שמסרתי כרמי בידכם.

I was in his eyes as one who finds peace. 11. Solomon had a vineyard in Baal-Hamon; he gave the vineyard to the keepers; each one brought for the fruit thereof one thousand pieces of silver. 12. My vineyard, which is mine, is before me; you, O Solomon, shall have the thousand,

[9] **If she be a wall**—It is as though the beloved young man replies, "If she is closed and sealed, like the building of a wall," meaning that she was untouched by any man and preserved her virginity, "we will build for her a silver palace," where she can live alone without a husband and enjoy her stay in the silver palace if she will not merit to enjoy married life.

and if she be a door—If she did not preserve her virginity, and she is like an open door, we will imprison her in a strong building of boards of cedar wood, so that no one will be able to approach her, and she will dwell there alone and desolate. Allegorically, it is as though the Holy One, blessed be He, replies: If they were like a wall and did not allow the gentiles to intermarry and intermingle with them, they will merit the building of the Temple, but if they opened the door and the gentiles mingled with them, they will remain in the imprisonment of exile.

[10] **I am a wall**—The maiden replies and sends a message, saying, "Am I not like a wall? I preserved my virginity, and no man was intimate with me. Although my towerlike breasts aroused the desire of the adulterers, I preserved my virtue and therefore deserve to dwell in the silver palace, and let my little relative dwell with me there." Allegorically, it is as though the Judeans reply: I did not mingle with the gentiles, and I have men of wisdom, who disseminated Torah knowledge among the people. I therefore deserve to return from exile and witness the rebuilding of the Temple.

then I was in his eyes as one who finds peace—She boasted to the maidens and said: When I said these words, I was dear and respected in his eyes as a person respects one who seeks peace and finds it, for it pleased him that I was looking out for the welfare of my little sister. The allegorical meaning is clear.

11. **Solomon had a vineyard** — *This is the congregation of Israel, as it is said (Isa. 5:7): "For the vineyard of the Lord of Hosts is the House of Israel."*—[*Rashi*]

In Baal-Hamon—*in Jerusalem, which is populous and has a multitude of peoples.*—[*Rashi*] *Ibn Ezra* defines this as the name of a place where there were many vineyards.

Baal—*an expression denoting a plain, like (Jos. 12:7): "from Baal-Gad in the valley of Lebanon."*—[*Rashi*]

he gave the vineyard to the keepers—*He delivered it into the hands of harsh masters: Babylon, Media, Greece, and Edom. In Midrash Shir Hashirim, I found some support to* [the theory that] *these keepers are the kingdoms.*—[*Rashi*]

שְׁלֹמֹה וּמָאתַיִם לְנֹטְרִים אֶת־פִּרְיוֹ׃ יג הַיּוֹשֶׁבֶת בַּגַּנִּים חֲבֵרִים מַקְשִׁיבִים לְקוֹלֵךְ הַשְׁמִיעִנִי׃ יד בְּרַח

ת״א היושבת בגנים חברים. שבת סג בתרא עה:

בנבואה למלכא שלמה למהוי איהו שליט בעסר שבטין כל יומוהי ובתר מותיה יהי שליט בהון ירבעם בר נבט ותרין שבטין יהודה ובנימין יהי שליט בהון רחבעם בר שלמה: יג היושבת אמר שלמה בסוף נבואתיה עתיד מרי עלמא למימר לכנשתא דישראל בסוף יומיא את כנשתא דישראל דמתילא לגנתא קלילא ביני אומיא ויתיבא בבית מדרשא עם חברי סנהדרין ושאר עמא דציתין לקל ריש מתיבתא ואלפין מן פומיה פתגמיה אשמיעיני אוריתא קל מליך בעדן דאת יתבא לזכאה ולחיבא ואהי מסכים לכל מה די את עבדת: יד ברח בההיא שעתא יימרון סבי כנשתא דישראל ערוק

רש״י

לך: ומאתים לנוטרים את פריו. ועוד נוסיף הרבה משלנו ונתן להם לראשיהם וחכמיהם כענין שנאמר (ירמיה טו) תחת הנחשת אביא זהב: לנטרים את פריו אלו תלמידי חכמים ואותם תשלומים לתלמידי חכמים כמו שנא׳ (ישעיה כג) כי ליושבי׳ לפני ה׳ יהיה סחרה ואתננה של צור. ויש לפרש ומאתים לנוטרים את פריו כדין הנהנה מן ההקדש שמשלם קרן וחומש אף אנו נשלם על קדש ישראל לה׳ ראשית תבואתו קרן והומש חומשו של קרן ומאתים הם חומשו של אלף: (יג) **היושבת בגנים**. הקב״ה אומר לכנסת ישראל את הנפוצה בגולה רועה בגנים של אחרים ויושבת בבתי כנסיות ובבתי מדרשות: **חברים מקשיבים לקולך**. מלאכי השרת חבריך בני אלהים דוגמתך מקשיבים ובאים לשמוע קולך בבתי כנסיות: **השמיעני**. ואח״כ יקדישו הם שנא׳ (איוב לח) ברן יחד כוכבי בקר אלו ישראל ואח״כ ויריעו כל בני אלהים: (יד) **ברח דודי**. מן הגולה הזאת ופדנו מביניהם:

אבן עזרא

כסף שכל הרואה על החומה טירה כסף יבא לראות׳. אמרה הנערה אני חומה ושדי גדלו ונכונו והענין אע״פ ששדי נכונו בתולה אני. אז הייתי בעיני החושד אותי כמוצא׳ שלום כי בתהלה נהרו בי ועתה מצאתי שלום עמהם. ויש אנשים שיתמהו ויאמרו אם שדיה כמגדלות הנה הם גדולים ואינו כן אלא מאמר שהיא דומה לחומה יהיו שדיה כמגדלות שהם על החומה הם הקטנים. כרם היה לשלמה. הזרה להלל נפשה ורוב אהבתה ואמרה כרם היה לשלמה והענין כי הנה שלמה המלך השכיר הכרם שלו בעבור שיביאו לו בפריו הנוטרים ששכרו אותו אלף כסף.* ואני לא עשיתי כן אלא כרמי שלי לפני וחזרה מלעגת ואומרת קח אתה שלמה האלף שלך וירויחו הנוטרים השוכרים מאתים. אני אינני רוצה ממון ולא קרן וריוח אלא להיות כרמי שלי לפני שההברתי בו עם דודי וזהו יותר תענוג לי מכל ממון. אמר דודה כשאת יושב׳ בגנים שיש בתוך הכרם אל תרימי קולך כי חברים יש לי והם מקשיבים לקולך ועתה השמיעני ואמרי לי ברח דודי כאלו תשבי שאני עמהם שלא יחשדוני שאני עמך בכאן כאשר אמרת לי בתחלה סב דמה לך דודי לצבי או לעופר האילים: **נשלם הפירוש מהפעם השנית**

הפעם השלישית שימני כחותם. אלו דברי כנסת ישראל לשכינה שאהיה דבוקה בך לעולם. וענין מים רבים הם האומות הנמשלות למים כענין ימשני ממים רבים וכן את מי הנהר הגדולים

ספורנו

תוכל אתה לבדך: ומאתים. אבל השתדלנו להעמיד המעטים כפי אשר השיגה ידינו: (יג) היושבת בגנים. משיב האל ית׳ אל קהלת יעקב ההמונית היושבת בגנים עושה מקנה וקנין: חברים מקשיבים לקולך השמיעיני. השמיעי אותי קול חברים בבתי מדרשות המקשיבים לקולך כאשר תתני להם די מחסורם למען יחזקו ותזכי עמהם בתורת ה׳: (יד) ברח דודי. משיבה

מצודת דוד

כל שומר השומרי יהיה לך כי אתה הקחם: ומאתים כו׳. כאומרת לא כלבד האלף תקח אשר הרבית לתת יותר מ׳ ראוי כי אף המאתים כסף שסוף הראוי לתת לשומרים הנה עתה כשאשמור אני תקח גם את זאת ולא תוציא כלום על שכר השמירה. והנמשל היא לומר בעת שנגאולה שעתידה תבקש מלכות יהודה שכל עדת בני ישראל תהי׳ תחת ממשלת׳ ויהיו א״כ עשרת השבטים לה׳ להאמין בו לא כמו שהיו מאז שמלכים הדיחום מאחרי ה׳. גם המאתים המרמזים על שני השבטים יהודה ובנימין גם הם יהיו אחרי ה׳ ואיש אחיו יעזורו: (יג) היושבת בגנים. פתה מספרת ואומרת כ״כ ישרה דברי בעיניו עד שאמר לי אתה היושבת בגנים מקו׳ ימלאו שם החברים בעלי כרמי׳ כמוני הנה הם מקשיבים לקול עלתך וכאומר פן גם הם יעשו כזאת ולא יהיה א״כ תשמרתך עליהם לזאת השמיעי דבריך בלחש רק לי לבד ולא ישמע זולת. והנמשל היא לומר כאלו המקום ב״ה ישיב לה אתה מלכות יהודה היושבת בירושלים הנה כל בית ישראל חבריך מקשיבים לקולך וחפצים בזה כמ״ש ובקשו את ה׳ אלהיהם ואת דוד מלכם (הושע ג׳) אבל הזהרי להשמיע קולך לי לבד ולא תפנה עוד אל אלהים אחרים: (יד) ברח דודי. ואני אמרתי לו אם יש לחשוש בזה מהר ללכת מן הגנים ודמה עצמך בקלות המרוצה לצבי כו׳ וביא על הרי

מצודת ציון

המון. ענין עם רב: (יב) לנטרים. ענין שמירה כמו נוטרה את הכרמים (לעיל א): (יג) היושבת. בה״א הקריאה כמו הדור אתם ראו (ירמיה ב): מקשיבים. ענין שמיעה והאזנה: (יד) ברח. ענין מסירות

קיצור אלשיך וש״מ

עכ״ז שלי הוא ולפני בא כל מה שהטפתם לכם את פריו ולא נכחד ממני מה שגניבתם מהם, והם אומרים האלף לך שלמה האלף הכסף שגבינו מהם הכל נחזור לך (ומאתים לנוטרים את פריו) ועוד נוסיף הרבה משלנו וניתן להם לראשיהם וחכמיהם כענין שנאמר תחת הנחשת אביא זהב (לנוטרים את פריו) אלו ת״ח, אותם תשלומים יהי׳ לתלמידי חכמים. כמו שנאמר כי ליושבים לפני ה׳ יהיה סחרה ואתננה של צור. ויש לפרש ומאתים לנוטרים את פריו. כדין הנהנה מן הקדש שמשלם קרן וחומש אף אנו נשלם על קודש ישראל לה׳ ראשית תבואתו קרן וחומש חומשו של קרן ומאתים חומשו של אלף:

(יג) (**היושבת** בגנים) הקב״ה אומר לכנס״י את הנפוצה בגולה רועה בגנים של אחרים ויושבת בבתי כנסיות ובבתי מדרשות (חברים מקשיבים לקולך) מלאכי השרת שהם חבריך בני האלהים דוגמתך מקשיבים ובאים לשמוע קולך בבתי כנסיות (השמיעני) ואה״כ יקדישו הם שנאמר ברן יחד כוכבי בקר אלו ישראל ואח״כ ויריעו כל בני אלהים:

(יד) **ברח** דודי. מן הגולה ופדנו מביניהם (ודמה לך לצבי) למהר הגאולה והשרה שכינתך על הרי בשמים. הוא הר המוריה ובהמ״ק שיבנה ב״ב אמן:

לקוטי אנשי שם

אז סחל רוח שיריהם לפעם בקדשם וקלס אותה ההרים בלשון כסיל הנך יפה רעיתי הנך יפה עיניך יונים. ילאה הנך יפה במראה ותואר ניפני׳. גם לא שמת עיניך ללכת אחרי הבחורים. אבל אמרת לדבק טוב כיונה אל ב״ז והיא גם היא אמרה מלכי ואדוני הנך יפה דודי אף ערשנו רעננה וגו׳. עד כשושנה בין החוחים כן רעיתי בין הבנות. כלומר הבנות לא פעלו מאחה שתהפסה ותס׳ כמיתן. אבל היא נשארה בתואר שושנה כאשר מאז. גם היא סומכה נחשת בעלי היער כן דודי בין הבנים. ככתי אז כמי עתה:

דודי

and those who watch its fruit, two hundred. 13. You, who sit in the gardens, the friends hearken to your voice; let me hear [it]. 14. Flee,

[Both *Midrash Rabbah* and *Midrash Zuta* identify the keepers as Nebuchadnezzar, whereas *Midrash Shir Hashirim* identifies them as the kingdoms.]

each one brought for the fruit thereof—*whatever they could collect from them: head taxes, tithes, and illegal foreclosures; they collected everything from them to bring into their homes.*—[*Rashi*]

12. **My vineyard, which is mine, is before me**—*for on the day of judgment, the Holy One, blessed be He, will bring them to justice, and He will say, "My vineyard, even though I delivered it into your hands, is mine, and before Me is all that you seized for yourselves, its fruit. And that which you collected from them is not hidden from Me." And they will say:*

you, O Solomon, shall have the thousand—*"The thousand pieces of silver that we collected from them, we will return everything to You."*—[*Rashi*] [Note that *Rashi* follows the Midrashic interpretation of שְׁלֹמֹה as "the King to Whom peace belongs," as above 1:1.]

and those who watch its fruit, two hundred—*And we will add much more of our own, and we will give it to them, to their heads and their sages, as it is stated (Isa. 60:17): "Instead of copper I will bring gold."*—[*Rashi*]

who watch its fruit—*These are the Torah scholars, and those payments are for the Torah scholars, as it is stated (Isa. 23:18): "but those who sit before the Lord shall have her commerce" and her hire, i.e., that of Tyre. And it can also be explained: and two hundred for those who watch its fruit—according to the law of a person who derives benefit from consecrated objects, who pays the principal and a fifth. We too will pay, for (Jer. 2:3): "Israel is holy to the Lord, the first of His grain," the principal and a fifth, a fifth of the principal, and two hundred is a fifth of a thousand.*—[*Rashi*]

Mezudath David explains:

[11] **Solomon had a vineyard**—Now the beloved maiden returns to tell the following: Since I sought the welfare of my relative, my words are dear to him to praise all my words, for this beloved young man, who is as dear in my eyes as King Solomon, had a vineyard in the plain where there was a multitude of people, and since he was afraid of theft, he gave it over to keepers, who took turns guarding it in shifts, and each keeper would earn one thousand pieces of silver for his work. This was for his share in the fruit of the vineyard for the reward of his watching, and the rest would belong to the young man, the owner of the vineyard. Allegorically, the vineyard represents the people of Israel, called God's vineyard, (Isa. 5:7): "for the vineyard of the Lord of Hosts is the House of Israel." God

דּוֹדִי וּדְמֵה־לְךָ לִצְבִי אוֹ לְעֹפֶר הָאַיָּלִים עַל הָרֵי בְשָׂמִים׃

הנ"א מרח דודי ודמה לך לצבי. שבת סג:

סכום פסוקי ספר שיר השירים מאה ושבעה עשר וסימנו וחכך כיין הטוב הולך לדודי. ופרקיו שמונה וסימנו גנילח ונשמחה בו וחציו נרד וכרכום:

תרגום

לֵךְ רַחֲמִי מָרֵי עָלְמָא מֵאַרְעָא הָדָא מְסָאֲבָא וְתִשְׁרֵי שְׁכִנְתָּךְ בִּשְׁמֵי מְרוֹמָא וּבְעִדָּן עַקְתִין דִּי אֲנַחְנָא מְצַלִּין קֳדָמָךְ תְּהֵי דָמֵי לְטַבְיָא דִּי בְעִדָּן דְּדָמִיךְ עֵינָא חֲדָא קָמִיץ וְעֵינָא חֲדָא יְהֵי פְּתִיחַ או כְּאוֹרְזִילָא דְאַיְלָא דִּבְעִדָּן דְּעָרִיק מִסְתַּכֵּל בַּתְרֵיהּ כֵּן אַנְתְּ תְּהֵי מַשְׁגַּח בָּן וּמִסְתַּכֵּל בְּצַעֲרָן וּבְסִגּוּפָן מִשְּׁמֵי מְרוֹמָא עַד זְמַן דִּי תִתְרְעֵי בָן וְתִפְרוֹק יָתָן וְתָעֵל יָתָן עַל טוּרָא דִירוּשְׁלֵם וְתַמָּן יִסְקוּן כַּהֲנַיָּא קֳדָמָךְ קְטֹרֶת בּוּסְמָנִין׃

רש"י

ודמה לך לצבי. למהר הגאולה והשרה שכינתך: על הרי בשמים. הוא הר המוריה ובית המקדש שיבנה במהרה בימינו אמן. השלמת שיר השירים

ספורנו

קהלת יעקב כולה. אתה דודי המשיח מאחר שרצון המלך הקדוש להרבות תלמידי חכמים מהר אתה ביאתך אל הר ציון זה ותרעה אותנו דעה והשכל לרצון לפניו: על הרי בשמים. הר ציון שהי' בית מלכות לבית דוד והר הבית אשר שם סנהדרי גדולה:

אבן עזרא

וכמוהם רבים: אם יתן איש. כמו המן הרשע ללעג יהיה שלא יוכל לשנות דת ישראל כי המקום הוא שומר תורתו כענין אתה ה' תשמרם שהוא חוזר על הפסוק הראשון שהוא אמרות ה' אמרות טהורות: אחות לנו קטנה. תאמר כנסת ישראל אחר שתתחבר עוד נשארה לנו אחו' מעבר לנהר כוש או הם שני המטות וחצי המטה: ביום שידבר בה. ביום הנהמה כמו דברו על לב ירושלים: אם חומה היא. אם שמרה עצמה ולא יצאה מהדת נכין לה מקום וטירות מלאות כסף ונלך בשבילה: ואם דלת היא. שלא שמרה המצות ופתחה לכל נכור עליה ונמנעוה שלא תבא אלינו. ענתה היא והמרה אני חומה שומר' דתי הייתי תורה שבכתב ושבעל פה היו לו אז יהיו כל ישראל בשלוה כרם היה לשלמה. הם ישראל ששלמה היה מלך על כולם וזה הענין בבעל המון שכל ההמון היה שלו והוא סבב לתת הכרם לנוטרים והם מלכי ישראל. וענין אלף כסף עשרת השבטים שהיו לנוטרים וכל שבט מאה כסף· כרמי שלי אמר שלמה ברוח הקדש זה הכרם כולו שהיה לי עוד יחזור להיותו לפני: האלף לך שלמה. יאמר למשיח שהוא בנו ויקרא שלמה האלף לך שלמה יחזרו שהיו לנוטרים את פריו גם המאתים שהם יהודה ובנימין. אמרה שכינה היושבת בגנים את כנסת ישראל כמה יתאוו המלאכים לשמוע את שיריך ענתה כנס' ישראל אם טוב בעיני דודי ברח מהמלאכים ורד אל הרי בשמים הם הררי ציון כי שם צוה ה' את הברכה חיים עד העולם:

נשלם הפירוש מהפעם השלישית

מצודת ציון

הבשמים: ודמה. מלשון דמיון: לעפר. כן יקרא ילד האיל:

מצודת דוד

בשמים ואני אבוא אחריך ושם נשב ושם נדבר דברינו ולא ימלא מי שם מקשיב אמרינו. והנמשל הוא לומר כאלו בית יסודם משיב דבר לומר א"כ מהר והשרה את שכינתך בבה"מ מקום יקטירו שם הקטרת והם יהיה סיבה לשבים ממוכתן וילאתך:

תפלה אחר שיר השירים

תפלה זו יאמר אחר שיר השירים בכוונה גדולה

רִבּוֹן כָּל הָעוֹלָמִים יְהִי רָצוֹן מִלְּפָנֶיךָ יְיָ אֱלֹהַי וֵאלֹהֵי אֲבוֹתַי שֶׁבִּזְכוּת שִׁיר הַשִּׁירִים אֲשֶׁר קָרִיתִי וְלָמַדְתִּי שֶׁהוּא קוֹדֶשׁ קָדָשִׁים בִּזְכוּת פְּסוּקָיו וּבִזְכוּת תֵּיבוֹתָיו וּבִזְכוּת אוֹתִיּוֹתָיו וּבִזְכוּת נְקוּדוֹתָיו וּבִזְכוּת טְעָמָיו וּבִזְכוּת שְׁמוֹתָיו וְצֵירוּפָיו וּרְמָזָיו וְסוֹדוֹתָיו הַקְּדוֹשִׁים וְהַטְּהוֹרִים וְהַנּוֹרָאִים הַיּוֹצְאִים מִמֶּנּוּ שֶׁתְּהֵא שָׁעָה זוֹ שְׁעַת רַחֲמִים שְׁעַת הַקְשָׁבָה שְׁעַת הַאֲזָנָה וְנִקְרָאֲךָ וְתַעֲנֵנוּ נַעְתִּיר לְךָ וְהֵעָתֵר לָנוּ שֶׁיִּהְיֶה עוֹלֶה לְפָנֶיךָ קְרִיאַת וְלִימּוּד שִׁיר הַשִּׁירִים כְּאִלּוּ הִשַּׂגְנוּ כָּל הַסּוֹדוֹת הַנִּפְלָאוֹת וְהַנּוֹרָאִים אֲשֶׁר הֵם חֲתוּמִים בּוֹ בְּכָל תְּנָאָיו וְנִזְכֶּה לַמָּקוֹם שֶׁהַנְּשָׁמוֹת נֶחְצָבוֹת מִשָּׁם וּכְאִלּוּ עָשִׂינוּ כָּל מַה שֶּׁמּוּטָל עָלֵינוּ לְהַשִּׂיג בֵּין בְּגִלְגּוּל זֶה בֵּין בְּגִלְגּוּל אַחֵר וְלִהְיוֹת מִן הָעוֹלִים וְהַזּוֹכִים לָעוֹלָם הַבָּא עִם שְׁאָר צַדִּיקִים וַחֲסִידִים וּמַלֵּא כָּל מִשְׁאֲלוֹת לִבִּי לְטוֹבָה וְתִהְיֶה עִם לְבָבֵנוּ וְאִמְרֵי פִינוּ בְּעֵת מַחְשְׁבוֹתֵינוּ וְעִם יָדֵינוּ בְּעֵת מַעְבָּדֵינוּ וְתִשְׁלַח בְּרָכָה וְהַצְלָחָה וְהַרְוָחָה בְּכָל מַעֲשֵׂה יָדֵינוּ וּמֵעָפָר תְּקִימֵנוּ וּמֵאַשְׁפּוֹת דַּלּוּתֵנוּ תְּרוֹמְמֵנוּ וְתָשִׁיב שְׁכִינָתְךָ לְעִיר קָדְשֶׁךָ בִּמְהֵרָה בְיָמֵינוּ אָמֵן׃

my beloved, and liken yourself to a gazelle or to a fawn of the hinds on the spice mountains."

delivered them to keepers, namely the kings of Israel, who reigned in succession, and each one reigned in his time over the Ten Tribes. The thousand represent the Ten Tribes, one hundred for each tribe.

[12] **My vineyard, which is mine, is before me**—I sent my message, saying: My vineyard, which is mine, will be before me. I will keep an eye on it.

you, O Solomon, shall have the thousand—The thousand pieces of silver that the keepers received, each one in his time, will be yours, for you will take them.

and two hundred—Not only the thousand will you take, which you overpaid, but even the two hundred, which is the proper amount to give for guarding, you will keep, since I will now watch the vineyard, and the watching will cost you nothing. Allegorically, this means that at the time of the future redemption, the kingdom of Judah will seek all Israel to be under its rule, and the Ten Tribes will then belong to God and believe in Him, not as they did when their wicked kings misled them. The two hundred represent the two tribes of Judah and Benjamin; they too will follow God, and each one will aid his fellow.

13. **You, who sit in the gardens**—*The Holy One, blessed be He, says to the congregation of Israel, "You, who are scattered in exile, grazing in the gardens of strangers and sitting in synagogues and study halls..."*—[*Rashi*]

the friends hearken to your voice—*The ministering angels, your friends, children of God like you, hearken and come to listen to your voice in the synagogues.*—[*Rashi*]

let me hear [it]—*And afterwards, they will declare* [God's] *sanctity, as it is said* (*Job 38:7*): *"When the morning stars sing together." These are the Israelites. And afterwards, "and all the angels of God will shout."*—[*Rashi*, based on *Song Rabbah*]

14. **Flee, my beloved**—*from this exile and redeem us from among them.*—[*Rashi*]

and liken yourself to a gazelle—*to hasten the redemption and to cause Your Shechinah to rest*—

on the spice mountains—*This is Mount Moriah and the Temple, may it be built speedily and in our days, Amen.*—[*Rashi*]

Mezudath David explains:

[13] **You, who sit in the gardens**—The maiden relates: My words meant so much to him that he said to me, "You, who sit in the gardens, in the place where the friends, the owners of vineyards, like me, are found, behold, they hearken to your counsel." This is to say that lest they do this and you will have no honor from this relationship, speak to me alone in hushed tones, and let no one else hear your voice. Allegorically, the Omnipresent, blessed be He, replies: You, kingdom of Judah, who dwells in Jerusalem, behold, the entire House

of Israel, your friends, hearken to your voice and desire it, as it is written (Hos. 3:5): "and seek the Lord their God and David their king," but be careful to let Me alone hear your voice, and turn no longer to other deities.

[14] **Flee, my beloved**—And I said: If there is anything to fear, go hastily from the gardens and liken yourself to a gazelle in your speed, and come upon the spice mountains, and I shall follow you, and there we will converse without eavesdroppers. Allegorically, this means that the House of Judah replies to God: If so, hastily cause Your Shechinah to rest in the Temple where they will burn the incense, and that will serve to instill Your faith and Your fear in the hearts of the people.

The *Targum* paraphrases:

[11] A people came up by lot to the Lord of the Universe, to Whom peace belongs, which was compared to a vineyard. He settled her in Jerusalem, and delivered her into the hands of the kings of the House of David, that they might guard her, just as the gardener guards a vineyard. After the death of Solomon, King of Israel, she was left in the hand of Rehoboam, his son; whereupon Jeroboam, son of Nebat, came and divided the kingdom with him, leading away from him the ten tribes, according to the word uttered by the mouth of Ahijah of Shiloh, who was a great man.

[12.] When Solomon, King of Israel, heard the prophecy of Ahijah of Shiloh, he rushed to kill Jeroboam, but Jeroboam fled from before Solomon and went to Egypt. At that hour, it was told to King Solomon by prophecy that he would rule over the ten tribes all his days, but that after his death, Jeroboam, son of Nebat, would rule over them, while Rehoboam, son of Solomon, would rule over the two tribes, Judah and Benjamin.

[13] Solomon, at the end of his prophecy, remarks: In time to come, the Lord of the Universe will say to the Congregation of Israel at the end of days: O you Congregation of Israel, compared to a little garden among the nations, seated in the study hall with the members of the Sanhedrin, and the rest of the people who listen to the voice of the Head of the Academy, and learn from his mouth the words of the Torah, cause me to hear the sound of your words at the time that you sit to pronounce (the verdict of) innocent or guilty, and I shall approve all that you have done.

[14] At that time, the elders of the congregation of Israel will say: O Beloved Lord of the Universe, flee from this polluted earth, and let Your Presence dwell in the high heavens; and in times of trouble, when we pray to You, be like a gazelle, which, while it sleeps, has one eye closed and one eye open, or like a fawn of the hinds, which, in running away, looks back. So look upon us and regard our pain and affliction from the high heavens, until such time when You will be pleased with us and redeem us, and bring us up to the mountain of Jerusalem, where the priests will burn before You the incense of spices.

מגילת רות

●

מקראות גדולות

RUTH

מקראות

רות

תורגם מחדש לאנגלית

מתורגם ומבואר עם כל דבורי רש"י
ולקט המפרשים על ידי
הרב אברהם י. ראזענבערג

הוצאת יודאיקא פרעסס
ניו יורק • תשנ"ב

RUTH

A NEW ENGLISH TRANSLATION

TRANSLATION OF TEXT, RASHI,
AND OTHER COMMENTARIES BY
Rabbi A. J. Rosenberg

THE JUDAICA PRESS
New York • 1992

Manufactured in the United States of America

CONTENTS

Bibliography and Emendations and Deletions (תקונים והשמטות) *to the Hebrew commentaries may be found at the end of this volume.*

INTRODUCTION

I. Authorship

The Talmud (*B.B.* 14b) tells us that the prophet Samuel wrote the Book of Ruth. Rashi notes that Samuel wrote the Book of Judges, which contains the history of the Jewish people prior to his time, and the Book of Ruth, which relates a narrative that occurred in that period.

II. Aim And Purpose

A very simple but beautiful explanation of the purpose of the Book of Ruth is given by *Ruth Rabbah* (2:14):

Rabbi Zeira said: "This scroll tells us nothing either of ritual purity or impurity, either of things prohibited or permitted. Why then was it written? To teach how great is the reward of those who perform acts of kindness."

Another explanation given by *Midrash Lekach Tov* is that Samuel wrote the Book of Ruth to trace David's pedigree:

"Now why was it written? To trace the lineage of David the son of Jesse. And so does David say: (Ps. 40:8) "Then I said: Behold I have come with the scroll of a book written for me." David said: When Samuel the seer anointed me, I said, 'Behold I have come for greatness and glory with the scroll of a book prescribed for me.' This is the Scroll of Ruth, in which David's lineage is recorded."

Shoresh Yishai tells us that when he was anointed, David thought that he had just then merited greatness. He later discovered that the Book of Ruth had already been written on his behalf to trace his lineage and to legitimatize him to enter the assembly of the Lord and to occupy the throne.

The Talmud (*Yev.* 76b, 77a) relates that Doeg the Edomite, the head of Saul's tribunal, contested not only David's eligibility for the throne, but even his eligibility to "enter the assembly of God", meaning that he should not be permitted to marry Jewish women since he was of Moabite extraction, as Scripture states: (Deut. 22:4) "An Ammonite or a Moabite shall not enter the assembly of the Lord." The Talmud relates that the question was asked in the study hall, and the scholars replied that the Torah means "a Moabite but not a

Moabitess." Doeg questioned this ruling, and they could not refute his objections until Amassa insisted that he had heard from the tribunal of Samuel the prophet that the halachah is: an Ammonite [is forbidden to enter] but not an Ammonitess; a Moabite but not a Moabitess.

Since Samuel was still living, he composed the Book of Ruth to substantiate this halachah and to base this ruling on the decision of Boaz and his tribunal, so that it would no longer be contested.

This legal decision was included in the canon for three reasons: 1) because of its paramount importance, viz. the legitimacy of the Davidic dynasty, from which the King-Messiah will be descended; 2) lest the scroll be lost due to its small size; 3) to confirm its truth, since it is given the same sanctity and honor as the other books of the Holy Writ.[1]

Even Jesse, David's father, had misgivings concerning this halachah. *Yalkut Machiri*, Ps. 118, quotes a midrash stating that Jesse had separated from his wife for three years. After these three years, he acquired a comely handmaid, whom he wished to marry. He proposed to her, offered her a writ of emancipation and ordered her to purify herself for cohabitation with him. *Azulai* quotes this midrash in a slightly different manner. Jesse feared the stigma of Moabite extraction. He therefore separated from his wife, since, being a Moabite, he was forbidden to marry a Jewess. He could, however, marry a freed slave, and their children would be regarded as freed slaves, thereby removing the stigma of Moabite extraction. The handmaid, faithful to her mistress, confided the secret to her. At night, when the handmaid extinguished the candles, Jesse's wife entered the room and took the place of the handmaid. That night, she conceived David. Jesse and his sons, who were also aware of their parents' separation, suspected their mother of having an extra-marital affair.

After nine months had passed, her sons wished to kill her and her son David. Jesse said to them, "Leave him alone and let him be our slave and tend the flocks." The matter remained a secret for twenty-five years. Then the Holy One, blessed be He, said to Samuel: (I Sam. 16:1) "Go, I will send you to Jesse the Bethlehemite." As soon as he arrived, they brought him Eliab. Samuel immediately said, "Surely the Lord's anointed is before Him." The Holy One, blessed be He, answered, "Look not upon his countenance, etc." Jesse then brought out all his seven sons, one after another. Samuel said to Jesse, "The Holy One, blessed be He, said to me, 'Go and I will send you to Jesse,' and you tell me that they are all?" He replied, "The youngest is still left, and behold, he is watching the sheep." Samuel said to him, "Go and bring him." As soon as he came, the oil began to bubble over. The Holy One, blessed be He, said, "You are standing, and My anointed is standing; arise, anoint him, for this is he." He emptied the oil on his head, and it hardened like precious stones and pearls. The horn refilled itself as it was [before], and it came down upon the collar of his garments, while Jesse and his sons were standing, quaking with fear. They said, "Samuel has come only to disgrace us and to publicize that he (Jesse) has an

illegitimate son." And David's mother was happy inside and sad outside. When he raised the cup of salvation, they all rejoiced. Samuel stood and kissed him on the head.[2]

For this very reason, Tov, the closest of kin, who was supposed to redeem Elimelech's estate, refused to do so, "lest I mar my inheritance." See Commentary Digest 4:6.

III. Position in Canon

According to the Talmud (*B.B.* 14b), Ruth is the first book of the Hagiographa, preceding Psalms. Abarbanel, in his introduction to the Early Prophets, discusses the reason for this placement, and especially the reason it was not included in Judges, in which period it occurred:

"But the Scroll of Ruth was not included at the end of the Book of Judges and was not counted among the Prophets, because the Book of Judges was designated primarily for narratives relating to the entire nation of Israel and to their judges in those days, from the time of Joshua until the birth of Samuel. No doubt, many events occurred to private individuals that were not mentioned in that book, since its aim was to record events that occurred to the entire nation, and not to individuals. When Samuel anointed David as king, however, he investigated his lineage and his family. He composed the Book of Ruth in his honor to trace "the root of Jesse, which will stand as a banner to the nations," and the origin of his lineage, to tell us that he was descended from the family of Ram, and that Boaz was a judge in Israel. Since the Book of Judges had already been completed when he composed the Book of Ruth, he composed Ruth separately. Moreover, as the story of an individual, it was not fit to be included in the Book of Judges. In addition, the Rabbis knew from tradition that the Book of Ruth was composed through divine inspiration, and not through prophecy. They deduced this from the fact that no divine command is mentioned in the Book. They therefore included it in the Hagiographa, commensurate with the degree of inspiration with which it was composed."

I personally see another reason for this classification. Even if we say that this book was written with the same degree of prophecy as the Book of Judges and the other books of the Prophets, the Rabbis wished to place it adjacent to the Book of Psalms, composed by David, to inform us of his lineage. It was therefore placed with the Hagiographa even though it was on the level of the Prophets. The Rabbis noted this in the first chapter of *Bava Bathra* (14b), by stating, "The order of the Hagiographa is as follows: Ruth, Psalms, Job, Proverbs, Ecclesiastes, Song of Songs, Lamentations, Daniel, Esther, Ezra, Chronicles." They placed Ruth at the beginning because of the aforementioned reason.

Note that this order differs from ours. In our order, the Five Megilloth are grouped together since they alone are read in the synagogue on special days.

IV. Place in Liturgy

In many congregations, Ruth is read on the second day of Shavuoth. Many reasons have been given for this custom. Several are quoted by *Matteh Moshe*, as follows:

On the second day, it is customary to read the Scroll of Ruth before the reading of the Torah, since it is written in the portion אֱמוֹר, in the section dealing with the Festival of Shavuoth (Lev. 23:22): "And when you reap the harvest of your land, you shall not completely remove the corner of your field when you reap, and you shall not gather the gleanings of your harvest; you shall leave them for the poor man and for the stranger..." And it is written (Prov. 31:26): "and instruction of kindness is on her tongue," and Boaz did kindness with Ruth when she was gleaning during his harvest. We therefore read the Scroll of Ruth on Shavuoth.

Rokeach notes that we find eighty-five verses in the Book of Ruth, equal to the numerical value of בֹּעַז.

David Ibn Yachia writes: It is customary to read the Scroll of Ruth on Shavuoth because it relates the history of the "thrones of justice, the thrones of the house of David." Its purpose is to instill in our hearts the trait of trust, for just as the Creator, may His name be blessed, kept His promise to Israel, which He had promised them through His prophet Moses: (Exod. 3:12) "When you take the people out of Egypt, you will serve the Lord on this mountain," so will He keep His second promise: (Isa. 11:1f.) "And a shoot shall spring forth from the stem of Jesse, and a twig shall sprout from his roots. And the spirit of the Lord shall rest upon him," as it rested upon the greatest of prophets, with the perfection of the Godly spirit, "a spirit of wisdom and understanding," with the perfection of the spirit of perception, "a spirit of knowledge and the fear of the Lord," with the perfection of the soul of growth, in a manner that he speaks with intelligence, and therefore, "he will judge the poor justly," referring to acts of righteousness, "and he will chastise with equity the humble of the earth," referring to performing acts of kindness, which is called performing equity, "and with the breath of his lips he shall put the wicked to death," denoting the execution of judgment, as explained above.

I say, however, that there is no need to search for new reasons for something that the ancients have already explained. I mean that our Sages gave an adequate reason for this custom in the Midrash (*Ruth Zuta*, appearing in *Yalkut Shimoni* and *Lekach Tov*), as follows:

What is the connection between Ruth and Shavuoth, that it is read on Shavuoth, the time of the giving of the Torah? To teach you that the Torah was given only through affliction and poverty, and so Scripture states (Ps. 68:11): "Your congregation dwelt therein; You prepare with Your goodness for the poor, O God." The Torah said before the Holy One, blessed be He, "O Lord of the Universe, place my lot with the staff of poverty, for if the rich engage in me,

they become haughty, but when they are poor, they engage in me, and they know that they are hungry and humble." Therefore, "Now it came to pass in the days of the judging of the judges, that there was a famine in the land." The judge would say to a person, "Take a splinter from between your teeth," and he would retort, "Take a beam from between your eyes," (i.e., they judged the judges and did not accept their rulings.) Why does it say וַיְהִי twice? Once for a famine of bread and once for a famine of Torah. This is to teach you that a generation bereft of Torah will be beset by hunger.

Midrash Lekach Tov gives another reason for the connection between Ruth and Shavuoth: the Scroll of Ruth is composed entirely of kindness, and the Torah, which was given on Shavuoth, is composed entirely of kindness, as it is said: "And the Torah of kindness is on her tongue."

Besorath Eliyahu writes that according to tradition, the souls of all the Jews were present at Mt. Sinai when the Torah was given. The souls of future proselytes were also present at that memorable moment. As an allusion to this, we read the Book of Ruth, which embodies the narrative of Ruth the proselyte, on Shavuoth.

Hatza'ath Ruth teaches that Ruth serves as an example for the Jewish people. If Ruth, a member of a rejected nation, a nation with which intermarriage is forbidden, merited that God draw near to her to such an extent that she became the matriarch of the Davidic royal family, how much more so will God draw near to a Jew who draws near to His Torah! This lesson is appropriate for the Festival of Shavuoth, the time of the giving of the Torah.

We learn additionally (*Zohar Harakia, Meshiv Nefesh*), that just as Ruth accepted 606 commandments in addition to the seven that she had previously been obligated to observe, so did the Jews accept 613 commandments.

V. Ruth and Orpah

As mentioned above, the halachah permitting a Moabite woman to marry within the fold of Israel was unclear at the time of Boaz until he publicized the forgotten *halachah leMoshe miSinai*. Consequently, Mahlon and Chilion married women they supposed to be forbidden to them by the Torah. Were these women gentiles or did they embrace Judaism prior to their marriages? In *Midrash Rabbah* (II. 9), we find: It was taught in the name of R. Meir: they neither converted them, nor made them undergo ritual immersion, nor had the ruling, "*Ammonite* but not Ammonitess, *Moabite* but not Moabitess," been propounded, to free them from punishment on its account.

Yalkut Shimoni and *Lekach Tov* conclude, "Had their father been living, he would not have allowed them to marry them, but after he died, they married them."

This bears out what the Talmud (*Yeb.* 47b), as well as *Midrash Rabbah* (II. 22-24) tell us, that in accordance with the laws of conversion, Naomi attempted

to dissuade Ruth from converting, yet she persisted.

Ibn Ezra, however, insists that they would not have married them had they not converted. He brings as evidence, "Behold, thy sister-in-law is gone back unto her people and unto her god" (1:15), which indicates that she had converted, but reverted to paganism. *Zohar Chadash* asserts that Ruth and Orpah converted when they wedded Mahlon and Chilion, and changed their names. On the other hand, this proof can be refuted, since they wished to return with Naomi to the land of Judah and convert to Judaism there. Many exegetes have dwelt on this subject in an attempt to reconcile these two seemingly divergent views.

One theory is that Mahlon and Chilion converted Ruth and Orpah, but not in accordance with halachic requirements. They performed the conversion without the presence of a *beth-din*, a Rabbinic tribunal. According to some authorities, such a conversion is completely invalid; according to others, it is valid after the fact. Mahlon and Chilion were of the opinion that it was valid and consequently married them. Naomi, and probably Elimelech, held that the conversion was completely invalid. Naomi therefore attempted to dissuade them from accompanying her to Judah and converting in the proper manner (*Emunath Chachamim*).

A similar explanation is that Mahlon and Chilion did indeed convert Ruth and Orpah according to all the halachic requirements, with the exception of questioning their sincerity. If they had ulterior motives in becoming Jewesses, they would not be accepted. If they were accepted, their conversion would be valid after the fact. *Rambam, Isurei Biah* 13.f. explains that Samson and Solomon did not marry gentile women. They indeed converted them to Judaism. These women, however, were insincere converts since they converted for the purpose of marriage. Since they were insincere and subsequently reverted to idolatrous practices, Scripture regards them as not having converted. The same is true in the case of Mahlon and Chilion. Since they allowed Ruth and Orpah to convert for the purpose of marriage, Scripture regards it as though they had not converted (*Meshiv Nefesh*).

A third explanation is that Ruth and Orpah were indeed proselytes. They observed the precepts out of fear of their husbands. After their husbands' demise, Naomi wished to test them, to ascertain whether they were sincere in their acceptance of the precepts. As a result, Orpah returned to Moab and reverted to her idolatrous and immoral practices, but Ruth cleaved to Naomi and accepted Judaism wholeheartedly (*Zohar Chadash*).

[1] Rabbi Shemariah Haikrit, quoted by *Shoresh Yishai*.

[2] Cf. *Azulai*, *Midbar Kedemoth*, p. 72, *Asarah Ma'amaroth*, *Ma'amar Hikkur Din*, part 3, ch. 10.

OUTLINE OF RUTH

I. Elimelech's family's sojourn in Moab (ch. 1)
- A. Elimelech's flight from Judah (verses 1-2)
- B. Elimelech's death (verse 3)
- C. His sons' marriages to Moabite women (verse 4)
- D. His sons' deaths (verse 5)
- E. Naomi's return to Judah (verses 6-22)
  1. Ruth and Orpah follow her (verses 8-13)
  2. Orpah returns to Moab and Ruth goes along with Naomi (verses 14-22)

II. Ruth's encounter with Boaz in the field (ch. 2)
- A. Ruth goes to glean in a field (verses 1-2)
- B. Boaz's entry to the field (verses 3-4)
- C. Boaz's introduction to Ruth (verses 5-17)
- D. Ruth's return to Naomi (verses 18-23)

III. Naomi's plan for Ruth's marriage to Boaz (ch. 3)
- A. Naomi's advice to Ruth to approach Boaz in the threshing floor (verses 1-4)
- B. Ruth's meeting with Boaz and Boaz's promise (verses 5-15)
- C. Ruth's return to Naomi (verses 16-18)

IV. Boaz's redemption of Elimelech's estate (4:1-10)

V. Boaz's marriage to Ruth and the people's blessing (verses 11-12)

VI. Birth of Obed and genealogy from Judah to David (verses 13-22)

מגילת רות

●

מקראות גדולות

RUTH

א א וַיְהִי בִּימֵי שְׁפֹט הַשֹּׁפְטִים וַיְהִי רָעָב בָּאָרֶץ וַיֵּלֶךְ אִישׁ מִבֵּית לֶחֶם יְהוּדָה לָגוּר

ת"א ויהי בימי. מגלה י בתרא צא:

א א וַהֲוָה בְּיוֹמֵי נְגִיד נְגִידַיָא וַהֲוָה כַּפְנָא תַּקִּיף בְּאַרְעָא דְיִשְׂרָאֵל עֲשַׂרְתֵּי כַּפְנִין תַּקִּיפִין אִתְגְּזָרוּ מִן שְׁמַיָא לְמֶהֱוֵי בְּעָלְמָא מִן יוֹמָא דְאִתְבְּרֵי עָלְמָא עַד דְיֵיתֵי מַלְכָּא מְשִׁיחָא לְאוֹכָחָא בְהוֹן דַיָרֵי אַרְעָא. כַּפְנָא קַדְמָאי בְּיוֹמֵי אָדָם. כַּפְנָא תִּנְיָין בְּיוֹמֵי לֶמֶךְ. כַּפְנָא תְּלִיתָאֵי בְּיוֹמֵי אַבְרָהָם. כַּפְנָא רְבִיעָאֵי בְּיוֹמֵי יִצְחָק. כַּפְנָא חֲמִישָׁאֵי בְּיוֹמֵי יַעֲקֹב. כַּפְנָא שְׁתִיתָאֵי בְּיוֹמֵי בוֹעַז דְמִתְקְרֵי אִבְצָן צַדִּיקָא דְמִן בֵּית לֶחֶם יְהוּדָה. כַּפְנָא שְׁבִיעָאֵי בְּיוֹמֵי דָוִד מַלְכָּא דְיִשְׂרָאֵל. כַּפְנָא תְּמִינָאֵי בְּיוֹמֵי אֵלִיָהוּ נְבִיָא. כַּפְנָא תְּשִׁיעָאֵי בְּיוֹמֵי אֱלִישָׁע בְּשׁוֹמְרוֹן. כַּפְנָא עֲשִׂירָאֵי עָתִיד לְמֶהֱוֵי לָא כַּפְנָא לְמֵיכַל לַחְמָא וְלָא צַחוּתָא לְמִשְׁתֵּי מַיָא אֱלָהֵן לְמִשְׁמַע פִּתְגַם נְבוּאָה מִן קֳדָם יְיָ וְכַד הֲוָה כַּפְנָא הָדֵין תַּקִּיף בְּאַרְעָא דְיִשְׂרָאֵל נְפַק גַּבְרָא רַבָּא מִן

רש"י

(א) ויהי בימי שפוט השופטים. לפני מלוך מלך שאול א שהיו הדורות מתפרנסים על ידי שופטים ובימי אבצן היה שאמרו רבותינו אבצן זה בועז: וילך איש. עשיר גדול היה ופרנס הדור ב ויצא מא"י להון לארץ מפני צרות העין שהיתה עינו צרה בעניים ג הבאים לדוחקו לכך

שפתי חכמים

א דק"ל למה לא הזכיר המלך לכ"פ לפני מלוך מלך וכו' ואח"כ ק"ל א"כ עדיין לא ידענו באיזו זמן היה ואיזו שופט היה בימים ההם לכ"פ ובימי אבצן היה ואחר כך ק"ל ומנא ידעינן שבימי אבצן הי' לכ"פ שאמרו רז"ל אבצן זה בועז ובועז היה מרא דעובדא. ורהיתי קצת מפרשים דק"ל לרש"י שפוט השופטים משמע שהדור שופטים את שופטיהם וקשה הלא אין דינן המלך לכ"פ לפני מלוך כו' וזה אינו מכמה טעמים וכו': ב מדקורהו המה איש מורה על גדולתו לכן פי' עשיר: ג ה"פ שעינו צרה כו' והראיה שהרי לכך נענש דאלו מפני שיצא לח"ל והלא גדולי' מאלימלך אברהם יצחק ויעקב עשירים ממנו והלך זה למצרים וזה לפלשתים מפני הרעב ולמה נענש הוא אלא מפני שעינו צרה וכ"ה במדרש רות הנעלם. (אהבת ציון) ולרות עין נכד לא גרס דמ"מ היה מן הראוי לרחם עליהם בשביל זכות אבותם אבל עתה שהלכו לח"ל לא מהני להם זכות אבות' וז"ש רש"י לקמן ולא הועילה

אבן עזרא

*בשם אל יחזיק ידי. וזכרו יעמיד הודי.
במירוש על מגלת רות. לאברהם ספרדי:

גאום אברהם בעבור היות דוד שורש מלכות ישראל נכתב בספרי הקודש יחס דוד:

(א) ויהי בימי שפוט השופטים. יש אומר כי השם שפט השופטים כי על ידם בא רעב בארץ ישראל. ויש מדקדק שאומר שאיננו שם הפועל כ"א שם כמו הרב שפוט ויתכן היות כמשמעו כי כל פועל עבר או עתיד או פועל לעולם הם נגזרים משם הפועל כי הוא העיקר: מ"ס מבית לחם יהודה. משמש עלמו ואחר עמו בעבור כי שם

ברטנורה

(א) ויהי בימי שפוט השופטים. הכוונה בזה בזמן שהית' מה"ד שופטת את ישראל שהשופטים הוא כמו אלהים כמו שנאמר והגישו אדוניו אל האלהים ועיד שהם שופטים יש רעב בארץ שאמרנו שהיא כנסת ישראל מלד שהבכל' נלקחת ממנה וז"ש ויהי רעב בארץ והשכינ' מסתלק' מהכסא בהיות הסתלקות למעל' ג"כ יש הסתלקות למטה במלכי ישראל שמסתלקי' מכסאותם והולכי' בגלו' וז"ש וילך איש מבית לחם יהודה וגו' ואיש רומז להקב"ה כמש"ה ה' איש מלחמה. מבית לחם יהודה וגו'. ר"ל מהבית שממנה בא הלחם והמזון ליהודה ומ"ש לגור בשדי מואב הוא ואשתו ושני בניו הקב"ה איש וישראל אשתו הם וכשהאש' בין אומו' העולם שהוא בשדי מואב שאיש ג"כ עמהם כמ"ש חז"ל כ"מ שגלו ישראל שכינה עמהם וכו' ומ"ש ושם האיש אלימלך אלי הוא שמו של הקב"ה שלו ראוי המלוכה ומ"ש ושם אשתו נעמי הם ישראל שהם נעימים ומ"ש ושם שני בניו מחלון וכליון כמו פישון וגיחון שהם עוברים אותיו' עד משר ספי' עד נהר פרת שהוא לשון הפרתים שהוא ג"כ לשון פירי לכן אמר לשון פירי ר"ל מחלון וכליון הם עושים פירות לבית לחם יהודה וכיון שאמרו הכ"מ שגלו גלה שכינה לז"א ויבואו שדי מואב ויהיו שם ויש לשאול כיון שהשכינה עם ישראל כל זמן שהם בגלו' וג"כ פירי מחלון וכליון א"כ לא היה ראוי שיעברו עליהם לכות רעה בהיותם בגלות אלא הטעם הוא שכיון שהם בין האומו' למדים ממעשיה' וכח שהקב"ה ליתם בה מלחמותיהם היא לשכ' ביניהם שאינו לוחם מלחמותיהם וכב ריבם כימי קדם ואינו מתלבש במוז בעבורם שהיא מדה"ד שהוא אלהים כמו הנא אלהים זכחתע וגו' ומ"ש וישאו להם נשים מואביות ר"ל שמחלון וכליון שהם המקומו' המשפיעים בעולם עתה בעונותינו הם משפיעים הברכה ברשעים וישראל מקבלין צרות ורעות על ידם בשביל שהם מרפים ידם מהמזון ופונים להקב"ה עורף ולא פנים ובשביל זה הם רווים מלכות ורעות וזה רומז בשמותם ערפה ורות ולא יעלה על דעתך שהברכה המשפע' על הרשעים אם ישראל אינם מושים רלונו של הקב"ה הוא כמו הברכה המושפעת בזכות ישראל כי ג"כ יש שיטי גדול בברכ' וז"ש וימותו גם שניהם מחלון וכליון ואמר גם לרמז שאינו מיתה ממש אלא שהוא דוגמא ממ"ש בשכינה שהע"פ שיש ברכה בעולם אין לה דמיון עם המושפע' בזכות ישראל והברכה הבאה לישראל איכה כימי קדם הקב"ה ובהיותם בגלו' מקבלים אותה מיד הקב"ה שהיו מקבלים אותה ע"י השרים שהם רומזים בנערי בועז שבועז היה רומז להקב"ה שעתיד למלוך על ישראל בעוז וגבור' ויעור מגבתו שהכונה שהסתיר כחו ועיזו מהם ואינו לוחם מלחמותיה' ובבועז רמז גם שיעור מגבתו כמ"ש ולנעמי מודע לאישה איש גבור חיל ממשפחת אלימלך ושמו בועז והכונה שבשמו של הקב"ה בו העוז לשוב שבות עמו ישראל ומ"ש שישראל מקבלי' הברכ' ע"י השרים שרומזים בנערי בועז הוא רמוז בפסוק וכה תדבקין עם נערותי וג"כ אמר ושתית מאשר ישאבון הנערים ומ"ש ל' זכר ונקיבה לפי שיש בהם משפיעים ומושפעים והמשפיע מתיחס בלשון זכר והמושפע לשון נקיבה ולא די שישראל אינם מקבלים הברכה מהקב"ה אלא הפי' מהשרים אינם מקבלים אותה אלא ע"י אמצעים אחרים וזה רמוז לג,

קיצור אלשיך

(א) **למה** נאמר ב' פעמים ויהי ומה שייכות יש ענין שפוט השופטים לויהי רעב. הנה הקב"ה צוה שופטים ושוטרים תתן לך וגו' למען תחיה. ופי' רש"י כדאי הוא מנוי הדיינים הכשרים „להחיות" את ישראל. אם הדיינים הכשרים נותנים מחיה. מכלל הן אתה שומע לאו. כשהדיינים אינם כשרים מונעים המחיה וז"א ויהי בימי שפוט השופטים. ששפטו את שופטיהם. ע"כ ויהי רעב. והכתוב מודיע תבתם של ישראל לארצם. כי הלא עם כל צרתם ברעב והיה להם לצאת מא"י כר"א רעב בעיר פזר רגליך עכ"ז דבקו בה ולא יצאו. זולת איש אחד ופרסמו הכתוב. וזהו וילך איש. איש אחד לבד הלך ולא זולתו. ע"כ גם ה' עשה עמהם חטיבה לבלתי ינועו ברעב ויכלכלם באופן יוכלו לסבול והם יושבים על אדמתם. גם אלימלך לא ירד להשתקע אלא לגור שם. וע"כ אמר לגור בשדי מואב ביו"ד. בשדות או בעיירות הרבה. אלא אחרי כן תקפתו יצרו וקבע דירתו בחו"ל ובחטאו זה מת. ובתחלה כשהלך שם רק לגור לא פרסמו הכתוב רק וילך איש אבל אח"כ כשקבעו שם דירתם ויהיו שם פרסמן הכתוב. ואיתא בגמרא ב"ב ס"פ הספינה רשב"י אומר אלימלך ומחלון וכליון גדולי הדור היו ולא מתו רק על צאתם מא"י לחו"ל. ר"ח ב"א אומר על שלא בקשו רחמים על בני דורם. עוד אפשר מחמת שהלך למדינת מואב והתורה אסרה לא יבא עמוני ומואבי בקהל ה' ע"כ נענש וימות שם: **ונבא** אל רמז המסורה וילך איש שנים במקרא. וילך איש מבית לוי. וילך איש מבית לחם יהודה. מה וילך איש מבית לוי הביא הגואל הראשון מרע"ה. אף וילך איש מבית לחם יהודה הביא הגואל האחרון מלכות

1

1. Now it came to pass in the days when the judges judged, that there was a famine in the land, and a man went from Bethlehem of Judah to sojourn

1

1. **Now it came to pass in the days when the judges judged**—*Before King Saul reigned, when the generations were governed by judges, and this was in the days of Ibzan, as our Sages said* (*B.B.* 91a, *Targum* ad loc.): *Ibzan is Boaz.*—[*Rashi*] In *Ruth Rabbah,* there are three views as to who these judges were. Rav said: They were Barak and Deborah. Rabbi Joshua the son of Levi said: They were Shamgar and Ehud. Rav Huna said: They were Deborah, Barak, and Jael. *Malbim* writes: Scripture here explains why Elimelech left the Holy Land. This narrative took place in the days when the judges judged, a period in which (Jud. 17:6, 21:25) "there was no king in Israel, each man did what was right in his eyes." Had there been a single judge over all Israel, he would have had control over the people. But it was a period between one national judge and another, when there were many local judges, and there was no fear of the judge over the people, as the Rabbis stated: "Were it not for the fear of the kingdom, each man would swallow up his fellow alive." The Rabbis also expressed this idea with the wording: "Woe is to the generation that judged its judges." Moreover—

there was a famine in the land—a time when the impoverished masses congregated around the wealthy and compelled them to feed them. If they would refuse, they would take the food by force. Therefore, a man went from Bethlehem of Judah, etc.—[*Malbim*]

and a man went—*He was very wealthy, and the leader of the generation. He left the Land of Israel for regions outside the Land because of stinginess, for he begrudged the poor who came to press him; therefore he was punished.*—[*Rashi* from *Ruth Rabbah* ad loc.]

to sojourn in the fields of Moab—According to *Ruth Rabbah,* when "field" is mentioned, it really means a city. *Zoth Nechamathi* comments on Elimelech's choice of Moab for the country of his refuge. He writes that Elimelech was ashamed to go to any other country, for fear that he would be an object of derision for deserting the poor of his homeland. In Moab, however, he would not have this problem because the Moabites were noted for their stinginess, as is evidenced by their failure to greet our ancestors "with bread and water" when they passed their land after the Exodus. *Malbim* explains that since Elimelech was a wealthy man, he feared that the poor would attack him and take all his possessions. Nevertheless, he did not go to Moab to settle, but merely to sojourn in the fields of Moab until the situation would improve. He did not even sojourn in a city, but in the fields, indicative of the temporary nature of his stay in Moab.

בִּשְׂדֵי מוֹאָב הוּא וְאִשְׁתּוֹ וּשְׁנֵי בָנָיו׃ ב וְשֵׁם הָאִישׁ
אֱלִימֶלֶךְ וְשֵׁם אִשְׁתּוֹ נָעֳמִי וְשֵׁם שְׁנֵי־בָנָיו ׀ מַחְלוֹן
וְכִלְיוֹן אֶפְרָתִים מִבֵּית לֶחֶם יְהוּדָה וַיָּבֹאוּ שְׂדֵי־
מוֹאָב וַיִּהְיוּ־שָׁם׃ ג וַיָּמָת אֱלִימֶלֶךְ אִישׁ נָעֳמִי וַתִּשָּׁאֵר
הִיא וּשְׁנֵי בָנֶיהָ׃ ד וַיִּשְׂאוּ לָהֶם נָשִׁים מֹאֲבִיּוֹת שֵׁם
הָאַחַת עָרְפָּה וְשֵׁם הַשֵּׁנִית רוּת וַיֵּשְׁבוּ שָׁם כְּעֶשֶׂר
שָׁנִים׃ ה וַיָּמוּתוּ גַם־שְׁנֵיהֶם מַחְלוֹן וְכִלְיוֹן וַתִּשָּׁאֵר

הו"א מחלון. בתרא לא: ויתם. סנהדרין כב: ערפה. סוטה מב: רות. ברכות ז. בתרא יד

תרגום

בית לחם יהודה ואזל לד
בחקלא דמואב הוא ואתת
ותרין בנוהי: ב ושום גב
אלימלך ושום אתתיה נע
ושום תרין בנוהי מחלון וכל
אפרתין רבנין מן בית לח
יהודה ואתו עד חקל מו
והוו תמן רופילין: ג ומית ומ
אלימלך בעלה דנע
ואשתארת היא ארמלא ותר
בנהא יתמין: ד ונסיבו ועב
על גזירת מימרא דיי ונסיבו להון נשין נוכראין מן בנת מואב שום חדא ערפה ושום תנייתא ר
בת עגלון מלכא דמואב ויתיבו תמן כזמן עשר שנין: ה ומיתו ועל דעברו על גזירת מימרא דיי ואתח
בעממין נוכראין אתקטעו יומיהון ומיתו אף תרויהון מחלון וכליון בארעא מסאב

שפתי חכמים

לפי זכות אבותם כלא"ה מהלך למ"ל: ד אדון ומושל. וכ"ה בוי"ר פ"ב על ל' אפרתי אבגיגוס: ה והורה לנו בזה שאם היה מת

רש"י

נעכם: (ב) אפרתים. חשובים וכן בן תוחו בן צוף אפרתי אבגיגוס ד. ראה חשיבותם שהרי השיא עגלון מלך מואב בתו למחלון דאמר מר רות בתו של עגלון היתה. ד"א אפרתים בית לחם קרויה אפרת: (ג) איש נעמי. ל נאמר מכאן אמרו אין איש מת אלא לאשתו (ואמר איש נעמי כלומר לפי שהוא היה איש נעמי ושולט עליה וו ספלה לו לכן פגעה בו מדת הדין ולא בה): (ה) גם שניהם. מתו גם בתחלה לקו בממונם ומתו גמלי

ברטנורה

ככאן שסרי נעמי רומז' היא לישראל ולא היתה מקבלת מן הנעדים הרומדים לשרים אלא היתה מקבלת באמצעית רות שהיא רומז' בכ"י בזמן שישראל בגלות לפי שבכנס' יש ימין ושמאל וישראל מושפעים מן הימין וזולתם מן השמאל וכשישראל הם בגלות הם מושפעים ג"כ מהשמאל כאומו' ולזה היתה נעמי משפע' ע"י רות שהיתה מאומות לרמוז לנו זה ומזה הלך אין הברכה שלימה שהוא ממוהר השפע' שהשפיעו השרים של האומו' ובמקום שהיה נ"ה לישראל ארץ זבת חלב ודבש שכן היה מושפע על הכנס' מיד הקב"ה וכאן לא היה כי אם פתך טבול בחומץ שהוא היפך הדבש והחלב כמ"ש ואכלת מן הלחם וטבלת פתך בחומץ והשב אלך הקוצרי' ויצבט לה קלי וגו' רמז לה הדין שבע לישראל ומ"ש ותאכל ותשבע ותותר ה ע"פ שישראל אכלו ושבעו צרות ורעות ואכלו פתם בחומץ מאוהו היה בשתי סותירו שיבתו זולתם ותשוב החלב והדבש לישראל כשישוב הימין לכח ישובו ישראל לארצם שישראל הם אחים עם הכנסת אלא שכמו שהשכינה בהם אלא ככנס' כך היא לישראל והש"ה באתי לגני אחותי כלה רז"ל שמוריד ישראל שבאו לגן שהם בהיא ארץ ישראל לפי שאחותי היא הכנס' היה הכלה שבה באים אללה וכיון שכן הוא אריתי מורי עם בשמי אכלתי יערי עם דבשי וגו' ולא יהיה כמו הגלות שהית' מתרפע' רות ואומר' והנכי לא אהיה כאחת שפחותיך יאל אהים יש זקף קטן לרמוז לנו שאהים הוא שם של הקב"ה שהוא ככתר ע ואומר' רות כשאין עני שם אהיה שהוא להמים פסוקים אני נשאר' כאחת שפחותיך אם שלא ראוי להיות כן ולכן ישובו הרחמים הפסוק לכנסת כמש"ס כי ירחם ה' את יעקב ובחר עוד בישראל והטעם שאמר עוד שיש לו שתי מתמצו' פעמים מתמם כל' יותר ושמ מתמם כלפון עדיין וכאן יש לו השהים שעדיין יזכור הקב"ה לעמו לרחם עליהם ותהיה הגאולה יתירה על הגאולות אחרות שבגא שהשה מרע"ה כתיב ויהי בחצי הלילה וה' הכה כל בכור הכונה אע"ס שילאו מן הגלות עכ"ז נשארו כחצי לילה שהוא הגלות שנמשל לל וכשמשין הגנוד ג"כ שגבורה הגדולה שעשה בימיו היתה כשאחז בדלתו' העיר ושם כתיב ייקם בחצי הלילה ויאחוז בדלתי' העיר יכשר יעקב בכות הקום את הגבורה וראה שעכ"ז יהיו ישראל בתוך הגלות נתייהם מתשוע' בני אדם וכסה בהקב"ה וזהו שאמר לישועתך קויתי

אבן עזרא

מקום לא יסמך׃ (ב) מחלון וכליון. לא ידענו המקו שהיו על שנקראו כן כמו יששכר גם משה. ונדרש או שהם יואש ושרף בעבור שלקחו בנות מואב ושם כתוב א בעלו למואב והמואביות מותרות לישראל כי הכתוב לא כי אם עמוני ומואבי שלא יבואו בקהל ושלא יקחו מבנ ישראל ובספר עזרא אבאר זה בטוב. וטעם מבית לח פעם אחרת להודיעם שהם אזרחים. ועוד בעבור שא אפרתים וזאת המלה פעם הוא ליחס המקום הנקרא אפ ופעם אחת ממשפחת אפרים ואפרת שם אשת כלב חצרון ונקרא המקום על שמה כמו מצרים ולא יתכן שיה מחלון וכליון אלו הנשים עד שנתגיירו והעד אל עמה אלהיה: (ה) ותשאר האשה. לבדה משני ילדיה ומא והזכירם הכ' כי כן משפט כאשר יזכיר שני דברים יא על האחרון או הזכירם בעבור רוב מכאוביה על בניה ש

לקוטי אנשי שם

(ג) וימת אלימלך איש נעמי. כנוהג שבעולם שאם הבעל חשיב יוסף מאשתו. היא נקראת ע"ש בעלה. כמו רחל אשת יעקב. ואם האשה השובה מבעלה יקראו אותו על שמה. את כל יקראו בשם „איש אביגיל" וכדומה, ואם יקרה לפעמים שהבעל הוא באמת רע מעללים כנבל. ואשתו היא אשת חיל כאביגיל. כל עוד שהאיש חי. כאשר ישאל עליו איזה איש זר מי הוא? ויענוהו הוא „איש אביגיל" כי כל ימי חייו שמה למודים יחדו. אבל כאשר ימית. אז גם שם „איש אביגיל" עמו, יחדו יסופו. לא יזכר ולא יפקד עוד שמה עליו כי ככר נתפרדו החבילה ונלכד מה שאביגיל עלמה חוים לבזכיר שמו שהיה לה איש רע מעללים. וגם אחרים בחוסם על כבודה לא יזכירוהו עוד בשם „איש אביגיל" אחרי כי באמת רב המרחק ביניהם:

והנה כי כאשר אלימלך מעילו בעת הרעב. נעשה כאזר כין בני עמו. ובעכרתם כי קשתה חשבוהו לרע מעללים. לגר עין שמחת רעהו מאחיו האביונים. עד היא מאלו למען לא תוכל

קיצור אלשיך

מלכות ב"ד. וע"כ ההפאר בשמו „אלימלך" אלי מלך מלכות כלל ישראל. וכאשר היה בקבלה אצל כי ישראל כי מלך המשיח יולד ממשפחת מואב ובעקבתא דמשיחא יהי' רעב. ע"כ כאשר נעשה רע בעולם ירד למואב למצוא האשה הזאת שממנה יצ המלך המשיח. ולא מצאה. רק וימת אלימלך אי נעמי. עכ"ז ותשאר היא ושני בניה במואב ויחו אולי אחד מבניה יזכה למצוא האשה הזאת מבנו מואב. וזכה בזה מחלון. כי האשה הזאת רות נפל בגורלו של מחלון. אף כי גם מחלון מת ורות ל הולידה ממנו. וגם ערפה לא הולידה מכליון. וע"ז אמר הכתוב ותשאר האשה משני ילדיה. וקרא אות ילדים. על כי הלכו מן העולם כילדים שלא הני בנים בעולם. עכ"ז רוח מחלון אשר השאיר בבטן רו

בהתחברות היבם בועז עמה נבנה הילד משניהם:

ועתה כאשר ספרו לנו הכתובים איך ובאיזה סבות ועל ידי מי הביא הקב"ה הפרדה הזאת רות המואבי
אם מלכות בית דוד ואמה של משיח אשר עיני כל ישראל מיחלים ומחכים עליו. איך באה לבי
נעמי

in the fields of Moab, he and his wife and his two sons. 2. And the man's name was Elimelech, and his wife's name was Naomi, and his two sons' names were Mahlon and Chilion, Ephrathites, from Bethlehem of Judah, and they came to the fields of Moab and remained there. 3. Now Elimelech, Naomi's husband, died, and she was left with her two sons. 4. And they married Moabite women, one named Orpah, and the other named Ruth, and they dwelt there for about ten years. 5. And both Mahlon and Chilion also died, and the woman was left [bereft]

2. **Ephrathites**—Heb. אֶפְרָתִים, *important people, likewise,* (I Sam. 1:1): *"the son of Tohu, the son of Zuph, an Ephrathite," a palace dweller* (*Ruth Rabbah* 2:5). *Look how important they were, for Eglon the king of Moab married off his daughter to Mahlon, for the master said* (ibid. 9): *Ruth was the daughter of Eglon. Another explanation: Ephrathites: Bethlehem was called Ephrath.*—[*Rashi*]

3. **Naomi's husband**—*Why is this stated? From here they* (our Sages) *derived* (*Sanh.* 22b): *A man does not die except to his wife,* [*i.e., his wife feels the loss more than anyone else* (*Ruth Rabbah* 2:7)]. *(And Scripture states, "Naomi's husband"; that is to say that because he was her husband and ruled over her, and she was subordinate to him, therefore the divine standard of justice struck him and not her).*—[*Rashi*] [Note that the parenthetic material does not appear in all editions of *Rashi*. It is probably an addendum inserted by a copyist, because it does not follow *Rashi*'s interpretation from the Talmud and Midrash, but is an entirely different interpretation. See *Rashi* to Gen. 9:20, where אִישׁ נָעֳמִי is explained as Naomi's master. The parenthetic material coincides with that interpretation.]

4. **And they married**—they took to themselves, contrary to their mother's wishes. See how the Adversary blinds a person's eyes. It is known that if a person sees troubles coming, he must examine his deeds to discover the reason for these troubles. Yet here they saw that their father had died and their property was lost. They should have understood that forsaking the Holy Land had brought this about. They should have immediately returned and brought sacrifices to expiate their sins. But they intensified their sins by marrying gentile women. The younger one, Chilion, married Orpah, who turned her back to God; she was an evil woman who engaged in sorcery and later reverted to idolatry.—[*Zoth Nehamathi*]

5. **both...also**—*What is the meaning of "also"? First their possessions were smitten, and their camels and their cattle died, and afterwards they too died.*—[*Rashi* from *Ruth Rabbah* 2:10]

האשה משני ילדיה ומאישה: ו ותקם היא וכלתיה
ותשב משדי מואב כי שמעה בשדה מואב כי־
פקד יהוה את־עמו לתת להם לחם: ז ותצא מן־
המקום אשר היתה־שמה ושתי כלתיה עמה
ותלכנה בדרך לשוב אל־ארץ יהודה: ח ותאמר
נעמי לשתי כלתיה לכנה שבנה אשה לבית אמה
יעשה יעש קרי יהוה עמכם חסד כאשר עשיתם עם־
המתים ועמדי: ט יתן יהוה לכם ומצאן מנוחה
אשה בית אישה ותשק להן ותשאנה קולן ותבכינה:
י ותאמרנה לה כי־אתך נשוב לעמך: יא ותאמר

תו"א ובשה"ג. סוטה מב.

ואשתארת איתתא מתכלא
מתרין בנהא וארמלא מבעלה:
ו ותקם וקמת היא וכלתהא
ותבת מחקל מואב ארום
אתבשרת בחקל מואב על פום
מלאכא ארום דכר יי ית עמיה
בית ישראל למתן להון לחמא
בגין זכותיה דאבצן נגידא
ובצלותיה דצלי קדם יי הוא
בועז חסידא: ז ותצא ונפקת מן
אתרא די הות תמן ותרתין
כלתהא עמה ס): ח ותאמר
ואמרת נעמי לתרתין כלתהא
איזלא תובנא איתתא לבית
אמה יעביד יי עמכון טיבו
כמא די עבדתון עם בעליכון
שכיבא דסריבתון למסב גוברא בתר מותיהון ועמי דזנתון וסוברתון יתי: ט יתן יהב יי לכון אגר
שלים על טיבותא די עבדתון לי ובההוא אגר תשכחון נייחא כל חדא וחדא לבית בעלהא ונשיקת
להון ונטלין קליהון ובכיאן: י ותאמרנה ואמרנא לה לא נתוב לעמנא ולדחלתנא ארום
אלהין עמך נתוב לעמך לאתגיירא: יא ותאמר ואמרת נעמי תובנא ברתי למא תיזלון

ס) בספרים שלפנינו חסר כאן התרגום מסוף הפ'.

רש"י

ומקליהם והה"כ מתו ו גם הם: (ז) ותצא מן המקום. למה נאמר הרי כבר נאמר ותשב משדי מואב ומהיכן תשוב הם לא יצאה מן המקום שהיתה שם אלא מגיד שיציאת צדיק מן המקום ניכרת ועושה רושם פנה זיוה פנה הדרה פנה

שפתי חכמים

כשם עוד היה מת לדורו אבל עכשיו לא מת אלא לאחתו: ו במדרש רבה איתא מתו סוסיהם חמוריהם גמליהם ולמה תפס רש"י סאי

אבן עזרא

בחורי' כי אישה זקן מת: (ו) ותשב משדי מואב. במחשבה כמו וילחם ישראל עם בלק: (ח) עם המתים. הם בניה: (ט) יתן ה' לכם. בעל: (יא) העוד לי בנים. רבים מחברינו חשבו כי זאת התשובה על המכחישים ולא ידעו כי אבותינו העתיקו כי הייבום לאחים מן האב ולא מן האם רק אמרה

ברטנורה

אחר כן ידין שמשון היה מבטם כן שהתשוע' שתהיה נעשית ע"י הקב"ה לא תהיה בלילה אלא בבקר ובשביל זה התשועה שעשה הקב"ה לחזקיהו כתיב ויצא מלאך ה' ויך במחנה אשור וישכימו בבוקר והנה כלם פגרים מתים ולפי שזה הבוקר לא הי' שלם לישראל שלא יחזרו עוד לגלות בשביל זה בספר מלכים הוסיף וכתב ויהי בלילה ההוא ויצא מלאך ה' וגו' נרמז שעכ"ז נשארו בגולה כמו שאנו עתה עד שיאיר הבוקר בישועתו של הקב"ה וזה רומז בפ' שאמר ויהי בחצי הלילה ויחרד האיש וילפת איך רמז להקב"ה ומ"ש והנה אשה שוכבת מרגלותיו רמז לכנ"י כמ"ש ואשה מכספת עם בעלה שבכל הגלויות כנ"י מדברת עם הקב"ה ואומרת ופרשת כנפיך על אמתך כי גואל אתה הכונה בזה כיון שיעקב אבינו ע"ה אמר לישועתך קויתי ה'

קיצור אלשיך

נעמי. יספרו לנו הכתובים הסבות איך באה לבית בועז עד תולדות ישי אבי דוד:

(ו) **ותקם** היא וכלותיה. תיכף אחרי מות שני בניה יראה אולי תמות גם היא על אשר התעכבה בח"ל ע"כ שבה תיכף מארץ מואב. ובפרט כי שמעה בשדה מואב כי פקד ה' את עמו לתת להם לחם. ואם תתמהמה עוד בארץ מואב תהי' עונה גדול מנשוא:

(ז) **ושתי** כלותיה עמה. בצאתם ממקומם סברה נעמי כי כלותיה הולכת ללותה עד גבול ארץ יהודה. אח"כ ראתה כי הנה הולכות עמה ורוצות לבא עמה לארץ יהודה. ע"כ.

(ח) **ותאמר** נעמי לשתי כלותיה. רמזה להן שלא ילכו אחת אחר דעת חברתה. רק כל אחת תעשה כרצונה. לכנה שובנה. אם תרצו לכנה. תלכו עמי. ואם לא תרצו שובנה אשה לבית אמה. ואנכי מברך אתכן שלא התעכבו בבית אמכן. רק ה' יעשה עמכן חסד וגו':

(ט) **יתן** ה' לכם ומצאן מנוחה אשה בית אישה. באומרה בלשון יחיד אשה בית אישה על אחת כוונה. ואומרה ומצאן. לשון מציאה. כוונה על מנוחת המלכות. שהאחת תהיה המציאה מבנות לוט כמאמר חז"ל בב"ר מצאתי את דוד עבדי. והיכן מצאתיו בסדום דכתיב ואת שתי בנותיך הנמצאות. ונבואה נזרקה מפיה. שהאחת מהן מוכנת לזה:

(י) **ותאמרנה** לה. שתי כלותיה אמרו לה מה שאנו חפצים ללכת אתך אין כוונתנו רק להתגייר ולשוב לעמך. ולא לעבוד עוד גלולי מואב:

(יא) **ותאמר** וגו'. כאשר שמעה נעמי שעיקר כוונתן הוא להתגייר ע"כ קראן בנותי. ואמרה להן אם כוונתכן רק להתגייר ולעבוד את ה' זאת תוכלו גם בארץ מואב. ואם תאמרו בארץ מואב כולם עובדי ע"ז ולא נוכל להנשא להם. ע"ז השיבם נעמי גם בארץ יהודה לא תהי' לכם מי שישא אתכן. כי מואב לא יבא בקהל ה' [והיתר מואבית עדיין לא נתפרסם]. ועלי אין לכן לקוות כי זקנתי מהיות לאיש. ואף אם אומר יש לי תקוה להנשא לאיש. וגם בלילה זה. מי יודע אם אלד. ואף אם אומר כי אלד. מי יודע אם אלד בנים. אולי אלד בנות. ואף אם אומר כי אלד בנים. הלהן תשברנה עד אשר יגדלו. אולי

תאמרו

לקוטי אנשי שם

גם אשתו שמעשיה נאים ונעימים להושיע בני אביון. ולפי זה כל זמן שאלימלך היה חי קראוהו בני עמו „אלימלך איש נעמי". כי הגם היא היתה חשובה ממנו בעבור מעשים. ומספר כי „וימת אלימלך" „וימת איש נעמי" כלומר כאשר נשמע בהלוי שמת אלימלך. מת עמו גם השם „איש נעמי". ומלת וימת מושכת עצמה ואחר עמו. כמוהו הרבה בכתובים. ומספר שכל כך היה לבוז בעמו עד שהיו בושים לומר עליו אחרי מותו בסוף איש נעמי. פן תהיה נעמי לבוז ע"י כי היה לה בעל איש רע מעללים:

of her two children and of her husband. 6. Now she arose with her daughters-in-law and returned from the fields of Moab, for she had heard in the field of Moab that the Lord had remembered His people to give them bread. 7. Then she went forth from the place where she had been, and her two daughters-in-law with her, and they went on the road to return to the land of Judah. 8. And Naomi said to her two daughters-in-law, "Go, return each woman to her mother's house. May the Lord deal kindly with you as you have dealt with the deceased and with me. 9. May the Lord grant you that you find rest, each woman in her husband's house," and she kissed them, and they raised their voices and wept. 10. And they said to her, "[No,] but we will return with you to your people."

11. And Naomi said,

7. **Then she went forth from the place**—*Why is this stated? It is already stated, "and she returned from the fields of Moab," and from where would she return if not from the place where she was? But Scripture wishes to tell [us] that the departure of a righteous person from a place is recognizable, and makes an impression. Its splendor has turned away; its majesty has turned away; the praise of a city has turned away, and likewise* (Gen. 28:10): *"And Jacob went forth from Beersheba."*—[*Rashi* from *Ruth Rabbah* 2:12]

8. **And Naomi said**—At first, Naomi thought that her two daughters-in-law were going with her toward the land of Judea only to escort her on the way, so that she should not travel alone, and that they intended to return to Moab. She therefore said to them, "Go," i.e., go on your way to the land of Moab. I do not need your company. Since they had the choice of returning to their native cities or choosing to live in other cities, she told them, "Return each woman to her mother's house." Just as you cleaved to me, because I was like your mother, return now to your real mother.—[*Malbim*]

9. **and they wept**—They were the daughters of a king, and it was disgraceful for them that Naomi suspected them of following her for pragmatic reasons and because of their love for her.—[*Eshkol Hakofer*]

10. **[No,] but we will return with you to your people**—Naomi understood this to mean that they wished to return with her in the hope that they would find husbands among her people and her family. Therefore, she told them that even if she would remarry and miraculously bear sons, it would be folly for them to wait for them to grow up, for perhaps the sons would go abroad, and they would remain forever unmarried because of their futile hope.—[*Eshkol Hakofer*]

נָעֳמִי שֹׁבְנָה בְנֹתַי לָמָּה תֵלַכְנָה עִמִּי הַעוֹד־לִי בָנִים
בְּמֵעַי וְהָיוּ לָכֶם לַאֲנָשִׁים׃ יב שֹׁבְנָה בְנֹתַי לֵכְןָ כִּי
זָקַנְתִּי מִהְיוֹת לְאִישׁ כִּי אָמַרְתִּי יֶשׁ־לִי תִקְוָה גַּם
הָיִיתִי הַלַּיְלָה לְאִישׁ וְגַם יָלַדְתִּי בָנִים׃ יג הֲלָהֵן ׀
תְּשַׂבֵּרְנָה עַד אֲשֶׁר יִגְדָּלוּ הֲלָהֵן תֵּעָגֵנָה לְבִלְתִּי
הֱיוֹת לְאִישׁ אַל בְּנֹתַי כִּי־מַר־לִי מְאֹד מִכֶּם כִּי־
יָצְאָה בִי יַד־יְהוָה׃ יד וַתִּשֶּׂנָה חסר א׳ קוֹלָן וַתִּבְכֶּינָה
עוֹד וַתִּשַּׁק עָרְפָּה לַחֲמוֹתָהּ וְרוּת דָּבְקָה־בָּהּ׃

תו"א לכן. בתרא עג: ופסק. שבת קיג סוטה מב:

תרגום

עִמִּי הָעוֹד כְּעַן אִית לִי וַלְדָּא בִּמְעַי וִיהוֹן לְכוֹן לְגוּבְרִין׃ יב שְׁבָנָה תּוּבְנָא בְרָתַּי מִבָּתְרַי אֵיזִילְנָא לְעַמְּכוֹן אֲרֵי סָבִית מִלְּמֶהֱוֵי מִבְעֲלָא לִגְבַר אֲרוּם אֲמָרִית אִלּוּ אֲנָא רִיבָא אִית לִי סְבַר בְּרַם הֲוֵיתִי מִבְעֲלָא בְּלֵילְיָא לִגְבַר וּבְרַם הֲוֵיתִי יָלְדָה בְנִין׃ יג הֲלָהֵן דִּלְמָא לְהוֹן אַתּוּן מְתִינָן עַד דִּי יִרְבּוּן כְּאִתְּתָא דְנַטְרָא לְיִבָּם קְלִיל לְמִסְבָּה לִגְבַר הַבְדִילְהוֹן אַתּוּן יָתְבָן עֲגִימָן בְּדִיל דְּלָא לְמֶהֱוֵי מִתְנַסְבָן לִגְבַר בְּבָעוּ בְּרָתַּי לָא תַמְרְרוּן נַפְשִׁי אֲרוּם מְרִיר לִי יַתִּיר מִנְּכוֹן אֲרוּם נָפְקַת בִּי מְחָא מִן קֳדָם יְיָ׃ יד וַתִּשֶּׂנָה וּנְטַלָן קָלְהֵן וּבְכִיאָן עוֹד זִמְנָא אוּחֲרָנָא וּנְשִׁיקַת עָרְפָה לַחֲמוּתַהּ וְרוּת אִתְדַּבְּקַת

רש"י

שבחה של עיר וכן ז ויצא יעקב מבאר שבע: (יב) **כי זקנתי מהיות לאיש** שאנשא לו ואוליד בנים ח ותנשאו להם שאינם אסורים לכם ואינכם אסורות להם משום אשת אחיו שלא היה בעולמו ט שאינה זקוקה ליבם לפי שלא היו למחלון וכליון קדושין בהן שנכריות היו ולא נתגיירו ועכשיו הן באות להתגייר כמו שנאמר כי אתך נשוב לעמך מעתה נהיה לעם אחד: **כי אמרתי יש לי תקוה**. כי אפי' אמר לי לבי י יש לי תקוה לינשא עוד וללדת בנים: **גם הייתי הלילה לאיש**. ויותר מכן אפי' הרתי הלילה זכרים: **וגם ילדתי בנים**. או אפי' כ כבר ילדתי בנים: (יג) **הלהן תשברנה**. בתמיה שמא להם תצפינה עד אשר יגדלו. לשון שברו על ה' אלהיו: **תעגנה**. לשון אסור וכלוא כמו עג עוגה ל ועמד בתוכה ויש פותרין ל' עיגון. ולא יתכן שא"כ היה לו לינקד הנו"ן דגש מ או לכתוב שני נוני"ן: **כי יצאה בי יד ה'**. אמר רבי לוי כל מקום שנא' יד ה' מכת דבר הוא ובנין אב לכולם הנה יד ה' הויה:

שפתי חכמים

לישנא והפשר כי רש"י כיון למלת גם שהוא ר"ל גמליה מקיים. (הגהת ליון) וא"ל דגם קאי על אלימלך שמת תחל' דא"כ שניה' ל"ל כנ"ל וימותו גם מחלון וכליון אלא דגם קאי על שניה' שבתחל' לקו שניה' בממונ' ואח"כ מתו גם שניה': ז וקשה דבוילא יעקב מביא ראי' מסכה וכה"ג הקשו התוס' בפ"ק דע"ז דד"ה אין שיחה אלא תפל' ע' בפ' וילא: ח ק"ל מה השיבה אמריה להם בזה ומאי איכפת להו אם תהי' לאיש הו לא לכ"פ שאנשא לו כו' ואח"כ ק"ל ואיך שותרו להם נישא שלא אסורים להם לכ"פ שאינכה אסורות להם כו': ט ואע"פ שגם אסורים להם מפני שהיו אחים מן האם ולא מן האב שאינה ראוים ליבם הדא מינייהו נקט. (הגהת ליון) וא"ת למה לא הקשה רש"י לעיל על העוד לי בנים וגו' עוד הקשה לי אחד מן המשכילים והלא במד"ר היפה להיפך וז"ל העוד לי בני' במעי וגו' וכי יש אדם מייבם אשת אחיו שלא הי' בעולמו דמשמע משום זה א"א לינשא להם. ואמרתי לפום ריהטא דבזה יתורץ קושיא ראשונה דלהכי לא פרשה רש"י לעיל שיש לפרש כמו שפי' אותו המדרש העוד לי בנים וגו' ופירושו ואפי' היה לי בנים במעי והיו לכם להנשים בתמיה שהרי אסורים כו' אבל בסופו דכתיב כי זקנתי מהיות לאיש דא"א לפרש הכי לכ"פ שאינם אסורים וכו': י דק"ל מההלה אמרה כי זקנתי מהיות לאיש ואח"כ סהרס דבריה ואמרה כי אמרתי יש לי תקוה לכ"פ כי אפי' אמר לי לבי כו' וכן ק"ל גם גבי וגם הייתי הלילה לאיש: כ ק"ל דהל"ל וגם אלד בנים לכ"פ או אפי' כבר ילדתי: ל פי' גבי חוני המעגל שהיה הופך הפירה ועמד בתוכה ומי שעומד בחפירה הוא אסור וכלוא בה: מ פי' כי הדגש מביא עוד נו"ן או לכתוב שתי נוני"ן פי' אחת לשורש

ברטנורה

שהתשועה האמיתית תהיה בידי ית' והוא הגואל האמיתי כאשר שיפרוש כנפיו עליה ומשיב הקב"ה והאמר ברוכה את לה' בתי הטבת חסדך האחרון מן הראשון ר"ל רלית והפלת שזאת הגאול' האחרונה תהיה יותר שלמות מהראשונות שהעשה על ידי לבלתי לכת אחרי הבחורים מלד שהה והגבורה מלוי בבחורים כשמשון וגדעון ואחרים כאלו לא רלית שתהיה הגאולה על ידיהם אם דל ואם עשיר ר"ל שאפשר שיהיה גבור ודל או אפשר אע"פ שלא יהיה גבור יהיה עשיר וישכור חיל ואמר' שהיא לא רלתה אחת משתי תשועות האלה אלא תשועת הקב"ה ומ"ש ועתה בתי אל תיראי כל אשר תאמרי אעשה לך ר"ל במה שהיא שואלת שתהיה גאולה יעשה אותה כי יודע כל שער עמי כי אשת חיל את שהעמדה שבה הכנסת היא פתח לישראל להשיב אותם לבורחם וכמו שהדברים התחתונים כמו הפלית ושאר דברים לריך שיכנסו באותו פתח לעלות למעלה כך הדברים עליונים לריכים לפעול למטה ותיילות למעלה לריך שילא באותו שער לפעול למטה ועתה כי אמנם כי גואל אנכי וגם כי יש גואל קרוב ממני אמר הקב"ה ודאי אני גואל כי עלי המלאכה לגמור ולגאול ולהושיע את בני אבל גאולה תלויה שלי היא רחוקה כי כשאני גואל יהיה אם ישראל יהיו רשעים ולא יהיה בהם זכות ליגאל אלא העשה למען שמי אבל יש גאולה אחרת קרובה מהגאולה שלי שהיא שאמ' בזכות ישראל אם ישובו בתשוב' שאות' גאולה אפשר שתהיה בכל יום כמ"ש היום אם בקולו תשמעו ולכן ליני הלילה ר"ל שב עתה בגלות כמו שאתה יושב והיה לך הגאולה שתלא מהגלות שהיא לילה: אם יגאלך טוב יגאל. ר"ל אם תעשה שילא זה הבוקר בתשובה ומע"מ אז יהיה הגאולה קרובה. ואם לא כו' וגאלתיך אנכי דהכרח הוא שאגאלך בשביל השבועה שיש לי ואעשה למען שמי אבל לריך שהישן בגלות עד הבקר שיהיר למען שמי והגאולה שיהיו ראוים ישראל ליגאל בזכות מעשיהם שאמר עליה אם יגאלך טוב ככר היה להם זאת הגאולה כמ"ש חז"ל פרק חלק אמר ר' הלל אין משיח לישראל שכבר אכלוהו בימי חזקיה ובו' הכוס

אבן עזרא

להם אילו היו לי בנים במעי הייתי נותנת אותם לכם תחת המתים וזאת דרך היבום ולא על דרך יבום: (יג) **הלהן** תשברנה. הנו"ן תחת המ"ם והפך כי מר לי מאד מכם והמה באו בית להם: מלת תשברנה. דבוקה עם אות למ"ד או עם מלת אל כמו עיני כל אליך ישברו: תעגנה. מבנין נפעל ואין לו חבר: לבלתי היות לאיש. היות כל אחת מהן לאיש כמו ויתלו שניהם על עץ: אל בנותי. כלומר אל תלכנה עמי: כי יצאה בי. גזירת השם שילא מלפניו או שהיתה נמסרת ויצאה בי עד שנראתה: יד ה'. מכה כי

קיצור אלשיך

תאמרו **שאין** רצונכן להנשא **עוד**. אל בנותי. זאת לא תעשו. כי מה שמר לי מאד. זהו מכם. כי לא אוכל לראות צרתכם. כי יצאה בי יד ה'. אתם לא חטאתם מאומה. רק אנכי חטאתי. ויד ה' יצאה לענוש אותי. ואתם תשאו עוני. כאשר ערפה ורות שמעו דברי נעמי

(יד) **ותשנה** קולן ותבכינה. ומחמת כי ענין הנשיקה הוא אתדבקת רוחא ברוחא. ע"כ נעמי בעת הנשיקה עם רות הרגישה כי רוח קדושה וטהרה יוצאת מלבה. כי רות דבקה בה. לא כן ערפה כי רוחה לא מטוהרה עוד. וע"ז רמז לנו שמואל הנביא בכתבו המגילה הזאת. וכתב „בנתי" חסר ו'. לכן חסר ה'

"Return, my daughters; why should you go with me? Have I yet sons in my womb, that they should be your husbands? 12. Return, my daughters, go, for I have become too old to marry, that I should say that I have hope. Even if I had a husband tonight, and even if I had borne sons, 13. Would you wait for them until they grew up? Would you shut yourselves off for them and not marry? No, my daughters, for it is much more bitter for me than for you, for the hand of the Lord has gone forth against me." 14. And they raised their voices and wept again; and Orpah kissed her mother-in-law, but Ruth cleaved to her.

[No] but we will return with you to your people—For we intend to remain with you among your people. They did not say, "to your God," meaning that they would convert, but merely "to your people." We wish to live among your people.—[*Malbim*]

11. **And Naomi said**—To this, Naomi replied: My advice to you is, "Return, my daughters; why should you go with me?" The men of my people will not marry you. And if you think that I will give my sons to you in marriage because you were already my daughters-in-law—

Have I yet sons in my womb—The word בָּנִים means sons who have already been born, not unborn fetuses. We must therefore explain this passage to mean: Do I have grown sons who are already of marriageable age, to marry you? As a figure of speech, she says, "In my womb." Have I hidden them in my womb so that you do not see them, and as soon as I draw them out, they will marry you? It makes sense that this is the meaning of the verse, because Naomi should first suggest marriage with grown sons, since it is unlikely that Ruth and Orpah Would wish to wait for young sons to grow up.—[*Malbim*]

Zoth Nehamathi explains:

Return, my daughters—She called them, "my daughters," meaning: I see that you wish to be my daughters and to return to my people and to my God. But why should you go with me? Why is your love for me so strong? Is it because you expect to marry my sons? That is a very farfetched idea for many reasons:

1) **Have I yet sons in my womb**—Even if I were pregnant, who knows if I would have sons in my womb? Perhaps they would be daughters.

2) **that they should be your husbands**—Even if I had two sons in my womb, who knows whether they would wish to marry you? When they would grow up, you would be quite old and unfit to bear children. With the word לָכֶם, the masculine form, she intimated: You will be like males, unable to bear children.

12. **Return, my daughters**—This is the third time that Naomi urged them to return. This corresponds to the three times that a prospective proselyte is repulsed. If, after being repulsed three times, he insists on converting, he is accepted.—[*Ruth Rabbah*]

for I have become too old to marry—*that I should marry someone and bear sons, that you should marry them, for they are not forbidden to you and you are not forbidden to them as far as the prohibition against marrying the wife of a brother who is deceased, for she does not require a levirate marriage because Mahlon and Chilion were not halachically married to them because they were gentiles, and had not converted, and now they were coming to convert, as it is stated* (verse 10): "[*No*], *but we will return with you to your people." From now on, we will become one people.*—[*Rashi*] [*Rashi* refers here to the law of levirate marriage, which requires that if a man die childless, his brother must marry his widow to preserve his name. This applies only if the live brother was living during the lifetime of the deceased. Should he be born after his brother's demise, this requirement does not apply. Consequently, no such marriage may take place, because when the levirate marriage does not apply, marrying one's brother's wife constitutes incest, as in Leviticus 18:16. In this case, however, since there was no binding marriage, Ruth would be allowed to marry Mahlon's yet unborn brother. Concerning the status of Ruth and Orpah, see Preface.]

that I should say that I have hope—*for even if my heart told me that I have hope to marry again and to bear sons.*—[*Rashi*]

Even if I had a husband tonight—*and more than this, even if I conceived male offspring tonight.*—[*Rashi*]

and even if I had borne sons—*or even if I had already borne sons.*—[*Rashi*]

13. **Would you wait for them**—Heb. תְּשַׂבֵּרְנָה. *This is a question: Would you wait for them until they grew up? This is an expression similar to* (Ps. 146:5): *"his hope* (שִׂבְרוֹ) *is in the Lord his God."*—[*Rashi*] The feminine form in Hebrew of "for them" is לָהֵן. She said to them, "Perhaps I would bear female children. Would you wait for them to be born?"—[*Rokeach*]

Would you shut yourselves off —Heb. תֵּעָגֵנָה. *An expression of being bound and imprisoned, like* (*Taanith* 3:8): *"He made a round hole* (עָג עוּגָה) *and stood within it." Others interpret it as an expression of* עגון, *anchoring, being unable to marry, but that cannot be, for if so, the "nun" should have been punctuated with a "dagesh" or it should have been spelled with two "nuns".*—[*Rashi*] [Cf. *Baba Bathra* 73a]

for the hand of the Lord has gone forth against me—*Said Rabbi Levi: Wherever it says "the hand of the Lord," it refers to a plague of pestilence, and the classic example is* (Exod. 9:3): *"Behold the hand of the Lord will be."*—[*Rashi* from *Ruth Rabbah* 2:19] Naomi feared that Ruth and Orpah had ulterior motives for

desiring to convert. She therefore attempted to dissuade them from their resolve by telling them that if they wished to convert in order to remain attached to her, there was no way for them to do so.—[*Akedath Yizhak*] *Ruth Rabbah* explains this verse in a unique manner: אַל is derived from אַלְלַי, *woe*. Woe, my daughters, for it is bitter for me *because of you*, for the hand of the Lord has gone forth against me, my sons, and my husband. *Meshiv Nefesh* adds: When they heard that they were the cause of all Naomi's troubles, they raised their voices and wept.

14. **And they raised their voices**—Heb. וַתִּשֶּׂנָה The defective spelling וַתִּשֶּׂנָה instead of וַתִּשֶּׂאנָה indicates that they wept until they were too weak to weep. Thus the word is related to תָּשׁ, meaning weak.—[*Ruth Rabbah* 2:20] Another explanation offered by *Rokeach* is that the missing "aleph," which stands for "one," denotes that one of them did not weep as hard as the other. This was Orpah, who was easily persuaded to return to her idolatrous habits in Moab.

and Orpah kissed her mother-in-law—a parting kiss, but Ruth refused to part with her and cleaved to her.—[*Malbim*] It is noteworthy that, although Orpah kissed Naomi, Naomi did not kiss Orpah. Since Orpah had decided to return to "her people and to her god," why should Naomi kiss her?—[*Shoresh Yishai*]

but Ruth cleaved to her—She undertook to convert to Judaism. In this act, Ruth closely resembled Jethro, who was the first male proselyte. Ruth was the first female proselyte. Moreover, their names are very similar. The numerical value of the name רות is : ר = 200

ו = 6

ת = 400

606

This denotes the 606 commandments that a convert undertakes to observe in addition to the seven Noahide laws. Similarly, Jethro's name prior to his conversion was יֶתֶר. After his conversion, he adopted the name יִתְרוֹ. The letters תרו also equal 606. The "yud" remained because it did not wish to give up its previous place.—[*Shaloh, Shavuoth* 57, gloss] Naomi's argument sufficed to dissuade Orpah from following her, because Orpah's primary intention was merely to live with Naomi, and since that was impractical, she gave up the idea of converting. Ruth, on the other hand, was primarily interested in converting. She therefore remained undaunted when Naomi persisted in testing the sincerity of her intentions.—[*Akedath Yizhak*]

טו וַתֹּ֗אמֶר הִנֵּה֙ שָׁ֣בָה יְבִמְתֵּ֔ךְ אֶל־עַמָּ֖הּ וְאֶל־אֱלֹהֶ֑יהָ
שׁ֖וּבִי אַחֲרֵ֥י יְבִמְתֵּֽךְ׃ טז וַתֹּ֤אמֶר רוּת֙ אַל־תִּפְגְּעִי־בִ֔י
לְעָזְבֵ֖ךְ לָשׁ֣וּב מֵאַחֲרָ֑יִךְ כִּ֠י אֶל־אֲשֶׁ֨ר תֵּלְכִ֜י אֵלֵ֗ךְ
וּבַאֲשֶׁ֤ר תָּלִ֙ינִי֙ אָלִ֔ין עַמֵּ֣ךְ עַמִּ֔י וֵאלֹהַ֖יִךְ אֱלֹהָֽי׃
יז בַּאֲשֶׁ֤ר תָּמ֙וּתִי֙ אָמ֔וּת וְשָׁ֖ם אֶקָּבֵ֑ר כֹּה֩ יַעֲשֶׂ֨ה יְהוָ֥ה

תו"א אל חסר . יבמות מז :

בה: טו ותאמר ואמרת הא תבת
יבמתך לות עמה ולות דחלתה
תובי בתר יבמתך לעמך
ולדחלתיך: טז ותאמר ואמרת
רות לא תקניטי בי למשבקיך
למיתב מן בתרך ארום תאיבא
אנא לאתגיירא אמרת נעמי
אתפקדנא למטר שביא ויומי
טבא בדיל דלא להלכא בר מתרין אלפין אמין אמרת רות לכל מן די את אזלא איזל אמרת נעמי
אתפקדנא דלא למבת כחדא עם עממיא אמרת רות לכל אתר די תביתי אבית אמרת נעמי אתפקדנא
למנטר שית מאה ותלת עסר פקודיא אמרת רות מה דנטרין עמיך איהא נטרא אנא כאלו הוו עמי
מן קדמת דנא אמרת נעמי אתפקדנא דלא למפלח פולחנא נוכראה אמרת רות אלהך הוא אלהי:
יז באשר אמרת נעמי אית לנא ארבע דיני מותא לחייביא רגימת אבנא ויקדת נורא וקטילת
סייפא וצליבת קיסא אמרת רות לכל מה דתמותי אמות אמרת נעמי אית לנא בית קבורתא אמרת
רות ותמן אהא קבירא ולא תוסיפי עוד למללא כדנן יעביד יי לי וכדנן יוסיף עלי ארום מותא

רש"י

(טו) הנה שבה יבמתך. זה טעמו למעלה תחת השי"ן לפי שהוא לשון עבר. ובבקר היא שבה טעמו למטה בבי"ת לפי שהיא לשון הווה וכן כל כיוצא בהם: (טז) אל תפגעי בי. אל תפצרי בי: כי אל אשר תלכי אלך. מכאן אמרו רבותינו ז"ל גר שבא להתגייר מודיעין לו מקצת עונשים שאם בא לחזור בו יחזור שמתוך דבריה של רות אתה למד מה שאמרה לה נעמי. אסור לנו לצאת חוץ לתחום בשבת אמרה לה באשר תלכי אלך. אסור לנו להתייחד נקבה עם זכר שאינו אישה אמרה לה באשר תליני אלין. עמינו מובדלים משאר עמים בתרי"ג מצות עמך עמי. אסור לנו עבודת כוכבים אלהיך אלהי. ארבע מיתות נמסרו לב"ד באשר תמותי אמות. שני קברים נמסרו לב"ד אחד לנסקלין ונשרפין ואחד לנהרגין ונחנקין אמרה לה ושם אקבר: (יז) כה יעשה ה' לי. כאשר התחיל להרע שיצאה בי ידו להמית

שפתי חכמים

ואחת לסקולים: נ ק"ל למה אמרה לה דוקא אלו וע"ק למה אמרה איסור תחומים ויחוד שהם מדרבנן אע"ג דאמרו דמשום מודיעים להם מקצת מצות קלות ומקצת מצות חמורות מ"מ איסורי דרבנן לא מצינו ועוד כשאמרה לה בתרי"ג מצות בכלל למה אמרה לה הפרט אף את כאשר שאמרה דרך כלל מובדלים אנו בתרי"ג מצות ולא פרטה לה מכל מקום קשיא למה פרטה דווקא אלו. ונראה לומר שהסיפור דבריה כך היה ביניהם מתחלה אמרה אם תלך עמי ותרצה לפעמים לשוב אל בית אביך ואל ארץ מולדתך ואנו אסורים לילך בשבת חוץ לתחום אמרה לה באשר תלך אלך כלומר לא אלך בשבת אז אמרה לה אף אם תלך בחול ולפעמים תתעכב בדרך וטרם ביאתך שמא יבא יום השבת ותשבות ביום השבת בשדה יחידה ואסור לנו להתייחד אמרה לה באשר תליני אלין אשמור את עצמי שלא אבא לידי יחוד אז אמרה עכ"פ אם תלך תמיד שמא א"א שתזהר מכל המצות שהחוקים שעמנו מובדלים משאר העמים בתרי"ג מצות אמרה עמך עמי ולא אלך תמיד אז אמרה אף אם תלך פעם אחת בשנה ביום איד שלהם והוי כאלו תלך לעכו"ם אמרה אלהיך אלהי כלומר אף אם אלך לא אלך לשם עכו"ם אז אמרה אף אם כוונתך לטובה אם תלך בכל שנה יש' נראה כאלו לעכו"ם כוונתך וד' מיתות נמסרו לב"ד פי' ושם דנים לפי מה שעינים רואות כמו דאמרינן הכל לפי ראות עיני הדיין אז אמרה באשר תמותי אמות כלומר אני אמות בתום וביושר לבבי ואם ידינוני לפי ראות עיניהם הטוב בעיניהם יעשו אז

אבן עזרא

ביד היא כלשון בני אדם דבר הכתוב: (טו) שבה יבמתך. מגזרת יבמה כבר פירשנוה בתורה: אל עמה ואל אלהיה. לעד שהתגיירו: (טז) אל תפגעי בי. הטעם פיוס ולעולם הוא דבוק עם אות בי"ת כמו ופגעו לי בעפרון ואין מלה זרה רק לא אפגע אדם ובמקומה אפרשנו: עמך עמי.

ברטנורה

שאמרו אין להם הוא נו' שלא יבא משיח בזכותם שאותם שהיו ראוים שיבא בזכותם כבר בא להם בימי חזקיהו שהי' צדיק ובזכותו עשה הקב"ה תשועה בימיו כמ"ש ויצא מלאך ה' וגו' ואע"פ שהאיר להם הבוקר אחר כן חזר להחשיך עד שיבא הבקר שיאיר להם הקב"ה שבזה לא יהיה עוד ערב וזה רמוז לנו בפסוקים ואני אמרתי אגלה אזניך לאמר וגו' אם תגאל גאל ואם לא יגידה לי אמר הקב"ה לישראל בא' מב' פנים אפשר שתגאל או בשביל מעשיך הטובים או אע"פ שתהיה מעשיך רעים תגאל למען שמי ואם יגאלך הטיב שלך אדע שאין אתה צריך לגאולתי וז"ש ואדעה כי אין זולתך לגאול הכונה כי הגאולה שאפשר שתעשה מלבד הגאולה שלך שהיא גאולתי איננה צריכ' כי גאולתי היא אחר גאולתך וז"ש ואנכי אחריך והטיב ישראל ואמר אנכי אגאל ואמר הקב"ה דע

קיצור אלשיך

ה'. ותשנה חסר א'. ורמז שעל אחת ידבר:

(טו) ותאמר. נעמי אמרה אל רות. הלא שתיכן שוות אמרתן אלי כי אתך נשוב. ועכ"ז ראי כי יבמתך התחרטה ותשוב לעמה ואלהיה ג"כ. ספק ג"כ כן תהי' שתתחרט ותרצה לשוב לעמך. ותהיה מוכרחת לילך יחידית שובי תיכף אחרי יבמתך ותלכו יחד:

(טז) ותאמר רות וגו'. רות אמרה אל נעמי אל תפצרי בי. ודקדקה לומר בלשון זה. לרמז לה שהפצרה הזאת בנפשה היא וכאלו אמרה אל תהרגיני [כמו פגע בו] כי בזה שתפצרו בי לבלתי לכת עמך הוא דומה אצלי כאלו תפצרי להרגני. כי המחטיא את חברו גדול יותר מההורגו ולכן אל תפגעי בי לעזבך עזיבה עולמית. כי באופן זה הלא בודאי אשובה אל עמי ואל אליליהם. ואפילו לזמן קצר לשוב רק מאחריך ולא מאחר עמך ואלהיך. דהיינו להשאר בארצך. שבאופן זה אפשר שבשביל חפצי להתראות אתך לאחר זמן אשאר נאמנה לדתך ואלהיך. בכל זאת אל תפצרי בי ואל תהרגיני כי לא אוכל להפרד ממך אפילו רגע אחד. והוסיפה לבאר דבריה אל נעמי כי אם אל אשר תלכי אלך ביום. כדרך ההולכים בדרך שאינם הולכים רק ביום. ובאשר תליני אלין בלילה. כלומר אם אהיה עמך תמיד בין ביום בין בלילה אז עמך יהי' עמי. בדברים שבין אדם לחברו. ואלהיך יהיה אלהי במצות שבין אדם למקום. משא"כ כשתתפרדי ממני לא יוכל היות עוד עמך עמי ואלהיך אלהי. כי לא יהיה לי מורה דרך ה'. ולבל תשיבנה נעמי מה תעשי אחרי מותי. הלא אנכי כבר זקנתי ושבתי. ואת הנך מלאה כח עלומים. הוסיפה רות להגיד לה כאשר תמותי אמות כאשר דעי לך כי כל כך אני תלויה בך עד שאם תמותי את תיכף אמות גם אני. כה יעשה ה' לי וכה יוסיף כי רק המות מפריד ביני ובינך. אבל תחלה ביני ואח"כ בינך. כי אנכי אמות ואת תחיי. מחמת כי את יכולה לחיות גם בלעדי משא"כ אם תמותי את תחלה לא יפריד

15. And she said, "Lo, your sister-in-law has returned to her people and to her god; return after your sister-in-law." 16. And Ruth said, "Do not entreat me to leave you, to return from following you, for wherever you go, I will go, and wherever you lodge, I will lodge; your people shall be my people and your God my God. 17. Where you die, I will die, and there I will be buried. So may the Lord do

15. **Lo, your sister-in-law has returned**—Heb. שָׁבָה. *In this word, the accent is above* (on the first syllable) *under the "shin," because it is in the past tense, but* (Esther 2:14): "*and in the morning she would return* (שָׁבָה)," *the accent is below* (on the last syllable) *on the "beth," because it is the present tense, and so it is in all similar cases.*—[*Rashi*]

to her people and to her god—*Midrash Ruth* comments: Since she has returned to her people, she has returned to her god. This is evidence that they had converted.—[*Ibn Ezra*] In verse 4, *Ibn Ezra* insists that Mahlon and Chilion would not have married Ruth and Orpah without prior conversion, and he quotes our verse as evidence. This evidence, however, can be refuted. The verse may mean that since they showed their intention to return with Naomi to the land of Judah and to convert, when Orpah reneged and returned to Moab, she would surely revert to paganism and abandon her intention to convert. Nevertheless, the view found in *Zohar Hadash* is that Ruth and Orpah became Jewish when they married Mahlon and Chilion, and changed their names. This is apparently contrary to the view of the Midrash, which emphatically states (2:9): It was taught in the name of Rabbi Meir: They neither converted them nor immersed them, and the new law [that only the males of Ammon and Moab were prohibited from entering the congregation of the Lord], had not yet been propounded so that they should escape punishment on its account.

We have already come across this idea in verse 12. It is echoed again in the following verses, in which Naomi informs Ruth of the various laws of Judaism she must keep if she converts. This procedure appears in the *Targum*, the Midrash, and the Talmud (*Yev.* 47b).

Many exegetes have attempted to reconcile these two seemingly divergent views.

One theory is that Mahlon and Chilion converted Ruth and Orpah not in accordance with halachic requirements. They performed the conversion without the presence of a *beth-din*, a rabbinic tribunal. According to some authorities, such a conversion is invalid. According to others, it is valid after the fact. This was the view of Mahlon and Chilion. Naomi, and probably Elimelech, believed it to be invalid. Therefore, Naomi attempted to dissuade them

from accompanying her to Judah and converting in the proper manner.—[*Emunath Hachamim*]

A similar explanation is that Mahlon and Chilion had indeed converted Ruth and Orpah according to all halachic requirements, with the exception of the requirement to test the sincerity of the candidate for conversion. Should a Gentile wish to convert for the sake of marriage, he should not be accepted as a convert. Should a *beth-din* accept him, his conversion is valid after the fact. Since such conversion is not acceptable, Scripture regards it as though they had not converted.—[*Meshiv Nefesh*]

A third explanation is that Mahlon and Chilion converted Ruth and Orpah according to all halachic requirements and they observed all the precepts out of fear of their husbands. After their husbands' demise, however, Naomi wished to ascertain whether they would continue to observe the precepts. She therefore told them that she was returning to the land of Judah, where they could join the Jewish community and make a total commitment to Judaism. Orpah allowed herself to be dissuaded from going and returned to Moab, reverting to her idolatrous and immoral practices. Ruth, however, persevered and insisted upon returning to Judah with Naomi, where she would undergo conversion of her own volition, without the fear of any mortal.—[*Zohar Hadash*]

return after your sister-in-law—Naomi wished to test her to determine whether she sincerely meant to follow her to the land of Israel and convert. She reasoned that Ruth would be left destitute without kith or kin. She should rather return to her people in Moab.—[*Eshkol Hakofer*]

16. **Do not entreat me**—Heb. תִּפְגְּעִי, *do not urge me.*—[*Rashi*]

to leave you, to return from following you—I will not leave you because I do not wish to part with you, and even if I am compelled to leave you, I will in any case go to Judea to convert through others. But I would rather convert through you than through others.—[*Malbim*]

for wherever you go, I will go—*From here our Sages derived that a* [prospective] *proselyte who comes to convert is told some of the punishments* [for violating the commandments], *so that if he decides to renege, he can renege, for out of Ruth's words, you learn what Naomi said to her: "We may not go out of the boundary* [of 2,000 cubits on all sides] *on the Sabbath." She replied to her, "Wherever you go, I will go." "We are prohibited to allow a female to be secluded with a male who is not her husband." She replied, "Wherever you lodge, I will lodge." "Our people is separated from the other peoples with 613 commandments."* [She replied,] *"Your people is my people." "Idolatry is forbidden to us." "Your God is my God." "Four types of death penalties were delegated to the beth din* (court) [to punish transgressors]." *"Wherever you die I will die." "Two burial plots were delegated to the beth din* [to bury those executed], *one for those stoned and those burned, and one for those decapitated and those*

strangled." She replied, "And there I will be buried."—[*Rashi* from *Yev.* 47b] In *Ruth Rabbah,* there are several differences. Naomi told Ruth: "It is not the way of Jewish women to frequent theaters and circuses of the heathens." To that, Ruth replied: "Where you go, I will go." Instead of mentioning the prohibition of a woman secluding herself with a strange man, Naomi told Ruth that a Jew does not lodge in a house that does not bear a mezuzah. "Your people shall be my people," is construed to be Ruth's reply to Naomi's informing her of the prohibitions and the penalties for transgressions. "And your God is my God" is to include the other commandments. Another explanation is that Naomi informed her that she would have to give up idolatry completely, to which she replied, "Your people shall be my people." "And your God shall be my God" to recompense me for my deeds.

The mention of idolatry presents some difficulty because idolatry is forbidden to the Noahides as well as to Israel. *Torah Temimah* explains that the Noahides are prohibited to worship idols only if they do so exclusively, to the exclusion of worshipping God. Should they worship God in conjunction with their idolatry, they have committed no sin. Jews, however, may in no way worship idols even in conjunction with the worship of God. *Ibn Ezra* explains simply: Your people shall be my people—I will never forsake the Law of Israel or the unity of God.

Malbim explains:

for wherever you go, I will go—You are going there for the sake of your religion, in order to fulfill the commandments dependent upon the land. Do not think that my goal in going to Judea is different from yours, and that I have ulterior motives in going there. That is not so. My goal is the same as yours. Do not think that I expect to gain riches by marrying a rich man or the like, but—

wherever you lodge, I will lodge—I will lodge as a stranger in the land, and like the righteous, who treat this world as an inn for travelers. The reason I am going to the Holy Land is that—

your people shall be my people and your God my God—I have already grasped the Torah of your God and the customs of your people, and I already consider myself as one of your people.

17. **Where you die, I will die**—I will die the death of the upright, just as you will die, that the spirit will return to the bundle of life.

and there I will be buried—in the place where you will be buried in the Holy Land, and in the graves of the righteous, who are ready to rise at the resurrection of the dead.

לי וכה יסיף כי המות יפריד ביני ובינך: יח ותרא
כי־מתאמצת היא ללכת אתה ותחדל לדבר אליה:
יט ותלכנה שתיהם עד־בואנה בית לחם ויהי
כבאנה בית לחם ותהם כל־העיר עליהן ותאמרנה
הזאת נעמי: כ ותאמר אליהן אל־תקראנה לי
נעמי קראן לי מרא כי־המר שדי לי מאד: כא אני
מלאה הלכתי וריקם השיבני יהוה למה תקראנה
לי נעמי ויהוה ענה בי ושדי הרע־לי: כב ותשב
נעמי ורות המואביה כלתה עמה השבה משדי

תו"א וחרה לי שם עב : ותשוב כל. במ:א לא :

תרגום

יהא מפריש ביני ובינך:
יח ותרא וחזת ארום מאלמא
היא למהך עמה ופסקת
מלמללא לה: יט ותלכנה ואזלן
תרויהן עד דעלן בית לחם
והוה כד עלן לבית לחם
וארגישו כל יתבי קרתא
עליהון ואמרן הדא נעמי:
כ ותאמר ואמרת להון לא
תהוין קרן לי נעמי קרו לי
מרירת נפשא ארום אמריר
שדי לי לחדא: כא אני אנא
מליא אזלית מבעלי ומבני
וריקניא אתיבני יי מנהון
קמא בין אתון קרן לי נעמי ומן קדם יי אסהיד לי חובתי ושדי הבאיש לי: כב ותשב ותבת נעמי ורות
מואביתא כלתה עמה די תבת מחקל מואב ואינון אתו בית לחם במעלי יומא דפסחא ובההיא יומא

שפתי חכמים

אמרה ואף אחרי מותך שני קברים נמסרו אז הסיבה ושם אקבר: ם דקשה לרש"י איך תהום העיר לכ"פ נעשית הומיה מהומיות בני אדם אשר בתוכה. וא"כ ק"ל והיאך הזדמן לביאתם כל העיר. לכ"פ נתקבלו כו' ונ"ש לקבור אשתו של בועז דק"ל וכל זה למ"ל ומה בא הכתוב להודיענו בזה שנתקבלו באותו היום כל העיר אלא בא להודיענו שבו ביום מתה אשתו של בועז ואין הצדיק מת עד שבא אחר במקומו ובמסכת ב"ב פרש"י לאשמועינן אתא שהקב"ה מקדים רפואה למכה ויש לו לאדם לבטוח בהקב"ה: ע פירוש כמנו עגלות לב: פ אבל אין לפרש משום לרות עין כי אין לה רשות ליהן בלתי רשות בעלה וא"כ לא חטאה בזה ולמה נענשה אלא על שילאה לח"ל וא"ת הרי היתר לילך

רש"י

אשי ולירד מנכסי: וכה יוסיף. אם יפריד ביני ובינך כי אם המות: (יח) ותחדל לדבר אליה. מכאן אמרו אין מרבין עליו ואין מדקדקין עליו: (יט) ותלכנה שתיהם. אמר רבי אבהו בא וראה כמה חביבים הגרים לפני הקב"ה כיון שנתנה דעתה להתגייר השוה אותה הכתוב לנעמי: ותהום כל העיר. נעשית הומיה כל העיר כולם ם נתקבלו לקבור אשתו של בועז שמתה בו ביום: הזאת נעמי. הה"א נקודה הטף מפני שהיא בתמיה הזאת נעמי שרגילה לצאת בכלים ע ובפרדים הזיתם מה עלתה לה על אשר יצאתה להוציא פ לארץ: (כא) מלאה הלכתי. בעושר ובנים. דבר אחר שהיתה מעוברת: ענה בי. העיד עלי שהרשעתי לפניו. ד"א ענה בי מדת הדין כמו (הושע ה') וענה גאון ישראל: (כב) בתחלת קציר שעורים.

ברטנורה

שזאת הגאולה שאני רוצה היא גאולה שלימה שלא ישובו עוד בגלות וז"ש ביום קנותך את השדה מיד נעמי וגו' להקים שם המת על נחלתו ר"ל שמו של הקב"ה שהיינו מתנהג עמהם עם גבורותיו וסוא כישן הני רוצה ביקום על נחלתי שהם ישראל כמ"ש כי חלק ה' עמו וגו' וכתיב והיה ה' למלך על כל הארץ ולזה התחיל כאן ואמר ביום קנותך השדה וגו' שמיום הגאולה ואילך יידע שנוי של הקב"ה שהוא א' וישראל גוי א' בארץ וקטת הוא לשון גאולה כמ"ש עד יעבור עם זו קניתוהביב ישראל ואמר שא"א שיעשה מעשים שיגאל בזכותו וז"ש לא אוכל לגאול לי לפי שאם תעשה הגאולה בזכותי יבא כ"כ לרות בעולם שנחלתי תהי' נשחתת וזהו שאמר פן אשחית את נחלתי כמו שמצינו בבן כוזיבא שהיה לו להיות משיח שכן הי' נכית דוד ולא היה יכול להושיע את ישראל ולא נחה עליו רוח ה' לפי שישראל אכלו ככר את זכיהם בימי חזקיה כמ"ש במאמר רז"ל וכיון שאין להם זכות אם לא

אבן עזרא

לעולם לא תעזוב תורת ישראל ויחוד השם: (יח) מתאמלת. מבנין התפעל: (יט) ותהם. מבנין נפעל מפעלי הכפל: הזאת נעמי. כי אלימלך ואשתו היו מגדולי ישראל: (כ) אל תקראנה לי נעמי קראן לי מרא. אע"פ שהוא כתוב באל"ף בא כדרך בעלי הה"א הנעלם בסוף אל"ף מרה תחת ה"א וכמוהו כעגלה דשא ע"ד ר' יהודה ולפי דעתי הנועם דבר תענוג והמר הפך הענוג והנועם הוא המאכל הוא המתוק: (כא) מלאה. בנים וממון: וה' ענה בי. יש אומרים מגזרת לענות מפני ולפ"ד שהוא מגזרת לא תענה ברעך כטעם תחדש עדיך נגדי: ושדי הרע לי. כמו נגע וכמוהו ובורא רע או הרע לי על מעלי או על דרך לשון בנ"א דבר הכתוב והוא הנכון: (כב) ה"א השבה. ה"א הדעת כמו הנמלא פה: וטעם ותשב נעמי. פעם אחרת לדבק הזמן

לקוטי אנשי שם

(יח) הספר "חסד למשיחו" כותב שמעתי בשם הגאון האזולאי ז"ל ביאור נחמד ע"פ דרך הדרוש בכתוב הזה. והוא. דאיתא בב"מ [פ"ד א] בר"ש בן לקיש שבאלותי בפשם הראשונה את ר' יוחנן רוהן בירדן קפץ אבתריה וא"כ כשקבל כבר על עצמו ללמוד בעי למיהדר ולאהויי מאניה ולא מלי. ופי' רש"י שם דלא יכול לקפוץ כבראשונה. דמשקבל עליו עול תורה תשש כחו. ומספר כותב המגלה שכן קרה גם עם רות. כי מתחלה היתה

קיצור אלשיך

יפריד כלל המות בינינו כי אינני יכולה להיות בלעדך ובבאותו רגע שתמותי את אמות גם אנכי. ואחרי שכל כך נפשי וחיי קשורה בך אל תפגעי עוד בי:

(יח) ותרא כי רות מתאמצת [מיד ערפה] ללכת אתה ולא עם ערפה ותחדל לדבר אליה:

(יט) ותלכנה שתיהם. במהירות ובחוזק כזכרים. עד בואנה בית לחם. ולא עמדו לנוח ולהנפש בכל הדרך הרב הזה כי נחפזות היו לבא לארץ הקדושה. וכאשר באו בית לחם רשמי פני נעמי הפליאו את כל בנות אנשי העיר. והסתכלו בהמהון על שתיהן אולי יוכלו להכיר שתיהן או לפחות אחת מהן. ואחר שהסתכלו זמן מה. הכירו מעט את נעמי ושאלו אותה הזאת נעמי. ר"ל האת נעמי? כי לא יכלו להחליט שהיא נעמי. רק לשמוע ממנה. מה שהיא תאמר. כי מלבד הזקנה שקפצה עליה בדרך הטבע בזמן הזה. עוד גם הרעות והצרות שעברו עליה שנו פניה:

(כ) ותאמר אליהן. נעמי אמרה אליהן אל תקראן אותי נעמי [שאנכי נעימה במעשי. וצדקת אנכי. והקב"ה עשה עמי שלא כדין] קראן לי מרה. [כי מעשי היו מרים] כי על כן המר שדי לי מאד:

(כא) הלא ראיתם את חטאי כשאני הייתי מלאה בכל טוב הלכתי מאתכם. ע"כ וריקם השיבני ה'. כשנהיתי ריקם השיבני ה' אליכם למה תקראנה לי נעמי וה' ענה בי הקב"ה העיד בי כי מעשי לא היו

to me and so may He continue, if anything but death separate me
and you." 18. And she saw that she was determined to go with her;
so she stopped speaking to her. 19. And they both went on until they
arrived to Bethlehem. And it came to pass when they arrived to
Bethlehem, that the entire city was astir on their account, and they
said, "Is this Naomi?" 20. And she said to them, "Do not call me
Naomi; call me Marah, for the Almighty has dealt very bitterly with
me. 21. I went away full, and the Lord has brought me back empty.
Why [then] should you call me Naomi, seeing that the Lord has
testified against me, and the Almighty has dealt harshly with me?"
22. So Naomi returned, and Ruth the Moabitess, her daughter-in-
law, with her, who returned from the fields of

So may the Lord do to me—*as He has commenced to harm* [me], *for His hand has gone forth against me to slay my husband and to cause me to lose my property*.—[*Rashi*]

and so may He continue—*if anything but death separates me from you*.—[*Rashi*] *Ruth Rabbah* explains that Naomi said to Ruth: "Whatever good deeds and righteous actions you can acquire, acquire in this world," and Ruth answered: "So may the Lord do to me and so may He continue—to enable me to perform good and righteous deeds in this world, for in the World to Come, death will separate us, and I will no longer be able to perform any commandments."—[*Meshiv Nefesh*] *Torah Temimah* explains: Naomi instructed Ruth to acquire as many good deeds as she could in this world, and Ruth replied: "So may the Lord do and add many more commandments which you will teach me while you are alive, for after death, we will be separated."

18. **so she stopped speaking to her**—*From here they derived that we do not overburden him and we are not overly meticulous with him* (i.e., with a prospective convert).—[*Rashi* from *Yev.* 47b] *Ruth Zuta* explains that Ruth continued to persuade Naomi to take her along with her. She said, "Perhaps you think that just as my sister left you and went to join another family, that I will do likewise, and what happened to her will happen to me. So may the Lord do to me, etc." When Naomi saw Ruth's efforts to go along with her and her weeping, she stopped her attempts to dissuade her from going.

Zoth Nehamathi explains: And she saw that she had endured, [which was only for the purpose] of going with her. Naomi realized that Ruth had survived the plague that had caused her husband's death only because it was divinely decreed that she should go with her to Judah and convert. She

therefore stopped discouraging her and allowed her to accompany her to Judah. *Azulai* in *Simhath Haregel* explains this verse homiletically in the light of a Talmudic story (*B. M.* 84a) describing the commencement of Resh Lakish's Torah career. He had previously been a bandit of fabulous physical strength. He was able to jump great distances over the mountains. When he took it upon himself to devote his life to Torah study, his spiritual component overwhelmed his physical component, and he became so weak that he was unable to even return to retrieve his clothing from the place where he had left them. In this case, too, when Naomi saw that Ruth was exerting herself to go with her and that she could not walk as easily as before, she realized that she had sincerely accepted the yoke of Torah upon herself. She therefore stopped attempting to dissuade her from converting.

19. **And they both went on**—*Said Rabbi Abbahu: Come and see how dear the proselytes are to the Holy One, blessed be He; since she decided to convert, Scripture compared her to Naomi.*—[*Rashi* from *Ruth Rabbah*]

that the entire city was astir—*The entire city became astir. They had gathered to bury Boaz's wife, who had died on that very day.*—[*Rashi* from *Ruth Rabbah*] There is one view in *Ruth Rabbah* that Ruth came to Bethlehem on the very day that Boaz's wife died and the entire populace had turned out to perform an act of kindness to her by accompanying her to her final resting place. It was providential that Ruth should come on that very day to take her place as the wife of Boaz. Another opinion is that this was the day of the reaping of the barley for the Omer offering, at which time all the neighboring towns would gather to enhance the performance of the mitzvah. Still another opinion is that Ibzan was marrying off his daughters on that day.

Is this Naomi?—Heb. הֲזֹאת. *The "hey" is vowelized with a "hataf" because it is in the interrogative. Is this Naomi who used to go out in covered wagons and with mules? Have you seen what happened to her because she went outside the Holy Land?*—[*Rashi* from *Ruth Rabbah*] *Ruth Rabbah* reads: Is this Naomi? Is this the one whose deeds are beautiful and pleasant? In the past she would travel in covered wagons, (or: wear fancy shoes) but now she walks barefoot, (See *Mattenoth Kehunnah* ad loc., *Aruch Completum* under אִסְקַפְטִי.) and you say that this is Naomi? In the past she would wear silk garments, and now she is dressed in rags, and you say that this is Naomi? In the past her face was rosy from food and drink, and now her face is sallow from hunger, and you say that this is Naomi? *Ruth Zuta* reads: And the entire city was astir—the entire city was wondering about Naomi, [rendering וַתֵּהֹם as wondering] for [when] she used to come to her father, maids would go out on camels, attired with embroidered

garments, and [now] when she entered Bethlehem, she and her daughter-in-law Ruth were clothed in tatters. Therefore, all the women of the city were wondering about her and saying, "Is this Naomi, whose jewelry the women of Bethlehem used to borrow? Is this Naomi, who would put the sun to shame with the beauty of her countenance?"

It is noteworthy that the word for "both of them" is שְׁתֵּיהֶם, with the masculine suffix הֶם. *Zoth Nehamathi* comments that the Midrash states above that when Orpah left Naomi, she was immediately attacked by one hundred men. In order to avoid such an incident, Naomi and Ruth disguised themselves as men until they arrived to Bethlehem, where they changed to feminine attire. Hence, both of them (שְׁתֵּיהֶם) (masc.) went on until they came (כְּבוֹאָנָה) (fem.) to Bethlehem. The word (כְּבוֹאָנָה) is repeated because the "mem" became a "nun," thereby adding the numerical value of ten, alluded to by the addition of the two "heys," totalling ten.

20. **And she said to them, "Do not call me Naomi**—If a man who was fabulously wealthy, like Ahasuerus, lost all his wealth except for a thousand gold coins, we could not describe him as a poor man unless we mentioned his previous wealth, because a person who possesses a thousand gold coins is also a rich man. He would be considered poor only because he lost the money he once had. However, if this rich man lost all his possessions, so that now he did not have a penny to his name, and could not purchase a loaf of bread to still his hunger, he would indeed be considered a poor man even without comparing his present status to his previous one. When Naomi came to Bethlehem with her daughter-in-law, walking alone, without a servant and without a wagon, they knew that she had lost her wealth, but they thought that perhaps she still had some gold and jewelry, which a poor person would be happy to own. They therefore said, "Is this Naomi?" Is this the Naomi who was once fabulously wealthy? In comparison to her previous wealth, she has fallen tremendously. To this, she replied, "Do not call me Naomi; call me Mara." She informed them that it was not as they thought, i.e., that she could be called Mara (bitter) only in comparison to her previous wealth. She told them that she should be called Mara because of her absolute bitterness, i.e., there was nothing left of her former wealth.—[*Malbim*]

21. **I went away full**—*with wealth and sons. Another interpretation is that she was pregnant.*—[*Rashi* from *Ruth Rabbah*]

has testified—Heb. עָנָה, *has testified against me that I dealt wickedly before Him. Another explanation: The Divine Standard of Justice has humbled me, as* (Hosea 5:5): *"And the pride of Israel shall be humbled* (וְעָנָה)."—[*Rashi* from *Ruth Rabbah*]

מוֹאָב וְהֵמָּה בָּאוּ בֵּית לֶחֶם בִּתְחִלַּת קְצִיר שְׂעֹרִים׃
ב א וּלְנָעֳמִי מידַע מוֹדַע קרי לְאִישָׁהּ אִישׁ גִּבּוֹר חַיִל
מִמִּשְׁפַּחַת אֱלִימֶלֶךְ וּשְׁמוֹ בֹּעַז׃ ב וַתֹּאמֶר רוּת
הַמּוֹאֲבִיָּה אֶל נָעֳמִי אֵלְכָה־נָּא הַשָּׂדֶה וַאֲלַקֳטָה
בַשִּׁבֳּלִים אַחַר אֲשֶׁר אֶמְצָא־חֵן בְּעֵינָיו וַתֹּאמֶר לָהּ
לְכִי בִתִּי׃ ג וַתֵּלֶךְ וַתָּבוֹא וַתְּלַקֵּט בַּשָּׂדֶה אַחֲרֵי
הַקֹּצְרִים וַיִּקֶר מִקְרֶהָ חֶלְקַת הַשָּׂדֶה לְבֹעַז אֲשֶׁר
מִמִּשְׁפַּחַת אֱלִימֶלֶךְ׃ ד וְהִנֵּה־בֹעַז בָּא מִבֵּית לֶחֶם
וַיֹּאמֶר לַקּוֹצְרִים יְהוָה עִמָּכֶם וַיֹּאמְרוּ לוֹ יְבָרֶכְךָ

תו"א ותלך ותבא. שבת קי"ג: והנה בועז. ברכות נד:

שריאו בני ישראל למחצד ית עומרא דארמותא דהוה מן שעורין: ב א ולנעמי אשתמודע לגברא גבר תקיף באורייתא מן יחוס אלימלך ושמיה בועז: ב ואמרת רות מואביתא לות נעמי איזיל כען לחקלא ואבנוש בשיבולין בתר די אשכח רחמין בעינוי ואמרת לה איזילי ברתי: ג ותלך ואזלת ועלת וכנשת בחקלא בתר חצודיא וארע ארעהא אחסנת חקלא הוה לבועז דמן יחוס אלימלך: ד והנה והא בועז אתא מבית לחם ואמר לחצודיא יהי מימרא דיי בסעדכון ואמרו ליה

רש"י

בקצירת העומר צ הכתוב מדבר: (א) מודע. קרוב בן אחיו של אלימלך היה. אמרו רז"ל אלימלך ושלמון אבי בועז ופלוני אלמוני הגואל ואבי נעמי כולם בני נחשון בן עמינדב היו ולא הועילה ק להם זכות אבותם כשיצאו מארץ לחוצה לארץ: (ב) אלכה נא השדה. לאחד משדות אנשי העיר אחרי אחד מהם אשר אמצא חן בעיניו שלא יגער בי: ואלקטה בשבלים אחר אשר אמצא חן בעיניו. אחר מי אשר אמצא חן בעיניו: (ג) ותלך ותבוא ותלקט בשדה. מצינו במדרש רות עד לא אזלת אתת שהוא אומר ותבוא ואחר ותלקט אלא שהיתה מסמנת הדרכים קודם שנכנסה לשדה והלכה ובאה והזרה לעיר כדי לעשות סימנים וציונים שלא תטעה בשבילין ותדע

שפתי חכמים

לא"ל מפני הרעב כדלעיל י"ל היינו באיש אבל באשה שבעל מחייב לפרנסה שם כי אין מוציאים האשה מא"י לח"ל אפי' מנוה רע לנוה טוב ואפ"ה יצאת לכך נענשה: צ דק"ל הל"ל בתחלת קציר ומנ"מ אם קציר שעורים אם קציר חטים. לכ"פ בקצירת העומר כו' פי' והעומר בא מן השעורים: ק הכי איתא בפרק המוכר את הספינה ופליג אמדרש רבה ומדרש רות הנעלם דסברי דלא נענש אלא מפני צרות עין כדפי' רש"י לעיל ורש"י אין כוונתו הם לפרש למה נענש רק להביא ראיה שהיה קרוב והביא הא דרבותינו אמרו כו' ומדאצטריך להביא זה אז קשה ליה מאי קמ"ל כדפריך תלמודא התם ותי' ולא הועיל להם

אבן עזרא

שבאו בתחלת קציר שעורים בעבור לקוטי רות: (א) מודע. קרוב ידוע כמו ומודע לבינה תקרא: לאישה. מאת אישה והנה הלמ"ד כמו אמרי לי אחי הוא: בועז. אמרו רבותינו ז"ל שהוא אבצן שהיה שופט את ישראל: (ב) אחר אשר אמצא חן בעיניו. י"א כי הוי"ו שב אל בועז הנזכר והטעם אולי יהיה ולפ"ד שהוי"ו שב אל בעל השדה ואם לא נזכר בעבור ויקר מקרה וטעמו כן הוקרה: (ד) ה' עמכם. לעזור אתכם בעבור שהם עמלים: יברכך ה'. שיתן ברכה

ברטנורה

היה הקב"ה עושה למען שמו הגדול היו רואים שיפרע מן הרשעים כמ"ש וברוח פיו ימית רשע והיות שרובם היו כולם מתים והיתה נחלה נמחקת וז"ש לא אוכל לגאול פן אשחית את נחלתי וכל הדברים הנוגעים בגאולת ישראל נגלו לדניאל ואמר על בן כוזיבא כהתם הפושעים יעמוד מלך עז פנים ומבין חידות והטעם שאמר עז פנים אחז"ל באיכה רבתי מה כוחו של בן כוזיבא אמרו בשעה שהי' יוצא למלחמה הי' מקבל אבני בליסטראות באחת מן ארכובותיו והיתה נותנת ממנו והורג כמה נפשות א"ר יוחנן ר"ע כד חזי לבן כוזיבא אמר דרך כוכב מיעקב אל תקרי כו' זה מלך המשיח ועליו נאמר בדניאל מלך עז פנים ועלה כחו ולא בכחו והכוונה שיעלה ויתחזק כחו של בן כוזיבא אבל לא בכחו של הקב"ה שבה יתגדל שמו כמ"ש כי יד עליכם יה וע"ז כשאנו אומרים קדיש אנו אומרים ועתה יגדל נא כח ה' שבזה הפסוק יש כ"ח אותיות וצריך י"ד להשלים שם של מ"ב שעתיד למסור למלך המשיח ומה שאמר אח"כ ונפלאות ישחית וגו' הם כל המלחמות והנפלאות שעשה בן כוזיבא ומ"ש והשחית עצומים ועם קדושים היה מה שאחז"ל שהי' לו ק"ן אלף מטיפי דם בהלבעו שלחו לו חכמים עד מתי אתה עושה בעלי מומין בישראל בהיה עושה

קיצור אלשיך

היו טובים. ע"כ ושדי הרע לי. כך היתה נעמי מתודית בבואה לא"י:
ב (א) ולנעמי מודע לאישה וגו' ושמו בועז. איתא בגמרא אלימלך ואבי נעמי ואבי בועז אחים היו והיה בועז קרוב לנעמי וקרוב לאלימלך. ומחמת כי נעמי היתה בושה מבועז על עונה שעשתה. כאשר אמרה בעצמה אני מלאה הלכתי וגו' ובועז לא ברח לארץ אחרת מפני העניים וזגם לפי ערכו. ע"כ היתה בושה לילך אליו לכלכלה. ועוד היה שנאה לבועז עליה על אשר הביאה אתה מואבית האסורה לבא בקהל ה'. וכאשר יכלכל את נעמי יהי' מוכרח לכלכל גם את רות כי לא יתפרדו. ע"כ התרחק בועז משתיהן עד שהביא הקב"ה את בועז לשדהו ושמה הכיר את רות כמס־פר במגלה זו. ואף ששתיהן היו רעבים ללחם עכ"ז לא הרהיבה נעמי בנפשה שתאמר להרות לילך בשדות ללקט שבלים. כי נעמי ידעה שרות בת מלכים ואיך תורידה מכבודה כ"כ. עד.
(ב) ותאמר רות המואביה כי היא תלך ללקוט שהציקתן הרעב:
(ג) ותלך והבא בשדה ותלקט. ושדה של מי היתה. אומר הכתוב ויקר מקרה שבאת לשדה של בועז:
(ד) והנה בועז בא וגו'. ולמה לא כתב ויבא בועז. הנה אמרנו למעלה כי מסורת היתה בידם ענין חז"ל כי שתי פרדות טובות היו מעותדות לצאת מבנות לוט ליבנות מהן מלכות בית דוד וכתבנו למעלה שאף בת לוט ידעה מזה שעתיד זרע מלכות ישראל לבא מבנה מואב. ופירשו ע"ז הפסוק מצאתי דוד עבדי והיכן מצאתיו בסדום. וא"כ אמור מעתה היפלא דבר זה מזרע נחשון בן עמינדב אשר ידעה בת לוט? וגם נעמי ובועז ידעו מזה וע"כ כאשר ראו מעשי רות נזכרו ויאמרו ללבבם כי קרוב הדבר מאד כי זאת היא המואבית

לקוטי אנשי שם

הולכת בשוה עם נעמי מבלי שום התאמלות. אבל אחר שקבלה על עצמה עול תורה מיד תשש כחה ולא היתה יכולה עוד ללכת בשוה עם נעמי. ובכל פעם היתה צריכה להתאמץ ולהתחזק. וזהו שאמר „ותרא נעמי כי מתאמצת". לא אמר כי התאמצה רק מתאמצת לכוונת שבכל פעם היתה מתאמצת היא. רות. ללכת אתה בשוה. ומזה אות נאמן שקבלה על עצמה דת ישראל בלב תמים. לכן ותחדל לדבר אליה. וכוון הנ"א מאד ע"ד דרוש:

Moab—and they came to Bethlehem at the beginning of the barley harvest.

2

1. Now Naomi had a kinsman of her husband, a mighty man of valor, of the family of Elimelech, and his name was Boaz. 2. And Ruth the Moabitess said to Naomi, "I will go now to the field, and I will glean among the ears of grain, after someone whom I will please." And she said, "Go, my daughter." 3. And she went, and she came, and she gleaned in the field after the reapers, and her chance was [to come to] the field that [belonged] to Boaz, who was of the family of Elimelech. 4. And behold, Boaz came from Bethlehem, and he said to the reapers, "May the Lord be with you!" And they said to him, "The Lord bless you."

22. **at the beginning of the barley harvest**—*Scripture is speaking of the harvest of the Omer.*—[*Rashi* from *Ruth Rabbah*] [The Omer was a measure of barley harvested on the second night of Passover and offered for a meal offering on the following day.]

2

1. **a kinsman**—Heb. מוֹדַע, *a kinsman. He was the son of Elimelech's brother. Our Sages said: Elimelech and Salmon the father of Boaz and So-and-So the near kinsman were all sons of Nahshon the son of Amminadab, but the merit of their fathers did not avail them when they left the Land to go abroad.*—[*Rashi* from *Ruth Rabbah* 6:5]

a mighty man of valor—a mighty man, strong in Torah.—[*Targum*]

2. **I will go now to the field**—*To one of the fields of the people of the city, after one of them, in whose eyes I will find favor, that he will not rebuke me.*—[*Rashi*] *Iggereth Shemuel* explains that Ruth said to Naomi: I will follow one of the harvesters, one in whose eyes I find favor.

Ibn Ezra appears to render: after I find favor in his eyes. He quotes commentators who theorize that the antecedent is Boaz, mentioned in the preceding verse, should she happen to be in Boaz's field. He himself, however, theorizes that the antecedent is the owner of the field, understood, although not explicitly mentioned. *Iggereth Shemuel* explains that some poor people would glean in the fields even before they pleased the owner, and would seek to please him afterwards; others would not please him at all, but would nevertheless glean in his field.

יהוה: ה ויאמר בעז לנערו הנצב על־הקוצרים למי
הנערה הזאת: ו ויען הנער הנצב על־הקוצרים
ויאמר נערה מואביה היא השבה עם־נעמי משדי
מואב: ז ותאמר אלקטה־נא ואספתי בעמרים אחרי
הקוצרים ותבוא ותעמוד מאז הבקר ועד־עתה זה
שבתה הבית מעט: ח ויאמר בעז אל־רות הלוא
שמעת בתי אל־תלכי ללקט בשדה אחר וגם לא־

תו"א ויאמר בועז.. שבת כט:

יברכינך יי: ה ויאמר ואמר בועז לעולימיה דמני רב על חצודיא לאי דין אומה ריבא הדא: ו ויען ואתיב עולימא דאתמנא רב על חצודיא ואמר ריבא מן עמא דמואב היא דתבת ואתגיירת עם נעמי מחקל דמואב: ז ותאמר ואמרת אצבור כען ואכנוש שובלין באלומיא מה דמשתאר בתר חצודיא ואתת וקמת ואתעכבית כען מקדם צפרא ועד כען פון זעיר דין דיתבא בביתא צבחר: ח ויאמר ואמר בועז לית רות הלא קבלת מני ברתי לא תהכין למצבר שובלין בחקל אוחרן ואף לא תעברי מכא למיזל לאומה

רש"י

לבוז: ויקר מקרה. לבא בחלקת השדה אשר לבועז: (ה) למי הנערה הזאת. וכי דרכו של בועז לשאול בנשים אלא דברי צניעות וחכמה ראה בה שתי שבלים לקטה שלשה אינה לקטה והיתה מלקטת עומדות מעומד ושוכבות מיושב כדי שלא תשחה: (ו) השבה עם נעמי. הטעם למעלה תחת השי"ן לפי שהוא לשון עבר ואינה לשון פועלת: (ז) ותאמר. בלבה: אלקטה נא. לקט השבלים: ואספת בעמרים. שכחה של עמרים:

ברטנורה

שישימו שאלבע על שלשבת עד שתשים משיף ממנו דם לראות אם יש לשם גבורה ואותם שלא היו יכולים לסבול לא היה מוליכן עמו למלחמ' ובזה השחית רבים מישראל ועליהם נא' והשחית עצומים ועם קדושים העצומים שהיו הולכין עמו למלחמה והקדושים שלא היו יכולין לסביל ומ"ש ועל שכלו והצליח מרמה שארז"ל על ר"א המודעי שהיה מתפלל על ביתר שלא תחרב ולא היו יכולין לכבשה עד שעשה אותו כותי מרמה והרג בן כוזיבא לר"א המודעי ונכבשה העיר ועל זה אמר והצליח מרמה בידו ובלבבו יגדל שהיה חושב בלבו שר"א קושר עליו והרגו ומ"ש בשלוה ישחית רבים ר"ל שבאותה שלוה שעשה עם כותי וקבל דבריו השחית העיר שנכבשה ועל שר שרים יעמוד בהיות שהוא היה ראוי להיות משיח אם היה זכות לישראל והיה מושל על כל השרים ומחריבם ולא החריב' בשביל שלא נתן לו היכולת ולא היתה נכונה עליו ידו ורוחו של הקב"ה ועז"א ובאפס יד ישבר שאם היה לו יד היה מושל על כל השרים ולא היה נכנע והקב"ה הכניעו שלא להשחית נחלתו וכשהתחיל דניאל לדבר בזה הענין אמר ויאמר אחד קדוש מדבר לפלוני המדבר עד ערב בקר וכן כשמגלין לו זה הסוד ברום אמר סורה שבה פה פלוני אלמוני א"כ נראה שהגאולה שלימה

אבן עזרא

בקציר: (ה) למי הנערה הזאת. השב שהיא אשת איש אולי שאל את הנער כי ראה לבושה כלבוש ארצה גם הנורות משתנות בעבור האויר ודרך הדרש ידוע: (ז) ותבא ותעמוד. שתתעסק תמיד בצרכה ולא בדבר אחר שלא יחשדנה בעבור יפיה: זה שבתה הבית מעט. זמן מועט. שבתה. ישיבה. וטעם בית. כמו סוכה: (ח) תעבורי. בשורק תחת הול"ם כמו ישפוטו הם והיא מלה זרה בעבור היותה מלרע אולי היתה כן בעבור שאיננו במקום מוכרת: ונו"ן תדבקין.

לקוטי אנשי שם

ב (ח) אל תלכי ללקוט וגו'. היתה בילקוט מעשה בחסיד אחד שירד מנכסיו והיה לו אשה כשרה. פעם אחד היה חורש בשדה אחרים במעט שכר. פגע בו אליהו ז"ל בדמות ערבי אחד אמר לו יש לך שש שנים טובות אימתי אתה מבקש אותם. עכשיו או בסוף ימיך. אמר לו החסיד קוסם אתה אין לי מה ליתן לך אלא הפסד ממלי בבלוס. וחזר אצלו עד ג' פעמים בפעם הג' אמר לו אלך ואמליך באשתי. הלך אצל אשתו ואמר לה בא אלי אחד והטריח אותי עד ג' פעמים ואמר לי יש לך שש שנים טובות אימתי אתה מבקש אותם עכשיו או בסוף ימיך. ומה את אומר. אמרה לו לך אמור לו הבא אותם עכשיו. אמר לו לך הבא אותם עכשיו. אמר לו לך לביתך ואין אתה מגיע לשער תלך עד שתראה ברכה פרושה בבית. והיו יושבי' בניו לחפש בידם בעפר ומלאו ממון שיזוני בו שש שנים וקראו לאמן. ולא הגיע לשער עד שיצאת אשתו

קיצור אלשיך

המואבית אשר כל בית ישראל מחכים לראות את זוגה. ומספר הכתוב מעשי ה' כי נורא הוא. אמרו חז"ל בבוא נעמי ורות לבית לחם מצאו כל בני העיר הולכים ללוות אשת בועז כי נפטרה. והביא הקב"ה את רות בחלקת השדה אשר לבועז. ואח"ז הביא הקב"ה את בועז שמה. וכמאמר חז"ל שאפילו באותה שעה היה בועז רחוק משדהו ארבע מאות פרסה הטיסו הקב"ה לשדהו. וע"כ אמר הכתוב והנה בועז בא. כ"מ שנאמר והנה הוא דבר חדש. ע"כ אמרו הק צרים והנה. דבר חדש הוא שבא בועז בשדה. ואמר לקוצרים ה' עמכם. והם ענוהו יברכך ה'. ובועז ראה כי כל האנשים הנמצאים בשדה נחלקו לשני כתות. כת אחת המה הפועלים והעובדים בשכר. כקוצרים ומאספים וכדומה. והכת השניה המה העניים הלוקטים, וכל אחת מהכתות אינה נוגעת ומתערבת במעשי חברתה. רק עושה את שלה. זולתי נערה אחת עושה שתי המלאכות גם יחד. שפעמים אוספת בעמרים שהוא מעשה כת הראשונה ולפעמים מלקטת בשבלים כאחד מכת השניה. ולכן שאל את הנער הנצב על הקוצרים. להשגיח עליהם. למי הנערה הזאת. אם היא מאלה הפועלים העובדים בשכר הלא אסורה ללקוט [כמ"ש במס' פאה פ"ה מ"ו] ואם היא מן העניים הלוקטים והמלאכה היא עושה בחנם בודאי לא טוב הדבר כי משתכר אנכי במתנות עניים. וזה ג"כ אסור:

(ו) **ויען** הנער הנצב על הקוצרים להשגיח עליהם. נערה מואביה היא ואינה יודעת משפטי ישראל בדיני הלקט ולכן תעשה מלאכה בכדי שיניחוה ללקוט. [ואגב חשד את בועז שנתן עיניו ביופיה ע"כ שואל עליה. וע"כ אמר מואביה היא. עדיין היא מואבית בגיותה ואינך רשאי לקחתה לאשה. וזולת זה אין נאה לאיש שר וגדול בישראל כמוך שיקח אשה מבנות מואב. האין בבנות ישראל אשה הגונה לך. והחשד שחשד את בועז שנתן עיניו בה ואת אשר בלבבו על בועז לא דבר לבועז מפני היראה והכבוד ורק בועז הבין מרמיזותיו מה בלבו] והנער השיב לו רק על ענין לקיטתה. ואמר אבל יש לי חשד עליה מהמת.

(ז) **ותאמר** אלקטה. ופעם תאמר ואספתי בעמרים. ומדוע תבא קודם להקוצרים ומדוע שבתה בבית שבהשדה רק מעט לא ככל הקוצרים והמלקטים שבשדה מסתמא יש לה איזה פניה לא טובה בדבר:

(ח) **ויאמר** בועז וגו'. אחרי שמעו את דברי הנער הנצב. הבין תיכף שרוח קנאה ושנאה מדברת מתוך גרונו. אז שם פניו אל רות לדבר אתה. ופיו פתח בחכמה לדבר דבר שתבין ותדע כי לא נכנסו דברי הנער באזניו ויחל לנחמה. יען ראה כי היא מהנעלבין ואינם עולבים שומעים חרפתם ואינם משיבין שעליהן

5. Then Boaz said to his servant, who stood over the reapers, "To whom does this maiden belong?" 6. And the servant in charge of the reapers answered and said, "She is a Moabite maiden who returned with Naomi from the fields of Moab. 7. And she said, 'I will now glean and gather from among the sheaves after the reapers.' And she came and stood even from the morning until now, except when she sat a little in the house." 8. And Boaz said to Ruth, "Have you not heard, my daughter? Do not go to glean in another field, neither shall

Ruth, however, was determined to please the owner of the field before she commenced to glean.

3. **And she went, and she came, and she gleaned in the field**—*We find in Midrash Ruth* [*Rabbah*]: *Before she went she came; Scripture says: And she came, and she gleaned,* [i.e., she came back before she went and gleaned]? *But rather, she marked the roads before she entered the field, and she went and came and returned to the city, in order to make signs and markings so that she would not stray in the paths and know how to return.*—[*Rashi*] The Talmud (*Shab.* 113b) explains differently: Said Rabbi Eleazar: She went and came back, went and came back, until she found decent people with whom to go. Rashi favors the Midrashic explanation because it is closer to the simple meaning of the verse.—[*Beer Mayim*]

and her chance was—*to come to the portion of the field belonging to Boaz.*—[*Rashi*]

5. **To whom does this maiden belong?**—*Now was it Boaz's habit to inquire about the women? But rather, he saw her modest and wise behavior. Two ears she would glean but three she would not glean; and she would glean the standing ears while standing and the lying ones while sitting, in order to avoid bending over.*—[*Rashi* from *Shab.* 113b]

6. **who returned with Naomi**—*The accent is under the "shin" because it is the past tense, and not the present tense of the verb.*—[*Rashi*]

7. **And she said**—*to herself.*—[*Rashi*]

I will now glean—*the gleaning of the ears.*—[*Rashi*]

and gather from among the sheaves—*the forgotten sheaves.*—[*Rashi*] [The Torah (Lev. 19:9) awards fallen ears of grain to the poor.

The Oral Law (*Peah* 6:5) dictates that two fallen ears may be taken by the poor, not by the owner. Three, however, are not included in the category of gleanings, and belong to the owner of the field. Forgotten sheaves must also be left in the field to be gathered by the poor. It was Ruth's intention to glean the fallen ears and gather the forgotten sheaves.]

תַעֲבוּרִי מִזֶּה וְכֹה תִדְבָּקִין עִם־נַעֲרֹתָי׃ ט עֵינַיִךְ
בַּשָּׂדֶה אֲשֶׁר־יִקְצֹרוּן וְהָלַכְתְּ אַחֲרֵיהֶן הֲלוֹא צִוִּיתִי
אֶת־הַנְּעָרִים לְבִלְתִּי נָגְעֵךְ וְצָמִת וְהָלַכְתְּ אֶל־הַכֵּלִים
וְשָׁתִית מֵאֲשֶׁר יִשְׁאֲבוּן הַנְּעָרִים׃ י וַתִּפֹּל עַל־פָּנֶיהָ
וַתִּשְׁתַּחוּ אָרְצָה וַתֹּאמֶר אֵלָיו מַדּוּעַ מָצָאתִי חֵן
בְּעֵינֶיךָ לְהַכִּירֵנִי וְאָנֹכִי נָכְרִיָּה׃ יא וַיַּעַן בֹּעַז וַיֹּאמֶר
לָהּ הֻגֵּד הֻגַּד לִי כֹּל אֲשֶׁר־עָשִׂית אֶת־חֲמוֹתֵךְ אַחֲרֵי
מוֹת אִישֵׁךְ וַתַּעַזְבִי אָבִיךְ וְאִמֵּךְ וְאֶרֶץ מוֹלַדְתֵּךְ
וַתֵּלְכִי אֶל־עַם אֲשֶׁר לֹא־יָדַעַתְּ תְּמוֹל שִׁלְשׁוֹם׃
יב יְשַׁלֵּם יְהוָה פָּעֳלֵךְ וּתְהִי מַשְׂכֻּרְתֵּךְ שְׁלֵמָה מֵעִם
יְהוָה אֱלֹהֵי יִשְׂרָאֵל אֲשֶׁר־בָּאת לַחֲסוֹת תַּחַת־
כְּנָפָיו׃ יג וַתֹּאמֶר אֶמְצָא־חֵן בְּעֵינֶיךָ אֲדֹנִי כִּי נִחַמְתָּנִי

תו"א וכה תדבקין גם: סוגד לי את כל. נדרים לז:

אחריתא והכא תתוספין עם עולימתי: ט עיניך תהא מסתכלא בחקלא דיחצדון ותהכין בתריהון הלא פקדית ית עולימיא דלא יקרבון ביך ובעידן די את צחית למוי איזילי למניא ותהי שתיא מויי די מליין עולימיא: י ותפול ונפלת על אפהא וסגידת על ארעא ואמרת ליה מה דין אשכחית רחמין בעינך לאשתמודעותני ואנא מעמא נוכראה מבנתהון דמואב ומעמא דלא אידכי למיעל בכנשתא דיי: יא ויען ואתיב בועז ואמר לה אתחואה אתהוא לי על מימר חכימיא דכד גזר יי לא גזר על נוקביא אלהן על גובריא ואתאמר עלי בנבואה דעתידין למיפק מינך מלכין ונביאין בגין טבותא דעבדת עם חמותיך דפרנסת יתה בתר דמית בעליך ושבקת דחלתיך ועמיך אביך ואימך וארעא דילדותיך ואזלת לאתגיירא ולמיתב בין עם די לא אשתמודע ליך מאתמלי ומקדמוהי: יב ישלם יגמול יי ליך גמול טב בעלמא הדין על עובדך טב ויהי אגריך שלימא לעלמא דאתי מן קדם יי אלהא דישראל דאתת לאתגיירא ולאתחבאה תחות טלל שכינת יקריה ובההוא זכותא תשיזבי מן דין גיהנם למהוי חולקך עם שרה רבקה רחל ולאה: יג ותאמר ואמרת אשכח רחמין בעינך רבוני ארום נחמתני (ואכשרתני

רש"י

(ט) וצמית והלכת אל הכלים. ואם תצמאי ר"ל תכלמי מלכת ולשתות מכלי המים אשר ישאבון הנערים: (יג) לא אהיה כאחת שפחתך. אינני חשובה כאחת מן השפחות שלך:

שפתי חכמים

זכות כו' כדמשני התם: ר דק"ל יכי ברור ליה בתלמה

אבן עזרא

נוסף: (ט) וצמית. בא כבעלי הה"א כסוף: (יא) הגד הגד לי. פועל שלא נקרא שם פועלו: אשר לא ידעת. לדור עמהם: (יב) משכרתך. כמו מתכונת הלבנים והוא שם מן הבנין הכבד הנוסף בעבור המ"ם: (יג) ואנכי לא אהיה.

ברטנורה

הוא ביד הקב"ה בעצמו כדי שיהא שמו נודע וניכר בין האומות וז"ש גאל לך אתה ר"ל אתה בהיות גואל את שמך אתגאל גם אני וז"ש גאל לך אתה את גאולתי כי לא אוכל לגאול אמר ישראל אין די כח שתהיה הגאולה באופן שאתה רוצה וזו היתה סיבה שלא נהה רות ר' על בן כוזיבא לפי שלא כי' לישראל זכות והיה צריך שיעשה למען שמו ית' וביפרע מרשעים ולרחם על ישראל שהריך זמן שגאולה עד הבקר שלא יחזור להעריב לישראל ועד שיבא האור השלם מיד הקב"ה ימהרה העבר והבקר אשר ראית אמת הוא ר"ל שאע"פ שהגאולה

קיצור אלשיך

שעליהן אמר הכתוב ואוהביו כצאת השמש בגבורתו. ע"כ תחלת דבריו היה הלא שמעת בתי. מחמת ששמעת ולא ענית. בתי תקרא. ואל תלכי ללקוט בשדה אחר. בשדה של איש אחר. וגם לא תעבורי מזה. לא תעבורי מזה האיש אע"פ שלא מצאת חן בעיניו ודבר עליך קשות. מחמת שבשדה זו יבואו נערותי וכה תדבקין עם נערותי. וכאשר יראה שנתדבקת עם נערותי לא יעוז עוד לדבר עליך קשות ולבזותך:

(ט) עיניך בשדה אשר יקצורון. לא תעשה עוד שום מלאכה רק תלך אחרי הקוצרים ותלקט השבלים כל הליקטות הישראליות׳

לקוטי אנשי שם

לקראתו ובשרה אותו. מיד הודה להקב"ה ונחה דעתו עליו. מה עשתה אשתו הכשרה. אמרה לו כבר משך עלינו הקב"ה חוט של חסד ונתן לנו מזון שש שנים. נעסוק בגמלות חסדים בשנים הללו אולי הקב"ה יוסיף לנו מהללו וכן עשתה וכל מה שעשתה בכל יום ויום אמרה לבנה הקטן כתוב כל מה שאני נותנים וכן עשה. לסוף שש שנים בא אליהו ז"ל אמר לו הגיע עונה ליטול מה שנתתי לך. אמר לו כשנטלתי לא נטלתי אלא מדעת אשתי אף כשאני מחזיר לא אחזיר אלא מדעת אשתי. הלך אצלה ואמר לה כנה בא הזקן ליטול את שלו. אמרה לו לך אמור לו אם מצאת בני אדם נאמנים יותר ממנו תן להם פקדונך וראה הקב"ה דבריהם והגמילות חסדים שעשו והוסיף להם טובה על טובה. לקיים מה שנאמר והיה מעשה הצדקה שלום:

(י) ותפול על פניה. להודות לו על טוב לבבו אליה:

(יא) ויען בועז בהרמת קול שישמעו כל הנאספים. ויאמר לה. אמת כי אינני מכירך אך הוגד הוגד לי כל אשר עשית את חמותך אחרי מות אישך אף כי לא חמותך היתה אז, ועוד עשית ותעזבי אביך ואמך וגו':

(יב) ישלם ה' פעלך. ותהי משכורתך שלמה כי העושה מצוה ג"ח יש לו שכר כפול כי מצות ג"ח הוא אחד מהדברים שאדם אוכל פירותיהן בעולם הזה והקרן קיימת לעולם הבא. ע"כ ישלם ה' פעלך בעולם הזה. ותהי משכורתך שלמה בעולם הבא. מחמת שבאת לחסות תחת כנפי השכינה:

(יג) ותאמר רות לבועז הלואי שתמיד אמצא חן בעיניך כאשר מצאתי עתה. כי נחמתני שאמצא פרנסתי בשדך. ולא אשא עוד חרפת רעב. וכי דברת על לב שפחתך דברים המשמחים את הלב שהקב"ה לא יעזבני בעולם הזה ובעולם הבא ג"כ יהיה לי חלק ונחלה. ואנכי לא הרהבתי עוז בנפשי לחשוב שאהיה כאחת שפחותיך:

ויאמר

you go away from here, and here you shall stay with my maidens.
9. Your eyes shall be on the field that they reap, and you shall
follow them; have I not ordered the youths not to touch you? And
[if] you are thirsty, you may go to the vessels and drink from that
which the youths draw." 10. And she fell on her face and
prostrated herself to the ground, and she said to him, "Why have I
pleased you that you should take cognizance of me, seeing that I
am a foreigner?" 11. And Boaz replied and said to her, "It has been
told to me all that you did for your mother-in-law after your
husband's death, and you left your father and your mother and
your native land, and you went to a people that you did not know
before. 12. May the Lord reward your deeds, and may your reward
be full from the Lord God of Israel, under Whose wings you have
come to take shelter." 13. And she said, "Let me find favor in your
sight, my lord, for you have comforted me,

9. **And [if] you are thirsty, you may go to the vessels**—*And if you are thirsty, do not be ashamed to go and drink from the vessels of water that the young men will draw.*—[*Rashi*]

10. **Why have I pleased you, etc., seeing that I am a foreigner?**—You have befriended me either because you have found something pleasing about me or because you recognize my family, and are befriending me for their sake. If it is because of me, I ask you, "Why have I pleased you that you should take cognizance of me?" What is the good that you have found in me? And if it is because of my family, "I am a foreigner."—[*Malbim*]

11. **And Boaz replied and said to her**—You have pleased me for two reasons: 1) For it has been told to me all that you did for your mother-in-law after your husband's death. This demonstrated your admirable character traits and the goodness of your heart, for, as a rule, a daughter-in-law hates her mother-in-law, especially after your husband's death, but you were her only support and help. 2) Your conversion was purely for the sake of Heaven, without any ulterior motive, any hope of physical gain, for you left your father and your mother and your native land, and you went to a people that you did not know before. This was surely only for the sake of Heaven.—[*Malbim*]

12. **May the Lord reward your deeds**—for the kindness you showed your mother-in-law, and for your conversion.—

וכי דברת על־לב שפחתך ואנכי לא אהיה כאחת
שפחתך: יד ויאמר לה בעז לעת האכל גשי הלם
ואכלת מן־הלחם וטבלת פתך בחמץ ותשב מצד
הקצרים ויצבט־לה קלי ותאכל ותשבע ותתר:
טו ותקם ללקט ויצו בעז את־נעריו לאמר גם בין
העמרים תלקט ולא תכלימוה: טז וגם של־תשלו
לה מן־הצבתים ועזבתם ולקטה ולא תגערו־בה:
יז ותלקט בשדה עד־הערב ותחבט את אשר־
לקטה ויהי כאיפה שערים: יח ותשא ותבוא
העיר ותרא חמותה את אשר־לקטה ותוצא

תו"א ויאמר לה. שבת קיג: ותצבט פלג. חגיגה כב:

לְמִדְּכֵי בִּקְהָלָא דַיְיָ וַאֲרוּם מַלֵּילְתָּא תַּנְחוּמִין עַל לֵב אַמְתָךְ דְּאַבְטַחְתַּנִי לְמֶחְסַן עָלְמָא דְּאָתֵי הֵי בְּצִדְקוּתָא וַאֲנָא לֵית לִי זְכוּ לְמֶהֱוֵי לִי חוּלָקָא לְעָלְמָא דְּאָתֵי אֲפִילוּ עִם חֲדָא מִן אַמְהָתָךְ: יד וַיֹּאמֶר וַאֲמַר לָהּ בּוֹעַז לְעִידָן סְעוֹדְתָא קְרִיבִי הַלְכָא וְתֵיכוּלִי מִן לַחְמָא וּטְמִישִׁי סְעָדֵיךְ בְּתַבְשִׁילָא דְּאִתְבַּשַּׁל בְּחַלָּא וִיתֵיבַת מִסְטַר חֲצוֹדַיָּא וְאוֹשִׁיט לָהּ קֶמַח קְלֵי וַאֲכָלַת וּשְׂבָעַת וְאִשְׁתְּאָרַת: טו וַתָּקָם וְקָמַת לְמִצְבַּר שׁוּבְלִין וּפַקֵּד בּוֹעַז יַת עוּלֵימוֹי לְמֵימַר אַף בֵּינֵי אֲלוּמַיָּא תְּהֵא צָבְרָא וְלָא תְּכַסְפוּנַהּ: טז וְגַם וְאַף מֵיתַר תַּתִּירוּן לָהּ מִן אֲסוּרַיָּא וְתִשְׁבְּקוּן לְמֶהֱוֵי צָבְרָא וְלָא תִּנְזְפוּן בַּהּ: יז וַתְּלַקֵּט וּצְבִירַת שׁוּבְלִין בְּחַקְלָא עַד רַמְשָׁא וְדָשַׁת יַת שׁוּבְלִין דִּצְבִירַת וַהֲוָה שִׁיעוּרֵיהוֹן כִּתְלַת סָאִין סְעוֹרִין: יח וַתִּשָּׂא וּסְוֹבַרַת וַעֲלַת לְקַרְתָּא וַחֲזַת חֲמוֹתַהּ יַת מָה

רש"י

(יד) וטבלת פתך בחומץ. מכאן שהחומץ יפה לשרב: ויצבט לה קלי. ויושט לה ואין לו דמיון במקרא אלא בלשון משנה ההורייס ותוך ובית שהלביטה: (טז) וגם של תשלו. שכוח תשכחו עשו עצמיכם כאילו אתם שוכחים. צבתים. עמרים קטנים ויש דוגמתו בלשון משנה

שפתי חכמים

ולמים ל' ודלי. לכ"ם ולם תלמאי: ש משנה בחגיגה פ' חומר בקודש ופירוש בית סיד מקום שאוחזין אותו בו ותופסו: ת דק"ל וכי סיאך תרגום של שגגה שלותא וכן על השל. דבר אחר לשון כי ישל זיתך:

אבן עזרא

אינני ראויה להיות כאחת שפחותיך: (יד) בחמץ. בעבור החום: ותותר. בעבור סוף פסוק כמו זכור מלחמה אל תוסף: ויצבט. אין לו חבר ופירושו כמו נתינה: (טז) של תשלו. מגזרת שלל ויש אומרים כמו שגגה מן על השל: (יז) ויהי כאיפה שעורים. פעם אחת שאלני אדם מה טעם כאיפה שעורים אמרתי לו אין טעם לשאלה הזאת כי הכתוב ספר מה היה אז נקלותי בעיניו ויאמר לי כי יש לו טעם ואני החרשתי ממנו ולא שאלתיו. והנה בא ביום אחד ואמר לי כי יש לו טעמים הרבה הא' שראתה רות בדרך נבואה כי עתיד הי' א' מבניה להעמיד עמוד על שם בעלה וטעם איפה נ"ו רמוזים שהיו על העמוד וזה בגימט' איפה.

ברטנורה

של בן כוזיבא שבראיתיך למעלה לא היתה אמיתית שגאולה ביד הקב"ה תהיה שלימה ואמיתית ואם תקשה ותאמר עתה אנו רשעים כמו שהיו בימי בן כוזיבא הגרוש שעברו מאז ועד עתה ואותם שעברו הם מרוב עונותינו ומה שאמרו חז"ל אין משיח בן דוד בא עד שיכלה דג לחולה ולא נמלא שנאמר ואז אשקיע מימיהם ונהרותם כשמן אוליך וכתיב בתריה ביום ההוא אצמיח קרן לבית ישראל כוונת המאמר דע שמעת שהנו בגלות אנו חולים מחולי נתח הקדמוני ומזה נרמז לנו בבן כוזיבא בנמלא נתח כאילו הרכוב' שהיה מקבל הום' הכוי כליסטראות להורו' שמם שאמר דמאל עליו ואלם כחו ולא בכחו שלא נמסר לנו כח של הקב"ה במון שנמלא כישראל שהיה גורם לנו מיהם ולרות וזה החולי עד עתה לא יכול לרפא וזה המסבב שלא תנוח רוח של הקב"ה על משיח בן דוד שבכל דור ודור נולד א' מזרע יהודה שהוא ראוי להיות משיח לישראל אם היו מלפלים פון נתח הקדמוני מביניהם כדי שתנוח עליו רוח ה' ולא יעכב הנחש כמו שעכב לבן כוזיבא שבמקום כחו מלאו לו נחש כרוך ובזה לריך לנקם הדג שקזיר שמאמר שהוא משיח בן אפרים שנא' בברכתו וידגו לרוב בקרב הארץ ורוב שברכה ניתנה לאפרים שהרי הושם סימן על אפרים ובשביל זה אני אומרים משיח בן אפרים שמשיח בן יוסף כל' לנו לומר ואנו אומרים אפרים לפי שאפרים לקח ממדת אמו שהיא אסנת בת פוטיפרע שהוא לך השמאל שהוא כחו של סמא"ל שממנו נמשך הנפש וגם מנשה לקח ממדת אמו ולקח חלק יותר ממה שלקח אפרים ולא היתה ימין ראוי אליו אלא לאפרים מטעם שלד אמו וכרכה שלד יוסף וכו' בהכרת שיקח מכח סמא"ל שלד כח גבורה שצריך למלחמת ולהיות אכזרי ולזה די כמעט שיקח שלד אמו ולזה אע"פ שלקח כימין שלד אביו נק' על שם אמו וזה רמוז בפסוק באות פ' מאפרים שהיה פ"ה פוטיפרע על שם הפעולה שהיהדה שתפסם על ידו ולא נק' משיח בן יוסף ושלד שמו מתייחס כדג הוא שאמר המאמר עד שיתבקש דג לחולה שיבקשו למשיח בן אפרים ויאלחוסו ושלד סיותו נמלא מיום המלאו והלא' הכרכ' רמוספת על הרשעים כמון ישראל שמשלו למים ולנהלים כליכו' שגה בהם יתכתלק מהרשעים ולזה מדת המאמר רליה מאסוק אז אשקיע מימיהם ונהרותם כשמן

קיצור אלשיך

(יד) ויאמר לה בועז וגו' בין כה וכה הגיע עת האוכל. וישב בועז עם הקוצרים אל השלחן לאכול. בועז ישב בראש השלחן ומצד אחד ישבו הקוצרים. והצד השני היה פנוי ע"כ אמר בועז אל רות גשי הלום אל השולחן ושבי בצד הפנוי ואכלת מן הלחם אשר אנחנו אוכלים וטבלת פתך בחומץ כאשר אנחנו אוכלים. ומחמת שרות היתה בושה לישב קרוב לבועז ונגד פני הקוצרים ע"כ ישבה לה בצד הקוצרים בסוף כל הקוצרים. ויצבט לה קלי ותאכל ותשבע. היום אכלה לשבוע עד שהותירה. אבל זה ימים רבים שלא אכלה לשובע. כי לא היה לה מה לאכול. ואחרי אכלה.

(טו) ותקם ללקט. ואחרי הלכה ללקט ויצו בועז את נעריו שיאמרו לרות שתלקט מה שתמצא בין העמרים ולא תכלימוה. רק תקח מה שתקח. וגם זאת תעשו לה.

(טז) שול תשולו לה. תעשו עצמכם כי שכחתם בשדה צבתים ועמרים קטנים. כללו של דבר תקח מן השדה מה שתקח ולא תגערו בה. ובאמת רות לא לקחה כלום. רק ותלקט בשדה עד הערב. ומחמת שלקטה שבלים ולמה לה לישא הקש לביתה ע"כ ותחבוט הגרעינים מן השבלים:

(יח) ותשא השעורים ותבא העיר. ומחמת כי רות החשיכה בשדה בחביטת השעורים. ונעמי ראתה כי חשכה ורות עוד לא באה ע"כ יצאתה לקראתה אל הרחוב עיר ופגעו שתיהן ותרא חמותה את אשר לקטה. וקודם כל דבריה נתנה לחמותה לאכול את אשר הותירה

and you have spoken to the heart of your handmaid, but I am not [as worthy] as one of your handmaids." 14. And Boaz said to her at mealtime, "Come here and partake of the bread, and dip your morsel in the vinegar." So she sat down beside the reapers, and he handed her parched grain, and she ate and was sated and left over. 15. And she rose to glean, and Boaz ordered his servants, saying, "Let her glean also among the sheaves, and do not embarrass her. 16. And also, pretend to forget some of the bundles for her, and leave it that she may glean, and do not scold her." 17. And she gleaned in the field until evening, and she beat out what she had gleaned, and it was about an ephah of barley. 18. And she carried [it] and came to the city, and her mother-in-law saw what she had gleaned. And she took [it] out

may your reward be full from the Lord—because He is the God of Israel and watches over the Israelites and the proselytes who join them.—[*Malbim*]

13. **but I am not as one of your handmaids**—*I am not as worthy as one of your handmaids.*—[*Rashi*]

14. **and dip your morsel in the vinegar**—*From here* [we derive] *that vinegar is good for the heat.*—[*Rashi* from *Shab.* 113b] *Midrash Lekach Tov* quotes commentators who define חֹמֶץ as sour milk, and so is found in the Syriac and Arabic translations of Ruth. See footnote 53.

and he handed her parched grain—Heb. וַיִּצְבָּט, *and he handed her. There is no similar word in the Bible, but in the language of the Mishnah* (*Hagigah* 3:1): *"the back, the interior, and the handle* (בֵּית הַצְּבִיטָה)."—[*Rashi*]

16. **And also, pretend to forget**—Heb. שֹׁל תָּשֹׁלּוּ, *you shall forget, pretend that you are forgetting. The Targum for* שְׁגָגָה, *inadvertence, is* שָׁלוּתָא, *and similarly,* (II Sam. 6:7): *"for the error,* (הַשַּׁל)." *Another explanation: an expression of* (Deut. 28:40): *"your olive tree will cast off* (יִשַּׁל) [its fruit]."—[*Rashi*]

bundles—Heb. צְבָתִים *small sheaves, and there is a similar expression in the language of the Mishnah* (*Er.* 10:1) *: "If he found them* (*tefillin*) *in pairs* (צְבָתִים) *or in bundles.*"—[*Rashi*]

and leave it—Since these bundles were not really forgotten and did not really belong to the poor, there is an obligation to tithe them before partaking of them. Since Ruth will not know this, believing that they were forgotten, and, as gifts to the poor, are exempt from tithes, make sure that you relinquish our ownership from them, an act that exempts the grain from tithes.—[*Malbim*]

ותתן־לה את אשר־הותרה משבעה׃ יט ותאמר
לה חמותה איפה לקטת היום ואנה עשית יהי
מכירך ברוך ותגד לחמותה את אשר־עשתה
עמו ותאמר שם האיש אשר עשיתי עמו
היום בעז׃ כ ותאמר נעמי לכלתה ברוך הוא
ליהוה אשר לא־עזב חסדו את־החיים ואת־
המתים ותאמר לה נעמי קרוב לנו האיש
מגאלנו הוא׃ כא ותאמר רות המואביה גם | כי־
אמר אלי עם־הנערים אשר־לי תדבקין עד אם־
כלו את כל־הקציר אשר־לי׃ כב ותאמר נעמי
אל־רות כלתה טוב בתי כי תצאי עם־נערותיו
ולא יפגעו־בך בשדה אחר׃ כג ותדבק בנערות
בעז ללקט עד־כלות קציר־השערים וקציר

*ו' יתירא

דכנשת ואפקת מן תרמילא
ויהבת להית מזונא דאשתארא
לה משבעה׃ יט ותאמר ואמרת
לה חמותה לאן צברת יומא
דין ולאן אשתדלת למעבד
יהא גברא דאשתמודע לין
מבורך וחויאת לחמותה ית
דאשתדלת למעבד עמיה
ואמרת שום גברא דאשתדלית
עמיה יומא דין מתקרי בועז׃
כ ותאמר ואמרת נעמי לכלתה
מבורך הוא מפום קודשא
דיי דלא שבק טבותיה עם
חייא ועם מתיא ואמרת לה
נעמי קריב לנא גברא
מפריקנא הוא׃ כא ותאמר
ואמרת רות מואביה אף ארום
אמר לי עם רביא דילי
תתוספין עד זמן דכדי ישיצון
ית כל חצדיא דילי׃ כב ותאמר
ואמרת נעמי לות רות כלתה שפיר ברתי ארום תפוק עם עולימוהי ולא יערעון ביך בחקל אוחרן׃
כג ותדבק ואדבקת בעולמתוי דבועז למצבר עד דישיצי חצד סעורין וחצד חטין ויתיבת עם חמותה׃

רש"י

מלאן לגבתים א או כריכות: (יט) יהי מכירך. בעל השדה שנשא ונתן לך פנים ללקוט בשדהו: (כ) את החיים ואת

שפתי חכמים

ילוה שיברכהו אם יעשי בדעת אין קרויה שבחה לכ"פ עבו תלמידים כו': א מבכה בעירובין בפרק המוצא תפילין:

אבן עזרא

ופירוש שעורים כמו שיעורים כמו שער בנפשו. וטעם אחר ויהי שתי מלות ארמית ועברית והיא כאשר ראתה שיתלה אבשלום שהוא מבניה והנה כ"ף עם אל"ף רמז לשנות אבשלום במותו ואחר כך איפה שערים לשון רבים בעבור היותו כבד עליו. וטעם אחר כי תהלת אות כהיפה עם תהלת שעורים הוא בגימטריא ישי שהוא לדיק גמור אז שמח ויסב לבו בקרבו: (כ) ברוך ה' אשר לא עזב חסדו. לאות כי עשה חסד בתחלה עם אלימלך ועם בניו כי שופט היה: החיים. נעמי ורות: מגואלנו הוא. אין הגאולה יבום רק הוא דרך אחרת: (כב) כי תצאי. ללקוט: עם נערותיו. ולא עם *הנערים שהוא נגד על הקוצרים והקוצרות: ולא יפגעו בך. אנשים וכמוהו רבים: (כג) ותשב את חמותה. כמו עם חמותה:

ברטנורה

אוליך לרמוז כי כמו כשהשמן מסתלק מן הנר מיד הנר כבה כך בהסתלק הברכה מהשפעים יאבדו הצלחתם וממשלתם וירבו מלחמות ולרוח בעולם ובתוכם מלחמות משיח בן אפרים שהוא דג המאלעיות הצלחת שעברו ושיעברו באותו זמן מיתת הדג שימות באותם מלחמות יהי' רפואה לעון הנפש ולא נמלא עוד חולי דישראל וז"ש עד שיתבקע דג להולה ולא ימלא שאין הכונה שלא ימלא דג אלא שלא ימלא להולי לפי שמשיח בן אפרים יקבל עליו כל החלאים של ישראל כמש"כ אך חליינו הוא נשא ומכאובינו הוא סבלם ואז יגלה משיח בן דוד כמש"כ ביום ההוא אצמיח קרן לבית ישראל ולא תהיה את הגאולה כגאולו' שעברו שהע"פ שאותם שהיתה הגאולה ע"י היו שלימים עכ"ז בשנת הנחת שהיה תלוי על הגאולה ועל התמורה דישראל לא נעשי' על ידם גאולה שלימה וז"ש וזאת לפנים בישראל על הגאולה ועל התמורה לקיים כל דבר שלף איש נעלו ונתן לרעהו וזאת התעודה בישראל ר"ל הקב"ה אמר למשה רבינו ע"ה של נעלך מעל רגליך וביהושע אמר נעליך לשון רבים רמז לנו שיסתכו ישראל מעון הנחש שהוא הולך בעפר ומלקט ממנו במנעול ולפי שיהושע היה חומר יותר אמר בו נעליך ל' רבים שבהיותם טהורים מזה החומר שהיה בתוך ישראל יכלו להשיג דברים עליונים והפעולה שנעש' על ידם יתקיימו וז"ש וזאת לפנים בישראל על הגאולה ועל התמורה לפנים ר"ל הקב"ה היה מדבר עם משה פא"פ כמ"ש ודבר ה' עם משה פא"פ כאשר ידבר איש אל רעהו ונדבר ה' עם משה פא"פ לאשר עשה תמורה בסדר הנבואה שהשפיע על הנביאים הוא גבריאל והמושפעים הם ישראל זרע יעקב ובנביאים נאמר איש שנאמר והאיש גבריאל וכתיב ויעקב איש תם ומלך שמרע"ה הי' לו לכתוב דברי תורה לקיים כל דבר עשה הקב"ה שיפרוש עצמו מהחומר ולשלוף נעלו וע"ש שנאמר בעבם והאיש משה ענוי מאוד אמר כאן שלף איש נעלו ונתן לרעהו ר"ל נתחלף במשה סדר הנבואה שידבר עם הקב"ה פא"פ כאשר ידבר גבריאל הנק' איש עם יעקב רעהו שנקרא גם כן איש אבל לא נתחלף לנביאים אחרים שאע"פ שאמר נביא מקרבך מאחיך כמוני עכ"ז הם נשארו עם הנ"ל ר"ל עם החומר ומקבלים נבואה מגבריאל ולא פא"פ כמשה רבע"ה ובגאולה העתידה כולנו נהיה טהורים

קיצור אלשיך

הותירה משבעה. אולי רעבה היא. ונעמי תמהה מאד על רבוי השעורים שהביאה. שמן הנמנע ללקוט כל כך ביום אחד. ומאין לקחה האוכל? ע"כ שאלה.

(יט) **איפה** לקטת. או אנה עשית עבודה בשכר, יהיה מי שהוא. ברוך. מחמת שהכירך מי את. ותגד לה רות כי שם האיש בועז:

(כ) **ותאמר** נעמי וגו' אשר לא עזב חסדו עם החיים לפרנסנו. וגם את המתים לא יעזוב. שיקיים מצות יבום. וייבם אותך. ובזה יעשה חסד עם בעלך המת. כי קרוב לנו האיש מגואלנו הוא.

ומחמת כי רות לא הבינה מהו ענין הייבום. ע"כ לא דברה עם נעמי רק אדות פרנסתה שהבטיח לה בועז:

(כא) **ותאמר** רות המואביה גם כי אמר אלי עם הנערים אשר לי תדבקין וגו':

(כב) **ותאמר** נעמי אל רות עצתי שלא תדבק עם נעריו. רק עם נערותיו תצאי. הגם כי בשדה זו לא יעשו עמך רעה. אך פן יפגעו בך בשדה אחר. ושמעה רות לעצת המותה:

(כג) **ותדבק** בנערות בועז לא עם הנערים:

ותאמר

and gave her what she had left over after being sated. 19. And her mother-in-law said to her, "Where have you gleaned today and where have you worked? May he who took heed of you be blessed." So she told her mother-in-law with whom she had worked, and she said, "The name of the man with whom I worked today is Boaz." 20. And Naomi said to her daughter-in-law, "Blessed be he of the Lord, who did not leave off his kindness with the living or with the deceased." And Naomi said to her, "The man is our kinsman; he is one of our near kinsmen." 21. And Ruth the Moabitess said, "He also said to me: You shall stay with my youths until they finish my entire harvest." 22. And Naomi said to Ruth her daughter-in-law, "It is good, my daughter, that you go out with his maidens, so that they do not molest you in another field." 23. And she stayed with Boaz's maidens to glean until the completion of the barley harvest and the wheat harvest,

18. **and her mother-in-law saw what she had gleaned**—She saw and wondered about it, for it was very unusual to glean so much in one day, and in addition to this, she had given her only what she herself had left over after being sated.—[*Malbim*]

19. **Where have you gleaned today and where have you worked?**—From the amount that she brought her, Naomi recognized that she could not have gleaned among the poor, but that she must have done some work for an individual who rewarded her with this grain. Therefore, she asked her, "Where could you have gleaned today, and where did you work?" In any case, the one who gave this to you was very kind to you, and may he be blessed for it.—[*Malbim*] Where have you gleaned so much in one day and where did you beat it out?—[*Gra*]

May he who took heed of you —*the owner of the field who showed you favor* [and permitted you] *to glean in his field.*—[*Rashi*] The *Gra* explains: Whoever will recognize you to marry you will be blessed because you are a very skillful woman.

20. **with the living or with the deceased**—*That he sustains and supports the living and occupies himself with the needs of the deceased.*—[*Rashi* from *Ruth Rabbah*] This illustrates that Boaz had been kind to Elimelech and his sons.—[*Ibn Ezra*]

with the living—Naomi and Ruth.—[*Ibn Ezra*]

הַחִטִּים וַתֵּשֶׁב אֶת־חֲמוֹתָהּ: ג א וַתֹּאמֶר לָהּ נָעֳמִי
חֲמוֹתָהּ בִּתִּי הֲלֹא אֲבַקֶּשׁ־לָךְ מָנוֹחַ אֲשֶׁר יִיטַב־
לָךְ: ב וְעַתָּה הֲלֹא בֹעַז מֹדַעְתָּנוּ אֲשֶׁר הָיִית
אֶת־נַעֲרוֹתָיו הִנֵּה־הוּא זֹרֶה אֶת־גֹּרֶן הַשְּׂעֹרִים
הַלָּיְלָה: ג וְרָחַצְתְּ | וָסַכְתְּ וְשַׂמְתִּי ושמת קרי שִׂמְלֹתַךְ
עָלַיִךְ וְיָרַדְתִּי וירדת קרי הַגֹּרֶן אַל־תִּוָּדְעִי לָאִישׁ עַד
כַּלֹּתוֹ לֶאֱכֹל וְלִשְׁתּוֹת: ד וִיהִי בְשָׁכְבוֹ וְיָדַעַתְּ
אֶת־הַמָּקוֹם אֲשֶׁר יִשְׁכַּב־שָׁם וּבָאת וְגִלִּית
מַרְגְּלֹתָיו וְשָׁכָבְתִּי ושכבת קרי וְהוּא יַגִּיד לָךְ אֵת
אֲשֶׁר תַּעֲשִׂין: ה וַתֹּאמֶר אֵלֶיהָ כֹּל אֲשֶׁר־תֹּאמְרִי
*** אלי קרי ולא כתיב אֶעֱשֶׂה: ו וַתֵּרֶד הַגֹּרֶן וַתַּעַשׂ

תו"א הנס הוא. חולין לה: ורחצת. שבת קיג: כל אשר. נדרים לז:

ג א וַתֹּאמֶר וַאֲמַרַת לַהּ נָעֳמִי
חֲמוֹתַהּ בְּרַתִּי בִּשְׁבוּעָה לָא
אֲנִיחַ עַד זְמַן דְּאֶתְבַּע לִיךְ נְיָחָא
בְּגִין דְּיִיטַב לִיךְ: ב וְעַתָּה וּכְעַן
הֲלָא בוֹעַז דְּאִשְׁתְּמוֹדַע לָנָא
דַּהֲוֵית בְּחַקְלָא עִם עוּלֵימְתוֹהִי
הָא הוּא מְבַדַּר יַת אִידַּר סְעוֹרִין
בְּרוּחָא דִּי בְלֵילְיָא: ג וְרָחַצְתְּ
וְתִתְחַלִּילִי בְּמַיָּא וְתִסּוּכִי
בּוּסְמָנִין וּתְשַׁוֵּאי תַּכְשִׁיטִין
עֲלַיִךְ וְתַחְתִּין לְאִידְּרָא לָא
תִתְפַּרְסְמִי לְגַבְרָא עַד
שֵׁיצָיוּתֵיהּ לְמֵיכַל וּלְמִשְׁתֵּי:
ד וִיהִי וִיהִי בְעִידָּן מִשְׁכְּבֵיהּ
דְּמִכֵיהּ וְתִדְּעִין יַת אַתְרָא
דִּידְמוּךְ תַּמָּן וְתֵיעוּל וּתְגַלֵּיאִי
יַת רִיגְלוֹי וְתִדְמוּכִי וּתְהֵי
שְׁאֵילָא מִנֵּיהּ עֵיטָא וְהוּא יְחַוֵּי
לִיךְ בְּחָכְמְתֵיהּ יַת דִּי תַעַבְדִין: ה וַתֹּאמֶר וַאֲמַרַת לַהּ כֹּל דִּי תֵימְרִין לִי אַעֲבֵיד: ו וַתֵּרֶד

רש"י

המתים. שזן ומפרנס את החיים ונטפל בצרכי המתים: (ב) מודעתנו. קרובנו: הנה הוא זרה. המוץ. ווינטו"ר בלע"ז: הלילה. שהיה הדור פרוץ בגנבה וגזל והיה ישן בגורנו לשמור גורנו: (ג) ורחצת. מטינוף עבודת כוכבים שלך: וסכת. אלו מצות: ושמת שמלותיך. בגדים של שבת: וירדת הגורן. וירדתי כתיב זכותי ג תרד עמך: אל תודעי לאיש. לבועז: (ו) ותרד הגורן ותעש. היא אמרה לה ורחצת וסכת ושמת שמלותיך עליך ואחר כך וירדת הגורן והיא לא עשתה כן אלא אמרה אם

שפתי חכמים

ב דק"ל וכי עלה על הדעת שתלך ערום ולמה הוצרכה לצוות על זה לכ"פ בגדים של שבת: ג מה שלא ק"ל ג"כ גבי ושמתי כתיב שמלתך כ' ושמלותיך קרי די"ל דלא הוי' לה רק בגד א' של שבת כי עניים היתה ואמרה לה המותה ושמת שמלתך ובעלתי זאת הגרוס שתזכה לשמלות הרבה והשים שמלותיך זהו ושמתי כלומר בעלתי שמלותיך אבל וירדת ק'. (אהבת ציון) הא דלא הקשה רש"י לעיל על ושמתי וכו' י"ל דשמא סתם פירושו באמת שנעמי הלבישה לרות ובאמת שרות היתה לה בושת פנים ולא רצתה לעשות אלא בשביל נעמי בגזרה עליה ולכן הכתיב הכל על נעמי ולכן כאשר ותאמר אליה כל אשר תאמרי אעשה ולא שכוונתי אני בשביל הנאתי אלא בשביל לקיים דבריך ולכן אלי קרי ולא כתיב. ביש ספרי רש"י כל אשר תאמרו אלי קרי ולא כתיב אמרה שמא יבא אחד מן הכלבים ויודע לך אעפ"כ אלי לייבם הדברים ובכ"ר ויזדווג לי וכו"ל ויודע לך טעות הוא ופירוש אחד מן הכלבים דרך כינוי ליזדווג לי לפיכך לא טוב הדבר ללבוש בגדי עלי ולכן אלי לא כ'. אעפ"כ עלי לייבם פי' למלא פשר דבר לקיים ציווי שלך לילך תחלה אל הגורן ואח"כ ללבוש בגדי עלי לכך אלי קרי כלו' עלי לייבם:

אבן עזרא

(א) מנוח. כי אין לאשה מנוח' עד שתנשא: (ב) מלת מודעתנו. זרה והתי"ו נוסף: (ג) וסכת. שמן שיש לו ריח טוב כי כן מנהג גדולי ישראל אנשי' ונשים: ושמת שמלותיך עליך. הטובות שלא היתה קולרת בהן: (ד) מרגלותיו. כמו רגליו וכן בדניאל על כן טעה המפרש כי הוא כסת יושם תחת הרגלים כמו טעם מראשותיו שיושם תחת הראש: (ו) לותה. כמו

ברטנורה

מסומר שירחיק הקב"ה חומר האחז מתוך ישראל לעולם ותשוב הברכה לישראל כימי קדם כמש"ה כי קניתי אשר לאלימלך ואת כל אשר למחלון וכליון מיד נעמי ובכל משמורת הבוקר שהיה המשמור' הג' וגם באשמורה הב' מחצי הלילה ולהלן מאהבת הכנסת שיקרבה הקב"ה ברחמיו ותכון מלכות ב"ד ובשביל זה היה דוד קם בחצות לילה כמש"ה חצות לילה אקום להודות לך לפי שהוא גם כן במרכבה במקום הכנסת עם האבות ויאיר הקב"ה הבוקר עליהם וזש"ה ותשכב מרגלותיו עד הבקר ומ"ש ותקם בטרם יכיר איש את רעהו ר"ל כי מזמן שאנו בגלות כמו שאבדנו הברכה מיד הקב"ה כן אבדנו הנבואה שבפיותינו אין מלוי בינינו פתח לפי שהאים גבריאל איננו מכיר עמה לרעהו שהוא יעקב ר"ל להשפיע עליו הנבואה כימי קדם שתמלא הנבואה בישראל והכנסת תהיה קם וז"ש ותקם בטרם יכיר איש את רעהו ולגלות עוד זה הסוד כתיב בחסרון הוא"ו של יעקב כמו שרמז בפסוק וזכרתי את בריתי יעקוב שהוא מלא הוא"ו ואומר ג"כ האהרן אזכור האהרן עליונה שהיא הכנס' ואיש בער לא ידע וכסיל לא יבין את זאת שהקב"ה עושה עמנו החסד ואין אנו מכירים אותם וזהו

קיצור אלשיך

ג (א) **ותאמר** לה וגו'. הנה נעמי ורות שתיהן הבינו מדברי בועז כי רות הוכשרה בעיניו לקחת אותה לו לאשה. ע"כ המתינו עד כלות כל הקציר שיהי' בועז מופנה מכל עסקיו. ובעת כאשר ראו כי בועז עוד לא שלח אחר רות להתחתן עמה התחילה נעמי לבקש תחבולות לקרב הדבר. ותאמר אל רות הלא אבקש לך מנוח. אשר ייטב לך. הנה בני היה בעליך ומת בלא בנים. וידוע כי המת בלא בנים אין לו מנוחה. וגם להאשה אין לה מנוחה מבעלה עד אחר יבום או חליצה ומוכרח אנכי לבקש מנוחה לך ולבני. וגם לבקש עבורך שיהי' לך טובה בעולם הזה. **(ב) ועתה** הלא בועז מודעתנו. מיוחס כבעלך. ואין לך חרפה להזדווג עמו. ואשר היית את נערותיו. מסתמא ספרו לך את מדותיו הטובות. וטוב לך להזדווג עמו. והנה נעמי טרם גילתה את אזני רות מחשבתה אשר תחשוב לעשות ספרה לה איזה ענינים. שכל דבר שבקדושה אינו מתקיים עד שיהא בו מעט תערובות והתדמ' שמיחזי כאיסור אף שאינו איסור ממש. כמו שהיה ביעקב אבינו שנשא שתי אחיות אף שבימיו לא היה איסור. אך עתידה תורה לאסור. אבל המחשבה היתה קודש להעמיד י"ב שבטי יה. וכמו כן ענין יהודה ותמר אע"פ שהיה בזה מצות יבום. [כי לפנים היה מצות יבום באחד מקרובי המת אף שאינו אחיו] מ"מ המלאך שאמר ליהודה שיתחבר עם תמר שמהם מלכים ונביאים יולדו. עכ"ז לא אמר לו שהאשה הזאת היא תמר ויקיים מצות יבום. רק רצה שיבא אליה לא בדרך אישות ולא בדרך יבום. כדי שיהי' בביאה זו מעט שלא כהונן. וכאופן זה דברה נעמי עם רות. וספרה לה הלא תדעי. כי בזונך זה כל בית ישראל נשען. כי את היא האשה שסמך יגלה
אורו

and she dwelt with her mother-in-law.

3

1. And Naomi her mother-in-law said to her, "My daughter, shall I not seek rest for you, that it be good for you? 2. And now, is not Boaz our kinsman, with whose maidens you were? Behold, he is winnowing the threshing-floor of the barley tonight. 3. And you shall bathe and anoint yourself and put on your clothes and go down to the threshing-floor; do not make yourself known to the man until he has finished eating and drinking. 4. And it shall be when he lies down, that you shall know where he will lie, and you shall come and uncover his feet and lie down, and he will tell you what you shall do." 5. And she said to her, "All that you say to me I will do." 6. And she went down to the threshing-floor, and she

did

3

1. **rest**—for a woman has no rest until she weds.—[*Ibn Ezra*]

This verse follows the end of chapter 2, where we learn that Ruth stayed with Boaz's maidens until the completion of the barley harvest and the wheat harvest. *Ruth Rabbah* states that this was a three-month period. *Malbim* identifies this three-month period with the three months that must elapse before a female proselyte marries, in order to determine whether she has conceived as a gentile. If no pregnancy is visible, we are certain that any subsequent children have been conceived in purity, i.e., after her conversion. Since these three months had elapsed, Naomi said to Ruth, "My daughter, shall I not seek rest for you, that it be good for you?" The time has arrived that I should seek a husband for you.

that it be good for you—Sometimes a woman finds rest in her husband's house, but it is not good for her, e.g., if the husband does not observe the commandments of the Torah. In that case, the match is not spiritually beneficial. Therefore, Naomi announced, "Shall I not seek rest for you, that it be good for you?" i.e., that the rest will be truly good for you.—[*Malbim*]

Alshich explains that Naomi and Ruth both understood from Boaz's speech that he intended to marry Ruth. They therefore waited until the end of the barley and wheat harvest, so that he would be free from all his affairs. Now that they saw that Boaz had still not sent for Ruth to marry her, Naomi decided to seek a way to bring about the match. She said to Ruth, "My daughter, shall I not seek rest for you, that it be good for you?"

Behold, my son was your husband, and he died childless. It is known that if a man dies without children, he has no rest. Neither does his wife have any rest from him until the levirate marriage is performed or she is freed by the performance of the rite of חֲלִיצָה. Consequently, I am compelled to find rest for my son and for you, and also to seek good for you in this world.

2. **our kinsman**—Heb. מוֹדַעְתָּנוּ, *our kinsman.*—[*Rashi*]

is winnowing—*the chaff, vanner in French.*—[*Rashi*]

tonight—*because the generation was unrestrained in theft and robbery; and he would sleep in his threshing-floor to guard his threshing-floor.*—[*Rashi*]

Malbim explains that the threshing-floor was at the end of the field, and that the winnowing was performed in the field before the threshing-floor, where the wind blows. All the workers, both male and female, worked there. When she would come to the field, they would all see her. Naomi therefore told her that she need not worry that people would see her in the field before the threshing-floor, because, "And now, is not Boaz our kinsman?" They all know that you are related to Boaz, and they will think that you came to witness the threshing and the winnowing, as relatives often do, to rejoice with their kinsman upon his successful harvest. Moreover—

with whose maidens you were—They will think that you came to visit the maidens, for you have not seen them since the end of the harvest.—[*Malbim*]

Behold he is winnowing ... tonight—They will think that you have come to witness the winnowing and to see his maidens, who are your friends.—[*Malbim*]

3. **and you shall bathe**—*from the contamination of idolatry.*—[*Rashi* from *Ruth Rabbah*] i.e., She was to immerse herself to purify herself from her life as a gentile, when she had practiced idolatry.—[*Torah Temimah*]

and anoint yourself—*These are the commandments.*—[*Rashi* from *Ruth Rabbah*] Naomi urged Ruth to repent of the idolatrous ways of her youth, and thereby the commandments that she had fulfilled and the good deeds she had performed would ascend to heaven without any hindrance.—[*Shoresh Yishai*]

and put on your clothes—*Sabbath garments.*—[*Rashi* from *Shab.* 113b]

and go down to the threshing-floor—Heb. וְיָרַדְתְּ. *It is written* וְיָרַדְתִּי, [and I will go down]; *my merit will go down with you.*—[*Rashi* from *Ruth Rabbah, Ruth Zuta, Yerushalmi Peah* 5:7] *Ruth Zuta* states that Ruth declined to go to Boaz lest he find her and kill her, [suspecting her of being a burglar]. Naomi therefore told her that her merit would accompany Ruth to the threshing-floor [to protect her from any mishap].

do not make yourself known to the man—*to Boaz.*—[*Rashi*]

4. **And it shall be when he lies down**—Boaz will surely not sleep in the field, but on the threshing-floor, in a walled enclosure, and since you will be hiding in the threshing-floor,

you will surely know where he is lying.—[*Malbim*] *Ruth Rabbah* explains this as a command: You shall know where he is lying and not go to the place where the youths are lying.

and you shall come and uncover his feet and lie down—They were ashamed to demand of Boaz that he marry Ruth. Therefore, Naomi advised Ruth to intimate to him that he take her as a wife according to the levirate law. [Although that rite did not apply here, it was customary for other relatives to marry the childless widow.] As related above, the soul of the childless husband has no rest in the hereafter, but hovers in this world in the body of his widow, giving her no peace. It cannot rest except in a physical body, compared to a shoe, which protects the foot from the mud on the roads. Thus, the soul must have the protection of a physical body while in this world. It can attain rest only if the kinsman marries his widow and his soul is reincarnated into her son, or if the kinsman frees her with the rite of חֲלִיצָה, *the removal of the shoe*, symbolizing the exit of the soul from the body in which it has sojourned. By lying down beside Boaz and uncovering his feet, she intimated that he should either marry her, or perform the rite of *halitzah*.—[*Malbim*]

and he will tell you what you shall do—whether you should speak to the closer relative or whether he will do so.—[*Malbim*]

5. **"All that you say to me I will do**—She does not say, "All that you have said to me I will do," but "All that you say to me," or more literally, "All that you will say to me." Ruth replied to her mother-in-law, "Although your counsel appears strange, I will not hesitate to follow it. Moreover, if you tell me to do other strange things, I will do them too." This accounts for the fact that the verb is in the future tense: תֹּאמְרִי. The word אֵלַי, *to me*, is read but not written. This indicates that Ruth was prepared to obey Naomi implicitly even if she would order her to do such strange things that Naomi herself would be ashamed to tell her directly but would tell someone else so that she should overhear it and understand that Naomi wished her to do these things. Ruth was prepared to obey even such words that Naomi would not actually tell her directly but which were potentially meant for her, because they were told to someone within her hearing, so that she should understand that they were meant for her. The written text represents the actuality, whereas the reading represents the potentiality.—[*Iggereth Shmuel*]

6. **And she went down to the threshing-floor, and she did**—*She said to her, "And you shall bathe and anoint yourself and get dressed and then you will go down to the threshing-floor," but she did not do so, but she said, "If I go down when I am dressed up, whoever meets me or sees me will say that I am a harlot." She therefore first went down to the threshing-floor and afterwards adorned herself, as her mother-in-law had charged her.*—[*Rashi* from *Shab.* 113b]

בכל אשר־צותה חמותה: ז ויאכל בעז וישת
וייטב לבו ויבא לשכב בקצה הערמה ותבא בלט
ותגל מרגלתיו ותשכב: ח ויהי בחצי הלילה
ויחרד האיש וילפת והנה אשה שכבת מרגלתיו:
ט ויאמר מי־את ותאמר אנכי רות אמתך ופרשת
כנפך על־אמתך כי גאל אתה: י ויאמר ברוכה
את ליהוה בתי היטבת חסדך האחרון מן־הראשון
לבלתי־לכת אחרי הבחורים אם־דל ואם־עשיר:

תו"א ויהי בחצי. סנהדרין יט׳

ונחתת לאידרא ועבדת ככל די פקדת חמותה: ז ואכל בועז ושתא ואוטב לביה ובריך שמא דיי דקביל צלותיה ואעדי כפנא מן ארעא דישראל ואתא למשכב בסטר עורמתא ואתת רות ברז וגליאת ריגלוי ודמיכת: ח והוה בפלגות ליליא ותוה גברא ורתת ואתרכיך כליפתא בשריה מן רתיתא וחזא איתתא דמכא כל קבל ריגלוי וכבש יצריה ולא קריב לותה היכמא דעבד יוסף צדיקא דסריב למקרב לות מצריתא אתת רבוניה היכמא דעבד פלטיאל בר ליש חסידא דנעץ כיפא בין מימריה ובין מיכל בת שאול אתת דוד דסריב למקרב לותה: ט ואמר מאן אנת ואמרת אנא רות אמתך ויתקרי שמך על אמתך למסבי לאנתו ארום פריק אנת: י ואמר בריכה אנת מן קדם יי ברתי אוטבת טיבותיך בתרא מן קדמאה דאתגיירת ובתראה דעבדת גרמיך

רש"י

הרד כשאני מקושטת הפוגע בי והרואה אותי יאמר שאני זונה לפיכך ירדה בתחלה הגורן ואח"כ קשטה את עצמה כאשר צותה חמותה: (ז) וייטב לבו. עסק בתורה: ותבא בלט. בנחת: (ח) ויחרד האיש. כסבור שד הוא ובקש לזעוק והיא אחזתו ולפתו בזרועותיה: וילפת. ויאחז כמו וילפת שמשון: והנה אשה. נתן ידו על ראשה והכיר שהיא אשה: (ט) ופרשת כנפך. כנף בגדיך לכסותי בטליתך והוא לשון נישואין: כי גואל אתה. לגאול נחלת אישי כמו שנאמר ובא גואלו הקרוב אליו וגאל וגו׳ והמותי ואני צריכות למכור נחלתנו ועתה עליך לקנות קנה גם אותי עמה שיזכר שם המת על נחלתו כשאבא על השדה יאמרו זאת אשת מחלון: (י) מן הראשון. אשר עשית עם חמותך:

אבן עזרא

וכעשתה לרתה: (ח) וילפת. מבנין נפעל כמו ילפתו ארחות דרכם והטעם עוות וכן וילפת שמשון ואיננו כמו משוש והענין שנהפך מלד אל לד: והנה אשה. יתכן שאמרה לו לא תפחד וקול אשה לעולם* ניכר או הי׳ אור הלבנה רב וראה אותה שהיתה בלא זקן גם יוכל להכירה במלבושיה: (ט) ופרשת. רמז לקחת לו לאשה: כי גואל אתה. כי כן משפט כל ישראל כי הגידה לה נעמי: (י) החסד האחרון מן הראשון. שהיא עשתה חסד עם בעלה כאשר אמרה נעמי כי רחוק הוא שוב אל התגיירה: אם דל ואם עשיר. שהכל

ברטנורה

שאמר הכתוב ויאמר אל יודע כי באה האשה הגורן שידוע הוא שהמדם שבה סכנסת היא סוף עבודה והיה בגורן שבה דשין כל התבואה לתת לכל א׳ כפי מעשיו ובורכי׳ התבואה למאכל אנשים והקש למאכל בהמות כמש"ה לדקתך כהררי אל וגו׳ תושיע ה׳ ובזה הפסוק תמלא י׳ תיבות כנגד י׳ ספירות ומ"כ אותיות שהוא שמו של הקב"ה שבו משפיע בעלי נים ובתהתונים ופותח את ידך ומשביע לכל חי רצון שכוונה כפי רצוני וחפצו של אדם לעבוד לבוראו כך הקב"ה משפיע נאמו שרהוי׳ להיות מושפע באדם ושראוי׳ להיות מושפע בבהמ׳ משפיע בבהמ׳ וז"ש אדם ובהמה תושיע ה׳ כי כמה וכמה אוכלים בעה"ז אע"פ שאינם עובדים לבוראם הלא שהקב"ה נותן להם מזונות כמו שנותן לבהמות והכל הוא בצדק ובמשפט ואם יעלה על דעת אדם שהכבוד הבא ממדות עליונות נשב על הכסא באיזה אופן מושפעת שאר המדות בהיות הכבוד שם בכנס׳ ושאר המדות הם למעלה ולזה אמר ולדקתך אלהים ר"ל שאע"פ שאתה רואה שהכבוד יותר שם

קיצור אלשיך

אור: של מלך המשיח בעולם. וכל דבר שקדושתו גדול מאד מוכרח שיהי׳ מעורב בו איזה ענין חטא. כמו שא"א לאדם לאכול דבר המתוק מאד עד שיערב בו מעט מר. ואז יהענג לו. כאשר השמעתיך מיעקב ומיהודה. ע"כ אל תתרעם על עצתי. כי כבתי נחשבת אצלי. וכמו שלא איעץ עצה שאינה הוגנת לבתי כך לא איעץ לך עצה שאינה הוגנת. ועתה שמע לעצתי הנה בועז הוא זורה וגו׳ עד (פסוק ט) כי גואל אתה צריך אתה לגאול את נפש מחלון ולייבם אותי. ונפש מחלון צריך להתדבק עם הבן שאוליד מהגואל ורצוני וחפצי להביא את נפש מחלון בבן צדיק. ע"כ באתי אליך כי קרוב אתה וגדול הדור והבן אשר אוליד ממך יהיה צדיק כמוך ואעשה חסד עם בעלי המת:

(י) ויאמר בועז אל רות היטבת חסדך האחרון הזה עם בעלך מן הראשון שעשית עם חמותך:

לקוטי אנשי שם

ג (ז) ויאכל בועז וישת וגו׳. למה מספר לנו הכתוב שבועז אכל ושתה. ומדוע אחרי שאכילה הזו היה טוב לבו? ומדוע אמרה נעמי לרות ורחצת וסכת ושמת שמלותיך עליך. ובגמרא איתא שהלבש בגדי שבת: הנה לפנים וגם היום מנהג הקולרי׳ שבכלות הקציר והאסיפה בשדה לעשות מקלעת שבלים כעין תר ועטרה מעשה עבות ולפנות ערב אחר כלותם העבודה בשדה יתאספו יחד כל הפועלים ובקול רנה והמון חוגג יביאו העטרה מנחה לבעל השדה. וחלף המנחה הזאת יעשה להם בעל השדה משתה ושמחה בערב ההוא. אל המשתה יתאספו כל הפועלים שקצרו ושאספו בעמרים ושעבו טוב מלאכה בשדה בכל משך זמן הקציר. ובואם מקושטים ומלובשים בגדיהם החמודות של שבת וי"ט. וישמחו בלילה ההוא יאכלו וישתו יפזזו ויכרכרו. ובעל השדה יאכל וישתה וישמח עמהם וגם קרובי משפחת בעל השדה יבואו אל המשתה הזה. כמאמר הנביא ושמחו לפניך כשמחת בקציר. ובתורה חג האסיף [עיין בספר ארץ חמדה סדרה ויראה]. ע"כ נעמי אמרה לרות שגם היא תלך אל המשתה הזה. א׳ שלא בועז מודעתנו ואת מקרובי משפחתו. שנית אשר היית עם נערותיו. והיית מסייעת במלאכת אסיפת העמרים. ובלילה הזה סוף כל מלאכת השדה הנה הוא [חצרתיו] גומרים מלאכת הזריה ובודאי בלילה תהיה המשתה. הבא גם אתה אל המשתה ורחצת וסכת ושמת שמלותיך בגדי שבת ככל הפועלים. ומסתמא בועז יקבלך בפנים יפות. ואז תוכל לילך בגורן לארכו ולרחבו ואז תוכל לידע המקום המוכן לשכיבת בועז. ומספר הכתוב כי עלת נעמי נתקיימה בכל פרטיו. ויאכל בועז וישת יין הרבה וייטב לבו. שנשתכר מיינו [כמו שמצינו במ"א כטוב לבו ביין]. עד שנפל בקצה הערמה. ויין הפיל עליו תרדמה [ובספר אגדת שמואל כתב ע"כ כתיב תיבת בועז בין ויאכל וישת. ויאכל בועז. אבל בשתה וישת לא הי׳ עוד בועז]. ויהי בחצי הלילה כשהקיץ משנתו וירא שהוא שוכב בקצה הערמה לא בבית המנוחה שבו שכב תמיד כאשר לן בשדה. והבין שהיין הביאו אל המקום הזה תחת כפת הרקיע תחת צל הלבנה ע"כ ויחרד האיש. ובמשמשו כי מי שוכב אצל מרגלותיו חשב ששד היא. [כדאיתא בפסחים (קיא) הישן בצל לבנה דמו בראשו מפני השדים] וכאשר נתודע לו כי היא אשה. ואמרה לו כי היא רות נתישבה דעתו עליו ודברו מענין הכתובים הנאה בהפסוקים:

ועתה

all that her mother-in-law had charged her. 7. And Boaz ate and
drank, and his heart was merry, and he went to lie at the edge of
the stack, and she came softly and uncovered his feet and lay
down. 8. And it came to pass at midnight, and the man quaked and
was taken around, and behold a woman was lying at his feet.
9. And he said, "Who are you?" And she said, "I am Ruth, your
handmaid, and you shall spread your skirt over your handmaid, for
you are a near kinsman." 10. And he said, "May you be blessed of
the Lord, my daughter; your latest act of kindness is greater than
the first, not to follow the young men, whether poor or rich.

7. **and his heart was merry**—*He engaged in the Torah.*—[*Rashi* from *Ruth Rabbah*] It would be unnecessary for the prophet Samuel to include Boaz's mundane behavior in this book, much less to write that Boaz ate, drank, and made merry, behavior unbecoming for the leader of the generation. The Midrash therefore explains that Boaz's heart was merry with the study of Torah, and this saved him from sinning with Ruth.—[*Shoresh Yishai*] Another explanation in the Midrash is that he ate sweets to accustom the tongue to the study of Torah. The *Targum* paraphrases: And Boaz ate and drank and his heart was merry, and he blessed the name of the Lord, Who had accepted his prayer and removed the famine from the land of Israel.

and she came softly—Heb. בַלָּט, *silently.*—[*Rashi*] The *Targum* renders: stealthily. *Beer Mayim* explains: slowly. *Redak*, too, explains it in this manner.

8. **and the man quaked**—*He thought it was a demon and attempted to scream, but she held him and encompassed him with her arms.*—[*Rashi*]

and was taken around—Heb. וַיִּלָּפֵת, *and he was seized, like* (Jud. 16:29): *"And Samson seized* (וַיִּלְפֹּת)*."*—[*Rashi*]

Isaiah da Trani explains that he held his arms close to his body, as one does in fright. *Ibn Ezra* renders: he became crooked, meaning that he turned from side to side. The *Targum* renders: and his flesh became as soft as a turnip (לֶפֶת) from fright. The same derivation is found in *Sanhedrin* 19b, which *Rashi* explains in the opposite manner, namely that he became physically aroused.

and behold a woman—*He placed his hand on her head and recognized that she was a woman.*—[*Rashi*] Perhaps she told him not to be frightened, and he recognized that it was a woman's voice. It is also possible that by the moonlight he recognized that she had no beard. He may also have recognized her by her attire.—[*Ibn Ezra*] *Ruth Rabbah* states: He started feeling her hair. He

said [to himself], "Spirits have no hair." He said to her, "Who are you, a spirit or a woman?" She replied, "A woman." "Are you single or married?" She replied, "Single." "Are you unclean or clean?" She replied, "Clean." Now behold, the cleanest of all women was lying at his feet. *Iggereth Shmuel* explains that this happened in the middle of the night, when, according to the Zohar, the Holy One, blessed be He, enters the Garden of Eden with the righteous, to delight with them. Here, Boaz was in a dilemma. Should he sin with Ruth, he stood to lose the eternal delight of being with the righteous in Paradise. On the other hand, he felt himself being physically aroused, for a woman was lying at his feet.

9. **I am Ruth, your handmaid**—Do not regard it as insolence that a woman should pursue a man, I am Ruth, your handmaid. Just as there is a relationship between a Hebrew handmaid and her master, viz. that he is mandated to marry her (Exod. 21:8), so is there a relationship between me and you, viz. that you are bound to me by levirate law.—[*Malbim*]

and you shall spread your skirt—*the skirt of your garments to cover me with your cloak, and this is a term connoting marriage.*—[*Rashi*] Literally, this means: and you shall spread your wing over your handmaid. This expression is taken from birds, who spread their wings over their mates while mating.—[*Malbim*] *Malbim* proceeds to explain that Ruth, in fact, expected Boaz to be intimate with her at that time, to perform the extended levirate marriage, which is accomplished solely through intimacy. She therefore hinted at the skirt, or corner, of his garment, alluding to the צִיצִית on the corners of his garment, which protect a person from sinning, intimating that this would not be a sinful union, since the צִיצִית would protect him from that. On the contrary, with this intimacy, he should spread over her the corners of his garments for this is a ritually mandated intimacy, "for you are a near kinsman." *Iggereth Shmuel,* however, explains that Ruth said to Boaz that, although she was his handmaid and was obligated to obey him, she wished him to marry her under the nuptial canopy with the proper blessings, and not to be intimate with her at that time. To that, he replied, "Your latest act of kindness is greater than the first."

for you are a near kinsman—*to redeem my husband's estate, as it is written* (Lev. 25:25): *"then his near kinsman who is closest to him shall come and redeem, etc." And my mother-in-law and I must sell our estate, and now it is incumbent upon you to buy* [it]. *Acquire me also, along with it, so that the name of the deceased be remembered on his estate. When I come to the field, they will say: This is Mahlon's wife.*—[*Rashi*] By Torah law, he was required only to redeem the property of his near kinsman, not to marry his wife and raise progeny. Nevertheless, it was customary for the nearest kinsman of a man who died childless and had no

brother to perform a levirate marriage, to marry his wife and raise progeny for him, in the manner of the levirate.—[*Isaiah da Trani*] See *Zohar Vayeshev* 189b in reference to Tamar and Ruth. *Ramban* to Genesis 38:20 states: The ancient sages before the Torah taught that the brother of the deceased is given preference, and after him, the closest of the family, for the benefit of the levirate marriage is attained through the marriage of any family member who inherits the deceased. See also *Ricanti* and *Zioni* ad loc.

10. **And he said, "May you be blessed of the Lord, my daughter**—because he recognized that her intentions were purely for the sake of Heaven.—[*Malbim*]

than the first—*that you did with your mother-in-law.*—[*Rashi*] *Ibn Ezra* explains: that she did with her husband. The *Targum* paraphrases: The first one was that you converted to Judaism. The last one was that you behaved like a woman waiting for her young brother-in-law to grow up to marry her, and did not follow the young men, whether poor or rich. *Rashi* rejects this interpretation because, according to the simple meaning of the verse, what she did for her mother-in-law was called kindness in popular language. Rashi does not explain it as referring to the kindness that she did with her husband as Ibn Ezra does, because since Boaz never mentioned that kindness when speaking to her, how would he allude to it without explaining what he meant? He had, however, spoken to her of what she had done for her mother-in-law. Therefore, the simple meaning of the verse is that he was referring to the kindness that she had done for her mother-in-law.—[*Beer Mayim*]

Alshich explains: your first act of kindness with your mother-in-law was greater than your last one with your husband. *Malbim* explains that the first act of kindness was when Ruth married Mahlon because she wished to marry a Jewish man. He was a young man, and she may have married him because of his physical beauty. Now, however, that she wished to do kindness to his soul through the levirate, although it meant marrying an old man in order to raise progeny for her husband, she was performing a greater kindness.

not to follow the young men—See *Ibn Ezra* at the end of the book (4:18).

whether poor or rich—for everyone loves you for your beauty.—[*Ibn Ezra*] For to marry even a poor young man is better than to marry an old man, and in your case, you could have married a rich man, who would surely have wanted you because of your beauty. Yet, you chose an old man in order to preserve the name of your late husband. This is a great act of kindness which you are doing for your husband.—[*Malbim*]

יא וְעַתָּה בִּתִּי אַל־תִּירְאִי כֹּל אֲשֶׁר־תֹּאמְרִי אֶעֱשֶׂה־
לָּךְ כִּי יוֹדֵעַ כָּל־שַׁעַר עַמִּי כִּי אֵשֶׁת חַיִל אָתְּ׃
יב וְעַתָּה כִּי אָמְנָם כִּי אם כתיב ולא קרי גֹאֵל אָנֹכִי וְגַם
יֵשׁ גֹּאֵל קָרוֹב מִמֶּנִּי׃ יג לִינִי ל' רבתי | הַלַּיְלָה וְהָיָה
בַבֹּקֶר אִם־יִגְאָלֵךְ טוֹב יִגְאָל וְאִם־לֹא יַחְפֹּץ לְגָאֳלֵךְ
וּגְאַלְתִּיךְ אָנֹכִי חַי־יְהוָה שִׁכְבִי עַד־הַבֹּקֶר׃ יד וַתִּשְׁכַּב
מַרְגְּלוֹתָו מרגלותיו קרי עַד־הַבֹּקֶר וַתָּקָם בְּטֶרֶום יתיר ו"ו
יַכִּיר אִישׁ אֶת־רֵעֵהוּ וַיֹּאמֶר אַל־יִוָּדַע כִּי־בָאָה
הָאִשָּׁה הַגֹּרֶן׃ טו וַיֹּאמֶר הָבִי הַמִּטְפַּחַת אֲשֶׁר־עָלַיִךְ
וְאֶחֳזִי־בָהּ וַתֹּאחֶז בָּהּ וַיָּמָד שֵׁשׁ־שְׂעֹרִים וַיָּשֶׁת

תו"א כי אמנם. נדרים לה:

כאתתא דנטרה יבם קליל עד זמן דירבי בגין דלא למהך בתר רובין למעבד זנו עמהון אם מסכן ואם עתיר: יא ועתה וכען ברתי לא תדחלין כל די תימרי לי אעביד ליך ארום גלי קדם כל יתבי תרע סנהדרין רבא דעמי ארום אתתא צדיקתא אנת ואית ביך חילא לסוברא ניר פקודיא דיי: יב ועתה וכען ארום בקושטא ארום פריק אנא ואף אית פריק אוחרן דחזי ליה למפרק יתיר מני: יג ליני ביתי בליליא ויהי בצפרא אם יפרקיך גברא דחזי ליה למפרקיך מן אוריתא הרי טב ויפרוק לחיי ואם לא צבי למפרקיך ואפרוקניך אנא אמרית בשבועה קדם יי כמא דמליליות ליך כדין אעביד דמוכי עד עידן צפרא: יד ותשכב ודמכית מלקביל רגלוי עד צפרא וקמת בקריצתא עד לא אשתמודע גבר ית חבריה מן קדם חשוכא ואמר לעולימוי לא אשתמודע לגבר ארום אתת אתתא לאדרא: טו ויאמר ואמר הבי סודרא די עליך ואחידי בה ואחידת בה וכל שית סאין דסעורין ושוי עלהא ואיתי לה כחמן קדם יי לסוברותהון ומן יד אתאמר בנבואה דעתידין למיפק מינה שתא צדיקי עלמא דכל חד וחד עתיד למהוי מתברך בשית ברכן דוד ודניאל וחברוהי

שפתי חכמים

דמ"ם אתם פנוי הוא דא"ל שאל"כ לא הייתי אומ' לך לעשות כדי שלא תהבב עמה ותסרסר כאשתך כאחרת בזה איסור הוא כדאית' בנדרים אבל אתם פנוי והיא פנוי'. וכל זה הורה לנו לדקת בועז: ה וגם א"ל ו' קבין או ו' טוגין דלא מייתי בגורן מדה פחותה מסאה כדפירש רש"י בפ'

רש"י

(יב) ועתה כי אמנם כי. אם כתיב ולא קרי כלומר משמע ספק. ודאי יש גואל קרוב ממני. (ס"א כי אם משמע ספק והוא ודאי) אמר רבי יהושע בן לוי שלמון ואלימלך וטוב אחים היו ומהו אשר לאחינו לאלימלך לעולם קורא אדם את דודו אחיו כענין שנא' וישמע אברם כי נשבה אחיו והלא אברהם דודו היה כך היה בועז לאלימלך בן אחיו קרובו של מחלון אבל טוב היה קרוב יותר: קרוב ממני. שהוא אח ואני בן אח: (יג) ליני הלילה. ליני בלא איש: חי ה'. אמרה לו בדברים אתה מוציאני קפץ ונשבע לה שאינו מוציאה בדברים. ויש מרבותינו אמרו ליצרו נשבע שהיה יצרו מקטרגו אתה פנוי והיא פנויה בוא עליה ונשבע שלא יבא עליה אלא על ידי נישואין: (יד) ויאמר אל יודע. מוסב על ותקם בטרם יכיר הוא זרזה לקום כי אמר בלבו אין כבודי שיודע כי באה האשה הגורן: (טו) שש שעורים. א"א לומר שש סאין שאין דרכה של אשה לשאת כמשאוי זה אלא שש שעורים ממש ורמז לה שעתיד לצאת

ברטנורה

לכנסת לדקתו של הקב"ה משפיע עד מרום שהם מדות עליונות שהשפעתו נמלאת בכל מקום ולז"א אשר עשית גדולות אלקי' מי כמוך שאין מי שיעשה כמעשיו וגבורותיו ב"ה ובז"ש וגם בזה הפסוק יש ב' תיבות נגד י' ספי' להודיעו כי כמו שאנו מונין עשרה בין מלמעלה למטה ובין מלמטה למעלה כך השפעתו ית' בין מלמעלה למטה ובין מלמט' למעל' שפסוק א' אומר תהום רבה שהוא למטה ובפסוק ב' אומר עד מרום שהוא למעלה ולפי שזו המדה נמשלה לגורן כמו שאמר למעלה שבה מתכנסת כל התבואה אע"פ שאנו עתה בין האומות כבר כאשה שהיא נכנסת באה לגורן והיא מקבלת הברכ' שכן כתיב אחר והארץ אזכור ואף גם זאת בהיות' בארץ אויביהם לא מאסתים ולא געלתים והברכה שמקבל' מיד הקב"ה היא לשפיע על ישראל למטה וז"ש ויאמר הבי המטפחת אשר עליך שאותה מחילה שהית' עליה שהית' מפסקת בינ' ובין רחמי הש"י שיחזיק בה ויפרישנ' מעליה כדי שתוכל לקבל השפעה מיד הקב"ה ומ"ש וימד שש שעורים וישת עליה שש שעורים הוא ל' פתח ושער וכו' רמוז שיהיה שבעה נגד ז' ספי' התחתוני' אלינו שכל אחת משפעת על גלגל א' מז' כוכבי לכת והטעם שלא היו אלא ו' לפי שהיא חסר אחת ממדת הגבורה המשפעת על גלגל מאדים וע"ז אמר פתחו לי שערי לדק אבא בם אודה יה ואמר שערי לשון רבים ואח"כ אמר שער לשון יחיד שמדבר ע"ז השער שבזמן שישראל יהיו לדיקים שהיא הזמן משיח בן דוד שאליו ימסור כח וגבורה לעשות מלחמותיו כמש"ה באלהים נעשה חיל והוא יבוס לרינו שבאותו זמן מלך היות ישראל לדיקים לא תמשול עליהם מדה"ד אלא בלריהם ולפי שעיב זה השער הוא נסתר ואינו יכול נגלות אלא למשיח בן דוד לא כתב כאן אלא ו' שעורים רומז לו' שערי' בהיות שהם שבעה לפי שאלו הו' שערים שהם ז' ספי' יש בכל א' מהם ז' שערים ושפ"ז עולים למ"ט ואנו המ"ט יש להם שער בפ"נ שהם דרך בנתיים שעליהם נא' כ' שערי בינה שהם מ"ט ועם אותו השער שהם בינה שלהם הם נ' וזה השער נעלם אפי' ממרע"ה ובהיות זה השער

אבן עזרא

אוהבים אותך בעבור יפיך: (יא) אשת חיל. אפרשנו במשלי: (יב) מ"ם אמנם. נוסף כמ"ם חנם: (יג) אם יגאלך טוב. יש אומרים כי טוב היה שם הגואל ואילו היה כן למה אמר הכ' במגל' סורה שבה פה פלוני אלמוני רק טעמו אם יגאלך הגואל טוב הוא לך שיגאל כי אדם הטוב הוא. (טו) וימד שש שעורים. ספר הכתוב מה שנתן לה ובדרש ו' לדיקים יעמדו

קיצור אלשיך

(יא) ועתה. אף שעשית זאת שלא כהוגן. עכ"ז בתי את נחשבת. מכיר אנכי כי לא נתכוונת לשום דבר רע. רק באמת ובתמים המה כל דבריך. ע"כ כל אשר תאמרי אעשה לך ומחמת לזות שפתים אל תירא כי יודע כל שער עמי כי אשת חיל את: (יב) ועתה כי אמנם כי גואל אנכי. אמת כי גואל אנכי אבל יש גואל קרוב ממני ע"כ המצות יבום עליו חל יותר ממני. ואולי האמת כי מואבית אסורה לא עלי מוטל העשה דיבום ואיך אבטל הלא תעשה שלא יבא עמוני ומואבי וגו': (יג) ליני הלילה עד בקר. כי לא אשלחך בחשכת הלילה עד בקר והיה בבקר אם יגאלך הגואל ששמו „טוב" יגאל. ואם לא יגאלך וגאלתיך אנכי. ועל זה אני נשבע חי ה' שכן יהיה.

ותבא

11. And now, my daughter, do not fear, all that you say I will do
for you, for the entire gate of my people know that you are a
valiant woman. 12. And now, indeed, I am a near kinsman, but
there is a kinsman closer than I. 13. Stay over tonight, and it will
come to pass in the morning, that if he redeem you, well, let him
redeem you, but if he does not wish to redeem you, I will redeem
you, as the Lord lives; lie down until morning." 14. And she lay at
his feet until morning, and she rose before one could recognize his
fellow, for he said, "Let it not be known that the woman came to
the threshing-floor." 15. And he said, "Ready the shawl you are
wearing and hold it," and she held it, and he measured out six
barleys and placed [them]

11. **And now, my daughter** —But since he could not perform the levirate rite until he consulted the closer relative, he was concerned that she might fear that he did not wish to perform the rite at all. Therefore, he said to her, "And now, my daughter, do not fear," that I am "pushing you off with a straw," and that I do not wish to marry you.

all that you say I will do for you—I promise to perform the rite of the levirate, just as you requested, "And you shall spread your skirt over your handmaid, for you are a near kinsman." [i.e., If it is clarified that I am the redeemer because the other near kinsman does not wish to redeem you, I will do whatever you say.] Have no fear that, when I take counsel with the people of the city, they will prevent me from marrying you by intimating that it is beneath my dignity to marry a Moabite woman. Have no fear of this—

for the entire gate of my people know that you are a valiant woman—and they will all agree with me.—[*Malbim*]

12. **And now indeed**—*"If" is written but it is not read, i.e., it conveys the idea of doubt. There is surely a redeemer closer than I. (Other editions*: כִּי אִם *means a doubt, but it is certain.*). The "keri" conveys the concept of certainty, because, indeed, Boaz was the redeemer. The "kethiv," however, conveys the concept of doubt, because at that moment, they did not know whether the closer kinsman would redeem the estate.—[*Beer Mayim*] *Nachal Eshkol* explains that Boaz was confident that he would redeem her, but for the sake of appearance, he had to approach Tov and give him priority. The expression of doubt is therefore written, but not expressed. *Said Rabbi Joshua the son of Levi: Salmon, Elimelech, and Tov were brothers. Now what is the meaning of "that belonged to our brother, to Elimelech"? A person*

always calls his uncle his brother, as is stated (Gen. 14:14)*: "And Abram heard that his brother was captured." Now was not Abraham his* (Lot's) *uncle? Similarly, Boaz was Elimelech's nephew, a kinsman of Mahlon, but Tov was closer.*—[*Rashi* from *Ruth Rabbah*]

closer than I—*for he is a brother, and I am a nephew.*—[*Rashi*]

Malbim explains:

And now—it is impossible to perform the levirate rite upon you immediately—

indeed—Although it is true that I am a near kinsman—I can, nevertheless, not perform the levirate rite at this time, because—

there is a kinsman closer than I—and he has priority. Therefore—

13. **Stay over tonight**—*stay over without a husband.*—[*Rashi* from *Ruth Rabbah*] *Malbim* explains: You must stay here until morning, when I will speak with Tov. *Alshich* explains that Boaz did not wish to send Ruth away in the darkness of night.

if he redeem you—As mentioned in several places, the Rabbis believed that the closer kinsman was named Tov. The *Targum,* however, renders: if the man who is fit to redeem you according to the Torah redeem you, good, and let him do so. Similarly, *Ibn Ezra* renders: If the redeemer redeems you, it will be good for you that he redeems because he is a prominent man. *Malbim*, following the Rabbinic interpretation, explains: If Tov wishes to redeem you, he must redeem, because he has priority.

but if he does not wish to redeem you—this I promise you.—[*Malbim*]

as the Lord lives—*She said to him, "You are dismissing me with words." He jumped up and swore to her that he would not dismiss her with words. Some of our Rabbis said: He swore to his evil inclination, for his evil inclination was contending with him, "You are single, and she is single; be intimate with her"; so he swore that he would be intimate with her only within marriage.*—[*Rashi* from *Ruth Rabbah*]

14. **before one could recognize his fellow**—*Ruth Rabbah* comments: It is written בטרום, with an extra "vav." This teaches us that she stayed there six hours, symbolized by the numerical value of "vav."

for he said, "Let it not be known—*This refers back to "and she rose before one could recognize." He hurried her to rise because he said in his heart, "It does not befit my honor that it should be known that the woman came to the threshing-floor."*—[*Rashi*] *Ruth Rabbah* asks: To whom did he say this? Rabbi Meir said: He said it to a member of his household. Rabbi Hunya and Rabbi Jeremiah in the name of Rabbi Samuel the son of Rabbi Isaac said: All that night Boaz lay stretched out upon his face, and prayed, "Lord of the Universe, it is revealed and known to You that I did not touch her; so may it be Your will that it be not known that the woman came to the threshing-floor, that the name of Heaven not be profaned through me." *Iggereth Shmuel* explains that

Rabbi Meir felt that Boaz did not conceal Ruth's coming from the members of his household, because they knew his righteousness and would not suspect him of committing an immoral act. The other rabbis felt, that, on the contrary, should he have given such an order to a member of his household, this itself would arouse suspicion. They therefore explained that Boaz prayed to God that it should not be known. *Malbim* (and the *Targum*) explain: For he ordered his servant not to reveal to anyone that —

the woman—who was in the field at night with his maidens—

came—from the field to the threshing floor and remained there to sleep. *Iggereth Shmuel* explains the passage in an exactly opposite manner. He explains that when one visits his friend's vineyard, his garden, or his threshing-floor, it is customary for the owner to give his visitor a sample of the produce in order that he should not leave empty-handed. Boaz, too, said, "Should it not be known that the woman came to the threshing-floor?" Accordingly, he said, "Ready the shawl, etc."

15. **six barleys**—*It is impossible to say six seah, because it is not customary for a woman to carry such a load; it refers literally to six barleycorns, and he hinted to her that a son who would be blessed with six blessings was destined to emerge from her.* [The blessings are:] (Isa. 11:2): *"a spirit of wisdom and understanding, counsel and heroism, a spirit of knowledge and fear of the Lord,"* [referring to the King Messiah].—[*Rashi* from *Ruth Rabbah*] In *Ruth Rabbah,* there is another view that he hinted to her that six righteous men would emerge from her, each of whom would be blessed with six blessings. These righteous men are David, Hezekiah, Josiah, Hananiah, Mishael, Azariah, Daniel, and the King Messiah. Their blessings are related at length. Hananiah, Mishael, and Azariah are counted as one because they are equal in their exemplary traits (*Mattenoth Kehunnah*). The *Targum* omits Hezekiah and Josiah, and counts Hananiah, Mishael, and Azariah as three. *Malbim* explains this as a *kab*, which is a sixth of a *seah,* for it was customary to divide a large measure into sixths, as in Ezekiel 45:7: "And you shall separate a sixth of an *ephah*." This measure was called a *shesh*. The law is that one must give a poor man traveling from place to place no less than a loaf of bread containing half a *kab*. Boaz, therefore, gave Ruth a *kab*, which would suffice for a breakfast for both of them. By doing this, he let them know that they would not need the evening meal, because by that time, he would already have settled the matter of the redemption.

עָלֶיהָ וַיָּבֹא הָעִיר׃ טז וַתָּבוֹא אֶל־חֲמוֹתָהּ וַתֹּאמֶר
מִי־אַתְּ בִּתִּי וַתַּגֶּד־לָהּ אֵת כָּל־אֲשֶׁר עָשָׂה־לָהּ
הָאִישׁ׃ יז וַתֹּאמֶר שֵׁשׁ־הַשְּׂעֹרִים הָאֵלֶּה נָתַן לִי כִּי
אָמַר *** אלי קרי ולא כתיב אַל־תָּבוֹאִי רֵיקָם אֶל־חֲמוֹתֵךְ׃
יח וַתֹּאמֶר שְׁבִי בִתִּי עַד אֲשֶׁר תֵּדְעִין אֵיךְ יִפֹּל דָּבָר
כִּי לֹא יִשְׁקֹט הָאִישׁ כִּי־אִם־כִּלָּה הַדָּבָר הַיּוֹם׃
ד א וּבֹעַז עָלָה הַשַּׁעַר וַיֵּשֶׁב שָׁם וְהִנֵּה הַגֹּאֵל עֹבֵר
אֲשֶׁר דִּבֶּר־בֹּעַז וַיֹּאמֶר סוּרָה שְׁבָה־פֹּה פְּלֹנִי אַלְמֹנִי
וַיָּסַר וַיֵּשֵׁב׃ ב וַיִּקַּח עֲשָׂרָה אֲנָשִׁים מִזִּקְנֵי הָעִיר
וַיֹּאמֶר שְׁבוּ־פֹה וַיֵּשֵׁבוּ׃ ג וַיֹּאמֶר לַגֹּאֵל חֶלְקַת
הַשָּׂדֶה אֲשֶׁר לְאָחִינוּ לֶאֱלִימֶלֶךְ מָכְרָה נָעֳמִי הַשָּׁבָה

ומלכא משיחא ועל בועז לקרתא:
טז ותבוא ואתת לות חמותה בקריצתא ואמרת מן אנת ברתי וחויאת לה ית כל מה דעבד לה גברא על פום מימר מן קדם נבואה דאתגליאת ליה עבד לה:
יז ותאמר ואמרת שית סאין דסעורין האלין יהב לי גברא ארום אמר לי לא תהכין ריקניא לות חמותיך:
יח ותאמר ואמרת תיבי ברתי עמי בביתא עד זמן דתדעין איכדין יתגזר מן שמיא והיכדין יתפריש פתגם ארום לא ינוח גברא ארום אלהן ישיצי למטב פתגמא יומא דין:
ד א ובעז ובעז סליק לתרע בית דינא דסנהדרין ויתיב תמן עם סביא והא פריקא חלף דמליל בועז לרות ואמר סטי תיב הכא גבר דצניען אורחתיה וסטא ויתיב:
ב ויקח ודבר עשרתי גוברין מסבי קרתא ואמר תיבו הכא ויתיבו:
ג ויאמר ואמר לפרוקא אחסנת חקלא די לאחונא לאלימלך זבנת נעמי

רש"י

ממנה בן שמתברך בשש ברכות רוח חכמה ובינה עצה וגבורה רוח דעת ויראת ה': (יח) כי אם כלה. האיש את הדבר היום: (א) פלוני אלמוני. ולא נכתב שמו לפי שלא אבה לגאול: פלוני אלמוני. מתורגם בנביאים כסי וטמיר: פלוני. מכוסה ונעלם ל' כי יפלא. היפלא מה' דבר: אלמוני. אלמון מבלי שם (ס"א אלמוני שהיה אלמן מד"ת

אבן עזרא

ממנה: (טז) מי את בתי. יתכן שלא ראתה אותה עד שפתחה לה הדלת להכנס כמנהג וקצר הכתוב לאמר הנכי רות אמתך וכמוהו קראן לו ויאכל לחם וכתוב ויואל משה. ויאמר רבי יונה המדקדק כי מי מה והטעם מה היה לך ואמר לי כי כמוהו מי שמך כי אין משפט מי שימלא על הענין כי עם בן אדם לפי דעתי כי שמך הוא שם עצם ועל כן מי על הענין: עשה לה האיש. השבועה: (יח) איך יפול דבר. בעבור שכל הגזירות באות מן השמים על כן יפול ואיננו כן לא נפל דבר אחד מכל דברו: (א) עלה השער. כן היה מנהג והתורה לעדה: פלוני אלמוני. יש אומרים שהוא מן מופלא ואלמוני מן אלם שאין לו שם ידוע אצל המדבר: (ג) חלקת השדה. יתכן שהיה השדה גדול

ברטנורה

סגור סוגר ג"כ שההרות ולפי שבשם סגורות אמר דוד המע"ה פתחו לי שערי צדק והשיב הקב"ה זה השער לה' ר"ל זה השער שבו מפתח כל השערים אינו פתוח אלא בזמן שישראל צדיקים כמו שנאמר צדיקים יבואו בו ועל זה השער ערת מרע"ה הרבה לפנינו ועלין נא' הודיעני נא את דרכך בסוד חסר לשון יחיד וכונתו היה לידע הפנים שבאים מכח גבורה לידע אופן פעולתו עמהם והיה רוצה לידע פנים של דין ופנים של רחמים כמו שרומז פני ילכו והנחותי אין פניך שהם השני פנים באופן שסוד גבורותיו ית' לא נמסרה אפי' למרע"ה אלא שלמדו מדת הרחמים כדי לכלול מדעות השמבות ממדת הדין והכל ימסר לנשיאת בן דוד בע"ה וזהו סוד שש שעורים ומ"ש וישת עליה ותבא העיר הכונ' שתיכף שישימו עליה על הכנסת השש שעורים מיד יתבא העיר הכונה הברכה שהיא עתה כאלמנה. ועתה אגלה לך סוד גדול בלא הולכך כאן לכתוב בשבע אלא שש שבהיות בשבע הם עם גבורה כשתחשוב זש"ז יעלו למ"ט אלא שהגבורה היתה עם רות שהיא השמאל ולא היה צריך ליתן לה מה שהיה לה כבר ובשביל זה הסוד הולכך דוד שהיה מלך מואב לאחוז מכח גבורה ולהמשיכה אליו ולטהר ממנו זוהמת הנחש ולהיות הכח בידו ולהנקם מרשעים זש"ה מואב סיר רחצי על אדום אשליך נעלי וכבר הודעתיך שהגואל רומז אל הנחש ויהי מושלך על רשעים באופן שלא יהיה צריך להם שבהיות מושלכים מעליהם כל זוהמת הנחש ובהיות הגבורה ביד משיח בן דוד שהברכת יסיו כולם נשמדים ונחרבים לפי שלהם לא נגלו שערי רחמים שיבקשו רחמים מהקב"ה בעת כעסו כשיסי' גאזר לימות משיח ב"ד כה אלקים כמ"ש באלקים נעשה חיל וכתיב ותאזרני למלחמה תכריע קמי תחתי ואויבי נתת לי עורף ומשנאי אצמיתם ישועו ואין מושיע על ה' ולא ענם וגו' והכונה שאף ע"פ שישועו לשם ה' שהיא מדת הרחמים לא יענם. ועתה תבין מאמר בספר הזהר מגו חשוכא נפיק נהורא הכונה שמתוך מדת אלהים שממנו בא החשך וסגלות בא הטוב לישראל כיון שימסור הגבורה למשיח בן דוד ומ"ש מגו קטילא נפיק דינא כמ"ש ישועו ואין מושיע על ה' ולא ענם שהרחמים נהפכת לרשעים לדין ומ"ש מגו טוב נפיק ביש שהמד' שהיא באה להם הטוב שהיא מדת במה"ל משם תמשך לשם הרע וזה הכח השיג דוד בהיותו נלקח מלד מואב שרות היתה נכרי' כמ"ש מדוע מצאתי חן בעיניך ולהכירני ואנכי נכריה והשיב הוגד לי כל אשר עשית את חמותך אחרי מות אישך ותלכי אל עם אשר לא ידעת תמול שלשום הכוונה כי כמו שרות שהיתה נכרי' לישראל וממנה היה נמשך כל הרעות תהפוך לטוב לישראל ותשכח מדיני' הגלות והנגעים שקיבל מהפנים של זעם שהם הכנסת כמ"ש קראן לי מרה כי המר לי שדי מאוד שבדי בחשבון משטרו"ן שר הפנים ומ"ש וה' ענה בי ושדי הרע לי הכונה כיון שה' מעיד על מעשי מיד מע"ע שר הפני' הרע לי ויסוד ישראל לתפארתו וסדרו ויספיק בשם ובכנסת הסולרות גדולות מברכתו ית' וע"ז נא' והשוב כל העיר

קיצור אלשיך

(טז) **ותבא** אל חמותה. ותאמר מי את בתי. אם אשת בועז את. או לא:

(יז) **ותאמר** רות אל נעמי. אל תדאג. אולי כאשר אנשא לבועז אתרחק ממך ואעזבך. ראה נא כי בועז דואג עבורך. כי נתן לי שש מדות שעורים עבורך ואמר לי אל תבואי ריקם אל חמותך. אף שידע שאנכי לא אוכל עוד מהם. כי מחר אתייבם לו אז אל הגואל טוב. ולא שלח השעורים רק עבורך:

(יח) **ותאמר** נעמי לרות שבי בתי אצלי ולא הלך להתראות עוד עם בועז. כי היום יוגמר הדבר:

ד (א) **ובועז** עלה השער אל השופטים לדבר עמהם אם מותר לו לקחת את רות. ובישבו שם והנה הגואל עובר. ויאמר לו בועז סורה נא מדרכך ובא הנה:

(ב) **ויקח** בועז עוד עשרה אנשים מזקני העיר שיפרסמו ההיתר

upon her, and he came to the city. 16. And she came to her mother-
in-law, and she said, "Who are you, my daughter?" And she told
her all that the man had done to her. 17. And she said, "He gave
me these six barleys, for he said to me: Do not come empty-
handed to your mother-in-law." 18. And she said, "Sit still, my
daughter, until you know how the matter will fall, for the man will
not rest until he has resolved the matter today."

4

1. And Boaz went up to the gate and sat down there, and behold,
the kinsman of whom Boaz had spoken was passing, and he said,
"Turn aside, sit down here, So-and-So," and he turned aside and
sat down. 2. And he took ten men of the elders of the city and said,
"Sit down here," and they sat down. 3. And he said to the near
kinsman, "Naomi, who has returned from the field of Moab, is
selling the portion of the field that belonged to our brother, to
Elimelech.

and he came to the city—He escorted her to the city lest one of the youths accost her.—[*Ruth Rabbah*]

18. **until he has resolved**—[i.e., until] *the man* [has resolved] *the matter today.*—[*Rashi*]

4

1. **the gate**—of the tribunal of the Sanhedrin.—[*Targum*] According to *Ruth Zuta*, this is the study hall.

and sat down there—with the elders.—[*Targum*]

of whom Boaz had spoken—to Ruth.—[*Targum*]

So-and-So—*but his name was not written because he did not wish to redeem.*—[*Rashi*]

So-and-So—Heb. פְּלֹנִי אַלְמֹנִי, *rendered* [into Aramaic] *in the Prophets* (I Sam. 21:3) *as "hidden, secret."*—[*Rashi*] פְּלֹנִי—*covered and concealed, an expression of* (Deut. 17:8): *"If* [a matter] *be concealed* (יִפָּלֵא)"; (Gen. 18:14) *"Is anything concealed* (הֲיִפָּלֵא) *from the Lord?"* אַלְמֹנִי—*A widow* (אַלְמָן), *without a name. (Other editions:* אַלְמֹנִי. *He was widowed of words of Torah, because he should have interpreted: "an Ammonite, but not an Ammonitess; a Moabite, but not a Moabitess." Yet he said, "lest I mar my heritage.")* —[*Rashi* from *Ruth Rabbah*]

The *Targum* renders: the man whose ways are modest. *Ibn Ezra* derives אַלְמֹנִי from אִלֵּם *mute*, meaning that his name was unknown to the speaker.

מִשְּׂדֵה מוֹאָב׃ ד וַאֲנִי אָמַרְתִּי אֶגְלֶה אָזְנְךָ לֵאמֹר
קְנֵה נֶגֶד הַיֹּשְׁבִים וְנֶגֶד זִקְנֵי עַמִּי אִם־תִּגְאַל גְּאָל
וְאִם־לֹא יִגְאַל הַגִּידָה לִּי וְאֵדַע ואדעה קרי כִּי אֵין
זוּלָתְךָ לִגְאוֹל וְאָנֹכִי אַחֲרֶיךָ וַיֹּאמֶר אָנֹכִי אֶגְאָל׃
ה וַיֹּאמֶר בֹּעַז בְּיוֹם־קְנוֹתְךָ הַשָּׂדֶה מִיַּד נָעֳמִי וּמֵאֵת
רוּת הַמּוֹאֲבִיָּה אֵשֶׁת־הַמֵּת קָנִיתִי קנית ק׳ לְהָקִים
שֵׁם־הַמֵּת עַל־נַחֲלָתוֹ׃ ו וַיֹּאמֶר הַגֹּאֵל לֹא אוּכַל
לִגְאוֹל־ יתיר ו׳ לִי פֶּן־אַשְׁחִית אֶת־נַחֲלָתִי גְּאַל־לְךָ
אַתָּה אֶת־גְּאֻלָּתִי כִּי לֹא־אוּכַל לִגְאֹל׃ ז וְזֹאת לְפָנִים
בְּיִשְׂרָאֵל עַל־הַגְּאוּלָּה וְעַל־הַתְּמוּרָה לְקַיֵּם כָּל־דָּבָר
שָׁלַף אִישׁ נַעֲלוֹ וְנָתַן לְרֵעֵהוּ וְזֹאת הַתְּעוּדָה בְּיִשְׂרָאֵל׃
ח וַיֹּאמֶר הַגֹּאֵל לְבֹעַז קְנֵה־לָךְ וַיִּשְׁלֹף נַעֲלוֹ׃ ט וַיֹּאמֶר
בֹּעַז לַזְּקֵנִים וְכָל־הָעָם עֵדִים אַתֶּם הַיּוֹם כִּי קָנִיתִי אֶת־
כָּל־אֲשֶׁר לֶאֱלִימֶלֶךְ וְאֵת כָּל־אֲשֶׁר לְכִלְיוֹן וּמַחְלוֹן

תו"א וזאת לפנים בישראל על הגאולה ועל התמורה. תליעה מז נדה מה זוהר פרשת חקת:

די תבת מחקל מואב: ד ואני ואנא אמרית אגלי אודנך למימר קנה כל קבל יתבי תרעא דבית דינא דסנהדרין וכל קביל סביא דעמי אם אית רעותך למפרוק פרוק ואם לא אית רעותך חוי לי ואנדע ארום לא אית בר מנך דהוא רשאי למפרוק קדמך ודהוא קריב למיתב כוותך ואנא אהא בתרך ואמר אנא אפרוק: ה ויאמר ואמר בועז ביום זבינתך ית חקלא מן ידא דנעמי ומן ידא דרית מואביתא אתת מיתא חייב את למפרוק ובעי ליבמא יתה ולמסבה לאנתו מן בגלל לאקמא שום מיתא על אחסנתיה: ו ויאמר ואמר פרוקא כי האי גוונא לית אנא יכיל למפרוק לי על דאית לי אתתא לית לי רשו למסב אוחרניתא עלהא דלמא תהי למצו בביתי ואהא מחבל ית אחסנתי פרוק לך את ארום דלית לך אתתא ארום לית אנא יכיל למפרוק: ז וזאת וכהדא מנהגא בעידנא די מלקדמין מתנהגא בישראל בזמן דשקלן וטרן ופרקן ומחלפן חד מן חבריה ומקיימין כל מדעם ושלע גבר ית נרתק יד ימיניה ואושיט ביה קניין לחבריה והכין נהגין למקני בית ישראל מן חבריה קדם סהדיא: ח ויאמר ואמר פרוקא לבועז אושיט ידך לקנינא וקני לך ושלע בועז ית נרתק יד ימיניה וקניה ליה: ט ויאמר ואמר בועז לסביא ולכל עמא הוו סהדין אתון עלי יומא דין ארום קניתי ית כל מה דהוה לאלימלך וית כל מה

שפתי חכמים

חלק: ו יבזה מיושב מאי קסבר אם היה בועז רוצה לקחתה אלא הגואל האם אין לך בנים אבל אני יש לי בנים ויבא אני פן אשחית את נחלת ה׳ בנים: הסלת מגלת רות

רש"י

שהיה לו לדרוש עמוני ולא עמונית מואבי ולא מואבית והוא אמר פן אשחית את נחלתי): (ד) ואדעה כי אין זולתך. קרוב לגאול: (ה) ומאת רות המואביה. אתה צריך לקנות והיא אינה מתרצה אלא אם כן תשאנה: (ו) פן אשחית את נחלתי. זרעי ו כמו נחלת ה׳ בנים לתת פגם בזרעי שנאמר לא יבא עמוני ומואבי וטעה בעמוני ולא עמונית: (ז) על הגאולה. זו מכירה: תמורה. זו חליפין: שלף איש נעלו. זהו קנין כמו שאנו קונין בסודר במקום נעל ורבותינו ז"ל נחלקו בדבר מי נתן למי יש

ברטנורה

עליהם שהיא תהום רבה של הקב"ה בכל עיר ויושביה וכל הליגרות יקראו זה"ז להשפיע על ישראל הרומז בשם נעמי כמ"ש תהום אל

אבן עזרא

והלק ממנו היה לאלימלך: (ד) ואם לא יגאל. אמר רבי יונה כי היה ראוי להיותו ואם לא תגאל וכן ובאשת* נעורי אל יבגוד וזה לא יתכן כי יבגוד שב אל מלת ברוחכם וכן פירושו ואם לא יגאל הגואל אותה ואני אדע כי אין גואל קרוב ממך: (ה) אשת המת קנית הטעם מאשת המל׳ תקנה ופועל עבר תחת עתיד כי האשה יש לה כתובה גם האם יורש׳ הנשאר ונכתב קניתי והטעם כן הקנה אני: (ו) פן אשחית את נחלתי. היתה לו נחלה רבה ויש אומרים רמז על אשתו: גאל לך. הנה נתתי לך רשות כי אני לא אוכל: (ז) לפנים בימים קדמונים שעברו כמו הפנים שהם הראשונים: על הגאולה. אם אדם יגאל או יחליף שדה בשדה: וזאת התעודה. מגזרת עדות על זה היו מעידים. ויש מפרש במלת תעודה רגילו׳ ומנהג והראשון הוא הנכון: (ח) וישלף נעלו. בועז שלף נעלו ונתן אותו לגואל והנה זה

קיצור

ההיתר בעיר ולא יהיה עליו לזות שפתים כי לקח מואבית: (ד) אם תגאל גאל ואמור לי תיכף תשובה. ואם תרצה לגאול גאל תיכף. עוד ביום ההוא. ואם לא יגאל אחר. הגידה לי ואדעה. כי איש אחר לגאול אין. רק אנחנו שנינו. ויאמר האלמוני אנכי אגאל: (ה) ויאמר לו בועז כי כאשר תקנה השדה מוכרח אתה ליבם את רות. ולא רצה האלמוני ליבם את רות. מחמת כי היה לו אשה ובנים. ואם ייבם את רות ותוליד לו בנים. יהי׳ לו בביתו שתי נשים. ובנים משתי נשים. ויהי׳ תמיד קטטה בביתו

אלשיך

בין הנשים ובין הבנים ע"כ לא רצה. אבל בועז לא היה לו אשה ולא בנים ע"כ אמר לו האלמוני גאל לך אתה:

(ז) וזאת לפנים בישראל. המנהג הזה היה לפנים בישראל על כל קנין או תמורה כאשר שלף איש נעלו ונתן לרעהו. נתקיים הדבר. ולא יכלו לשנות. וכאשר אמר הגואל לבועז קנה לך השדה וגם את רות. וישלוף בועז נעלו ונתן להגואל שלא יוכל הגואל להתחרט:

(ט) ויאמר בועז להזקנים עדים אתם וגו׳:

ויאמר

4. And I said, 'I will let you know, saying: Buy [it] in the presence of those who sit here and before the elders of my people; if you will redeem, redeem; and if he will not redeem, tell me, and I will know, for there is no one besides you to redeem, and I am after you.'" And he said, "I will redeem." 5. And Boaz said, "On the day that you buy the field from the hand of Naomi and from Ruth the Moabitess, the wife of the deceased, you have bought [it], to preserve the name of the deceased on his heritage." 6. And the near kinsman said, "I cannot redeem [it] for myself, lest I mar my heritage. You redeem my redemption for yourself for I cannot redeem [it]." 7. Now this was the custom in former times in Israel concerning redemption and exchange, to confirm anything, one would remove his shoe and give [it] to his fellow, and this was the attestation in Israel. 8. And the near kinsman said to Boaz, "Buy it for yourself," and he removed his shoe. 9. And Boaz said to the elders and to the entire people, "You are witnesses today that I have bought all that was Elimelech's and all that was Chilion's and Mahlon's

2. **And he took ten men of the elders, etc.**—Two reasons are given for the gathering of ten elders. One is that Boaz was preparing to marry Ruth and recite the nuptial blessings, which require the presence of ten men. Another is that he wished to publicize the new ruling that only the males of Moab are prohibited from marrying within the Jewish fold, and not the females.—[*Keth.* 7] *Iggereth Shmuel* is puzzled over the necessity of calling ten men, since Boaz went to the Sanhedrin, in the preceding verse, which consisted of twenty-three members, in addition to three rows of Torah scholars sitting before them, with two scribes and two attendants. He suggests three solutions: 1) Since the Sanhedrin had already convened to judge the people, it would not be known that ten men are required for the recitation of the blessings. Therefore, in order to teach this ruling, he made sure to bring ten men in addition to the members of the Sanhedrin and auxiliary staff. 2) Boaz came early in the morning, directly from the threshing-floor, before the Sanhedrin had convened. 3) Boaz took ten men from the Sanhedrin and called them to sit with him elsewhere, as is indicated by the expression, "and he said, 'Sit here,' and they sat." He wished to execute his affairs without disrupting the proceedings of the Sanhedrin.

Malbim explains that Boaz gathered these elders before he married Ruth, not afterwards, because then it would appear that he wished to publicize the new ruling to justify his act. He therefore gathered them before he had any interest in the matter, because there was still the possibility that Tov would redeem the estate and marry Ruth.

3. **is selling**—lit. has sold. *Iggereth Shmuel*, quoting *Shoresh Yishai* and *Malbim*, explain that Naomi had not really sold it, but had agreed to sell it. *Malbim* bases this view on the rule that an inherited field cannot be redeemed for two years after its sale. Moreover, Scripture states further (verse 5): "On the day that you buy the field from the hand of Naomi," indicating that the field was still in her possession.

4. **And I said**—Since I do not want our kinsman's estate to fall into the hands of strangers, and you are the first in line to redeem it, I decided to let you know, and tell you to buy it. If you do not wish to buy it, I am after you.—[*Malbim*]

in the presence of those who sit here—The *Targum* renders: in the presence of those who sit in the gate of the tribunal of the Sanhedrin and before the elders of my people. [These were the elders whom Boaz had gathered to publicize the ruling that only the males of Moab were forbidden to marry in Israel, not the females.]

and if he will not redeem—addressing the court.—[*Ruth Rabbah*]

and I will know, for there is no one besides you—*who is a kinsman, to redeem*.—[*Rashi*]

And he said, "I will redeem."—Since Boaz mentioned only Naomi's share, Tov agreed to redeem this share.—[*Malbim*]

5. **and from Ruth the Moabitess**—*you must buy, and she agrees only if you marry her*.—[*Rashi*]

6. **lest I mar my heritage**—*my offspring, like* (Ps. 127:3): "*Behold the heritage of the Lord is sons," to give my offspring a stigma, as it is said* (Deut. 23:4): "*An Ammonite or a Moabite shall not enter the congregation of the Lord," but he erred by* [not interpreting it as] "*an Ammonite but not an Ammonitess.*"—[*Rashi*] *Ruth Rabbah* explains that the redeemer said, "The first ones (Mahlon and Chilion) died only because they took them for wives. Should I go and take her? God forbid that I should take her. I will not contaminate my family! I will not introduce disqualification into my seed." But he was unaware of the halachah that had been enacted, namely, that the Biblical prohibition applies only to the males who wish to marry Israelite women, but not to females who wish to marry Israelite men. [i.e., He was unaware that the Sages had interpreted the verse in that manner.]

You redeem my redemption for yourself—*Meshiv Nefesh* explains that the redeemer knew that the tribunal had ruled that the women of Ammon and Moab were permitted to

enter the "congregation of the Lord." He feared, however, that in future generations, this ruling would be contested, and that his descendants might be illegitimatized, as indeed occurred in David's time, when Doeg the Edomite attempted to illegitimatize him. He foresaw this future incident with divine inspiration. He reasoned that since Ruth would be the first Moabitess to marry an Israelite, she would set a precedent which would be likely to be questioned in later generations. Since he was not a great scholar, he might be suspected of marrying her without consulting the proper authorities. Perhaps the tribunal had not permitted the marriage. Perhaps he had gone through with it using his own interpretation of the Biblical ruling. He therefore offered the redemption to Boaz, who was the leader of the generation and whose act would not be questioned. It would be assumed that he had the support of the *beth din* when he married Ruth.

7. **concerning redemption**—*This is a sale.*—[*Rashi* from *B.M.* 47a] i.e., if one makes a sale for money, but did not receive the money, and they wish to confirm the transaction by transferring an article.—[*Rashi* ad loc.]

and exchange—*This is an exchange.*—[*Rashi* from *B.M.* 47a] i.e., if they exchange one article for another.—[*Rashi* ad loc.]

one would remove his shoe—*This is an act of acquisition, as we acquire title with a scarf in lieu of a shoe, and our Rabbis of blessed memory differed on this matter, who gave* [the shoe] *to whom. Some say that we perform the act of acquisition with the utensil of the acquirer, and Boaz gave* [the shoe] *to the redeemer, and others say that we perform the act of acquisition with the utensil of the seller, and the redeemer gave* [the shoe] *to Boaz.*—[*Rashi* from *B.M.* 47a]

and this was the attestation in Israel—*the law of testimony.*—[*Rashi*]

8. **And the near kinsman said to Boaz, "Buy it for yourself."**—After the near kinsman gave Boaz permission to redeem the field, he sold him that right with the shoe (or glove) to make the transaction binding. According to *Rashba* (*Kid.* 21), an estate may be redeemed only by the closest living relative. Should an uncle be poor and a cousin be affluent, no redemption can be performed. In the case of Boaz, although the closest of kin was living, the redemption was nevertheless performed by Boaz. This was because the closest of kin had empowered him to do so, and it was as though he himself was performing the redemption.—[*Malbim*]

מִיַּד נָעֳמִי: י וְגַם אֶת־רוּת הַמֹּאֲבִיָּה אֵשֶׁת מַחְלוֹן
קָנִיתִי לִי לְאִשָּׁה לְהָקִים שֵׁם־הַמֵּת עַל־נַחֲלָתוֹ וְלֹא־
יִכָּרֵת שֵׁם־הַמֵּת מֵעִם אֶחָיו וּמִשַּׁעַר מְקוֹמוֹ עֵדִים
אַתֶּם הַיּוֹם: יא וַיֹּאמְרוּ כָּל־הָעָם אֲשֶׁר־בַּשַּׁעַר וְהַזְּקֵנִים
עֵדִים יִתֵּן יְהוָה אֶת־הָאִשָּׁה הַבָּאָה אֶל־בֵּיתֶךָ כְּרָחֵל
וּכְלֵאָה אֲשֶׁר בָּנוּ שְׁתֵּיהֶם אֶת־בֵּית יִשְׂרָאֵל וַעֲשֵׂה־
חַיִל בְּאֶפְרָתָה וּקְרָא־שֵׁם בְּבֵית לָחֶם: יב וִיהִי בֵיתְךָ
כְּבֵית פֶּרֶץ אֲשֶׁר־יָלְדָה תָמָר לִיהוּדָה מִן־הַזֶּרַע
אֲשֶׁר יִתֵּן יְהוָה לְךָ מִן־הַנַּעֲרָה הַזֹּאת: יג וַיִּקַּח בֹּעַז
אֶת־רוּת וַתְּהִי־לוֹ לְאִשָּׁה וַיָּבֹא אֵלֶיהָ וַיִּתֵּן יְהוָה
לָהּ הֵרָיוֹן וַתֵּלֶד בֵּן: יד וַתֹּאמַרְנָה הַנָּשִׁים אֶל־נָעֳמִי
בָּרוּךְ יְהוָה אֲשֶׁר לֹא הִשְׁבִּית לָךְ גֹּאֵל הַיּוֹם וְיִקָּרֵא
שְׁמוֹ בְּיִשְׂרָאֵל: טו וְהָיָה לָךְ לְמֵשִׁיב נֶפֶשׁ וּלְכַלְכֵּל

תו"א יתן ה' את האשה. עקידה שער כח: ויהי ביתך כבית פרץ. עקידה שם: ויתן ה' לה הריון. נדה לח:

דַּהֲוָה לְכִלְיוֹן וּמַחְלוֹן מִן יְדָא
דְנָעֳמִי: י וְגַם וְאוּף יַת רוּת
מוֹאֲבִיתָא אִתַּת מַחְלוֹן קְנֵיתִי
לִי לְאִנְתּוּ בְּגִין לְמֵיקוֹם שׁוּם
שְׁכִיבָא עַל אַחְסַנְתֵּיהּ וְלָא
יְשֵׁיצֵי שׁוּם שְׁכִיבָא מִלְּוַת
אֲחוֹהִי וּמִתְּרַע סַנְהֶדְרִין
דִּבְאַתְרֵיהּ סַהֲדִין אַתּוּן עֲלַי
יוֹמָא דֵין: יא וַיֹּאמְרוּ וַאֲמָרוּ כָּל
עַמָּא דִּי בִתְרַע סַנְהֶדְרִין וְסָבַיָּא
סָהֲדִין אֲנַחְנָא יִתֵּן יְיָ יַת אִתְּתָא
הָדָא דְּאַתְיָא לְבֵיתָךְ כְּרָחֵל
וּכְלֵאָה דִּי בְנוֹ תַּרְוֵיהוֹן יַת בֵּית
יִשְׂרָאֵל אֲבוּנָן בִּתְרֵי עֲסַר
שִׁבְטִין וַעֲבַד חֵילָא בְּאֶפְרָת
וּתְהֵי קְרָא שְׁמָא בְּבֵית לָחֶם:
יב וִיהִי וִיהֵי מַצְלַח בֵּיתָךְ כְּבֵית
פֶּרֶץ דִּי יְלֵידַת תָּמָר לִיהוּדָה
מִן זַרְעָא דִּי יִתֵּן יְיָ לָךְ מִן רִיבָא
הָדָא: יג וַיִּקַּח וּנְסֵיב בּוֹעַז יַת
רוּת וַהֲוָה לֵיהּ לְאִנְתּוּ וְעַל לְוָתַהּ וִיהַב יְיָ לַהּ עִידּוּי וִילֵידַת בַּר: יד וַתֹּאמַרְנָה וַאֲמָרָן נְשַׁיָּא לְנָעֳמִי בְּרִיךְ
שְׁמֵיהּ דַּיְיָ דְּלָא פְסַק לִיךְ פָּרוֹקָא יוֹמָא דֵין וְיִתְקְרֵי שְׁמֵיהּ מִן צַדִּיקֵי יִשְׂרָאֵל: טו וְהָיָה וִיהֵי לִיךְ

רש"י

אומרים קונין בכליו של קונה ובועז נתן לגואל ויש אומרים קונין בכליו של מקנה וגואל נתן לבועז: וזאת התעודה בישראל. משפט העדות: (י) להקים שם המת על נחלתו. מתוך שאשתו יוצאה ובאה בנחלה ומכנסת ומוציאה אומרים זאת היתה אשת מחלון ושמו נזכר עליה: (יא) כרחל וכלאה. אע"פ שהיו משבט יהודה ומבני לאה מודים הם על רחל שהיתה עיקרה של בית והקדימו רחל ללאה: וקרא שם. כלומר יגדל שמך: (יב) כבית פרץ. שיצאנו ממנו:

אבן עזרא

כאשר אמרו הקדמונים ז"ל חליפין והטעם שקבלת זה הנעל ונתת תחתיו גאולתך וטעם נעל בעבור שהוא נמצא תמיד ולא יתכן להסיר הלוק או מכנסים שלא ישאר ערום. ויש אומרים כי הגואל שלף נעלו ונתנו לבועז. והטעם כאשר נתתי לך זה הנעל כן הגאולה: (יא) כרחל וכלאה. הקדים ברחל בעבור שהיתה אשת יעקב בתחלת מחשבתו: ועשה חיל. כמו עשה לי את החיל הזה כי אתה לא לקחתה בעבור ממון: (יד) אשר לא השבית לך גואל. הטעם בעבור שיוקם שם המת על נחלתו: (טו) ולכלכל. מטעם

ברטנורה

תהום קורא לקול צנוריך ומ"ש ותאמרנה הזאת נעמי הכונ' שיאמרו זה לזה הזאת נעמי שאנו נותנין השפע וכל זה רמוז בפסוק ותהום כל העיר עליהם וגו' והטעם שאמר הזאת נעמי והי' ראוי לו' זאת אלא לפי שזאת הס' היא הה' האחרונה של הש"י שהיא כנסת ישראל קודם שיגיע זמן נתינת זאת הברכה לישראל יהיה נבדל מביניהם כל התערובות הרע ולא יקבלו זאת הברכה אלא אותם שבזמן שישראל היו נכנעי' דבקו במצותיו ית' כרות שאמרה עמך עמי אלהיך אלהי וזה הפסוק רומז לנו בין רות וערפה שהמרפ' ידיהם מהמצות ופוני' להקב"ה עורף ולא פני' יהיו נבדלים ולא יראו בזמן שיפקוד ה' את עמו לתת להם לחם וימותו תחת גבורת הדין ולא יראו בזמן זריחת חיי עולם כאותן שידבקו בהקב"ה ובמצותיו וכמ"ש ואתם הדבקים בה' אלהיכם חיים כולכם היום שהוא יומו של הקב"ה א"כ כיון שאלד רות הי' ראוי שימסור לדוד מדת אלהים כמ"ש כאיל תערוג על אפיקי מים כן נפשי תערוג אליך אלהים שבהיות שאלהים הם המלאכים העולים ויורדים הם במקום הכסא כמ"ש ועלייתם וירידתם הם לטובתם של ישראל ובזה הם עוסקים תמיד כך דוד שהוא במרכב' שהוא אותו מקום בעצמו הוא שואל ג"כ על מדת אלהים שממנו יהי' נאזר בכח אבל עכ"ז היה ראוי שיאמר כן אני אערוג אליך והטעם שאמר נפשי לפי שהיא קודמת בהאותו מקום שמשם הנשמות הגופות ויש לה התיחסות עם אותם המלאכים שהיא רוחנית כמו שהם רוחני' ויש בה כח להשיג דברים עליונים ומ"ש סוב דמה לך לצבי או לעופר האילים על הרי בתר ר"ל אותם המדות של הספי' שנקראו הרים כמ"ש לדקדק כהררי אל ואלה הם מבדילים לפי שהשפע מושפע ממדה למדה וכשישראל אינם עושים רצונו של מקום הם מפסיעים במקומות ההרים ואינם מניחים שילך השפע והכבוד לכסא וז"ש על הרי בתר והאומר עוד הכנס' הטעם שאני אומר להקב"ה שישיב הכסא לפי שאע"פ

קיצור אלשיך

(יא) **ויאמרו** כל העם אשר בשער [לבד הזקנים] והזקנים. עדים אנחנו. יתן ה' את האשה הזאת אף שמואבית היא. אך מחמת שבאה אל ביתך. לבית איש צדיק כמוך. שתהי' כרחל וכלאה. ועשה חיל באפרתה וקרא שם בבית לחם. שלא תקרא עוד רות המואביה. רק תקרא רות מבית לחם. ויהי ביתך כבית פרץ אשר ילדה תמר ליהודה ג"כ מן היבום. אף שבשניהם הי' מעט שלא כדרך התורה. עכ"ז הם הביאו את עם ב"י והקימו מלכיהם ונביאיהם. כן יתן ה' הזרע אשר יהי' לך מן האשה הזאת:

(יד) **ותאמרנה** הנשים אל נעמי וגו'. מחמת כי נשואי בועז את רות היה לקיים מצות יבום. להקים שם המת על נחלתו. כי רות מחלון היה בבטן רות. וכאשר רות נתעברה ותלד בן ילדה את נשמת מחלון והביאתו לעולם בגוף אחר. הגוף היה מרות ובועז. והנשמה היא נשמת מחלון. נמצא מחלון בן נעמי בא לעולם. ע"כ אמרו הנשים לנעמי ברוך ה' אשר לא השבית לך גואל היום. כי הילד הנולד לרות הוא יגאל אותך שלא תמות ערירי. ובישראל יקרא שמו גואל נעמי. חז"ל אמרו שבועז מת ממחרת חתונתו את רות. ע"כ אמרו הנשים לנעמי אשר לא השבית לך גואל היום. כי בעוד יום אחד אבדת את הכל:

(טו) **והיה** לך למשיב נפש בעולם הבא. כי ברא מזכה אבא ואמא. כאשר הבן הזה יהיה צדיק יזכה אותך בעולם הבא. ולכלכל את שיבתך בעולם הזה. כי כלתך אשר אהבתך ילדתו. ואיך תעזבך:

והקת

from Naomi. 10. And also, Ruth the Moabitess, Mahlon's wife,
have I acquired for myself for a wife, to preserve the name of the
deceased on his heritage, so that the name of the deceased not be
obliterated from his brethren and from the gate of his place, you
are witnesses today." 11. And all the people who were in the gate
and the elders replied, "[We are] witnesses! May the Lord make
the woman who is entering your house like Rachel and like Leah,
both of whom built up the house of Israel, and prosper in
Ephrathah and be famous in Bethlehem. 12. And may your house
be like the house of Perez, whom Tamar bore to Judah, with the
seed that the Lord will give you from this maiden." 13. And Boaz
took Ruth, and she became his wife, and he was intimate with her,
and the Lord gave her conception, and she bore a son. 14. And the
women said to Naomi, "Blessed is the Lord, Who did not deprive
you of a redeemer today, and may his name be famous in Israel.
15. And may he be to you a restorer of life and to sustain

10. **to preserve the name of the deceased on his heritage**—*Since his wife goes and comes on the estate and brings in and takes out, people say, "This is Mahlon's wife," and his name is remembered upon it.*—[*Rashi*]

11. **like Rachel and like Leah**—*Even though they were of the tribe of Judah and of the descendants of Leah, they admitted that Rachel was the mainstay of the household, and they mentioned Rachel before Leah.*—[*Rashi* from *Ruth Rabbah*]

and be famous—lit. and call a name, *i.e., may your name become great.*—[*Rashi*]

Ibn Ezra explains that Rachel's name precedes Leah's because Jacob had originally intended to marry Rachel.

12. **like the house of Perez**—*from which you are descended.*—[*Rashi*] Otherwise, they should have blessed him to be like Ephraim and Manasseh, as Jacob blessed Joseph.—[*Beer Mayim*]

13. **And Boaz took Ruth, etc. and he was intimate with her**—Boaz was not intimate with Ruth until after he had performed the marriage ceremony. This indicates that he did not consider this a levirate marriage, which does not require a wedding ceremony prior to cohabitation.—[*Malbim*]

The Rabbis tell us that Boaz died on the very night that he married Ruth.—[*Ruth Zuta, Yalkut Shimoni*]

and the Lord gave her conception—The Divine Providence was manifest in her conception, since all

אֶת־שֵׂיבָתֵךְ כִּי כַלָּתֵךְ אֲשֶׁר־אֲהֵבָתֶךְ יְלָדַתּוּ אֲשֶׁר־
הִיא טוֹבָה לָךְ מִשִּׁבְעָה בָּנִים: טז וַתִּקַּח נָעֳמִי אֶת־
הַיֶּלֶד וַתְּשִׁתֵהוּ בְחֵיקָהּ וַתְּהִי־לוֹ לְאֹמֶנֶת: יז וַתִּקְרֶאנָה
לוֹ הַשְּׁכֵנוֹת שֵׁם לֵאמֹר יֻלַּד־בֵּן לְנָעֳמִי וַתִּקְרֶאנָה
שְׁמוֹ עוֹבֵד הוּא אֲבִי־יִשַׁי אֲבִי דָוִד: יח וְאֵלֶּה תּוֹלְדוֹת
פָּרֶץ פֶּרֶץ הוֹלִיד אֶת־חֶצְרוֹן: יט וְחֶצְרוֹן הוֹלִיד אֶת־
רָם וְרָם הוֹלִיד אֶת־עַמִּינָדָב: כ וְעַמִּינָדָב הוֹלִיד אֶת־
נַחְשׁוֹן וְנַחְשׁוֹן הוֹלִיד אֶת־שַׂלְמָה: כא וְשַׂלְמוֹן הוֹלִיד
אֶת־בֹּעַז וּבֹעַז הוֹלִיד אֶת־עוֹבֵד: כב וְעֹבֵד הוֹלִיד
אֶת־יִשָׁי וְיִשַׁי הוֹלִיד אֶת־דָּוִד: חזק

הו"א ותקראנה לו השכנות שם לאמר. סנהדרין יט: °קמץ בז"ק

סכום הפסוקים של ספר רות שמונים והמשה. וסימנו ובעז הולד את עובד: ופרקיו ארבעה והרמז אבא בגבורות ה׳ וגו׳: והגיו ותאמר רות המואביה גם כי אמר אלי:

לְמְקַיֵּים נְפַשׁ וּלְכַלְכָּלָא יָת
סֵיבְתֵיךְ בְּתַפְנוּקִין אֲרוּם כַּלָּתֵיךְ
דִּי רְחִימַת יָתִיךְ יְלֵדְתֵּיהּ דְּהִיא
הֲוָת טַבְתָּא לִיךְ בְּעִידָן
אַרְמְלוּתִיךְ מִסְגִּיאִין בְּנִין:
טו וַתִּקַּח וּנְסִיבַת נָעֳמִי יַת רַבְיָא
וְשַׁוִּיאַת יָתֵיהּ בְּעִטְפָהּ וַהֲוָת
לֵיהּ לְתוּרְבִּינָתָא: יז וַתִּקְרֶאנָה
וּקְרָאָן לֵיהּ שִׁיבַבְתָּן שׁוּם
לְמֵימַר אִתְיְלִיד בַּר לְנָעֳמִי וַהֲווּ
קָרְאָן שְׁמֵיהּ עוֹבֵד הוּא אָבוּי
דְּיִשַׁי אָבוּי דְּדָוִד: יח וְאֵלֶּה וְאִלֵּין
תּוּלְדַת פָּרֶץ פֶּרֶץ אוֹלִיד יָת
חֶצְרוֹן: יט וְחֶצְרוֹן וְחֶצְרוֹן אוֹלִיד
יַת רָם וְרָם אוֹלִיד יַת עַמִּינָדָב:
כ וְעַמִּינָדָב וְעַמִּינָדָב אוֹלִיד יַת
נַחְשׁוֹן וְנַחְשׁוֹן רַב בֵּית אַבָּא
לְבֵית יְהוּדָה וְנַחְשׁוֹן אוֹלִיד יַת
סַלְמָא צַדִּיקָא הוּא סַלְמָא מִן
בֵּית לֶחֶם וּנְטוֹפָה דְּבַטִּילוּ בְּנוֹי פְּרוּזְבִין דְּאוֹתִיב יָרָבְעָם חַיָּבָא עַל אוֹרְחֵי וַהֲוָאן עוֹבְדֵי אָב וּבְנִין
יָאֲוָון כִּנְטוֹפָא: כא וְשַׂלְמוֹן וְשַׂלְמוֹן אוֹלִיד יַת אִבְצָן נְגִידָא הוּא בוֹעַז צַדִּיקָא דִּי עַל זְכוּתֵיהּ אִשְׁתֵּיזְבוּ
עַמָּא בֵּית יִשְׂרָאֵל מִיַּד בַּעֲלֵי דְבָבֵיהוֹן וּבְגִין צְלוֹתֵיהּ עֲדַת כַּפְנָא מֵאַרְעָא דְיִשְׂרָאֵל וּבוֹעַז אוֹלִיד יַת
עוֹבֵד דִּפְלַח לְמָרֵי עָלְמָא בְּלֵב שְׁלִים: כב וְעֹבֵד וְעוֹבֵד אוֹלִיד יַת יִשַׁי דְּמִתְקְרֵי נָחָשׁ בְּגִין דְּלָא אִשְׁתְּכַחַת
בֵּיהּ עִילָא וּשְׁחִיתָא לְאִתְמַסְרָא בִּידוֹי דְמַלְאֲכָא דְמוֹתָא לְמִיסַב יַת נַפְשֵׁיהּ מִנֵּיהּ וַהֲוָה יוֹמִין
סַגִּיאִין עַד דְּאִדְּכַר קֳדָם יְיָ עֵיטָא דִיהַב חִוְיָא לְחַוָּה אִתַּת אָדָם לְמֵיכַל מִן אִילָנָא דְאָכְלִין פֵּירוֹי חַכִּימִין
לְמִידַע בֵּין טַב לְבִישׁ וְעַל הַהוּא עֵיטָא אִתְחַיָּיבוּ מוֹתָא כָּל דַּיָּירֵי אַרְעָא וּבְהַהִיא עִילָא שְׁכִיב
יִשַׁי צַדִּיקָא הוּא יִשַׁי דְּאוֹלִיד יַת דָּוִד מַלְכָּא דְיִשְׂרָאֵל: חזק

רש"י

(יח) ואלה תולדות פרץ. לפי שייחס את דוד על שמה של רות המואביה חזר וייחסו על שם יהודה:

ברטנורה

שאמר לי לילי שלילה שכבי עד הבוקר אילי רואה בבא שכבוד לישב עמי ואני מבקש אותי ואיני מלאתו וזש"ס על משכבי בלילות ששם גלויה הגלות בקשתי את שאהבה נפשי שיחזור השכינה לקדמותה נסיות עם ישראל ונגואלם ע"י משיח בן דוד שיגלם לנו במהרה בימינו אמן סלה:

אבן עזרא

ויכלכל יוסף וי"א כמו ומי מכלכל את יום בואו: (יז) ילד בן לנעמי. כמו ויהי לה לבן: אבי דוד. יתכן שישוב אל ישי גם אל עובד כמו אלהי אבי אברהם ואלהי אבי יצחק. דרך סברא כי נחשון מת במדבר כי לא יתכן להיות נער והוא בעל דגל ונוסע בתחלה קודם ישראל ועוד שהיה הכתוב מזכירו שנכנס בארץ ולא יהיה נשיא השבט אחר והנה אין בין שנכנס לארץ עד שנולד דוד רק שס"ו שנה כי הכתוב אמר ויהי בשמונים שנה וארבע מאות שנה היא השנה הרביעית למלך שלמה ודוד חי שבעים שנה וארבעים שנה הלכו בני ישראל במדבר ואם אמרנו שהיה שלמון כאשר נכנס לארץ בן שנה הנה הם ארבעה שלמון ובועז ועובד וישי הנה כל אחד הוליד והוא בן תשעים ואחת שנה ואם יקום מערער ויאמר כי נחשון היה כאשר יצא ממצרים פחות מעשרים שנה הנה נחשב שיהיה בן י"ח שנה ולא נחסר שנות לכת ישראל במדבר והנה יהיי המשה והנה יוליד כל אחד והוא בן שמונים וארבע וזה נכון בעיני כי הנה בועז זקן היה וזה למדנו בעבור שאמר לרות לבלתי לכת אחרי הבחורי׳ גם ישי זקן היה כאשר הוליד את דוד כי הוא שמיני לבניו ויתכן שנקרא עובד שהולידו זקן ולא לקח האשה כי אם בעבור כבוד השם וגם האם עזבה דתה וארץ מולדתה והסתה בצל כנף השם ע"כ יהי׳ הבן עובד השם כי רובי הבנים דומים לאב ולאם כי הם השרשים:

נשלם ספר רות תהלה לצור מוציאנו מעבדות לחרות

קיצור אלשיך

(טז) ותקח נעמי את הילד ותשיתהו בחיקה. כנראה מהפסוקים לא לקחה נעמי את הילד בחיקה עד אחר מאמר הנשים לה. כי לבה הי׳ בספק מי יודע אם נשא בועז לרות לשם מצות יבום. אולי רק מחמת יפיה. ואם לא הי׳ ביבום אין בהילד נשמת מהלון. ואינו בנה. ומה לה להשתעשע בילד זר. ומי יודע אם אהבת רות אליה היתה אהבה אמתית ולא תתחבר עוד עמה אחר שנתעשרה עושר גדול. ע"כ נחמוה הנשים בשתים. ראו נא מתחלה ועד סוף שהכל הי׳ שלא כדרך הטבע רק במקרה מאת ה׳ ואם לא היה בזה מצות יבום לא הי׳ הקב"ה מתערב בענין זה. ועוד שנית הכל ראו כי רות דבקה אליך ג"כ לא בדרך הטבע. כי כל הכלות שונאות חמותן ורות דבקה בך באהבה שלא בטבע. ודבקה בהקב"ה באמת. וכשמעה דבריהן האמינה דבריהן ולקחה את הילד ותהי לו לאמנת:

תם ונשלם שבח לאל בורא עולם

your old age, for your daughter-in-law, who loves you, bore him,
and she is better to you than seven sons." 16. And Naomi took the
child and placed him in her bosom, and she became his nurse. 17. And
the women neighbors gave him a name, saying, "A son has been
born to Naomi," and they called his name Obed—he is the father
of Jesse, the father of David. 18. And these are the generations of
Perez: Perez begot Hezron. 19. And Hezron begot Ram, and Ram
begot Amminadab. 20. And Amminadab begot Nahshon, and
Nahshon begot Salmah. 21. And Salmon begot Boaz, and Boaz
begot Obed. 22. And Obed begot Jesse, and Jesse begot David.

the time that she was married to Mahlon, who was a young man, she had not conceived, and immediately after her marriage to Boaz, who was eighty years old, she conceived.—[*Malbim*] *Ruth Rabbah* states that Ruth was completely barren, that she did not even have a womb, and God shaped her a womb. *Iggereth Shemuel* explains that the Rabbis understand the verse to mean that the Lord gave her the organ of conception. *Eshkol Hakofer* derives this from וַתְּהִי לוֹ לְאִשָּׁה, which he renders: and she became to him a woman, meaning that prior to her marriage, she was, so to speak, not a real woman, since she had no womb.

14. **a redeemer**—because the name of the deceased will be preserved on his estate.—[*Ibn Ezra*] *Meshiv Nefesh* explains this as a prophecy, that he would be the progenitor of the kings of Israel, the grandfather of King David. He quotes *Ruth Rabbah*, which states that this blessing preserved the Davidic dynasty in the days of Athaliah, who almost annihilated the royal seed.

and may his name be famous in Israel—May his name be called among the righteous of Israel.—[*Targum*] This may be a prophecy or perhaps a prayer.—[*Meshiv Nefesh*] The women perceived that this child was, to say the least, phenomenal. First, the fact that Boaz had died immediately after his conception was a clear manifestation of Divine Providence, that God had great plans for this child.—[*Shoresh Yishai*] Second, the child was born with exceptionally beautiful, well-formed limbs, and the house became full of light, just as at Moses' birth. They therefore realized that this child was no ordinary child, but was to be the progenitor of the royal dynasty that would ultimately produce the King Messiah.—[*Meshiv Nefesh*]

15. **a restorer of life**—The kabbalists tell us that Obed was a reincarnation of Mahlon. Hence, he was a restorer of life to the soul of Mahlon.—[*Meshiv Nefesh, Shoresh Yishai*]

and to sustain your old age—The women perceived that Naomi

was sad. Until now, she had Ruth's love, but now that Ruth had borne a son, Naomi was afraid that Ruth would no longer be connected to her and might desert her in her old age. They therefore comforted her and assured her that Naomi's son was really her own son, the reincarnation of Mahlon, who would restore Mahlon's soul to its rest, and who would sustain her in her old age.—[*Shoresh Yishai*]

16. **took the child and placed him in her bosom**—After hearing the comforting words of the women, she instinctively felt that she should take the child and clutch him to her bosom, as a mother does with her own child.—[*Shoresh Yishai*]

and she became his nurse—since he would sustain her in her old age.—[*Shoresh Yishai*]

17. **And the women neighbors**—who knew Boaz and Ruth and were familiar with their innocence, were certain that they had both performed the act of intimacy with the highest intentions, only to fulfill God's commandment, and that because of this, the newborn babe was surely the soul of Mahlon. They therefore called him a name that would announce and say to all that "a son has been born to Naomi." They called him Obed and not Mahlon because they were certain that he would surely be a servant (עוֹבֵד) of God.—[*Shoresh Yishai*]

the father of David—This may refer to Jesse, David's true father, or to Obed, his grandfather, as Jacob referred to Abraham as "my father Abraham."—[*Ibn Ezra*]

18. **And these are the generations of Perez** *Since he traced David's genealogy on Ruth's name, he returns and traces it on Judah's name.*—[*Rashi*]

If Nahshon was over 20 when the Israelites left Egypt, he probably did not enter the Holy Land. Now, if his son Salmah was a year old when they entered the Land, there would be 366 years between the entry to the Land and the birth of David. How so? Solomon built the Temple 480 years after the Exodus. This was in the fourth year of his reign. Subtract the forty years in the desert and the 70 years of David's life, leaving 366 years. Consequently, Salmah, Boaz, Obed and Jesse were each 91 years old when they begot a son.

It is also possible that Nahshon was under 20, perhaps 18 years old, at the time of the Exodus. In that case, he could have entered the Land. Accordingly, we would not deduct the 40 years of the wandering in the desert. Hence, we have 426 years for five generations, commencing with Nahshon, making an average of approximately 84. Indeed, Boaz was old when he married Ruth, as he said to Ruth, (3:10): "Your latest act of kindness is greater than the first, not to follow the young men, whether rich or poor." Also, Jesse was old when David was born, since David was his eighth son.—[*Ibn Ezra*]

BIBLIOGRAPHY

BIBLIOGRAPHY

I. Background Material

1. *Five Megilloth* with twelve commentaries, including *Targum, Rashi, Ibn Ezra, Mezudoth*, an abridged edition of *Alshich* and other commentaries. Jerusalem: Lewin Epstein-Wechsler Publishers.

2. *Talmud Bavli* (Babylonian Talmud). Multi-volume corpus of Jewish law and ethics, compiled by Ravina and Rav Ashi, 500 C.E. All Talmudic quotations, unless otherwise specified, are from the Babylonian Talmud.

3. *Midrash Rabbah*. Homiletic explanation of the Pentateuch and Five Megilloth. Compiled by Rabbi Oshia Rabbah (the Great), late *Tannaite*, or by Rabbah bar Nahmani, third generation *Amora*. *Exodus Rabbah*, *Numbers Rabbah*, and *Esther Rabbah* are believed to have been composed at a later date. *Esther Rabbah*, *Song Rabbah*, and *Ruth Rabbah* are generally quoted.

4. *Midrash Abba Gurion*, early midrash on the Book of Esther, the source of much material found in *Esther Rabbah*, published by Salomon Buber, 1886, in *Sifrei d'Aggadta*, together with *Midrash Panim Aherim* and *Midrash Lekach Tov*. Reprinted later without place or date.

5. *Midrash Panim Aherim*. See *Midrash Abba Gurion*.

6. *Midrash Lekach Tov*. Talmudic and Midrashic anthology on Pentateuch and Five Megilloth, by Tobias the son of Eliezer, medieval scholar and exegete, believed to have lived in Greece at the end of the eleventh and the beginning of the twelfth centuries. *Midrash Lekach Tov* on Ruth was published by Zeckel Bamburger in Mayence, 5650 (1890). *Midrash Lekach Tov* on the Song of Songs was published by Albert Greenup, London, 1909. Reprinted without a date. *Midrash Lekach Tov* on Esther was published by Salomon Buber in *Sifrei D'Aggadta*, Vilna, 5647. Reprinted without a date.

7. *Midrash Shir Hashirim*. Ancient midrash, published by Eliezer Halevi Grunhut, Jerusalem, 1897. Second, revised edition by Rabbi Joseph Chaim Wertheimer, Jerusalem, 1981.

8. *Midrash Tanhuma*. A midrash on the Pentateuch, based on the teachings of R. Tanhuma bar Abba, Palestinian *Amora* of the fifth century C.E. An earlier *Midrash Tanhuma* was discovered by Salomon Buber. It is evident than this is the *Tanhuma* usually quoted by medieval scholars, e.g. *Rashi*, *Yalkut Shimoni*, and *Abarbanel*.

9. *Midrash Zuta*. Homiletic explanation of the Five Megilloth with the exception of Esther, quoted by many early commentators. Published by

Salomon Buber in 1895 and reprinted in Tel Aviv without a date.

10. *Pesikta d'Rav Kahana*. Homiletic dissertations of special Torah readings and *haftoroth*. Composed by Rav Kahana, early *Amora*, at the time of the compilation of *Talmud Yerushalmi*. First published by Salomon Buber. Recent edition published in Jerusalem, 5723.

11. *Pesikta Rabbathi*. Later compilation similar to *Pesikta d' Rav Kahana*. Composed in 4605. Published in Warsaw, 5673; Jerusalem–Bnei Brak 5729.

12. *Pirké d'Rabbi Eliezer*. Eighth century *aggadic* compilation, attributed to Rabbi Eliezer ben Hyrcanus, early *Tannaite* of first generation after the destruction of the Second Temple. Also called *Baraitha d'Rabbi Eliezer*, or *Haggadah d'Rabbi Eliezer*. There is a commentary on this work by *Redal* (R. David Luria, 1798–1855). New York: Om Publishing Co., 1946.

13. *Targum*. Aramaic paraphrased translation, believed to have been composed during the Talmudic era.

14. *Yalkut Shimoni*. Talmudic and Midrashic anthology on the Bible, composed by R. Simon Ashkenazi, thirteenth century preacher of Frankfort am Main. Earliest known edition dated 1308, in Bodleian Library. Sources traced by Dr. Arthur B. Hyman, in "The Sources of the Yalkut Shimoni," Mossad Harav Kook, Jerusalem, 1965.

15. *Zohar Hadash*. Early kabbalistic work, attributed to Rabbi Shimon the son of Yochai, early *tannaite*.

II. Medieval Commentaries and Source Material

1. *Abraham Ibn Ezra*. Commentary on the Five Megilloth by noted ninth century Spanish Bible commentator. Commentary on all Five Scrolls.

2. *Rabbi Shmariah Akriti*. Commentary on the Five Megilloth by eleventh century philosopher and Bible commentator, Rabbi in Crete. Published together with the commentary of Saadiah Gaon on the Five Megilloth by Rabbi Joseph Kaffach, Jerusalem: Agudah Lehatzolat Ginzei Teiman, 1962.

3. *Rabbi Avigdor Cohen Zedek*. Midrashic anthology on the Song of Songs. Originally published by Rabbi Jacob Bamberger in Frankfort, 5659. Second, improved edition by Rabbi Shlomo Aaron Wertheimer, Jerusalem, 5741.

4. *Rabbi Isaiah da Trani*. Commentary on the Hagiographa including Proverbs, Job, Daniel, Ezra, Nehemiah, and the Five Megilloth. Wertheimer, Jerusalem, 1978.

5. *Midreshei Torah*. Commentary on Isaiah, Psalms, and Esther, by Hakkadosh EnShelomo Asteruk, obscure mid-fourteenth century Bible scholar. Published by Rabbi Simon Effenstein, Berlin, 1898.

6. *Rokeach, Rabbi Eleazar of Worms*. Commentary on Esther, the Song of

Songs, and Ruth by noted twelfth century scholar in the fields of halachah and ethics. Bnei Brak: Julius Klugman, 1975.

III. Modern Commentaries

1. *Beer Mayim.* Super-commentary on Rashi, by Rabbi Yoel Sirkes, noted author of *Bayith Hadash* on the Tur, ca. 1561. First printed in Lublin in 1617.

2. *Besorath Eliyahu.* Commentary on Ruth by Rabbi Eliyahu Hakohen of Izmir, noted author of ethical tracts. First printed in Salonica, 5546, as part of *Dena Fashra*, which includes commentaries on Esther and the Song of Songs.

3. *Dena Fashra.* See *Besorath Eliyahu.*

4. *Rabbi Elijah Gaon of Vilna (Gra).* Commentary on the Book of Esther, by outstanding scholar in all fields of Torah learning (1720-1797).

5. *Eshkol Hakofer.* Commentary on Ruth and Esther by Rabbi Abraham Saba, noted Spanish Biblical exegete, ca. 1440-1508. Printed in Bartfeld, 1908.

6. *Iggereth Shmuel.* Commentary on Ruth by Rabbi Shmuel de Uzeda, born Safed ca. 1540, died ca. 1605. Printed in Constantinople, 1597.

7. *Rabbi Meir Leibush Malbim* (1809-1879). Commentary on *Tanach* by leading nineteenth century scholar who combined ancient tradition with keen insight into nuances of meaning in the Hebrew language.

8. *Mattenoth Kehunnah.* Commentary on *Midrash Rabbah*, by Rabbi Yissachar Ber Hakohen, sixteenth century scholar.

9. *Meshiv Nefesh.* Commentary on Ruth by Rabbi Yoel Sirkes. See *Beer Mayim.*

10. *Mezudath David* and *Mezudath Zion*, by Rabbi Yechiel Hillel Altschuller. Simple and concise 18th century Bible commentary.

11. *Ohr David.* Homiletic exegesis on the Book of Esther by Rabbi David Meisels, nineteenth century scholar. Zalmen Leib Meisels. 1965.

12. *Sforno*, Commentary on the Song of Songs and Ecclesiastes by Rabbi Obadiah Sforno, noted 16th century Biblical exegete, philosopher, and halachic authority. Critical edition by Rabbi Dr. Zev Gottlieb, Jerusalem: Mosad Harav Kook, 1983.

13. *Shoresh Yishai.* Commentary on Ruth by Rabbi Shlomo Alkabetz, sixteenth century scholar and Kabbalist, noted author of *Lechah Dodi.* First printed in Constantinople in 1561.

14. *Simchath Haregel.* Commentary on Ruth by Rabbi Hayim Yosef David Azulai, known by the acronym *Hida.* Born in Jerusalem, 1724, died in Leghorn, 1806. Prolific author and scholar in all fields of Jewish learning.

15. *Torah Temimah* by Rabbi Baruch Halevi Epstein (1860-1940).

Monumental work on the Pentateuch and the Five Megilloth, connecting Talmudic and Midrashic explanations to the text.

16. *Yahel Ohr*. Super-commentary on Ibn Ezra, by Yehudah Leib Krinsky, early 20th century scholar. Part of *Mehokekei Yehudah* on the Pentateuch and Five Megilloth. Reinman, 1975.

17. *Yosef Lekah*. Commentary on Book of Esther, by Rabbi Eleazar ben Elijah Ashkenazi, sixteenth century scholar. Pardes Publishing House, 1951.

18. *Zeror Hamor*. Commentary on the Song of Songs by Rabbi Jacob Lorberbaum of Lisa, noted nineteenth century halachic authority.

19. *Zoth Nehamathi*. Homiletic commentary on Ruth, by Shlomo Yanovsky, preacher in Pietrokov, early nineteenth century.

תקונים והשמטות

הקדמה לפירוש רש״י על ס׳ שיר השירים

אחת דבר אלהים שתים זו שמעתי. מקרא אחד יוצא לכמה טעמים וסוף דבר אין לך מקרא יוצא מידי פשוטו ומשמעו, ואף על פי שדברו הנביאים דבריהם בדוגמא צריך ליישב הדוגמא על אופניה ועל סדרה, כמו שהמקראות סדורים זה אחר זה, וראיתי לספר הזה כמה מדרשי אגדה, יש סודרים כל הספר הזה במדרש אחד, ויש מפוזרים בכמה מדרשי אגדה מקראות לבדם ואינם מתיישבים על לשון המקרא וסדר המקראות, ואמרתי בלבי לתפו׳ משמע המקרא, ליישב ביאורים על סדרם והמדרשות מרבותינו אקבעם מדרש ומדרש, איש איש במקומו, ואומר אני שראה שלמה ברוח הקודש שעתידין ישראל לגלות גולה אחר גולה, חורבן אחר חורבן, ולהתאונן בגלות זה על כבודם הראשון ולזכור חבה ראשונה אשר היו סגולה לו מכל העמים לאמר, אלכה ואשובה אל אישי הראשון כי טוב לי אז מעתה, ויזכרו את חסדיו ואת מעלם אשר מעלו ואת הטובות אשר אמר לתת להם באחרית הימים, ויסד ספר הזה ברוח הקדש, בלשון אשה צרורה אלמנות חיות, משתוקקת על בעלה מתרפקת על דודה, מזכרת אהבת נעוריה אליו ומודה על פשעה, אף דודה צר לו בצרתה ומזכיר חסדי נעוריה ונוי יופיה וכשרון פעליה, אשר בהם נקשר עמה באהבה עזה, להודיע כי לא מלבו ענה ולא שילוחיה שילוחין, כי עוד היא אחותו והוא אישה והוא עתיד לשוב אליה.

תקונים והשמטות לפירוש הראב״ע

מגילת אסתר

א א. ולפי דעתי שהוא ארתחשׁשתא וזה פירוש וכו׳.

א ב. אחר שאמר בימי אחשורוש תחלת הדברים כי הראשון כלל וכו׳.

ח טו. והטעם כאדרת שיעולף בה.

שיר השירים — הקדמות

זה הספר נכבד וכולו מחמדים ואין בכל שירי שלמה המלך חמשה ואלף כמוהו, על כן כתוב שיר השירים אשר לשלמה כי זה השיר מעולה מכל השירים אשר לשלמה ובו סוד סתום וחתום כי החל מימי אברהם אבינו עד ימות המשיח וכן כתוב בשירת האזינו בהנחל עליון גוים החל מן דור הפלגה עד שוב ישראל מהגלות אחר מלחמת גוג ומגוג ואל תתמה בעבור שהמשיל כנסת ישראל לכלה והמקום דודה כי כן דרך הנביאים ישעיה אמר שירת דודי לכרמו ועוד כמשוש חתן על כלה יחזקאל אמר שדים נכונו ושערך צמח ואת ערום ועריה ועוד ואכסה ערותך ואעדך עדי וכל הפרשה כולה הושע אמר וארשתיך לי לעולם לך אהב אשה ובספר תהלות משכיל שיר ידידות וכתוב בו שמעי בת וראי והטי אזנך וחלילה חלילה להיות שיר השירים בדברי חשק כי אם על דרך משל ולולי גודל מעלתו לא נכתבה בסוד כתבי הקדש ואין עליו מחלוקת כי הוא מטמא את הידים. ולהיותו בדרכיו תמים. פירשתיו שלש פעמים. בפעם ראשונה. אגלה כל מלה צפונה. ובפעם השנית יהיה משפטו. על דרך פשוטו. ובפעם השלישית יהיה מפורש. על נתיבות המדרש:

הפעם הראשונה נאם אברהם בר׳ מאיר הספרדי המחבר: אנשי המחקר הואילו לבאר זה הספר על סוד העולם ודרך התחברות הנשמה העליונה עם הגוף שהוא במדרגה התחתונה. ואחרים פירשוהו על המתכונות ואת כולם ישא רוח כי הבל המה ואין האמת כי אם מה שהעתיקו קדמונינו ז״ל שזה הספר על כנסת ישראל וכן אפרשנו בפעם השלישית ופירוש כל שלמה הוא שלמה המלך בעצמו חוץ מהאלף לך שלמה לכן אפרשנו בפעם השנית על דרך המשל שהוא בדברי חשק גם כל שלמה שיש בו הוא שלמה המלך בעצמו ובעבור שיש בספר הזה מלות קשות הואלתי לבאר אותם בתחילה ואחר כן אבאר עניני המשל והנמשל בו.

הפעם השנית לא יתכנו דברי חשק במדינה לעיני כל הרואים על כן הוא המשל נערה אחת קטנה מאד שאין לה עדיין שדים היתה נוטרת כרם וראתה רועה עובר ונפל החשק בלב כל אחד מהם.

הפעם השלישית אין למעלה ממדרש שיר השירים שדרשו רבותינו ז״ל לכן כאשר ראיתי גדולים ועמודי עולם עשו גם הם דרש והוסיפו וגרעו גם אני יצאתי בעקבותיהם וכל שלמה הוא שלמה המלך חוץ מהאלף לך שלמה שהוא המשיח ונקרא שלמה בעבור שהוא בנו כאשר נקרא דוד ודוד עבדי נשיא להם וכן נקראו בני ישראל עבדי יעקב ויתכן היות כמוהו תפלה למשה איש האלהים על דרך רב סעדיה גאון ז״ל שאמר שהתפלה היא לדור והיו מנגנים בה בני משה והנכון שהיא למשה. ודע כי בנות ירושלם השתבשו בו אנשים רבים אחר שכנסת ישראל היא המדברת מה ענין בנות ירושלם יש אומרים כי שתים הנה אחת בשמים ואחרת בארץ תחתיה כנגדה וענין בנות ירושלם המלאכים של מעלה ואחרים אמרו שהם אומות העולם כטעם ונתתי אותם לך לבנות והנכון בעיני שהמשל הוא על אשה המדברת עם נפשה ותשיב אמריה לה וכאילו תאמר עם מחשבותיה והן בנות ירושלם ואחר שהעיד הפסוק שנראה המקום לשלמה פעמים

מה תימה יש בו שיתנבא על דבר עתיד כי ברוח הקדש דיבר זה הספר וכן תמצא באסף המשורר והימן שחברו שירות ברוח הקדש שנקראו נביאים וחוזים וזאת היא הדרך הנכונה לא יוכל לכחש כי אם פתלתל ועקש. ועתה אחל לפרש על פי אשר תשיג ידי ואתחנן לאל מכל מאדי היודע סודי להחכים כבודי והוא יהיה עמדי.

א ה. הפעם השנית. חזרה הנערה להן ואמרה וכו׳.

א יד. הפעם השנית. והייתי חושבת שאני מחבקת אשכול הכופר.

ב א. הפעם השלישית. כמו חבצלת שהיא בשרון שהוא מקום מישור וכו׳.

ב ו. הפעם השנית. אין את נמשלת וכו׳.

ב יז. עד שיפוח. רוח היום.

ג ו. סוחר כמו המה רוכליך.

ג ט. ופירושו לפי ענינו בנין סכך נכבד.

ד א. הפעם השלישית. וענין עיניך. נביאים כי כן יקראו רואים וחוזים.

ד יב. הפעם השלישית. והייתי מאכיל לרעי שהם וכו׳.

ה י. הפעם השלישית. מדוע אדום ללבושיך וענין דגול מרבבה אלף אלפין ישמשוניה.

ח ט. נצור עליה. מן וצרת עליה.

ח יב. [אחרי המלים „הנוטרים ששכרו אותו אלף כסף" מסומן בדפוס ויניציה „הפעם השנית" והקטע הבא עד „לעפר האילים" מודפס אחרי המלים „וכל שבט מאה כסף" של הפעם השלישית].

מגלת רות

הקדמה. בשם אל יחזק ידי וזכרי יעמיד הודי פירוש מגלת רות לאברהם הספרדי.

א ב. ושם כתוב אשר בעלו בנות למואב וכו׳.

ב כב. עם נערותיו. ולא עם נעריו או טעמו עם הנערים אשר לי עם אחד מן הנערים שהוא וכו׳.

ג ח. וקול אשה לעולם מוכר או וכו׳.

ד ד. וכן ובאשת נעוריך אל יבגוד וכו׳

מגילת איכה

ג סב. בדפוס ויניציא הסר כל הפסוק.

ו ה. נותני נוט לנו כאורח מזלו וכו׳.

מגילת קהלת

א טז. אהב נפשו.

ב כו. או יהיד פי׳ שמחה שמחתו בחלקו וכו׳.

ג ג. כמו עת לפרוץ.

ג ד. נ"א: עת לבכות עם דאגה וכו׳.

ד א. ויהיה עשוק שיעשקנו מלך או שופט וכו׳.

ה א. גב חייב הוא האדם וכו׳.

שם. וחדשים יכפיל יסתיר הם העצבים וחכמי הדור יפרשו ליראי יקפיל.

שם. בלשון הגמרא וידוע וכו׳.

ח א. חכמת אדם תאיר פניו תשים אור בפניו וכו׳.

ח יא. מלא לב בני האדב אפילו בנפשם וכו׳.

ט יא. מושלים בכסילים ויהיו רשים והדבר וכו׳.

י ו. שם התאר כמו ילד והלך וכו׳.

יב ד. וכמוהו דלתי פניו מי פתח.

יב ה. כי האל"ף נוסף כאל"ף וכו׳.

יב יג. ויעיר כבודכם עד יודיעני אורח חיים.

והספר נשלם
בפירוש כל נעלם
בעזרת אל עולם
מלמד כל דעה:
ורוב הודות לשמו
וכל חסד עמו
יצוה אל עמו
גאולה וישועה:
לחשבון היודעים
תעודת שעשועים
תשע מאות יש עם
אלפים ארבעה:

תקונים והשמטות לפירוש ר׳ עובדיה ספורנו

שיר השירים

א א. בפרט המתאוננים רע בשעבוד מלכיות לאהוב וכו׳.

שם. ובכן הגיד המתבר חסדי האל ית׳ ורחמיו על כל מעשיו וכי מהם בחר לו זרע אוהביו ויודעי שמו ובכן גבר חכדו על עמו ועל חסידיו ובכן ראוי וכו׳.

שם. בפרט בהיותם בצרת שעבוד מלכות ותשובתו וכו׳.

שם. מעל זולתם וחסדיו עמהם ובפרט בשעבוד מלכויות והתחיל ואמר וכו׳.

א ב. שתפנה מדת טובך לי יותר מזולתו כי טובים וכו׳.

שם. אני ראויה לנשיקה הנזכרת יותר מכל זולתי.

א ג. כי אמנם גם שיהיה קצת מחסידי או"ה שיאהבון וכו׳.

שם. היותן מאתך אהבוך חסידי או"ה ובסור מהם אותן הטובות תסור אהבתם התלויה בדבר כאמרם ז"ל חסיד אחד היה באומות ואיוב שמו וכו'.

א ה. הקדים המחבר דבור עדת ה' לאומות הנקראות וכו'.

שם. שיחפוץ בי האל ית' יותר מכל שאר האומות כי גם וכו'.

שם. ויראתו ואהבתו יותר מכל זולתי.

א ו. נקנו מצד ההרגל אצל האומות ורעי כותים שגדלתי בתוכם ובלעדי זאת.

שם. בני אמי נחרו בי. הכבידו עלי מסים וארנוניות כענין מצרים ויותר מהמה.

שם. כרמי שלי. שהיה שלי בלבד ואין לזרים אתי והוא העסק וכו'.

שם. מקוצר רוח ומעבודה קשה ובכן וכו'.

א ז. הגידה לי. אחר שהגיד בטול טענת האומות התחיל המחבר בדברי עדת ה' אליו וכו'.

א ט. כמו שקרה לך בהיותך סוסתי וכו'.

שם. כן דימיתיך בין האומות בהיותך רעיתי גוי אחד בארץ כמו שאני יחיד בעולמי וזה כי אמנם ישובו המה אליך ויודו את וכו'.

שם. ואתה לא תשוב אליהם ובהיותך וכו'.

א יא. עם תשלום כל נקודות הכסף והמעט ששללו מאתך כאמרו תחת הנחשת אביא זהב.

א יג. דרכי טובך בתוכנו בערך אל מה שאתה מראה בין האומות.

ב א. ודבקה בך אפילו בשעת גזרות האמות ולכל אלה וכו'.

ב ב. באופן אחר כאמרו ה' בצר פקדוך.

ב ג. כתפוח בעצי היער כן דודי בין הבנים. משיבה עדת ישראל ה' הנה ראוי לחוש לכבוד שמך כי אמנם כמו התפוח שהוא נכבד מכל עצי היער ואין שם מכיר מעלתו על השאר כן אין מן האמות מכיר מעלתך על בני האלהים שהם שרי האמות כאמרו וידברו על אלהי ירושלם כעל אלהי גויי הארץ ובכן אני לבדי.

ב ד. עלי אהבה. נלחם בעדנו באהבה וכו'.

שם. ואור פנך כי רציתם אתם בני האלהים שרי האמות: סמכוני עזרוני: באשישות. בקיום המצות שלא יבטלוני גזרות האמות וזה תעשו כשלא תלמדו עליהם זכות: רפדוני. היו לי לקרקע קיים שלא יטלטלוני בגזרותם.

ב ה. כי חולת אהבה אני. כי אמנם כל גזרותם נגדי הם בשביל' וכו'.

ב ו. תהיה תחת לראשי להקימני משפלות גלותי.

ב ז. השבעתי אתכם בנות ירושלים. שהן האמות השבעתי וכו'.

שם. בצבאות או באילות השדה. שתהיו כצבאות וכאילות שאין להם כח להמלט מיד מתקומם זולתי בנוסם מפניו.

שם. אם תעירו. אותה בגזרותיכם להתפלל.

שם. לרחם מרוב גזירותיכם עלי.

ב ח. כמתאוננות על הגלות הנה קול וכו'.

שם. מקפץ. כאמור (ואחר) [וארד] להצילו ועתה בשעבוד מלכיות הנה.

ב ט. משגיח מן החלנות. שלא יכלונו העומדים עלינו לכלותנו.

שם. ואין מפגיע ומכפר עלינו עבטיט של גלות.

ב יא. כי הנה הסתיו. גזרת פרעה על הילדים.

ב יג. ועכשיו בשעבוד מלכויות אין נביא וכו'.

ב יד. וישלח מלאך אבל עתה בשעבוד מלכיות שאת בחגוי הסלע להמלט ולהסתר מגזירות האמות.

ב טו. אחזו לנו שועלים. מתיהרים בלבוש של וכו'.

ב טז. הרועה בשושנים. הרועה בצדיקי הדורות שהם בין החוחים וצרות הגלות.

שם. שתהיה לאור עולם ושלמו ימי אבלנו.

שם. ונסו הצללים. מחשכי ארץ בעיון ובמעשה אשר בגלות.

ג ד. ובכן השבעתי את האומות שלא ילחצוני בגזרותם למען יוכלו צדיקי הדורות להתעסק בתורה ותפלה ולהשיב עטרה ליושנה.

ג י. מבנות ירושלים. יותר מכל האמות.

ד א. בהיותך רעיתי יחידה בעולמה בין כל האמות.

ד ג. מבעד לצמתך. שהיא שער נכרי וזה כאשר לא התערבו בגוים.

ד ה. הרועים בשושנים. בין החוחים במלחמות האמות.

ד ח. שמשם ולחוץ מעונות האמות שהן חיות רעות טורפות וכו'.

ד יא. ראוי שתתעסקו גם בגלות בתורה וכו'.

ד יב. הלא תראי שאין התשועה מן האויבים תלויה וכו'.

ד יג. כי אמנם עתות בצרת מלחמות האמות היו וכו'.

ה ב. שלא היו ישראל כ"כ פרוצים בע"ז כמו עכשיו וכו'.

ה ז. ובכן נשאו את רדידי מעלי שומרי החומות נכנסו הגוים שהיו שומרי החומות מבחוץ וכו'.

ה ח. מה תגידו. לאמות.

ה ט. מה ההבדל אשר בין זה האלוה לזולתי מאלהי העמים שתמסרי עצמך וכו'.

ה יא. ובזה יסורו ספקות ופקורי התועים.

ה יד. עשת שן. מנוקים מכל טמאה ושקוץ כאמרו אל תטמאו ואל תשקצו.

ו א. אנה הלך דודך. אמרו א״ה מה היה וכו׳.

ו ב. שר״י עמו מבין החוחים.

ו ד. כענין שמעון הצדיק שהשתחוה לפניו אלכסנדרוס.

שם. במערכות ישראל בנצחונם מכל מקום.

ו ז. מהיותם נבדלים מדעות חכמי האמות שהם כמו הצמות שהיא תכשיט שער נכרי וזה כי וכו׳.

ו ח. המורים עניני העולם בהנהגת הבית והמדינה.

ו ט. אחת היא יונתי. האמה הדבקה בי וכו׳.

שם. תמתי. השלמה מכל אמה זולתה בכל אלה.

שם. ברה היא ליולדתה. לרבקה אוהבת את יעקב לא את עשו בהכירה את דרכי שניהם.

ו יב. תשרה שכינתו בתוכנו ויוליכנו קוממיות.

ז א. ואשובה אליכם הוי הוי ונוסי מארץ צפון הוי ציון וכו׳.

ז ה. שהיא בעבר הירדן סמוך לגבולות הגוים שיוכלו שם להמלט מהרה אל ארצות הגוים מגזרת ינאי המלך וחכמיו.

ז ו. ראשך. המלך הוא.

שם. כן הוא היה למאכל מלכות הרשעה.

שם. ודלת ראשך. נציב מלכות הרשעה שהיה מתנשא וכו׳.

שם. המורה על מעלת לובשו כן הוא היה מורה על מעלת מלכות הרשעה על ישראל.

שם. מלך אסור ברהטים. כי אמנם המלך היה משועבד למצות המלכות ביד הרצים.

ז ח. כן הם מלאו חכמות של מעט וכו׳.

ז י. וחכך. בעת הויכוח.

ז יב. לכה דודי. נצא מגלות שעבוד מלכיות.

ז יג. שם. בצאתי משעבוד מלכיות.

ח ד. לבא ולבטל ובכן לא ינקר ממלתי.

ח ה. מה היה לה לזאת העולה משעבוד מלכיות בארצות העמים שהיו כמו מדבר לא אדם בו אבל חיות טורפות בלבד.

שם. על איחור ביאת המשיח שהוא האדון אשר אתם מבקשים וחפצים כאמרה וכו׳.

שם. כמו בצל תפוח בעצי היַעַר.

ח ו. כי עזה כמות אהבה. כי עליך הורגנו כל היום על קדושת שמך אע״פ וכו׳.

שם. קשה כשאול קנאה. בלבנו המקנא על דבר כבוד שמך.

ח ז. מים רבים. מים הזדונים: **לא יוכלו** לכבות. בכל השתדלותם להדיחנו מעל ה׳ אלהינו.

שם. ונהרות. מלכי האמות: לא ישטפוהו. כרב מתנות וגזומיהם כענין נבוכדנצר עם חנניא מישאל ועזריה וזה כי וכו׳.

ח י. אני השתדלתי במעשי גם בגלות להיות חומה להגין מצרת האויבים.

שם. ובכן הייתי אפילו בגלות כמוצאת שלום וכו׳.

ח יא. בבעל המון. בארצות הגוים בגולה כי כרם וכו׳.

ח יג. היושבת בגנים עושה מקנה וקנין בקבוץ גלויות.

קהלת

א יז. וסכלות. ודעות של סכלות וכו׳.

ג יד. עליו אין להוסיף וממנו אין לגרוע. לא היה שום חסרון ידיעה אשר בו יחסר וכו׳.

ג טו. והאלהים יבקש את נרדף. וכאשר יעשה זה שכבר היה יבקש את עמו הנרדף מן האמות כאמרו וכו׳.

ג טז. ועוד ראיתי. מלבד רדיפת האמות ורשעם.

שם. מקום המשפט, של בעלי הדין אפילו בישראל.

ג יז. אמרתי אני בלבי את הצדיק ואת הרשע ישפוט אלהים. ולכן אמרתי שהאל יתעלה ישפוט את ישראל ואת אומות העולם.

ג יח. שישפוט גם את ישראל הצדיק וכו׳.

ד א. את דמעת העשוקים בגלות על ידי האמות כאמרו עשוקים בני יהודה ובני ישראל יחדו.

שם. בתשובה להוציא מצרה נפשם: ומיד עושקיהם כח. וכמו כן אין בהם כח להמלט מיד עושקיהם בכל מיני השתדלותם.

ד ג. הנעשה לתכלית רע בגלות.

ד ד. הנעשה בגלות כמו הצדקה וכו׳.

ד ט. לתופשי התורה בגלות להיות וכו׳.

ד יד. כי גם במלכותו נולד רש. ואמרתי וכו׳. כי אמנם זה הזקן גם במלכותו ברבוי וכו׳.

ד טו. ומשתדלים במדיניות נמשכים וכו׳.

ה ג. השוחד למלך ב״ו כאשר יהיה על תנאי שיעשה המלך חפצו וכו׳.

שם. ההכנעה בלבד לא על צד גמול וכו׳.

ה ז. בקיום אותה מדינה ואיך לא יכריתה.

שם. משפטי העושק והגזל הנז׳ ויותר וכו׳.

ה ח. בהיותם אדם הם מדיניים בטבע ולא ישיגו שום שלמות בזולת המדיניות כי אמנם תכלית המדיניות הוא שישיג האדם בו וכו׳.

ה ט. ומי אוהב בהמון לא תבואה גם זה. ומי שהוא וכו׳.

ה יב. עושר שמור לבעליו לרעתו. שיעלילו התקיפים עליו עלילות כדי לגזור וכו׳.

ה יז. אשר יפה לאכול ולשתות. ההכרחי בלבד בלתי השגת מותרות.

ו ט. מהלך נפש וכו׳ שלא ישיגוהו לעולם ולכן הוא משתדל וכו׳.

ו יא. שמרביב זמנו וקנינו כמו הבנינים והמצבת וספרי ד״ה הנעשים לזכרון אחר המות או לפרסם וכו׳.

שם. שום תועלת נחשב בחייו גם לפעמים וכו׳.

ז א. משמן טוב. שבו מושחים מלכים וכהנים גדולים.

שם. מיום הולד אותו השם וכו׳.

ז כג. והיא רחוקה ממני. בהיות מדרגת השכל האנושי שהוא כחיי בלבד וכו׳.

ז כד. ועמוק עמוק. ענין הבריאה שהיא פעולת פועל בלתי נושא.

ז כט. שלא קרה זה למין האנושי קודם חטאו וכו׳.

ח י. ובכן ראיתי רשעים קבורים. ומזה המין ראיתי וכו׳.

שם. וכן טיטוס כאמרו שהרג את עצמו כמו וכו׳.

ח יב. ליראי אלהים. ואמרתי שמאריך וכו׳.

ח יד. שיקרה לרשע ערום עושה להתיהר ולמנות פרושי׳.

ח יז. אל כל המעשה המכוון מאתו שהוא העיון והמעשה וכו׳.

ט יד. ובכן תנצח חכמת המסכן את מערכת המלך הנלחם וכו.

ט יז. מזעקת מושל. יותר מה שתועיל זעקת המלך בעצמו אם יזעק וכו.

י ג. ובזה יתקוממו עליו רבים להפר מחשבתו כענין אחשירוש.

י ד. אם רוח וכו׳ מקומך אל תנח. ולפעמים תצטרך לנצח את סכלות המושל בחכמתך וכו׳. יעשה שהמושל הסכל יניח מעשות חטאים גדולים כאמרו יש בוטה כמדקרות חרב ולשון חכמים מרפא.

י ה. יש רעה תחת השמש כשגגה שיצא מלפני השליט. והטעם שיקרה זה שרוח המושל תעלה עליך בלתי טעם נאות הוא שלפעמים יקרה כאלו המערכת תשגה בזה.

י ו. נתן הסכל במרומים רבים. נתן המלכות ביד איזה סכל מקלקל המדינות ובזה: עשירים בשפל ישבו. שירדו מנכסיהם בסכלות המלך הסכל.

י ז. ראיתי עבדים (רוכבים) על סוסים ושרים הולכים כעבדים על הארץ. וכמו כן יקרה קלקול בהנהגת המלך הסכל שירומם עם נבל ועבדים וישפיל את השרים ונדיבי העם.

י ח. חופר גומץ בו יפול. ויקרה על הרוב שאל ההמון המסכים להמליך את הסכל יקרה קלקול ע״י אותו המלך והנהגתו כמו שיקרה לחופר גומץ ובור בר״ה הממציא תקלה שיפול בו הוא בעצמו: ופורץ גדר ישכנו נחש. וכמו כן יקרה לפורץ גדר שישכנו נחש שהיה נסתר בו.

י טז. אי לך ארץ שמלכך נער. וכמו שקרה הקלקול בפרטים בסבת הנהגת הסכלים כן יקרה בכללות המדינה קלקול בסבת סכלות המלך והשרים כשהם נערים וכו׳.

שם. ולא בשתי. על הפך גבורים לשתות יין כמנהג רב השרים.

י יח. אין בקרוי שלמות נאות וכן יקרה במדינה מחסרון זריזות המלך והשרים.

י יט. וזה בהיות המלך והשרים פונים וכו׳.

י כ. וגם שתדע שהמלך והשרים יגרמו קלקול למדינה ברוע הנהגתם אל תקלל את המלך פן יקרך נזק בזה. (השאר אין בדפוס ויניציאה).

שם. ויגיעך נזק כאשר ידע שקללת אותו.

יא א. שלח לחמך. אע״פ שהמלך והשרים לא יעשו הראוי להם להיטיב לזולתו אתה אל תחדל וכו׳.

יא ב. תן חלק לשבעה וגם לשמנה. וגם שהמלך והשרים שעלו לגדולה מצד מערכת שבעה כוכבי לכת או מצד כוכבי הגלגל השמיני והם בהתנהגתם בלתי ראוים לכבוד, מכל מקום לא תמנע מחלוק להם כבוד כי לא תדע מה יהיה רעה על הארץ. כי אולי תצלח מלכותם כדי שירעו ויקלקלו את המדינה מרעת יושבי בה.

יא ז. ולעיני זה הצלם שהוא שכל כחיי טוב וכו׳.

יא ח. כי גם שיהיו החיים ארוכים וכו׳.

יב ג. והם הזכוכיית והכדריית והחלבוניית. בארובות. בנקבים הענביים.

ישתבח הסומך האמתי אשר חננו להשלים אלה הבאורים המאירים לארץ ולדרים הוא ברחמיו יוסיף אונים ירבה עצמה לנו על דבר כבוד שמו לגלות עמוקות מני חשך עד היותם כאור נוגה לפני מביני מדע אשר עיניהם ולבם לתורה ולתעודה וידעו כל עמי הארץ כי שם ה׳ נקרא עלינו אכי״ר.